Raimund Dietz

Geld und Schuld

Eine ökonomische Theorie der Gesellschaft

Sechste, durchgesehene Auflage

Metropolis-Verlag
Marburg 2018

Umschlaggestaltung: NNWest.com
Titelfoto: iStockphoto
Abbildung 9 (Gestell) und Abbildung 12 (Drache).
Benjamin Reichert (Wien).

Bibliografische Information der Deutschen Nationalbibliothek

Die Deutsche Nationalbibliothek verzeichnet diese Publikation in der Deutschen Nationalbibliografie; detaillierte bibliografische Daten sind im Internet über http://dnb.d-nb.de abrufbar.

Metropolis-Verlag für Ökonomie, Gesellschaft und Politik GmbH
http://www.metropolis-verlag.de
Copyright: Metropolis-Verlag, Marburg 2011
Sechste, durchgesehene Auflage 2018
Alle Rechte vorbehalten
ISBN 978-3-7316-1367-1

Simon, Nicolas, Sophie, Sebastian, Julia, Emma, Lotta

Florian, Julian, Gregor

Monika

meiner Mutter, der Schriftstellerin
Gertrud Fussenegger
zum Gedächtnis

Danksagung ...

Danken möchte ich in erster Linie meiner Frau, die die Abzweigung meiner Energien für dieses Buchprojekt, an dem ich seit vielen Jahren arbeite, mit der ihr eigenen Großzügigkeit erträgt. Obwohl nicht vom Fach, ist sie eine gute und geduldige Gesprächspartnerin. Wenn ich nicht weiterweiß, erzähle ich ihr, was mich bedrückt. Plötzlich findet sich ein Weg.

Zu dieser Arbeit habe ich etliche Anläufe genommen. Den ersten 1986-1987 anlässlich eines Aufenthalts am Istituto Europeo Universitario bei Florenz als Jean Monnet-Stipendiat. Es förderte mich auch die Fritz Thyssen Stiftung.

Viele Menschen haben mich bei meiner Suche nach Wahrheit mit Wärme und Freundschaft unterstützt. Ich danke allen! Namentlich erwähnen möchte ich die Professoren Hans Christoph Binswanger, Reinhard Pirker, Richard Sturn und Johannes Heinrichs. Ich danke auch allen, die ganz anderer Ansicht sind. Von ihnen habe ich am meisten gelernt.

Es ist eine große Freude, mit meinem Verleger, Herrn Hubert Hoffmann, zusammenzuarbeiten. Er reagiert extrem rasch, ist hilfsbereit und entgegenkommend. Sein größtes Kompliment, das er mir machte, war die Aussage, dass ich der einzige Autor sei, der positiv über Geld schreibe. Als er mir das sagte, schaute er mich mit ganz verwunderten Augen an.

Mein Buch hat in wenigen Jahren etliche Neuauflagen erfahren. Die Adressaten sind sowohl ein wachsender Personenkreis, der sich Sorgen um die geistigen Grundlagen unserer Zeit macht, als auch Menschen und Initiativen, die um politische Veränderungen bemüht sind. Darunter auch die Vollgeldbewegung, die ich mit ganzer Kraft unterstütze. Das politische Engagement tut mir als Autor gut, und ich hoffe, auch der Bewegung. Als Denker will ich etwas bewegen. Und in der Bewegung denkt es sich besser.

Geld ist Verkörperung einer Relation

GEORG SIMMEL

Vorwort zur zweiten, überarbeiteten Auflage

Geld steht am Beginn und am Ende von Prozessen. Es ist Ergebnis einer Evolution und Voraussetzung dieser. Es wirkt in alles hinein, und alles wirkt auf Geld zurück. Geld hat keinen Anfang und kein Ende. Die größte Schwierigkeit beim Schreiben über Geld ist daher die Reihung der Gedanken und das Vermeiden von Wiederholungen. Ich habe einige Umstellungen vorgenommen, die wiederum andere Umstellungen nötig machten. Das hat sich auch auf die Gliederung ausgewirkt.

In der zweiten Auflage habe ich die „Architektur" meiner Theorie präzisiert und zusätzlich das Bild vom „Haus der Wirtschaft" eingeführt. Wir leben zwar praktisch von der Wirtschaft, verstehen sie aber nicht und „hausen" daher nicht in ihr. Statt von „Sich-Einhausen" (Hegel) könnte man auch von „Aussöhnung mit Geld" sprechen. Das wäre auch ein ganz guter Titel für dieses Buch gewesen.

Die Ereignisse auf den Finanzmärkten zwingen zu einer ständigen Aktualisierung. Das Grundproblem der Überschuldung besteht allerdings weiterhin. Die Politik des Sparens wird darin vorerst nichts ändern. Der Möglichkeit, der Finanzkrise durch eine Politik der Umverteilung zu begegnen, habe ich mehr Aufmerksamkeit geschenkt. Nach wie vor halte ich die Inflation für die wahrscheinlichere aber schlechtere „Lösung" des Überschuldungsproblems. Die entscheidenden Lehren sind von der Politik noch zu ziehen, das „dicke Ende" steht noch bevor.

Insgesamt habe ich etwa ein Drittel des Textes ausgewechselt. Dem Buch wurde ein Register hinzugefügt. Auch deswegen ist es seitenmäßig etwas umfangreicher geworden.

Vorwort zur vierten bis sechsten Auflage

Gedanken müssen wie Messer ständig geschärft werden. Die vierte und fünfte Auflage unterscheiden sich von den Vorgängerinnen durch Straffung und Umstrukturierung auch längerer Passagen. In der vierten Auflage präzisierte ich vor allem meine Ausführungen über den Theorievergleich, also die Teile 3 und 5. In der fünften Auflage habe ich sowohl die Basics (vor allem Teil 2) gründlich überarbeitet, um noch deutlicher als bisher die Notwendigkeit einer Vollgeldreform herauszustellen. Den Abschnitt über die Finanzkrise (2.9) habe ich überarbeitet und einige der neueren Entwicklungen eingearbeitet. Für die sechste Auflage habe ich nur geringfügige Änderungen vorgenommen.

Inhaltsverzeichnis

1.	EINFÜHRUNG	13
2.	DER TAUSCH UND DAS GELD	31
2.1	Grundlagen	32
2.2	Geschichte: Evolution und Schöpfung	83
2.3	Funktionen	96
2.4	Individuum, Gesellschaft, Geld	126
2.5	Geld und Unternehmen	157
2.6	Wachstum	166
2.7	Gestalt und Gestell	178
2.8	Schuld und Vermögen	185
2.9	Die Finanzkrise	233
3.	THEORIEKRITIK	259
3.1	Die (Neo-)Klassik	261
3.2	Systemtheorie	307
4.	TAUSCH: WO BIST DU VERBLIEBEN	313
4.1	Marx: Wertform als Zerrbild der Vernunft	314
4.2	Simmel: Wertform – Quelle der Rationalität	331
4.3	Ökonomik: der verleugnete Tausch	347
5.	PARADIGMENVERGLEICH	357
6.	ZUSAMMENFASSUNG	381
	LITERATURVERZEICHNIS	409
	GLIEDERUNG	425
	PERSONENVERZEICHNIS	434
	SACHREGISTER	437

1. Einführung

> *„Nach Golde drängt, am Golde hängt doch alles."*
> Goethe, Faust I.

> *„Die Haupttatsache der Neuzeit ist nicht, dass die Erde um die Sonne, sondern dass das Geld um die Erde läuft."*
> Sloterdijk, Im Weltinnenraum des Kapitals.

Geld ist nicht alles, aber ohne Geld ist alles nichts

Ohne Geld gibt es keine Gesellschaft, keine Freiheit, kein friedliches Miteinander, keine Entwicklung. Geld ist unentbehrlicher Bewirker und Bestandteil der Zivilisation. Einer meiner Leitsätze ist der: Geld ist nicht alles, aber ohne Geld ist alles nichts. Selbstverständlich garantiert Geld weder Freiheit, noch Frieden oder Fortschritt. Aber ohne Geld sind diese Qualitäten, mit denen wir uns so selbstverständlich identifizieren, nicht zu verwirklichen. Gleichzeitig aber übt Geld als „Gebilde überpersönlicher Kultur" (Simmel) eine gewisse Macht über Menschen aus, die diese nur hoffen können, einigermaßen zu beherrschen, wenn sie sich ihr stellen, nicht aber, wenn sie Geld verdrängen oder so tun, als ob Geld neutral wäre oder es auch ohne Geld ginge. Geld wird uns beherrschen, solange wir es nicht ins Bewusstsein heben.

Auch die Sozialwissenschaften blenden Geld aus ihren Denkansätzen beharrlich aus. Die Ökonomik erklärt es für neutral, die Soziologie schiebt es den Ökonomen zu. Man kann aber ganz unmöglich Gesellschafts- und Wirtschaftstheorie betreiben, ohne Geld zu verstehen.

Die Doppelbotschaft

Seit Darwin wissen wir, dass die belebte Natur über viele Jahrmillionen durch *Evolution* entstanden ist. Die *Geldwirtschaft* – eine rezente Errungenschaft – bedeutet aber, nach allgemeiner Auffassung: Zerfall, Aufzehrung. Abstieg. Langfristig sei nichts Gutes von ihr zu erwarten. Man gibt zwar zu, dass sie einem Teil der Menschheit Komfort beschert habe, glaubt aber, sie würde uns bald zugrunde richten und sie sei ein System, das an den menschlichen Bedürfnissen und den Möglichkeiten der Natur vorbeioperiere. Eine *positive Langfristperspekti*ve ist noch gar nicht wirklich ins Auge gefasst worden.

Die größten und wichtigsten Dinge im Leben sind paradox. Wir erhalten über sie eine Reihe schwer erträglicher Doppelbotschaften. Für Geld trifft dies in besonderem Ausmaß zu. Zwar steht es für Reichtum, zugleich macht es fortwährend auf die Beschränktheit der materiellen Welt aufmerksam. Alles scheint reichlich vorhanden zu sein, nur Geld ist knapp. Dabei ist Geld doch so einfach zu vermehren! Wir lernen schon früh, dass sich alles ums Geld dreht; zugleich bekommen wir gesagt, dass es eine ziemlich miese und Charakter verderbende Sache sei. Wer reich ist, könne in Fülle leben, aber das Geldsystem beruhe auf Ausbeutung, meinen viele. Jeder will reich sein, aber reiche Leute, so heißt es, seien schlecht. Eher gehe ein Kamel durchs Nadelöhr, als ein Reicher ins Himmelreich, steht schon in der Bibel. Die einen vermuten, Geld mache frei, die anderen behaupten, es versklave. Was für ein komisches Ding? Geld ist ein einziges Rätsel, ein Monstrum.

Kein Wunder also, dass viele mit Geld emotional und intellektuell auf Kriegsfuß stehen. Geld wird verdrängt, verachtet, dämonisiert. Der Volksmund sagt: Geld regiert die Welt. Ökonomen sprechen hingegen von Geld als einem Schleier der Wirtschaft. Schon wieder ein Widerspruch.

Wenn man sich doch nur für das Rätsel Geld interessieren würde! Kein Zweifel: wir sind von Geld abhängig. Aber wir sind sicher abhängiger, als es notwendig wäre, weil wir Geld verdrängen. Wir jagen nach dem Geld, und doch rechnen wir mit dem Untergang des Geldsystems. Wenn nicht offen, so klammheimlich, wenn nicht heute, morgen oder übermorgen, so doch in absehbarer Zeit.

Unsere Einstellung, unser Denken über und unser Umgang mit Geld wird darüber entscheiden, wie wir den Herausforderungen des 21. Jahrhunderts begegnen können.

Die zweite Hälfte des 20. Jahrhunderts hat die Menschheit mit einigem Glück überstanden. Die USA und etliche ihrer Verbündeten glaubten, den Kommunismus durch Wettrüsten in die Knie zwingen zu können. Er ging zugrunde, aber nicht am Wettrüsten, sondern an seinem Ziel: der Errichtung einer Gesellschaft ohne Geld. Dass dieses Ziel schon verfehlt war – verwirklicht werden konnte es ohnehin niemals – sah man nicht, weil man die Bedeutung von Geld nicht sah, und bis heute nicht sieht.

Das 21. Jahrhundert beginnt mit einer veritablen Finanz- und Wirtschaftskrise, einer Verteilungskrise und, die schlimmste von allen, einer kaum noch aufzuhaltenden ökologischen Krise. Alle drei resultieren ebenfalls aus Ignoranz gegenüber Geld bzw. der Geldwirtschaft.

Die Komplikation ist nicht Geld, sondern unser Denken über Geld

Man stößt überall nicht nur auf Unwissen, sondern auf einen weitverbreiteten Unwillen, sich mit Geld zu befassen. Unter Intellektuellen gilt es sogar als chic, nichts von Geld zu verstehen. Freilich begehrt man es – es kommt sozusagen aus der Steckdose. Die Philosophie, die Soziologie, ja selbst die Ökonomik (=ökonomische Theorie) haben am Geld-Thema nicht nur kein besonderes Interesse – es wird beinahe systematisch ausgegrenzt.[1] Aus der gelegentlich auftauchenden Erkenntnis, dass Geld notwendig sei, konzediert man diesem bestenfalls, die „wichtigste Nebensache" der Welt zu sein.

Es gibt freilich Ausnahmen. Georg Simmel mit seiner großen „Philosophie des Geldes" (1900) ist die auffallendste Erscheinung. Er war Zeit seines Lebens allerdings ein Außenseiter und wurde von der ökonomischen Theorie kaum zur Kenntnis genommen. Für Simmel ist Geld jene Kategorie, an der sich das Wesen der modernen Wirtschaftsgesellschaft am besten erhellen lässt.

Obwohl die moderne Gesellschaft auf Geld beruht und Geld eigentlich das Selbstverständlichste ist, blieb es für die Wissenschaft aber nur ein Fremdkörper. Wir haben es offenbar mit einem fundamentalen Widerspruch zu tun: Die Schulbuchökonomik, aber nicht nur diese, sondern die ganze wirtschaftswissenschaftliche Tradition und Geld vertragen sich nicht. Man darf also vermuten, dass die ökonomische Theorie auf „falschen" Grundlagen ruht – falsch in dem Sinne, dass sie Geld nicht *den* Platz einzuräumen vermag, den es in der Wirklichkeit der Wirtschaft innehat.

Fremdkörper der Wissenschaften

Der Grund für die Schwierigkeiten der ökonomischen Theorie mit Geld besteht im klassisch-naturwissenschaftlichen Denken: es will die Welt als geschlossenes, durch Kausalitäten bestimmtes System sehen. Dieser Wissenschaftstypus feierte über Jahrhunderte große Erfolge, besonders dort, wo es um die Erklärung materieller Phänomene ging. In der Ökonomik[2] war dieser Wissenschaftstypus zwar erfolgreich, hat aber großen Schaden angestiftet. Einer der Folgen dieses auch auf die Ökonomik übertragenen Wissenschaftstypus ist jedenfalls: Er bietet für Geld keinen Platz. Daher kommt es auch zu gravierenden Fehleinschätzungen und verfehlten Wirtschaftsstrategien. Das Ziel dieser Arbeit besteht darin, durch einen „realistischen" Blick auf Geld einen „realistischen" Blick auf die Wirtschaft zu gewinnen.

Den Ökonomen ist das Problem nicht völlig unbekannt. Die Wachen unter ihnen bemerken, dass Geld – trotz seiner zentralen Stellung in der Wirtschaft – eine sehr sperrige Kategorie ist. Um es trotzdem in den Griff zu bekommen,

---

[1] Deutschmann 2001.

[2] Ökonomie = Wirtschaft, Ökonomik = die Theorie der Wirtschaft.

modifizieren sie gewisse Prämissen ihrer Theorie. Mit kleineren Modifikationen oder Reparaturen aber ist es nicht getan. Diese machen ihre Theorie nur komplizierter, ohne entscheidend weiter zu kommen. Geld bleibt als wissenschaftliche Kategorie der Theorie so fremd, wie die menschliche Seele der Schulmedizin.

Die Schulbuchökonomik konstruiert sich einen geschlossenen Raum dadurch, dass sie die „Natur" durch Produktionsfunktionen und den Menschen durch feststehende Bedürfnisse modelliert. Beide nimmt sie, für den Moment jedenfalls, als gegeben an. Damit eliminiert sie aber sowohl „Geist" als auch Geld aus ihrer Denkwelt. In der Realität ist beides nötig. Der „Geist", weil der Mensch einer seiner selbst bewusstes Wesen ist, ohne das er nicht ein wirtschaftlicher Akteur sein könnte; Geld, weil – wie ich später ausführlich herleiten und begründen werde – sich Gesellschaft nur über Geld herstellen kann. Die Theorie setzt Gesellschaft nun aber einfach voraus, indem sie diese durch eine Annahme ersetzt: Bedürfnisse (Nachfrage) und Produktionsmöglichkeiten (Angebot) werden einander gegenübergestellt und finden über einen Preis einen Ausgleich. Das nennt die Theorie dann Markt! Die Ökonomik setzt also voraus, was sie zu erklären hätte.

Geld als Trigger einer neuen Wissenschaft

Man kann eine Theorie der Wirtschaftsgesellschaft nicht mit der Voraussetzung beginnen, dass sie da ist. Gesellschaft ist nicht vorhanden, sondern bildet sich stets von Neuem.[3] Nichts passiert von allein: „Angebot" und „Nachfrage" sind nicht Mengen, die über einen Preis in Übereinstimmung gebracht werden. Die Beziehungsarbeit müssen schon Menschen leisten: sie interagieren bzw. kommunizieren miteinander. Gesellschaft ist Kommunikation und nichts als Kommunikation, sagt Luhmann. Dabei wirkt Geld als aktives Medium mit. In diesem Prozess entsteht und entwickelt sich der Mensch und wirkt als geistiges Wesen mit.

Ohne Geld gibt es so wenig eine Realität der Wirtschaft, wie es ohne *Sprache* eine für Menschen erfassbare Realität in der Welt gibt. Sprache erschafft Realität, sei es, dass sie Sachverhalte benennt, sei es, dass sie diese kommuniziert und Wissen in der Gesellschaft verbreitet. Auch wenn Worte Tatbestände nur behelfsmäßig bezeichnen (selbst der Poet „stammelt"), sind sie doch in vielerlei Hinsicht alles, was die Menschen „in der Hand" haben, und vieles sind doch eben nur „Worte". Das gilt erst recht für die Wirtschaft. Wirtschaft besteht nicht nur aus Bedürfnissen und der Technik – das sind nur virtuelle

---

[3] Das was ist, befindet sich in Bildung. Ohne diese ist es nicht.

Realitäten, Vorrealitäten gewissermaßen. Zu wirtschaftlichen Realitäten werden diese Größen erst durch Zahlungsakte bzw. in Geld*form* erfolgende Kostenberechnungen. Erst die Vermittlung erzeugt die Realität der Wirtschaft. Wir werden sehen, wie die Form dieser Vermittlung, die Geldwirtschaft, die ganze Dynamik in die Wirtschaft und Gesellschaft hineinbringt.

Die Naturwissenschaften, solange sie sich bloß mit der unbelebten Natur befassen, kamen oder kommen noch immer ohne Geist und ohne Medien aus. Wir dürfen zum Beispiel ohne weiteres annehmen, dass sich die Himmelskörper ganz unabhängig davon, ob wir sie sehen oder nicht und welchen Namen wir ihnen geben, im Weltraum bewegen. In der Wirtschaft aber hat etwas erst Realität, wenn es „Geldform" angenommen hat – die „Geldform" ist die „eigentliche" Realität der Wirtschaft.

Es geht also um die Entwicklung eines Theorietyps, in welchem Geist als beobachtende, interpretierende und entscheidende Instanz und Geld als Vermittlungsträger für die Akteure einen Platz gewinnen und integraler Teil der Theorie der Wirtschaft sind. Wirtschaft ist eben nicht nur ein Naturprozess, wie ihn die traditionelle Theorie gerne darstellen möchte, sondern ein Kulturprozess.

Wirtschaft ist Geist und Geld. **In der Tat ist Wirtschaft ja nichts anderes als das: Menschen haben Ideen, die sie mit Geld verwirklichen, welches aus dem Vergesellschaftungsprozess emergiert. Bedürfnisse sind nur Material, Produktionsmittel Durchlaufposten.**

Was oder Wie?

Der traditionelle Ansatz will aus Inputs Outputs herleiten: Anfangsbedingungen oder exogen vorgegebene Daten sollen das Resultat eindeutig festlegen. Das Pathos dieser Theorie ist Determiniertheit im Sinne der klassischen Mechanik. Von diesem sehr ehrgeizigen, aber gar nicht einlösbaren Anspruch will ich bewusst Abstand nehmen. Denn er verführt zu einer Methodik, die sowohl den Menschen als auch das Gesellschaftliche ausschalten muss, um zu seinem Ziel zu kommen.

Mein Ziel ist viel bescheidener: anstelle des Versuchs der Erklärung *materieller* Strukturen suche ich nach einer Erklärung *morphologischer* Strukturen. Ich will die Gestalt der Geldwirtschaft und deren Funktionsprinzipien verstehen. Ich will nicht wissen, *was* unter bestimmten Bedingungen optimal wäre, sondern *wie* die Geldwirtschaft funktioniert. Folgende Beispiele sollen den Unterschied von „Was-" und „Wie"-Fragen deutlich machen:

Fragen nach dem Was (Ursache – Wirkung)	**Fragen nach dem Wie** (Emergenz[4])
Durch einen externen „Schock" gibt es eine Veränderung. Zum Beispiel: Der Ölpreis verdoppelt sich. Was sind die Auswirkungen dieses Schocks auf – die Sektoren der Wirtschaft? – auf die Höhe des BIP? – die Arbeitslosigkeit? – die Leistungsbilanzen der beteiligten Länder, usw.?	Wie entsteht eine Geldwirtschaft?
	Muss eine Wirtschaft immer wachsen, um sich als System zu erhalten?
	Kann ein zentraler Plan den Markt ersetzen?
	Ist Geld neutral oder nicht neutral, und in welcher Hinsicht?
Welche Wirkungen auf die Inflation gehen von einer Erhöhung der Zinsen aus?	Was ist die Bedeutung von Privateigentum für die Wirtschaft?
Wird der Aktienkurs durch einen Merger steigen?	Was ist ein Unternehmen? Eine Entscheidungseinheit? Eine Organisation? Eine Hierarchie? Ein soziales System?

Man sieht hier sofort: *Was*-Fragen setzen das Wissen voraus, *wie* das System, das von einem exogenen „Schock" getroffen wird, reagiert. Um freilich zu wissen, *was* passiert, muss ich die *Qualität* dieses Systems kennen. Um zum Beispiel zu wissen, wie ein Tier auf einen Reiz reagiert, muss ich wissen, um welches Tier es sich handelt. Eine Katze reagiert auf Reize anders als ein Hund. Eine Fliege sieht anders als ein Mensch und reagiert daher auch anders. Eine Wirtschaft ohne Geld, sofern eine solche überhaupt vorstellbar ist, ist ein völlig anderes „Ding" als eine Wirtschaft mit Geld. Eine reife und ausgebildete kapitalistische Wirtschaft zeigt andere Verhaltensparameter als eine sich erst formierende Wirtschaft.

Gestalt, Ordnung

Wenn ich also wissen möchte, *was* ein System tut, muss ich wissen, *wie* es „tickt", d.h. wie es funktioniert. Statt von „Funktionsweise" kann man auch von *Gestalt* oder *Ordnung* sprechen.

---

[4] Unter Emergenz versteht man die spontane Herausbildung von neuen Eigenschaften oder Strukturen eines Systems infolge des Zusammenspiels seiner Elemente. Dabei lassen sich die emergenten Eigenschaften des Systems nicht auf Eigenschaften der Elemente zurückführen, die diese isoliert aufweisen.

1. Einführung

Lebende Systeme sind keine Maschinen, sondern eigene Wirklichkeiten, die sich dem physikalischen Gesetz der Entropie durch Schaffung einer „Ordnung" widersetzen. Sie weisen Systemeigenschaften auf, die nicht auf die Eigenschaften ihrer Elemente rückführbar sind. Bei lebenden Systemen rufen die gleichen Inputs (äußere Schocks) nur selten die gleichen Outputs (Ergebnisse) hervor. Das Ganze entsteht nicht nur durch Aggregation, sondern auch durch *Emergenz*. Veränderungen kommen also nicht nur von außen, sondern auch von innen. Daher geht die auf Maschinen anwendbare Input-Output-Logik fehl.

Ordnungen wirken, ähnlich Naturgesetzen, aber nicht mit der gleichen Stringenz wie diese. Dennoch beeinflussen sie menschliches Fühlen, Denken und Verhalten. Man könnte auch von *Energiefeldern* sprechen, die dem Menschen einen gewissen Rahmen und Orientierung geben. Der Einzelne kann *mit* diesem Feld gehen, dieses Feld in gewissen Bandbreiten umgestalten, oder sich auch gegen dieses Feld stellen. Man kann z.B. dem momentanen Impuls nachgeben, kann sich aber auch gegen ihn entscheiden.[5]

Die Familie ist die uns geläufigste Ordnung, bestehend aus den Ahnen, Großeltern, Vater, Mutter und Kindern. Familienaufstellungen zeigen, was für ein archaisch-kraftvolles Feld Familien sind, und dass es gut ist, deren „Ordnungen" einzuhalten.[6]

Die Geldwirtschaft ist eine Ordnung ganz anderer Art. Auch bei ihr handelt es sich um eine Art „magnetisches Feld", das stark wirkt. Das Feld konditioniert, determiniert aber nicht. Die Aussicht auf Gewinn reizt zwar, man kann aber auch auf ihn verzichten. Wirtschaften erfolgt bekanntlich immer in der Zeit. Daher stellt sich stets die strategische Frage, für welchen Zeitraum das Gewinnziel gelten soll. Auch das bietet Spielräume. Man kann um des kurzfristigen Vorteils wegen den Geschäftspartner hereinlegen – und ihn verlieren –, oder mit ihm nach einer fairen Lösung suchen – und ihn gewinnen. Tatsache aber ist: Da Geld die Zugriffsgeschwindigkeit und damit die Zahl der Opportunities um ein Vielfaches erhöht, reizt es ständig zu neuem Tun. Um die Zeit, die Geld schenkt, nicht durch Aktivitäten zu verlieren, zu denen Geld verlockt, ist viel geistige Disziplin erforderlich. – Das Energiefeld des Geldes ist begrenzt und muss begrenzt werden. Wer sich ihm ganz ausliefert, wird zerstört.

---

[5] Naturgesetze haben eine größere Stringenz als vom Menschen geschaffene Ordnungen oder Systeme. Der Schwerkraft entkommt niemand – gleichwohl kann man unter seiner Einwirkung gehen oder tanzen. Aus sozialen Ordnungen aber kann man notfalls „aussteigen" oder sich gegen sie entscheiden.

[6] Hellinger, 2007

Nicht Kausalität, sondern Emergenz

Geldwirtschaften sind emergente Strukturen. Hayek und andere vor ihm sprechen von einer spontanen Ordnung. Damit scheint mehr oder minder das Gleiche gemeint zu sein: dass es sich um ein Gebilde handelt, das nicht Ergebnis bewussten Handelns und damit auch nicht planbar sei; dass es nicht auf seine Elemente (Subjekte, Objekte) zurückführbar sei; dass es sich vielmehr um eine eigenständige, neue Wirklichkeit handle; dass dieses Ganze gewisse Eigenschaften habe. Man könne nur abschätzen, was der Einzelne tut, wenn ein Wissen über diese Eigenschaften – die *Gestalt der Wirtschaft* als Geldwirtschaft vorhanden sei. Aus diesem Grunde sollte jede Humanwissenschaft auch Wissenschaft dieser Ordnung – der gesellschaftlichen Gestalt – sein.

Aussagen dieser Art werden zunächst auf Verständnisschwierigkeiten stoßen, da die Methodik der Theorie einer Gestalt erst angedacht ist, zum Beispiel in der Theorie der Sprache (Saussure) oder in den allgemeinen Theorien sozialer Systeme (Luhmann 1984, Nooteboom 2006, Brodbeck 2009). Im Bereich der Wirtschaft, für welche diese Art von Denkansätzen sehr fruchtbar wäre, fehlt diese Denkweise fast völlig.

Glücklicherweise kann ich an gewisse theoretische Traditionen anschließen, wenn auch an solche, die in der traditionellen Ökonomik unbeachtet blieben. Da ist zunächst einmal Karl Marxens Wertformanalyse, das beste Stück seiner Kapitalismustheorie. Leider desavouiert Marx diese Theorie mit der Arbeitswertlehre (als Substanztheorie), die er von den Klassikern übernimmt. Er desavouiert es vor allem mit seiner kommunistischen Utopie – dem Traum einer vernünftigen Gesellschaft ohne Geld. Dann vor allem der schon erwähnte Georg Simmel. Völlig anders im Stil und Absicht, greift er Marxens Analyse der Wertform in der „Philosophie des Geldes" (1900) auf und führt sie weiter. Simmel zeigt, wie aus dem Tauschen das Gebäude objektiver Formen wirtschaftlicher Kultur entsteht und wie dieses Gebäude auf menschliches Bewusstsein und Verhalten zurückwirkt.

Ähnlich wie auch Simmel setze ich beim Tausch an, zerlege diesen allerdings in die Handlungen des Gebens, Nehmens, Ausgleichens bzw. Nichtausgleichens. Wie auch er mache ich den Tausch (Wechselbeziehung) zum Basiselement der Theorie der Wirtschaftsgesellschaft. Den methodologischen Individualismus, der das fertige Subjekt zum Ausgangspunkt machen möchte, lasse ich im Wissen zurück: Subjekte werden zu wirklichen Subjekten ja erst durch deren Wechselbeziehungen zueinander. Denn Menschen leiten ihr Denken und Handeln stets durch Medien (Sprache, Geld) hindurch, deren Entstehen auf ihre Teilhabe zurückzuführen ist. Damit schließe ich an die moderne Systemtheorie um Förster, Luhmann, Willke, Baecker, Nooteboom, Capra und viele andere an. Deren Ziel ist ein neues Verstehen des Verhältnisses von Teil und Ganzem. Für die Systemtheorie ist das Ganze kein Aggregat aus Teilen, sondern wird durch das Zusammenspiel von Teilen hervorgebracht (durch Emergenz), welche in diesem Prozess ihren Charakter verändern. Ein Beispiel ist die gleichzeitige Entstehung von Bürgergesellschaft und bürgerlichen Subjekten. Deren Tauschinteraktionen treiben Geld als emergentes Drittes hervor, welches sowohl das biologische oder traditionelle (Vor-)Subjekt[7] in das bürgerliche Subjekt und zugleich die kleinen Gemeinschaften in Großgesellschaften transformiert. Wir gehen also nicht von fertigen – festen – Subjekten und deren parametrischen Umgebungen aus, sondern erhalten diese als Ergebnis ihrer wechselseitigen Beziehungen im Tauschgeschehen.

Geld möchte ich also nicht nur als Ding verstanden wissen, das wir besitzen oder nicht, welches wir abzählen und das wir zum Kauf anderer Güter zu Zeitpunkten, über die wir entscheiden, verwenden können, sondern als ein Etwas, ohne das weder der Bürger als Subjekt noch die Wirtschaft als Ganzes, so wie sie ist oder auch sein könnte, bestehen kann. Die Untersuchung des Geldes muss daher an den Prozessen ansetzen, aus denen das Ganze – die Geldwirtschaft – emergiert.

Fragestellungen

Wissenschaft des Geldes ist daher mehr als der Versuch, über einen Gegenstand systematisches Wissen erlangen zu wollen; also mehr als nur Wissensbetrieb. *Wissenschaft über Geld ist Wissenschaft vom Menschen.* Damit sprengt die Fragestellung, die ich hier verfolge, den Rahmen einer an bloß gegenständlicher Objektivität orientierten Wissenschaft.

In dieser Arbeit gehe ich drei Fragestellungen nach:
1. Was hindert die ökonomische Theorie, der Kategorie Geld den ihr angemessenen Platz zur Erklärung wirtschaftlicher Probleme zu verschaffen?
2. Wie sieht eine Theorie aus, die Geld den ihm angemessenen Platz einräumt, d.h. wie sieht eine Theorie der Geldwirtschaft aus?
3. Was ist eine dem Geld angemessene Haltung?

Bei der *ersten* Frage geht es um die Auseinandersetzung mit der traditionellen ökonomischen Theorie. Bei der *zweiten* um die Suche nach einem neuen, längst fälligen und von verschiedenen Seiten bereits angedachten Paradigmenwechsel. Bei der *dritten* Frage geht es um Ethik. Denn Theorie ist nicht nur

---

[7] Angehörige einer Sippe.

eine neue Beschreibung der Welt, sondern impliziert immer auch (explizit oder implizit) eine Haltung. Der reflektierte Mensch weiß ja längst: Die Welt ist zwar irgendwie objektiv gegeben, zugleich aber verändert sie sich schon durch seine Beobachtung, durch seine Gefühle, durch sein Denken und erst Recht durch sein Handeln. Er ist Mitschöpfer der Welt, in der er lebt, und damit Teil der Realität, die er beurteilen möchte.

Das zeigt sich gerade beim Thema Geld. Der Mensch findet Geld zwar als „System" vor und richtet sein Handeln an ihm aus. Gleichzeitig lässt Geld ihm nicht nur neue Gestaltungsmöglichkeiten zuwachsen, sondern fordert ihn sogar zur Gestaltung heraus. Der moderne Mensch muss sich daher nicht nur ständig an seine Umwelten anpassen, sondern ist permanent Gestalter dieser. Damit ist natürlich auch die Sinn-Frage angeschnitten.

Geld vermittelt selbst keinen Sinn. Aber Geld macht Sinn, weil es Menschen gestattet, ihr Potential zu heben, friedlich miteinander zu verkehren und Gesellschaften zu bilden. Mit Geld als dem allgemeinsten Mittel (Simmel 1900), das dem Menschen zu Gebote steht, zurecht zu kommen, ist seine Aufgabe und sein Schicksal.

Geld verändert die Welt. Man könnte der Auffassung sein, dass gerade darin das Wesen des Geldes bestünde. Das aber wäre zu relativistisch. Geld verändert die Welt durchaus nicht so, dass es sinnlos wäre, danach zu fragen, was der gesunden Ordnung seit jeher zugrunde gelegen hat oder zugrunde liegen wird. Geld zeigt uns vielleicht erst wirklich diese gesunde Ordnung auf, indem es eine Ordnung für viele und virtuell alle Menschen möglich macht. Das deshalb, weil in Geld eine Kraft liegt, die immer gegolten hat und sich insofern der Zeit entzieht. Wird dieses der Zeit Entzogene nicht geachtet, macht es sich auf unheilvolle Weise geltend. Insofern ist das Modernste doch auch das Zeitloseste.

Aufbau der Arbeit

Teil 2. Der Tausch und das Geld
Theorie heißt vor allem „*hinschauen*". Anstatt, wie oft üblich, ganze Theorietürme vor uns herzuschieben und von leeren Begriffshülsen wie Angebot, Nachfrage, Gleichgewicht, Stabilität, Märkten usw. auszugehen – Begriffen also, welche „Gesellschaft" voraussetzen –, *betrachten* wir die grundlegenden *Operationen* in der Wirtschaft. Wir beginnen mit einfachen Handlungen wie dem Geben, Nehmen, Ausgleichen – dem Austauschgeschehen also. Wir vollziehen nach, wie diese elementaren (aber selbst wieder voraussetzungsvollen) Formen und Vorgänge ganze Gebirgslandschaften an weiteren Formen, darunter auch Geld, Vermögenswerte, zahlreiche Institutionen und schließlich die Geldwirtschaft als System hervorbringen.

Wir beginnen also bei elementaren Grundvorgängen und steigen nach oben. Unsere Gedankenarbeit vollzieht nach, wie Wirtschaft entsteht, d.h. wie sich ein Ganzes aus den Wechselbeziehungen der Individuen von unten her bildet. Das Ergebnis dieser ständig stattfindenden, sich ständig erneuernden Aufbauarbeit ist die *Geldwirtschaft*. Sie steht nun *als Gestalt*, d.h. als morphologische Struktur vor uns. Sie wirkt auf den Menschen und seine „Operationen" zurück und konditioniert sein Leben.

Aber es geht nicht nur um GELD, sondern auch um SCHULD. Tauschen heißt Ausgleichen. Nicht immer kann oder soll eine Gabe durch eine Gegengabe ausgeglichen werden. Infolgedessen entsteht *Schulden* bei den einen, *Forderungen* bei den anderen, die sich über die Zeit kumulieren. Der Leistungsfluss (Stromgrößen) – das Geben, Nehmen – wird also durch Bestandsgrößen – Schulden, Forderungen – begleitet, die auf die Stromgrößen Einfluss nehmen. Die dabei gewonnenen Einsichten benützen wir zu einem ausführlichen Abstecher in die Welt der Finanzmärkte und analysieren die Gründe, die zur Finanzkrise geführt haben und suchen nach Lösungen.

Teil 3. Theoriekritik
Um Gäste in sein zu kurzes Bett einzupassen, so die alte griechische Sage, schnitt Prokrustes ihnen einfach die Beine ab. Ähnlich verfährt die Wirtschaftswissenschaft mit Geld: Um Wirtschaft in ihr „Bett" zu zwängen, muss sie alles abschneiden, was mit Geld zu tun hat. Was ist das für eine ökonomische Theorie, die der bedeutendsten aller ihrer Kategorien, dem Geld, keinen Platz bietet? Oder die zusammenbricht, wenn sie sich mit Geld konfrontiert? Zwei Gedankengänge können uns hier vielleicht weiterhelfen.

Erstens: Die Wirtschaftswissenschaften sind ein weites Feld und haben eine schier unübersehbare Anzahl sehr verschiedener Ansätze. Trotzdem: jede ihrer

Ansätze hat Schwierigkeiten mit Geld. Das lässt auf einen grundlegenden Konstruktionsfehler im ökonomischen Denken schließen.

Zweitens: Viele sehen die größte Errungenschaft der Ökonomik darin, dass sie ihr ureigenstes Anliegen, eine Theorie der optimalen Allokation der Ressourcen, in immer rigoroserer und universellerer Form zu formulieren wusste. Dabei fällt auf: je rigoroser die Modelle, desto größer sind die Schwierigkeiten, die sie mit Geld haben.

Um den Konstruktionsfehler der Ökonomik zu erkennen, müssen wir also erst gar nicht die zahlreichen Theorien und Ansätze der Ökonomik abgrasen, sondern müssen in das *Zentrum der Theorie* gehen, ihre Struktur erkunden und herausfinden, warum sie mit Geld nicht kompatibel ist. Wenn wir einmal durchschaut haben, warum das Zentrum „leer" ist, können wir auch sehen, warum die „anderen" Theorien, die in geringerem oder weiterem Abstand zu diesem Zentrum operieren, im Prinzip die gleichen Schwierigkeiten mit Geld haben.

Teil 4. Tausch, wo bist Du verblieben?
Der Grund für die Schwierigkeiten ist immer der gleiche: Die Theorie hat den *Tausch* als gesellschaftsbildende Operation verdrängt. Das zeigt ein kurzer Streifzug durch die Theoriegeschichte. Nur Marx und Simmel widmen sich dem Tausch ausführlich, Marx allerdings auch nur mit verächtlichem Blick. Alle anderen, allen voran die Neoklassiker, haben mit ihm nichts am Hut. Das hindert diese aber durchaus nicht daran, ihre Theorie als Theorie des Tausches auszugeben. Und die Kritiker der Neoklassik fallen auf diese Täuschung noch herein.

Vom Marxismus als Keimform der Entfremdung verachtet, von Keynesianern für neoklassisches Denkwerkzeug gehalten, stehen die Chancen für eine Renaissance des Tausches denkbar ungünstig. Auch Simmel muss ich vor der Allerweltsinterpretation retten, er sei ein Grenznutzentheoretiker. Die Wegweiser zu einer Ökonomik als Gesellschaftstheorie sind also denkbar falsch gestellt.

Teil 5. Paradigmenvergleich
Harte Überzeugungsarbeit steht mir bevor. Um meiner Argumentation Nachdruck zu verleihen, stelle ich die beiden Denkwelten oder „Paradigmen" gegenüber: das Schulbuchdenken, das die Wirtschaftswissenschaften zwar zu überwinden versuchen, in welches sie aber doch immer wieder zurückfallen – und das neue Denken, das Wirtschaftswissenschaften als Sozial- und Kulturwissenschaft rehabilitieren möchte.

Teil 6. In der **Zusammenfassung** möchte ich die Ernte einfahren. Geld und das Geldsystem lässt sich nicht mit traditionellen Denkmitteln „einfangen". Wir brauchen dazu eine neue „Weltformel", die den Focus nicht auf die Substanz, d.h. auf die Welt der Dinge, sondern auf die Relationen legt. Im Tausch und der aus diesem emergierten Formen entsteht Realität. Eine andere *wirtschaftliche* Realität gibt es nicht. Die Leserin und der Leser werden erstaunt sein, welche praktischen Konsequenzen dieser neue Theoriefocus sowohl für die Analyse als auch für die Wirtschafts- und Ordnungspolitik hat.

Die Beschreibung der Wirtschaft als Zusammenspiel bloß monadisch operierender Egoismen ist nicht nur objektiv falsch. Sie muss auch überwunden werden, um neue Handlungsorientierungen zu geben.

Erstens möchte ich aufzeigen, dass der wirtschaftliche Wohlstand Ergebnis von (bestimmten) Relationen und morphologischen Strukturen ist und nicht nur den materiellen Ressourcen zugeschrieben werden darf. Zweitens möchte ich auf die Handlungsräume hinweisen, die die Menschen in der Geldwirtschaft haben. Diese werden ihnen von Theoretikern verschiedensten Couleurs gerne in Abrede gestellt. Die einen sehen die Welt als Maschine, die anderen lechzen nach einer Utopie, und beide trachten danach, den Menschen im gegebenen System jegliche Handlungs- und Gestaltungsmöglichkeiten abzusprechen. Drittens geht es um Orientierung. Man kann Ordnungen nur überwinden, wenn man sie kennt und anerkennt. Um mit ihnen gut zurechtzukommen, muss man wissen, wie sie funktionieren. Um Ordnung in die Geldverhältnisse zu bringen, brauchen wir eine positive Vision der Bürgergesellschaft.

Mein Zugang zu Geld

Studium der Ökonomik und Marx als Lehrmeister ex negativo

Wer Wirtschaft studiert, wird sich auch eingehend mit der zentralen ökonomischen Kategorie, dem Geld, befassen – möchte man meinen. Das Gegenteil trifft eher zu: Wer sich für Geld wirklich interessiert, muss sich woanders umsehen. Das zeigt auch meine persönliche Lerngeschichte.

Nach einem Semester Studium Generale in Innsbruck wechselte ich an die Freie Universität Berlin und entschied mich für das Fach Volkswirtschaft. Es gab zwar Spezialvorlesungen über Geld. Aber über Geld erfuhr ich wenig. Meine Diplomarbeit war orthodox-neoklassisch, formal und mathematisch. Ich schrieb über ein Gleichgewichtssystem im Handel zwischen zwei Ländern, die jeweils zwei Güter erzeugen. Ich zeichnete viele Kurven und strapazierte höhere Algebra – aber Geld kam in meiner Arbeit nicht vor. Erst die Bewegung der 68er brachte mich mit dem Thema Geld in Berührung. Mein Lehrmeister war Marx. Von ihm, dem Geldfeind schlechthin, lernte ich über Geld und die Wirtschaftsgesellschaft mehr als ich aus der Schulbuchökonomik gelernt habe und wahrscheinlich auch je lernen könnte. Damit wurde meine erste intensive Lernphase, was Geld betrifft, angeschoben.

Marx zeichnete dessen Entwicklung nach: Vom Tausch zum Geld, vom Geld zum Kapital. So erhellend seine Theorie über die Entstehung und Wirkung des Geldes für mich war, so dunkel blieb mir allerdings seine Vorstellung, was an die Stelle von Tausch, Geld und Kapital treten könnte, welche er in dem von ihm erträumten Kommunismus zu überwinden hoffte. Wie eine Gesellschaft ohne Tausch und Geld funktionieren könnte, dazu schwieg Marx beharrlich, und meine marxistisch-orientierten Kommilitonen wussten auch nichts besseres, als Engels zu zitieren: Es werde sich alles weisen, wenn die Kommandohöhen der Wirtschaft erobert sein würden. Ich war verärgert. An den Sozialismus wollt' ich schon glauben, aber ich wollte zumindest wissen, wie er funktionieren könnte.

Also begab ich mich auf die Suche nach einer tragfähigen Theorie und begann, meine Dissertation zu schreiben. Meine Fragestellung lautete: Lässt sich aus der Werttheorie von Marx eine Perspektive für den Aufbau einer sozialistischen (nichtkapitalistischen) Gesellschaft gewinnen? Das Ergebnis lautete: Nein. Jedenfalls nicht, wenn Marx wörtlich genommen und orthodox interpretiert wird. Damals berief sich die gesamte „Zweite Welt" auf Marx, und die eben gestellte Frage war alles andere als weltfremd. Ich wies erstens nach, dass Marxens Theorie die perfekte Grundlage für den Stalinismus lieferte. Zweitens zeigte ich die Unmöglichkeit der Abschaffung von Geld und damit die Unsinnigkeit der Forderung nach einer solchen auf. Trotzdem aber wollte ich weiter an die Möglichkeit des Sozialismus als einer Alternative zum Kapitalismus glauben und versuchte daher, Marx durch eine Reinterpretation seiner Wertlehre zu retten.[8]

Ich „glaubte" weiter an Marx und litt zugleich am „Sozialismus". Die Sowjetunion trampelte 1968 den Prager Frühling nieder. Meine Sympathie galt zwar den osteuropäischen Reformern und Reformen. Aber mein Denken war weiterhin von Konzepten des Mainstream und vom Marxismus geprägt.

1975 wechselte ich von Berlin mit Familie ins gemütlichere Wien. Als Wirtschaftsforscher am Wiener Institut für Internationale Wirtschaftsvergleiche

---

[8] Die Dissertation veröffentlichte ich unter dem Titel: „Sowjetökonomie: Warenwirtschaft oder Sachverwaltung – Ein Beitrag zu einer alternativen Theorie des Sozialismus – Studie zur Werttheorie". Achberger Verlagsanstalt, 1976.

machte ich mein akademisches Hobby, „das Studium des Sozialismus", zu meinem Beruf. Dort wühlten wir in Zahlen, reisten, und knüpften zahlreiche Kontakte nach Osteuropa. Das tat gut. Nach den intellektuell anspruchsvollen, aber auch in mancherlei Hinsicht verwildernden Berliner Jahren wurde ich zum genauen und neutralen Beobachten und Beschreiben erzogen. Ich forsche auf verschiedensten Feldern: über die Preisstellung im Comecon-Handel (wer beutet wen aus: die Sowjetunion die Bruderländer, oder diese die Sowjetunion?), über die Energiewirtschaft der Oststaaten, deren Investitionspolitik, über die Wirtschaft der DDR, für die ich *der* Experte aus Österreich wurde, usw.

Die Phase des Kalten Krieges war 1975 bereits vorbei. Die Welt hatte sich längst an die Existenz zweier unterschiedlicher, ja gegensätzlicher Systeme, die sich in zwei Blöcken organisierten, gewöhnt. Das passte perfekt in das Konzept des Mainstream: Dieser unterstellt die Existenz wirtschaftlich vernünftiger Zustände und behauptet, diese könnten durch verschiedene Koordinationsformen erreicht werden (Planwirtschaften oder Marktwirtschaften). Diese Grundannahme lag der Ost-West-Zusammenarbeit wie auch der Ostforschung zugrunde.

Kaum jemand wollte die „Systemfrage" stellen. Jeder nahm an, der Sozialismus würde für immer existieren. Man befürchtete sogar, von ihm überholt zu werden und rüstete für einen starken Gegner. Erst kurz vor seinem Zusammenbruch bemerkte man, dass es überall bröckelte.

Simmel befreit mich vom Glauben an eine gegebene Welt
Im Jahre 1980 empfahl mir ein Freund die Lektüre der „Philosophie des Geldes" von Georg Simmel. Indem ich mich Seite für Seite durch dieses Werk arbeitete, wurde mir die Systemfrage wieder virulent – allerdings mit der für mich überraschenden Konsequenz, dass die Vorstellung von einem vernünftigen oder optimalen Zustand nicht mehr systemneutral gefasst werden kann. Meine Schlussfolgerungen war dann: Außerhalb von Markt und vor allem von Geld gibt es gar keine Wirtschaft. Erste Zweifel der Richtigkeit der sozialistischen Doktrin, die ja darauf beruhte, dass die Beseitigung von Tausch (Markt) und Geld die Voraussetzung zur Erreichung einer vernünftigeren Wirtschaft sein würde, waren mir ja schon bei meiner Dissertation aufgetaucht. Durch Simmel wurde mir aber die Bedeutung des Geldes für die Selbstorganisation moderner Gesellschaften in vollem Umfang bewusst: Geld ist nicht der Schleier der Wirtschaft, wie die Ökonomik behauptet, sondern der Macher der Wirtschaftsgesellschaft. Für mich war klar, dass diese Erkenntnis unmittelbare Bedeutung für die Beantwortung der Systemfrage haben müsste. Ich kam zur

Auffassung, dass keine *Gesellschaft* ohne Geld auskommen könnte; dass der Sozialismus an seiner eigenen Zielsetzung zugrunde gehen müsse.

Nun begann die eigentliche Arbeit. Sie begann mit der Suche nach Antworten auf die wichtigste Schicksalsfrage, die die Welt in zwei Teile spaltete. Das Studium ökonomischer Literatur blieb unergiebig. Der Mainstream lässt, wie schon gesagt, offen, über welche Koordinationsform der wirtschaftliche Zusammenhang herzustellen sei. Auch die deutsche Ordnungstheorie schloss sich dieser Logik an. Ich musste feststellen, dass auch die über Jahrzehnte von Mises, Hayek, Oscar Lange und vielen anderen geführte Sozialismusdebatte ohne Ergebnis blieb.[9] Das war eine große Enttäuschung. Ich empfand es skandalös, dass die Wissenschaften vor der Systemfrage kapitulierten.

Auch die Soziologie blieb Sozialismus-gläubig. Von der Systemtheorie Luhmanns holte ich mir viele Anregungen, aber auch sie war Sozialismus-neutral. Ich dachte immer, aus dem Konzept der Autopoiese[10] müsste eine klare Stellung ableitbar sein. Ich konfrontierte Luhmann persönlich mit dieser Frage. Er winkte ab.

Mit Ausnahme von Simmels Geldphilosophie konnte mir keine Theorie eine Orientierung geben. Ich hielt weiter an der Idee fest, dass Geld eine essentielle und durch nichts ersetzbare Funktion für die Gesellschaft habe, und je mehr ich forschte und nachdachte wurde ich bestätigt: Am Geld scheiden sich die Geister. Am Geld müssen sich die Sozialwissenschaften, ganz voran die Ökonomik bewähren. Die Auseinandersetzung mit dem Sozialismus – der Antipode des Geldes – hatte mich auf die Spur gebracht.

Etwa gleichzeitig mit Simmel kam ich auch mit der Lehre Rudolf Steiners in Berührung. Steiner denkt in allem in Richtung Heilung, nicht Ausmerzung. So geht er auch nicht gegen Geld an, sondern empfiehlt einen Weg mit Geld. Geld ermöglicht Freiheit, sagt er, Geld erfordert Gestaltung. Sätze wie diese sprachen mich vom zwanghaften Negieren des Bestehenden frei.

Mit Simmel und Steiner veränderten sich sowohl mein Blick als auch meine Einstellung zur Realität. Mit Simmel sehe ich: Es gibt keine Alternative zum Kapitalismus. Der Kapitalismus ist *die* Form der Organisation der modernen Gesellschaft – das Schicksal der Moderne, unser Schicksal. Steiner erlaubt mir nicht nur die Möglichkeit, die Welt als gestaltbar zu empfinden, sondern sieht dies als Aufgabe. Der Weg zur Freiheit kann nicht nur darin bestehen, dem Kapitalismus etwas entgegenzusetzen, sondern ihn, gemäß seinen eigenen Möglichkeiten, von innen heraus zu gestalten.

---

[9] Lavoie 1985.
[10] Autopoiesis (alt-griechisch) = das sich selbst Machen.

Box 1: Sozialismus = Eliminierung von Ware-Geld-Beziehungen

Der Sozialismus definiert sich als System, in welchem sogenannte „Ware-Geld-Beziehungen" beseitigt sein sollten. Sie existierten zwar weiter, wurden aber als Rückbleibsel, als Muttermale der kapitalistischen Gesellschaft denunziert. Statt über den Markt, sollte die Allokation möglichst durch ein zentrales Subjekt – den zentralen Planer – ausgeführt werden. Statt bürgerlichem Tausch: staatliche Administration.[11]

Dass der Sozialismus an diesem Austreibungsversuch zugrunde ging, lässt sich auch empirisch nachvollziehen. Zwischen dem Grad der Zentralisierung ökonomischer Prozesse, d.h. der Eliminierung von Geld und Warenverhältnissen und der Performance realsozialistischer Wirtschaften gibt es eine starke positive Korrelation. Die rigidesten Geldverdränger: Albanien, Rumänien (ca. ab 1975), die UdSSR, Bulgarien, die DDR und Tschechoslowakei hatten das niedrigste Niveau in Ost- und Mitteleuropa oder fielen gegenüber ihren Nachbarländern am weitesten zurück – Ost- gegenüber Westdeutschland, die ČSSR gegenüber Österreich. Ungarn und Polen hingegen schnitten mit ihren „schlampigen" Sozialismen vergleichsweise besser ab. Jene Geldaustreibungskampagnen wirken im Übrigen bis heute nach.

Und was der „Sozialismus" damals besonders scharf bekämpfte, nämlich den Kapitalismus, fiel dann in umso ungeordneterer Form über ihn herein. Länder, welche die Reinheit der Lehre besonders doktrinär aufrechtzuerhalten suchten, fielen nach „dem Fall der Mauer" noch weiter zurück und produzierten wirtschaftlich, sozial und menschlich desaströse Verhältnisse. Länder hingegen, die schon frühzeitig Weichen in Richtung Marktwirtschaft stellten, schafften den Übergang relativ leichter.

Bert Hellingers Buch „Ordnungen der Liebe", das übrigens auch vom Geben, Nehmen und Ausgleichen spricht, gab mir einen weiteren Impuls. Es erweckte in mir den Wunsch, parallel zu den „Ordnungen der Liebe" ein Buch über die „Ordnung des Geldes" zu schreiben. Auch wenn das vorliegende Buch nicht so heißt, es ist so gemeint. Denn es geht nicht nur um Analyse, sondern auch um Gestaltung; nicht nur um Wissen, sondern auch um Heilung.

---

[11] Naiv und in völliger Verkennung der gesellschaftlichen Realität, aber ideologisch konsequent meldete Erich Honecker 1972, damals Staatsratsvorsitzender der DDR, an Breschnew den Sieg des Sozialismus, nachdem auch die halbstaatlichen Betriebe ins staatliche Eigentum überführt worden waren.

Ohne Geld wären wir nicht geworden, was wir sind. Geld ist nicht nur das, was es ist, sondern auch das, was wir daraus machen können. Unser Wollen muss sich freilich am Verstehen orientieren. Nur dann können wir die Kräfte des Geldes für uns nutzen.

1997 verließ ich das Wiener Institut für Internationale Wirtschaftsvergleiche und machte mich selbständig. Nach intensiven Schulungen bei mehreren Trainern wurde ich Coach und Trainer. Als selbständiger Coach und Trainer habe ich über Geld gelernt, was man aus Büchern nicht lernen kann.

Die Bedeutung des Geldes erkannte ich aus der Auseinandersetzung mit dessen Antipode, dem Sozialismus. Ich freundete mich mit Geld an, da ich mir bewusst wurde, dass es nur *mit* Geld geht.

Geld ist nicht alles, aber alles ist nichts ohne Geld.

2. Der Tausch und das Geld

„Geld ist Verkörperung der Tauschrelation" –
Georg Simmel

In Teil 2 möchte ich ein neues Verständnis von der Wirtschaft als Geldwirtschaft vermitteln; d.h. aber nicht, dass ich die Wirtschaft nur von der Seite des Geldes, also gewissermaßen durch die „Brille" des Geldes betrachten will. Nein: ich will ein Verständnis der Wirtschaft als Geldwirtschaft vermitteln, weil eine Wirtschaft nur Wirtschaft ist, weil sie auch Geldwirtschaft ist. Das zu begründen oder festzuhalten, ist durchaus notwendig, weil nicht nur die Allgemeinheit, sondern auch die Wirtschaftswissenschaften so tun, als ob es eine Wirtschaft auch ohne Geld geben könne. Das aber ist einer der größten Irrtümer, die es zu überwinden gilt.

Bei meinen Ausführungen muss ich daher zunächst größtmöglichen Abstand zur herrschenden Wirtschaftstheorie halten. Im Wesentlichen begnüge ich mich mit Rückgriffen auf Marxens Wertformanalyse, Georg Simmels „Philosophie des Geldes" und mit den Ausführungen von Hans Christoph Binswanger zum Kredit-Wachstumsmechanismus der Wirtschaft. Ansonsten möchte ich lieber die Wirtschaft „direkt" zu Ihnen sprechen lassen, indem ich vorführe, wie die *Grundoperationen* des Gebens und Nehmens *den Raum der Wirtschaft entfalten*. Wir brauchen nur begrifflich nachvollziehen, was in der Wirklichkeit passiert. Die Auseinandersetzung mit den Theorien verschiebe ich auf Teil 3, denn ich bin der Ansicht, dass die bestehenden Theorien das Verständnis von Geld eher behindern als fördern.

2.1 Grundlagen

Für die Wirtschaftsgesellschaft ist der Tausch konstituierend. Ohne Tausch keine Produktion, ohne Produktion kein Verbrauch. Ohne Tausch keine Gesellschaft. Wer Gesellschaft verstehen will, muss sich also mit dem Tausch eingehend befassen, denn er ist der Generator von Wirtschaft und Gesellschaft. Am Tausch kommt keiner vorbei.

2.1.1 Tausch

Geben und Nehmen

Der Tausch besteht aus folgenden Grundoperationen: dem Geben, dem Nehmen und dem Ausgleich von Geben und Nehmen. Diese Operationen bilden den „Stoff", aus dem Gemeinschaften und Gesellschaften gestrickt sind.[12] Man kann viel reden, debattieren, planen, beten, meditieren und philosophieren, aber ohne Geben und Nehmen können die Menschen nicht überleben. Ja, sie sind humane Wesen, weil sie geben, nehmen, ausgleichen und sich mitunter auch etwas schuldig bleiben. Gemeinschaften/Gesellschaften „leben" also vom Nehmen und Geben und vom Ausgleichen. Die Vergemeinschaftung erfolgt freilich auch immer auf mehreren Ebenen bzw. und mit Hilfe verschiedener Medien. Allgemein könnten wir von Formen und Prozessen der Vergesellschaftung sprechen. Eine davon ist die Sprache, eine andere „Einrichtung" der Staat („Obrigkeit"), zu dessen räumlich definiertem Gewaltbereich der Einzelne gehört. Eine weitere „Form" sind die gemeinsamen Werte oder die „Kultur", die man mit den „anderen" teilt, usw. Die Ebene des Gebens und Nehmens bildet den ökonomischen Unterbau, der das Lebensgefüge der Menschen als deren wechselseitigen Versorgungskontext zusammenhält.

---

[12] Gemeinschaft bzw. Gesellschaft ist nicht nur die Summe der Individuen, sondern das Netzwerk ihrer Beziehungen, die „Summe" ihrer Kommunikationen. „Gesellschaft ist Kommunikation und nur Kommunikation", betont Luhmann (1984).

2.1 Grundlagen

Box 2: Der Mensch – das tauschende Wesen

> *Auch Tierarten leben in Gemeinschaften/Gesellschaften und bilden, wie z.B. die Bienen, Ameisen oder Primaten arbeitsteilige Zusammenhänge aus. Das darin implizierte Geben und Nehmen ist Teil ihrer Evolution als Gattung. Es besteht Einigkeit darüber, dass der Mensch sowohl in seiner biologischen als auch als Gemeinschaftswesen an Entwicklungsprozessen im Tierreich anknüpft. Aber der moderne Mensch hat „Technologien" der Verknüpfung untereinander geschaffen, die ihn von den fortgeschrittensten Evolutionsmustern des Tierreichs eindeutig abheben. Eine davon ist der Tausch. Deshalb kann man auch sagen:* **Der Mensch ist das tauschende Wesen.**

Sehen wir uns die drei Vorgänge – das Geben, Nehmen und Ausgleichen – etwas näher an.

Das Geben und Nehmen

Nehmen und Geben ist das eine, das Ausgleichen aber etwas ganz anderes. Ich kann geben, ohne dass du nimmst – dann geht mein Geben in die Leere. Oder ich nehme, ohne dass du bereit bist zu geben. Dann handelt es sich um Diebstahl oder Raub. Wenn ich gebe *und* du nimmst, oder du gibst *und* ich *nehme*, muss es ein Einverständnis zwischen uns geben. Soweit das der Fall ist, entspricht mein Geben deinem Nehmen, mein Nehmen deinem Geben.

Aus meinem Geben folgt aber keineswegs automatisch, dass ich auch von dir etwas erhalte. Mein Geben wird von dir zwar angenommen – das setzen wir hier voraus – aber du wirst höchstwahrscheinlich zum Zeitpunkt meines Gebens (und deines Nehmens) nichts geben können, das ich als adäquate – mich auch in Hinblick auch auf das, was ich von anderen Menschen erhalten könnte, befriedigende Gegengabe – betrachten könnte. Allgemein formuliert: Es liegt in der Natur der Sache, dass das Geben und Nehmen von materialen Leistungen (Produkten, Diensten), d.h. der materiale Fluss, fast immer nur in eine Richtung geht.

Zugleich aber „herrscht" in der Gesellschaft ein „Hang" – ja sogar ein „Zwang" – zum Ausgleich.[13] Dieser Hang oder Zwang ist nicht naturbedingt, sondern eine frühe Entwicklung der menschlichen Kultur. Im Pflanzen- und Tierreich herrscht, von symbiotisch-lokalen Prozessen einmal abgesehen, im

---

[13] Das hat schon viele Anthropologen, Soziologen und Psychologen beschäftigt. Beispiele sind Simmel (1907), Mauss (1923/24) und Hellinger (2007).

Großen und Ganzen eine hierarchische, einseitig gerichtete Nahrungskette. Eines frisst das andere oder ernährt sich vom anderen. Großsäuger und Raubtiere bilden die Spitze, die Pflanzen das untere Ende der Nahrungskette. Menschen hingegen regeln ihr Verhältnis zueinander zunehmend über eine gegenläufige Bewegung. Wenn sie nehmen, geben sie auch; wenn sie geben, möchten sie auch nehmen – jedenfalls in den allermeisten Fällen. Um das eine oder andere tun zu können, müssen sie das Einverständnis anderer einholen.

Box 3: Austausch unter Menschen – Austausch mit der Natur

Da das Geben des einen immer das Nehmen des anderen bzw. das Nehmen des einen immer das Geben des anderen ist, unterscheidet sich der Stoffwechsel zwischen Menschen grundlegend vom Stoffwechsel mit der Natur. Die Natur ist kein Partner. Bei aller Naturverbundenheit kann kein Mensch das Gras fragen, ob er es schneiden, oder das Huhn, ob er es schlachten darf. Menschen nehmen aus der Natur und sie geben ihr so viel zurück, als sie es – aus ihrer Perspektive – für sinnvoll oder nötig erachten. Sie ernten, entnehmen dem Boden Rohstoffe, emittieren verbrauchte Luft, Abgase, Abfälle; sie säen und düngen und pflegen die Tiere.[14] Da aber die Natur kein „Partner" (genauer: kein Vertragspartner) ist, kann sie in den Wertbildungsprozess nicht eintreten. Natur produziert mit, aber sie zählt nicht mit. (Das will die Ökonomik nicht sehen. Sie ordnet beides – das Geben und Nehmen unter Menschen und das Geben und Nehmen von und in die Natur – unter Inputs und Outputs ein, oder bestreitet den Unterschied von Natur und Kultur.) Jeder zahlt für Naturrohstoffe daher nur so viel, als der, der sie verkauft, verlangt. Die Natur ist in diesem Prozess zwar physischer „Lieferant" und „Abnehmer", aber kein ökonomischer „stakeholder".

Die Differenz zwischen dem „Austausch unter Menschen" (Katallaktik) und dem „Austausch mit der Natur" (Stoffwechsel) ist also grundlegend. Würde man sie beachten, könnte man sich viele Konfusionen ersparen.

---

[14] Da die Natur kein Vertragspartner ist, muss oder müsste der Mensch für sie „denken" oder sie so betrachten, als ob sie Partner wäre. In der Tat haben ja alte Völker die Natur so gesehen. Die Dankbarkeit für Naturgaben und die Opfer an Götter ist wahrscheinlich eine Übertragung des menschlichen Tausches auf die Sphäre des Numinosen. Man empfängt von Göttern und schafft durch Opfergaben einen Ausgleich.

Das Ausgleichen – der Tausch

Keiner will und kann immer nur geben, und kein Mensch will immer nur nehmen. Wer geben könnte, aber nur nimmt, macht sich *schuldig* und vergeht sich gegen die guten Sitten. Wer nur gibt, aber nicht auch nimmt, kann nicht überleben. Außerdem hindert er andere, auch zu geben. Geben verschafft ein wunderbares Gefühl, aber man muss auch nehmen dürfen. Die reine Gabe ist so selten, wie ihr Gegenteil, das nur Nehmen (Schmarotzertum, Diebstahl, Raub) zerstörerisch ist (dazu später). „Gabe schielt stets nach Entgelt" heißt es im nachfolgenden Text der Edda. Tausch oder zumindest Reziprozität ist überall. Austausch tut gut, denn er macht frei. Die reine Gabe ist Gott oder den Göttern vorbehalten (Caillé 1994).

Mit dem Nehmen lädt sich der Mensch eine Verpflichtung auf, zu geben oder zumindest dafür zu sorgen, dass der andere auch etwas erhält. Indem der Mensch gibt, erwirbt er einen Anspruch gegen den Nehmenden, zumindest aber auf Zugehörigkeit zur Gemeinschaft, der er und der Nehmende angehören. Der, der gibt, gehört zur Gemeinschaft. Der, der nimmt, steht in ihrer Schuld.

Hat die Arbeitsteilung eine gewisse Tiefe erlangt, die dazu führt, dass einer nur geben kann, wenn er vorher von anderen genommen hat, verwandelt sich der Hang zum Ausgleich zu einem (systemischen) „Zwang". So ist es im modernen Geschäftsleben: dort ist der Ausgleich selbstverständliche Norm. Wer nehmen muss, um zu geben, der muss auch nehmen. Nur wenn man nicht nehmen muss, um zu geben, kann man geben, bis man nichts mehr hat.

Ganz allgemein gilt: Kommt ein Ausgleich nicht zustande, findet eine Leistung entweder nicht statt oder es erfolgt ein Aufbau von Schuld. Der erste Fall, die Nichtleistung, hat zur Folge, dass die existierende Möglichkeit des Gebens nicht ergriffen wird, und daher weder die dem Geben vorausgehende Produktion noch die dem Nehmen nachfolgende Konsumtion stattfindet. Die Menschen sind um dieses Ereignis und die mit ihm verknüpften Leistungen ärmer. Im zweiten Fall, der Leistung ohne Gegenleistung, entsteht Schuld. (Abbildung 1)

Man kann davon ausgehen, dass die Bereitschaft von Menschen, Vertrauen zu schenken bzw. eine Schuld (Verpflichtung) einzugehen, begrenzt ist. Vertrauen (credere) und Schulden sind, wie wir gleich sehen werden, einerseits unvermeidlich, andererseits ein Hemmnis für weiteres Geben bzw. Nehmen. Dies lässt sich allgemein formulieren: *Gemeinschaften bleiben auf einen Umfang beschränkt, der ihren Mitgliedern erlaubt, ihre untereinander bestehenden Verpflichtungszusammenhänge gerade noch zu bewältigen.*

Abbildung 1

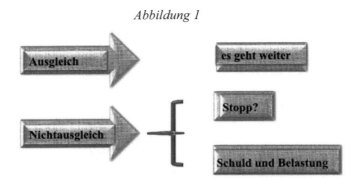

**Erfolgt ein Ausgleich, geht es weiter.
Erfolgt kein Ausgleich, wird die Beziehung zumindest belastet.**

Der Leistungsfluss geht normalerweise in eine Richtung. Nur selten ist ein naturaler Ausgleich möglich (siehe S. 42f). Zugleich besteht ein psychologischer, sozialer oder wirtschaftlicher Hang (oder sogar Zwang) zum Ausgleich. Einseitige Leistungen führen zu einer „Forderung" beim Geber und zur „Schuld" beim Nehmer. Aber „keiner" gibt immer nur Kredit, und keiner will sich immer nur verschulden. Der Hang oder sogar Zwang zum Ausgleich verhindert daher die Leistung und beschränkt daher das Potential menschlichen Zusammenwirkens.

Die enge Wärme des „Dorfes"

Für Familien, Kleingruppen, Horden, Stammesgesellschaften und kleinere Dorfgemeinschaften sind geldfreie Regelungen typisch. Man springt für den anderen ein, weil man entweder weiß, dass andere das auch tun oder fürchtet, sonst aus der Gemeinschaft ausgeschlossen zu werden. Jeder ist der Gemeinschaft mit Haut und Haar ausgeliefert. Wer Leistungen, oder falls er eine solche empfangen hat, gar eine Gegenleistung verweigert, wird bestraft oder geächtet. Das ist dann das Ende. Jeder weiß von Kindesbeinen an, was er tun muss, um dazuzugehören. Zum Gewissen, welches sich dabei bildet, gehört auch unter „Gleichen" die Norm des Ausgleichens.[15] Wer ausgleicht, fühlt sich frei und zugleich zugehörig.

Nun gibt man aber nicht der „Gemeinschaft" als solcher und empfängt von ihr, sondern leistet in den allermeisten Fällen an bestimmte Adressaten und erwartet dann von diesen entsprechende – im Augenblick des Gebens oft noch gar nicht spezifizierbare – Gegengaben. Die Norm des Ausgleichens trägt daher die Tendenz zur Individualisierung in sich: Jeder will mit jedem einigermaßen ausgeglichen sein. Das unterbindet die Bildung größerer Gemeinschaften und, solange kein probates Mittel des Ausgleichens erfunden ist, behindert es die Bildung von Gesellschaften.

Am Beginn der Geschichte steht Misstrauen

Der anschließende Text aus der Edda[16] macht die Wucht und Bedeutung des Gebens, Nehmens und Ausgleichens für die Seele des Einzelnen und den Kontakt der Menschen untereinander beinahe unüberbietbar deutlich. Er zeigt die Schwierigkeiten im Umgang der Menschen untereinander, die nur durch eine Portion Mut, gepaart mit großer Vorsicht und Maß, bewältigt werden können:

> *So gastfrei ist keiner und zum Geben geneigt,*
> *dass er Geschenke verschmäht,*
> *oder so wenig auf Erwerb bedacht,*
> *dass er Gegengabe hasst.*
>
> *Mit Gewändern und Waffen der Wonne des Auges,*
> *sollen Freunde einander erfreun;*
> *Empfänger und Gebern sind Freunde am längsten,*
> *wenn's das Glück ihnen gönnt.*
>
> *Dem Freunde sollst du Freundschaft bewahren,*
> *Gabe mit Gabe vergilt!*
> *Doch Hohn soll man mit Hohn erwidern*
> *und die Täuschung mit Trug.*
>
> *Ward dir ein Freund, dem du völlig vertraust,*
> *und erhoffst du Holdes von ihm,*

---

[15] Neueste Studien zeigen, dass sich dieser Hang zum Ausgleichen schon beim Säugling zu bilden beginnt.
[16] Zitiert aus: Mauss, M. (1923-24), Die Gabe. Mauss zitiert seinerseits aus dem Hávamál, einer der alten Spruchdichtungen der skandinavischen Edda.

*so erschließ' ihm dein Herz und Geschenke tausche,
häufig besuche sein Haus.*

*Ist dir ein Mann bekannt, der dein Misstrauen weckt,
und erhoffst du doch Holdes von ihm,
sprich freundlich zu ihm – doch falsches sinne
und vergilt die Täuschung mit Trug.*

*Noch mehr von dem Mann, der dein Misstrauen weckt,
dessen Denkart verdächtig dir scheint:
sprich lächelnd ihn an, verleugne den Argwohn,
Gleiches mit Gleichem vergilt.*

*Glücklich lebt der Kühne, der gerne spendet,
selten ficht Sorge ihn an;
der Feige aber hat Furcht vor allem,
und der Geizige wird der Gaben nicht froh.*

*Im Unmaß opfern ist ärger als gar nicht beten,
Gabe schielt stets nach Entgelt;
verschwendet ist schlimmer als nicht geschlachtet
Eitel manch Opfer bleibt.*

Die reine Gabe oder doch Reziprozität?

Die Schwierigkeit auszugleichen kann durch Großzügigkeit bzw. Noblesse überbrückt werden. Da der Mensch aber so nobel nicht ist – „Gabe schielt stets nach Entgelt" –, gibt er vor, als ob er es wäre: er schenkt. Er macht aus der Not eine Tugend und tut so, als ob er nicht mit einer Gegengabe rechnete – da er nicht rechnen kann, darf er nicht rechnen. Idealistisch gesinnte Menschen streben zwar nach der reinen Gabe, und es ist mitunter schön, wenn sich eine Gabe dem Reinen nähert. Das Geschenk ist aber meist weder so rein, wie es sich manche in ihrer Verachtung des Tausches vorstellen möchten, noch ideal – ganz im Gegenteil: würde man die wechselseitige Abhängigkeit auf das Schenken gründen, wäre es mit der menschlichen Freiheit vorbei.

Offenbar ist Menschsein mit Reziprozität verbunden. Selbst den Göttern trauen die Menschen nicht ganz und opfern ihnen, um sie gewogen zu machen. Auch ein Dankesopfer ist eine Art des Tausches.

Zeitspalt – Vertrauen und Dankbarkeit als Brücke

Gabe und Gegengabe fallen oft zeitlich auseinander. Die Zeitspanne muss durch Vertrauen und Dankbarkeit, Kredit und Schuld überbrückt werden. Das trifft z.B. auf Arbeitskontrakte zu. Geleistet wird über eine Zeitstrecke. Gezahlt wird zu einem Zeitpunkt, manchmal im Voraus. In diesem Falle ist die Anstellung ein Akt des Vertrauens, ein Geschenk des Unternehmers an seinen Mitarbeiter, dessen – zumindest implizit beabsichtigte – Wirkung die Stärkung von Engagement und Loyalität sein soll. Bei großer Gabe wird auch eine große Gegengabe erwartet. Großzügigkeit ist riskant, kann aber viel Ertrag bringen. Das gilt genauso für die Gegenseite: Der Mitarbeiter engagiert sich im Unternehmen oft mit „Leib und Seele" und rechnet auf die Treue des Unternehmens.

Auch jedes Investment ist ein hochkomplexer, sich oft über eine größere Zeitdistanz erstreckender Vorgang, der trotz juristischer Absicherungen wesentlich auf Vertrauen beruht.

Selbst im Warenhandel erfolgen Lieferung und Zahlung nur selten gleichzeitig. Denn zwischen Geben und Nehmen entsteht immer, oder so gut wie immer, ein kleiner zeitlicher Spalt, der Gelegenheit zu Täuschung und Betrug bietet. Jeder kennt das aus Kriminalfilmen, wenn es um den Austausch z.B. von Drogen gegen Geld geht. Geld macht diesen Spalt klein, aber es eliminiert ihn nicht. Dieser Spalt kann nur durch Vertrauen überbrückt werden. Es nährt sich aus der Erfahrung guter menschlicher Gesittung.

Formal ist der Tausch eine Gleichsetzung, wird aber immer daraufhin beäugt, ob er wirklich auch ein Ausgleichen ist. Absolute Maßstäbe dafür gibt es keine. Die relativen Maßstäbe kommen von außen und innen. Äußere Maßstäbe sind Beobachtungen anderer Tauschakte oder Festlegungen durch eine gesellschaftliche Autorität. Die inneren sind psychologisch oder kulturell.

Für Täuschung ist immer genug Platz. Die alten Ägypter leisteten dem Pharao Dienste, weil er ihnen täglich die Sonne aufgehen und regelmäßig den Nil über die Ufer treten ließ. Hätten sie nur gewusst! Aber Wissen reicht keinesfalls aus, um zu sichern, dass die Partner ihren Tausch als gerecht empfinden. Zu einem als gerecht empfundenen Tausch gehört immer auch eine Portion Großmut. Wenn Menschen unter Täuschung weniger Profit verstehen, als den, den sie erreichen könnten, wenn der andere nur extrem dumm oder wundervoll großzügig wäre, erscheint jedes Geschäft als Täuschung.

Bezahlung entlastet und entbindet und macht dadurch frei. Trotzdem hinterlassen gerade gute Austauschvorgänge Spuren einer Verbindung und damit auch einer wechselseitigen Verpflichtung. Sie besteht in der Dankbarkeit beider für eine geglückte Beziehung, die in vielen Fällen auch Treue hervorbringt.

Ohne Dankbarkeit und Treue könnten, wie Simmel (1908) ganz richtig sieht, Märkte gar keinen Bestand haben.

Noch etwas: es gibt ein Ausgleichen im Guten wie im Schlechten. Der Ausgleich im Guten: Wer mehr gibt, als er sollte, erhält mehr. Der Ausgleich im Schlechten: Wer Schaden verursacht, dem wird noch mehr Schaden zugefügt.[17] Großzügigkeit lohnt sich. Geiz ist nicht geil.

> **Der Tausch geht immer über die ausgetauschten Leistungen hinaus und verweist auf einen größeren Zusammenhang: auf die Ordnung, innerhalb derer er stattfindet.**

GELD (1): GELDFUNKTION

Geben und Ausgleichen

Menschsein heißt: sich gegenseitig unterstützen. Wie wir eben gesehen haben, geht der Leistungs- bzw. Materialfluss normalerweise nur in eine Richtung: Menschen geben oder Menschen nehmen. Zugleich aber wollen und müssen die Gebenden nehmen, wie auch die Nehmenden geben möchten. Beide wollen oder müssen ausgleichen. Nur selten will man nur geben, und nur selten will man nur geben – zumindest unter erwachsenen Gleichgestellten.

Mit dem Geben bzw. Nehmen als Strom der Dinge und dem Hang bzw. Zwang zum Ausgleich sind wir mit zwei Prinzipien konfrontiert, die nach ganz unterschiedlichen „Logiken" funktionieren: der Logik des *materialen* und der Logik des *sozioökonomischen Nexus*[18]. Der *materiale* Nexus ist in der Regel unidirektional und sequentiell: Die Lieferungen gehen von A zu verschiedenen Zeitpunkten an viele andere. Er ist daher meist mit der Entstehung von Schuld verbunden. Der *sozioökonomische* Nexus aber verlangt nach einem Ausgleich, idealerweise bilateral und möglichst sofort.

Die Menschen „müssen" die beiden „Logiken" zur Deckung bringen. Schaffen sie es nicht, wird entweder nicht geleistet oder sie verschulden sich. Hier also entsteht ein Problem. Wie kann es gelöst werden?

---

[17] Hellinger 2007.

[18] Nexus hat denselben Stamm wie connection und heißt Verknüpfung, Zusammenhang.

Wie wir gleich sehen werden: nicht anders als durch ein Etwas, das gilt – GELD. Erst Geld bietet die Möglichkeit, die beiden „Logiken" in Übereinstimmung zu bringen. Man leistet, weil eine Gegenleistung stattfindet. Man nimmt, weil man etwas hat, das man geben kann. Leistungen fließen. Schuld wird vermieden.

Da Geld ein Mittel zum Ausgleichen ist, ist es insofern auch ein Mittel zur Vermeidung von Schuld. Mit einer gewissen Geldsumme können Tausende von Transaktionen ausgeglichen werden, und daher kann tausende Mal vermieden werden, dass neue Schuld entsteht.

Wir haben uns schon daran gewöhnt, zu denken, dass die Entstehung von Geld (als Quantität) meist mit der Entstehung von Schuld verbunden ist. Das aber ist durchaus nicht notwendig so und widerspricht im Übrigen der „Natur des Geldes". Dazu aber später.

Zur gesellschaftlichen Produktivität des Geldes

Natural- vs. Geldtausch

In vielen Abhandlungen wird Geld als Mittel zur Erleichterung des Tausches definiert. Geld kann, wie sich die Ökonomik ausdrückt, die Transaktionskosten tatsächlich beträchtlich reduzieren. Der Bezeichnung von Geld als Schmiermittel liegt allerdings die Vorstellung eines bereits bestehenden Tauschzusammenhangs zugrunde.[19] Welcher Tauschzusammenhang könnte aber ohne Geld bestehen? So gut wie keiner! Denn einen hinreichend dichten Tauschzusammenhang kann es aus guten praktischen Gründen erst geben, wenn es Geld gibt. *Insofern ist Geld nicht das Schmiermittel, sondern der Erzeuger des Tausches.*

Naturaltausch (englisch: Barter) und Geldtausch (Ware gegen Geld, Geld gegen Ware) unterscheiden sich formal nicht – materiell und funktionell aber wesentlich. Das zu verstehen ist Voraussetzung für alles Weitere. Denn es zeigt die Leistung, die Geld erbringt, indem es

1. die Wahrscheinlichkeit des Zustandekommens von Tauschakten wesentlich erhöht,
2. die Kohärenz der Wirtschaft als Körper herstellt
3. und für die Fortsetzung von Wirtschaft über die Zeit sorgt.

---

[19] Dieser Irrtum zieht sich durch die gesamte Ökonomik.

Im Folgenden beschreiben wir diese Leistungen des Geldes und gewinnen Einblick in dessen *Produktivität*.

Die spezifischen Leistungen des Geldes im Vergleich zum Naturaltausch

Barter tritt selten, Geldtausch massenhaft auf.[20] Bei einem Barter müssen Bedürfnisse und Leistungsmöglichkeiten zweier Akteure zueinander passen.[21] Das aber ist sehr unwahrscheinlich, denn es müsste alles das, was im Folgenden aufgezählt wird, zutreffen:

- *Qualität*: A müsste das anbieten, was B braucht, *und* B das, was A benötigt. Je differenzierter die Produkte, je vielfältiger das Leistungsangebot, desto unwahrscheinlicher ist die „Treffwahrscheinlichkeit".
- *Zeit*: Leistung und Gegenleistung sollen möglichst im gleichen Augenblick erfolgen.
- *Ort*: Der Ort der Übergabe sollte der gleiche sein.
- *Menge*: Die Mengen müssen passen. Und sie passen nur, wenn sie sich stückeln lassen. Wie kann eine Ziege gegen Streichhölzer getauscht werden?
- *Personen*: Beim Barter ist der „Käufer" auch Verkäufer und der „Verkäufer" auch „Käufer" einer Qualität. Beim Barter haben also beide ein Qualitätsrisiko zu tragen. Das Quantum an wechselseitigem, also gleichzeitig vorhandenem Vertrauen, muss also ein Vielfaches von dem sein, das bei einem Geldtausch erforderlich ist. Folglich mindert sich, von allen ande-

---

[20] Es versteht sich von selbst, dass der „Austausch … sich auf alles erstrecken [kann], was sich in irgendeiner Art in die Verfügung eines anderen ‚übertragen' lässt und wofür ein Partner Entgelt zu geben bereit ist. Nicht nur auf Güter und Leistungen also, sondern auf ökonomische Chancen aller Art. Also Tausch soll …. *jede* auf formal freiwilliger Vereinbarung ruhende Darbietung von aktuellen, kontinuierlichen, gegenwärtigen, künftigen Nutzleistungen von welcher Art immer gegen gleichviel welcher Art von Gegenleistungen bezeichnet werden. Also z.B. die entgeltliche Hingabe oder Zurverfügungstellung der Nutzleistung von Gütern oder Geld gegen künftige Rückgabe gleichartiger Güter, ebenso wie das Erwirken irgendeiner Erlaubnis, oder einer Überlassung der ‚Nutzung' eines Objekts gegen ‚Miete' oder ‚Pacht', oder die Vermietung von Leistungen aller Art gegen Lohn oder Gehalt." (Weber 1922, S. 37).

[21] In der Ökonomik spricht man von der „bilateralen Koinzidenz der Bedürfnisse". Die nachfolgende Liste zeigt aber, dass es um mehr als um das geht.

ren Umständen und rein rechnerisch gesehen, die Wahrscheinlichkeit eines Kontraktes um den Quotienten dieses Risikos. Beim Tausch gegen Geld trägt nur der Käufer das Risiko eines mangelhaften Produkts – Geld ist ja von der Qualität her sicher! Pecunia non olet (Geld stinkt nicht.)

– Noch unwahrscheinlicher wird Barter, wenn es nicht um den Austausch bereits fertiger, sondern erst herzustellender Produkte geht. Um ein Produkt herzustellen, braucht man in einer arbeitsteiligen Wirtschaft Vorleistungen. Da jede Vorleistung mit den Schwierigkeiten des Barter belastet wäre, könnte es in einer Barter-Wirtschaft niemals zu einer tiefen Arbeitsteilung kommen.[22]

– Schon gar nicht funktioniert Barter um viele Ecken. Wer das versucht, wird noch rascher als der gute „Hans im Glück" mit Nichts dastehen.[23]

Die Tatsache, dass es Barter gab und noch immer gibt, beweist nicht den Vorteil einer Barter- gegenüber einer Geldwirtschaft, sondern nur, dass es in einer Geldwirtschaft von Vorteil sein kann, zu bartern: nämlich immer dann, wenn es gelingt, sich durch den Direkttausch auch noch Geld zu „sparen". Barter ist in der Geldwirtschaft oft eine willkommene Ergänzung, die die Gemeinschaft um weitere Möglichkeit der Kooperation bereichert, kann aber niemals ein Ersatz sein.

Gemeinschaft und Barter (Naturaltausch)

So wenig eine Schwalbe einen Sommer macht, so wenig kann aus sporadischen Naturaltauschakten eine Wirtschaft entstehen. Naturaltauschakte schaffen keine Wirtschaft. A mag mit B verbunden sein oder L mit M. Sie gehören zur Gemeinschaft 1. Mit Mitgliedern anderer Gemeinschaften bestehen direkt keine Verbindungen. (Abbildung 2) Barter schafft auch keine Verbindung über

---

[22] Dennoch wird er mitunter praktiziert, aber eben in einem geldwirtschaftlichen Rahmen. Der Käufer einer Maschine kann den Verkäufer veranlassen, seine Güter (Zement) für ihn zu verkaufen, wenn dieser über Vertriebskanäle verfügt, die der Käufer selbst nicht hat.

[23] Die Medien berichteten über einen Mann, der mit einer Streichholzschachtel anfing, und nach etwa 100 Transaktionen, für die er drei Jahre brauchte, in den Besitz eines PKW gelangte. Ein wirklicher Hans im Glück! Aber auch ein wirklich glücklicher Hans? Man muss wohl eher vermuten, dass er einen gewaltigen Aufwand betrieb. Auf normalem Wege hätte er mit dem gleichen Aufwand und dem gleichen Geschick wahrscheinlich drei PKW erwerben können. Und er wäre anderen sicher weniger lästig gefallen oder hätte anderen auf anderen Wegen vielleicht auch ein Erwerbseinkommen verschaffen können.

die Zeit. Die Verbindung von A und B bleibt ein singuläres Ereignis. Der Naturaltausch sorgt nicht von sich aus für eine Fortsetzung des Tauschgeschehens.

Abbildung 2

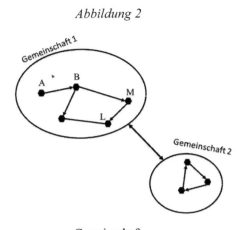

Gemeinschaft
*Verknüpfungen sind mühsam und immer mit Schuld behaftet.
Es bilden sich daher nur kleine Cluster.*

Unter Bedingungen des Naturaltauschs können sich die Menschen nur in kleinen Verbänden, die meist durch verwandtschaftliche Beziehungen geprägt sind, organisieren, d.h. sie regeln ihre Arbeitsteilung durch reziproke aber noch irgendwie überschaubare Verpflichtungszusammenhänge. Untereinander kommen diese Verbände zwar gelegentlich miteinander in Kontakt, aber es bilden sich zwischen ihnen keine in die Breite gehenden Muster von Kooperation aus.[24] Daher wirtschaften die Verbände mehr oder minder autark – sie sind hauswirtschaftlich organisiert (Oikos). Innerhalb ihrer Sozietät geht es eng und meist autoritär zu. Die Not schweißt sie zusammen. Außenstehende gelten als Fremde, wenn nicht sogar als Feinde.

---

[24] Der Kontakt wird oft weniger aus ökonomischen, sondern anderen Gründen gesucht und gepflegt. Anthropologen berichten, dass Indianerstämme anderen Stämmen oft großzügige Geschenke machten oder zu üppigen Festen einluden, um sie friedlich zu stimmen, also Kriege zu vermeiden, oder auch, um sie durch eigene Großzügigkeit zu ruinieren: Denn die Gaben des einen mussten durch Gaben des anderen erwidert werden. Das mündete dann in einen „Krieg der Geschenke". In übersättigten Industriegesellschaften kennt man das vom Weihnachtsritual.

Um gut zu leben muss der Mensch aber ausreichend tauschen. Der Tausch aber ist schwierig und voraussetzungsvoll. Fehlen entsprechende Institutionen, müssen große psychologische Hemmnisse überwunden werden. Das ist nicht jedermann Sache.

Am Anfang der Geschichte stand daher nicht der menschenfreundliche Tausch, sondern Raub und Diebstahl. Simmel geht realistischerweise von der ursprünglichen Abneigung gegen den Tausch aus. Bei alten Völkern", so Simmel, „geht „die Selbstverständlichkeit und Ehrenhaftigkeit des Raubes, des subjektiven und unnormierten Ansichreißens des gerade Gewünschten" parallel. „[B]ei manchen primitiven Völkern gilt der gewaltsame Raub sogar für vornehmer als das redliche Bezahlen. Auch dies letztere ist verständlich: Beim Tauschen und Bezahlen ordnet man sich einer objektiven Norm unter, vor der die starke und autonome Persönlichkeit zurückzutreten hat, wozu sie eben oft nicht geneigt ist. Daher überhaupt die Verachtung des Handels durch sehr aristokratisch-eigenwillige Naturen." Dem „Primitiven", so Simmel, fehle es zum Beispiel „an einem objektiven und allgemeinen Wertmaßstab"[25], so dass dieser „stets fürchten [muss], im Tausch betrogen zu werden." (Simmel 1900, S. 55)[26]

Ganz anders Adam Smith. Er behauptet eine generelle Neigung des Menschen zu „truck and barter". Als geselliges Wesen mag der Mensch stets eine Neigung zum Tauschen gehabt haben. Aber er konnte ihr nicht nachgehen, bevor nicht Einrichtungen geschaffen worden waren, ohne die er praktisch kaum tauschen konnte. Diese aber sind erst sehr spät entstanden. Der Tausch ist daher alles andere als selbstverständlich.

Gesellschaft und Geldtausch

Bei einem Dominospiel verfügt jeder Spieler über eine gewisse Anzahl von Steinchen, die verschiedene Augenzahlen aufweisen. Die Aufgabe ist es, Anschlüsse zu suchen. Augenzahl passt auf Augenzahl. Wer die gleiche Augenzahl hat, kann anlegen; wer nicht, muss warten. Man weiß, dass es umso schwieriger ist, einen Anschluss an andere Steinchen zu finden, je größer die Zahl der Augen ist. Bei einer großen Augenzahl und geringen Zahl der Steinchen wird das Spiel zum Erliegen kommen. Man stelle sich nun vor, jedem der Teilnehmer würden einige Joker in die Hand gedrückt, die zwischen die Steine

---

[25] Soll hier im Sinne Simmels wohl genauer heißen: an objektivierten Werten.
[26] Lionel Feuchtwanger stellt in „Die Jüdin von Toledo" die raue, christlich-ritterliche und die verfeinerte kommerzielle Kultur des jüdisch-islamischen Raumes um ca. 1200 einander anschaulich gegenüber.

gesetzt und, kaum gesetzt, dann wieder entnommen und in den nächsten Spielrunden wieder und wieder gesetzt werden dürften. Wie munter würden die Steine klappern und das Spiel vorankommen!

Ganz ähnlich in einer Gesellschaft von Leistenden (Abbildung 3). A kann ohne Joker vielleicht auf B stoßen, L auf M, und M auf Z. *Alle* erhalten aber untereinander erst eine Beziehung über ein Zwischenglied, das jeder besitzt oder besitzen möchte. Nennen wir dieses Zwischenglied GELD. Da A und L eine Beziehung zu GELD haben, haben A und L auch untereinander eine Beziehung, wenn auch zunächst nur virtuell.

Aus der durch Geld hergestellten *virtuellen* Beziehung wird eine *wahrscheinliche* Beziehung. Angenommen Z interessiere sich für ein Gut, das A herstellt. Ohne Geld wäre die Wahrscheinlichkeit eines Passens der Bedürfnisse der beiden so gering, dass sich Z erst gar nicht auf den Weg zu A machen würde. Er würde wahrscheinlich vorziehen, das Gut, das er benötigt, selbst herzustellen. Besitzt hingegen Z Geld, kann er sich beinahe sicher sein, das Gut von A erwerben zu können. Erst Geld ermöglicht die Verbindung zu A und macht sie um vieles wahrscheinlicher, denn „beim Tausch von Leistungen für Geld ... erhält der Eine den Gegenstand, den er ganz speziell braucht; der Andere etwas, was jeder ganz allgemein braucht." (Simmel 1900, S. 307)

Abbildung 3

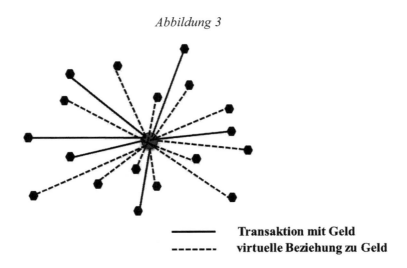

——— **Transaktion mit Geld**
------- **virtuelle Beziehung zu Geld**

Gesellschaft
Da jeder mit Geld in Verbindung ist, ist jeder mit jedem, jedes mit jedem verbindbar.

Dazu Simmel (1900, 162f.):

„Indem der Naturaltausch durch den Geldkauf ersetzt wird, tritt zwischen die beiden Parteien eine dritte Instanz: die soziale Gesamtheit, die für das Geld einen entsprechenden Realwert zur Verfügung stellt. Der Drehpunkt der Wechselwirkung jener beiden rückt damit weiter fort, er entfernt sich aus der unmittelbaren Verbindungslinie zwischen ihnen und verlegt sich in das Verhältnis, das jeder von ihnen als Geldinteressent zu dem Wirtschaftskreise hat, der das Geld akzeptiert (...).“

Geld und Objektkonstanz der Gesellschaft

Während der Naturaltausch den Leistungsstrom blockiert, setzt Geld ihn frei, weil es für Ausgleich sorgt. Geld erleichtert aber nicht nur den Kontakt zwischen zwei beliebigen Akteuren, sondern erzwingt auch nachfolgende Anschlüsse (Käufe/Verkäufe), denn der Verkäufer einer Ware nimmt Geld nur in Hinblick darauf an, dass andere in Zukunft verkaufen (Luhmann 1988). Ist Geld da, geht das Geben und Nehmen weiter. Geld macht aus gelegentlichen Interaktionen (Barter) fortlaufende Kommunikationen. Gemeinschaften mit gelegentlichem Austausch am Rande werden in Gesellschaften transformiert.

Geld ist also *das* gesellschaftsbildende Medium. Das sieht man freilich erst dann, wenn man nicht von der Gesellschaft als fertigem Beziehungsgeflecht ausgeht, sondern sich vor Augen führt, dass dieses Beziehungsgeflecht erst entsteht und sich täglich neu regenerieren muss. Deshalb muss man, wenn man von Gesellschaft spricht, immer gleichzeitig vom Prozess der Vergesellschaftung reden.

„Der Austausch .... ist offenbar eine der reinsten und primitivsten Formen menschlicher Vergesellschaftung, und zwar nicht so, dass die »Gesellschaft« schon perfekt wäre, und dann käme es zu Tauschakten innerhalb ihrer; sondern der Tausch selbst ist eine der Funktionen, die aus dem bloßen Nebeneinander der Individuen ihre innerliche Verknüpfung, die Gesellschaft, zustande bringen; denn die Gesellschaft ist nicht eine absolute Einheit, die erst da sein müsste, (...). Sondern Gesellschaft ist nichts als die Zusammenfassung oder der allgemeine Name für die Gesamtheit dieser speziellen Wechselbeziehungen.“ (Simmel 1900, S. 160)

Wirtschaft ist Beziehung und die Herstellung der Beziehung. Diesen Gedanken möchte ich in folgendem Bild zum Ausdruck bringen.

Die Erschaffung der Wirtschaft durch Tausch und Geld

Stellen wir uns einen Raum vor, in welchem menschliche Einzelwesen (Monaden) völlig isoliert voneinander, sozusagen in einer Art Vorgesellschaft vegetieren. Solange diese nicht in Kontakt miteinander treten, sei dieser Raum völlig dunkel – als Ausdruck für nicht stattfindende Gesellschaft. Der Ausgangszustand ist also dadurch gekennzeichnet, dass die Monaden von sich selbst wenig und von anderen nichts wissen und dass jede dieser Monaden sich als Selbstversorger abmüht. Nehmen wir nun an, die Monaden nehmen Kontakt zueinander auf und treten in Austauschbeziehungen ein – zunächst noch ganz sporadisch. Die Kontakte, die sie eingehen, würden dann wie kleine Lichtblitze wirken, welche die Beteiligten und ihre Umgebung anleuchten und somit erste Informationen erzeugen. Zunächst wird der Raum nur durch vereinzelte Blitze erhellt. Immerhin lassen diese aber schon Konturen der Umwelt sichtbar werden, was die sporadisch kommunizierenden Monaden zu weiteren Kommunikationen und ausgreifenderen Unternehmungen ermutigt. So schwierig es war, in der Dunkelheit Kontakte aufzunehmen – man wusste nicht, auf wen man treffen würde, wie andere reagieren würden – so leicht und selbstverständlich wird es mit der zunehmenden Erhellung des Raumes. Jeder kann das Tun vieler anderer beobachten und sieht sein Tun selbst im Spiegel der anderen. Schließlich führen die ständig dichter werdenden und an vielen Stellen auftretenden Kontakte zur *Illusion* eines permanent erleuchteten Raumes, den wir Wirtschaft nennen.

Auch die Monaden haben sich verändert. Aus ihnen sind massenhaft in Wohlstand lebende bürgerliche Subjekte mit hoher Tauschbereitschaft, klar abgegrenzten, von „ihren" Staatswesen abgesicherten Eigentumsrechten geworden.

Verstehen aber auch die Beteiligten, was vorgeht?

Dass der Raum hell ist, halten sie für etwas selbstverständlich Gegebenes. Sie wissen nicht, dass sie die Helligkeit durch ihr wechselseitiges Tun hervorgebracht haben; dass sie nur deshalb ihre Umgebung – die Dinge um sie und die anderen Menschen – wahrnehmen können und die amorphe Dunkelheit einer scheinbar klaren Struktur gewichen ist. Sie glauben, der Mensch sei von Natur aus ein Einzelwesen, würde bloß egoistische Motive verfolgen und hätte schon immer alle Freiheitsrechte genossen. Sie übersehen, dass ihre (bürgerliche) Existenz auf ihren Leistungen für andere und auf deren Leistungen für sie beruht, sowie darauf, dass aus deren Wechselbeziehungen das Leitmedium Geld resultiert, das diese Wechselbeziehungen zu einer Wirtschaftsgesellschaft verdichtet. Sie übersehen auch, dass sie trotz ihrer hohen wechselseitigen Abhängigkeit ein hohes Maß von Freiheit und Autonomie genießen. Sie nützen zwar all diese Vorrichtungen, haben aber vergessen, wie sie entstanden sind. Ihre Umgebung ist ihnen so selbstverständlich, wie den Fischen das Wasser. Während aber das Wasser immerhin da sein muss, damit Fische sich darin tummeln können, verhält es sich mit der Gesellschaft gleichsam so, als wenn die Fische durch ihr Schwimmen das Wasser erzeugten, in welchem sie schwimmen. In Begriffen der modernen Gesellschaftstheorie heißt das: Gesellschaft ist das kommunikative Handeln der Menschen inklusive die aus diesem Handeln hervorgegangenen oder zur Ermöglichung dieses Handelns eingerichteten Formen bzw. Institutionen.[27]

Es ist sicher nicht übertrieben zu sagen, dass der moderne Mensch nicht verstanden hat, welcher Grundlage er seine Existenz verdankt. Er hat nicht begriffen, dass er sein hohes Maß an Autonomie der Vergesellschaftung über den Tausch und über das Geld verdankt. Daher, so könnte man sagen, hat er die Transformation zur Moderne geistig noch gar nicht wirklich nachvollzogen (siehe auch S. 112ff).

Einen Teil der Schuld trägt auch die ökonomische Theorie. Auch und gerade sie geht von bereits fertigen, objektiven Gebilden aus, sei es von monadischen Individuen, sei es von der Fiktion eines bereits organisierten Kollektivs. Indem die Ökonomik die *Fiktion des Gleichgewichts* vor den *Prozess* stellt, welchem aber der Begriff eines Gleichgewichts absolut fremd ist, verzichtet sie auf die Analyse dessen, was ihr Gegenstand ausmacht: die *Wirtschaft (als Prozess ökonomischer Vergesellschaftung)*.

Ersteres – die Fiktion des Gleichgewichts – bildet die Ökonomik in *Werttheorien* (verschiedenen Couleurs) ab. Letzteres – den Prozess der Vergesellschaftung, kann sie nur als *Theorie der Wertform*[28] abbilden.[29]

Tausch und Wertform[30]

Tausch ist, wie wir bereits gesehen haben, Geben *und* Nehmen. Indem Gut A sich (im Moment) gegen x Einheiten von B tauscht, drückt sich der Preis für das Gut A in x Einheiten des Gutes B, bzw. der Preis für Gut B in 1/x Einheiten

---

[27] Dazu Simmel 1900, Luhmann 1984 und Ritsert 1988.

[28] Karl Marx ist zwar der Urheber der Theorie der Wertform. Aber sie ist durch ihn mehrfach belastet. Anstatt aus ihr eine Theorie der Zivilisation zu entwickelt, schmiedete er aus ihre eine Waffe gegen die Zivilisation (dazu mehr in Abschnitt 4.1) Zur völlig unterschiedlichen Bewertung der Wertform bei Marx und Simmel siehe 4.2.

[29] Zum Fundamentalismus der Werttheorie siehe insbesondere S. 256ff; zu einem Vergleich der beiden Ansätze siehe Teil 5.

[30] Ausführlicher in 4.1.

des Gutes A aus. Von Wertformen sprechen wir, weil Werte ihren *Ausdruck* in der Menge der Ware erhalten, die im Tausch dafür gegeben wird, beispielsweise: 20 Meter Leinwand ≡ 2 Paar Schuhe. „≡" bedeutet nicht Gleichheit, sondern Gleich*setzung*! (dazu S. 320f) Da aus guten Gründen meist gegen die gleiche Ware, also Geld getauscht wird, drücken sich die Werte aller Güter in Mengen dieser Einheit, in Geld, aus: 20 Meter Leinwand ≡ € 120; 2 Paar Schuhe = €200. Im Naturaltausch wäre die Wertform für die Leinwand „Schuhe", beim Tausch gegen Geld: der Geldpreis oder schlicht der Preis.

Geld, d.h. die im jeweiligen Währungsgebiet geltende Währung, ist faktisch zur einzigen Form avanciert, in der Werte *dargestellt* werden. Die Vereinheitlichung der Wertform in Geld vereinfacht die Darstellung von Werten wesentlich.[31] Denn mit dem Auftreten von Geld, d.h. der Alleinstellung der Ware, gegen die getauscht wird, drücken sich die Werte aller Waren eben in Geld aus. (Wenn die Geldpreise zweier Güter gleich sind, heißt dies aber noch lange nicht, dass das eine gegen das andere Gut getauscht werden könnte.) Nur wenn Geld zwischen die Waren tritt, lassen sich relative Werte der Waren untereinander berechnen. Die Wirtschaftssubjekte erfahren relative Preise also auf dem Umweg über das Geld. Naturaltauschakte liefern zwar ebenfalls relative Preise, aber diese bieten ihrer Seltenheit und absoluten Willkürlichkeit wegen kaum eine Orientierung.[32]

Indem also in Tauschakten alle Güter gegen Geld gehandelt werden, und Märkte die Tendenz haben, Preisdifferenzen einzuebnen, tendieren die Preise und damit auch die Preisrelationen zu einem mehr oder minder kohärenten Muster.

Geld bringt aber nicht nur Waren, sondern auch Subjekte miteinander in Beziehung. Da jedes Subjekt eine Beziehung zu Geld hat, stehen auch die Subjekte in Beziehung zueinander. Geld ist also gewissermaßen die „Fahne", unter der sich Wirtschaft organisiert, oder der Code, durch den sie gesteuert wird. Kurz: ohne Geldform keine Wirtschaft.

---

[31] Häufig wird die irrige Ansicht geäußert, die Vereinfachung bestünde darin, dass der Geldtausch bei n Gütern, Geld eingeschlossen, nur n-1 Preise kenne, der Naturaltausch würde jedoch n (n-1)/2 benötigen. (Bei n Gütern wären das 20 relative Preise.) Das träfe nur dann zu, wenn es einheitliche Preise gäbe, wenn also das „law of one price" zuträfe. Das aber ist und kann gar nicht der Fall sein, nicht einmal in perfekt organisierten Märkten.

[32] Aus diesem Grunde haben einige Naturalwirtschaften Preise (etwa ausgedrückt in Rindern) einfach festgelegt.

> **Jeder einzelne Tauschakt erzeugt einen Preis.**
>
> **Jeder einzelne Tauschakt ist Akt einer Verknüpfung zwischen Subjekten.**

Da Menschen Wertformen in ihrem Mit- und Gegeneinander im Tausch erzeugen, sind Wertformen Erzeugnisse der Kultur – in der Natur kommen sie jedenfalls nicht vor. Aus der Sicht der Systemtheorie gesehen handelt es sich um einen innergesellschaftlichen Vorgang, der aus sich heraus etwas Drittes – GELD – gebiert, welches seinerseits diesen Vorgang ermöglicht, fördert bzw. sogar erzwingt. Die Gesellschaft ist ihr Vergesellschaftungsprozess, durch den sie die Maßstäbe ihrer eigenen Reproduktion erzeugt. Sie funktioniert daher „autopoietisch" (Luhmann 1984, 1988).

Die Autopoiese der Wirtschaft bedarf allerdings eines ständigen Bezugs auf Sinn und Sinnlichkeit, also auf Inhalte, die von außen kommen. Eigenbezüglichkeit wird mit Fremdbezüglichkeit gekoppelt. Dies ist bei Gütermärkten immer gewährleistet, bei Finanzmärkten wird der Bezug sehr dünn oder verschwindet in Schleifen von Selbstbezüglichkeit. (dazu S. 155)

Allerdings haben Wertformen quasi Dingcharakter (dieser entspringt aus Beziehungen) und treten als eigenständige und ekstatische Gebilde den Menschen gegenüber. Als solche ermöglichen sie nicht nur Entwicklung und Entfaltung der Individuen, sondern unterwerfen sie ihrer eigenen Logik. (Darin aber unterscheidet sich Geld nicht von anderen Formen der Kultur.)

Obwohl Marx der einzige Ökonom ist, der die Bedeutung der Wertformen für die Entfaltung der bürgerlichen Gesellschaft erkennt, verteufelte er sie als Symbol der Entfremdung der Menschen von sich selbst. (dazu Abschnitt 4.1) Im Glauben an eine kommunistische Utopie übersieht er, dass ohne Wertformen gar nichts geht: ohne sie gibt es keine Gesellschaft und keine Zivilisation. Die Gesellschaft darf die Wertform nicht beseitigen, muss sie aber zu bändigen versuchen.[33]

Man kann die Bedeutung des Tausches für den Prozess der Gesellschaftsbildung und daher der Zivilisation gar nicht hoch genug einschätzen. Nur durch die Relationierung im Tausch kann jenes Maß an Objektivität erzeugt werden, zu dem wir, als Menschen, Zugang haben.[34] Nicht einmal Gott könnte wissen, was der absolute und daher objektive Wert wäre. Ich komme darauf wiederholt zurück.

---

[33] Das lässt sich als politische Aufgabe erst formulieren, wenn man die Bedeutung der Wertform für die menschliche Zivilisation erkennt.

[34] Das ist einer der Grundaussagen Simmels. Siehe mehr in Abschnitt 4.2.

Geld als Medium. Geld als Ding

Als Mittel des Berechnens (Planens, Vergleichens) ist Geld bloß *Medium* und gehört allen – so wie die Sprache. In dieser Funktion können es alle nutzen, unabhängig davon, ob sie es selbst besitzen oder nicht. Auch Sprache ist nicht knapp, sondern unendlich vorhanden. Wenn ich mich anderen sprechend mitteile, wird meine Möglichkeit zu sprechen nicht geringer. Wenn ich kalkuliere, verringert das nicht die Möglichkeit, dass auch andere kalkulieren.

Als Mittel des Tausches (daher des Zahlens) ist Geld aber ein *Ding und knapp*. Als Ding gehört Geld diesem oder jener. Es ist Privatsache, Privateigentum sozusagen. Wer mit Geld kaufen will, muss es hergeben können. Um es hergeben zu können, muss es in einer bestimmten Menge vorhanden sein. Als *Rechenmittel* ist hingegen ist Geld nur Symbol. Theoretisch kann man in jeder Einheit rechnen. Aber man rechnet üblicherweise in Einheiten, in denen man tauscht bzw. zahlt. Denn aus dem Tauschverkehr bezieht man die Preise, und nur so macht der Rechenakt Sinn. Um mit Geld zu rechnen, muss Geld nicht vorhanden sein.

Die Geldfunktionen

Durch das Zahlen von Geld wird eine Schuld, die sonst entstehen würde, vermieden oder eine bestehende Schuld abgedeckt. D.h. man gleicht mit Geld aus. Gegen Geld tauschen oder mit Geld zahlen ist im Übrigen das Gleiche. Man kann auch Geld gegen ein Zahlungsversprechen tauschen, das diese oder jene juristische Form (Geldkredit, Wechsel, Scheck, Aktie) annehmen kann. Auf diese Weise entsteht ein Anspruch auf eine Geldzahlung auf der einen Seite, eine Geldschuld bzw. eine Verpflichtung, die in aller Regel mit Zins oder Dividende belastet ist, auf der anderen Seite. Geldverpflichtungen können durch Zahlung abgelöst werden.

Mit Geld kann man freilich nicht nur kaufen, man kann es auch verschenken. Mit Geld zahlt man auch Steuern an die staatliche Autorität, die ihrseits ihre Leistungen bezahlt.

Aus der Funktion des Geldes als Tausch- oder Zahlungsmittel folgt, dass Geld auch *Wertaufbewahrungs- und Spekulationsmittel* ist (s. S.101f). Denn Geld *aufbewahren* heißt: mit Geld später bezahlen. Mit Geld *spekulieren* heißt: Geld jetzt nicht ausgeben und auf günstigere Gelegenheiten warten.

KREDIT UND SCHULD

Nichtausgleichen heißt Schuldenmachen

Was hält eine Gesellschaft zusammen? Im Wesentlichen doch folgendes: *Erstens* das Leisten, das Empfangen, d.h. die Transaktionen, die eine Verbindung herstellen; dann aber auch die Dankbarkeit für die geglückte Transaktion bzw. die Treue als seelisches Beharrungsvermögen in den so hergestellten Relationen.[35] *Zweitens* aber durch die aus dem Nichtausgleichen resultierenden und sich über die Zeit kumulierenden Verpflichtungen und Erwartungen (bzw. Forderungen). Was könnte die Leistungs- und Verschuldungsbereitschaft mehr beeinträchtigen als die Angst, den Verpflichtungen nicht nachkommen zu können bzw. in den eigenen Erwartungen bzw. Forderungen enttäuscht zu werden?

Der ökonomische und soziale Gehalt von „Kredit" und „Schuld"

Wirtschaftliche Tätigkeit erfolgt üblicherweise in der Zeit: Man muss zuerst produzieren, bevor man konsumiert; man muss zuerst investieren, bevor man einen Ertrag lukrieren kann. Das alles gilt unabhängig davon, ob man Selbstversorger ist oder in einer arbeitsteiligen Geldwirtschaft lebt: die Vorleistung findet zum Zeitpunkt t_0, der Genuss der Frucht findet erst zum Zeitpunkt t_1 statt. Damit soll nur gesagt sein, dass wirtschaftliche Tätigkeiten im weitesten Sinne „vorfinanziert" sein wollen – Wirtschaften braucht „Kapital". Für das Zustandekommen eines Kredits muss jedoch die soziale Komponente hinzukommen: Ein A muss einem B dieses „Kapital" über einen Zeitraum vorfinanzieren.[36] Da im Normalfall niemand zu einer Vorleistung ohne Vorteil bereit ist, wird er, wenn überhaupt, diesen Vorschuss nur erbringen, wenn er sie gegen das Versprechen einer späteren Gegenleistung „eintauschen" kann, die für ihn von Vorteil erscheint.

Ganz in diesem Sinne definiert Max Weber (1922, S. 42) „Kredit" so:

> *„‚Kredit' im allgemeinsten Sinn soll jeder Abtausch gegenwärtig innegehabter gegen Eintausch der Zusage künftig zu übertragender Verfügungsgewalt über Sachgüter gleichviel welcher Art heißen."*

---

[35] Simmel 1908, S. 438-447.
[36] A kann auch eine Privatperson sein, und B dessen Unternehmen. In diesem Fall schießt die Person A so uns so viel Geld seinem Unternehmen vor.

Max Weber spricht von „Abtausch". Beim „normalen" Tausch wird ein Gut gegen ein anderes jetzt „abgetauscht". Der Abtausch, welcher der Entstehung eines *Kredits* zugrunde liegt, besteht in einer Leistung des A zum Zeitpunkt t_0 gegen das Versprechen des B einer späteren Leistung zum Zeitpunkt t_1.[37]

> „Kredit" kommt von „credere" – lateinisch „glauben" oder „vertrauen".

Die Schwere der Schuld in der Naturalwirtschaft

Wer einen Kredit bekommt, kann mit der Sache wirtschaften. Dieser auf Vertrauen beruhende „Abtausch" verschiebt die Schranken, welche die Materie dem Leben auferlegt, nach außen. So sehr der Schuld-Kreditakt im Moment eine Entlastung und Erweiterung darstellt, belastet er aber in der Zukunft, insbesondere unter naturalwirtschaftlichen Bedingungen. Machen wir uns das anhand einfacher Überlegungen klar.

B erhält von A ein Huhn. Was setzt er dagegen? Wenn B nicht über Geld verfügt, das Versprechen einer datierten Gegenleistung. Zu einem *expliziten* Versprechen wird er kaum in der Lage sein. Falls doch, würde es sich um eine Art von Naturaltausch handeln: Jetzt erhält B das Huhn, morgen würde er drei Stunden auf dem Felde des A arbeiten. Ob die drei Stunden Arbeit am Feld das Huhn wert sind, und umgekehrt, steht nach Abschluss dieser Vereinbarung nicht mehr zur Debatte. Das *Gewicht* des Forderungs-Schuldverhältnisses besteht allerdings nicht nur aus der *Höhe* der Forderung, sondern auch aus der *Zeitspanne* und der *Unsicherheit*, ob B auch vereinbarungsgemäß erscheinen wird bzw. kann, und die erwartete Arbeitsleistung persönlich und zur Zufriedenheit des A erbringen wird. Der Deal kann aber auch darin bestehen, dass B seine Gegenleistung offenhält. A hat dann eine vage, nicht klar festgelegte Forderung oder Erwartung an B – dieser fühlt sich irgendwie verpflichtet. Die

---

[37] Indem ein Kreditgeber ein Gut, das er hat, weggibt und stattdessen nur ein Versprechen erhält, geht er ein Risiko ein, welches er sich oft durch eine Hypothek oder andere Zugriffsansprüche (Lohnverpfändungen) abzusichern sucht. Verpfändungen sind zwar üblich, aber keine unumstößliche Voraussetzung für das Zustandekommen eines Kreditvertrages. Kredite können und werden auch ohne Verpfändungen gegeben. Das Pfand simuliert nur die Gleichzeitigkeit eines Quid-pro-Quo, wie sie im Realtausch gegeben ist. So gesehen ist der Kredit gegen Pfand noch ein halber Kauf oder Verkauf. Der Unterschied zum einfachen Ware-Geld-Tausch besteht freilich darin, dass der Kreditgeber mit dem Pfand nicht auf die Sache direkt zugreift, sondern sie in der Verfügungsgewalt des Kreditnehmers belässt, der damit weiter wirtschaften kann.

Forderung bzw. die Schuld ist in Naturalwirtschaften meist weder der Art, der Höhe oder dem Zeitpunkt der Tilgung nach eindeutig fixiert. Das ist typisch für reziproke Verpflichtungszusammenhänge, in denen Forderungen bzw. Schulden Interpretationen von *beiden* Seiten ausgesetzt sind. Was erwartet A von B? Wann wird B leisten? Was und wann wird dieser dem A geben? Wird A dann zufrieden sein? Wird B ihn mit Ausreden hinhalten oder mit einer großzügigen Gegenleistung beschämen?

Ein Ausgleich setzt voraus, dass B nicht nur den Wert der dargebrachten Sache, sondern auch noch einschätzen kann, was sie in den Augen von A wert ist – eine höchst voraussetzungsvolle Leistung – deren Frustration schlimme Folgen für beide haben kann. Ist B nobel, wird er sich nicht lumpen lassen und wird mehr zurückerstatten wollen als er genommen hat, um auf sicher zu gehen. Das aber ist teuer. Wenn A nicht mäßigend abwinkt, wird sich B ausgenutzt vorkommen, und sich fragen, ob er sich leisten will, die Hilfe von A ein anderes Mal in Anspruch zu nehmen. Ein schäbiger A wird B's Leistung nicht entsprechend honorieren und damit wahrscheinlich dessen Leistungsbereitschaft frustrieren. Fazit: die Uneindeutigkeit der Schuld ist belastend und behindert Kooperationen.

A und B sind aber nicht allein auf der Welt. Stellen wir uns eine Gemeinschaft mit einer überschaubaren Anzahl von Menschen vor. Jeder liefere an jeden oder fast jeden, jeder beziehe von jedem oder fast jedem. Die Lieferungen und Bezüge kann man sich also als Matrix vorstellen. Von unmittelbaren Ausgleichsakten abgesehen, die sehr selten vorkommen, wäre die Schuld des A dann der Vektor seiner Bezüge von allen anderen Personen seit jeher, und seine Forderungen bestünden aus allen Leistungen, die er jemals für alle anderen erbracht hat. Auch wenn A an B und B an A bisher naturale Leistungen erbracht haben, sie wissen nicht, ob sie ihre Leistungen gegeneinander aufrechnen können. Denn sie kennen den Wert ihrer Leistungen nicht. Jedes weitere Nehmen würde ihre Schuld erhöhen, und jedes weitere Geben ebenso ihre unspezifizierten Forderungen. Die Schulden wüchsen also mit dem Nehmen, die Forderungen mit dem Geben. Die „Rechnungen" bleiben offen. Keiner der Beteiligten weiß anzugeben, ob er (oder sie) mit irgendeinem der anderen quitt ist, oder ob er (oder sie) mit allen insgesamt quitt ist.

Denn alle Leistungen, die je gegeben oder empfangen wurden, sind nach Art, dem Zeitpunkt der Lieferung und den betroffenen Personen spezifisch, eben natural. Nichts ist addier- oder subtrahierbar. In einer Naturalwirtschaft paart sich die notorische Unübersichtlichkeit der Schulden mit deren ständigem Anstieg. Da Schulden einer ständigen Reinterpretation zugänglich sind, kann sich keiner seines wirtschaftlichen Status sicher sein. Da nichts sicher ist, muss „alles" durch soziale Normen fixiert sein, wie das für traditionale Gesellschaften typisch ist. Wie wenig förderlich dies alles für menschliche Beziehungen und für die Entwicklung von Gesellschaften ist, kann man sich leicht vorstellen.[38]

> **Der Naturalverkehr verhindert nicht nur, dass man einen Tausch (z.B. durch Zahlung von Geld) abschließt, sondern auch, dass die Schulden eindeutig und klar definiert sind. Da man nicht rechnen kann, „darf" nicht gerechnet werden. Da Ausgleichen nur selten möglich ist, wird nur selten geleistet. Das Abhandensein von Geld sabotiert sowohl Gesellschaft als auch Individualität.**

Die Leichtigkeit der Schuld in der Geldwirtschaft

Geld macht alles erheblich einfacher, denn

1. Wer zahlt, gleicht aus. Zahlen verhindert, dass eine Schuld entsteht. Da Geld bei Zahlen nur die Hände wechselt, kann mit einem Geldbetrag tausende Male ausgeglichen werden.
2. Wer jetzt nicht zahlt, weiß eindeutig, was er später zahlen muss.
3. Schulden und Forderungen sind, weil in Geldeinheiten und daher eindeutig, gegenüber dem gleichen Partner aufrechenbar bzw. addierbar.
4. Wenn A eine Geldschuld B gegenüber hat, kann er sie ausgleichen, indem er durch die Leistung an Dritte Geld verdient.
5. Jeder weiß, ob er ausgeglichen bilanziert, und zwar
    a) bilateral, mit jedem anderen
    b) der Gesamtheit gegenüber, was sich in Unternehmens- oder Haushaltsbilanzen widerspiegelt.
6. Damit kann jeder für sich verantwortlich sein und ist von Interpretationen anderer unabhängig (Autonomie).

---

[38] Einen Überblick über die Entwicklung von Formen der Schuld und des Geldes aus anthropologischer Sicht liefert Graeber 2011. Seine Studie bestätigt, dass Verpflichtungszusammenhänge und Schuld (resultierend aus dem nichterwiderten Nehmen) der Entstehung von Geld vorausgegangen sind. Daher ist sein Buchtitel: „Debt – The First 5000 Years" reichlich missverständlich. Schuld ist ein menschliches Urphänomen. Geld kam erst später dazu, ermöglichte das Vermeiden von Schuld und ist daher die Voraussetzung für das Wachsen von Großgesellschaften.

2.1 Grundlagen

> **Nur weil Geld einen Ausgleich unmittelbar ermöglicht, kann eine Verstopfung der „Gemeinschaft/Gesellschaft durch einen undurchsichtigen Forderungs- bzw. Schuldenzusammenhang vermieden werden. Nur, indem Geld Forderungen bzw. Schulden eindeutig zu fixieren erlaubt, und dem Schuldner überlässt, auf welche Weise er das geschuldete Geld beschafft, können Schulden erträglich werden.**
>
> **Mit der Aufnahme eines Kredits nimmt der Einzelne Zukunft vorweg. Der Gläubiger und der Schuldner rechnen (mikroökonomisch) mit einem erfolgreichen Geschäft: mit Mehreinnahmen. Die „Gesellschaft" muss (makroökonomisch) auf nachfolgende Geldinjektionen rechnen, durch welche sich ein Wachstum der Werte realisieren lassen.**

Wir haben eben weiter oben die schier unüberwindlichen Hindernisse angesprochen, die sich dem *Ausgleichen* unter den Bedingungen eines Naturaltauschs entgegenstellen. *Nichtausgleichen* heißt aber nicht nur: im Moment nicht auszugleichen, sondern die Schuld über die Zeit, in welcher nicht ausgeglichen wird, zu ertragen bzw. eine Forderung entsprechend lange auszuhalten.

Kaum ein anderer Aspekt ist von der traditionellen Ökonomik so wenig beachtet worden, obgleich er doch der Schlüssel ist

1. zum Verstehen der Leistungen des Geldes bei der Entwicklung der menschlichen Zivilisation, d.h. für das Herausarbeiten des Unterschieds einer Geld- zu einer Naturalwirtschaft.[39]
2. zur Einschätzung der Wirkungen des Finanzsystems auf die sog. reale Wirtschaft. Konjunkturschwankungen können viele Ursachen haben. Aber veritable Wirtschaftskrisen wurden immer von Krisen des Forderungs- bzw. Schuldensystems ausgelöst, wie auch umgekehrt, eine Boomphase immer begleitet ist von der Bereitschaft, sich weiter zu verschulden.

Einerseits verhindert Geld Schulden, andererseits erlaubt es, Schulden in phantastischer Weise auszudehnen. Mit dieser Paradoxie werden wir uns in den Abschnitten 2.8 und 2.9 ausführlich befassen.

---

[39] Letzteres hat zwar kaum eine praktische dafür aber umso mehr theoretische Bedeutung. Denn die herrschende Ökonomik modelliert die Marktwirtschaft, als ob sie eine naturale Tauschwirtschaft wäre. Damit verpasst sie das Wesentliche. Dazu weiter unten Teil 3.

Die Funktion von Geschäftsbanken

In primitiven Gemeinschaften entstehen Forderungen und Schulden noch zwischen den Genossen. „Fremde" aber räumen sich gegenseitig nur ungern „Kredit" ein. In Geldwirtschaften werden die Schulden-Forderungsbeziehungen daher vom Verhältnis der Individuen bzw. Wirtschaftssubjekte (Haushalte, Unternehmen, Staat) untereinander zum großen Teil auf das Verhältnis zu den Banken ausgelagert. Das, was für die Güterallokation der Handel ist, sind die Banken für das Geschäft mit Geld. Sie sammeln Geld ein und verleihen Geld. Dass die Banken heute darüber hinaus auch Geld erzeugen, werden wir weiter unten als Ordnungswidrigkeit qualifizieren. Der große Vorteil eines Bankkredits: Die „Bürger" können zahlen, das Schuldmanagement wird auf das Verhältnis von auf das Verhältnis von Bürger und Bank ausgelagert.

GELD (2): GELDMENGE[40]

Wir haben uns sowohl mit den Funktionen befasst, die Geld als Tauschmittel als auch in Schuldverhältnissen ausübt. Die primäre Funktion des Geldes im *Tausch* ist die Ermöglichung der Leistung durch Ausgleichen. Bei *Schuld- und Kreditverhältnissen* besteht die Funktion des Geldes darin, das Nichtausgleichen als Win-Win-Situation zu gestalten: A gibt B Geld, damit B mit ihm wirtschaften kann. B entschädigt A für diese Vorleistung mit einer Aussicht auf Gewinn.

Wie Geld in die Wirtschaft kommen kann

Nun müssen wir uns aber noch mit der Frage befassen, woher das Geld kommt, das eine tauschende und eine wechselseitig sich verschuldende Gesellschaft benötigt. Und wie gelangt Geld auf den „Tisch" der Wirtschaft? Prinzipiell bieten sich folgende Möglichkeiten an: der *Verkauf* von Geld, der *Kredit, aber auch das Verschenken* von Geld.

Verkauf: Die Erzeugung metallischer Währungen verursacht Kosten, die durch Verkauf gedeckt sein wollen. Kublai-Khan, Enkel des berühmt-berüchtigten mongolischen Herrschers Dschingis-Khan, im Gefolge dessen großräumiger Eroberungen in China zur Macht gekommen, sparte sich die Kosten der Gold- oder Silbergewinnung und brachte sorgfältig präparierte und in einer

---

[40] Zur genaueren Definitionen der Geldquantitäten siehe Abschnitt 2.8.

feierlichen Zeremonie von hohen Beamten unterfertigte weiße Rinde in Umlauf, indem er von Kaufleuten wertvolle Gegenstände erwarb und diese mit diesem Kunstgeld – einem Fiat-Money – bezahlte. (Der Symbolkraft dieses Artefaktes wurde freilich durch entsprechende Strafandrohungen nachgeholfen.) Wenn Banken mit neu erzeugtem Giralgeld Waren und Dienstleistungen aller Art oder Wertpapiere erwerben – z.B. ihre Mitarbeiter bezahlen, Grundstücke oder Staatspapiere ankaufen, bringen sie Geld eben auf diese Weise in Umlauf. Entsprechend vernichten sie Geld, wenn sie Waren verkaufen. Kaufen oder verkaufen *Zentralbanken* von und an Banken und andere zugelassene Händler (primary dealers) Wertpapiere, spricht man von Offenmarktgeschäften. Es ist eines der Instrumente, mit welchen Zentralbanken die umlaufende Geldmenge regeln.

Kredit: Der weitaus prominenteste Kanal, über welchen heute zusätzliches Geld an das Publikum gelangt, ist der Kredit. Das Publikum – das sind aus der Sicht der Banken: Haushalte, Unternehmen und der Staat – nimmt beim Bankensystem Kredite auf. Das auf diese Weise aufgenommene Geld fließt in die Wirtschaft ein.

Geschenk: Rein theoretisch könnte eine Wirtschaft durch Abwurf von Geld aus einem Hubschrauber gestartet werden. Wenn überhaupt, wird Fiat-Money aber nicht lose verstreut, sondern gezielt verschenkt. Das könnte ein gelderzeugender Souverän heute durchaus tun. Er erschafft Geld (=Geldschöpfung) und schleust es über den Staatshaushalt in die Wirtschaft ein.[41] Da Geld knapp zu halten ist, muss der Souverän sich dabei entsprechende Zurückhaltung auferlegen. Fiat-Money ist der Missbrauch allerdings an die Stirn geschrieben. Gegen einen solchen bedarf es entsprechender Vorkehrungen.

Nachdem Fiat-Money – Papier- bzw. Buchgeld – kostenfrei geschaffen und daher selbst keinen Wert hat, stellt sich die Frage, worin dessen Wertdeckung besteht. Die Antwort ist einfach: die (erwartete) Kaufkraft des Geldes. Diese wiederum hängt von der (erwarteten) Leistungsfähigkeit der Wirtschaft ab. Da Papiergeld niemals Wert selbst ist, sondern seinen Wert daraus bezieht, dass es kaufen kann, ist die Werthaltigkeit modernen Geldes ausschließlich durch seine Kaufkraft bestimmt. Zugleich haben wir es natürlich auch immer mit einer Zeitperspektive zu tun, sind doch im Augenblick stets weniger Güter vorhanden als Geld. Müssen die Wirtschaftssubjekte befürchten, dass ihre Geldansprüche ins Leere gehen, werden sie versuchen, sie vor den anderen durch

---

[41] In der deutschen Währungsreform (1948) z.B. schenkte der Staat allen Bürgern ein Startgeld.

Kauf von Realgütern zu sichern. Solange sich diese Kauftätigkeit auf Vermögenswerte beschränkt, haben wir eine „Asset-Inflation" (ein Aufblasen von Vermögenswerten). Schwappt diese Kauftätigkeit auch auf die Gütermärkte über, löst sie einen Inflationsschub aus.

Wie Geld in die Wirtschaft kommen sollte

Wir haben gelernt, dass Geld durch Geschenk, Kauf und Kredit in die Wirtschaft eingeschleust werden kann. Welcher dieser Kanäle wird nun aber tatsächlich benützt, und warum? Außerdem: Wie *sollte* Geld in die Welt kommen, damit es den Menschen auf beste Weise dienen kann?

Die Kanäle, durch die Geld in die Wirtschaft geschleust werden, hängen u.a. von folgenden Faktoren ab:

1. von der Beschaffenheit des „Geldmaterials";
2. vom Umstand, dass sich Geld jeweils den geringsten Widerstand sucht: es „will" sich vom Material befreien und „strebt" in Richtung elektronisches Geld, denn elektronisches Geld ist das handlichste Geld;
3. von der Stellung des Geldemittenten im sozialen Gefüge und
4. davon, ob der Souverän seiner Gestaltungsaufgabe nachkommt.

Solange Geld noch an *Substanzen*, etwa an Gold oder Silber haftet, muss es erarbeitet werden. Der Kanal, der sich logisch anbietet, ist der Verkauf von Geld. Denn da Arbeit bezahlt wird, muss auch Geld bezahlt werden. Dass der Emittent von Münzen am Schlagsatz und an der Münzverschlechterung auch verdienen kann, ändert an diesem Prinzip nichts.

Fiat-Money befreit den Geldemittenten von den Kosten der Gelderzeugung. Es versetzt also den Geldemittenten in die Lage, Geld in beliebiger Höhe – kostenlos! – zu erschaffen.

Durch welchen Kanal soll Fiat-Money in die Wirtschaft eingeschleust werden? Ein despotischer Souverän würde Fiat-Money durch Verkauf unter die Leute bringen. Es gibt kein genialeres Mittel der Bereicherung als Geld zu drucken und gegen Güter einzutauschen. Kublai Khan war nur einer in der langen Reihe von Despoten. Ein demokratisch legitimierter Souverän hingegen würde das von ihm geschöpfte Geld durch GESCHENK in Umlauf zu bringen haben.

An wen? An sich selbst und durch sich hindurch an das Publikum! Um aber Missbrauch zu vermeiden, muss der Gelderzeuger – die Zentralbank – von der Regierung und Verwaltung ein hohes Maß an Unabhängigkeit besitzen. Daher sollte die gelderzeugende Instanz per Verfassung in den Status einer Vierten, unabhängigen Staatsgewalt, einer MONETATIVE, gehoben werden (dazu näher S.93f). Der Gelderzeuger sollte aber nicht auch über die Geldverwendung entscheiden, und der Geldverwender – die Regierung – sollte keinen (direkten) Einfluss auf die Höhe der Gelderzeugung ausüben dürfen. Die Exekutive würde das ihr überreichte Geld – im Normalfall kaum mehr als 2% der Steuereinnahmen[42] – in demokratisch legitimierter Weise unter die Leute zu bringen haben.

> **Substanzgeld wird erarbeitet und verkauft. Was ist die dem Fiat-Money adäquate Form des In-Umlauf-Bringens"? Das SCHENKEN!**
>
> **Fiat-Money enthebt den Emittenten des ökonomischen Zwangs, dem jeder Sterbliche ausgesetzt ist: eine Leistung zu erbringen, wenn er sich etwas leisten will.**
>
> **Geldschöpfung – die Erzeugung von Geld aus dem Nichts – ex nihilo! – ist ein unerhörtes Privileg. Das kann nur dem Souverän zustehen.**

Wie Geld heute in die Wirtschaft kommt ...

Bei der Herstellung von Substanzgeld macht es keinen so großen Unterschied, ob ein Privater oder der Souverän Geld in Umlauf bringt. Da die Hervorbringung von Geld Kosten verursacht, muss es verkauft werden. Fiat-Money aber könnte und sollte verschenkt werden. Wie wird es aber heute in Umlauf gebracht? Durch Kredit und Verkauf.

Das ist ein Verfahren, das der Logik des Geldes widerspricht und die Grundlagen der Bürgergesellschaft untergräbt.

Um diese Behauptung zu beweisen, muss ich ein wenig ausholen und darf an Grundsätzliches erinnern:

1. Geld war immer schon Funktion. Geld wurde nie der Substanz wegen gehalten, die es trug (etwa Münzen), sondern der Funktion wegen, die es ausübte: kaufen zu können. Insofern entspricht die Loslösung von der Substanz der inneren Logik des Geldes.[43]
2. Geld muss knapp gehalten werden. Solange es an Substanzen gebunden war, sorgte die Natur, d.h. die Produktionskosten, für die Knappheit des Geldes. (Dass man das Gold und Silber auch geraubt hat, steht auf einem

---

[42] Bei einer Geldmenge (M1 – dazu S. 207) in der Höhe von 50% des BIP, einem Wirtschaftswachstum und einer Inflationsrate von je 1% (zusammen also 2%) würde sich das Geldmengenwachstum pro Jahr auf 1% des BIP oder bei einer Staatsquote von 40% auf 2,5% des Steueraufkommens belaufen. Das sind in Deutschland etwa €30 Mrd.

[43] Dieser Grundgedanken durchzieht Simmels „Philosophie des Geldes" (1900).

anderen Blatt.) Geldsymbole sind aber in beliebiger Menge produzierbar. Wer kann seine Menge kontrollieren, wenn nicht der Souverän? Wem kann man die Kontrolle zutrauen, wenn nicht ihm? Mit anderen Worten: Die Entmaterialisierung des Geldes verlangt nach der festen Hand des Staates: je luftiger das Geld, desto fester muss sie sein.[44]

3. Mit dem (schleichenden) Übergang von Substanzgeld auf symbolisches Geld entgleitet dem Souverän die Geldschöpfung. Sie geht auf die Geschäftsbanken und möglicherweise auf andere Institutionen, wie Google und BitCoins über (dazu Box 4). Solange die Produktion von Geld Kosten verursacht, machte es keinen so großen Unterschied, wer Geld in Umlauf bringt. Die Kosten fließen an die Produzenten zurück und über diese in die Wirtschaft. Aber mit der vollkommenen Ablöse des Gelds von Substanzen erhält der Geldproduzent eine Macht, die nur dem Souverän zustehen kann – Kaufkraftschöpfung ist Macht, eine Macht, die demokratisch zu kontrollieren ist!

Box 4: Geldmenge und wie sie sich heute zusammensetzt

Die Geldmenge besteht heute aus drei Bestandteilen: erstens dem umlaufenden *Bargeld* (Banknoten und Münzen = M0), zweitens dem *Bankengiralgeld*. Ersteres wird durch die Zentralbank emittiert (Münzen auch durch den Fiskus). Hinzu kommt, drittens, noch das Giralgeld der Zentralbank. Es ist die unbare, aber jederzeit gegen Bargeld eintauschbare Reserve der Geschäftsbanken.[45] Es wird auf Konten der Geschäftsbanken bei der Zentralbank geführt und ist im Prinzip Bares, allerdings in elektronischer Form. – Alle drei Bestandteile machen die Geldmenge aus. Aber nur die ersten beiden befinden sich „draußen" im Publikum. Davon nimmt Bargeld heute nur mehr 10-20%, das Geschäftsbankengiralgeld mittlerweile aber 80-90% der Geldmenge ein, dank des technischen Fortschritts mit steigender Tendenz. Elektronisches Geld schlägt alles: Sogar der Staat verlangt heute, Steuern mit Bankengiralgeld zu begleichen.

---

[44] Wer meint, sich auf diese Festigkeit nicht verlassen zu können, muss ein Substanzgeldsystem fordern.

[45] Es entsteht, indem die Zentralbank den Geschäftsbanken Kredite gewährt und von ihnen Assets (etwa Staatspapiere) erwirbt. Es handelt sich um „Reserven", auf welche die Geschäftsbanken zugreifen können. Geschäftsbanken werden von der Zentralbank verpflichtet, gewisse Reserven zu halten, um jederzeit liquide zu sein.

4. Privaten steht auf keinen Fall das Privileg der Geldschöpfung zu. Die Geldmengenerzeugung durch Private verletzt den *Gleichheitsgrundsatz*. Auch sind Geschäftsbanken nicht berufen, die Geldmenge zu regulieren und knapp zu halten. Das können sie nicht können.

> **Der Bürger muss etwas leisten, um sich etwas leisten zu können. Nur dem Souverän kann das Privileg der Kaufkraftschöpfung aus dem Nichts zustehen.**

5. Geschäftsbanken schöpfen trotzdem Geld. Da sie Privatrechtssubjekte sind, bringen sie Geld nicht als Geschenk, sondern via Kredit und Kauf von Gütern in Umlauf.

   - Die Deutsche Bundesbank (2015, S. 79) bestätigt diesen Vorgang explizit: „Auch kann die [Geschäfts]Bank den Ankauf eines Vermögenswerts durch Gutschrift des Kaufbetrags auf dem Konto des Verkäufers bezahlen. Sie ist dann Eigentümerin des Vermögenswerts. Das kann beispielsweise eine Immobilie sein, die sie selbst nutzt oder die Mieterträge abwirft. Bezahlt („finanziert") hat sie diese Immobilie mit selbstgeschaffenem Buchgeld, das sie dem Verkäufer als Sichteinlage gutschreibt." Vor allem kaufen Geschäftsbanken Wertpapiere und decken den Kauf mit selbstgeschaffenem Buchgeld ab. Hierdurch verlängern sich ihre Bilanzen.

   - Geschäftsbanken vermitteln nicht nur Kredite, indem sie angespartes Geld verwenden, sie schöpfen Buchgeld und bringen es mittels Kreditakt in Umlauf. Das geht so: sie richten dem Kreditnehmer ein Konto ein und schreiben diesem die vereinbarte Summe gut. Der Konto-Inhaber verpflichtet sich gleichzeitig, die Summe samt Zinsen nach einem vereinbarten Zeitplan zurückzuzahlen. Er erhält das Recht, über diese Summe durch Überweisungen oder durch Barabhebungen zu verfügen. Nur wenn die Abhebungen und Überweisungen des Kunden an andere Banken die Einzahlungen oder Überweisungen von anderen Banken übersteigen, muss sich die Bank durch Zentralbankkredite refinanzieren. Geschäftsbanken können also Kredite vergeben, ohne vorher Geld als Kredit (oder Eigenkapital) erhalten zu haben.[46]

---

[46] Zu Schranken für diesen Mechanismus siehe Huber 2013. Banken können in gewissem Ausmaß und vor allem im Gleichschritt mit anderen Banken sich selbst und anderen Banken Kredite geben und mit der so geschaffenen Kaufkraft Güter aneignen. (Huber 2013)

Das Schuldgeldsystem „verstört" die Wirtschaft

Indem die Geschäftsbanken Buchgeld durch Kredit in Umlauf bringen, verstören sie allerdings den Wirtschaftsprozess. Denn die Geldmenge sollte in keiner Weise von der Menge der Schulden bzw. Forderungen abhängen, weder von der immer wieder aufkeimenden Expansionslust, noch von sich gelegentlich aufschaukelnden Ängsten der Wirtschaftsbürger, ihre Schulden nicht mehr bedienen zu können.

Auch nicht von sonstigen Mechanismen, die mit der Schuldendynamik in Zusammenhang stehen. Wenn Geld via Kredit in den Umlauf kommt, verschwindet es mit der Zurückzahlung des Kredites wieder. Außerdem muss der Schuldner an die Bank Zinsen abführen. (Einiges davon, aber nicht alles, mag ins Publikum zurückfließen.) Auch das trägt zum Schwund der Geldmenge bei, was neue und immer höhere Kredite erfordert.

Zugleich aber befördert die Möglichkeit, Geld aus Schuldkontrakten zu erzeugen, die Erzeugung weiterer Schuldkontrakte. Das ist ja auch der Grund für die Explosion von Schulden und Forderungen – sie zeigen sich unter anderem in der explosiven Ausdehnung der Bankenbilanzen (seit etwa 1990) – und mündeten in die Finanzkrise, die wiederum den Staat in die Pflicht nimmt: er muss Geld drucken, um das Allerschlimmste zu verhindern. Er muss das Medium Geld ruinieren, damit die Banken nicht einknicken.

Die Gefährlichkeit der Vermengung der beiden Sphären „Geld" und „Schulden" sieht man auch an den ganz unterschiedlichen *Größenordnungen von „Geld-" und „Schuldenmengen":* Die nationalen Geldmengen belaufen sich, abhängig von den Zahlungsgewohnheiten und Techniken, auf 10-50% der Sozialprodukte. Das Niveau der Bankkredite, deren Zweck Vorfinanzierung künftiger Erträge sind, ist um ein Vielfaches höher. Große Kreditsummen sollten die viel kleineren Geldmengen nicht regeln können. (Wenn Draghi derzeit Unsummen von Geld in den Finanzapparat pumpt, hat dies damit zu tun, dass die Forderungs- und Schuldenwirtschaft in Schieflage geriet.)

Die Trennung zwischen der Geld- und Kreditsphäre ist daher aus ordnungspolitischen Gründen dringend geboten. Denn zwischen Wahrung der Ordnung Bürgergesellschaft und der Möglichkeit, den Gesamtprozess verantwortbar zu steuern, besteht ein enger Zusammenhang: Der Staat verletzt seine Pflichten, da er sich nicht für die Durchsetzung des Gleichheitsprinzips einsetzt, *und* er hat Schwierigkeiten, Konjunkturpolitik zu betreiben oder gar Krisen zu vermeiden, wenn Schuld- bzw. Kreditkontrakte die Geldmenge ständig verändern. Die Schuldenmacherei sollte ganz Angelegenheit privater Akteure sein und bleiben. Im Normalfall sollten Gläubiger und Schuldner das Risiko ihres

Handelns voll tragen.[47] Aber aus diesen Beziehungen, insbesondere zwischen Banken und Publikum, entspringt heute Geld. Damit ist die Geldmenge und deren Schwankungen ganz von den Launen dieser Forderungs- bzw. Verschuldungsvorgänge abhängig. Dadurch wird der Staat durch die „Bürgerwirtschaft" in Geiselhaft genommen, die er zu steuern hat.

Es gibt keinen Grund, „Geld" und „Schuld", den Zahlungsverkehr und das Kreditgeschäft, nicht voneinander zu trennen. Vor allem ist die Angst vor einer Geldverknappung unberechtigt. Denn Fiat-Money kann in beliebiger Höhe durch die Zentralbank bereitgestellt werden – via Staatshaushalt zum Publikum oder auch als Kredit der Zentralbank an die Geschäftsbanken. Im ersten Fall wandert es in Form von privaten Ersparnissen auf Umwegen an die Geschäftsbanken, deren Funktion es ist, es als Kredite in an die Wirtschaft weiterzureichen. Die Befürchtung einer Verknappung ist angesichts der hohen Spar- und geringen Investitionsneigung ohnehin ganz unbegründet.

Die Verknüpfung von Geld und Schuld unterminiert die Grundlagen der „Bürgergesellschaft".

Staatsversagen im Schuldgeldsystem – das Vollgeld als Lösung

Die Entmaterialisierung des Geldes bietet der Bürgergesellschaft große Chancen, stellt aber an den Staat eine Gestaltungsaufgabe, der er bisher nur teilweise nachgekommen ist (dazu näher Abschnitt 2.2). Er verspielt die Chance dieser großen Freiheit, indem er die Geldschöpfung mehr und mehr Privatrechtssubjekten überlässt. Dadurch lässt er zu, dass aus einem potentiell gut funktionierenden Geldsystem ein miserabel funktionierendes Schuldgeldsystem entsteht.

Wie könnte er das ändern? Ganz einfach. Indem der Staat das Geldschöpfungsmonopol auch auf Giralgeld, das ausschließlich von Geschäftsbanken geschöpft wird, ausdehnt und das bestehende Geschäftsbanken-Giralgeld in das Geldmonopol des Souveräns eingliedert. Nur so kann der Staat seinem Auftrag der Wahrung der Bürgergesellschaft und der Steuerung des Gesamtprozesses (einigermaßen) gerecht werden.

Dem Staat entgeht im jetzigen System auch die Seignorage (=Geldschöpfungsgewinn).[48] Die laufende Seignorage macht nicht so viel aus. Aber der Bestand, der sich aus der Kumulation über die Jahre ergibt, ist beträchtlich. Eine

---

[47] Dass Banken doch reguliert werden müssen, um Bankenruns zu verhindern, steht auf einem anderen Blatt.
[48] Dem Souverän ist aber nicht nur die Schöpfung von Geld entglitten, ihm wird derzeit sogar verboten, sich selbst (im Rahmen des wirtschaftlich Vertretbaren) zu finanzieren.

Vollgeldreform würde dem Staat Mittel in der Höhe seiner entgangenen Geldschöpfungsgewinne wieder zuführen. Mit ihnen könnte er einen Großteil der Staatschulden abbauen oder viele andere nützliche Dinge finanzieren.

> **Das Waren-Geld-System hatte seine eigene Logik. Geld war Ware – sein Wert war mehr oder weniger durch die Kosten seiner Beschaffung bestimmt. Die Geldmenge war daher vom Kreditgeschäft mehr oder minder unabhängig. Die großen Nachteile: Geld war unhandlich und die Menge viel zu starr. Die Wirtschaft konnte sich nicht entfalten.**
>
> **Fiat-Money erlaubt die kostenfreie Schöpfung von Geld, beseitigt also die engen Grenzen des Substanzgeldes. Wenn der Staat aber unter Fiat-Money-Bedingungen das Schöpfen des Geldes nicht unter seine Fittiche nimmt und es Privaten überlässt, schanzt er diesen nicht nur ungerechtfertigte Vorteile zu, womit er die Solidargemeinschaft untergräbt, sondern erhöht die Fragilität des Systems und setzt es der Gefahr unbeherrschbarer Krisen aus.**
>
> **Der Staat überlässt das Privileg der Geldschöpfung an die Banken und wird von ihnen in Geiselhaft genommen – ein miserabler Deal.**
>
> **DIE GELDSCHÖPFUNG MUSS WIEDER IN DIE ÖFFENTLICHE HAND.**

Ist Geld Schuld? Nein: Geld ist eine Sache!

Im Allgemeinen glaubt das Publikum, Banken würden nur Geld vermitteln: sie würden Geld von Sparern einsammeln und an Investoren verleihen. Dies wäre in der Tat ihre angestammte Funktion. Dass das Publikum das glaubt, kann den Banken nur recht sein. So hält sich die Ansicht, dass alles in Ordnung sei. Davon aber sind wir weit entfernt.

Auch Vertreter der kritischen Ökonomik[49] muss man für den derzeitigen Bewusstseinsstand verantwortlich machen: Sie halten sich für fortschrittlich,

---

Um über die Steuereinnahmen hinaus Finanzen aufzutreiben, muss er sich bei oder über die Banken, die er gelegentlich retten muss, verschulden. finanzieren. Das ist ein Skandal, allerdings einer, an den man sich offenbar bereits wie an ein Naturgesetz gewöhnt hat.

---

[49] Beispielsweise Heinsohn & Steiger (1996)

da sie herausstellen, dass Geld etwas mit Schuld zu tun habe oder Geld gleich als Schuldverhältnis definiert. Geld ist nicht Schuld, sondern ist dazu da, Schulden zu vermeiden. Wenn Geld widernatürlich aus einem Schuldverhältnis geboren wird, ist das eine Fehlentwicklung, die zu korrigieren und nicht als „kritische Erkenntnis" zu feiern ist.

Wir müssen uns von der Auffassung lösen, dass Geld Schuld ist. Geld ist seiner Natur nach eine Sache, allerdings eine ganz besondere: es ist Ding-gewordene Tauschrelation. (Simmel 1900) Als Ding steht es neben und über den anderen Waren: neben den Waren, weil man Geld gegen Waren und Waren gegen Geld tauscht; über den Waren, weil Geld der „Hub" ist, über den (fast) alle Tauschakte laufen. Nur Bankengeld ist Schuld der Bank: der Inhaber des Scheins hat einen Anspruch auf Herausgabe von wirklichem Geld – früher Goldmünzen, heute Banknoten. Im Vollgeldsystem wäre Geld wieder eine Sache (oder ein Ding), was Geld schon einmal war – als Münze. Eine klare Sache eben.[50]

DIE DYNAMIK DER GELDWIRTSCHAFT: GELD ALS KAPITAL

Die Metamorphose: Geld – Ware – Geld

Wirtschaft benötigt Zeit. Der Bauer muss säen, bevor er erntet. Aber wovon lebt er in der Zwischenzeit? Von den Gaben der Natur und den Vorräten, die er gesammelt hat.

In Geldwirtschaften kostet die Produktion nicht nur Zeit, sondern auch Geld. *Warenproduktion erfolgt mit Hilfe von Waren.* Bevor man Waren verkauft, müssen andere Waren eingekauft worden sein. Bevor man andere Waren kauft, muss man Geld haben. Frau Müller geht heute nicht mehr nebenan in den Stall und melkt ihre Kuh, sondern kauft die Milch im Laden. Sie muss, um heute zu leben, heute ihr Geld ausgeben.

Das kann sie nur, weil ihr das Unternehmen, in dem sie arbeitet, das hierfür erforderliche Geld gegeben hat. Unternehmen haben insgesamt einen Finanzierungsaufwand. Dieser Vorschuss ist ihr *Geldkapital*, das nötig ist, um Wirtschaftswerte zu erzeugen. Die Natur wirkt zwar in allen Produktionsvorgängen mit. Aber die Gaben der Natur sind nicht mehr ausreichend, um die Reproduk-

---

[50] Dazu auch Jackson/Dyson 2012, Annex III.

tion zu sichern. Nun muss ein Geldvorschuss hinzutreten. Mit diesem Geldvorschuss wird der Wareneinsatz gekauft, der erforderlich ist, die laufende Produktion durchzuführen.

An dieser Stelle verknüpft sich „Zeit" mit „Gesellschaft" und „Tausch" mit „Schuld". „Man" wirtschaftet in der Zeit und „man" erhält Geld. Aber es gibt kein „man", es sind immer ökonomische Subjekte, die wirtschaften, und die sich als Eigentümer untereinander in Beziehung setzen: A gibt das Geld an B und erwirbt eine Forderung an diesen; B verschuldet sich gegenüber A, leistet an andere und verdient Geld – und möglichst mehr Geld! Denn das hat Geld in sich: dass es mehr werden „will". Niemand hat das besser dargestellt als Karl Marx. Fassen wir seine Darstellung wie folgt zusammen:

Geld wird in **W**aren umgesetzt, um **G**eld zu erwirtschaften. Die Metamorphose des Geld- und Warenkreislaufs können wir also so schreiben: G – W – G oder in Langform G – W – G – W – G – W – G ... .

Die Metamorphose zerfällt in zwei Abschnitte: den Part **W – G – W**, und den Part **G – W – G**. Den Part W – G – W übernehmen *Haushalte*: Sie leisten Arbeit, um sich über den Umweg eines Geldverdienstes etwas „leisten" zu können. Mit ihrer Arbeitsleistung verdienen sie Geld, mit dem sie nicht nur ihre Leistungsfähigkeit wiederherstellen, sondern auch „gut leben" wollen.

Unternehmen übernehmen den Part G – W – G: sie lassen sich Geld vorschießen, um sich nach dem Umweg über Produktion, Lagerung, Distribution – {W...W~}[51] – und durch den darauf folgenden Verkauf wieder Geld zurückzuverdienen.[52] Aber sie tun dies nur dann, wenn sie erwarten können, einen Betrag zu erzielen, der höher ist, als der, den sie ausgegeben haben. Ja sie müssen so vorgehen, weil ihr Kapital sonst rasch aufgezehrt würde. Daher müssen wir die Formel umschreiben in G – {W*...W~} – G', wobei G' > G. Der Geldwert nimmt zu. In diesem Sinne spricht Marx von der Verwertung des Werts.

Die Langform der Metamorphose können wir also so schreiben: .... G – {W*...W~} – G' – {W**...W~} – G'' – {W***...W~~} – G''' .... . Im Laufe

---

[51] Der Inhalt des Klammerausdrucks { } bezeichnet den *dinglichen*, d.h. qualitativen Umwandlungsprozess innerhalb der Firma (Produktion, Transport, usw.).

[52] Wir können Haushalte und Unternehmen gerade durch diese Unterscheidung definieren. Tatsächlich üben freilich Haushalte auch in diesem Sinne definierte unternehmerische Funktionen aus: manche produzieren selbst und verkaufen das Produzierte. Dann vereinigen sie beide Funktionen in einer „Institution". Wenn Haushalte Geld anlegen, um aus welchen Gründen auch immer Geld zu verdienen, sind sie unternehmerische Vermögenssubjekte.

der Ware-Geld-Metamorphosen nimmt der Geld- und damit auch der Warenwert zu.

Die Wachstumsspirale

Die Metamorphose von Geld – Ware – Geld ist also kein stationärer Prozess, bei dem sich Ware in Geld und Geld in Ware verwandelt, wobei die Wertsummen dabei gleichbleiben. Bei der Metamorphose handelt es sich um einen ständig sich erweiternden Prozess (siehe auch Kapitel 2.6). Ich möchte ihn als liegende Acht darstellen (Abbildung 4).

Abbildung 4

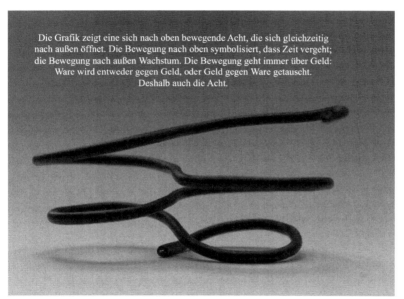

Die Grafik zeigt eine sich nach oben bewegende Acht, die sich gleichzeitig nach außen öffnet. Die Bewegung nach oben symbolisiert, dass Zeit vergeht; die Bewegung nach außen Wachstum. Die Bewegung geht immer über Geld: Ware wird entweder gegen Geld, oder Geld gegen Ware getauscht. Deshalb auch die Acht.

Woher aber kommt das Mehr an Geld, nach dem die Metamorphose verlangt? Es kann nur aus einem neuerlichen Geldeinschuss kommen. Ohne diesen könnte kein Wertewachstum stattfinden (Binswanger 2006, S. 305ff). Ohne Finanzvorschuss, derzeit durch Kredite bereitgestellt, würde der arbeitsteilige, über Geld vermittelte Prozess der Wirtschaft ins Stocken geraten.[53]

---

[53] Man mache die Umkehrprobe und frage sich: Kommt die Wirtschaft mit einem Warengeld, also z.B. mit Gold oder Silber, aus, das wie jede andere Ware mit Hilfe anderer

Das zusätzliche Geld kommt also von der Institution „Bank" und gelangt auf verschiedenen Kanälen in das Publikum. Die volkswirtschaftliche Funktion dieses Einschusses besteht darin, die in der Warenproduktion angelegte Dynamik in Gang zu setzen und in Gang zu halten.

Kapital: rückbezügliches Geld

Marx hat Kapital als zu verwertenden Geldvorschuss definiert. Dieser Definition haben wir uns angeschlossen. Geld „will" mehr Geld werden. Das kann es nur über einen Umweg. Die Umwege können sein: die Transformation von Waren durch Produktion, Transport oder Distribution (Groß- und Einzelhandel). Der Umweg kann aber auch über den Verkauf von Geld gegen Geldvermögen (GV) und deren Wiederverkauf gehen. Dann schreiben wir die Formel $G - \{W...W^\sim\} - G'$ in $G - GV - G'$, oder unter Auslassung des Zwischengliedes $G - G'$. Geld(vermögen) kreiert Geld(vermögen). Die Tauschtransaktion besteht dann darin, mit Geld einen Vermögenswert zu erwerben, um durch dessen *späteren* Verkauf mehr Geld zu erhalten. In diesem Falle hat der Tausch nicht sinnlich wahrnehmbare und dem zeitlichen Verfall preisgegebene Produkte, sondern abstrakte Geldvermögenswerte zum Inhalt. Geld wird so zu einem auf sich selbst bezogenen Wert, der eine Tendenz zum Wachstum enthält. Da der Geldwert außerdem eine *abstrakte* Größe ist, tendiert der Vermögenswert oft dazu, *unerbittlich* zu wachsen. Das überfordert die Wirtschaft von Zeit zu Zeit. Wir befassen uns damit ausführlich in Abschnitt 2.9.

Ein unberechtigter Einwand gegen den Wachstumszwang

Die eben behauptete Dynamik blieb nicht unwidersprochen. Man argumentiert, dass der Prozess auch auf stationärem, d.h. gleichem Niveau gehalten werden könne. Folgendes Rechenbeispiel soll das belegen: Die Gruppe der Unternehmer verfüge über eine Geldsumme von 120 Einheiten (E). Davon setze sie 100 E geschäftlich ein. 20 E konsumiere sie selbst. Unter der Annahme, dass ihr alle Ausgaben – ihre eigenen eingeschlossen – bis zum Ende der Periode wieder als Einnahmen zurückfließen, könne die Gruppe der Unternehmer wieder über 120 E verfügen. Dieser Vorgang könne, so die Behauptung, beliebig oft wiederholt werden. Aus ihm sei jedenfalls kein Wachstum ableitbar.

Waren – auch Gold – produziert werden müsste? Nein! Denn die Gold- oder Silberproduktion müsste ja selbst vorfinanziert werden.

2.1 Grundlagen

Die Kreislaufbetrachtung, auf die sich die Argumentation gegen den Wachstumszwang stützt, geht implizit von einer Wirtschaft aus, bei der Unternehmen das ihnen vorgeschossene Geld nur als Einkommensquelle und nicht auch als zu vermehrendes Vermögensobjekt ansehen. M.a.W.: Unternehmen müssten das eingesetzte Kapital bloß als Mittel zum Zweck des Verdienens eines Unterhalts für die Unternehmer betrachten und nicht zugleich auch als Wert an und für sich. Der Mehrwert (20 E) dürfte nicht wieder investiert, sondern müsste stets wieder konsumiert werden.

Das aber ist eine Voraussetzung, die im Allgemeinen nicht zutrifft. Der Geldvorschuss eines Geldvermögensbesitzers an ein Unternehmen ist immer eine Art von Kredit. Selbst wenn ein Unternehmer einen Geldwert seiner eigenen Firma vorschießt, möchte er diesen Wert in der Regel nicht nur erhalten, sondern auch vermehren. Wenn ein Unternehmer diesen Wert von anderen erhält (sei es durch Kredit, sei es durch „Einsammeln" von Eigenkapital), dann *muss* er sogar den eingesetzten Wert verwerten, es sei denn, er erhielte ihn als Gabe und nicht im „Tausch" gegen das Versprechen, ihn zu vermehren. Mit anderen Worten: das Unternehmen muss denjenigen, von denen er jenen Wert erhielt, einen Mehrwert schaffen. Dieses Mehrwert-Schaffen-Müssen liegt in der Logik des Wirtschaftens, weil jeder Eigentümer in der Verringerung des Kapitalwerts immer auch eine Verringerung seines Verdienstpotentials und damit seiner wirtschaftlichen Sicherheit erblicken muss, vice versa. Schließlich hat er diesen Wert „erworben" und stellt ihn einer „dritten Person", und sei es auch seiner Firma, zur Verfügung.

In jeder Wirtschaft, insbesondere in Geldwirtschaften erlangen Vermögenswerte eine Selbständigkeit gegenüber dem (unterstellten) eigentlichen Zweck des Wirtschaftens: der Versorgung mit Gütern.

Gegen den obigen Einwand spricht auch, dass im jetzigen System das eingeschossene Geld ursprünglich als Kredit in die Wirtschaft injiziert wurde. (Auch Eigenkapital beruht ursprünglich auf Kredit.) Der Kredit verlangt nach einem Zins, der an das Bankensystem zurückfließt. Auch das verschärft den Zwang zu Wachstum. Geldschöpfung durch Geschäftsbanken erhöht also den Wachstumszwang. Der Wachstumszwang besteht auch in einem Vollgeldsystem. Denn auch ein Vollgeldsystem ist der Logik der Verwertung des Geldes ausgesetzt. Aber er tritt etwas milder auf (mehr dazu in Abschnitt 2.6 und Binswanger 2009).

Realer Wachstumsdrang verlangt nach ständigem Geldwachstum

Der Wachstumsdrang, der sich „von unten heraus" aus dem Zusammenspiel der drei oben genannten Momente ergibt – Zeit, ein Streben nach Besserstellung, Medium Geld – kann sich nur realisieren, wenn „das System" „von oben her" ständig mehr Geld zur Verfügung stellt.[54]

Der *einzelne* Unternehmer kann durch besondere Tüchtigkeit, Sparsamkeit oder durch eine Umverteilung von Einkommen bzw. Vermögen mehr Geld erwirtschaften als er eingeschossen hat. **Gesamtwirtschaftlich** können aber die Geldvorschüsse (Ansprüche und Verpflichtungen) nur bedient werden, wenn die Unternehmer insgesamt in Besitz von mehr Geld gelangen, als sie in den Prozess eingeschossen haben. Eine Wirtschaft mit „Krediten" – es gibt keine ohne – ist daher auf die Injektion frischen Geldes, d.h. auf **Geldschöpfung** angewiesen. Mit anderen Worten: eine Wirtschaft, jede arbeitsteilige Wirtschaft arbeitet mit Geldvorschüssen, ist also einem monetären Wachstumszwang ausgesetzt (dazu Abschnitt 2.6). Dieser kann bescheiden sein, aber er ist vorhanden.

Wie wir inzwischen wissen, erhöht nicht jeder Kredit die Geldmenge. Stellt Wirtschaftssubjekt A seine Ersparnis B zur Verfügung, direkt oder durch eine Geschäftsbank vermittelt, und werden diese produktiv eingesetzt, ändert sich zwar an der Geldmenge nichts, die Wertschöpfung aber „sollte" steigen. Um sie auch zu realisieren, muss gesamtwirtschaftlich Geldschöpfung stattfinden. Kreditwirtschaft ist also auf eine wachsende Geldmenge angewiesen. Wird der Einschuss neuen Geldes verweigert, fällt die Wirtschaft in eine Depression, da Kredite nicht bedient werden können. Wird Geld zur Rückzahlung von Krediten eingesetzt (wie nach Finanzkrisen der Fall – s. Abschnitt 2.9), muss umso mehr Geld eingeschossen werden, um einen Wirtschaftskollaps zu verhindern.

Führt die Kreditaufnahme – zeitverzögert – zu erhöhter Produktion (reale Wertschöpfung), wird der inflationäre Effekt einer höheren Geldmenge nachträglich „geheilt". Findet keine Wertschöpfung statt (etwa bei reinen Konsumenten- oder Spekulationskrediten) kann der wirtschaftliche Verkehr nur bei (mäßiger) Inflation aufrechterhalten werden.

Freilich gilt auch: Nicht immer führen Kredite zu einer höheren Wertschöpfung. Es kann ja durchaus eine Situation geben, in denen zwar Kredit bedient werden müssen, die Wirtschaft aber nicht wächst. Würde dann, wie H.C.Binswanger behauptet, die Wirtschaft abstürzen. Gibt es nur ein Hinauf oder nur ein Hinunter? Nicht unbedingt! Um einen Absturz zu verhindern, müsste das

---

[54] Dazu auch Binswanger 2006.

2.1 Grundlagen

System zumindest das monetäre Motiv absichern, das da lautet: Der Geldinvestor möchte mehr Geld zurückverdienen. Bei realem Nullwachstum kann das das System nur gewährleisten, wenn es Inflation erzeugt. gesichert sein. Der durchschnittliche Investor wäre gezwungen, Geld zu investieren, wollte er Geld nicht durch Inflation verlieren. Investiert er würde er – immer im Durchschnitt gesehen – real den gleichen Betrag zurückverdienen können. Hortet er Geld, würde sein Geldschatz mit der Inflation fallen.

> **Das zentrale Motiv des Geldinvestors – er trägt den Prozess der Wirtschaft – ist die Rendite. Von woher aber kann sie bezahlt werden? Aus zusätzlichen Geldeinkommen! Wie können zusätzliche Geldeinkommen realisiert werden? Durch zusätzliche Geldschöpfung!**

Der Bankenapparat wird jedoch der Bürgergesellschaft dadurch assimiliert, dass er, der Form nach, den Bürgern Geld via Tauschakt zur Verfügung stellt – über Kredite oder Käufe. Hierdurch ist das Bankensystem doch auch Teil der Bürgergesellschaft.

> **Einzelwirtschaftlich können Kredite durch Umverteilung bedient werden, gesamtwirtschaftlich aber nur, wenn neues Geld eingeschossen wird.**
>
> **Der in der Bürgergesellschaft angelegte Wachstumsdrang verlangt nach frischem zusätzlichem Geld. Frisches Geld bringt „Leben" in die Gesellschaft: Es ermöglicht Leistungen, die sonst nicht zustande kämen. Es erlaubt, Leistungen zu erwerben, ohne dass bereits eine Leistung erstellt worden wäre. Ohne diesen Vorgriff kann eine arbeitsteilige Gesellschaft nicht auskommen.**

Diese Gesetzmäßigkeiten gelten in jeder arbeitsteiligen Geldwirtschaft, die zugleich eine Kreditwirtschaft ist. Die Kernaussage lautet: Kredite verlangen nach Wachstum, und Wachstum verlangt nach frischem Geld. Die gestiegenen Werte „wollen" sich realisieren. Ohne diese Möglichkeit würde die Wirtschaft regelmäßig abstürzen. Tatsächlich gibt es ein permanentes Wachstum erst mit der Entwicklung der Kreditwirtschaft und der Geldschöpfung.

Die Frage aber lautet: Wie kommt das Geld auf den „Tisch" der Wirtschaft? Wie kommt es heute auf den Tisch der Wirtschaft? Und: Wie sollte es in die Wirtschaft injiziert werden, um die Entfaltung wirtschaftlicher Kräfte in ruhigen Bahnen zu ermöglichen?

Wie wir noch sehen werden, wird Geld heute auf eine Weise in Umlauf gebracht, die verfassungsmäßig höchst bedenklich und sowohl für die Entfaltung als auch Steuerung der Wirtschaft dysfunktional ist. Ich komme auf diese Frage mehrfach zurück (S. 90ff, S. 223ff und S. 193ff).

KOMPLEMENTÄRWÄHRUNGEN

In den nationalen und internationalen Währungen nisten sich kleinere Währungsinseln ein – sogenannte *Komplementärwährungen*. Sie erfreuen sich eines breiten öffentlichen Interesses. Man erblickt in ihnen ein bürgerliches Emanzipationsstreben und eine Gegenbewegung gegen anonyme Großstrukturen und molochartige Auswüchse des Finanzkapitalismus. Dieses große Interesse steht allerdings in keinem Verhältnis zu ihrer wirtschaftlichen Bedeutung. Ihr unmittelbarer Zweck besteht darin,

– den nivellierenden Wirkungen des globalen Geld- und Wirtschaftsverkehrs durch Stärkung der lokalen und regionalen Kräfte entgegenzuwirken,

– gewisse Teile der regionalen Nachfrage durch regionale Produktion abzudecken,

– im äußersten Notfall (etwa bei Schließen der Banken) über das Schlimmste hinwegzuhelfen.

Offizielles Geld (Zentralbank- und Giralgeld) ist das gebräuchlichste Scharnier für den Austausch von Leistungen. Mit ihm kann man zwar auf alle käuflichen Leistungen zugreifen. Aber man muss das Geld auch erworben haben. Nicht jeder kann mit hinreichender Leichtigkeit Geld verdienen, und nicht alle Leistungen müssen oder sollen über offizielles Geld vermittelt werden. Gerade die Vorteile, die offizielles Geld als allgemeines Zahlungsmittel hat, machen es für bestimmte Zwecke wenig tauglich. Denn durch den raschen Zugriff, den es ermöglicht, schafft es eine soziale Distanz und Unpersönlichkeit, die nicht immer erwünscht ist. Außerdem soll Geld nicht nur Beweglichkeit, sondern auch Sicherheit vermitteln. Kein Geld ist absolut sicher. Wir wissen das aus der Geschichte der Finanzkrisen, und haben erst kürzlich erfahren müssen, wie der Zusammenbruch einer Investmentbank das internationale Finanzsystem an den Rand des Abgrunds brachte. Es ist nur sehr rational, wenn sich Menschen gegen mögliche Totalabstürze des Finanzsystems absichern möchten. Selbst wenn die Handhabung von Komplementärwährungen relativ kompliziert ist, vermitteln sie zusätzliche Sicherheit und bereichern die Möglichkeiten menschlichen Zusammenlebens.

Komplementärwährungen kommen entweder über Eintausch in das gesetzliche Zahlungsmittel (Dollar, Euro, usw.) oder über Gutschriften nach einseitigen Leistungen in Umlauf. Im ersteren Falle tauscht die Personengruppe, welche die Komplementärwährung gründet, einen Teil ihres nationalen Geldes in die Komplementärwährung und setzt diese für Geschäfte untereinander ein. Solche Systeme werden *Regio-Geld-Systeme* genannt. Dabei findet eine Verdoppelung des Geldes statt, denn die Komplementärgenossen erhalten das Komplementärgeld, der Komplementärwährungsverbund die eingetauschten Euros, mit denen er satzungsgemäß verfahren darf.

Bei der anderen Form von Komplementärwährungen handelt es sich um sogenannte *Talente-Systeme*. Jeder, der einseitig leistet (also gibt, ohne zugleich zu nehmen), erhält einen Anspruch auf Gegenleistungen in Form einer Gutschrift, und zwar nicht nur gegenüber demjenigen, dem er geleistet hat, sondern gegen alle, die dem Talente-System beigetreten sind.

Manche Talente-Systeme haben eher regionalen Charakter, andere wiederum sind sektoral organisiert. Ein Beispiel für ein sektorales Talentesystem sind sogenannte Zeitbanken, die in Japan entwickelt wurden. Sie geben „Genossen" die Möglichkeit, durch Pflegeleistungen (übertragbare) Ansprüche auf spätere Pflegeleistungen zu erwerben.

Bei Talentesystemen handelt es sich im Kern um einen sehr aggressiven Kreditvergabe- und Geldentstehungsmechanismus, denn mit jedem einseitigen Leistungstransfer steigt automatisch der Anspruch auf Leistungen aller Talente-Genossen: Die Summe der einseitigen Leistungen ist die Summe existierender „Geld"-Ansprüche. Da es keinen Zinssatz gibt, wachsen allerdings die Ansprüche an andere durch Zins und Zinseszins nicht mit. Im Gegenteil: Viele Talente-Systeme sehen einen periodischen Abschlag auf bestehende Ansprüche vor. Die Expansion der Talente-Ansprüche hat aber in der Leistungsbereitschaft innerhalb der Talente-Kreise eine Grenze. Da für Leistungen passende Gegenleistungen nur schwer zu erhalten sind, bleibt der Umfang der Talentesysteme auf einem relativ bescheidenen Niveau. Gegen den Vorteil von „wirklichem" Geld, der darin besteht, dass man mit ihm „alles" bezahlen kann, lässt sich eben nur schwer ankommen.[55]

---

[55] Über Komplementärwährungen berichten viel ausführlicher Kennedy (1991), (1999), Lietaer/Kennedy (2004).

2.1.2 Produktion, Verbrauch, Tausch und Wertewachstum

Wertbildung bei Produktion und Tausch

Üblicherweise gilt die Produktion als Ort der Wertschöpfung, während im Tausch ein steriler Vorgang gesehen wird. Dieser Auffassung möchte ich entgegentreten und behaupten,

1. dass Produktion und Tausch gleichermaßen zur Wertschöpfung beitragen, wenn auch in sehr unterschiedlichen Rollen;
2. dass ohne Tausch keine Güter für andere produziert werden würden;
3. dass die Produktion unter der Logik des Tausches stattfindet.

Produktion als physischer Vorgang

In die Produktion von Produkten, man denke an PKW, Kinderwindeln oder die Leistungen eines Architekturbüros, fließen Tausende von „Dingen" aller Art ein. Als „Ding" kann alles gelten, was zur Produktion beiträgt, direkt oder indirekt, materiell oder symbolisch, bezahlte und unbezahlte Leistungen. Da sind zunächst materielle Dinge: Stahl, Plastik oder bereits vorgefertigte Teile aus diesen, Energieträger verschiedener Typen, Wasser und Luft; alle möglichen Hilfs- und Betriebsstoffe, Vorprodukte aller Art; Maschinenleistungen, Arbeitsleistungen, darunter Handarbeit, Ingenieursleistungen usw.; Kontrolltätigkeiten zwecks Vermeidung unnötiger Verluste, kreative Beiträge zum Produkte- oder Prozessdesign; schließlich der Teamgeist.

Versuchten wir alle Wirkfaktoren aufzuzählen, kämen wir an kein Ende. Wollte man eine Produktionsfunktion definieren, müsste man die ganze Faktoren-Palette und deren spezifische Beiträge zur Produktion kennen. Manche dieser Faktoren sind sichtbar oder können registriert werden (Stromverbrauch, geleistete Arbeitsstunden), manche wirken systemisch und sind unsichtbar (Empathie, Teamgeist, Sozialkapital, etc.). Zu den materiellen Dingen (z.B. Maschinen) kommen die Symbole, die sie verkörpern oder vermitteln (z.B. Gebrauchsanweisungen). Auch sie leisten einen Beitrag. Aus rein materieller Sicht wird man weder ein motivierendes Wort noch Geld zu den Produktionsfaktoren zählen. Tatsächlich aber leisten auch sie einen Beitrag. Würde einer dieser Faktoren wegfallen, würde das qualitative Ergebnis ein anderes sein, ein viel höherer Aufwand anfallen oder die Produktion erst gar nicht stattfinden.

Letztlich müssen wir zugeben: Die ganze Welt trägt irgendwie zur Herstellung eines Dings bei. Produktionsfunktionen sind, ganz anders als von der neoklassischen Produktionstheorie stipuliert, *technologisch nicht spezifizierbar*. „Produktionsfunktionen" können daher keine stabilen Bausteine für eine Theorie der Wirtschaft sein – übrigens genauso so wenig wie Nutzenfunktionen.

Wo entstehen Werte: In der Produktion oder im Tausch?

Sowohl in der Produktion als auch im Tausch findet eine Umschichtung statt, in der Werte geschaffen werden. Der Unterschied ist folgender:

1. Die Produktion ist ein intra-personales oder innerhalb einer Firma ablaufendes Umschichten von Dingen, der Tausch ein interpersonales Umschichten.
2. In der Produktion vollzieht sich eine physische Veränderung am Ding, die Zeit in Anspruch nimmt. Beim Tauschvorgang ist eine physische Veränderung definitionsgemäß ausgeschlossen, da man ja das Gut im Geschäft „nicht berühren" darf. Er findet zu einem Zeitpunkt statt.

Die Produktion ist ein Stoffwechsel, in den zwar alles Mögliche eingeht und alles Mögliche herauskommt, aber seine wirtschaftliche Bedeutung gewinnt er nur durch den Prozess des Tausches, d.h. im Kommerz. *Der Kommerz unterwirft den Produktionsprozess seinem Kalkül. Nur* dadurch erhält die Produktion eine Ausrichtung. Für den Unternehmer zählt nur, wofür gezahlt wird. Auf diese Weise gelingt der Wirtschaft als System eine Engführung der unüberschaubar vielen auf eine einigermaßen überschaubare Anzahl von Faktoren unter dem Diktat der monetären Gewinnerzielung.

Produktion ist Warenproduktion. *Produktion und Tausch sind Umschichtungen mit dem Zweck einer Wertsteigerung.* Daher muss man zugeben, dass *sowohl in der Produktion als auch im Tausch Werte entstehen*. Dass Wertsteigerungen nicht nur in der Produktion stattfinden, zeigt sich im Übrigen auch in der Buchhaltung jedes Händlers: eine gelagerte Ware hat einen geringeren Wert als eine Ware, die gerade verkauft wird. Dazwischen liegen oft nur Sekunden.

> **„Der Geldtausch" transformiert die hochkomplexe, unüberschaubare, technische Umschichtung der Dinge in einen überschaubaren wirtschaftlichen Prozess. Der dingliche Prozess (der Produktion) steht im Einflussfeld des geldlichen (des Tauschs). Der Prozess des Tauschens zieht die Dinge in ihr Feld und führt zu einer Umwandlung derart, dass die „Dinge in der Wertreihe aufsteigen". Der Tausch (Kommerz) ist nicht steril. Er richtet außerdem die Produktion nach seiner Logik aus.**

Produktion und Preisbildung

Dass der Tausch die Produktion nach seiner Logik ausrichtet, sieht man auch an der Preiskalkulation von Unternehmen. Die auf Märkten erfolgenden *externen* Tauschvorgänge schlagen sich direkt in der *internen* Preisgestaltung der Unternehmen nieder:

Geld wird in Produktionsfaktoren umgetauscht (G – W), die nach physischer Umwandlung {W...W˜} ein Produkt erzeugen sollen, das über den Verkauf (W˜ – G) einen den ursprünglichen Geldeinschuss überschießenden Ertrag erwirtschaftet. Dieser „Vorgabe" aus der Logik des Marktes entsprechend kalkulieren die Unternehmen ihre Preise nach einer Formel, die beschreibt, dass die eingesetzten Wertbestandteile G nach Umwandlung und einer gewissen Behaltdauer einen Gewinn (G'– G > 0) erbringen sollen, zu dem idealerweise jeder zu bezahlende Produktionsfaktor (v_i) im gleichen Ausmaß beiträgt.[56]

Mathematisch können wir das so schreiben:

$$p = \Sigma\, v_i\, f_i\, (1+r)\, t_i$$

oder im hypothetischen Fall eines einzigen Produktionsfaktors

$$p = v\, f\, (1+r)\, t, \quad \text{wobei}$$

p   der kalkulatorische Endpreis einer Ware,
v_i bzw. f_i die Preise und Mengen der eingesetzten Produktionsfaktoren,
r   die kalkulierte Profitrate und
t_i die Behaltdauer (zwischen Anschaffung des Produktionsfaktors und dem Warenverkauf).[57]

---

[56] Siehe dazu K. Marx, Das Kapital, Band III, MEW, Bd. 25, und die nachfolgenden Formalisierungen bei Sraffa (1973), Brody (1970) und vielen anderen. Die Produktionspreise ergeben sich ganz direkt aus der „Logik des Tausches" (W – G – W'), dessen morphologische Struktur Marx gleich beim Einstieg in sein großes Werk, nämlich in seiner Wertformanalyse (Kapital I, Erstes Kapitel) darlegte. Die Arbeitswerttheorie ist ein unnötiger Umweg, der das vertrackte „Transformationsproblem" nach sich zieht. Im Übrigen versteht man den Kapitalismus ohne Arbeitswerttheorie viel besser. Dazu Abschnitt 4.1.

[57] Die tatsächlichen Preise entsprechen freilich nur zufällig den kalkulatorischen. Denn erstens entsteht ja der Preis im konkreten Tausch, der die Marktbedingungen (andere Tauschakte und Tauschmöglichkeiten) reflektiert. Der aktuelle Tausch entscheidet darüber, ob die „Rechnung" des Unternehmers aufgeht. Daher ist auch die aktuelle Profitrate von der kalkulierten Profitrate unterschieden. Zweitens kalkuliert jeder Unternehmer mit einer anderen Profitrate, die an seiner Einschätzung ansetzt, was der Markt für ihn gerade

Das Hineinwirken des tauschwirtschaftlich-kommerziellen Prozesses in die Produktion führt nun dazu, dass Unternehmen alle Teile, für die sie zahlen, als *Kapitalteilchen* auffassen.

Profite sind monetäre Größen: Sie können, wie wir im letzten Kapitel gesehen haben, nur über Verkauf von Waren gegen Geld realisiert werden, was im Übrigen nur möglich ist, wenn das Bankensystem ständig zusätzliche Nettokredite vergibt.[58]

Haushalte und Konsum

Im Unterschied zu Unternehmen, die kaufen, um über den Umweg von Produktion zu verkaufen, besteht die Überlebensfunktion von Haushalten darin, eine Leistung zu erbringen, um sich über den Umweg eines Geldverdienstes etwas leisten zu können. Auf sie trifft die Formel zu: $W - G - W\sim$. Die Arbeits- oder Kreativleistung des Haushalts, und das, was er erhält sind nicht kommensurabel.[59] (Er setzt also nicht sein Arbeitskapital ein, um es zu verwerten). Niemand kann sagen, was mehr Wert (Nutzen) darstellt: die Arbeit oder der Konsum. Für manche ist die Arbeit mit Leid verbunden, für viele mit Freude.

Daher gilt gerade für den Konsum-Arbeits-Zyklus: Das durch Arbeit verdiente Geld ist wichtig, aber bei weitem nicht „alles". Der Arbeiter-Konsument genießt ja nicht nur die Produkte, die er gekauft hat, sondern auch alles andere: die Gaben der Natur und die Einbettung in soziale Zusammenhänge. Für Unternehmen ist dies anders: Sie nehmen die Vorteile der Natur mit. Ihre Vitalfunktion ist nicht Naturgenuss, sondern der Mehrertrag an Geld (ihre kulturelle Funktion sollte allerdings darüber hinausgehen).

Da der Haushalt nicht zu einer Wertvermehrung gezwungen ist, ist sein Kalkül nicht so „scharf" wie das der Unternehmung. Ein Haushalt funktioniert auch dann, wenn er weniger als vorher verdient. Es ist für ihn gewiss angenehm, wenn er am Mehrprodukt teilhat, und es ist auch gut für die Wirtschaft, denn sein Einkommen ist die Basis seiner Ausgaben. Aber es geht notfalls auf

---

hergeben könnte. In den kalkulierten Profitraten ist auch das Risiko des Geschäfts eingepreist. Geht der Unternehmer von einer hohen Enttäuschungswahrscheinlichkeit aus, muss er eine sehr hohe Profitrate ansetzen.

[58] Diesen Zusammenhang hat Binswanger (2006) „entdeckt".

[59] Kommensurabel (lat.): in Bezug auf ihr Maß vergleichbar.

lange Zeit auch mit weniger, wie viele bedauernswerte Fälle sogar in prosperierenden Ländern zeigen.[60] Haushalte überleben Abschwünge, für Firmen wird es eng.

Auf den Kern reduziert, können wir festhalten: Die Reproduktion von Unternehmen hängt an ihrer Fähigkeit, das eingesetzte Geld zu vermehren. Ein funktionierendes Bankensystem muss diese Expansion begleiten. Die Reproduktion von Haushalten hängt auf Dauer von ihrer sexuellen Reproduktion ab. Lange Zeit begrenzte ökonomischer Mangel die Vermehrung der Menschen. Diese Phase hat die Mehrheit der Menschen hinter sich gelassen. Heute ist es eher umgekehrt: das Wachstum der Bevölkerung nimmt mit zunehmendem Reichtum und zunehmender Verstädterung ab.

2.1.3 ZUSAMMENFASSUNG

Damit sind die wesentlichen Elemente der Theorie des „reinen Geldes" zusammengetragen. Wir können rekapitulieren: Menschliches Zusammenleben beruht auf wechselseitigem Geben und Nehmen. Dieser Fluss geht in eine Richtung. Zugleich verlangen Menschen nach einem Ausgleich der Leistungen. Das ermöglicht Geld, das wie ein Joker in die Reihen springt.

Mit vorhandenem Geld können Wirtschaftssubjekte in ihrem Verkehr untereinander tausende Male ihre Leistungen ausgleichen. Aber Geld muss irgendwoher kommen. In der Regel stellt es heute die Institution Bank den Wirtschaftssubjekten via Kredit zur Verfügung. Es könnte allerdings auch als Geschenk der Zentralbank an den Staat via Staatsausgaben in Umlauf kommen.

Aber auch wenn dies so wäre, keine Gesellschaft kann schuldenfrei wirtschaften. Denn nicht immer ist ein unmittelbarer Ausgleich durch Bezahlung möglich oder auch sinnvoll. Denn Waren sind nicht vorhanden, sondern müssen erst erzeugt werden. Das braucht erstens Zeit, zweitens findet Warenproduktion mit Hilfe von Waren statt. Man muss also zuerst zahlen bevor man verdienen kann. Man muss sich verschulden, um leisten zu können. Das kann ein Unternehmer zwar beim „Nachbarn" machen – dann geht aber nur dessen Geld in seine Hand. Damit aber den Unternehmen insgesamt mehr Geld zurückfließen kann als von ihnen ausgegeben wurde, muss „das Bankensystem"

---

[60] Während z.B. die US-Wirtschaft boomte, also große Wertsteigerungen erfuhr, blieb für viele Haushalte kaum mehr Lohn in den Tüten, und das über große Zeiträume. Thurow 1996.

ständig neue Kredite vergeben. Ohne diese frische Geldzufuhr bliebe der Prozess des Gebens und Nehmens früh stecken. Das heißt: Die Stabilität der Wirtschaft ist auf monetäres Wachstum angewiesen. Der Geldvorschuss „will" vermehrt werden.

Wenn wir uns den Zusammenhang noch einmal vergegenwärtigen und auf seinen „Kern" oder auf seine minimalen Voraussetzungen reduzieren, haben wir nichts anderes als „Geben bzw. Nehmen" und einen Hang zum Ausgleichen unterstellt. Deshalb können wir auch sagen: wir haben „nur" Gesellschaft unterstellt. Dabei wollen und dürfen wir es aber nicht bewenden lassen. Hier fängt die eigentliche „Arbeit" erst an. Sie besteht darin, dass wir uns dem Gegenstand von drei verschiedenen Seiten nähern.

Erstens: Die Geldwirtschaft fällt nicht vom Himmel. Sie ist Produkt *historischer Entwicklung*. Wir beschäftigen uns mit der *Geschichte der* Gesellschaft als Geschichte der Entwicklung des Geldes.

Zweitens: Wir zeigen, dass sich von den *Grundoperationen* des Gebens, Nehmens und Ausgleichens (bzw. Nichtausgleichens), gleichsam wie von einer Keimzelle, der Raum der Wirtschaft entfaltet. Grundsätzliches dazu wurde schon ausgeführt. Wir gehen jetzt tiefer und in die Breite.

Drittens vollziehen wir nach, wie sich aus den Operationen die morphologische Struktur der Gesellschaft, d.h. ihre *Gestalt* entwickelt und wie die Gestalt auf die Grundoperationen zurückwirkt.[61] Mit Gestalt ist ein die Wirklichkeit organisierendes Prinzip gemeint, das alle Bereiche durchdringt und einem einheitlichen Stil unterwirft. Wir werden sie – *von außen* her – beschreiben, können aber auch nachvollziehen, wie sie von *innen* her, eben aus jenen Grundoperationen heraus gewachsen ist. Basisoperationen und morphologische Struktur bilden eine Einheit.

---

[61] Prigogine spricht von dissipativen Strukturen. Siehe dazu Capra 1997, S. 172ff.

Abbildung 5

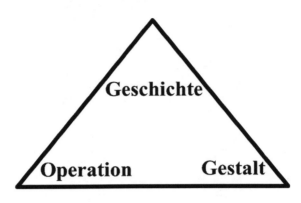

Von den Eigenschaften, welche die Gestalt einer Geldwirtschaft besitzt, werden wir zwei herausgreifen und ihnen eigene Abschnitte widmen: das Unternehmen (Abschnitt 2.5) und die Neigung zu Wachstum (2.6).

Bei all dem geht es einerseits um den Leistungskontext und andererseits um die Entstehung von Forderungen bzw. Schulden (Abschnitt 2.4). In einem längeren Exkurs beschäftigen wir uns auch mit der gegenwärtigen Finanzkrise, die die Folge exzessiven Anwachsens von Schulden und Vermögenswerten ist (2.9).

2.2 Geschichte: Evolution und Schöpfung

Das prekäre Wunder

Anthropologen vertreten die These, der Mensch hätte vor etwa 170.000 Jahren mit einer deutlichen Zunahme der Gehirnmasse den Sprung zum Homo sapiens vollzogen. Mit dieser „Ausrüstung" wurde der Mensch in die Lage versetzt, erstaunliche Leistungen zu vollbringen: Er entwickelte Sprache, schuf eine Unzahl technisch höchst raffinierter Produkte, großartige Kunstwerke und philosophische Systeme. Im Vergleich zu diesen hochdifferenzierten Leistungen fällt auf, dass es sehr lange brauchte, bis der Mensch Geld „erfand". Und erst seit etlichen Jahrzehnten wurde Geld zum durchgängigen Mittel der Organisation in Gesellschaften. Obwohl Geld notwendig ist (d.h. die Not wendet) und geringe technische Voraussetzungen braucht, um es zu produzieren und zu verwenden, hat es sich also erst erstaunlich spät durchgesetzt. Warum diese späte Entwicklung? Warum die schwere Geburt?

Vom heutigen Standpunkt aus ist klar oder sollte zumindest klar sein (auch wenn die Wirtschaftstheorie nicht in der Lage ist, dies explizit zu modellieren): Gesellschaft beruht auf Geld.[62] Heute ist die Wirtschaftsgesellschaft weltumspannend. Würde Geld in dieser Stunde durch irgendein Ereignis eliminiert werden, würde es in der nächsten Stunde „erfunden" werden müssen, um das Überleben der Gesellschaft und jedes Einzelnen in ihr zu sichern.

Gesellschaft braucht Geld. Es muss als Joker einspringen, denn nur so können Leistungen fließen. Wir brauchen auch ein Bankensystem, das uns mit zusätzlichem Geld versorgt. Ohne Geld geht „nichts". Das ist oder sollte sonnenklar sein.

Aus der Sicht unserer Vorfahren war Geld allerdings alles andere als etwas Selbstverständliches. Die wirtschaftliche Basis unserer Vorfahren beruhte auf Selbstversorgung. Der Austausch mit Fremden ergänzte diese mehr oder minder stark. Man konnte und wollte sich nicht auf Geldeinnahmen verlassen.

---

[62] Hinzuzufügen ist: „Nicht nur auf Geld". Aber ohne Geld geht „nichts." Die Logik würde von Geld als einer notwendigen, aber nicht hinreichenden Bedingung für Gesellschaft sprechen.

Geld – sofern vom einfachen Volk überhaupt verwendet – lag in der Truhe, diente als Schatz, als Sicherheit für schlechte Zeiten oder für seltene Anlässe. Mit Geld wurden nur größere Transaktionen bezahlt. Geldgeschäfte waren nur wenigen vorbehalten. Das gesellschaftliche Leben wurde durch hergebrachte Sitten, sozial determinierte Rollen, den Rhythmus der Jahreszeiten usw. bestimmt. Max Weber spricht von traditionalen Gesellschaften. Geld brach sozusagen als neues Element in die alte Gesellschaft ein.

Die Ungeschichtlichkeit des Geldes – viele Väter (oder Mütter), ein Kind

Es gibt viele Gründe, Traditionen weiterzuführen. Aber es gibt auch viele, sie zu durchbrechen und nach Verbesserungen zu streben. Tausende von Jahren haben sich, von äußeren oder kriegerischen Katastrophen einmal abgesehen, die Verhältnisse nicht oder nur sehr langsam verändert. Plötzlich aber kamen sie in Bewegung. Die entscheidende Ursache ist die Etablierung von Geld.[63]

Diese löste einen evolutionären Schub aus, der neue Räume für menschliches Handeln öffnete und Leistungen in Fluss brachte, die ohne Geld undenkbar wären. Mit anderen Worten: Geld transformiert. Ohne Geld neigen die Verhältnisse dazu, so zu bleiben, wie sie sind.

Die bunte Wirklichkeit der Geldkörper

Kaurimuscheln, Rinder, Kupferbarren, Ledersäckchen, Holzstäbchen, Gold- und Silbermünzen, Papier- und Giralgeld, internationale Ziehungsrechte, Talente – alles das diente als Geld oder bot sich dem Geld als „Körper", „Stoff" oder zumindest Namen an. In diese Vielfalt von empirischen Geldern versuch-

---

[63] Für den Aufbruch in die Moderne gibt es etliche Erklärungsansätze. Ich verweise unter anderen auf Karl Marx, Jacob Burckhardt, Georg Simmel, Max Weber, Émile Durkheim, Karl Polanyi. Aber nur Marx und Simmel haben die Rolle des Geldes in der Transformation der alten, traditionalen Gesellschaft in die moderne Gesellschaft explizit thematisiert. Sie haben an den einzelnen Austauschoperationen nachgewiesen, welche Kraft dem Geld als Medium für die Umgestaltung der gesellschaftlichen und wirtschaftlichen Verhältnisse innewohnt. Jared Diamond kommt in „Arm und Reich – Die Schicksale menschlicher Gesellschaften" (2006) zum Schluss, dass zivilisatorische Entwicklungen in erster Linie eine Funktion der Bevölkerungsdichte sind. Wahrscheinlich erlaubt aber auch erst Geld mit dem Übergang von einer Revierwirtschaft zu einer arbeitsteiligen Wirtschaft eine Verdichtung der Bevölkerung.

ten Historiker, Soziologen und Ökonomen eine gewisse Ordnung durch begriffliche Unterscheidungen hineinzubringen. So wurde zwischen *Natural-* und *chartalem Geld* unterschieden.

Kaurimuscheln oder Metallstückchen sind *Naturalgeldformen*, weil der Geldkörper aus Objekten besteht, die im gewöhnlichen Leben benutzt und Gegenstand des Austausches sind. Mit Naturalgeldern konnten oft nur gewisse, nicht aber „alle" Leistungen „bezahlt" werden. (Muschelgeld war nicht Tauschmittel für Frauen und Vieh. Zigaretten dienten in Schwarzmärkten als limitierte Tauschmittel usw.).

Chartalgeld ist hingegen ein Artefakt, das meist durch einen Souverän legitimiert, nach einem Zahlsystem (dezimal oder duodezimal) fein gestückelt und der im Herrschaftsbereich dieses Souveräns lebenden Bevölkerung als legales Zahlungsmittel aufoktroyiert wird. Alle Währungen stellen heute praktisch chartales Geld dar. Einige Gelder lauten auf Gewichtseinheiten (worauf noch der Name des Pfundes hinweist), andere bloß auf einen Namen (Euro, Dollar, Yen, Lira, Schilling, Renminbi usw.).

Schließlich unterscheidet man zwischen Geldern, die gegen Gold bzw. Silber eintauschbar sind, und solchen, deren Wert bloß darin besteht, dass sie Kaufkraft besitzen. Manche Gelder sind nur innerhalb eines Landes, andere sind international verwendbar oder zumindest gegen andere Währungen (eine, auf einen Namen lautende Geldeinheit) austauschbar. Entsprechend wird dann zwischen dem Binnenwert und dem Außenwert einer Währung unterschieden.

Der Ursprung der Geldqualität: Tausch versus Staat?

Der Unterscheidung von Natural- und Chartalgeld folgen zwei anscheinend gegensätzlich Theorien über die „Orte" der Entstehung des Geldes. Die einen sehen im *Markt* den Generator des Geldes. Um auszutauschen, so deren Theorie, benötige man ein Tauschmittel. Eines oder mehrere Güter hätten sich als Tauschmittel besonders geeignet erwiesen. Sie hätten sich im Laufe der Zeit auf diese Funktion spezialisiert und andere Gegenstände, die auch als Tauschmittel genutzt werden oder genutzt werden könnten, aus dieser Funktion verdrängt. Auf diese Weise hätte sich Geld aus der naturalen Tauschwirtschaft entwickelt. Geld sei damit nichts anderes als ein Gut, das öfter als andere zu Tauschzwecken verwendet werde.

Die andere Gruppe sieht im *Staat* die Hebamme des Geldes. Der Staat sei nicht nur die ordnende Kraft, sondern auch der größte Zahler und Geldeintreiber. Erst sein gesetzliches Fiat hätte Geld zum allgemeinen, genauer gesagt in dessen Territorium allgemein gültigen, Zahlungsmittel gemacht. Eine nachhaltige Institutionalisierung des Geldes, das an sich eine prekäre Einrichtung ist, sei also ohne gestalterischen Eingriff des Staates undenkbar.

Der prominenteste Vertreter der Markttheorie des Geldes ist Carl Menger (1871). Die Staatstheorie des Geldes stammt von Horst Knapp (1907). So unterschiedlich ihre Ausgangspositionen sind, so gut ergänzen sie sich. Nach Menger erhebt das Austauschen eine oder mehrere Waren zum Tauschmittel, die als solche nur gelegentlich zum Einsatz kommen. Noch aber fehlt die Sanktion des Staates. Kraft seiner Autorität inthronisiert dieser Geld zum einzig gültigen Tauschmittel und sorgt im Übrigen für eine Ordnung, die eine hinreichende Dichte des Wirtschaftsverkehrs gewährleistet. So gesehen gebiert der Markt das Geld, während der Staat sein Pate ist. Der Primat kommt aber dem Markt zu, denn ohne dass es seine Funktion im Tausch als Zahlungsmittel ausübt, hat Geld keine Funktion. Damit es aber diese Funktion auch verlässlich ausüben kann, braucht es den Staat als dessen Geburtshelfer und Schutz. Ein Kind wird erst geboren und dann getauft. Beim Geld ist die Reihenfolge nicht ganz so einfach, denn oft kann erst mit der Sanktion des Staates Geld die Bedeutung erlangen, bei der man dann von Geld im eigentlichen Sinne sprechen kann. Ein Kind ist ein Kind – mit oder ohne Namen. Geld ist aber nur Geld, weil es diesen Namen vom Staat erhalten hat. Freilich muss der Namensstempel des Staates auf der Funktion aufsetzen, die Geld als Tauschmittel hat.

Geld – Emergenz von unten, gestaltet von oben

Bevor Geld „auf den Tisch" der Wirtschaft gelangt, muss es freilich als begehrtes Objekt gelten. Diese Anforderung ist an etliche Voraussetzungen geknüpft.

Der Nutzen, den Geld vermittelt, beruht im Wesentlichen auf der „Leichtigkeit", mit der es möglich ist, auf Ressourcen, über die andere verfügen, via Kauf zuzugreifen. Zur „Leichtigkeit" gehört auch die Möglichkeit des Geldbesitzers, darüber zu entscheiden, welche begehrten Güter er zu welchem Zeitpunkt bei welchen Eigentümern (Verkäufern) besorgen möchte. Ein Objekt, das dazu in der Lage sein soll, wird auch die Eigenschaft haben müssen, dass es eindeutig als Zahlungsmittel identifizierbar ist. Es muss abzähl-, teilbar, leicht zu transportieren und beständig sein. Diese Eigenschaften erfüllen einige Gegenstände mehr oder weniger von Natur aus. Am besten aber funktionieren dazu Symbole: sie wiegen nichts, sind beliebig teilbar und absolut beständig (Näheres weiter unten). Damit Gegenstände, welcher Art auch immer, als Zahlungsmittel anerkannt werden, müssen sie freilich von zwei *gesellschaftlichen*

Kräften hervorgebracht werden, wobei die eine „von unten", die andere „von oben" wirkt.

1. Die „von unten nach oben" wirkende Kraft ist der **Tausch.** Geld ist Tauschmittel und aus dieser Funktion bezieht es seinen Wert, der darin besteht, kaufen zu können. Man spricht oft davon, dass Geld sich auf Vertrauen gründe. Dieses Vertrauen „verdient" es sich in Milliarden von Transaktionen: Jeder Kauf- und Verkaufsakt bestätigt Geld als eines diese Funktion erfüllenden Objekts. Aus systemtheoretischer Sicht handelt es sich hier um einen Prozess der Emergenz. Mit Ferguson (einem Zeitgenossen Adam Smiths) könnte man von einem unbeabsichtigten Resultat menschlichen Tuns sprechen.

2. Der Emergenz „von unten nach oben" wird und muss „von oben her" von einer *staatlichen* oder *staatsähnlichen Instanz* nachgeholfen werden. Sie erklärt Geld zum *gesetzlichen Zahlungsmittel* und ist in den meisten Fällen selbst das mächtigste Wirtschaftssubjekt. Erst dadurch erhalten Geldwaren als gelegentliche Kaufmittel jene Durchschlagskraft, die Geld zu Geld, d.h. zu etwas allgemein Akzeptiertem macht.

Die Gleichartigkeit der modernen Geldverfassungen

Der bunten Vielfalt und bewegten Geschichte des Geldes steht heute ein Geldsystem gegenüber, das sich durch sehr ähnliche Strukturen auszeichnet: so gut wie überall hat sich ein staatlich legitimiertes Kreditgeldsystem (Fiat-Money) durchgesetzt. Man kann also vielleicht so sagen: *Geld hat sehr unterschiedliche Väter (bzw. Mütter) aber nur wenige Kinder.* Und die sind einander sehr ähnlich. Wie ist das möglich? Wie kann sich aus so heterogenen Anfängen etwas so Homogenes entwickeln?

Wir stehen also vor zwei bemerkenswerten Tatsachen: Die späte Geburt des Geldes und die Gleichartigkeit der modernen Geldverfassungen. Was erfahren wir daraus über Geld?

Beide Tatsachen bestätigen, dass Geld „von vorne" gezogen ist – also aus der Funktion zu verstehen ist, die es auszuüben verspricht, wenn es etabliert sein wird. Dem Geld geht es daher wie dem Münchhausen, der sich am eigenen Schopf aus dem Sumpf zieht. Um „Herausgezogen" zu werden, braucht es eines „machtvollen Impulses", der, die günstigen Wirkungen voraussehend, Geld gegen die Widerstände traditionaler Gesellschaften durchzusetzen in der Lage ist. Ist Geld einmal etabliert, geht die Entwicklung sehr rasch voran und das, was vorher für unwahrscheinlich oder unmöglich galt, wird beinahe zur

Selbstverständlichkeit, obwohl es alles andere als selbstverständlich ist. Bis es zu diesem Sprung kommt, kann es allerdings sehr lange dauern.

Auch wenn Geld über den Staat in seine Wirklichkeit gekommen sein sollte, *existiert* es doch nur, weil es seine *Funktion* als Zahlungsmittel ausübt und darin ständig in milliardenfachen Zahlungsoperationen bestätigt wird. Würden diese Operationen aufhören, würde Geld mit einem Schlage verschwinden.

Die Revolution: von der Substanz zur Funktion

Der Übergang von der traditionalen zur modernen Gesellschaft ist seit etlichen Jahrhunderten in Gang. Auf Geld umgelegt, lässt sich dieser Übergang als Transformation von Substanz- zu Funktionsgeld nachvollziehen (Simmel 1900, S. 151ff).

Unter Substanz wollen wir hier ein Ding verstehen, dessen Produktion Aufwand kostet und das dank seiner stofflichen Gestalt zugleich einen konkreten Nutzen abwirft. Auch Geld hatte ursprünglich eine wirtschaftliche Substanz und damit einen eigenen ökonomischen Wert (intrinsic value). Es trat durch Jahrtausende hinweg in stofflicher Gestalt auf, seine Produktion war kostspielig, und es konnte auch als wirtschaftliches Gut verwendet werden: Eisenmünzen können notfalls eingeschmolzen und in Waffen verwandelt werden. Gold wird als Schmuck, als Zahngold oder für industrielle Zwecke eingesetzt.

Geld ist aber, seinem Wesen nach, niemals Substanz, denn als Geld wird es nicht dieser Substanz, sondern nur seiner Funktion wegen gehalten. Die stoffliche Seite scheint ihm zwar einen Wert zu verleihen, tatsächlich aber behindert der Geldstoff die Geldfunktion. Denn Geld funktioniert umso besser, je weniger Stoff es hat. Das vollkommenste Geld ist das, das auf Material ganz verzichtet.[64]

Dass nicht Material den Geldwert ausmacht, sondern seine Funktion, ist auch daran erkenntlich, dass, sofern verfügbar, nur Waren als Geld verwendet wurden, deren stoffliche Eigenschaften jenen, die Geld verlangt, nahe kommen: Es soll möglichst unverderblich und teilbar sein, ein geringes Gewicht

---

[64] „Je größer die Rolle des Geldes als Wertkondensator wird, (...) desto weiter wird es von seiner notwendigen Bindung an eine Substanz fortrücken (...). Man könnte dies als steigende Vergeistigung des Geldes bezeichnen. Denn das Wesen des Geistes ist, der Vielheit die Form der Einheit zu gewähren. (...) Erst in dem Maß, in dem die Substanz zurücktritt, wird das Geld wirklich Geld, d.h. wird es zu jenem wirklichen Ineinander und Einheitspunkte wechselwirkender Wertelemente, der nur die Tat des Geistes sein kann." (Simmel 1900, S. 190)

im Verhältnis zum Wert der transferierten Waren aufweisen und sowohl seiner Menge als auch seiner Qualität nach (z.B. Goldgehalt) einwandfrei identifizierbar sein. Kein Material der Welt, auch Gold, erfüllt diese Anforderungen vollkommen. Da Geld, seinem Wesen nach, durch seine Funktion bestimmt ist[65], sind seine Körper, in denen es auftritt, im Prinzip auswechselbar: Goldbarren gegen Dollar. Dollar gegen Euro. Euro gegen Yen. Yen gegen Dirham usw. Die Funktion bleibt. Heute ist Geld ohne eigenen Substanzwert. Am 15.8.1971 wurden die letzten Reste der Bindung an eine wertvolle Substanz eliminiert: Mit einem Federstrich hob US-Präsident Nixon die Eintauschverpflichtung des US-Dollars gegen Gold auf.

Das Wesen des Geldes ist also Funktion, die, wie wir bereits wissen, darin besteht, zu kaufen, d.h. eine Leistung zu ermöglichen, die sonst wahrscheinlich nicht zustande gekommen wäre. Geld steht für die Summe dieser Relationen und die Welt, die damit hervorgebracht wurde. Es ist gleichsam die Verkörperung dieser Funktion.

So wie das Geld aus dem Tausch emergiert, so würde es auch auf der Stelle verschwinden, falls man aus irgendwelchen Gründen nicht mehr kaufen könnte, oder auf seine Substanz zurückfallen, sofern es überhaupt eine besitzt. Diese aber begründet nicht den Wert des Geldes, sondern ist nur die Versicherung gegen das Ausfallen der Geldfunktion, d.h. gegen den Zusammenbruch der Gesellschaft.

Nicht der materielle Gehalt macht Geld zu einem Wert, sondern dessen Funktion als Medium.

Funktionsgeld und Staat

Material ist per se knapp. Symbole hingegen können beliebig produziert werden. Wie bleibt Geld knapp, wenn es sein Material „abstreift" und nur mehr Symbol ist? Indem eine gesellschaftliche Instanz an die Stelle der Substanz tritt und die Knappheit des Geldes sichert. Der Übergang vom Material zur Relation ist also der Übergang der Bindung des Menschen an die Natur zur Bindung an die Gemeinschaft/Gesellschaft.

---

[65] „(...) nicht was das Geld ist, sondern wozu es ist, verleiht ihm seinen Wert, so dass, wenn auch ein ursprünglicher Wert es zu seinen Funktionen disponiert hat, es seinen Wert durch die Ausübung seiner Funktionen erhält und damit auf höherer Stufe zurückgewinnt, was es auf niederer aufgegeben hat." (Simmel 1900, S. 194)

Solange Geld selbst Substanzwert hat, braucht Geld keine gesellschaftliche Instanz, die für dessen Knappheit sorgt. Es reicht eine Autorität, die z.B. versichert, dass die Geldware das Goldgewicht hat, das auch draufsteht.[66] Daher braucht Warengeld auch nur „wenig" Staat. Aber *entmaterialisiertes Geld braucht „viel" Staat*,[67] besser: nach einem „ordentlichen" Staat, der die Möglichkeit, das Geldsymbol beliebig zu vermehren, nicht missbraucht.[68]

Die unvollendete Revolution

Wir haben gesehen: Wenn man Geben und Nehmen nur lässt, und für dieses die dazu passenden Institutionen bereitstellt, dann haben wir das Gebilde Geldwirtschaft = Marktwirtschaft = Kapitalismus. Geld wurde über die Zeit das, was es ist – reine Funktion. Dieses Gebilde ist insofern *unhistorisch*, als es auf dem Geben und Nehmen als einer allgemeinen menschlichen Operation beruht. Es ist zu einer Universalie geworden, nicht nur, weil es für „alle" gilt, sondern weil es funktional unverzichtbar geworden ist. Mit der Etablierung des

---

[66] Über die Ansichten der Metallisten seiner Zeit schreibt Knapp folgendes: Beim Zahlen „ist aber Abwägen erforderlich; jedermann hat also eine Waage bei sich; man zahlt, indem man dem Empfänger das Metall zuwägt. Um dies abzukürzen, macht sich der Staat höchst nützlich: er schafft Münzen, abgewogene und bezeichnete Stücke jenes Metalls. Diese Münzen sind Geld, während vorher das rohe Metall zwar schon Zahlungsmittel, aber noch nicht Geld war." (Knapp 1907, S. 203)

[67] Den wollen aber Ultraliberale nicht. Daher fordern sie die Wiedereinführung von metallischen Währungen. Sie misstrauen der Gesellschaft und ihren Vertretern und erblicken in der unerbittlichen Knappheit des Materials den Garant für die Stabilität der Ordnung zwischen den Menschen. Sie wollen nicht wahrhaben, dass Wirtschaft Teil der Kultur ist. Dazu siehe Jacob Burckhardt (1868-72), Weltgeschichtliche Betrachtungen, der von drei Kräften ausging, welche die Geschichte bestimmen: dem Staat, der Religion und der Kultur. Wirtschaft gehört nach Burckhardt zum Bereich der Kultur. Die Ökonomik macht sie zu einem Bereich der Naturwissenschaften oder Technik (Teil 3).

[68] Die Möglichkeit, ja beinahe Allgegenwart des Missbrauchs ändert allerdings nichts an der Tatsache, dass Substanzgeld der Rolle, die Geld zu erfüllen hat, nicht gerecht werden kann und es zu Symbolgeld keine Alternative gibt. Denn Geben bzw. Nehmen greift in die Zukunft und muss in die Zukunft greifen können. Wenn wir nur nehmen könnten, was schon da ist, könnten wir nicht machen, was möglich ist, und damit morgen geben, was wir heute noch nicht haben. Unser Menschsein beruht aber unter anderem darauf, dass wir in der Lage sind, in die Zukunft zu greifen. Dazu müssen wir anstelle einer tatsächlichen Leistung ein Symbol akzeptieren. Würden wir uns auf „Materie" beschränken, könnten wir nur auf das zugreifen, was da ist und nur das geben, was uns die Natur schenkt. Das zu Ende gedacht, würden wir uns wie Tiere verhalten.

Geldes als reinem Funktionsgeld ist Geld – und damit auch der Kapitalismus – zu einem quasi-unhistorischen Gebilde geworden. Dennoch ist die Welt nicht ans Ende der Geschichte gelangt.

Denn das, was über die Funktion des Geldes gesagt wird, lässt sich *nicht* auf die *Geldverfassung*, also auf die bewusst gesetzten Gestaltungen ausdehnen, die von Beginn an nötig waren und auch in Zukunft nötig bleiben. Schließlich sind die Gestalter konkrete historische Subjekte. Sie haben sich mit den Namen, den Gewichten, der Gestaltung der Münzen und Banknoten, der Zentralisierung des Geldes und allen Maßnahmen, die auf die Sicherung des Geldwerts gerichtet sind, zu befassen.

Die Entmaterialisierung des Geldes ruft den historisch agierenden Menschen sogar in einer ganz besonderen Weise auf den Plan. *Je substanzloser und funktionslogischer das Geld, desto dringender ist die Aufgabe der Gestaltung der Geldverhältnisse.*

Entmaterialisiertes Geld verlangt nach Begrenzung des Geldangebots durch einen Souverän

Wenn die Gesellschaft den Vorteil eines entmaterialisierten Geldes genießen möchte, muss sie sich sicher sein, dass sie das Angebot dieses Geldes auch kontrollieren kann. Kann sie das unter der heutigen Geldverfassung, die wir in allen Ländern der Welt in ähnlicher Form vorfinden?

Geld existiert heute als Zentralbankgeld und als Giralgeld (siehe auch S. 204f). Man spricht daher von einem fraktionalen (zweigeteilten) Banksystem. Beide Geldarten werden heute durch Kredite in Umlauf gebracht. Die Zentralbank kreiert das Geld der Zentralbank – im Wesentlichen Noten und Münzen (letztere sind oft ein „Regal" der Regierungen). Die Geschäftsbanken kreieren Giralgeld.

Ein kurzer Blick in die Statistiken monetärer Aggregate zeigt, dass das Giralgeld ein Vielfaches des Zentralbankgeldes ausmacht (in Deutschland und Österreich ca. das 5-fache, in der Schweiz ca. das 7-fache, in den USA um mehr als das 10-fache). Schon daraus kann man schließen: Nicht der Souverän, sondern die Geschäftsbanken generieren die Hauptmasse des Geldes. Die Hauptmasse der Zahlungen erfolgte früher in Münzen und Banknoten – heute ist es Giralgeld. Diese Verschiebung ist hauptsächlich dem technischen Fortschritt geschuldet. Nun besteht aber bis heute die Illusion, die Zentralbank könne über ihre Instrumente die Veränderungen der Giralgeldmenge zumindest indirekt steuern. Das ist nicht bzw. immer weniger der Fall. Die Akteure sind eindeutig die Geschäftsbanken – die Zentralbank muss sich ihnen anpassen.

Mit dieser Umkehrung ist folgender ökonomischer Grundsatz verletzt: Die Produktion eines Gutes, das nichts kostet, aber aus systemischen Gründen knapp zu halten ist, darf nicht in private Hände gelangen.

Ist das Risiko eines Missbrauchs durch den Souverän schon groß genug, ist der Missbrauch durch Geschäftsbanken vorprogrammiert.

Sowohl funktionell-logisch als auch historisch lässt sich das fraktionale Bankensystem als Überbleibsel aus einer Phase ansehen, in welcher Privatbanken die ersten Banknoten herausgaben, um die lästige Behinderung, die der Wirtschaft durch die Physis der Edelmetalle auferlegt war, aufzuheben. Die Peelschen Bankakte (aus dem Jahre 1844 in England) und die auf sie folgenden Regelungen machten damit Schluss oder schränkten die Macht der Privatbanken wesentlich ein. Sie untersagten das Ausstellen von Geldnoten durch viele kleine Privatbanken und übertrugen (in etlichen Schritten) dieses zunächst privat genutzte Privileg auf den Zentralstaat, vertreten durch eine Zentralbank – die Bank von England. Damit war das moderne Geldsystem im Prinzip geboren: Der Staat wurde für das Knapphalten des Fiat-money verantwortlich, womit der systemischen Notwendigkeit des modernen, sich zum Fiat-Money hin entwickelnden Geldsystems Rechnung getragen wurde.[69] Man glaubte, diese Idee institutionell mit der formalen Unabhängigkeit der Zentralbanken und ihrer verfassungsmäßigen Verankerung verwirklicht zu haben oder ihr zumindest nahe gekommen zu sein. Der geringe Zahlungsverkehr durch Giralgelder und die damals noch bestehende Golddeckung berechtigte durchaus zu dieser Annahme.

Inzwischen aber hat sich das Bankenwesen in revolutionärer Weise gewandelt. Die zunehmende Verwendung von Giralgeld, die starke Konzentration im Bankwesen („too big to fail"), seine Internationalisierung und schließlich die Aufgabenerweiterung der Banken in Richtung auf das Universalbankensystem[70] machten profitorientierte Unternehmen zu *den* Geldschöpfern der modernen Wirtschaft. Zwar dürfen die Banken keine eigenen Banknoten ausgeben, aber sie brauchen diese auch nicht, da sie Giralgeld fast aus dem Nichts schöpfen, mit ihm Assets erwerben, mit Hilfe derer sie sich jederzeit bei der

---

[69] Eine radikal andere Bankverfassung wurde nie ernsthaft ins Auge gefasst. Die Diskussion über die Geldverfassung beschränkte sich selbst auf dem Höhepunkt liberaler Strömungen auf die Ausgestaltung des staatlichen Geldmonopols, stellte dies aber nicht in Frage. Zur Darstellung der Diskussion in England, Frankreich, Deutschland und den USA siehe Smith 1936. Gegenentwürfe, die niemals ernsthaft erwogen wurden, lieferten die Österreicher Hayek und Mises. Siehe Fußnote 72.

[70] EU-Institutionen verteidigen das Universalbankensystem hartnäckig. Dazu K. Socher, NZZ 17.6.2010.

Zentralbank refinanzieren können. Und sie können aufgrund ihrer Größe und ihres Gewichts in den Volkswirtschaften und aufgrund ihres großen politischen Einflusses die Zentralbanken zwingen, ihnen im Falle von Krisen massiv unter die Arme zu greifen. Längst geht es auch nicht mehr bloß um die Erzeugung von Geld, sondern um die Erzeugung von Vermögenswerten und deren Surrogaten, die auf die Bürgerwirtschaft zunehmenden Renditedruck ausüben. Mit den Folgen dieser Geldsurrogate werden wir uns auf den Seiten S. 208ff zu befassen haben. Längst agieren die Geschäftsbanken nicht mehr als Vikare der Zentralbanken, sondern sind die eigentliche treibende – und so hat es den Anschein – die Bürgergesellschaft überfordernde und daher zersetzende Kraft.

Die „Monetative" als vierte Staatsgewalt

Abhilfe ist unter anderem nur von einer konsequenten Modernisierung der Geldverfassung zu erwarten, wie sie etwa Irving Fisher schon 1935 oder letztlich auch Joseph Huber 2013 vorgeschlagen haben. Die gesamte Geldproduktion soll dem Souverän vorbehalten bleiben. Huber regt an, neben der Exekutive, Legislative und Rechtsprechung eine vierte staatliche Instanz, eine „Monetative" zu gründen, der das alleinige Recht zustehen soll, Geld in Umlauf zu bringen. Geldschöpfung und Kreditgeschäft sollen in die Verantwortung unterschiedlicher Institutionen gelegt werden. „Die unabhängig gestellte staatliche *Zentralbank*, die Monetative, *schöpft* das Geld; die (Geschäfts-)Banken vergeben Kredit, wobei sie nur mehr auf das vorhandene Geld zurückgreifen, als auf das, was Kunden bei ihr einlegen, was sie von der Zentralbank erhalten oder im Interbankenmarkt aufnehmen. Die Banken sollen ihre finanzwirtschaftlichen Funktionen als *Intermediäre* zwischen Geldanbietern und Geldnachfragern ausüben, aber nicht selber maßgeblich die Geldmenge bestimmen, auf deren Basis sie tätig sind – wie dies heute, und mit immer wieder krisenhaften bis katastrophalen Folgen, der Fall ist." (Huber 2010, S. 110)

Das Geschäft der Geschäftsbanken muss, wie einige Banker fordern, wieder langweilig werden. Auf alle Fälle müssen Akteure, die sich mit Spekulationen auf Vermögensmärkten befassen, von der Geldproduktion abgeschnitten sein.

Die Einrichtung einer „Monetative" liegt in der Logik entmaterialisierten Geldes, das als Gegengewicht einer souveränen monetären Instanz bedarf. Die Geldmenge, die jährlich neu geschaffen werden muss, um den steigenden Geldbedarf der Bürgergesellschaft abzudecken, könnte dem Bürgerstaat kostenlos, d.h. ohne Zinsbelastung zur Verfügung gestellt werden. Das Wegfallen der Zinslast für die auf diese Weise in Umlauf gelangte Geldmenge würde nicht nur den Staatshaushalt entlasten, sondern nachfolgende Kredite reduzieren, die notwendig sind, um die Geldmenge aufrechtzuerhalten.[71]

Ein 100%-Geld liegt in der Logik der Evolution des Geldes und der Bürgergesellschaft, deren zentrale gemeinschaftliche Einrichtung der Staat ist. Ihm obliegt die Aufgabe, die Knappheit des Fiat-Money und damit dessen Wert einigermaßen zu sichern. Warum soll sich der Staat als übergeordnete Einrichtung, dessen Tätigkeiten nicht durch „Geschäfte", sondern ein „Pooling" (Steuern) zwangsfinanziert werden, sich über Geschäftsbanken Geld besorgen, die im Falle einer von ihnen betriebenen Misswirtschaft dann eben von diesem Staat gerettet werden müssen? Das ist unvernünftig und widerspricht der „Ordnung des Geldes".[72]

Es kann immer wieder Situationen geben, in denen Staaten einen Mehrbedarf an Geld haben (bei Katastrophen, für die Steuerung von Konjunkturen, etc.), der seine regulären Einnahmen inklusive Seignorage hinausreicht.[73] Jene zusätzlichen Finanzmittel sollen sich Staaten unter Einschaltung der Geschäftsbanken aus der Bürgergesellschaft beschaffen können. Aber es macht ökonomisch keinen Sinn, wenn sich Staaten, die ihrem Wesen nach Konsumenten sind, massiv, auf Dauer und in steigendem Ausmaß bei ihren Bürgern verschulden.

Bürger hingegen müssen einen zusätzlichen Finanzierungsbedarf stets über Kreditaufnahmen abdecken und dafür einen Zins zahlen. Wie denn sonst soll

---

[71] Jede Zinszahlung (Zahlung des Publikums) an das Bankensystem verringert die Geldmenge und muss theoretisch durch einen neuen Kredit aufgefüllt werden. Dieser Effekt führt langfristig zu einer Überschuldung, es sei denn die Zinssätze bleiben deutlich hinter der Wachstumsrate zurück. Entsprechende Modellrechnungen über einen Zeitraum von 100 Jahren habe ich durchgeführt und sind von meiner Webseite abrufbar.

[72] Das Gegenmodell zu dieser Vorstellung formuliert Hayek (1976). Er schlägt die radikale Entstaatlichung des Geldes vor und will die Geldproduktion alleine Privatbanken überlassen. Privatbanken geben Geldnoten aus. Der Markt soll dann über die Qualität der vielen Gelder entscheiden. Hayek glaubt, nur mit diesem Modell die westliche Zivilisation retten zu können. Zwar zeigt er sich um den Geldwert der jeweiligen Währungen besorgt, bedenkt aber nicht die Turbulenzen, die durch marktbedingte Wechselkursschwankungen zwischen den Bankwährungen ausgelöst werden könnten. Völlig unverständlich ist für mich, dass sich Hayek über die Verletzung des Gleichheitsgrundsatzes, die die Geldschöpfungslizenz an Privatbanken mit sich bringt, hinwegsetzt.

[73] Als Seignorage (historisch auch „Münzgewinn" oder „Schlagschatz") werden die vom Staat bzw. von der Notenbank erzielten Nettoerträge bezeichnet, die durch die Emission von Bargeld und andere Formen des Zentralbankgeldes entstehen. Wäre die Geldproduktion kostenlos, entspräche die Seignorage genau der zusätzlichen Menge an Zentralbankgeld.

die Konkurrenz der Privaten um eine beschränkte Menge an Geld geregelt werden?

Zusammenfassung

Geld trat erstaunlich spät auf die Bühne der Weltgeschichte. Es muss sich allerdings täglich im Tauschgeschehen betätigen. Die Betätigung im Tausch bestätigt es als Geld. Mit anderen Worten: Die Existenz des Geldes ergibt sich und hängt am Tauschvorgang. Ohne diesen ist Geld nicht – Geld ist daher seinem Wesen nach reine Funktion, oder wie Simmel sagt, die „Verkörperung" der Tauschrelation.

Das wahre Geld ist daher entmaterialisiertes Geld. Die Entmaterialisierung hat zur Konsequenz,
- dass das Gemeinwesen für die Knappheit des Geldes sorgen muss,
- dass Geld trotz seiner vielfältigen historischen Ursprünge eine weitgehend einheitliche Gestalt ausgebildet hat – Geld ist zu einer Universalie geworden.

Aus der weitgehend einheitlichen (konvergenten) Gestalt darf aber nicht geschlossen werden, dass die Entwicklung des Geldsystems abgeschlossen ist. Aus der funktionellen Logik des Geldes folgt die *ordnungspolitische* Aufgabe, die fraktionale Geld*verfassung* zu überwinden und sie durch eine 100%ge Zentralbankgeldschöpfung zu ersetzen und diese durch eine Institution mit Verfassungsrang zu gewährleisten. Je mehr Geld nur Funktion ist, desto gewichtiger ist die Gestaltungsaufgabe.

2.3 Funktionen

Geld übt eine Reihe von Funktionen aus, die sich überlappen und z.T. gegenseitig bedingen. Um in das dynamische Geschehen der komplexen Geldwirklichkeit eine gewisse Ordnung zu bringen, schlage ich vor, zwei Fragen zu stellen:
1. Was können wir mit Geld tun?
2. Was tut Geld mit uns?

Die erste Frage zielt auf die operativen Funktionen des Geldes. A liefert an B. B zahlt an A. Oder: A hortet das von B erhaltene Geld oder legt es auf ein Sparbuch bei der Bank C. Das sind Operationen. Diese Operationen, die zwischen Partnerpaaren ausgeführt werden, erzeugen die Funktionen des Geldes, d.h. die Qualitäten des Mediums Geld und halten diese lebendig.

Die zweite Frage zielt auf die *systemischen Funktionen* des Geldes. Einmal als Medium entstanden, wirkt Geld auf den sozialen und kulturellen Raum, in welchem die Menschen „operieren", ein. Geld macht z.B. Menschen autonom und doch materiell sehr aufeinander angewiesen. Es ist Teil dieser gesellschaftlichen Wirklichkeit, die es miterzeugt.

Motive der Geldhaltung versus operative Eigenschaften des Geldes

Ökonomische Lehrbücher erwähnen gerne folgende Geldfunktionen: Geld sei Zahlungs-, Wertaufbewahrungs- und Spekulationsmittel. Dabei werden diese drei Funktion der Reihe nach aufgezählt und nebeneinandergestellt, wobei man übersieht, dass sich die Wertaufbewahrungs- und die Spekulationsfunktion aus der Tausch- bzw. Zahlungsmittelfunktion ergibt.[74]

Offenbar kommt es der Ökonomik weniger auf die operativen Funktionen des Geldes an, sondern auf die *individuellen Motive der Geldhaltung*, die ihren *quantitativen* Niederschlag in den entsprechenden *Kassenhaltungen* finden:

---

[74] D.h. wie Carl Menger (1871) feststellt, jene nur „Consecutivfunktion" dieser ist.

– der Transaktionskasse – das ist die Geldmenge, die man für laufende (d.h. bald eintretende) Ausgaben vorhält,
– der Kasse, die für die Wertaufbewahrung und
– der Vorsichts- bzw. Spekulationskasse, die man für unvorhersehbare Ereignisse oder eben für Spekulationszwecke bildet.

Auf diese Weise erhalten die Ökonomen eine Gleichung: Kassenhaltung = Transaktionskasse + Wertaufbewahrungsmittel + Spekulationskasse. Die drei Größen, die auf je andere Parameter reagieren, schöpfen die den Wirtschaftssubjekten am Anfang einer Periode vorgegebene Kassenhaltung aus.

Uns aber dürfen nicht nur die Motive der Geldhaltung und die diesen Motiven entsprechenden Geldgrößen interessieren. Um Geld zu verstehen müssen wir unsere Aufmerksamkeit auf die *Operationen* selbst richten, die wir mit Geld durchführen können. Denn diese Operationen verbinden Menschen (bzw. Wirtschaftssubjekte) und sind die Bauelemente der Gesellschaft.

Die traditionelle Ökonomik geht von Individuen als Letztelementen der Gesellschaft aus, die Systemtheorie von ihren Verknüpfungen, genauer: von ihrem Sich-untereinander-Verknüpfen. Dieses erzeugt Gesellschaft und Wirtschaft. Ich bin daher auch nicht bloß an der Aggregation der Individuen (und der von ihnen besessenen, nachgefragten oder angebotenen Güter- bzw. Geldmengen) interessiert, sondern an ihren Kommunikationen, d.h. den Operationen, die verknüpfen und eben dadurch Gesellschaft erzeugen.

Geld konstituiert sich durch seine Eigenschaften

Mit Geld finden wir ein ganz besonderes Ding vor. Normalerweise *haben* Dinge Eigenschaften. Ein Kugelscheiber ist ein Ding, mit dem man Schreiben kann. Wenn man mit ihm nicht schreibt, ist er doch ein Kugelschreiber. Im Gegensatz dazu ist Geld nur Geld, weil man mit ihm *rechnet* und *zahlt*, vor allem Letzteres. Würde man aus irgendeinem Grunde aufhören, es als Zahlungsmittel einzusetzen, würde es aufhören, Geld zu sein. Was übrig bliebe, wäre eine Zahl auf einem Konto ohne Bedeutung und Wirkung, ein Zettel, bedruckt mit Ziffern, allenfalls eine Münze mit Sammlerwert. Geld ist also ein besonderes Ding, dessen Dingsein sich den Operationen verdankt, die man mit ihm verrichtet. Da es – wie Simmel sagt – ein aus den Wechselbeziehungen der Menschen herausgewachsenes Ding ist, beruht sein Ding-Sein auf der Kontinuität dieser Wechselbeziehungen, die wir Gesellschaft, oder mit Luhmann „Die Wirtschaft der Gesellschaft" nennen.

Um Geld zu verstehen stelle man sich einen Pool mit Wasser vor, das nur dann entsteht, weil oder wenn man darin schwimmt – das Schwimmen im Wasser würde das Wasser erzeugen. Zirkuläre Zusammenhänge dieser Art sind für das ins traditionelle Denken eingeübte Bewusstsein schwer nachvollziehbar. Es denkt in Substanzbegriffen und versucht sie, in einem geschlossenen Denkraum durch Kausalitätsbeziehungen zu ordnen. Die traditionelle Ökonomik geht auf diese dem Geld „eingeborene" Zirkularität erst gar nicht ein, womit sie sich den Zugang zum Thema Geld von vornherein verstellt.

Da wir Geld durch die Operation definieren, die man damit ausführt, können wir sehen, dass Geld der Erzeuger des „Raumes" der Wirtschaft ist, der eben aus diesen Operationen und dem Geld besteht. Mit anderen Worten: Die Operationen knüpfen den Raum, und Geld ist das Medium, das diese Verknüpfungsleistung ermöglicht und potenziert. Man kann schon auch ohne Geld rechnen, und man kann ohne Geld auch „zahlen" (d.h. erwerben), aber erst mit Geld kann man hinreichend leicht zahlen und ausführlich rechnen, so dass sich die Relationen so weit verdichten, dass man von Wirtschaft als einem eigenständigen Gebilde sprechen kann. Ohne Geld kann sie weder entstehen noch bestehen.

> **Die neoklassische Ökonomik sagt: Die Wirtschaft ist da, und Geld hat darin diese oder jene Funktion. Die Wirklichkeit der Wirtschaft erzählt uns etwas anderes: Ohne Geld gibt es weder eine Wirtschaft, noch eine Gesellschaft.**

Das Nachdenken über Geld bietet uns die Chance, zu verstehen, dass Geld das Medium ist, über welches sich Menschen aktiv verknüpfen. Geld leistet diese systemische „Arbeit". Eine Theorie des Geldes muss diese „Arbeitsleistung" nachvollziehen können. Es verrichtet diese Arbeit insbesondere beim Zahlen und beim Rechnen, also bei Operationen, die Geld als Medium konstituieren. Diesen beiden Operationen wenden wir uns jetzt zu.

2.3.1 DIE OPERATIVEN FUNKTIONEN DES GELDES: WAS MAN MIT GELD TUT

Mit Geld führt man zwei Arten von Operationen aus: Zahlen und Rechnen. *Zahlen:* Wenn wir Geld *haben*, können wir damit entweder zahlen oder nicht zahlen. Zahlen heißt Geld anderen übergeben. Nichtzahlen heißt horten.

Die andere bedeutende Operation ist das *Rechnen* mit Geld. Fürs *Rechnen* brauche ich kein Geld. Fürs *Zahlen* wohl. *Zahlen* ist eine Operation, die eine tatsächliche Verbindung zwischen zwei Akteuren herstellt, *Rechnen* hingegen eine fiktive Operation, die im Kopf stattfindet, in welcher jeder Akteur die Welt, wie er sie vorfindet oder erwartet, so gut es eben geht, abbildet.

Warum rechnet man? Der Mensch braucht einigermaßen Klarheit darüber, ob ihm das, was er – im Vergleich zu allen anderen Möglichkeiten, die für ihn im Moment in Betracht kommen – tut, nützt oder schadet; und in Bezug auf den Austausch mit anderen: was er, wenn er empfängt, geben muss, oder was er, wenn er gibt, als Gegenleistung erwarten darf.

Warum man zahlt, wissen wir bereits. Man deckt die Schuld ab oder lässt erst gar keine Schuld aufkommen.

ZAHLEN

Mittel zum Ausgleichen

Im Tausch findet ein Ausgleich statt. Man kann auch mit konkreten Gütern ausgleichen oder konkrete Güter verschenken. Wer zahlt, begleicht eine Tausch- oder eine andere Schuld (z.B. Steuer, Buße) oder schenkt Geld. Geld aber ist die Ware, die praktisch das Beinahe-Monopol auf die Form der Gegenleistung hat. Keine (andere) Ware ist wirklich Geld, auch Gold nicht. Gold muss zuerst gegen Geld eingetauscht werden, bevor man zahlen kann. Auch wenn das Eintauschen leicht und mit geringem Kursverlust erfolgt – Gold ist nicht Geld sondern nur eine geldnahe Ware.

Geld ist Geld, weil man zahlt – wofür, wem, wann und wo auch immer. Die Geldlichkeit des Geldes – moneyness of money – hängt genau von der Selbstverständlichkeit ab, in der ein Etwas – was es auch immer sei – als Mittel zum Ausgleich für eine Leistung und damit zum Begleichen einer Schuld verwendet wird oder werden kann. Kann ich mit einer eben von mir gekauften Hose eine Rechnung begleichen? Wahrscheinlich nicht. Denn mein Partner wird die Hose nicht annehmen. Von Staats wegen verpflichtet ist er dazu jedenfalls nicht. Die Hose hat einen sehr niedrigen Grad an moneyness, und das in jeglicher Hinsicht: in Bezug auf die Anzahl von Waren, die ich damit erwerben könnte, oder auf die Anzahl der Personen, die Hosen als Mittel des Ausgleichs akzeptieren würden, usw. Geld ist nur Geld, wenn man wirklich bei jedem zahlen kann, alles damit kaufen kann (mit Ausnahme der durch Gesetz ausgeschlossenen Waren und der überhaupt durch Geld nicht erwerbbaren Güter), und zu jedem (überschaubaren) zukünftigen Zeitpunkt, und zwar sofort, ohne Wenn und Aber, ohne Abschlag, ohne Diskussion der Qualität des Geldes. Die einzige Begrenzung, die sich Geld heute gefallen lassen muss, ist der geographische Raum, für den das jeweilige Geld als Währung eines Nationalstaates (oder einer Staatengruppe) festgelegt ist. Aber auch diese Grenze kann es durch Tausch gegen eine andere Währung leicht überwinden.

Den Begriff „ZAHLEN" verwendet man, wenn man mit Geld ausgleicht oder Geld verschenkt. Der *Preis* ist der Geldbetrag, mit dem man ausgleicht. Manchmal liest man statt Preis „Ausgleich", womit der Zusammenhang in einer menschlich korrekten Weise benannt wird.

Die Form „zählt"

Zahlen kann man für alles Mögliche, für Brot und für Waffen, für Arbeitsleistungen, für den Kauf von Energie oder die Investition in eine energiesparende Technologie. Je nach angeeigneter Leistung oder Richtung, in welche die Zahlung fließt, fällt die *materiale* Wirkung so oder anders aus.

Aus dem Blickwinkel des Stoffwechsels macht es keinen Unterschied, ob Herr Müller die Kartoffeln kauft, vom Feld stiehlt, ob sie ihm von einem befreundeten Bauern geschenkt oder von einem Verwaltungsbeamten zugeteilt werden. Bei ausreichender Menge wird er in jedem Falle satt werden. Aber die *Form der Aneignung* macht einen Unterschied für den sozialen Raum, in welchem die Akteure tätig sind.

Die Form hat also einen materiellen Effekt. Diebstahl und Raub sind traumatische Eingriffe in die Ordnung des Lebens. Sie machen Menschen zu Feinden. Die Wirkung ist gewöhnlich verheerend, weil Menschen den Kontakt zueinander sofort einschränken und eine abwehrende Haltung einnehmen.

Zahlen beruhigt, sagt Luhmann (1984).[75] Wenn jemand durch eine Geldzahlung Güter kauft, steht er nicht in *unmittelbarer* Konkurrenz zu irgendjemandem, wie es z.B. bei Verteilung einer Beute oder der Verteilung durch einen

---

[75] Allerdings steht jeder mit jedem über Geld in indirekter Konkurrenz zueinander. Deshalb kommt es sehr wohl auch auf die Verteilung des Geldes an. „Reiche" können „Arme"

administrativen Akt (z.B. in einer Planwirtschaft) der Fall wäre. Administrationen haben es mit unbarmherzigen Verteilungskonflikten zu tun: eine Ressource kann nur für diesen oder jenen Zweck, diesem oder jener zugeteilt werden. Verwaltungen müssen daher immer hierarchisch organisiert und beruhen auf Gewalt. Sie müssen den Verteilungskonflikt durch Herrschaft bewältigen.

Spekulieren und Wertaufbewahren (Konsekutivfunktionen des Geldes)

In vielen Abhandlungen wird in der Wertaufbewahrungs- und Spekulationsfunktion etwas ganz besonderes gesehen. Geld ist aber nicht Geld, weil es Wertaufbewahrungs- und Spekulationsmittel ist, sondern weil es Zahlungsmittel ist. Erstens deshalb, weil man mit ihm kaufen kann, *wann* man will. Damit bewahre ich mit Geld, mit dem ich heute nicht zahle, einen Wert für morgen auf. Und da die Zukunft immer ungewiss ist und Gelegenheiten mit sich bringt, ist Geld auch Spekulationsmittel.

Kein anderes Ding kann Geld in seiner Funktion als Zahlungsmittel vertreten. Umgekehrt ist dies aber möglich. Es gibt viele Objekte, die sich als Wertaufbewahrungs- und Spekulationsobjekte eignen. Man denke nur an Immobilien, Aktien, Gold … . Werden sie nicht alle gehalten in der Hoffnung und Erwartung auf Wertsteigerungen?

Man hält Geld seiner raschen Zugriffsmöglichkeit auf alle Güter wegen, die sich einem allerdings nur via Tausch eröffnen. Gleichzeitig spart man so gut es eben geht an Geld, weil es keinen oder so gut wie keinen Zins bringt.

Die hohe Zugriffsgeschwindigkeit des Geldes bringt für den Einzelnen im Moment Sicherheit, macht aber das Ganze der Wirtschaft in einem hohen Maße unberechenbar.

Viele gehen davon aus, dass sich die Gefährdungen der Geldwirtschaft aus der Wertaufbewahrungs- und Spekulationsfunktion herleiten. Daher auch das besondere Interesse an ihnen. Aber dieses Interesse rührt nur daher, weil man nicht versteht, was die Zahlungsfunktion ist. (dazu Binswanger 2006, S.40ff) Wer Geld verstehen möchte, muss sich daher mit seiner Funktion als Zahlungsmittel auseinandersetzen.

„unschuldig" in materiell sehr unangenehme Situationen bringen. Indem sie Wasser für ihre Swimmingpools kaufen, können sie bei naturgegebenem Wassermangel den Preis für Arme so steigern, dass diese sich kein Wasser zum Trinken leisten können. Außerdem: Der sehr unterschiedliche Zugang zu Kreditmöglichkeiten kann zu einer sehr ungleichen Chancenverteilung hinsichtlich des Ressourcenzugriffs führen.

RECHNEN

Der Volksmund sagt zwar: „Äpfel und Birnen lassen sich nicht zusammenzählen." Es geht trotzdem; freilich nur dann, wenn man Äpfeln und Birnen Zahlen zuordnet, welche die gleiche Einheit haben. Dazu braucht es eine „Vorrichtung", die festlegt, in welchen Einheiten dies geschieht.[76] Die „Vorrichtung", die die Einheit festlegt, in der „gezählt" wird, ist für gewöhnlich der „Staat", der ein Etwas als gesetzliches Zahlungsmittel deklariert – womit es für gewöhnlich auch Rechenmittel wird. Die Zahlen selbst werden für gewöhnlich im Tausch erzeugt.

Man nennt diese Zahlen Preise. Mit Hilfe von Preisen kann man jede beliebige Rechnungsart durchführen: Addieren, subtrahieren, multiplizieren, dividieren. Man kann, wenn man Daten von mindestens zwei verschiedenen Zeitpunkten hat, Veränderungsraten, von mindestens drei Zeitpunkten Veränderungen von Veränderungen (Beschleunigung, Verlangsamung) ableiten, usw.

Exkurs: Die Festlegung einer Werteinheit

Wir haben oben gesehen, dass es ohne Tauschmittel kaum zu einem Tauschen kommen kann. Wir brauchen einen Souverän, der es zum gesetzlichen Tauschmittel erhebt. Das Gleiche gilt auch für das Rechnen. Aus der reinen Naturalrechnung kann nur ein gesellschaftlicher, quasi heiliger Akt herausführen: die Festlegung einer Einheit, die für „alle" gilt.

Homer und das Rindvieh

Eine solche Großtat muss sich im Homerischen Griechenland ereignet haben. Es kannte zwar noch keine Münzen und damit noch kein Zahlungsmittel. Es wurde natural getauscht. Aber es rechnete bereits in einer Einheit: in Rindern.

Rinder erfüllten die Funktion eines einheitlichen Maßes für die Festlegung und den Ausgleich von Schuldverhältnissen und brachten ein starkes Ordnungselement in die Gesellschaft. Abgaben und Strafgelder wurden in Rindern bemessen. Die Tötung eines Menschen konnte durch die Hingabe einer gewissen Anzahl von Rindern an die Verwandten des Getöteten gebüßt werden. Güterwerte wurden in Rindereinheiten festge-

---

[76] Man kann auch rechnen, wenn die Preise in verschiedenen Einheiten ausgedrückt sind. Dann freilich brauchen wir Umrechnungskurse.

legt: 8 Ziegen für ein Rind, 10 Rinder für eine schöne Jungfrau, 15 Rinder für eine Eisenrüstung, 100 für eine Rüstung in Gold – von diesen Größen wird in homerischen Texten berichtet (Laum 1924, Wirth 1884).

Warum erhob das Griechenland Homers Rinder zum allgemeinen Rechenmittel? Rinder taugen weder zum Rechnen und schon gar nicht zum Zahlen. Sie sind schwer, daher über weite Strecken nicht transportierbar, inhomogen, nicht teilbar, ihr Bestand durch Verzehr und Seuchen ständig gefährdet, usw. Wir dürfen vermuten, dass diese „Wahl" mit der adelig-priesterlichen Verfassung der damaligen Epoche zu tun hatte. Dieser adeligen Hierarchie (hieros: heilig; archein: herrschen) war das Rind „heilig". Heilig galt ihr, was für sie hohen Nutzwert hatte. Wer Rinder besaß (polyboutees), galt als reich. Gottheiten wurden zum Teil als Rinder dargestellt (Hera als Kuh, Zeus als Stier) oder mit Qualitäten in Zusammenhang gebracht, die Rindern eigen sind. Homer beschreibt Hera als bouopis – als kuhäugig, und schöne junge Frauen als „viele Rinderanziehend", weil der Ehewerber für sie eine große Anzahl von Rindern aufbringen musste). Staatsopfer wurden stets in Rindern dargebracht – Bauern oder Privatleute durften auch Schafe, Ziegen und Früchte darbringen. Durch Opfer wollte man sich Götter gewogen machen.[77] Der eigentliche Zweck aber war ein sehr praktischer: Die Festlegung von Werten (in welcher Einheit auch immer) diente den alten Griechen dazu, Streit um die Beute zu vermeiden, die sie auf ihren kriegerischen Überfallen, zu denen sich meist mehrere Dörfer unter Führung von Adeligen zusammenschlossen, erbeuteten. Die Beutestücke (darunter sicher auch schöne Jungfrauen, die dann versklavt wurden) konnten dann gegen andere zu den von oben festgelegten Werten untereinander „getauscht" werden.

An der Festlegung des Rindes als Wertmaßstab ist erkennbar, wie eng ganz praktische, und durch aus nicht immer nur ökonomische und religiöse Bedeutungen ursprünglich verflochten waren. Mit der Ausdifferenzierung der Gesellschaft gingen der Ritus und die Wirtschaft später getrennte Wege.

---

[77] Laum (1924, S. 19) meint, dass auch das Verhältnis zu den Göttern letztlich durch wirtschaftliche Motive bestimmt war. Denn der Mensch lebte in dauernder Furcht um seine Existenz, und diese Furcht um die Existenz ist „Anfang und Grund aller Gottesverehrung". Man wollte sich die Gottheit durch das Opfer gewogen machen – auch eine Art von Tauschgeschäft.

Europa und der Euro

Dieser Großtat vergleichbar ist die Festlegung einer nationalen oder supranationalen Währung. Die Festlegung der Einheit, in der gezahlt und dann deshalb auch gerechnet wird, hat umso größere Bedeutung, je größer die Sozietät ist, und je größeres Gewicht die Festlegung dieser Einheit für die Konstitution dieser hat. Der französische Franc, die deutsche Mark, der österreichische Schilling drückten – neben anderen Symbolen – die Einheit Frankreichs, Deutschlands, Österreichs usw. als Nationalstaaten aus. Die Ablösung durch den EURO war ein bedeutsamer Akt, der die Übertragung eines Teils der Souveränität europäischer Nationalstaaten auf die größere Einheit (Europa bzw. die Europäische Währungsunion) symbolisieren soll. Inzwischen machen nicht nur etwa 400 Millionen Bürger ihre wirtschaftlichen Rechnungen im EURO auf, schmieden Pläne, verbuchen Erfolge und erfahren Enttäuschungen, auf ihn sieht auch der Rest der Welt und rechnet, wenn nicht in ihm, sondern auf alle Fälle mit ihm. Die Festlegung des Symbols ist freilich nur ein Vorgriff, dem die Realität eines einheitlich regulierten Wirtschaftsraumes folgen müsste.

Geld potenziert die Rechenmöglichkeiten

Ohne „Geld" kann man nur stümperhaft rechnen. Wenn A 10 Hühner für 1 Ziege „zahlt", kann er bestenfalls mutmaßen, dass er 20 Hühner für 2 Ziegen geben müsste. Wenn B dem C eine Ziege für 1 Paar Schuhe geben muss, kann sich A, sollte er überhaupt vom „Geschäft" zwischen B und C erfahren, „ausrechnen", dass C von ihm für ein Paar Schuhe ebenfalls 10 Hühner verlangen könnte. Viel mehr an Rechnerei ist nicht möglich. Das rechnende Bewusstsein ist sehr limitiert, der Raum des Rechnens auf wenige Operationen und Mutmaßungen eingeschränkt.

Mit einer universellen Recheneinheit verändert sich alles auf einen Schlag. Der Rechen- und Verstandesraum explodiert. Plötzlich können beliebige Dinge, Leistungen und Möglichkeiten in Relation zueinander gebracht werden. Geld macht alles mit allem, alle mit allen vergleichbar: den Arbeiter hier mit dem Arbeiter dort, Produkt A mit K, Leistung hier und jetzt mit Ertrag dort und in x Jahren.

Aber Geld macht nicht nur bestehende Güter und Leistungen vergleichbar. An Zahlungsakte schließen sich zahlreiche Erwartungen an. Gehen wir von einem einfachen Beispiel aus. Irgendjemand kaufe 25 kg Äpfel für €50 bei K, ein anderer 5 kg Äpfel für €7 bei L. Aus anderen Kauferfahrungen wird man ebenfalls wissen, dass Marktpreise der gleichen Ware um einen gewissen Prozentsatz nach oben oder unten schwanken. Nehmen wir ferner an, dass die Orte und die Zeitpunkte des Geschäfts nahe beieinanderliegen und dass die Ereignisse beobachtet werden. Man wird also Erwartungen bilden, in welchen Bereichen Apfelpreise liegen können. Aus dem ersten Deal ergibt sich rein rechnerisch ein kg-Preis von €2, aus dem zweiten ein Preis von €2,40. Die tatsächlichen kg-Preise können sich also, wie die Erfahrung zeigt, deutlich davon unterscheiden. Die Frage ist dann: um wie viel? Man wird z.B. auch fragen, warum verlangte L pro kg mehr als K? Ist der Preisunterschied qualitativ gerechtfertigt, oder ist L pro kg nur teurer als K, weil er eine geringere Menge als K verkauft hat? Umgekehrt wird kaum einer, selbst wenn er ein sehr intensives Bedürfnis nach Äpfeln verspürt, mehr als, sagen wir, €4 pro kg bezahlen wollen. Denn er weiß ja, sie haben bei dem Einen €2, bei dem Anderen € 2,40 gekostet.

Wir sehen also: Das Zahlen erzeugt Ereignisse, an die sich ganze Welten von Chancenberechnungen anschließen und die Welt der Ereignisse ständig begleiten.

Das Kalkül reduziert den Raum auf einen Punkt

Dabei ist zu beachten: Jedes intelligente Bewusstsein erzeugt *seinen* Raum des Wirtschaftens. Das Kalkül erfolgt im Kopf des planenden oder rechnenden Subjekts: des Haushalts, der Unternehmung, der Staatsadministration, einer global operierenden Organisation, usw. Jedes dieser Subjekte verbindet das, was ihm im Moment zugänglich ist, mit allem, was es im Augenblick in seinen Interessenkreis einbeziehen möchte oder kann. Der Zuckerrohrfabrikant vergleicht den Preis des Zuckerrohrs in Brasilien mit dem der Zuckerrüben in Polen, der Haushalt den Preis von Gardinen hier mit dem von Jalousien dort. Bei Kalkülen sortiert das Subjekt *seine* „ganze" Welt neu. Jedes für sich. Es gibt so viele Rechnungen wie es Rechner gibt. Jeder von ihnen bildet Erwartungen, mit denen er die realen Ereignisse beurteilt.

Wer ordnet, gut rechnen und dann entscheiden will, müsste idealerweise alles im Blick haben. Das freilich ist unmöglich, denn die Welt ist zum großen Teil unbekannt und die Zukunft ungewiss. So muss sich der Blick auf den Bereich richten, der ihm relevant erscheint. Den herauszufinden, ihn auch so zu reduzieren, dass Entscheidungen darauf aufsetzen können, ist eine kreative Leistung.

Die rechnenden Subjekte halten alles (was ihnen zugänglich ist) simultan im Kopf. Das Subjekt rechnet und wägt zwischen Gütern ab, die es *nur* im

Hinblick auf die Erhöhung des Werts für *seinen Nutzen* beachtet. Alles wird darauf bezogen. Der Aufwand jetzt soll sich in Zukunft rechnen. Der Aufwand dort wird mit dem hypothetischen Aufwand hier verglichen. Idealerweise reduziert das wirtschaftliche Kalkül den gesamten Raum auf *einen Wert (Skalar)*. Alles wird in einer einzigen Maßzahl ausgedrückt: im Wert- oder Geldgewinn.

Während die Tat (der Tausch) die Welt momentan festlegt, hält das Rechnen alles offen. Dem Rechnenden bietet sich noch die ganze Fülle der Möglichkeiten an. Würde das Rechnen nicht selbst auch Zeit kosten, könnte es in jedem Augenblick wiederholt oder rückgängig gemacht werden.

Formen, in denen Rechnungen durchgeführt werden

Wir haben bisher über die Grundoperationen des Rechnens gesprochen. Komplexere Rechnungen finden sich z.B. in folgenden Formen:

1. In der Gewinn- und Verlustrechnung, in welcher die Einnahmen und Ausgaben einer Organisation während einer Periode gegenübergestellt werden.
2. In der Bilanz, in der auf der einen Seite die Assets (Vermögensgegenstände) aufgeführt werden. Auf der anderen Seite wird der Gesamtwert dieser Vermögensbestände ihren Eigentümern bzw. Gläubigern zugerechnet.
3. In Investitionsrechnungen, die sich meistens auf ein Projekt beziehen. In ihnen werden erwartete Einnahmenströme geplanten Ausgabenströmen gegenübergestellt.
4. In Finanzierungsrechnungen, die von der Tatsache ausgehen, dass Transaktionen (Käufe und Verkäufe) nur mit Geld möglich sind, so dass eine Organisation jederzeit über eine gewisse Geldmenge zu verfügen in der Lage sein muss.
5. In volkswirtschaftlichen Gesamtrechnungen, welche die Produktion von Gütern und Dienstleistungen erfassen, die Verwendung dieses Aufkommens auf bestimmte Bereiche (Konsum, Investition; Export, Import, …) und die Verteilung des Aufkommens auf soziale Klassen (Gewinne, Löhne, …) dokumentieren.

	Rechnen	**Zahlen (Kaufen)**
Ort	Rechnen findet im Kopf statt. Jedes Subjekt sortiert seine Welt für sich und erzeugt damit seinen eigenen Wirtschaftsraum.	Der Ort der Operation ist die paarweise Interaktion bzw. Kommunikation. Dabei entsteht ein Tauschwert (bei Verwendung von Geld: ein Preis).
Raum	Die rechnenden Subjekte beziehen in ihre Rechnungen zwar alle möglichen Faktoren ein, reduzieren aber den Raum der Möglichkeiten auf einen einzigen Punkt.	Die über die Zeit und den Raum verstreuten Tausch- bzw. Zahlungsakte – stets bilaterale Interaktionen – bilden einen Schwarm von Ereignissen.
Zeit	Rechnen findet virtuell in jedem Augenblick statt, unabhängig davon, ob eine Handlung stattfindet.	Der Zahlungs- oder Tauschakt ist ein Ereignis, das zu einem bestimmten Zeitpunkt stattfindet. An dieses Ereignis können andere anschließen.
Motiv	Das Rechnen kommt zur Ruhe, wenn es den Punkt des Maximums erreicht hat.	Es wird getauscht, um einen Vorteil zu erlangen.

Jedes einzelne Zahlungs- oder Tauschereignis wird wiederum von einem Schwarm individueller Erwartungen und Einschätzungen begleitet. Zum Beispiel lässt der Kaufakt heute Erwartungen entstehen, dass die Beziehung morgen fortgesetzt werden könnte. Dabei „entsteht" Zeit und das Geflecht „Gesellschaft".

Handlung vs. Kalkül	Wer rechnet, vergleicht und abwägt, hält sich – wie Hamlet – alle Optionen offen. Das Offenhalten von Optionen ist auch Macht. Jede Kalkulation kann wiederholt oder rückgängig gemacht werden.	Wer entscheidet, gibt Optionen aus der Hand. Er legt sich fest. „Unternehmer" springen ins Wasser. Sie setzen ihre Existenz ständig aufs Spiel. Ein Unternehmer gibt hin, was er hat, um später etwas zu erhalten, wessen er sich heute aber noch nicht sicher ist. Jede Transaktion ist daher ein unternehmender Akt. Handeln heißt: Möglichkeiten reduzieren. Ein Schritt führt zum nächsten.
Äquivalenz	Für den Rechnenden gilt Reflexivität, Symmetrie und Transitivität, d.h. es gelten die logischen Gesetze der Äquivalenz.	In der Welt des Tauschens besteht weder Reflexivität, noch Symmetrie noch Transitivität.

	Reflexivität: A = A. Eine Ware ist mit sich selbst identisch.	A ≠ A. Eine Ware im Lager hat einen geringeren Wert als eine Ware, die gerade verkauft wird. Der Wert verändert sich im Prozess.
	Symmetrie: Im Kalkül ist alles reversibel (A = B, daraus folgt B = A)	Asymmetrie. Der Tausch ist normalerweise nicht symmetrisch und daher auch nicht reversibel. Denn für eine Ware, die gekauft ist, erhält man für gewöhnlich nicht mehr den Wert, den man für sie bezahlt hat.
Äquivalenz[78]	Transitivität: Der Raum der Rechnungen ist transitiv. Logisch gilt: Wenn A = B und B = C, folgt A = C.[79] Dazu folgendes Beispiel: 1 Gut A = € 50, 1 Gut B = €100, 1 Gut C = €300. Dann ist nach aller Logik B doppelt so viel wert wie A, und C dreimal so viel wert wie B und daher 6 mal so viel wert wie A.	Intransitivität: Für den realen Tauschzusammenhang gilt Transitivität nicht. Selbst wenn ich nebenstehende Preise beobachte, erhalte ich im Realtausch für 2 Einheiten von A nicht notwendigerweise 1 Einheit von B, ebenfalls nicht für 6 Einheiten von A 1 Einheit von C.
	Die Gesetze der Äquivalenz können nur gelten, weil das Subjekt sein Kalkül auf einen Punkt, auf sich selbst, bezieht. Es betrachtet alles aus seiner – egozentrischen – Perspektive heraus. Im Raum des Tausches gelten *nicht* die Gesetze der Äquivalenz.	

---

[78] Reflexivität heißt: a = a. Ein Objekt ist sich selbst identisch. – Symmetrie heißt: wenn a = b, dann folgt, dass b = a. In Worten: wenn a zu b äquivalent ist, dann ist auch b äquivalent zu a. – Transitivität heißt: Wenn a > b und b > c, dann folgt, dass a > c.

[79] Das lässt sich an folgendem Beispiel nachvollziehen: Wenn 1 Einheit von Gut A 50 Einheiten, 1 Einheit von Gut B 100 Einheiten und 1 Einheit von Gut C 300 Einheiten einer Recheneinheit wert ist, ist nach aller Logik B doppelt so viel wert wie A und C dreimal so viel wert wie B und daher 6 mal so viel wert wie A. – Die Gesetze der Äquivalenz können aber nur gelten, weil das Subjekt seinen Kalkül auf einen Punkt, auf sich selbst, bezieht. Es betrachtet alles aus seiner – egozentrischen – Perspektive heraus.

DER VERGLEICH: ZAHLEN UND RECHNEN

Zahlen und Rechnen sind Operationen, die aufeinander angewiesen sind und sich gegenseitig verstärken. Zahlungsereignisse (allgemein: Tauschakte) füttern die Akteure mit Informationen, die in die Bewertungen und Berechnungen einfließen. Das Kalkül der Subjekte wiederum entscheidet, ob und auf welches Geschäft sie sich einlassen. Kurz: man zahlt, weil man auch rechnet, und rechnet, weil man zahlt. Umgekehrt gilt der Zusammenhang freilich auch: wo nicht gezahlt wird, gibt's fast nichts zu rechnen, und wo nicht gerechnet werden kann, gibt's fast niemanden, der „zahlt". Der Naturaltausch behindert das Zahlen wie das Rechnen.

Obwohl „Zahlen" und „Rechnen" aufeinander angewiesen sind, weisen sie in formaler Sicht sehr verschiedene Eigenschaften auf und erzeugen ganz unterschiedlich gestaltete „Räume". Im Folgenden möchte ich die Operationen des Zahlens und Rechnens einander gegenüberstellen, um bewusst zu machen, dass Wirtschaft aus der Verschränkung dieser durch diese Operationen erzeugten Räume besteht.

Bemerkung: Dem ökonomisch trainierten Leser wird auffallen, dass wir mit diesen Überlegungen die Kritik an der Neoklassik vorbereiten. Die Neoklassik behandelt Wirtschaft als einen einzigen großen Kalkül. Nur durch diese Reduktion erreicht sie die logische Geschlossenheit. *Wirtschaft ist aber ein Raum, der sich aus der Verschränkung der Räume des Rechnens und Tauschens ergibt.* Wirtschaftstheorie ist nicht nur Theorie des optimalen Kalküls (Allokationstheorie), sondern auch *Katallaktik* (s. S. 34). – Wirtschaften besteht nicht nur aus rationalem Abwägen, sondern aus mutigem Handeln. Entscheidungen rühren an die Existenz.

> **Der Rechnungs- und der Zahlungsraum sehen verschieden aus.**
> - **Rechnen ist der Vorgang im Kopf des (egozentrischen) Subjekts. Es gibt so viele Rechnungen wie es Köpfe gibt – Zahlen ist eine soziale Interaktion. Milliarden von Tausch- bzw. Zahlungsakten erzeugen einen Schwarm sozialer Ereignisse, die eine zeitliche und örtliche Dimension haben.**
> - *Kalküle* benützen Preise – aus *Tauschakten* entstehen Preise.
> - *Kalküle* gehen von der Existenz eines *wirtschaftlichen Raumes* aus. – *Tauschhandlungen* erzeugen den *Raum der Wirtschaft*.

2.3.2 Die Systemischen Funktionen des Geldes: Was Geld mit Menschen macht

Wir haben uns zunächst darauf konzentriert, zu beschreiben, was wir mit Geld tun, und wollen uns jetzt der Frage zuwenden, was Geld mit uns tut. Beides aber hängt eng zusammen, ähnlich wie das Sprechen und die Sprache. Nur durch Sprechen (Parole) kann Sprache (Langue) entstehen[80]. Ohne Sprache wiederum ist Sprechen kaum möglich. Sprechen selbst ist also die Operation, welche einerseits die Sprache hervortreibt, andererseits aber die bereits vorhandene Sprache als Medium benutzt. So kann man sich auch das Verhältnis zwischen den Operationen des Tausches und dem Geld als Medium vorstellen. Die Operationen – Geben, Nehmen, Ausgleichen, Nichtausgleichen – treiben Geld hervor bzw. verlangen nach ihm. Ist das Medium aber einmal vorhanden, erleichtert es jene Operationen ganz wesentlich. Damit transformiert es sowohl die Beziehungen der Akteure zueinander als auch diese selbst. Unter der Einwirkung des Geldes (als Katalysator) wächst ein neuer Körper heran, der *Körper der Gesellschaft*, der Eigenschaften aufweist, die es nun zu beschreiben gilt. Um das zu tun, verlassen wir die Mikro-Perspektive der Operationen und nehmen die *Systemperspektive* ein: wir beobachten oder beschreiben, was das Geldsystem mit Menschen und deren Relationen zueinander tut.[81]

Wie sehr Geld eigentlich erst die Gesellschaft zur Gesellschaft macht und die menschlichen Beziehungen verändert, ist uns kaum mehr bewusst. So erscheint uns alles, was uns umgibt und worauf sich unsere Existenz als Mitglied der (modernen) Gesellschaft gründet, selbstverständlich. Die zivile Gesellschaft ist aber nicht selbstverständlich! Sie ist eine dünne Schicht, die wir durch die Operationen des durch Geld vermittelten Gebens und Nehmens erzeugen und täglich neu erzeugen müssen. Hörten diese auf, würde die Gesellschaft aufhören zu existieren. Geld würde zu Makulatur. Die Verfassungen und

---

[80] Dazu Saussure 1922, Nooteboom 1991, Graebe 2001, Brodbeck 2011.

[81] Mit der Unterscheidung „Operation" und „System" bzw. „was Menschen mit Geld tun", und „was Geld mit Menschen tut", schließe ich an die zwei großen Teile in Georg Simmels Philosophie des Geldes an. Diese besteht aus einem analytischen und einem synthetischen Teil. Im analytischen Teil zeigt Simmel, wie die Formen der Geldwirtschaft aus den Wechselbeziehungen herauswachsen. Im synthetischen Teil wie diese Formen auf Menschen und deren Wechselverhältnisse zurückwirken und die formale Struktur der modernen Gesellschaft konstituieren.

andere Gesetze geben zwar der Gesellschaft eine rechtliche Grundlage, aber ohne jene Operationen wären die Gesetzestexte kaum das Papier wert, auf denen sie geschrieben stehen.

DIE GELDPARADOXA

Das, was wir moderne Zivilisation nennen, präsentiert sich als Set von Paaren paradoxer Qualitäten. Ich gruppiere diese Eigenschaften in drei Gruppen, die an die Unterscheidung von
- Ich/Es
- Teil/Ganzes
- Mikro/Makro

anschließen. Beim Übergang von einer Natural- zu einer Geldwirtschaft findet bei jeder dieser Qualitäten eine Ausdifferenzierung statt, so dass die bezeichneten Gegensätze auseinanderrücken, aber auch nur aufgrund dieses Auseinanderrückens für die Entfaltung des Individuums und der Gesellschaft Raum bieten.

Ich/Es

In der Welt des Primitiven sind Ich und Es noch nicht klar geschieden. Der Primitive sieht sich als Teil der Natur. Ihm entspricht, aus ontogenetischer Sicht, der Zustand des Kleinkinds, das sich selbst noch nicht als eigenständiges Wesen wahrnimmt und noch kaum ein Ich-Bewusstsein ausgebildet hat. Zugleich belebt der Primitive die Natur noch mit seinen eigenen, durch elementare Bedürfnisse getriebenen Vorstellungen und versucht die Naturmächte durch Opfer für sich gewogen zu machen. Der Übergang zur Moderne ist durch ein Ausdifferenzieren gekennzeichnet, dessen Ergebnis das subjekthafte Ich ist, das sich einer mehr oder minder objektiv vorgegebenen Welt gegenübersieht oder einer solchen gegenüberzustehen glaubt. Die Ich und Es-Werdung sind zwei sich gegenseitig bedingende Vorgänge. Das Ich selbst kann nur ein Ich sein, wenn es Umwelten gibt, die sich ihm auch als ein Es, als unverrückbare Tatbestände hinstellen.

Der extreme, wissenschaftstheoretisch freilich nicht haltbare Endpunkt ist die klassische Vorstellung von einem autonomen, gegebenen Subjekt, das die Welt objektiv in seinem Bewusstsein abzubilden in der Lage ist. Inzwischen wissen wir aus der Erkenntnistheorie, dass der Mensch einer objektiven Erkenntnis nur sehr bedingt zugänglich ist, weil sein Erkennen nicht nur von seinem sinnlichen und begrifflichen und daher sozial vermittelten Apparat, sondern auch davon abhängig ist, welche Zwecke er beim Erkennen verfolgt.

Abbildung 6

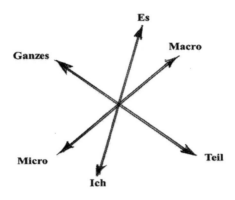

„Der Raum ist nach unten und oben offen." (N. Luhmann)

Teil/Ganzes

Das Ganze, die Gesellschaft wird im Laufe der Modernisierung komplexer und zusammenhängender, während sich gleichzeitig das Individuum – als Teil des Ganzen – gegenüber seiner, teilweise von ihm selbst geschaffenen Umgebung klarer als vorher abzugrenzen weiß. Die moderne Gesellschaft ist ein Gebilde, das inzwischen die gesamte Welt umfasst, während sich das Individuum als eigenständiges Wesen in seiner Umgebung behaupten muss. Die Modernisierung kann man daher als Ausweitung zu einem die gesamte Welt umspannenden komplexen Ganzen und zugleich als Entwicklung zur Autonomie des Einzelnen begreifen. Hieraus entsteht ein Spannungsverhältnis, das unabsehbare Chancen wie Risiken in sich birgt. Wir kommen darauf noch zurück.

Anstatt aber in Vergesellschaftung und Individualisierung komplementäre Charakteristika einer modernen Gesellschaft zu sehen – die Gesellschaft ist modern, weil die Individuen zugleich hoch *individualisiert* und hoch *vergesellschaftet* sind – wird bis heute entweder „das Individuum" oder „die Gesellschaft" zum Ausgangspunkt von Analysen oder politischen Propagandafeldzügen genommen. Viele Liberale setzen das Individuum für absolut (die das

Privateigentum schützende liberal-bürgerliche Verfassung fällt für sie offenbar irgendwie und irgendwann vom Himmel) und denken Gesellschaft nur als Aggregat von Individuen. Auf der anderen Seite setzen Kollektivisten aus unterschiedlichsten Motiven (viele eben bloß naiv, aus methodologischer Unbeholfenheit) bei der Nation, beim Volk oder einem anderen Aggregatzustand an, den sie als gegeben ansehen und an den sich die Individuen, sofern sie ihnen überhaupt eine eigene Realität zugestehen, anzupassen haben. Keiner dieser Ansätze wird der Qualität moderner Gesellschaften gerecht. Weder darf man das Individuum, noch die Gesellschaft absolut setzen. Das eine besteht nicht ohne das andere.

Mikro/Makro

Schließlich ist der Übergang zur Moderne durch ein „Kleinerwerden des Kleinen" und ein „Größerwerden des Großen", also durch ein Wachsen des Raumes „nach unten und nach oben" gekennzeichnet. Nach *unten hin* findet eine ständige Ausdifferenzierung der Produkten- und Berufswelt statt. Früher gab es einhundert bis eintausend Berufe. Heute ist die Anzahl der Berufe unüberschaubar. Noch viel mehr gilt das für die Anzahl der Produkte[82]. Der Ausdifferenzierungsprozess macht selbst am Individuum nicht halt: Es übt gleichzeitig mehrere soziale Rollen aus und kann Mitglied mehrerer Organisationen sein.

Das Wachstum *nach unten* sieht man auch an der Pfennigfuchserei und der umgreifenden Kontrollwut, die jedes Detail registrieren möchte. *Nach oben* findet das Wachstum durch die Vergrößerung der Weltbevölkerung, durch die räumliche, inzwischen so gut wie abgeschlossene Ausdehnung der Geldwirtschaft auf den ganzen Globus[83] statt und zeigt sich in der Vergrößerung der Waren- und Kapitalmassen. Die moderne Finanzwelt ist in der Lage, Kapitalien astronomischen Ausmaßes zu sammeln und sie auf nur wenige Projekte zu konzentrieren.

---

[82] Die Geschmäcker haben sich in Folge der Sättigung der Märkte bereits derart ausdifferenziert, dass Menschen den Wert eines PKW am Klang beurteilen, den der Deckel des Kofferraums beim Schließen verursacht. Der verwöhnte Mensch leistet sich offenbar den Luxus für Differenzen, die für andere kaum nachvollziehbar sind, eine halbe Welt zu zahlen. Mit dieser Differenzierung versucht sich der blasierte Bürger vom Durchschnitt abzusetzen, wobei ihm aber meist entgeht, wie sehr er sich dabei selbst entwertet.

[83] Zur unilateralen, vorwiegend räumlichen Ausdehnung durch Eroberungen, welche den Kapitalismus bis vor kurzen kennzeichnete, und die Erstarrung des Kapitalismus in einer globalen „Gallerte" gegenseitiger Interdependenzen, siehe Sloterdijk 2005.

Das immer Kleinerwerden des Kleinen und immer Größerwerden des Großen führt zu „Entfernungen", die kaum mehr bewältigbar erscheinen. Jedenfalls gehen die sinnlichen, und mit den sinnlichen auch sinnvolle Zusammenhänge verloren. Fehlallokationen astronomischen Ausmaßes sind die unvermeidliche Folge solcher Entfernungen. Was gefragt ist, ist die Einrichtung subsidiärer Formen der Vergesellschaftung.[84]

DIE ROLLE DES GELDES BEI DER AUSDIFFERENZIERUNG

Wie oben schon bemerkt, ist die Grenzziehung zwischen Ich und Es nicht von Natur vorgegeben. Sie ist Ergebnis einer langen gattungsgeschichtlichen Entwicklung, die von jedem einzelnen Individuum in seiner Ontogenese nachvollzogen werden muss. An diesen Transformationsprozessen haben der Tausch und das Geld einen bedeutenden Anteil. Schon der Naturaltausch zwingt den Menschen zur Mäßigung seines Temperaments. Um einen begehrten Gegenstand in Besitz zu nehmen, muss er dessen Eigentümer respektieren und zum Erwerb einen Gegenstand (in bestimmter Zahl) darbringen. Der Tausch gegen Geld ist ein weiterer großer Sprung in diese Richtung: Der im Tausch hingegebene Gegenstand erhält im Geld ein sozial allgemein anerkanntes und damit hoch-objektiviertes Maß[85]. (Der Apfel des A kostet nicht Birnen des B, sondern Geld.) Verallgemeinert ausgedrückt: Der Warenverkehr erzeugt quasi-objektive Welten – Simmel spricht von Gebilden objektiver Kultur –, an denen sich Menschen in ihren Handlungen orientieren.

Zugleich aber ist das Individuum nur „Subjekt", weil es einigermaßen klare soziale Objektwelten vorfindet. Kennt ein Individuum den Preis nicht, weiß es nicht, woran es ist. Ohne Geldpreise befindet es sich sozusagen im „luftleeren" Raum und weiß nicht, ob ihm etwas nützt oder schadet, oder ob es einem anderen nützt oder schadet. Man kann zwar fragen oder verhandeln. Beides aber ist gefährlich, wenn es keine diesbezüglichen Anhaltspunkte gibt. Um zu tauschen, braucht man Preise, während die Preise umgekehrt aus dem Tausch hervorgehen.

---

[84] Beispiele sind grandiose Fehlinvestitionen in Bauprojekte wie an der spanischen Rivieraküste oder in Dubai. Dort liegen die durch astronomische Kreditsummen gehebelten Sparbeträge „kleiner" Pensionisten.

[85] Der Geldpreis ist kein objektives Maß im Sinne einer Gleichgewichtsgröße, sondern nur eine durch soziale Prozesse objektivierte Größe. Ein objektives Wertmaß gibt es nicht und kann es nicht geben.

Ich und Es verhalten sich zueinander wie Ei und Henne. Mit der Ko-generierung von Ich und Es entwickelt sich Reichtum. Es ist typisch für arme Gesellschaften, dass dort wenig fix und vieles verhandelbar ist, während in reichen Gesellschaften die Regeln (einigermaßen) klar und die meisten Preise festgelegt sind.

Implodiert der Wirtschaftsverkehr (zum Beispiel im Falle einer Hyperinflation) erleiden Menschen mit dem Zerfall der „objektivierten Gebilde" oft schwere psychische Störungen. Umgekehrt gilt freilich auch: Um sich in der Wirtschaft zu behaupten und auch die Wirtschaft als System zu erhalten, müssen Menschen eine gewisse mentale Reife und gewisse Fähigkeiten im Umgang miteinander erworben haben. Zu einer solchen Reife sollte das Erziehungssystem systematisch hinführen, was es aber nicht tut. So duldet die Gesellschaft Fehlverhalten, deren Kosten leichtfertig der Allgemeinheit angelastet werden.

Das Wirtschaftssubjekt steht einer durch Tauschkommunikationen erzeugten hoch „objektivierten" Umwelt gegenüber. Die „Individualität" und damit „Würde" des Einzelnen hat ihr Pendent in einer Welt der quasi-objektiven „Tatsachen".

Die Wirtschaftsgesellschaft als Ganzes und das autonome Subjekt als Teil

Die Frage stellt sich jedem: wie es möglich ist, dass in einem Wirtschaftssystem, in welchem keiner einen Tag überleben würde, wenn er nicht die Leistungen anderer beziehen könnte, dennoch jeder ein *hohes Maß an Autonomie und Freiheit* genießt. Systemtheoretisch gesprochen: Wie ist es möglich, dass bei so hoher *materialer* Abhängigkeit ein so hohes Maß von *formaler* Unabhängigkeit der Teile möglich ist? Und umgekehrt: Wie kann die Wirtschaft zu einem einigermaßen kohärenten Ganzen werden, obwohl jeder seine eigenen Wege geht? Die Antwort auf diese alte Frage liegt wieder – wie könnte es anders sein – beim Geld und kann aus den oben angeführten Eigenschaften abgeleitet werden, nämlich aus

– der Bilateralität der Tauschoperation
– der Allgemeinheit des Geldes (Geld als generalisiertes Medium)
– dem raschen Zugriff des Geldes auf Ressourcen
– der Knappheit des Geldes.

Diese Eigenschaften (die selbst wieder einen Zusammenhang untereinander aufweisen) bewirken die eben beschriebenen Tendenzen und Strukturen: Die beinahe *strikte Bilateralität* der Austauschbeziehungen bringt es mit sich, dass das „Ganze" aus Milliarden unabhängig voneinander getätigter Einzelschritte besteht. Keiner stimmt sich mit allen ab, jeder stimmt sich unter Rücksicht auf das beobachtete Geschehen nur mit jeweils einem anderen Partner ab. Die Bilateralität der Einzelschritte kann ein Gesamtes allerdings nur ergeben, weil die Einzelschritte über ein *generalisiertes Medium* mit hoher Zugriffsgeschwindigkeit tatsächlich verknüpft oder verknüpfbar sind. Jeder Einzelne hat Geld, daher sind alle über Geld verknüpft. Das verringert die ökonomischen Distanzen, die mit der örtlichen Bilateralität naturgemäß gegeben sind. Außerdem muss Geld in jedem gegebenen Moment knapp sein. Denn nur knappes Geld sichert die Kohärenz der wirtschaftlichen Handlungen. Daher darf die Geldschöpfung nur so rasch vorangehen, dass das Vertrauen in die Kaufkraft des Geldes erhalten bleibt.

Sachliche Abhängigkeit – formale Autonomie

Die Geldwirtschaft ist also zugleich durch ein hohes Maß an individueller Beweglichkeit und gesellschaftlicher Kohärenz gekennzeichnet.

Während sich die Gesellschaft als großer, *material* verflochtener Körper präsentiert, agieren die Individuen in ihm *formal* relativ *autonom*. Das ist nur möglich, weil (idealtypisch) jedes Individuum unter der geldwirtschaftlichen Norm des Ausgleichs seines Budgets lebt. Die Summe seiner Geldeinnahmen muss auf Dauer mindestens so groß sein wie die Summe seiner Geldausgaben. Die Bilanz in Form der Erfolgs- oder Vermögensrechnung ist also Ausdruck der *Eigenständigkeit des Wirtschaftssubjekts*. Die *Geldform* zwingt dem Individuum auf, für seine Einheit als ökonomisches Subjekt einzustehen. Die Budgetschranke ist hart.

In Naturalwirtschaften sind Menschen an bestimmte andere Menschen und bestimmte andere Sachen gebunden. Fällt eine Sache aus, kann das das Leben kosten. Fällt man aus der Gemeinschaft, ist man verloren. In Geldwirtschaft ist das anders: Wechselseitige *materiale* Abhängigkeiten und *Freiheit* schließen sich durchaus nicht aus, sondern bedingen einander sogar gegenseitig. Simmel drückt das so aus: *Im Allgemeinen* wird die Abhängigkeit größer – der Selbstversorgungsgrad sinkt –, *vom Besonderen* aber nimmt die Abhängigkeit ab. Denn Menschen können wählen: sie sind nicht mehr von einer ganz *bestimmten* Sache, sondern nur mehr von der *Gattung* der Sache abhängig. Geht die eine Sache verloren, kann man sich einen Ersatz besorgen. Paralleles gilt für

Abhängigkeitsbeziehungen zwischen Menschen: Sie sind nicht mehr von bestimmten Personen, umso mehr aber von Menschen allgemein abhängig. In Naturalwirtschaften sind Verpflichtungen anderen gegenüber in Natura und oft ganz persönlich abzutragen. Das ist einengend, meist entwürdigend und ineffizient.[86] Geld wirkt auch hier in dem Sinne befreiend, dass Menschen wählen können, von wem sie Leistungen beziehen und an wen sie liefern. Das heißt auch: Sie können es sich einrichten, dass die Leistungen, die sie empfangen, den eigenen *Bedürfnissen*, und die Leistungen, die sie geben, den eigenen *Fähigkeiten* entsprechen. An die Stelle des „Herrn" tritt der Kunde, an die Stelle des „Knechts" der (freie) Mitarbeiter.

Box 5: Autarkie und Autonomie

> *Autark ist ein Mensch oder eine Gruppe von Menschen, die nur auf sich selbst gestellt lebt. Sie bezieht nichts und liefert nichts nach außen. Sie ist deshalb der Form nach auch autonom, praktisch aber, weil sie den Launen der Natur völlig ausgeliefert ist, wahrscheinlich ein elender „Sklave" dieser. Erst die Arbeitsteilung macht den Menschen produktiv. Zugleich bietet sie ihm die Chance, die Tätigkeiten auszuführen, die er erlernt hat, zu denen er begabt ist oder die er gerne tut. Mit der Arbeitsteilung gerät er aber notwenderweise in Abhängigkeit von anderen. D.h. er tauscht die drückende Abhängigkeit von der Natur gegen die in der Regel weniger drückende von Menschen. Der Tausch – und erst recht der Geldverkehr – als Formen der Kommunikation erlauben ihm, trotz arbeitsteilig bedingter Abhängigkeit, Autonomie in dem Sinne zu gewinnen, als er entscheiden kann, von wem er Güter bezieht, an wen er sie liefert, und mit welchen Tätigkeiten er seinen Lebensunterhalt verdient, usw. Trotz totaler (und in der Summe weit größerer) Abhängigkeit von anderen ist der moderne Mensch wie noch nie jemand vor ihm in der Geschichte der Menschheit autonom, also frei.*

Geld erlaubt die *Entkoppelung* und ermöglicht zugleich die *Verkoppelung* der Prozesse. Oder anders gesagt: Geld zerlegt in immer kleinere Teile und erlaubt deshalb eine Synthese auf immer höherem Niveau.

---

[86] Meine Tante erzählte, dass sie, obwohl absolut ungeschickt im Nähen, in der Nachkriegszeit 1 kg Kartoffeln nur erhamstern konnte, indem sie der Bäuerin, deren Mann gestorben war, einen Trauerflor an den Hut nähte. Den weiten Weg musste sie zweimal machen.

Tausch und Geld ermöglichen die Autonomie des wirtschaftenden Subjekts und generieren zugleich die Märkte als ihre Umwelt. Sie ermöglichen das Paradoxon der Zivilisation: die zunehmende Autonomie des Individuums bei gleichzeitigem Wachsen seiner Abhängigkeit; die Freiheit des Subjekts bei gleichzeitiger Versachlichung der Welt. Das eine ist ohne das andere nicht möglich, die eine Tendenz mit der anderen verknüpft.

Box 6: Freiheit aus Objektivierungen

Eine der großen Rätsel in der Philosophie ist das Verhältnis von kausaler Determiniertheit und Freiheit. Einerseits suchen die Menschen immer nach kausalen Erklärungen. Andererseits ist das Grundgefühl eines (reifen) Individuums immer das der Freiheit. Kausale Determiniertheit und Freiheit scheinen sich logisch auszuschließen und kohabitieren in der Lebenswirklichkeit doch. Gerade die Ökonomik hat hier ihre größten Schwierigkeiten: Im Gleichgewicht will sie alles festgelegt haben; für das Individuum stipuliert sie unbeschränkte Freiheit und Entfaltung. Wie geht das zusammen? Praktisch geht es zusammen. Die Theorie tut sich damit allerdings schwer. Wie ich noch zeigen möchte, kann der Widerspruch durch den Übergang auf den triadischen Denkansatz aufgelöst werden. Dazu mehr auf den S. 136 und S. 388). Der große „Trick" ist der „Überschritt" auf eine neue Ebene. Der Mensch wird zum Menschen – das biologische Individuum zum kulturellen – indem er Symbole kreiert, die ihn in Distanz zu sich selbst und zur Welt bringen und damit seine Selbstbeherrschung, seine Sozialisierung auf großer Stufenleiter und die „Aneignung" der Welt ermöglichen.

GELDQUALITÄTEN

Kombinieren wir die oben beschriebenen Qualitäten, ergeben sich weitere Eigenschaften des Geldsystems.

Technischer Fortschritt und (globale) Konkurrenz

Die Allgemeinheit des Geldes und der rasche Zugriff auf Ressourcen bewirken, dass jeder mit jedem und jedes mit jedem in Verbindung gebracht werden können. Daraus leiten sich die beiden folgenden, breit diskutierten Charakteristika von Geldwirtschaften ab:

- Die Neigung, ja der Zwang zu *technischem Fortschritt*. Denn Geld gestattet, Produkte und Techniken, Dienstleistungen und Fähigkeiten zu kombinieren und zu rekombinieren. Und das weltweit. Aus Vorhandenem entsteht flugs Neues.
- *Die Konkurrenz in Folge der leichten Substituierbarkeit von Produkten und Personen*. Jeder kann sich mit jedem nicht nur leicht – genauer: um Potenzen leichter als in Nichtgeldwirtschaften – in Beziehung setzen, sondern wird auch durch das, was andere tun, ständig in Frage gestellt und kann daher verdrängt werden. Der Substituierbarkeit versucht er dadurch zu entkommen, dass er sich eine, wie man so schön sagt, unique selling proposition (USP – einmalige Marktstellung) erkämpft, die freilich stets bedroht bleibt.

Da Tauschakte aber stets sozial, lokal und zeitlich konnotierte Ereignisse sind, kann der natürliche Widerstand, den Raum, Zeit und soziale Bindungen Transaktionen entgegensetzen, auch von Geld nie ganz überwunden werden. Am ehesten geschieht das bei körperlosen Finanzprodukten, die ohne Zeitaufwand elektronisch weltweit transferiert werden können. Das einzige, was an ihnen an Individualität haftet, ist die emittierende Stelle.

Rationalität, Egoismus und Altruismus

Geld trägt in sich „keinerlei Hemmung …., durch die ihm die eine Verwendung ferner oder schwieriger wäre als die andere"; (...) es bietet sich „jedem beliebigen Inhalt (...) gleichmäßig dar" …, und [gewährt] „eben dadurch … dem sachlich Unsinnigsten und Verderblichsten dieselbe Chance der Darstellung (…) wie dem Wertvollsten", worauf hin sich „das schwerste materielle Unrecht (…) mit unangreifbarer formaler Gerechtigkeit" ausstatten kann.

„Diese absolute Möglichkeit, die Kräfte des Geldes bis aufs letzte auszunutzen, erscheint nun nicht nur als Rechtfertigung, sondern sozusagen als logisch-begriffliche Notwendigkeit, es auch wirklich zu tun. Da es in sich weder Direktiven noch Hemmungen enthält, so folgt es dem je stärksten subjektiven Impuls, – der auf den Gebieten der Geldverwendung überhaupt der egoistische zu sein pflegt" (Simmel 1900, S. 494f).

Gleichzeitig erlaubt Geld eine noch nie dagewesene Großzügigkeit. Da Geld abstrakt und allen Zwecken gleichmäßig, „kommunistisch" gewissermaßen, zugänglich ist, lässt es sich zum Beispiel anonym verschenken. In keiner Gesellschaft haben Transfers, an die keine Gegenleistungen geknüpft sind, einen so hohen Anteil erreicht wie in der Geldwirtschaft. Ein nicht unbeträchtlicher Teil staatlicher Transfers wird als Titel fixiert, auf den der Empfänger einen Anspruch hat.

Liquidität: die Seele des Geldes

Liquidität ist eine Eigenschaft, die die „Seele" des Geldes und die der Geldwirtschaft beschreibt. Im Kontext unserer Argumentation sollte es uns leicht fallen, zu verstehen, worum es geht.[87]

Liquidität von Zuständen

Die Unterscheidung von fest und flüssig ist uns aus der Natur geläufig. Fest nennt man Körper, deren Moleküle (aus der Perspektive unserer sinnlichen Wahrnehmung) „fest" miteinander verbunden sind, während bei flüssigen Gegenständen die Moleküle so leicht gegeneinander beweglich sind, dass ihr Zusammenhalt schwächer als der der Schwerkraft ist und sie sozusagen abfließen. Aber selbst Wasser, von dem wir die bildliche Vorstellung von Liquidität ableiten, hat, wie jeder weiß, einen beträchtlichen Reibungswiderstand, der sich schon bei niedriger Geschwindigkeit bemerkbar macht. Bei Geld ist es, wie wir gleich sehen werden, ähnlich.

Was ist nun in der Wirtschaft mit Liquidität gemeint? Ganz allgemein: die Leichtigkeit, mit der wir Zustände ändern können. Wenn einer weiß, was im Allgemeinen ein stattliches Haus und eine kleine Wohnung kosten, hat er die Information über eine Preis-Leistungsdifferenz. Er weiß, wie viel mehr das stattliche Haus kostet. Will er von einer kleinen Wohnung in dieses Haus zie-

---

[87] Die Schulbuchökonomik hat zu dieser „Seele" keinen Zugang, weil sie annimmt, die Gesellschaft sei schon vorhanden. Dazu Teil 3.

hen, braucht er aber nicht nur die Information, dass er für das Haus einen höheren Preis bezahlen muss, sondern muss auch zahlreiche Hindernisse überwinden, die sich dem Zustandswechsel entgegenstellen: er muss nach einem neuen Heim suchen, die alte Wohnung verkaufen, den Umzug bewältigen, sich neu möblieren und einrichten, die Kosten der Bindung zusätzlichen Kapitals aufbringen und vieles mehr. Menschen sind in ihren jeweiligen Zuständen in gewissem Maße „eingefroren", also illiquide. Um vom einen zum anderen zu gelangen, müssen sie einen tatsächlichen Aufwand betreiben. Man nennt diesen Aufwand Transaktionskosten.

In einer Welt ohne Transaktionskosten wäre die Realität reversibel. Man könnte von einem Zustand in den anderen gelangen und wieder retour. Aber die Welt ist von „Natur" her nicht „liquide". Von Natur aus ist sie eher illiquide, d.h. starr oder unflexibel. Der Mensch kann sie aber in einem gewissen Ausmaß flexibler oder „liquider" machen. Dabei spielt Geld eine sehr wichtige, aber durchaus nicht ausschließliche Bedeutung.

Es gibt Zustände, in denen sich Änderungen nur sehr schwer und solche, in denen Änderungen leichter vorgenommen werden können. Traditionale Gesellschaften sind nach unseren Vorstellungen sehr starr. Geldwirtschaften demgegenüber hochflexibel. Aber auch Geldwirtschaften weisen große Unterschiede auf. Vom anglo-amerikanischen Kapitalismus wird behauptet, er sei um Einiges flexibler als der kontinentaleuropäische.

Die „Liquidität" beginnt in der Psyche des Menschen. Um Güter als gegeneinander austauschbar wahrzunehmen, muss der Mensch psychologische Distanz zu den Dingen eingenommen haben, aus der ihm das eine Ding so viel wie das andere erscheint, wenn es für ihn nur den gleichen Zweck erfüllt.[88] Ob Menschen Opportunitäten erkennen und sich auf andere einlassen, hängt von der *Risikobereitschaft* der Akteure und ihrem *Vertrauen* zueinander ab. Mut und das Gefühl der Sicherheit weiten die Kanäle. Unsicherheit und Ängstlichkeit verengen sie.

Aber wie freundlich, wohlwollend und zugänglich Menschen für einander auch immer sein mögen, „liquide" werden Zustände erst durch Geld, weil es den Tausch so erleichtert, dass er selbst dann durchführbar ist, wenn die Men-

---

[88] Das freilich, was ihm (ihr) wichtig ist oder was er (sie) als „austauschbar" ansieht, weil er (sie) den Mitteln gegenüber indifferent gegenübersteht, ist einem starken und ständigen Wandel unterworfen. Der moderne Mensch kann sich es einerseits leisten, sich auf Dinge zu kaprizieren, weil die Marktlogistik so großartig klappt. Andererseits reift ein Mensch auch im Verzicht auf Dinge, zu denen er Abstand hält, weil sie ihm in bezug auf höhere Ziele als nicht so wichtig erscheinen.

schen weder sehr freundlich noch wohlwollend miteinander umgehen. Als Medium führt Geld die kleinen, individuellen „Pfützen" zu einem gemeinsamen großen Pool, oder sagen wir lieber vorsichtiger, zu einem großen kommunizierenden Gefäß zusammen.

Liquidität von Objekten
Man ist so an die Dienste des Geldes gewöhnt, dass man gar nicht mehr daran denkt, welche Bedeutung Geld für die Veränderung von Zuständen hat. Wenn von Liquidität die Rede ist, meint man daher im Allgemeinen die *relative Liquidität von Gegenständen*.

Als liquide gelten Gegenstände oder Rechte, die sich ohne weiteres in andere tauschen lassen. Waren, die leicht verkäuflich, oder wenn sie einmal gekauft, ohne große Preisverluste wiederverkäuflich sind, gelten als liquide. Carl Menger (1871) spricht in diesem Zusammenhang von Marktgängigkeit. Goldunzen haben eine hohe Marktgängigkeit, gebrauchte Autos eine mittlere, getragene Hosen eine sehr niedrige. Unter allen Gegenständen hat Geld natürlich die eindeutig höchste Liquidität. Es ist allen Waren darin so überlegen, dass es als Liquidität per se gilt. Aber auch seine Handhabung ist mit Transaktionskosten verbunden.[89]

Geld hat immer zwei Seiten: eine qualitative und quantitative. Auch der Begriff Liquidität bezieht sich auf diese beiden Aspekte: auf die *Qualität* des Geldes als Mittel mit hoher oder höchster Zugriffsgeschwindigkeit *im Vergleich zu allen anderen Waren* und auf die *vorhandene oder beschaffbare Menge* an Geld. Die vorhandene Menge an Geld kann sehr gering sein, dennoch kann der Akteur oder ganze Wirtschaftssysteme als hoch liquide gelten. Dass trifft dann zu, wenn sich die Akteure jederzeit die nötigen liquiden Mittel auf dem Markt besorgen können. In Krisensituationen hingegen besteht ein großer Hunger nach Liquidität.[90] Steigert sich die Krise weiter, fliehen die Menschen aus Geld in Waren, was zur Hyperinflation führen kann.

Liquidität ist eine Eigenschaft des Geldes als Ding, aber auch eine Eigenschaft der Geldwirtschaft als System. Als Ding vermittelt Geld dem

---

[89] Wobei es zwischen den verschiedenen Währungen eine mehr oder weniger eindeutige Hierarchie gibt (Herr 1992).
[90] Hochliquide Märkte sind also Märkte, in denen man im Vertrauen darauf, sich Liquidität beschaffen zu können, mit nur geringen liquiden Mitteln auskommt.

Halter einen Sondernutzen. Als Medium transformiert Geld das System, indem es erlaubt, die Relationen leicht (viel leichter als ohne Geld) herzustellen und damit Zustände zu verändern.

Die Asymmetrie zwischen Geld und Waren

Aus dem (sehr hohen) Liquiditätsgefälle zwischen Geld und Waren folgen etliche Asymmetrien. Kapitalmärkte dominieren z.B. Arbeitsmärkte, Geldmärkte dominieren Gütermärkte. Am deutlichsten zeigt sich die Asymmetrie am permanenten Überhang der Waren auf den Märkten. Märkte sind so gut wie nie geräumt: In allen entwickelten Marktwirtschaften warten Waren auf das Geld, und nicht Geld auf Waren. *Der Überlegenheit des Geldes über die Waren entspricht die psychologische Überlegenheit des Geldbesitzers gegenüber dem Warenbesitzer.* Sie zeigt sich in der besonderen Höflichkeit, mit der der Warenbesitzer dem Geldbesitzer begegnet.

Von wenigen Ausnahmen abgesehen halten die Wirtschaftswissenschaften an Symmetrievorstellungen fest. Das liegt an ihren Gleichgewichtskonstruktionen (dazu S. 270ff). In diesen haben alle Waren eine vollkommene und daher gleiche Liquidität. Jede Ware erscheint durch jede andere zu Null Transaktionskosten ersetzbar. Wenn das in der Wirklichkeit zuträfe, wäre Geld „überflüssig".

Nicht nur, dass Geld in den Gleichgewichtsmodellen fehlt, es wird für Ungleichgewichte noch verantwortlich gemacht. In ökonomischen Lehrbüchern wird immer wieder behauptet, dass in einer Barter-Economy gar kein Ungleichgewicht aufkommen könne. Denn die „Lieferung" des einen entspreche immer der Lieferung eines anderen. Daher zöge ein „Angebot" immer eine entsprechende „Nachfrage" nach sich. Im Gegensatz dazu, so wird behauptet, könne der Geldbesitzer Geld horten: Das Angebot zöge in einer Geldwirtschaft daher nicht notwendig eine Nachfrage nach sich. So logisch dieser Gedankengang erscheinen mag, so falsch ist er. Denn unter Barter-Verhältnissen ist die Wahrscheinlichkeit, dass es überhaupt zu einem „Angebot" kommt, sehr gering, und die Wahrscheinlichkeit, dass ein passendes Gegenangebot erfolgt, erst recht. Mit anderen Worten: das Fehlen des Mediums Geld führt dazu, dass die Menschen gar nicht erst kooperieren, d.h. füreinander leisten. In der Tat litten und leiden vorkapitalistische Gesellschaften neben hoher Armut regelmäßig auch an hoher Unterbeschäftigung.

Dass Wirtschaft nur aufgrund der durch Geld verursachten Asymmetrie funktionieren kann, hat m.W. kein Ökonom wirklich verstanden. Die Orthodoxen erklären Geld für neutral, und die Heterodoxen machen Geld für alle möglichen Störungen verantwortlich (dazu auch Abschnitt 4.3).

Silvio Gesell (1920) z.B. sah in der Überlegenheit des Geldes über Güter die Hauptursache für die Missstände im Kapitalismus. Er schlug vor, den Vorteil, den Geld im Vergleich zu anderen Waren aufweist, durch eine besondere Steuer auf die Geldhaltung auszugleichen, und zwar durch einen periodischen Abzug vom Geldwert in Form von Coupons. Mit einem solchen Abzug würden die Geldbesitzer veranlasst werden, anstatt Geld zurückzuhalten (zu horten), Waren nachzufragen. Damit, so meinte er, würde man konjunkturelle Störungen vermeiden. In der Tat kann die Zurückhaltung von Geld zu wirtschaftlichen Störungen führen und eine Deflationsspirale auslösen. Aber zu meinen, den Vorteil des Geldes gegenüber Waren durch eine Abgabe auf Geld ausgleichen zu müssen, macht keinen Sinn. Denn Waren sind ja nur Waren, weil es Geld gibt. D.h. um Waren zu sein, brauchen sie geradezu die Überlegenheit des Geldes. Das Argument geht auch an der Sache vorbei, weil Menschen gar nicht so sehr viel Geld, sondern Geldansprüche (Sparguthaben, Pfandbriefe, Aktien, usw.) horten. Dem aber ist nicht durch eine Steuer auf gehortetes Geld sondern nur auf Geldvermögen beizukommen.

Wenn man schon Geldbesitz besteuern möchte, könnte man dies vielleicht mit der Begründung tun, dass Geld eine sehr nützliche, gesellschaftliche Einrichtung sei, deren Pflege auch erhebliche Kosten verursache. Durch eine Steuer auf Geldhaltung und Geldtransaktionen würde dem Bürger vor Augen gehalten werden, dass Geld nicht nur ein privates Gut ist.

Dem ungarischen Ökonomen *Kornai* ging es weniger um die Warenüberhänge im Kapitalismus als um die Mangelerscheinungen im „Sozialismus", gegen welche er Abhilfe suchte. Kornai ging von der ganz richtigen Beobachtung aus, dass sich Marktwirtschaften durch Warenüberhänge (Slacks), und (sozialistische) Planwirtschaften durch ständige Warendefizite und Mangelzustände (Shortages) auszeichnen.[91] Von neoklassischen Symmetrievorstellun-

---

[91] Kornai beschreibt in zwei Bänden „Economics of Shortage" (1980) ausführlich das Verhalten von Wirtschaftssubjekten in Planwirtschaften. Am Beginn der beiden Bände stellt er Marktwirtschaften und Planwirtschaften gegenüber und sieht beide im Ungleichgewicht. Die ersteren wegen ihrer „Slacks", die letzteren wegen ihrer „Shortages". Beides sei Zeichen für eine Fehlallokation. Kornai aber kommt es nicht in den Sinn, diese gegensätzlichen „Lagen" mit Geld in Verbindung zu bringen. Er bleibt insofern der neoklassischen Tradition treu.

gen beeinflusst, realisierte Kornai aber nicht, dass Wirtschaften nur Wirtschaften sind und sein können, weil sie Geldwirtschaften sind, in denen Slacks zum normalen Funktionieren gehören.[92] Abhilfe gegen Mangel gibt es daher nur in Geldwirtschaften.

Es macht weder Sinn, den Vorsprung des Geldes vor den Waren als Ursache von Krisen anzusehen, noch ist daran zu denken, dass ein nicht-geldwirtschaftliches System (und sei es noch so perfekt geplant) je in der Lage sein könnte, Mangelzustände zu überwinden. Marktwirtschaften sind von ihrer Natur her asymmetrisch. Sie funktionieren nur aufgrund der asymmetrischen, ekstatischen „Macht" des Geldes (dazu siehe auch S. 336ff). *Geld ist der Dirigent des Warenkonzertes.* Nur weil es Geld gibt, kann man auf Waren zugreifen. Und nur infolge dieses raschen Zugriffs, stehen Waren bzw. Warenbesitzer zueinander in einem Zusammenhang. Ohne (normale) Slacks kann es keine Knappheitspreise geben.

Nicht die Dinge stehen in einem direkten Zusammenhang, sondern die Dinge stehen über Geld in Zusammenhang. Liquidität ist nur ein anderer Ausdruck dafür. Die Asymmetrie der Märkte ist Folge der ekstatischen Stellung des Geldes, ohne die es weder Gesellschaft noch Wirtschaft geben könnte.

---

[92] Selbstverständlich gibt es unnormal hohe Slacks. Die hohe Kunst der Ökonomik ist es, zwischen anormal und normal hohen Slacks zu unterscheiden.

2.4 Individuum, Gesellschaft, Geld

2.4.1 Die große Aporie

Wir wissen viel über den Menschen als *Individuum*. Fast alle anthropozentrischen (= auf den Menschen bezogenen) Techniken sind auf das Individuum ausgerichtet: die Medizin, die Psychologie, zahlreiche Körpertherapien, Mentaltrainings, spirituelle Übungen, usw. Wir haben auch ziemlich genaue Vorstellungen darüber, was ein gesunder und reifer Mensch ist, oder was der Mensch braucht, um zu gesunden und zu reifen.

Wir wissen aber wenig über *Gesellschaften*, und das Wenige ist sehr umstritten. Viele streiten sogar ab, dass es so etwas wie eine Gesellschaft gibt oder auch geben könne. Wer über Gesellschaft spricht, meint oft den Staat, eine Summe von Individuen oder denkt dumpf an ein Kollektiv. Je größer das Unwissen, desto intensiver aber der Traum von einer großen Alternative.

„Oana is a Mensch, zwoa san' Leut, mehrere san Viecher" (auf hochdeutsch: Einer ist ein Mensch, zwei sind Leute, mehrere sind Viecher) – über diesen österreichischen Sager sind nicht viele hinausgekommen. Aber er ist grundfalsch, und beruht nur darauf, dass die „Leut nix von Gesellschaft" verstehen, und sie verstehen vor allem „nix von Gesellschaft", weil sie „nix" von Geld verstehen.

Dieses „Loch" an Unverständnis sollen die folgenden Ausführungen so gut es eben gelingt schließen helfen.

Ich beginne mit Thesen:

1. Es gibt Gesellschaft. Gesellschaft hat sogar einen Körper und mit diesem Körper auch eine Gestalt, die gewisse und ganz unverwechselbare Eigenschaften und eine eigene Ordnung hat.
2. Das moderne Individuum und die moderne Gesellschaft bilden eine Einheit. Bürger und Bürgergesellschaft sind zwei Seiten ein und derselben Medaille. Weder fällt das autonome Individuum vom Himmel (und darf folglich auch einfach vorausgesetzt werden), noch ist Gesellschaft eine vorgegebene Einheit. Individuum und Gesellschaft bilden sich im Wechselspiel. Es ist das Wechselspiel, welches das Bürger-Individuum und die Bürger-Gesellschaft uno actu erzeugt.

3. Die Hauptursache, dass das nicht verstanden wird, liegt in der Verdrängung des Tausches als der basalen Operation der bürgerlichen Gesellschaft und Geld als dessen Medium.
4. Die Schwierigkeiten der Bürger mit der Bürgergesellschaft steigern sich mit der Distanz zur Praxis. Die Praxis ist relativ einfach. Die Theorie eine einzige Katastrophe. Der stärkste Beweis für diese Behauptung liegt darin, dass besonders Intellektuelle dem Wahnbild des Sozialismus verfielen und nicht erkannten, dass der Sozialismus/Kommunismus nicht Ort einer besseren Gesellschaft, sondern Ort der Vernichtung von Gesellschaft und des Individuums ist. Nicht nur die Praxis war schlecht, sondern die Theorie ist falsch.
5. Schließlich geht es darum, diese Irrtümer endlich hinter sich zu lassen, in der Bürgergesellschaft die wahre Wirklichkeit der Moderne zu erkennen und sie durch weiteren und radikalen Fortschritt zu realisieren.

2.4.2 GESELLSCHAFT

Was ist Gesellschaft?

Wir wissen bereits, dass Gesellschaft ein von oben gestaltetes und von unten wachsendes Gebilde ist. (Um allerdings etwas von oben gestalten zu können, muss von unten her etwas gewachsen sein.) Die *von oben her* wirkenden Gestaltkräfte sind der Staat, früher und in gewissem Maße auch heute noch die Religion. Beide beanspruchen Zwangsgeltung (Burckhardt 1871). Treten sie im Tandem auf, bilden sich religiös legitimierte Despotien, Gebilde also, die wir z.B. aus der spätrömischen Kaiserzeit und aus dem asiatischen Raum kennen.

Die *moderne Gesellschaft* ist etwas ganz anderes. Sie wächst *von unten nach oben* und ist das Gebilde, das dem Menschen die Chance bietet, „Gemeinschaft in Freiheit" zu leben. Dabei nützt es die inzwischen gründlich in seinem Sinne transformierten Kräfte des Staates und der Religionen zur Gestaltung und zum Schutz eben dieses Gebildes, das im Keim immer schon vorhanden war, sich aber erst sehr spät auf breiter Ebene entfaltet hat.

Das *Grundmuster*, nach dem sich der Mensch als Individuum und die Gesellschaft bilden, ist immer dasselbe. Jede „Gesellschaft" ist ein vielzelliger Organismus von paarweisen und freiwillig eingegangenen Elementarbeziehungen. Mutter-Kind-Relationen, Paarbeziehungen, Geschäftsbeziehungen – das alles sind paarige Beziehungen. Allgemein ausgedrückt: Die Ich-Du-Beziehung ist die Urzelle alles Gesellschaftlichen, freilich unter unvermeidlicher

Einbeziehung von Ich-Es, Ich-die Anderen, Ich-Welt. Denn niemals steht das Ich dem Du ganz losgelöst ohne einen Es-haften Inhalt und ohne Bedachtnahme auf oder Prägung durch eine kulturell gegebene Welt gegenüber. Aber die an diesen Kommunikationen teilnehmenden Subjekte sind die aktiven „Motoren" des Geschehens (Heinrichs S. 122).

Wesentlich dabei ist, dass die Subjekte in die Kommunikationen als selbstbewusste Wesen eintreten. Als Menschen orientieren wir uns eben nicht nur am Verhalten anderer.

Durch die Bezüglichkeit auf das (mehr oder minder konstante) Sich-Selbst und zugleich auf das (oft wechselnde) Du unter Einbeziehung sowohl der Ich-Es- oder Du-Es-Beziehungen als auch dessen, was andere tun oder tun könnten, und was wir vom Tun anderer halten, entsteht „Welt". Die physische Welt mag zwar vorhanden sein, aber das Erkennen der Welt, uns und andere mit eingeschlossen, die Interpretation von ihr und wie wir mit ihr (ökonomisch) umgehen und die Gestalten, die daraus erwachsen, sind Geschöpfe unserer „Kultur".

Die Entwicklungspsychologie weiß, dass die Psyche des Menschen nicht fertig vorgegeben ist, sondern sich im *Wechselverhältnis* zwischen Säugling und Mutter herausbildet. Natürlich ist im kleinen Menschen schon sehr viel angelegt, aber um seine Anlagen zu entwickeln, bedarf das Kind der Ansprache der Mutter. Im Bewusstsein des Kleinkindes besteht vorerst weder die Vorstellung eines Ich noch eines Du, noch weiß es, was draußen ist. Das gewinnt es erst im Dialog mit der „Mutter" (als Hauptbezugsperson).

– Es lernt, die Mutter als ein Du zu erfahren, das eine eigene Wirklichkeit besitzt. Zunächst „muss" die Mutter fast ständig anwesend sein. Aber mit der Zeit versteht der Säugling, dass sie „psychisch" anwesend ist, auch wenn sie „physisch" abwesend ist. Wir nennen das Objektkonstanz. Das Erlernen von Vertrauen – dass etwas da ist, obwohl es eigentlich nicht da ist – ist eine wesentliche Voraussetzung für die spätere Teilnahme von Menschen am Wirtschaftsprozess.

– Zugleich gewinnt der Säugling ein Verhältnis zu seiner äußeren Welt. Das Bedürfnis steht nicht für sich, sondern richtet sich auf bestimmte Objekte.

In der geschützten Atmosphäre der Familie erringt der junge Mensch eine gewisse Reife. Die letzte Phase, die Piaget (1967) erwähnt, ist der Erwerb logischen und abstrakten Denkens, die mit etwa 14 Jahren eintritt. Damit aber ist die Entwicklung bei weitem nicht abgeschlossen. Kurz danach tritt der Mensch in die Gesellschaft hinaus und nimmt am gesellschaftlichen Diskurs teil, der im Bereich von Wirtschaft (d.h. überall dort, wo man ein Mehr von dem einen nur bei Verzicht auf etwas anderes erhalten kann), notwendigerweise die Form des Tausches annimmt. Diese Teilnahme ist für seine weitere Reifung ganz unverzichtbar.[93] Im Prozess des Gebens und Nehmens – dem *Powerhouse* der Wirtschaft – findet eine Fortsetzung der mentalen Entwicklung des jungen Erwachsenen statt, die dann bis zu seinem Lebensende anhält.

Zugleich aber ist *der Tausch das Bauelement der Gesellschaft*. Er ist zwar nicht das einzige Bauelement, aber ohne ihn kommt keine Gesellschaft zustande. Gewiss: Menschen existieren als Menschen auch ohne Tausch und Geld. Das haben sie bewiesen; sie haben viele Jahrtausende ohne diese „Errungenschaften" existiert. Aber Mensch ist nicht einfach Mensch. Um Mensch zu sein, ist er ein Übender, der viele Stufen erklommen hat und hoffentlich noch viele Stufen nehmen wird. Für diese Entwicklung des Menschen waren und sind der Tausch und das Geld sowie die mit ihm einhergehenden psychischen, mentalen und geistigen Veränderungen aufs Ganze gesehen notwendige Schritte, welche den Menschen auf eine höhere, weil sowohl ihre Lebensmöglichkeiten als auch ihr Bewusstsein erweiternde Stufe hinaufgetragen haben.

Tausch und Geld sind so allgemeine und grundlegende Phänomene, das wir uns kaum noch vorstellen können, was geschehen würde, wenn wir sie abschafften. Die Vorstellungskraft der Menschen hätte sich an den Absurditäten des sozialistisch-kommunistischen Experiments schulen können, das ja versucht hatte, die „Unordnung" des Tausches durch die „Ordnung" des Planers zu ersetzen. Aber selbst diese Lektion ließ sich die Wissenschaft entgehen, indem sie nach dem „Fall der Mauer" einfach die Akte schloss: Niemand war bereit, die Gründe für den Fall, nein nicht nur für den Fall, sondern für die Unmöglichkeit des Sozialismus nachzuvollziehen (Dietz, 2015b).

Der Sozialismus alter Art ist passé. Der Sozialismus neuer Art hat nur innerhalb einer Bürgergesellschaft Platz, die ihr Fundament im Tausch hat.

---

[93] Psychologische Abhandlungen konzentrieren ihre Überlegungen auf zwei Situationen: auf die „Couch" und die „Meditation". Auf der Couch geht es um die Aufarbeitung von Traumata (Aufdeckungstechniken). In der Meditation um das Hintersichlassenkönnen eines unruhigen Egos und die Bildung eines transpersonalen Bewusstseins, der Entdeckung des Selbst (Ken Wilber 1991). Sofern sie überhaupt geübt werden, nehmen diese Praktiken nur einen geringen Teil der Zeit ein. Psychotherapie und Meditation als spezialisierte Techniken unterschätzen oft, dass sich die Menschen hauptsächlich im hochkomplexen Strom des Gebens und Nehmens, also in der Wirtschaft bewähren müssen, und sich darin selbst verwirklichen. In diesem Prozess werden fast alle Dimensionen des menschlichen Seins gefordert.

DER TAUSCH ALS BASALE OPERATION DER ERZEUGUNG VON „WELT"

> *Sie anerkennen sich als gegenseitig sich anerkennend.*
> G.W.F. Hegel

Exchange und Pooling

Allerdings, und das muss vorausgeschickt werden, findet die ökonomische Vergesellschaftung nicht ausschließlich über freiwilligen „EXCHANGE" statt. Dem Tausch als Hauptform der (ökonomischen) Vergesellschaftung steht das „POOLING" zur Seite. Pooling heißt: „gemeinschaftlich" oder „zentral" einsammeln und verteilen. Pooling ist die alte Form der „Allokation von Ressourcen", die seit jeher das Leben in Familien, Sippen und kleinen Gemeinschaften bestimmt, aber auch von modernen Staatswesen extensiv betrieben wird. Diese konfiszieren und verteilen um, besteuern und bestreiten damit die öffentlichen Ausgaben. Pooling ist Form der Gesellschaftsbildung von oben her – setzt also eine gemeinschaftliche Einrichtung voraus – und hat stets *Zwangscharakter*, selbst bei demokratischer Legitimierung. Hingegen beruht EXCHANGE immer auf *Freiwilligkeit* der beteiligten Subjekte, und gehört, folgt man dem großen Historiker J. Burckhardt, schon daher zum Bereich der Kultur.

POOLING zielt im Prinzip auf alle Personen, die einer Gebietskörperschaft zwangsweise unterstellt sind, aber eben nur auf diesen Personenkreis. Am Tausch hingegen nehmen nur je zwei Subjekte teil, wobei aber diese Subjekte verschiedenen Gebietskörperschaften (Staaten) angehören können. Während der Geltungsbereit des POOLING an der geographischen Grenze der Gebietskörperschaft endet, ist der Tausch, der nur zwischen je zwei Rechtspersönlichkeiten abgeschlossen wird, grenzenlos – er überwindet Grenzen und ist das Prinzip, durch welches sich Großgesellschaften und schließlich die Weltgesellschaft bilden.

Auch wenn EXCHANGE zum tragenden Prinzip moderner Gesellschaften geworden sind, sind diese weiter auf das Prinzip des POOLING angewiesen, das im modernen Staat eine ganz neue Ausgestaltung erfährt. Denn die Vergesellschaftung durch den Tausch besteht nur aus einer Abfolge flüchtiger Ereignisse. Sie könnte nie zu dieser Dichte und Selbstverständlichkeit gekommen sein, wenn sie nicht vom politischen System flankiert würden, deren Prinzip das POOLING ist. Das Tauschprinzip trägt sogar so effektiv zum Reichtum in

Großgesellschaften bei, dass sich diese ein großzügiges Pooling leisten können. Heute eignen sich Staatsbürokratien bis zu 50% des in der Gesellschaft erzeugten Sozialprodukts an und verteilen es um. Die individualistische Moderne ist daher viel „sozialistischer" als alle gemeinschaftlichen Gebilde der Vergangenheit, denen Neoromantiker gerne nachträumen.

Der Objektivierungsprozess des Tauschs

Wenden wir uns nun dem Tausch selbst zu. Er ist *das* Bauelement der modernen Gesellschaft – der Bürgergesellschaft. Ähnlich einer Zelle ist der Tausch aber selbst schon ein komplexes Gebilde.

Die **Voraussetzungen**

Die Struktur dieser Zelle lässt sich als Rechteck darstellen, wobei die untere Ebene aus zwei Objekten und die obere Ebene aus zwei Subjekten bestehen. Die *Subjekte* – nennen wir sie EGO und ALTER bzw. ICH und DU – weisen zwei Eigenschaften auf: *Erstens* sind sie sinnlich-körperliche Wesen und daher bedürftig. Sie brauchen Nahrung, Kleidung, ein Dach über dem Kopf, usw. *Zweitens* sind sie selbstbewusst, d.h. in der Lage sich selbst zu beobachten, über sich nachzudenken und zu beurteilen. EGO beobachtet und beurteilt sich selbst – seine Bedürfnisse, seine Handlungen, sein Denken, seine Normen. ICH verhält sich zu einem MICH bzw. DU zu einem DICH.

Die *Objekte* stehen zunächst aus der Sicht des Menschen unverbunden in der Welt. Sollten sich die Bedürfnisse der Menschen zufällig auf sie beziehen, unterstellen wir, dass die Objekte *knapp* sind und heben sie damit in den Rang von Gütern. Sollte EGO z.B. von Gut 2 mehr begehren als er vorher hatte, kann er es nur bekommen, wenn er auf Teilmengen von Gut 1 verzichtet. Damit sind aber nur die Eckpunkte des Rechtecks beschrieben.

Abbildung 7

Die formale Struktur des Tausches

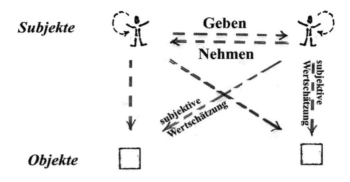

Der Tauschquadrant besteht aus zwei „echten", d.h. mit Selbstbewusstsein ausgestatteten *Subjekten* und zwei *Objekten*. Die wichtigste Operation ist die Wechselbeziehung (Tausch), über die sich das Verhältnis der Subjekte zu den Objekten (Nutzenfunktionen) formiert.

Erst Wechselbeziehungen erschaffen die Realität

Die Angelegenheit erhält freilich erst *Struktur*, wenn die Subjekte untereinander Kontakt aufnehmen. Sie gehen *Wechselbeziehungen*[94] ein. Selbst im einfachsten Fall – zwei Subjekte, zwei Güter – haben wir es mit einem mehrdimensionalen und ineinander verschlungenen *Spiegelungsvorgang* zu tun, in welchem „Welt" entsteht.

Subjekte – Subjekte

Die Kontaktaufnahme ist höchst voraussetzungsvoll. *Erstens* können wir zueinander nur in Beziehung treten, weil jeder von uns bereits zu sich selbst eine hinreichend objektive Beziehung hat. ICH bin nicht mein Bedürfnis, sondern *habe* ein Bedürfnis und möchte es auf „zivilisierte" Weise befriedigen – nämlich im Austausch mit einem DU. *Zweitens* ist die Kontaktaufnahme durch doppelte Kontingenz gekennzeichnet. EGO weiß nämlich nicht, wie ALTER

---

[94] Der Begriff Wechselbeziehung oder Wechselwirkung ist eine grundlegende Kategorie im Denken Georg Simmels. Dazu Helle 2001. Den Objektivierungsprozessen liegen Wechselwirkungen zugrunde.

reagieren wird und ALTER weiß nicht wie EGO reagieren wird. Einer muss den ersten Schritt machen, und der kann sehr riskant sein und jeder weitere ist durch große Unsicherheit gekennzeichnet (dazu Luhmann 1984).

> *Box 7: Tausch und Selbstreflexion*
>
> *In den Wechselbeziehungen zu anderen erwirbt und erweitert der Tauschende sein Selbstbewusstsein. Es bezieht sich auf folgende Ebenen:*
> *– Der Mensch hat Bedürfnisse, aber er hat auch ein Urteil über sie. Das lernt er im Wechselverkehr mit anderen.[95]*
> *– Der Mensch befolgt Normen oder Regeln. Zugleich beurteilt er sie auf deren Sinn hin. Manchmal bricht er sie und muss sie sogar manchmal brechen.*
> *– Der Mensch lebt in einer Hierarchie von „Gemeinschaften" (Familie, Unternehmen, Gemeinde, Staat, supra-staatliche Gebilde, Weltgesellschaft) von deren Stabilität er abhängt. Er urteilt über den Sinn und die Stabilität dieser Gebilde.*

Indem wir in Beziehung zueinander treten und uns im Spiegel des anderen sehen, schreitet die Selbstobjektivierung fort, die schon im Säuglingsalter ein- und sich im Erwachsenalter fortsetzt. EGO trifft auf ALTER, erkennt ALTER, spricht zu ALTER, leistet an ALTER, empfängt von ALTER. EGO's Leistung an ALTER wird durch ALTER's Leistung an EGO beantwortet. Indem EGO an ALTER leistet und von ALTER eine Gegenleistung erhält, wird EGO in seinem eigenen Wert bestätigt, wie auch ALTER durch seine Leistung an EGO und dessen Gegenleistung bestätigt wird.

Im Austausch erfolgt aber nicht nur eine faktische Übergabe von Sachen (Gegenstand gegen Gegenstand, Gegenstand gegen Geld), in dessen Folge die Bedürfnisse beider Subjekte besser als vorher oder besser als ohne diesen Austausch befriedigt werden können. Der Tausch ist zugleich ein sozialer Vorgang, bei dem nicht nur eine ganze Welt von Erkenntnissen, Erwartungen, Urteilen über den Nutzen der Güter, die Fairness und Angemessenheit der Transaktion, die Verlässlichkeit des Partners, usw. generiert wird, sondern auch Formen in die Welt gesetzt werden, die jene Kommunikationen erst möglich machen. EGO möchte in der Regel wissen, ob und in welchem Ausmaß ALTER

---

[95] Wir sagen deshalb auch: Der Mensch *ist* nicht seine Bedürfnisse, sondern *hat* Bedürfnisse. In der Neoklassik aber ist der Mensch durch seine Bedürfnisse definiert (dazu im Teil 3, insbesondere S. 262)

zufrieden ist. Umgekehrt wünscht EGO auch, dass auch ALTER wünscht, dass EGO zufrieden ist. Weder möchte man „über den Tisch" gezogen werden, noch es auch dem anderen zu leicht machen. Man will gut fahren, aber den anderen auch leben lassen. Fairness trägt also zur Objektivierung der Tauschrelationen bei. Nur Unanständigen ist gleichgültig, was andere über sie und das Business denken. Unanständigkeit driftet daher auch ins Beliebige ab. Im Tausch muss sich das EGO einem ALTER zuwenden und für diesen ein gewisses Maß von Empathie[96] entwickeln. Gleichzeitig erwartet EGO, dass auch ALTER sich für seine Bedürfnisse, soweit es dieser Kontakt erfordert, interessiert.

Die oben zitierte Stelle aus der „Edda" (S. 37) erinnert uns daran, wie unwahrscheinlich von Natur aus die Kontaktaufnahme über familiäre Grenzen hinaus ist. Damit es überhaupt zu einem Dialog kommen kann oder der Dialog zu einem wahrscheinlichen Abschluss führt, bedarf es zahlreicher Voraussetzungen. Zunächst einmal eine gewisse menschliche Reife, um am Prozess des Gebens und Nehmens teilzunehmen oder diesen voranzubringen. Man bevorzugt Partner, die eine gewisse „soziale Kompetenz" mitbringen. Misstrauen, Missgunst, Arroganz, Rechthaberei usw. behindern Kooperation, Teambildung und Austausch. Obwohl die Menschen zur Zeit der Edda und heute als Individuen ähnlich „ticken", ist ihr gesellschaftlicher Habitus heute aber ein völlig anderer. Sie sind in einem hohen Ausmaß durch den Kommerz sozialisiert. – Über den Kommerz hinaus aber ist der Bürger als Citoyen gefordert: er weiß sich als Teil einer größeren Gemeinschaft und setzt sich mit allem, was er hat, im Extremfall selbst sein Leben, für die Schaffung einer guten Ordnung ein. Er macht zwar gerne Geschäfte, weiß aber, dass es, wenn es um die Ordnung der Gesellschaft geht, auf viel mehr ankommt.

Subjekte – Objekte
So sehr sich Menschen als Individuen durch ihre Beziehung zu anderen (EGO-ALTER) konstituieren, so sehr ist auch ihr Verhältnis zur Umwelt (EGO-ES) ein sozial vermitteltes. Die Ökonomik hat sich angewöhnt, das Individuum als fertige Einheit zu modellieren und es durch seine vorgegebenen Bedürfnisse (Nutzenfunktionen) abzubilden. Sie greift damit zwar einen Aspekt des modernen, bürgerlichen Subjekts auf: seine rationale Distanz zu Objekten, über die es nutzen-optimierend verfügt. Diesen Aspekt hat die Ökonomik aber über

---

[96] *Rifkin* hat sich der wertvollen Aufgabe gewidmet, die „Geschichte der Menschheit" als Lernprozess in Richtung Empathie zu erzählen (2010).

Gebühr ins Zentrum ihrer Überlegungen gestellt, und ihn z.B. mit der unsinnigen Annahme belastet, dass die individuellen Präferenzen unabhängig voneinander seien. (dazu S. 267f). Was die Ökonomik dabei völlig übersieht, ist der Umstand, dass nur Geld dem Subjekt zu jenem hohen Maß an persönlicher Autonomie und einer hohen Zugriffsgeschwindigkeit auf Güter (via Kauf) verhilft.

Die Wirtschaftswissenschaften setzen die Eigenschaft, die Geld mit sich bringt, einfach voraus.

DAS UNABDINGBARE DRITTE: GELD UND „DAS HAUS DER WIRTSCHAFT"

Ricardo hat durchaus Recht, wenn er auf die Vorteile hinweist, die sich aus der Arbeitsteilung ergeben. Ricardo nimmt hier die Position eines über den Beteiligten stehenden Wissenden ein. Wie aber entsteht dieses Wissen? Außerdem: Wie und wodurch kommt der Kontakt der Beteiligten zustande? Wie erfolgt die Synthesis der Teile? Der Mensch mag durchaus eine Neigung zu „truck and barter" (Adam Smith) haben, aber diese Neigung allein kann nicht erklären, wie das Risiko, das der Verzicht auf Eigenproduktion und das sich Einstellen auf Arbeitsteilung mit sich bringen, überwunden werden kann. (Nicht ohne Grund sind bürgerliche Verkehrsverhältnisse erst sehr spät entstanden.) Um das Wunder der Bürgerwirtschaft zu erklären, muss man also die Kräfte verstehen, welche die Vergesellschaftung (das Sich-Einlassen auf die Arbeitsteilung und das Zusammenfügen der Teile) ermöglichen und vorantreiben.

Machen wir uns noch einmal kurz bewusst, was Individuen brauchen, um sich auf das Abenteuer der Arbeitsteilung – und damit auf Gesellschaft – einzulassen.

1. Geben und Nehmen – Absatz und Bezug von Gütern – muss relativ leicht erfolgen (Verknüpfungsfunktion).
2. Da (erwachsene) Individuen untereinander einen Ausgleich anstreben, müssen sie wissen, welchen Ertrag sie mit ihren Produkten erzielen können bzw. wieviel sie für die Produkte anderer „zahlen" müssen (Informationsfunktion).
3. Da die Aufgabe von Eigenproduktion riskant ist, müssen sie das Vertrauen haben, dass der Prozess, auf den sie sich einlassen, nachhaltig ist. Der Prozess muss also die Eigenschaft aufweisen, sich selbst zu repetieren.

Abbildung 8

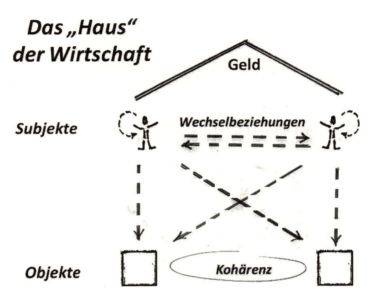

Das „Haus der Wirtschaft" entsteht durch Geld als – ekstatisches – Drittes. Weil jeder zu Geld eine Beziehung hat, haben alle untereinander eine Beziehung. Daraus resultiert die Kohärenz der Wirtschaft (der Menschen und Güter).

Man kann die Sache auch umkehren und sagen: Gesellschaften können sich nur dann bilden, wenn alle diese drei Anforderungen erfüllt werden. Aber wie müssen sich Gesellschaften einrichten, dass sie diese Funktionen erfüllen? Die Antwort kann nur lauten: sie müssen sich als Geldwirtschaften einrichten. Daraus folgt aber auch: alle Gesellschaften sind Geldgesellschaften.

Ist der **Tausch die Basisoperation** einer freien Bürgergesellschaft, ist das **Geld ihr Medium**. Geld entsteht gleichsam aus dem Tauschen in der Gesellschaft, und indem es als eigener Körper – ekstatisch – heraussteht, macht es Tauschen möglich. Geld ist der *konzentrierte Ausdruck der Wechselbeziehungen* der Menschen – in Simmels Worten: *die Verkörperung der Tauschrelation*. Tausch (als Operation) und Geld (als Medium) bilden einen evolutionären Zirkel, der in der Natur meines Wissens keine Parallele hat.

2.4 Individuum, Gesellschaft, Geld

In der menschlichen Kultur gibt es bedeutende Parallelen. Das sind z.B. die *Sprache*, der *Staat* und gemeinsame (ethische oder religiöse) *Werte*. Weil wir eine gemeinsame Sprache besitzen, können wir uns – leichter – verständigen. Weil wir Bürger eines Staates sind, sind wir den gleichen Gesetzen unterworfen. Weil wir gleiche oder ähnliche Werte haben, können wir uns leichter auf ein Miteinander einlassen. Gesellschaft beruht daher immer auf Triaden: Menschen kommunizieren und können nur kommunizieren, weil sie an einem vorhandenen Dritten teilhaben, das sie selbst hervorgebracht haben und ständig neu hervorbringen.

Als Verkörperung der Tauschrelation hat Geld für das Zusammenleben der Menschen eine ganz besondere Bedeutung: Geld steht „über" allen. Weil *alle eine Beziehung zu Geld* haben, haben die Menschen *untereinander* eine Beziehung. Geld ist das „Dach", unter dem sich die Subjekte versammeln und durch welches die Objekte eine *Kohärenz* erhalten. Weil Geld über die *Zeit* beständig ist, *setzt sich Gesellschaft fort*. Man nimmt Geld schließlich nur in Hinblick auf seine weitere Verwendbarkeit an. So trägt Geld die Entscheidungsreihen durch die Zeit. Der dadurch bedingte kontinuierliche Fluss an wechselseitiger Versorgung bewirkt „Gesellschaft".

> **Im Austausch erfolgt also nicht nur eine faktische Übergabe von Sachen (Gegenstand gegen Gegenstand, Gegenstand gegen Geld), in dessen Folge die Bedürfnisse beider Subjekte besser als vorher oder besser also ohne diesen Austausch befriedigt werden können. Der Tausch ist zugleich ein sozialer Vorgang, bei dem nicht nur eine ganze Welt von Erkenntnissen, Erwartungen, Urteilen über den Nutzen der Güter, die Fairness und Angemessenheit der Transaktion, die Verlässlichkeit des Partners, usw. generiert wird, sondern auch Formen in die Welt gesetzt werden, durch die jene Kommunikationen erst möglich machen.**
>
> **Das Wunder der Bürgerwirtschaft besteht darin, dass aus dem Tausch die Geldform emergiert, die ihrerseits den Tausch nicht nur ermöglicht, sondern sogar erzwingt. Denn wer Geld nimmt, nimmt es nur darauf hin, dass er es wieder ausgeben kann.**
>
> **Tausch & Geld sind die Basis der Vergesellschaftung: Tausch ist eine Verknüpfung, Geld ermöglicht sie, es entsteht die nötige Information und Geld sorgt für Anschlussakte. Damit wird eine ziemlich robuste Autopoiesis ermöglicht.**

> **Geld ist der Körper der Tauschrelation – die Bürgergesellschaft ist der Körper, der sich aus der Verdichtung dieser Relationen ergibt.**

Das Geld als ekstatisches Drittes macht das vereinzelte und daher unwahrscheinliche „Tausch-Rechteck" zu einem „Geld-Haus", das viele aufnimmt und in welchem die Tauschkommunikationen eine Dichte erreichen, die rechtfertigt, von Gesellschaft zu sprechen.

So lange es dauern mochte, Geld als Institution zu etablieren, so unentbehrlich ist es in einem arbeitsteiligen Gesellschaftskörper. Haben sich die Menschen auf eine tiefe Arbeitsteilung eingestellt, ist Geld zu ihrem Zusammenhang geworden. Es ist Teil des Körpers der arbeitsteiligen Gesellschaft und ihre notwendige Bedingung. Würde Geld aufhören zu existieren, würde die Gesellschaft aufhören zu existieren.

DIE OBJEKTIVE LOGIK DES KAPITALS

Kapital als Inhalt, Kapital als Form

Die materialen Voraussetzungen jeder Wirtschaft, die im Prinzip auch in Naturalwirtschaften[97] gegeben sind, sind folgende:

1. Produktion benötigt Zeit. Bevor konsumiert wird, muss produziert werden. Um zu produzieren, muss man zuerst Produktionsmittel erzeugen. Ein Leben von der Hand in den Mund benötigt keine Produktionsmittel.
2. In einer arbeitsteiligen Gesellschaft erfolgt die Produktion von Gütern mit Hilfe von Gütern.

Der Geldverkehr – das Verhältnis der Bürger zueinander – gibt diesen Voraussetzungen eine spezifische *Form*.

3. In Geldwirtschaften werden Inputs durch Geld vorfinanziert.
4. Die Produktion findet in Unternehmen statt. Das sind künstlich geschaffene (juristische) Einheiten, deren Überlebensfunktion die Vermehrung des eingesetzten Kapitals ist (siehe dazu S. 76ff und vor allem S. 152ff.).
5. Haushalte und deren Mitglieder wirken aber nicht nur in Unternehmen als Arbeitende mit, sondern fungieren auch als Vermögensbesitzer. Als solche halten sie Forderungen oder forderungsähnliche Vermögensgegenstände gegen Unternehmen.

---

[97] Freilich sind in Naturalwirtschaften die Produktionsumwege sehr viel kürzer und der Selbstversorgungsgrad viel höher.

2.4 Individuum, Gesellschaft, Geld

6. Geld hat nicht nur einen Wert, weil es kaufen kann und entspricht nicht nur dem Wert, den man kaufen kann, sondern ist auch das wert, was es verspricht, zu werden, wenn man es anlegt.
7. Man tauscht nicht nur Geld gegen Waren, sondern man tauscht Geld gegen geldähnliche Produkte – Geldvermögenswerte. *Die Rückbezüglichkeit von Geldwerten auf sich selbst ist Kapital.*

Der „Kapitalbedarf" (als quantitative Größe) lässt sich aus den *materialen* Voraussetzungen (1-2), die „Kapitalform" (als soziologisch-qualitative Kategorie) aus den *formalen* Voraussetzungen (3-7) ableiten. Als *Kapitalform* ist sie allerdings frei von den genannten materialen Voraussetzungen. D.h. es gibt auch reines *Finanzkapital*, das nichts mit Produktion zu tun hat.

Eine von einem Handwerker selbst ausgestattete Werkstätte ist erst virtuell Kapital. Um Kapital zu sein, müssen Produktionsmittel einen (angebbaren) *Geldwert* besitzen *und* auf einem Schuldverhältnis basieren. Einen angebbaren Geldwert erhalten Produktionsmittel beim Kauf (Tausch) oder im Falle der Eigenherstellung durch eigene (nachvollziehbare) Kalkulationen. Sie werden zu Kapital, weil ein Geldbesitzer einem Produzenten Geld zur Verfügung stellt und damit ein Schuldverhältnis begründet. Geldbesitzer und Produzent können auch die gleiche Person sein: ein Haushalt gibt der ihm gehörenden Firma einen Geldvorschuss.

Kapital ist also eine soziale und gleichzeitig *gegenständliche*, d.h. in einem Gegenstand verkörperte Form. Es stellt einen Geldwert dar und beruht auf einem Forderungs- bzw. Schuldverhältnis. Als solches steht es auf der Passivseite der Unternehmensbilanz. Unternehmen können auch Beteiligungen an anderen Unternehmen oder andere Forderungstitel halten. Solche Forderungen stehen als wirtschaftliche Gegenstände neben den (bewerteten) Sachgütern (Produktionsmitteln) ebenfalls auf der Aktivseite der Bilanz.

Alle Geldvorschüsse können – ganz unabhängig davon, ob sie zur Finanzierung einer Unternehmensgründung oder eines Krieges dienen – als Kapital gelten. Kapital ist daher seinem Wesen nach Finanzkapital. Finanzkapital geht sowohl seinem Begriff als auch seinem Umfang nach weit über sogenanntes produktives oder sogenanntes Realkapital hinaus. „Realkapital" bezeichnet Geldvorschüsse für die produzierende Wirtschaft. Es ist daher eine Subkategorie von Kapital.

Produktionsmittel sind ein „reales" Etwas, aber – für sich gesehen – ein wirtschaftliches Nichts, während Finanzkapital ein „reales" Nichts sein kann, aber von hoher wirtschaftlicher Relevanz ist. Es kann sich um Werte handeln, „hinter" denen nichts „Reales" steht.

Zurück zu Geld: Geld ist das Scharnier sowohl für den Tausch von Gütern als auch für den der Assets – zwei sehr unterschiedliche Welten. Güter repräsentieren den *materiellen* Reichtum. Assets (= Kapitalien) sind *formale Rechtstitel* auf diesen oder auf erst zu erschaffenden Reichtum. Während die Produktion von Gütern physischen Begrenzungen unterliegt, können Assets als Schuldkontrakte frei erschaffen werden. Es braucht nur die Zustimmung der Beteiligten. Kein Wunder, dass die Kapitalwelt rascher als die Güterwelt zunehmen kann.

Vermögensbesitzer und Nichtvermögensbesitzer – der „kleine" Unterschied

An den Ergebnissen dieses Prozesses nehmen die Bürger in durchaus ungleicher Stellung teil, nämlich je nachdem, ob sie Vermögensbesitzer sind oder nicht. Als Nur-Arbeiter haben sie nur Anspruch auf eine Entlohnung, als Vermögensbesitzer auch Anspruch auf einen Kapitalertrag. Darüber hinaus können Vermögensbesitzer Einfluss darauf nehmen, im Organisationsprozess eine leitende Stelle einzunehmen.

Kapital als Gravitationsfeld

Die objektive Logik des Kapitals besteht in der Erhaltung und Vermehrung des in Unternehmen eingesetzten bzw. der in Vermögensanlagen zusammengefassten Geldwerte. Sie ist objektiv, weil sie die Überlebensfunktion von Unternehmen bzw. die Überlebensstrategie von Vermögensbesitzern darstellt.

Die objektive Logik des Kapitals lässt sich als *„schwaches" Gravitationsfeld* verstehen; schwach deshalb, weil man ihm, im Unterschied zur physikalischen Gravitation, entkommen kann. Dazu bedarf es aber eines starken Willens bzw. eines außerordentlichen Motivs.

2.4.3 Der „Geist des Geldes": Wahrnehmen, Fühlen, Denken

Evolution – von zwei Seiten betrachtet

Lebende Systeme lassen sich immer von zwei Seiten her analysieren: vom Aufbau manifester Strukturen her (wie Zellen, Organe, Organismen, Gesellschaften), *und* vom Aufbau von „Bewusstsein". Entsprechend kann man die Entwicklung zum Menschen hin als *physiologischen Prozess* nachvollziehen: an seinem sich Aufrichten, an der Entwicklung insbesondere seines neuronalen Systems. Man muss die Entwicklung des Menschen aber auch als Prozess der *Bildung seines Bewusstseins* (das Unterbewusstsein und kollektive Bewusstsein miteingeschlossen) nachverfolgen. Man hat nachgewiesen, dass Neandertaler schon aus biologischen Gründen nicht in der Lage gewesen wären, eine Bank zu führen.[98] Dazu braucht es die Physis des heutigen homo sapiens. Sie ist für die Moderne selbstverständliche Voraussetzung. Darüber hinaus muss der Mensch bereits über Sprache, möglichst auch über Schrift verfügen, und entsprechende mentale Voraussetzungen entwickelt haben, um die Grundoperationen, die in der modernen, arbeitsteiligen Gesellschaft üblich sind, auszuführen. Dazu gehört der schon im alten Mesopotamien zum ersten Mal in Gesetzestexten verankerte und sich dann universal verbreitende Begriff „Person" (dazu Sloterdijk 2009). Die Geldwirtschaft schließt an alle diese Voraussetzungen an und führt bzw. erzwingt einen weiteren evolutionären Schub.

Dabei entstehen sowohl neue *manifeste* (sog. objektive) Strukturen als auch neue (subjektive) Bewusstseinslagen (*nichtmanifeste* Strukturen). Die manifesten Strukturen sind sichtbare „Erzeugnisse" des Menschen: Produkte, Techniken, Infrastrukturen, schriftlich fixiertes Wissen, Medien aller Art und das in diesen gespeicherte (kollektive) Wissen, Institutionen, Regeln, Gesetze, Bildungseinrichtungen, usw. Diesen manifesten Strukturen gehen seelische, mentale und geistige Zustände bzw. Prozesse parallel, wobei „Träger" dieser Bewusstheitszustände nicht nur Individuen, sondern auch Gruppen, Völker oder Gesellschaften sind. Der auf diese Weise historisch gewachsene „Geist" enthält sowohl explizites, wie implizites Wissen und Verhaltensmuster.

---

[98] Siehe Roth 2003.

Hierarchie – Manifestes und Nichtmanifestes

Sofern Evolution zu einer Ausdifferenzierung von Arten (Berufen) und Spezialisierung von Funktionen führt, können wir von einer *horizontalen Expansion* sprechen. Evolution führt aber auch zu einer Mehrstufigkeit des Systems, also zu seiner „Vertikalisierung". Beide Richtungen steigern die Komplexität des Systems. Dabei enthalten Gebilde höherer solche niedrigerer Komplexität. Komplexere Formen drängen die älteren, einfachen oft zurück, vernichten sie aber nicht immer. Ein Beispiel ist die Rückbildung eines Kieferknochen, der beim Affen vorkommt, beim Fötus noch angelegt, beim erwachsenen Menschen aber zu einem kleinen Residuum verkümmert ist.[99] Ein anderes ist der relative Bedeutungsverlust, den Familien bzw. Sippen mit der Entwicklung der modernen Gesellschaft erfahren.

Entsprechendes gilt auch für die Entwicklung des Geistes. Ein hochentwickeltes Individuum, das mit einem transzendenten Bewusstsein ausgestattet ist, trägt die rational-egoistische Stufe in sich, die ihrerseits das „Reptil" im Kleinhirn enthält. Das Bewusstsein löscht die vorherigen oder darunter gelagerten Stufen nicht aus, muss sie aber zähmen, um „aufsteigen" zu können. (Maßvolle) Triebbeherrschung ist daher Voraussetzung für kulturelle Entwicklungen. Kulturentwicklung ist daher immer mit Bändigung von Naturkräften oder primitiverer Schichten verbunden.

Entwicklungen können verlorengehen. Gesellschaften sind nicht nur insofern Risikogesellschaften, als sie den mit der jeweiligen Technologie verknüpften konkreten technischen Risiken (z.B. Verkehrsunfällen), sondern auch dem Risiko des „Untergangs des Systems", also dem Risiko des Verlusts von Total-Komplexität ausgesetzt sind. Nur wenigen dürfte bewusst sein, mit welchen Folgen ein „Abstieg" aus der Höhe des jetzt Erreichten verbunden wäre.

Das Verhältnis und die Dialektik von manifest-objektiver und nichtmanifest-geistigen Hierarchien sind nicht ohne Komplikationen, schon der unterschiedlichen Naturen dieser beiden Hierarchien wegen. Der Geist ist beweglicher als das Manifeste und eilt ihm daher oft weit voraus. Der Mensch „träumt" seit Jahrtausenden vom Fliegen, hat sich diesen Wunsch aber erst vor etlichen Jahrzehnten erfüllt. Andererseits ist der menschliche Geist träge, lässt sich durch moderne Verwöhnungstechniken verführen und mit billigen Illusionen abspeisen. Während alte Gesellschaften damit zu tun hatten, dass sie den Geist einsperrten, und dieser daher die Tendenz hatte, der Gesellschaft weit voraus

---

[99] Diese Tatsache wurde das erste Mal von Goethe (1784) beobachtet. Dazu Safranski 2009.

zu sein, scheint der Geist heute weit hinter der „objektivierten" Dynamik herzuhinken (dazu auch Sloterdijk 2009). Oder er sträubt sich, sie zur Kenntnis zu nehmen bzw. noch schlimmer, greift trotzig auf primitive Weltsichten zurück. Wir kommen darauf noch zu sprechen. Die Inkongruenz von „Geist" und „Materie" (eigentlich: manifest gewordenem Geist) ergibt sich auch aus der Höhe oder Tiefe der Systemhierarchien. Das Urteil über hochentwickelte manifeste Prozesse wird oft durch primitive psychische Reflexe bestimmt. Umgekehrt ist transzendentes Bewusstsein ständig mit banalen Alltagsvorgängen (Rechnungen, Krankheiten, …) konfrontiert. Daher entwickeln sich Geist und Materie, Nichtmanifestes und Manifestes zwar in einem evolutionären Zirkel, nicht aber im strengen Sinne parallel. Da die manifeste Welt durch Ausdifferenzierung in die Breite und Höhe gekennzeichnet ist, ist die Integrationsleistung, die der Geist zu erbringen hat, enorm.

In religiöser Hinsicht orientieren sich große Teile der Menschheit an „Persönlichkeiten", die vor Jahrtausenden lebten. Deren Weltsicht ist bis heute maßgebend. Zugleich wissen wir aus kulturhistorischen Studien, dass der „Geist" mit den „Produktionsverhältnissen" (also mit den manifesten Strukturen) korreliert: der Welt der Sammler und Jäger entspricht die animistische Weltsicht, der der Agrarkultur die mythische, der industriellen Gesellschaft die rational-wissenschaftliche, auf die nun, so in der Dienstleistungs- und Wissensgesellschaft postrationale, d.h. transpersonale Orientierungen folgen bzw. folgen müssten (Wilber 1998), die jene religiösen „Persönlichkeiten" schon vor Jahrtausenden propagierten. Trotz weitverbreiteter Säkularisierung steht die Welt heute diesen transpersonalen Orientierungen aber näher als damals. Der Grund liegt, wie ich glaube, im Geld als einem *zusätzlichen Träger* der Entwicklung, der nicht nur, wie die Religionen, eine ideelle Verbindung der Menschen miteinander und einen respektvollen Umgang untereinander *fordert*, sondern eine *faktische* Verbindung zwischen den Menschen ermöglicht und sogar *erzwingt*, und daher unilaterales, rücksichtsloses Handeln durch Entwicklung entsprechender Feedback-Mechanismen zugunsten empathischer Einstellungen und einer globalen Ethik zurückdrängt.[100]

Es ist nicht nur ungewöhnlich, sondern läuft einer langen Tradition zuwider, Geld in diesen großen kulturhistorischen Prozess zu stellen. Georg Simmel, der Zeit seines Lebens ein Außenseiter blieb, ist hier eine rühmliche Ausnahme. *Die Tradition sieht in Geld entweder die Wurzel allen Übels oder bemüht sich darum, Geld aus ihren Überlegungen so gut es geht auszuschließen. Geld ist eben, wie Tod und Sexualität, das dritte große Skandalon in der Welt.*

---

[100] Dazu Sloterdijk 2005, Rifkin 2010.

Zugleich ist es aber das Selbstverständlichste, in dessen Spiegel das Wesen und der innere Geist dieser neuen Welt erkannt werden kann – und muss.

Der „Geist" der Geldwirtschaft

Von Max Weber abweichend möchte ich unter Geist der Geldwirtschaft den Unterschied zwischen den mentalen Zuständen, die in einer Geldwirtschaft typischerweise auftreten, und vorkapitalistischen oder vorgeldwirtschaftlichen mentalen Strukturen sehen. Man kann sich darunter zwei verschiedene, sich teilweise überlappende „Mengen" vorstellen, die sich zueinander verhalten wie ein hochentwickeltes Säugetier zu dem eines relativ unentwickelten Lebewesens.

Im Unterschied zu Weber, der unter „Geist des Kapitalismus" affirmative oder diesem vorauseilende Einstellungen und Motivationen versteht, möchte ich unter diesem Begriff das ganze *Spektrum von subjektiven Gefühlen, Emotionen, Bewusstseinslagen, Einstellungen und Haltungen, Denkinstrumenten sowie philosophischen und wissenschaftlichen Beschreibungen* sehen, die typisch für geldwirtschaftliche Verhältnisse sind. Dazu gehören eben nicht nur die zustimmenden Gefühle und Gedanken, sondern auch der Hass gegen das Geld, nicht nur die positive Beschreibung des geldwirtschaftlich-kapitalistischen Systems, sondern auch dessen Kritik. Die Negation des Geldes gehört zum Geld dazu. Wir kommen darauf noch zu sprechen.

Allgemeine Verwirrung

Auf keinem anderen Gebiet scheint im Verhältnis von Wirklichkeit und ihrem Reflex im Bewusstsein oder Vorbewusstsein der Menschen mehr Verwirrung als auf diesem zu herrschen. Während das Kapital gleichsam mit festem Schritt durch die Landschaft stapft, ist die Gefühlswelt dem Geldwesen gegenüber launisch und die Welt der Gedanken ungeordnet, chaotisch und widersprüchlich. Selbst in einer Person liegen Seele und Verstand häufig miteinander in Streit: Während die Seele das Geld liebt, ruft der Verstand nach dem Sozialismus (obwohl er gar nicht so recht weiß, was er ist oder sein könnte). Oder umgekehrt: Während die Seele das Geld hasst, rechtfertigt der Verstand sein Tun unter Berufung auf die Gesetze des Marktes.

2.4 Individuum, Gesellschaft, Geld

Box 8: Max Weber und der „Geist des Kapitalismus"

Weber bemühte sich in seinen religionssoziologischen Studien aufzuzeigen, dass der Kapitalismus durch Selbstdisziplinierung und Professionalisierung des Lebens der Menschen im Mönchstum und später im Protestantismus und vor allem Calvinismus vorbereitet wurde.[101].

Während Max Weber als „Geist des Kapitalismus" offenbar nur subjektive Einstellungen oder Haltungen anspricht, die der „Logik des Kapitals" kongruent sind – also z.B. Fleiß und Disziplin, möchte ich unter „Geist" den ganzen Komplex von Gefühlen, Haltungen und Theorien subsumieren, welche die „Bürger" – unter ihnen auch ein Adam Smith oder ein Karl Marx, ein Unternehmer wie auch ein Lagerarbeiter – zu Geld und zur Geldwirtschaft entwickelt haben, sei es in affirmativer oder ablehnender Haltung. Schließlich bleibt der Bürger, ob dem Geldsystem gegenüber positiv oder negativ eingestellt, Bürger! Was „wir" auch immer über Geld denken, es handelt sich immer um Selbstbeschreibungen von uns selbst.

Um seine Überlegungen zu unterstreichen, zitiert Max Weber aus einem Brief Benjamin Franklins, weil er in diesem den – affirmativen – „Geist des Kapitalismus" in Reinkultur ausgedrückt findet. Darin ermahnt Franklin seine Zeitgenossen zu Fleiß, Sparsamkeit und einen vorausschauenden Umgang mit allen Ressourcen:

„Bedenke, dass die Zeit Geld ist; wer täglich zehn Schillinge durch seine Arbeit erwerben könnte und den halben Tag spazieren geht, ..., der darf, auch wenn er nur sechs Pence für sein Vergnügen ausgibt, nicht nur dies allein berechnen, er hat nebendem noch fünf Schillinge ausgegeben oder vielmehr weggeworfen. ... Wer ein Fünfschillingstück umbringt, mordet alles, was damit hätte produziert werden können, ganze Kolonnen von Pfunden Sterling." (Weber 1905/1920, S. 12)

Die durch nichts begründbare Idee, es gäbe eine Alternative zur Geldwirtschaft, lässt Menschen oft verächtlich über sie reden. Fast allgemein wird über-

---

[101] Dazu: Max Weber: „Die Protestantische Ethik und der ‚Geist' des Kapitalismus". Darin vertritt Weber die These, dass das Mönchswesen und später insbesondere der Calvinismus eine Durchrationalisierung und Professionalisierung des gesamten Lebens vorgenommen und damit den Kapitalismus als System vorbereitet hätte. Weber ist aber nicht der Ansicht, „dass für den heutigen Kapitalismus die subjektive Aneignung dieser ethischen Maxime durch seine einzelnen Träger, etwa die Unternehmer oder die Arbeiter der modernen kapitalistischen Betriebe, Bedingung der Fortexistenz" ist. (S. 16).

sehen, dass die Geldwirtschaft das vielleicht nachhaltig erfolgreichste Übungsfeld der Menschen in der Entwicklung ihres Geistes und ziviler Umgangsformen, d.h. des Humanum, ist. Was sollte es sonst sein: der Krieg etwa? Universitäten? Bürokratien? Wenn Geld zum Skandalon erklärt wird, darf man sich dann wundern, dass weder die Beteiligten noch die Trainer in vollem Umfang mitbekommen, welche Chancen Tausch und Geld der Menschheit für ihre bisherige und weitere Entwicklung bieten? Die Verachtung, die Geld entgegengebracht wird, führt sowohl dazu, dass die emanzipatorischen Chancen des Geldes verkannt werden, als auch dazu, dass man mit Geld so miserabel umgeht. Das Geld ist der „Jude" unseres Gemeinwesens.

Geldbelange stehen heute zwar viel zu sehr im Vordergrund. Das heißt aber nicht, dass wir auch ein Zuviel an Qualität im Umgang mit Geld hätten. Die Praxis ist noch ziemlich primitiv; noch viel rückständiger aber ist die Theorie.

GEIST UND GELD – DREI EBENEN

Um eine gewisse Ordnung in unser Denken zu bringen, möchte ich zwischen folgenden Ebenen unterscheiden:

1. Die praktischen Operationen, die der Mensch als tätiges, im sozialen und arbeitsteiligen Kontext lebendes Subjekt vollzieht (Pragmatik).
2. Die psychischen Zustände, die den Menschen beim Umgang mit und beim Nachdenken über Geld begleiten (Psyche).
3. Schließlich reflektiert der Mensch über die Gesellschaft, in der er lebt, und über sich als Bürger (Verstand, Intellekt).

ad 1. Pragmatik

Auch wenn der Bürger nicht weiß, was Geld ist – der Umgang mit ihm ist im Prinzip einfach. Die vier Grundrechenarten reichen im Prinzip aus, um Billionen von Transaktionen darzustellen und durchzuführen, und das alles in Einheiten, die, im Unterschied zu Gewichts- und Längenmaßen kein natürliches Pendant haben, und übrigens auch deshalb nur so gut funktionieren.[102]

Der Tausch, auf den sich die große Menge der Geldoperationen bezieht, ist, wie wir gerade gesehen haben, ein hochkomplexer Vorgang, in welchem sich

---

[102] Dass trotz dieser prinzipiellen Einfachheit der Rechnungen die Übersicht verloren gehen kann, liegt nicht nur an den hohen technischen Anforderungen, die wir an Rechnungen über weltweite Operationen stellen und an den ständigen Schwankungen der Preise, sondern auch an hybriden Operationen und Konstruktionen.

Maßstäbe bilden, an denen sich Menschen orientieren und die Welt eine scheinbare Sachlichkeit gewinnt. Die vergesellschaftenden Wirkungen des Tausches zwingen, über das eigene Revier hinauszusehen und Anteil zu nehmen, was in der Welt passiert. Von den basalen Operationen gehen die entscheidenden Impulse für das menschliche Bewusstsein und für die Denkformen aus. Dieser Ebene kann sich niemand entziehen. Jeder nimmt an ihr in vielfältiger Weise teil. Aus ihr erwächst der moderne Mensch, der Geldmensch – mit seinen Qualitäten und Schattenseiten[103].

ad 2. Ambivalente Gefühlslagen

So einfach, effektiv und längst gewohnt der Umgang mit Geld ist, die *Gefühle und Emotionen* selbst bleiben meist amibivalent. Sie reichen oft von Hass und verächtlicher Ablehnung gegen Geld bis zur Vergötterung des wenn nicht schon selbst glänzenden, so doch ein glanzvolles Leben versprechenden Mediums. Dabei ist es ja durchaus nicht so, dass die einen nur verachten, die anderen aber heiß begehren – Verachtung und Begehren sind oft nur zwei verschiedene Momente in ein und derselben Seele, die nur Bruchteile von Sekunden voneinander entfernt oder vielleicht sogar zugleich bestehen. Der Grund für die so widersprüchlichen (subjektiven) Emotionen kann in der Doppelrolle gesehen werden, die Geld in unserem Leben spielt. Es stellt ja den *jederzeitigen Zugriff* auf Güter und Dienstleistungen in Aussicht und vermittelt dadurch höchste Wonnegefühle: die Vorfreude auf sinnliche Genüsse, Gefühle der Freiheit, Sicherheit, usw. Zugleich ist es der wichtigste *Knappheitscode*, also Medium, worin sich die Knappheit der Welt spiegelt, und folglich Verzweiflung, Angstgefühle, Gefühle von Minderwertigkeit usw. auslöst.

ad 3. Theorienotstand

Hat die Seele mit dem Geld ihre liebe Not, hat es der theoretische Verstand keineswegs besser mit ihm, schon gar nicht die Wissenschaften. Von ihnen sollte man erwarten dürfen, dass sie ein einigermaßen abgeklärtes Bild des Kapitalismus oder der Geldwirtschaft entwerfen und vermitteln. Keine Rede davon[104]. Auf dieser Ebene finden sich die allergrößten Verirrungen, die eines zeigen: den intellektuellen Widerstand gegen Geld und sogar gegen den Tausch (dazu näher auch Abschnitt 4.3).

---

[103] Für den Geldmenschen findet Brodbeck (2009) nur verächtliche Worte. Damit vernichtet er, wie schon seinerzeit Marx, den großen Wert seiner Analyse.
[104] Dazu z.B. Lavoie 1985, S. 179; Kromphardt 2004.

Manifeste und nichtmanifeste Entwicklungen gehen Hand in Hand. Auf der Ebene basaler Operationen entwickelt sich der praktische Verstand der Menschen; abhängig vom Trainingsniveau ist der Gefühlsbereich mehr oder weniger labil, was bedauerlich ist, wofür man angesichts all der vielen Funktionen, die Geld übernimmt, ein gewisses Verständnis aufbringen kann. Die luftigeren Höhen der Reflexion sind durch schrille Diskrepanzen gekennzeichnet. Der Mensch hat bisher keinen Frieden mit der Ordnung gemacht, von der und in der er lebt. Billige Harmonieversprechen auf der einen Seite stehen absoluter Feindseligkeit gegen das Geldsystem gegenüber.

DIE GROßE VERWIRRUNG: DIE ISMEN

> *„Über den Sozialismus sprechen heißt fast, eine Leichenrede halten .... Die Tatkraft ist gebrochen, die Quelle versiegt. Wenn die Sucht, in den Abgrund zu springen, noch einmal die Oberhand gewinnen sollte, so wird es unter einer anderen Form und mit anderen Illusionen sein."* Reybault 1852 [105]

Sozialismus: die Brille für den Kapitalismus

Die praktische Vernunft übt und bildet sich an den Tausch- und Geldoperationen und bringt Normen hervor, wie Geschäftsbedingungen, Gesetze des bürgerlichen Rechts, Kreditvergaberichtlinien, Regeln also, die von der überwiegenden Zahl der Menschen ganz selbstverständlich angewendet und befolgt werden. Einen Bruch dieser Normen empfinden die meisten als bedrohlich. Die praktische Vernunft ist also wenig umstritten. Nicht so das Denken über das „System Geldwirtschaft". Hier, auf der Ebene der höchsten Reflexion, wo es um die „großen" Fragen geht, ist der Verstand zerrissen, ja schizophren: Man lebt gerne im Kapitalismus, hasst ihn aber. Das einzige System, das bisher Wohlstand gebracht hat, hält man für krank. Viele glauben dennoch an den Sozialismus als Allheilmittel, obwohl noch niemand befriedigend definieren konnte, was er ist. Der Kapitalismus wird als „beendbares Übel"[106] präsentiert – der Sozialismus ist die Brille, durch die der Intellektuelle auf den so bösen Kapitalismus blickt.[107] Diese Brille gibt ihm bis heute seine Identität. Man muss rückblickend den Eindruck gewinnen, dass die Geldwirtschaft nicht Folge der menschlichen Geistesentwicklung ist, sondern ihr zum Trotz zustande kam.

Das 20igste Jahrhundert ist das beste Beispiel dafür. In ihm hat sich die Geldwirtschaft weltweit etabliert. Zugleich präsentiert es sich als das Jahrhundert der großen Widerstandsbewegungen gegen sie. Sowohl der *Faschismus* als auch der *Kommunismus* sind antimodernistische Strömungen. Sie nutzten

---

[105] Zitiert nach Gide und Rist 1923, S. 339.

[106] Bolz 2009, S. 46.

[107] Die besten Denker haben sich der Utopie eines ganz anderen Zustands verschrieben und radikale Gesellschaftskritik betrieben. Dazu gehören nicht nur Marx, sondern Walter Benjamin, Horkheimer und Adorno.

zwar die modernen Technologien und die Massenmedien, standen aber der inneren „Mechanik" der bürgerlichen Gesellschaft ablehnend gegenüber. Die kommunistische Ideologie forderte explizit den Ersatz des Tauschprinzips durch zentrale Planung. Der Faschismus wehrte sich gegen den Sieg der Moderne mit seiner Führerideologie, dessen Pendant, formal ähnlich wie im Kommunismus, das gleichgeschaltete Kollektiv sein sollte. Der Ablehnung der Moderne geht die Ablehnung des Geldes parallel. Beim Kommunismus ist dies explizit ausgesprochen: Die Überwindung des Geldes soll durch unmittelbare Vergemeinschaftung erfolgen. Der Faschismus überträgt seine Ablehnung des Geldes auf einen äußeren Feind: den Juden als Symbol des Geldmenschen. Außerdem endet seine Perspektive an der Grenze des „Volkskollektivs", das seine Identität durch Feindschaft gegen andere Völker definiert.

Auf der anderen Seite steht ein Bekenntnis zu den liberalen Grundsätzen der bürgerlichen Gesellschaft, das sich aber mehr auf die Bürgerrechte und die politische Beteiligung der Bürger am Staat bezieht. Eine Theorie zu einer (liberalen) *Bürgerwirtschaft* fehlt. Man verlässt sich auf die Schulbuchökonomik, die jenen mächtigen und rabiaten Strömungen nur die dünne akademische Hypothese entgegenzuhalten weiß, die Welt der Wirtschaft funktioniere wie eine Maschine, die, sich selbst überlassen, den maximalen Wohlstand für alle Menschen, und zwar ganz von selbst, ohne deren Zutun, erzeugen würde. Die Einsicht, dass Geld Träger der Vergesellschaftung und Inbegriff der modernen Gesellschaft ist, hat diese Theorie nicht einmal gestreift. Geld, das A und Ω einer liberalen Wirtschaftsverfassung ist für die Ökonomik nur Nebensache, ein Additiv, ein Schmiermittel. Trotzdem hat sich die Schulbuchökonomik zu einer mächtigen „Ideologie" entfaltet – in deren „Geist" inzwischen viele Generationen von Ökonomen trainiert wurden. Von „Ideologie" spreche ich, weil die Schulbuchökonomik ihre Behauptung, der Markt sei effizient, nicht beweist, sondern durch Axiome in ihre Modelle einführt (dazu siehe S. 264ff).

Wir sehen also den Menschen auf die Frage, wie er seine Verhältnisse sinnvollerweise ordnen soll, nicht nur unterschiedliche, sondern diametral entgegengesetzte (und jeweils grundfalsche) Antworten geben. Wir haben es mit einem sehr beklagenswerten mentalen Zustand zu tun. Ist nicht die Analyse des Systems auch Selbstbeschreibung des Bürgers von sich selbst? In welche unterschiedlichen Spiegel, so möchte man fragen, blicken Bürger da eigentlich, dass sie so unterschiedlich von sich reden?

Das Nein der Aufklärung versus „Der Weg ist das Ziel"

Die eben beschriebenen Diskrepanzen gehen, so scheint es mir, auf zwei philosophische Grundhaltungen zurück: Auf die Haltung des Verneinens: alles was ist, ist „falsch" – das Wahre ist anders. Dieser steht die Haltung gegenüber, dass alles stets vernünftig sei, weil es ja sonst nicht da sein könne (Pangloss in Molière).

Das Verneinen durch den Marxismus und seiner Aus- und Mitläufer beruht auf dem radikalen Vernunftbegriff der Aufklärung. Die absolute Vernunft dient ihnen als Maßstab der Kritik der realen Verhältnisse. Nichts kann vor dieser abstrakten Vernunft bestehen. Vor ihr erscheinen alle Verhältnisse als „Verblendungszusammenhang" (Adorno). Die Wirkung einer solchen Haltung ist verheerend. Für die Politik mündet er in Willkür und (stalinistischem) Terror, für den Theoretiker in den solipsistischen Rückzug. Was ihnen bleibt, ist der Aufruf an die Kunst, Widerstand gegen die Allmacht des „Verblendungszusammenhangs" zu leisten.[108]

Die Postmoderne ist die Reaktion darauf – sie ließ ohnehin lange auf sich warten. Sie gibt die leeren utopischen Versprechungen der Aufklärung auf. Für sie geht nun alles. Es gibt keine Perspektive.

Nicht alle wollen sich damit abfinden. Habermas sucht mit einem großen theoretischen Aufwand einen Weg dazwischen. Sein Weg ist der eines friedlichen, d.h. gewaltfreien Diskurses, aus welchem sich Maßstäbe der Vernunft entwickeln. Habermas lehnt es ab, einen Standort außerhalb des Getriebes zu beziehen. Er sucht ihn *in der Gesellschaft* – in der Form einer von Zwang freien Verständigung der Individuen im Umgang miteinander, was einen freien Umgang des Individuums mit sich selbst einschließt – in einer Vergesellschaftung ohne Repression. Das bedeutet einen Paradigmenwechsel der Handlungstheorie: vom zielgerichteten zum kommunikativen Handeln.[109] Es bedeutet auch, Rationalität der Gesellschaft nicht von außen vorauszusetzen, wie es auch die Ökonomik mit dem Gleichgewichtsbegriff tut, sondern aus dem gesellschaftlichen Diskurs heraus zu entwickeln. Plakativ ausgedrückt: Der vernünftige Weg tritt an die Stelle vernünftiger Ziele – der Weg ist das Ziel.

Habermas versäumt allerdings, den ökonomischen Diskurs (Tausch, Geldverkehr) in seine Analyse einzubeziehen. Denn er misstraut der Wirtschaft als Macht, da sie die „Lebenswelt" kolonialisiere. Er geht damit an der fundamentalen Einsicht vorbei, dass der Geldverkehr erstens selbst Teil der Lebenswelt ist und zweitens jene *Form* darstellt, über die eine friedliche, d.h. weitgehend

---

[108] Adorno GS 4, S. 26. Dazu auch Brodbeck 2009, S. 123.
[109] Eickelpasch 1996.

gewaltfreie Aneignung von Ressourcen möglich (geworden) ist. Wenn die ökonomische Vergesellschaftung aus dem Projekt Zivilisation ausgeschlossen wird, bleibt sie „unerlöst", und der Hass gegen Geld lebt fort.

Der Mensch kann nicht gegen, sondern nur mit der wirtschaftlichen Form leben und Mensch sein.

DER WIRTSCHAFTSBÜRGER: EINE KOMPILIERUNG VON EIGENSCHAFTEN

Der Prozess des Gebens und Nehmens „erzeugt" den *Wirtschaftsmenschen – das bürgerliche Subjekt*, dessen Eigenschaften wir hier noch einmal kompakt darstellen wollen:
- Der moderne Wirtschaftsmensch ist autonom, wenngleich auch von den Leistungen und Lieferungen anderer „absolut" abhängig. D.h. er wirtschaftet auf eigene Rechnung.
- Der Wirtschaftsbürger hat sehr differenzierte Bedürfnisse, die sich erst im Wechselspiel mit anderen klären und herausbilden – auch durch Nachahmung.[110]
- Der soziale Kreis, von dem der Bürger Leistungen bezieht, ist in den seltensten Fällen der gleiche, dem er Leistungen anbietet.
- Menschen können ganz ausgefallene Dienste anbieten. Es müssen nur hinreichend viele andere Menschen an seinen Diensten Gefallen finden. So können auch Sonderlinge ein gutes Leben führen.
- Er kann sich, der Tendenz nach, auf seine besonderen Talente und Qualifikationen spezialisieren (Individuationsprozess) und den Beruf ergreifen, zu dem er sich berufen fühlt.
- Der Bürger kann seine Emotionen (einigermaßen) im Zaume halten.
- Er hat einen berechnenden Verstand, was aber nicht heißt, dass er nur berechnend ist. Da das Rechenmittel Geld schlechthin zu seinem „Lebens-

---

[110] Kann man überhaupt davon sprechen, dass der Mensch Bedürfnisse „hat"? Der Komponist Karlheinz Stockhausen sagte über den Menschen: „Wie sehr ihm ein Bedürfnis fehlt, kann er erst sagen, wenn er es gefunden hat". Der Mensch ist nicht nur das, was er ist, sondern das, was er nicht ist. Und er weiß nie, was er nicht ist, d.h. vielleicht noch nicht ist.

2.4 Individuum, Gesellschaft, Geld

mittel" geworden ist, muss er berechnend sein und ist insofern „rational"[111]. Das macht ihn freilich weder unbedingt lebendiger noch vernünftiger, immerhin aber berechenbarer.

- Der Geldbürger denkt aber nicht nur in Geld. Geld ist zwar universal, aber eben nur spezifisch verwendbar (Bolz 2009). Man kann Arbeitsleistungen, aber keine Schulnoten erwerben, kann Messen lesen lassen, aber nicht das Seelenheil kaufen. Nicht immer waren die Grenzen zwischen wirtschaftlichen und nichtwirtschaftlichen Tatbeständen so klar wie in der Geldwirtschaft. Das Mädchen muss nicht den jungen Mann von nebenan heiraten, sondern sucht sich den Partner aus, den sie liebt. Die romantische Liebesheirat kam erst mit der Geldwirtschaft auf (Luhmann 1982).
- Der Bürger stellt seine Existenz fast ausschließlich auf den Geldverdienst aus den Leistungen für andere und wirtschaftet zugleich auf eigene Rechnung.
- Er ist fähig zu abstraktem und räumlichem Denken. Dieses ist höchstwahrscheinlich auf das Aufkommen des Kommerzes und der Geldwirtschaft zurückzuführen (Simmel 1900, Müller 1981, Brodbeck 2009).
- Der Bürger verbindet sich gleichzeitig mit verschiedenen Menschen und Organisationen und kann diese Verbindungen auch lösen. Er kann verschiedenen sozialen Gruppen gleichzeitig angehören und daher auch gleichzeitig mehrere soziale Rollen ausüben.
- Als Geldbesitzer steht der Mensch einer erdrückenden Fülle von Waren und Dienstleistungsangeboten gegenüber. Daraus resultiert die Komfort- und Verwöhnungshaltung, ja die Blasiertheit des modernen Wirtschaftsmenschen.[112]
- Oft wird dem modernen Menschen der Hang zur Gier unterstellt. Gier ist aber keine Eigenschaft, die bloß oder vor allem auf den Geldmenschen zutrifft. Eher ist das Gegenteil der Fall. Es ist zwar richtig, dass der Mensch an allen konkreten Dingen aber nie an Geld satt wird. Denn Geld stellt eine abstrakte Option auf Zukunft dar, und ein Mehr an Geld verspricht immer ein Mehr an Wohlstand. Aber eben dieses Verlangen nach mehr Geld hebt den Menschen aus der unmittelbaren Bedürftigkeit und Abhängigkeit von Dingen heraus, und macht ihn von jedem einzelnen

---

[111] Wäre er rational wie die Figur des homo oeconomicus, würde er hoffnungslos scheitern. Der homo oeconomicus ist nicht einmal in der Lage, einen Tausch einzugehen.
[112] Simmel 1900, S. 219, 263ff; Sloterdijk 2005, S. 265ff.

Ding unabhängiger und gegenüber der natürlichen oder sozialen Umwelt „relativ" souverän. Heute wird oft vergessen, dass der durchschnittliche Bürger nur so soziabel ist, weil er ein hohes Maß an Triebbeherrschung hat, und nur deshalb ein hohes Maß an Triebbeherrschung hat, weil er sich über den Tausch sozialisiert.[113]

Diese Eigenschaften kennzeichnen den Bürger als souveränes Subjekt über die Welt.

**Der Bürger steht über dem Prozess –
der Bürger ist Teil des Prozesses**

Als Eigentümer von Geld erscheint der Bürger souverän, ziel- und selbstbewusst: Er entscheidet, mit wem er Geschäfte machen will. Er entscheidet, wofür er Geld einsetzen und wie er Geld verdienen will. Geld ist hierbei Objekt, das aus den Wechselverhältnissen (Tausch) hervorgeht und diese selbst erleichtert; es ist *Mittel*, mit dem sich der Bürger mit anderen verbinden kann. In dieser Funktion ist Geld der perfekte Knecht des Menschen.

Die Bürger stehen freilich auch zugleich *in* einem Prozess, dessen Teil sie sind. Denn schon bei der Herstellung von Waren durch Waren gewinnt die Wirtschaft eine selbstbezügliche – und damit kapitalistische – Komponente: der Mensch muss investieren, um etwas zu erhalten. In der Kapitalrechnung vergleicht er Einsatz und das erwartete Ergebnis in der gleichen Einheit – in Geldgrößen.[114]

Allerdings werden in dieser Kapitalrechnung nicht nur das eingesetzte Eigentum sondern auch die Arbeitskraft zu *Bestandteilen des kapitalistischen Prozesses*. (Kosten für Arbeitskraft sind wirtschaftlich gesehen Kapitalteilchen.)

Die Menschen haben also nicht nur Geld, sondern Geld hat auch sie – im Sinne einer sie einhüllenden, weil selbstbezüglichen Kraft, die wir mit Marx „Kapital" nennen können (dazu auch Abschnitte 2.7). Menschen sind daher sowohl *Souveräne* als auch diesem Prozess selbst *Ausgelieferte, in dem sie*

---

[113] Der Mensch gewinnt durch Verzicht Freiheit. Da er durch Geld „alles" erwerben kann, ist er vor allem gierig nach Geld. Das hat den Vorteil, dass es die menschlichen Energien von Gütern auf Geld verlagert, dessen Produktion nichts kostet, weil es weder eine natürliche Ressource ist, noch natürliche Ressourcen bindet. Eine bessere Situation ist nur im „Himmel" erreichbar, an dem wohl manche die Geldwirtschaft messen. Damit will ich nicht sagen, dass die Gier nach Geld nicht oft unsinnig groß und schädlich ist.

[114] Max Weber definiert Geld deshalb auch konsequent als das „technisch angesehen … ‚vollkommenste' wirtschaftliche Rechnungsmittel, das heißt: das formal rationalste Mittel der Orientierung wirtschaftlichen Handelns" (1922, S. 45).

auch verloren gehen und verderben können – wenn sie Geld zu ihrem Herren machen.

Dazu eine philosophische Anmerkung. Komplexe Systeme sind immer durch Rückbezüglichkeiten gekennzeichnet. Rückbezüglichkeiten (der Form auf den Inhalt) sind unerlässlich, weil es ohne sie gar keine Möglichkeit gibt, den Inhalt zu beschreiben, sich den Inhalt anzueignen oder ihn anderen zu kommunizieren. Allerdings können Rückbezüglichkeiten sowohl beim Denken als auch in der Ökonomie im Formalismus stecken bleiben und man kann sich in ihnen ganz verlieren – im Denken im Formalismus der Begriffe, oder der Referentialität der Theorien; in der Ökonomie im Formalismus des Geldes. Im Extremfall bleiben die Formen unter sich, d.h. sind nur mehr auf sich bezogene Größen. Dass hoch formalisierte Systeme schon aus formalen Gründen scheitern, darauf hat der Mathematiker Gödel aufmerksam gemacht: er bewies für die Mathematik, der formalsten aller Wissenschaften, dass auch sie ohne Fremdbezug nicht auskommt.[115] Vernunft braucht eben mehr als technisch perfekte Rationalität. Sie braucht den Bezug auf einen Sinn oder den Bezug auf Sinnlichkeit, d.h. den Verweis auf etwas, was außerhalb der „reinen" Begrifflichkeit oder eines reinen Formalismus (der Geldrechnung, des Arguments) steht.

Auf den Geldmenschen übertragen: Wer sich in der Geldrechnung verliert, verliert sich selbst. Der moderne Mensch hat sich von der Mühsal des „Schleppens" zwar weitgehend befreit, hat sich aber in die Tretmühle der reinen Geldrechnung begeben.

Das kann man beklagen und davor muss man sich hüten. Zugleich aber kann man sehen, dass das Geld den Geldbürger gerade dazu zwingt, nach dem Sinn zu fragen. Denn da er mit Geld auf „alles" leicht zugreifen kann, zwingt es ihn auch zur Frage, was er den wollen soll. Indem Geld die Knappheit zu überwinden hilft, wirft es den Bürger auf sich zurück. Indem er äußere Probleme überwindet, ist er mit inneren konfrontiert.

Die über alles hinaussteigende Selbstreferentialität des Menschen, in der er sein SELBST wahrnimmt, ist und bleibt die Grundlage seiner Integrität als soziales und ethisches Wesen.

Die hier angeführten Eigenschaften sind „Privileg" und „Schicksal" des modernen Wirtschaftsbürgers. Keine andere Gesellschaft bietet einen so hohen (unter Umständen steigerbaren) Komfort an sozialer und persönlicher Sicherheit und ein bisher unbekanntes Maß an persönlicher Freiheit und aller damit

---

[115] Hofstadter 2008.

verbundenen mentalen Herausforderungen. Der Bürger sieht heute die Chancen dieser Ordnung meist gar nicht. Denn er hat bisher kaum Zugang zu einem Verstehen seiner Position als Geldmensch. Wie sollte er auch –, nimmt er doch meist nur aktuell erfahrbare „relative" Differenzen wahr –, die zum Nachbarn, zum Vorjahr oder zu seinen Erwartungen, die von anderen geweckt werden. Oder er bezieht seine Maßstäbe für die analytische Beschreibung (Modellierung) der Geldwirtschaft aus Aspirationen einer großen Alternative, auf die er wie „auf Godot" wartet.

Ein tieferes Verständnis der „eigenen" Ordnung ist nur von einem Denken zu erwarten, das sich der *grundlegenden* Operationen und der vielen Schichten bewusst wird, aus denen das unwahrscheinliche Gebirge der modernen Kultur besteht.

2.5 Geld und Unternehmen

Emanationen

Wir haben bisher viel über Geld gesprochen, über seine Schwester, die Unternehmung noch wenig. Da ist etwas nachzuholen.

Geld und Unternehmen sind ein sehr ungleiches, aber doch aufeinander angewiesenes Gespann. Beide gehen aus dem Tausch als „Formen objektiver Kultur" hervor und ermöglichen ihn: Geld ist Verkörperung der Tauschrelation und als solches *Medium*; das Unternehmen eine *organisatorische* und juristische Einheit, die durch einen Geldvorschuss entsteht, und die Aufgabe hat, diesen Geldvorschuss mit einem Plus zurückzuverdienen. Das Unternehmen ist also ein „Dach", unter dem eine Umschichtung von Waren mit dem Ziel stattfindet, den von außen erhaltenen Geldvorschuss zu vermehren. Die Umschichtung selbst kann sowohl ein Handelsprozess als auch ein Produktionsprozess sein. Wird das Geld von mehreren Haushalten oder anderen Akteuren bereitgestellt, empfiehlt sich – gleichsam ganz „natürlich" – das Unternehmen als Kapitalgesellschaft zu führen. Die Kapitalgesellschaft ist die perfekteste Form, mit Hilfe derer Kapital von vielen gesammelt und die Erträge auf viele verteilt werden können. Wird die Gesellschaft als notierende Aktiengesellschaft geführt, können die Teilhaber ihre Anteile am Unternehmen jederzeit an Dritte veräußern.

Geld und Unternehmungen sind *morphologische Gebilde*, die aus der Gesellschaft entstehen und Gesellschaft, d.h. Kommunikation, ermöglichen oder zumindest wesentlich erleichtern. Es handelt sich um Emanationen, d.h. um im wörtlichen Sinne herausragende Gebilde, ohne welche Gesellschaften gar nicht funktionieren könnten. Allokation passiert, weil diese Institutionen existieren. Erst wenn Geld und Unternehmen etabliert sind, kann der Tausch zur dominierenden Form der Vergesellschaftung werden.

Unternehmen als Geldform

Wir haben weiter oben schon gesehen, auf welche Weise der Geldtausch (der Tausch mit Hilfe von Geld) den Menschen (oder den Haushalt) zum wirtschaftenden Subjekt macht. Der Mensch (Haushalt), obwohl von seiner Umgebung materiell vollkommen abhängig, erlangt in der Tauschkommunikation Autonomie (dazu insbesondere S. 115ff und Box 5). Er wirtschaftet auf eigene

Rechnung. Immerhin aber sind Menschen bzw. Haushalte als „Einheiten" von „Natur" aus vorgegeben. Das ist beim Unternehmen nicht der Fall. Es ist ein artifizielles Konstrukt, das nur existiert, weil es Geld gibt. Während in die Entscheidungen der Menschen als natürlichen Subjekten noch persönliche und inhaltliche Motive einfließen, ist das moderne Unternehmen ein Gebilde, das sich aus der Logik des Geldes ergibt.

Den Unterschied zwischen natürlichen Personen und Unternehmen als wirtschaftlichen Einheiten sehen wir vielleicht am besten, wenn wir uns daran erinnern, dass die geldwirtschaftliche Metamorphose ….. W – G – W – G – W – G – W – G….. in zwei Teile zerfällt, wobei der Part W – G – W von Haushalten, die sozusagen von Natur her gegeben sind, und der Part G – W – G von Unternehmen als künstlichen Einheiten übernommen wird (S. 67ff). Obwohl Unternehmen und Haushalte also unterschiedliche operative Parts übernehmen, bleiben sie miteinander verknüpft. Haushalte stellen Unternehmen ihre Dienstleistungen zur Verfügung und fungieren als Letzteigentümer dieser. Unternehmen können als artifizielle Gebilde nie Letzteigentümer sein.

Das Gebilde Unternehmen übt etliche Funktionen aus und hat Eigenschaften, die sich daraus ergeben. Einige wollen wir erwähnen.

1. Tauschakte sind Ereignisse, die zu einem Zeitpunkt erfolgen. Dabei werden allerdings Leistungen ausgetauscht, deren Erstellung erstens Zeit braucht. Es braucht also ein Etwas, das über die Zeit beständig ist. Organisationen haben Bestand über die Zeit. Die Erstellung der Leistungen ist meist so komplex, dass sie, zweitens, nur in einem Kollektiv erfolgen kann, das von einer Organisation zusammengefasst werden muss. Beides bedingt, drittens, Ausgaben, die vorzufinanzieren sind. Das alles leisten Unternehmen.

2. Für jede Unternehmung gibt es ein Innen und ein Außen. D.h. es gibt eine Grenze, durch die klar ist, was zum Unternehmen gehört und was nicht zu ihm gehört. Entscheidend für die Abgrenzung ist die wirtschaftliche Einheit des Unternehmens, die dadurch definiert ist, dass die zeitlich auseinandergezogenen und örtlich verstreuten Tauschakte einen gemeinsamen, für Außenstehende feststellbaren Adressaten besitzen, der diesen Strom von Tauschakten unter seiner Regie bündelt.

2.5 Geld und Unternehmen

3. Die Differenz zwischen „außen" und „innen" ist in jedem Augenblick eindeutig, und macht Budgetschranken hart.[116] Aber es ist nicht von vornherein klar, welche Aktivitäten zweckmäßigerweise im Inneren einer Unternehmung ausgeführt und somit innerhalb dieser Organisation gebündelt werden sollen, und welche „außen", d.h. über Tauschbeziehungen mit Dritten geregelt werden sollen. Ob Aktivitäten in einer Organisation zu bündeln sind, oder Dritten per Vertrag überlassen werden können, ist stets eine Entscheidung, die in der Organisation getroffen wird – Märkte entscheiden ja nichts. Sie bieten nur die Informationen (Preise, Volatilitäten) an, aufgrund deren dann die Organisationen sich für ein IN oder OUT entscheiden.

4. Nach außen hin ist die Budgetschranke einer Firma hart, im Inneren mehr oder weniger weich. Eine harte Budgetschranke heißt: Einzahlungen, die eine Firma erhält, müssen auf die Gefahr ihres Unterganges immer über seinen Auszahlungen liegen. (Das Geld, das einem Unternehmen zufließt, muss nicht nur aus Verkäufen, sondern kann auch aus den Geldzuschüssen Dritter kommen.) Eine Budgetschranke ist dann weich, wenn sich die Verantwortung für den finanziellen Erfolg auf andere Akteure verschieben lässt. Trotz genauer Kostenstellenrechnungen in Unternehmen lassen sich Leistungen aufgrund von Unteilbarkeiten nur selten auf einzelne Träger innerhalb von Firmen zurechnen. Das ist ja auch der Grund für die Existenz von Unternehmen.[117]

5. Obwohl ein Unternehmen alle seine Teile auswechseln kann – die Mitarbeiter, die Maschinen, die Leitung, die Eigentümer, die Produkte, die Vorleistungen – und sich auch mit anderen verschmelzen oder in mehrere

---

[116] Das Bailout, also das „aus der Klemme helfen" von Banken und Großunternehmen von Seiten des Staates und der Zentralbanken in schweren Krisenzeiten, ist, so gesehen, eine Verletzung der Systemregeln. Man interveniert, um Schlimmeres zu vermeiden. Aber man unterminiert das System.

[117] Sozialistische Betriebe haben weiche Budgetschranken. Die Gemeinschaft (der Staat) fühlte sich letztlich für alles verantwortlich und sprang für jeden Misserfolg ein. In diese Richtung gehen wir auch heute. Um den durch die Finanzkrise ausgelösten wirtschaftlichen Kollaps zu vermeiden, werden Systemgrenzen verwischt und ein Potential für einen folgenden Totalzusammenbruchs des Systems aufgebaut. Ein Beispiel dafür ist der Rückkauf von Subprime-Papieren durch die FED. Private machen Schulden, und die FED monetisiert sie. Private schaffen wechselseitige Ansprüche, die die Gemeinschaft übernimmt und einzulösen verspricht.

aufspalten kann, hat es eine bemerkenswerte *Festigkeit*. Natürlich wechselt man nicht alles oder vieles immer wiederum aus, verschmilzt oder teilt Unternehmen, beruht die Effektivität von Unternehmen doch auf der Beständigkeit und guten Abgestimmtheit ihrer Teile, vor allem auf der Treue ihrer Mitarbeiter und der Treue des Unternehmens zu ihnen.

6. Die formale Zielfunktion des Unternehmens ist unpersönlich. Es muss Gewinn erzielen.[118] Das Unternehmen überlebt, indem es einen Überschuss seiner Einnahmen über seine Ausgaben erzielt, oder zumindest glaubhaft verspricht, ihn zu erzielen. Obwohl das Gewinnziel unpersönlich ist, muss es in Unternehmen nicht unpersönlich zugehen. – Die Objektivierung des Ziels hat nicht zu unterschätzende Vorteile: So weiß jeder was Unternehmen tun, weil jeder weiß, welche Ziele sie verfolgen. Und sie verfolgen diese Ziele, weil sie sie verfolgen müssen. Die Objektivität des Unternehmensziels schafft im Unternehmen Spielraum für die Art und Weise, in denen dieses Ziel verfolgt wird. Nur dadurch kann den Abteilungen eine relative Unabhängigkeit von der Zentrale eingeräumt werden. Allen Mitarbeitern ist ja klar, worum es im Prinzip geht. Das muss ihnen nicht der Chef beibringen, das liegt in der „Natur der Sache". Das ist z.B. in Planwirtschaften oder anderen Hierarchien nicht so einfach. Dort wird mit größter Spannung auf Personalentscheidungen gewartet, weil sich mit der Person nicht nur der Stil, sondern auch die inhaltliche Zielsetzung verändern kann. – Obwohl oder gerade weil das Unternehmen im Prinzip reine Form und ein völlig unpersönliches Gebilde ist, bemühen sich viele Unternehmen darum, vom Publikum als besondere Qualität wahrgenommen zu werden und unternehmen große Anstrengungen, eine eigene Unternehmenskultur oder einen eigenen Unternehmensstil zu entwickeln. Oft steht der Name des Unternehmens für die Qualität aller seiner von ihm auf den Markt gebrachten Güter, oder auch für die Qualität seines Umgangs mit seinen Mitarbeitern.

---

[118] In die Nutzenfunktion von Haushalten können alle möglichen persönlichen Vorlieben eingehen. Der Haushalt muss nur irgendwie überleben. Wie, ist seine Sache. Der Haushalt bietet seine Leistung W an, um sich W* leisten zu können. W und W* sind nicht vergleichbar. Die Überlebensfunktion des Haushalts ist daher nicht eindeutig. Das Überlebenskriterium des Unternehmens aber ist eindeutig. G' muss größer als G sein. Siehe auch oben S. 52.

2.5 Geld und Unternehmen

Box 9: Markets versus Hierarchies

IN oder OUT – Transaktionskosten

Das Unternehmen wägt zwischen Vor- und Nachteilen des „IN" oder „OUT" ab. Der Vorteil von Eigenleistungen (IN) liegt darin, dass das Management des Unternehmens über die Ressourcen des Unternehmens nach Belieben durch Anweisungen verfügen kann. Der Nachteil besteht darin, dass sich deren Aufwand oft nur sehr schwer berechnen lässt, sich Unternehmen verzetteln, anstatt sich auf ihre Kernkompetenzen zu konzentrieren. – Ein OUT entlastet zwar das Unternehmen von Randtätigkeiten, setzt es aber auch den Risiken und der Umständlichkeit vertraglich zu regelnder Abläufe aus. – Aus der Sicht des Metamorphose des Geldes – G – {W....W~} – G' – ist alles auswechselbar – auch ein IN gegen ein OUT oder ein OUT gegen ein IN. Aber ein OUT erfordert, dass man verlässliche Vertragspartner findet; und ein IN verlangt nach der Entwicklung von Kompetenz. Beides fordert Zeit.

IN oder OUT – Typen der Kommunikation

Wie unterscheidet sich das wirtschaftliche Leben in und außerhalb der Unternehmen? Die ältere unternehmenstheoretische Literatur hat den Gegensatz von Märkten und Organisationen relativ schroff mit dem Unterschied von horizontalen und vertikalen Kommunikationsbeziehungen beantwortet. Adam Smith sprach von der Arbeitsteilung in der Manufaktur und in der Gesellschaft als Ganzes; Marx unterschied zwischen dem despotischen Charakter des kapitalistischen Fabriksystems und den Märkten als Ausdruck der Tausch- oder Verkehrsbeziehungen der Wirtschaftsakteure untereinander. Coase (1937) setzte diese strikte Unterteilung in seinem einflussreichen Aufsatz fort, in welchem er zwischen Hierarchien, die die Beziehungen innerhalb der Unternehmung charakterisierten, und dem Marktmechanismus, dem die Unternehmung in ihrem Außenverhältnis ausgeliefert sei, unterschied. Williamson (1985) übernahm im Prinzip diese Aufteilung.[119] Damit wird, in der Sprache der formalen Soziologie, die Differenz zwischen „Außen" und „Innen" mit dem Unterschied im Kommunikationstyp gleichgesetzt: Im Außenverhältnis kommunizieren Unternehmen in Form von Verträgen, im Binnenverhältnis durch Anweisungen (Befehle).

---

[119] Exzellente Überblicke über die Literatur liefern Putterman (1986) mit einem Sammelband, Schneider (1987) und Schmidt (2000).

> *In der jüngeren unternehmenstheoretischen Literatur wurde diese antagonistische Einteilung mit dem Hinweis auf eine Annäherung des Kommunikationstypus inner- und außerhalb der Unternehmen in Frage gestellt. Man könne, so wurde argumentiert, den Kommunikationstyp nicht zum Unterscheidungskriterium für innen und außen machen, weil die Differenz nicht prinzipieller, sondern gradueller Natur sei: Auf Märkten würden zwar „anonyme" Marktbeziehungen vorwiegen – aber eben nur vorwiegen, während die Beziehung innerhalb der Unternehmung durch „relationale" Kontrakte, d.h. Marktähnliche Beziehungen zu qualifizieren seien (Goldberg 1980; Putterman 1986). Das Unternehmen selbst sei daher weniger als Hierarchie denn als ein Bündel von Verträgen zu verstehen.*

7. Das Unternehmen ist eine künstlich geschaffene Einheit, die verschiedene Funktionen bewältigen muss. Finanzierung, Beschaffung, Produktion, Lagerung, Absatz. Diese Bereiche sind – das wird immer wieder vergessen – interdependent und komplementär. Die Komplementarität dieser Bereiche im Unternehmen ergibt sich aus seiner Funktion, die das Unternehmen als Teil des „Marktes" hat: Geld zu nehmen, um es mit einem Plus zurückzuverdienen.

8. Aus eben diesem Grund gibt es in der Unternehmung aber auch ein „Oben" und ein „Unten". Das Unternehmen „läuft" im Interesse von Kapitalgebern. Sie starten es (oder erlauben den Start durch ihren Geldvorschuss), und sie bestehen auf einen Kapitalertrag, der über den Geldvorschuss hinausgeht. In der Gewinn- und Verlustrechnung erscheint zwar ex post der Gewinn als Residualgröße. Das kann aber nicht darüber hinwegtäuschen, dass der formale Unternehmenszweck – die Überlebensfunktion des Unternehmens – auf die Verwertung des vorgeschossenen Werts ausgerichtet ist. Das kapitalistische Unternehmen betrachtet daher Löhne als notwendiges Übel. Alles den Kapitalgebern, und nur das, was man zahlen muss, den Arbeitnehmern. Da dieses in der Funktion des kapitalistischen Unternehmens begründete Verteilungsprinzip volkswirtschaftlich, sozial und politisch nicht tragbar ist, ist es für die kapitalistische Wirtschaft erforderlich, diese *systemische Blindheit* durch geeignete soziale Maßnahmen zu kompensieren. Die Verteilung der Erträge auf Kapital und Arbeit kann der „Markt", d.h. das Tauschprinzip nicht alleine regeln (dazu S. 395f).

Organisationen „schwimmen" im bzw. auf dem Medium

Geld und Unternehmen, beide *Emanationen* des Tausches, spielen also verschiedene Rollen. Das Geld ist das Medium, das Unternehmen die Organisation, die in diesem und auf diesem Medium „schwimmt" und den „Kopf über dem Wasser halten" muss, indem es immer mehr zu erwirtschaften verspricht als es kostet.

Geld geht dem (modernen) Unternehmen schon deshalb logisch voraus, so wie das Wasser dem Eisberg, der aus gefrorenem Wasser besteht. Historisch aber ist die Organisation die ältere Form. „In the beginning", könnte man – Oliver Williamson direkt widersprechend – sagen[120], „all were organizations": Haushalte, Großfamilien, Gemeinschaften, die für sich arbeiteten, gelegentlich mit anderen in Austausch traten und so ein Netz zunächst nur sporadischer und im Laufe der Zeit aber immer dichter werdender Verbindungslinien herstellten. „Früher" ruhte die wirtschaftliche Reproduktion auf dem Prinzip der Selbstversorgung, ergänzt durch gelegentliche Tausche oder Raubzüge. „Organisationen" gaben erst allmählich ihre Neigung auf, ihre eigene Reproduktion durch Selbstversorgung zu sichern, und verließen sich immer mehr auf Marktbeziehungen. Schließlich drangen diese in die bestehenden Organisationen ein und führten zur Entstehung jenes ganz neuen Typus von Organisation, der modernen Kapitalgesellschaft. Diese ist, wie wir gesehen haben, eine logische Folge des Mediums Geld.

Aus all dem sieht man:

---

[120] Die Aussage von O. Williamson (1975, S. 20): „In the beginning there were all markets" macht zumindest historisch keinen Sinn und kann sich, sofern er nicht intuitiv das eben Angesprochene meint, nur darauf beziehen, wie Ökonomen ihren Schülern die Wirklichkeit erklären. Sie beginnen dabei mit dem Markt – den sie allerdings nicht als ein von den Teilnehmern selbst hergestelltes und in jedem Augenblick herzustellendes Geflecht von Austauschbeziehungen modellieren, sondern durch die Annahme eines womöglich optimalen, zumindest aber im Gleichgewicht befindlichen gesellschaftlichen Zusammenhanges einführen. In einem so gesetzten Zusammenhang braucht es weder Geld noch Unternehmen. Dazu Näheres in Teil 3.

2. Der Tausch und das Geld

1. Märkte und Unternehmen bilden heute eine große Einheit.[121] Unternehmen erwachsen aus den Märkten, deren Logik in das Innere des Unternehmens hineinwirkt.[122]

2. Eine eigenständige (systemneutrale) Wissenschaft über das Unternehmen, wie sie etwa Gutenberg (1965) anstrebte, kann es nicht geben.[123] Sie muss immer im Zusammenhang mit den medialen Kräften des Marktes formuliert werden, denen es seine Existenz verdankt. Eine Unternehmung ist ein systembedingter Tatbestand – der Tausch ist der Systembaustein und Geld das leitende Medium.

3. Bestenfalls kann es eine innerwissenschaftliche Spezialisierung auf das Unternehmen geben, deren Berechtigung sich immerhin daraus ableitet, dass die Unternehmung ein eigenständiges Etwas ist, das sich von seiner Umgebung abgrenzt, wobei aber klar sein muss, dass es diese Fähigkeit nicht aus sich selbst hat, sondern aus dem Tausch als Relation bezieht.

4. Der hier entwickelte morphologische Ansatz ist umfassend. Er zeigt, dass Unternehmen und Märkte zwei Emanationen sind, die sich gegenseitig in

---

[121] Herbert Simon (1991, 27ff) meint, dass Firms and Markets einander wie grüne Flecken und rote Verbindungslinien gegenüber stehen. Die roten Linien greifen dabei allerdings tief *in* das Unternehmen ein.

[122] Im Vorgriff auf die Auseinandersetzung mit der neoklassischen Schulbuchökonomik, die ich in Teil 3 führe, möchte ich anmerken, dass diese erhebliche Schwierigkeiten sowohl bei einer Theorie des Geldes als auch bei einer Theorie von Unternehmen hat. Im „hardcore"-Gleichgewicht gibt es weder Unternehmen noch Geld. Die direkt im Einflussbereich der Schulbuchökonomik stehende Unternehmenstheorie ringt sich daher den Gegenstand „Unternehmen" von der Gleichgewichtstheorie ab, indem sie annimmt, die Märkte seien *un*vollkommen. Wenn der Preismechanismus perfekt arbeiten würde, so die Theorie, müsste es kein Unternehmen geben. Unternehmen haben daher für die Schulbuchökonomik immer den Beigeschmack des Imperfekten. Das macht ökonomisch keinen Sinn, da Märkte ohne Unternehmen nicht funktionieren können, und die Vorstellung eines funktionierenden Marktes – von vollkommenen Märkten wollen wir erst gar nicht reden – ohne Unternehmen geradezu lächerlich ist. — Das Unternehmen ist nicht eine Folge unvollkommener Märkte, sondern macht den Markt vollkommener, indem es überhaupt eine Leistung zu erstellen gestattet, die sonst nicht zustande käme. Freilich können Unternehmen so groß werden, dass sie nicht nur Märkte, sondern auch noch Regierungen und die Gesellschaft, aus denen sie herauswuchsen, in ihre Geiselhaft nehmen.

[123] Für die Schulbuchökonomik ist das Unternehmen ein systemunabhängiger Tatbestand (Gutenberg). Dabei geht aber das Unternehmen als ökonomische Kategorie verloren (dazu Schmidt 2000). Die Folge ist, dass man das Unternehmen auf alle mögliche Weise definiert – als Organisation, als soziale Einheit, usw. – aber das, was sie wirklich sind, sieht man nicht.

2.5 Geld und Unternehmen

der „Allokation der Ressourcen" bzw. in der Erzeugung von Wohlstand ergänzen.

Der einzelne Tauschakt ist kontingent – der Tausch selbst nicht

Jede einzelne Tauschhandlung ist kontingent. D.h. jeder einzelne Tausch („buy" bzw. „out") kann in Unternehmen im Prinzip durch Selbstproduktion („make" bzw. „in") ersetzt werden. Im Gegensatz dazu ist die Entscheidung für oder gegen die Marktwirtschaft (als System dichter Tauschkommunikation) gar nicht „möglich". Wer sich gegen den Markt (und für Planwirtschaft) entscheidet, entscheidet sich für den Untergang der Gesellschaft. Denn ein Organismus (Marktwirtschaft) lässt sich nicht in *eine* Organisation (Unternehmung) transformieren. Um zu funktionieren brauchen Organismen „Zellen", die relativ autonom sind. Mit anderen Worten: Mikroökonomisch hat der Mensch eine Wahlfreiheit, makrogesellschaftlich faktisch nicht. Will er seine Verhältnisse „vernünftig" gestalten, muss er für eine Marktwirtschaft = Geldwirtschaft, in der die Eigentümer autonom sind, votieren.

Unternehmen „schwimmen" in Marktwirtschaften. Verwandelt man eine Wirtschaft in eine Organisation, vernichtet man den wirtschaftlichen Organismus, d.h. die Wirtschaft selbst.

Daher ist Geldwirtschaft ein *nichtkontingentes* Gebilde. Geldwirtschaft ist *die* Form, in der sich (moderne) Gesellschaften organisieren bzw. organisieren *müssen*. Das Gegenteil von Geldwirtschaft ist nicht irgendeine andere Wirtschaft, sondern ein „Ausnahmezustand", wie auch der sowjetische Sozialismus ein auf Dauer gehaltener Ausnahmezustand war.

Ohne Sozialismus geht's freilich nicht. Der Kapitalismus braucht den Sozialismus, freilich nicht als Alternative zu ihm, sondern als interne *Ergänzung*. Die Bürgergesellschaft beruht auf „exchange" *und* auf „pooling" (dazu S. 130).

Der bürgerliche Staat ist eine „sozialistische" Einrichtung im Kapitalismus.

2.6 Wachstum

Wirtschaftswachstum als Zauberformel

Wirtschaftswachstum ist ein junges Phänomen. Bis zum Entstehen der Hochkulturen vor 3000 bis 5000 Jahren hat sich die Lebensweise der Menschen kaum verändert. Aber erst vor 200-300 Jahren ist der Menschheit der Aufbruch in die Moderne, das prometheische Zeitalter gelungen. Seit 1900 hat sich die Weltbevölkerung von 1,6 auf fast 7 Milliarden vervierfacht. Und sie ist (z.B. nach Nordhaus) pro Kopf um das Zehnfache produktiver, was ein Produktivitätswachstum von 2,3% pro Jahr ergibt. In diesem Zeitraum multiplizieren sich Bevölkerungswachstum und Pro-Kopf-Wachstum zum 37-fachen. Rückschläge in Folge von Kriegen und Wirtschaftskrisen wurden durch umso stärkeres Wachstum in den Folgejahren aufgeholt. Fast alle Kontinente haben sich inzwischen dem Club wachsender Wirtschaften angeschlossen.

Wirtschaftswachstum ist die Zauberformel der Moderne. Es wird willkommen geheißen, weil es Menschen in Arbeit und Brot setzt und Verteilungskonflikte mildert. Wer wächst, überlebt; wer stagniert geht unter, heißt es. Wachstum gilt allen als Zeichen von Vitalität und besserer Überlebenschancen.

Zugleich aber sehen viele im Wirtschaftswachstum die größte Bedrohung für die Welt. Es zerstöre, so sagen sie, die Umwelt. Es sei durch Raubbau an den Naturschätzen und progressive Verschmutzung von Luft, Wasser und Boden erkauft.

Ein Widerspruch wie er quälender kaum sein könnte! Er konfrontiert jeden Einzelnen, alarmiert die Öffentlichkeit und vermittelt ein gespaltenes Lebensgefühl. Milliarden von Jahren hat sich die Natur auf uns vorbereitet – jetzt laufen wir Gefahr, die Erde innerhalb weniger Generationen unbewohnbar zu machen! Sägen wir nicht – dumm aber vergnüglich – auf dem Ast, auf dem wir sitzen?

Wer oder was aber ist diese Wirtschaft, die gegen die Natur antritt? Ist es der Nimmersatt Mensch, Wachstum also Folge seiner Gier? Oder ist Wirtschaft ein System, das ständig wachsen muss, um seine innere Stabilität zu erhalten.

Ist es so? Wenn ja, was bedeutet das für die Zukunft der Gesellschaft. Oder ist der Konflikt nicht so krass, wie hier angedeutet? Welche Auswege oder Ausweichmöglichkeiten gibt es? Wie können wir die Schärfe des Konflikts mildern, um Zeit zu gewinnen, in der Hoffnung, Mittel der Abhilfe zu finden?

Oder sitzen wir etwa einem Irrtum auf, den schon Malthus beging, der meinte, wirtschaftlichen Niedergang und Verelendung der Menschen *logisch* aus der Kluft von *gleichbleibender Liebesleidenschaft* und *abnehmenden Bodenerträgen* ableiten zu können?

Die Stellung des Menschen

Beginnen wir beim Menschen. Was können wir über ihn mit einiger Sicherheit sagen? Seine biologische Grundausstattung und seine Grundbedürfnisse haben sich seit vielen Jahrtausenden wenig geändert: Er ist, wie auch andere Lebewesen, bedürftig. Er vermehrt sich, so er kann, kräftig – bisher jedenfalls, kann aber, so er wirklich will, seiner eigenen Vermehrung einen Riegel vorschieben. Der Mensch ist von Natur aus neugierig und für ein noch Mehr oder für Anderes offen und leicht verführbar. Er kann aber auch, so er will, seine Triebe und Bedürfnisse steuern und begrenzen. Er kann geben, um erst später zu nehmen. Er kann seine natürliche und sogar soziale Umwelt gestalten und für ein friedliches Miteinander Vorsorge treffen. Damit ist der Mensch weniger als andere Lebewesen von der Natur festgelegt. Um Wachstum aus der menschlichen „Natur" abzuleiten, müsste man nachweisen, dass sich diese in den letzten 200 Jahren radikal veränderte. Das aber ist wohl nicht möglich.

Geld + Unternehmen = Wachstumszwang

Nachdem also die „Natur" des Menschen für die Erklärung des säkularen Wachstums nicht in Betracht kommt, halten wir uns an das „System". Das System besteht aus seinen Verknüpfungen. Ich zitiere Luhmann: „Gesellschaft besteht aus Kommunikation und nur aus Kommunikation", im ökonomischen Bereich also aus dem Tausch.

Im Naturaltausch wird Ware gegen Ware getauscht. Die Formel heißt: W – W'. A gibt W und erhält W'. B gibt W' und erhält W. Jeder der beiden tauscht, weil ihr Nutzen (U) durch das Tauschen steigt. Für beide ist der Nutzen des erhaltenen Gutes größer als der Nutzen des weggebenen. Nach dem Tausch stehen beide daher besser da als vorher. An den Tausch schließt allerdings die Phase des Verbrauchs oder der Vernutzung an, bei dem die Nutzenwerte abgetragen werden. Das Abtragen des Nutzens in Verwendung befindlicher Güter kann nur durch die Produktion neuer Güter kompensiert werden, welche dann wieder selbst verbraucht oder zum Tausch angeboten werden. Verbrauch auf der einen und Arbeit auf der anderen ergeben somit einen Zyklus, dessen Werte steigen, gleichbleiben oder auch fallen können. Aus dem Naturaltausch W – W jedenfalls lässt sich kein Wachstumszwang ableiten. Ist es vielleicht der Geldtausch?

Warum sollen aber das Auf- und das Dazwischentreten von Geld den stationären Rhythmus von Wertentstehung und Werteverbrauch in einen dynamischen Wachstumsrhythmus verwandeln? (Methodisch ausgedrückt: Warum soll eine wirtschaftliche *Form* am *Inhalt* des ökonomischen Prozesses etwas verändern?)

Erinnern wir uns an die Metamorphose W – G – W – G – W – G und die Parts, die Haushalte und Unternehmen leisten (S. 68f). Wir sahen, dass Haushalte auch funktionieren, wenn ihr verfügbares Einkommen über die Zeit sinkt. Aber Unternehmen „müssen" mit Geld mehr Geld verdienen, sonst gefährden sie ihre Existenz. Daher ist die Ware-Geld-Metamorphose eine sich öffnende Spirale. Und Geldwirtschaften sind nur stabil, wenn die Geldgrößen wachsen. Die Gesamtheit von Unternehmen kann freilich nur mehr Geld verdienen, wenn während der Produktion neues Geld in die Wirtschaft eingeschossen wurde. Daraus resultiert nach Binswanger (2006) ein Zwang zum geldlichen Wachstum, den man als *systemische Norm* verstehen kann. Wird sie verletzt, stockt der Kreislauf; die Wirtschaft schrumpft. Geld verlangt also Wachstum. Und Wachstum verlangt den Einschuss zusätzlichen Geldes.

Aus morphologischer Sicht ist der Wachstumszwang Folge der Emanationen „Geld" und „Unternehmen". *Geld* ist das *Medium*, das die Zeit zwischen Investition und Absatz überbrückt. Die *Unternehmung* ist die *Organisation*, welche diesen Wachstumszwang systematisch erfüllen muss. Es sind also die *beiden Emanationen der bürgerlichen Ordnung*, die aus der Harmlosigkeit des Tausches ein System schaffen, das *nach Wachstum verlangt*.

Darüber hinaus und unabhängig davon zeigen die in Geld denominierten Ansprüche von Kreditgebern und Sparern die Tendenz, über den Zins- und Zinseszinsmechanismus zu wachsen.

Wachstumsdrang und Faktoren des Wachstums

Gleichzeitig *drängen* verschiedene Faktoren zum Wachstum bzw. machen Wachstum möglich. Auf einige möchte ich aufmerksam machen.

Wir haben die Bedürftigkeit des Individuums, seine Neugierde und seine Lust auf Mehr bzw. seine Gier erwähnt. Auch Staaten und Regierungen sind an Wirtschaftswachstum interessiert, weil höhere Leistungen nur durch ein höheres Steueraufkommen zu finanzieren sind, und sich Verteilungskonflikte bei Wachstum leichter vermeiden lassen als bei Stagnation oder Rückgang des Sozialprodukts. Außerdem: Bei ständig steigender Arbeitsproduktivität braucht

2.6 Wachstum

es Wachstum, da sonst die Beschäftigung entsprechend zurückgeht. Das aber will niemand.[124]

Woher aber kommt das ständige Wirtschaftswachstum? Die traditionelle Ökonomik kann diese Frage mit dem Hinweis auf eine Vermehrung von Produktionsfaktoren, also von Arbeit, Maschinen und Rohstoffen teilweise beantworten. Den von ihr nicht erklärbaren Rest bezeichnet sie als technischen Fortschritt. Dieser fällt aber nicht vom Himmel, sondern entsteht im System selbst. Das weiß die Ökonomik, kann aber damit so lange nicht gut umgehen, solange sie nur die „Hardware" der Wirtschaft, also Produktionsfaktoren, in ihre Erklärung einbezieht. Will man aber die Neigung der Wirtschaft zum Wachstum verstehen, muss man wissen, wie ihre „Software" tickt.[125]

Zentraler „Baustein" der „Software" ist Geld als Medium. Man kann sogar sagen: ohne Geld gibt es keine Wirtschaft und schon gar keinen technischen Fortschritt. Welchen quantifizierbaren Beitrag Geld leistet, lässt sich freilich weder messen noch abschätzen, weil Geld (als Medium) Katalysator des Systems ist. Man kann nur sicher sein, dass die Wirtschaft mit der Abschaffung von Geld sofort zusammenbrechen würde.[126] Um die katalysatorische Wirkung des Geldes auf die Entwicklung der Wirtschaft und deren Wachstum zu verstehen, rufen wir uns folgende Tatsachen in Gedächtnis:

− Im Geld hat der Mensch nicht nur das „Instrument", seiner Lust auf Neues nachzugehen, sondern er muss auch ständig neue Chancen erkunden, Produkte und Verfahren verbessern, um dem Druck der Konkurrenz standhalten zu können.

---

[124] Es gilt tautologisch: Wachstumsrate der Beschäftigung = Wachstumsrate des Sozialprodukts minus Wachstumsrate der Arbeitsproduktivität. Ein Beispiel: Innerhalb von 10 Jahren wachse das Sozialprodukt um 30%, die Stundenproduktivität um 50%. Dann würde die Arbeitszeit um ca. 20% abnehmen.

[125] Ansätze dazu finden sich schon bei Adam Smith mit dem Begriff der Arbeitsteilung und Spezialisierung. Arrow führt in einem Aufsatz (1962) Wachstum auf „learning by doing" zurück. Ansätze dieser Art zählt man zur Gruppe der endogenen Wachstumstheorien.

[126] Jede Wirtschaft kann mit jeder noch so geringen Menge an Geld auskommen, aber ohne Geld kann die Wirtschaft nicht auskommen.

– Die Leichtigkeit, mit der Vorhandenes kombiniert, rekombiniert und Neues integriert wird, macht technischen Fortschritt möglich. Umwege werden dadurch rentabel.[127]
– Nach Erfindung des Buchdrucks können technische Neuerungen kaum mehr verloren gehen (menschliche bedauerlicherweise ja). Mit moderner Software, die Routinen automatisiert und die nahezu ohne Kosten weitergegeben werden kann, ist der technische Fortschritt geradezu auf Permanenz programmiert.
– Die Leichtigkeit des Umganges mit Geld ermöglicht die Ansammlung und investive Verwendung riesiger Kapitalien und die Verteilung ihrer „Erträge" auf Millionen von Investoren.

Das alles erleichtert und verführt zu Wachstum. Geld und Unternehmen zwingen zu Wachstum.

Monetäres, reales und stoffliches Wachstum

Was aber ist es eigentlich, das wächst? Wir beginnen mit der Unterscheidung zwischen drei Ebenen:

– *Monetäres Wachstum:* Das Wachstum der (nichtinflationsbereinigten) *Geldgrößen*, also das Wachstum der Konsum- und Investitionsausgaben, der Vermögenswerte, usw., alles in laufenden Preisen.
– *Reales Wachstum* wird stets als Zunahme eines Güter- oder Leistungsbündels verstanden.[128] Das gebräuchlichste Maß für realwirtschaftliche Entwicklungen ist das Bruttoinlandsprodukt (BIP) in konstanten Preisen. Man gewinnt diese Größen aus Umsätzen abzüglich Vorleistungen, korrigiert um die Preissteigerungen (Inflation). Zieht man hiervon auch die Abschreibung ab, erhält man das Nettosozialprodukt oder die Wertschöpfung. Realwirtschaftliches Wachstum geht häufig mit Strukturveränderun-

---

[127] Die neuere Ökonomik spricht folgerichtig von den produktiven Wirkungen sinkender Transaktionskosten. Transaktionskosten sind aber in der Walrasianischen Gleichgewichtsökonomik ein Fremdkörper.

[128] Man gewinnt diese Größen aus Umsätzen abzüglich Vorleistungen und Abschreibungen (= Wertschöpfung) und korrigiert diese um die Preissteigerungen (Inflation).

gen einher. (Die Produktion von neuen Produkten macht übrigens die Berechnung realer Steigerungen schwierig.[129])
- *Naturverbrauch:* Die Zunahme (oder Abnahme) des stofflichen Durchsatzes, also des Material- und Energieverbrauchs, einschließlich der Belastung von Boden-, Luft- und Wasser durch Emissionen, die Ausrottung von Pflanzen- und Tierarten.

Welche Ebene treibt welche?

Führt monetäres Wachstum zu realem Wachstum?

Der Wachstumszwang geht vom Geld als *morphologischem Phänomen* aus. Die Wirtschaft muss monetär wachsen, weil kein Investor sein Geld ausgeben würde, wenn er nicht mindestens die Summe zurückzuerhalten hofft, die er ausgegeben hat. Aus dem monetären Wachstumszwang folgt aber nicht notwendigerweise ein realer. Selbstverständlich streben Wirtschaftssubjekte in der Regel eine reale Verbesserung ihrer Situation an. Aber selbst die Aussicht auf eine Verschlechterung verhindert nicht, dass sie handeln. Die Bedingung für wirtschaftliches Handeln lautet nur, dass sie erwarten können, durch ihr Handeln besser dazustehen, als sie ohne dieses Handeln dastehen würden. Akteure werden ihr Geld investieren, solange sie mit einer Geldanlage mehr verdienen als wenn sie Bares unter die Matratze stecken. Vergleichbares gilt für die Kreditvergabe und -aufnahme. Selbst eine Kreditaufnahme kann sich bei negativem realen Wachstum als günstig erweisen. Voraussetzung ist nur, dass Kreditgeber (Kreditnehmer) mehr Geld zurückerhalten, als sie gegeben (genommen) haben. Ein Beispiel: X verfüge über eine gewisse Menge an Geld. Die Inflation betrage 10% p.a. Wenn er mit seiner Investition jährlich 5% erzielen kann, steht er besser da als im Falle der Nichtinvestition. Da würde er 10% verlieren.

---

[129] Ein Laptop heute ist, was seine Rechenkapazität und Speicherfähigkeit betrifft, um das Eintausendfache leistungsfähiger als ein Laptop vor 20 Jahren. Aber er geht in die Sozialproduktrechnung nicht mit dem Faktor Tausend, nicht einmal mit dem Faktor Zehn ein. Mit einer Software, die nur 15.- € kostet, kann heute auf einem IPod ein kleines Tonstudio imitiert werden. Wie ist dieser Fortschritt physisch zu bewerten? Die Sozialproduktberechnung hängt *technisch* in der Luft und ist nur brauchbar, weil es internationale Vereinbarungen gibt, wie mit diesen Änderungen zu verfahren ist. Wir wissen also nicht wirklich, um wie viel die Wirtschaft gewachsen ist, sondern nur ob es eine Beschleunigung oder Verlangsamung gab, oder um wie viel die Wirtschaft eines Landes X rascher als die der Wirtschaft des Landes Y wuchs.

Zugleich *drängt* eine Geldwirtschaft zu realem Wachstum und ermöglicht dieses auch aufgrund der allgemeinen Konkurrenz um wirtschaftliche Chancen und der großen Beweglichkeit ihrer Teile. Unternehmen „müssen" investieren, um die Nase vorne zu behalten. Diesem Drang müssen die monetären Instanzen mit einem ständigen Einschuss frischen Geldes folgen, da es sonst zu einer Depression kommt.

Monetäres Wachstum muss stattfinden, reales kann aber muss nicht unbedingt stattfinden. Reales Wachstum ist mit monetärem Wachstum nur sehr lose gekoppelt. Es gibt Phasen, in denen das Sozialprodukt real kräftig zulegt. Meistens steigt es dann aber auch nominal mindestens im Tempo des realen. Es gibt gelegentlich Phasen mit hohem nominalem Wachstum bei gleichzeitig leichtem Rückgang der Produktion. Phasen mit negativem nominalem Wachstum sind selten und mit erheblichen realen Störungen verbunden.

Der monetäre Wachstumszwang ergibt sich eindeutig aus der morphologischen Struktur des Geldes. Zugleich drängt die Geldwirtschaft auch zu realem Wachstum. Ohne monetäres Wachstum gibt es kein reales Wachstum. Ohne reales Wachstum kann es aber monetäres Wachstum geben.

Vom Geldwachstum geht allerdings insofern ein realer Wachstumsimpuls aus, da (zinsbelastete) Kredite die Wirtschaftssubjekte dazu *antreiben*, ein höheres Einkommen zu erzielen. Kredite zwingen zum Tausch, betont Riese (1995). Menschen müssen, um zu „überleben" nach höheren Verdienstmöglichkeiten Ausschau halten. Aus dem mikroökonomischen Druck, der von verzinsten Krediten ausgeht, ziehen manche die Schlussfolgerung, dass hohe Zinsen zu mehr Wachstum führen. Das ist nicht richtig, weil hohe Zinsen die Nachfrage nach Krediten und daher die Investitionsneigung einschränken.

Ob „reales" Wachstum des Bruttoinlandsprodukts (BIP) auch Wohlstandssteigerung bedeutet, steht auf einem anderen Blatt. Von vielen Forschern wird hervorgehoben, dass das BIP kein guter Indikator für die Entwicklung des Wohlstandes sei. Denn es reflektiere zu einem nicht unbeträchtlichen Teil „Reparaturleistungen" der Gesellschaft an Schäden, die sie selbst angerichtet hat. BIP-Wachstum kann daher mit Wohlstandverlusten einhergehen.

Differenz von monetärem und realem Wachstum geht in Schuldenaufbau oder Inflation

Während also monetäres Wachstum nicht unbedingt reales Wachstum nach sich zieht, gibt es ohne monetäres Wachstum auf Dauer kein reales Wachstum. Wie schon gesagt: Ohne mit monetären Zuwächsen rechnen zu können hören die Akteure auf, ihr Geld einzusetzen. *Die Ausdehnung der Geldmenge kann dem realwirtschaftlichen Wachstum allerdings weit vorauseilen. Die Differenz ist von Bedeutung und wirkt sich entweder in einer Beschleunigung der Inflation*[130] *oder eines Forderungsaufbaus aus.*

Die Wirtschaftspolitik steht daher im Prinzip vor der Wahl, die *Differenz* von monetärem zu realwirtschaftlichem Wachstum entweder auf eine höhere Inflation oder einen Aufbau von Schulden „aufzuteilen"[131]. Inflation ist jetzt unangenehm, während der Aufbau von Schulden (der über das Tempo des nominalen Sozialprodukts hinausreicht) seine schädlichen Wirkungen irgendeinmal später, aber dann mit umso größerer Wucht entfaltet. Eine schleichende Inflation – ich denke an Raten bis zu 10% – ist systemkompatibel – eine niedrigere Inflation ist natürlich wünschenswert. Aber eine Inflation als Folge einer Monetisierung der Schulden (wie sie derzeit bereits stattfindet), die sich wie eine Lawine plötzlich über alle ausbreitet, gefährdet das System, auf dem unser Wohlstand beruht. Nationalbanken haben den eben genannten Spielraum für die Inflationierung und damit Reduzierung der Schuld in den letzten Jahrzehnten nicht genutzt. Sie bestanden auf sehr niedrigen Inflationsraten.[132] Damit zurrten sie die wachsenden Geldvermögensansprüche nur fest. Dem massiven Aufbau der Verschuldung bzw. der Geldvermögen schenkten sie kaum Beachtung. Jetzt, da die Krise ausgebrochen ist, sehen sie sich veranlasst, sie durch Einschießen frischen Geldes weiter zu vermeiden und glauben, sie könnten den ungedeckten Ansprüchen entkommen. Welch ein Irrtum! Das realwirtschaftliche Wachstum kann selbst unter besten Verhältnisse nie kräftig genug sein, um

---

[130] Mäßig hohe Inflationsraten sind wünschenswert und systemkompatibel. Sie erleichtern Strukturveränderungen. (Bei einer Inflationsrate von Null müssen mehr Preise sinken als bei einer Inflationsrate z.B. von 3%.). Aber eine sehr hohe Inflation – sagen wir ab 20% pro Jahr – destabilisiert das System.

[131] Abgesehen davon, dass sie monetäres Wachstum selbst begrenzen kann, etwa durch eine striktere Bankenaufsicht (die Vermeidung z.B. von Subprimekrediten), oder reales Wachstum durch angebotsorientierte Maßnahmen fördern kann.

[132] Die Inflationshysterie der Geldpolitiker erhöhte das Risiko einer Systemkrise unnötig, weil sie den kurzfristigen Vorteil einer höheren Preisstabilität nur auf Kosten einer höheren Realverschuldung erreichte.

bei diesen Schuldenständen eine Gesundung der Wirtschaft zu erreichen (dazu S. 233ff). Die Wirtschaftspolitiker bereiten den Weg in die hohe Inflation vor und scheinen es nicht einmal zu wissen.

Entkoppelung von monetärem Wachstum und Naturverbrauch

So wie monetäres und sogenanntes reales Wachstum auseinanderfallen können, so auch reales Wachstum und stofflicher Durchsatz. Die bisherigen Erfahrungen zeigen zwar: Reales Wirtschaftswachstum war mit steigendem Naturverbrauch verbunden, aber dieser Zusammenhang ist nicht zwingend, und zwar aus folgenden Gründen:

- „Reales" Wachstum kann mit starken Strukturveränderungen einhergehen. Ein doppelt so hohes Einkommen heißt nicht doppelt so hoher Fleisch- oder Stahlverbrauch.
- „Reale" Zuwächse (etwa beim BIP) können auch bei konstantem oder sogar rückläufigem Materialeinsatz erzielt werden,
- wenn sich die Effizienz des stofflichen Einsatzes erhöht; wenn also pro produzierter Währungseinheit (in gleichbleibenden Preisen) weniger Energie eingesetzt wird;
- weil oder wenn Aktivitäten mit hohem Materialeinsatz durch solche mit niedrigerem ersetzt werden (früher: Hörvergnügen mit Schallplatten; jetzt mit elektronischen Datenträgern);
- wenn Leistungen erbracht werden, um Umweltschäden zu beheben oder zu vermeiden. In diesem Fall wird die Umweltzerstörung rückgängig gemacht, während sich gleichzeitig Einkommen und Kosten erhöhen (wovon der Endverbraucher nichts hat).

Bisher ist mit der realwirtschaftlichen Leistung der stoffliche Input allerdings kräftig angestiegen. Das darf nicht verwundern, da der Mensch die Materialien aus der Natur entnimmt oder diese als kostenlose Deponie für seine Abfälle benutzt. Der Mensch bezahlt der Natur für ihre Geschenke nichts und kann es auch gar nicht – sie ist kein Geschäftspartner. Er zahlt nur den Eigentümern der aus der Natur entnommenen Materialien die Förder-, Transportkosten und Monopolrenten, nicht aber den Nutzgehalt der Naturgaben (dazu S. 34). Solange die Leistungen der Natur durch Besteuerung oder durch Kontingentehandel (z.B. CO_2-Handel) nicht künstlich verknappt werden, darf man nicht damit rechnen, dass die Akteure mit Naturressourcen sorgfältig umgehen.

Bürgerliche Ordnung und Wachstumszwang

Der „gesunde" Menschenverstand sagt: „Bäume wachsen nicht in den Himmel. Alles, was dauernd wächst, muss zugrunde gehen." Der Vorbehalt gegen Wachstum ist nachvollziehbar. Wer will schon in eine unabsehbare Bewegung hineingerissen werden, von der man befürchten muss, dass sie in einer Katastrophe endet? Wer will sich schon unter die *Peitsche eines Wachstumszwangs* stellen lassen? Weder will sich der Satte zu einem Mehr drängen lassen, noch will man sich einem Systemzwang unterwerfen, der Inflation, Überschuldung, ständigen psychischen Stress und Umweltzerstörungen usw. hervorruft.

Für diese unabsehbare Bewegung haben wir drei Gründe ausfindig gemacht:

1. Autonomes Wachstum: technischer, organisatorischer und sozialer Fortschritt ermöglichen ein Mehr.
2. Wachstum ist von vielen Seiten erwünscht und wird angestrebt. Menschen schätzen, wenn sie über mehr verfügen können.
3. Die bürgerliche Gesellschaft – d.h. ihre morphologische Struktur als Tausch- und Geldzusammenhang – fordert Wachstum. Ein Schrumpfungsprozess stört ernsthaft die Funktionsfähigkeit der Wirtschaft.

Autonomes Wachstum ist schwer zu stoppen, könnte aber durch mehr Freizeit und Muße kompensiert oder in Richtung auf Güter und Dienstleistungen, die wenig oder keinem Naturverbrauch kosten, umgelenkt werden.

Der Wachstumswunsch könnte in Hinblick auf *Freiheitsgewinne*, die durch Verzicht ermöglicht werden oder in Hinblick auf *ökologische Erfordernisse* zurückgestellt werden. Rein hypothetisch könnten sich die Menschen von diesen beiden Wachstumsmotiven trennen – soziale Konkurrenz unter ihnen, der berechtigte Wunsch es auch so gut wie die „anderen" zu haben – auf individueller und kollektiver Ebene – macht diesen Verzicht freilich (unter jetzigen Werthaltungen und Vorstellungen) unwahrscheinlich.

Der dritte Wachstumsimpuls ist *morphologisch* bedingt. Daraus könnte man einen unversöhnlichen Widerspruch zwischen Natur und (bürgerlicher) Zivilisation ableiten. Wenn die bürgerliche Gesellschaft eine Struktur hat, die ins Unendliche ausgreift, die Natur aber beschränkt ist, ergibt sich eine Inkompatibilität, die zur Forderung zu zwingen scheint, den Kapitalismus zu beseitigen und durch ein anderes System zu ersetzen.

Ein solcher ideologischer Kurzschluss wäre verheerend. Denn eine Bevölkerung von sieben Milliarden Menschen kann nur als Geldwirtschaft überleben. Nur über Geld ist eine intensive Bewirtschaftung der Ressourcen möglich. Dass man das bisher nicht erreicht hat, liegt unter anderem am Steuersystem, das versäumt, den Verbrauch von Naturressourcen hinreichend hoch zu besteuern und damit den Umstand verleugnet, dass die Natur kein „Verhandlungspartner", d.h. kein ökonomischer stake holder ist (dazu S. 34f).

Unnötige Wachstumsimpulse ergeben sich unter anderem auch aus dem ungenügend oder falsch regulierten Finanzsystem, das unnütze Vermögensansprüche generiert, die die Wirtschaft mit inzwischen nicht mehr bedienbaren Renditeansprüchen belastet. Ebenfalls aus den Steuergesetzgebungen, die zwar Ausschüttungen aber nicht Vermögenssteigerungen besteuern und damit unsinnigen Investitionen Vorschub leisten. In die gleiche Richtung wirkt eine auf übertriebene Preisstabilität angelegte Geldpolitik. Durch Reformmaßnahmen verschiedener Art ließe sich der systemische Wachstumszwang stark reduzieren.[133]

Freilich, das Unbehagen an der Wachstumsneigung der Zivilisation bleibt. Patentrezepte zur Auflösung der Spannung zwischen Wirtschaft und Ökosystem sind nicht erkennbar.

Exkurs: Die „natürliche" Hierarchie: Natur, Wirtschaft, Geld

Üblicherweise wird über Natur, Wirtschaft und Geld folgendermaßen geredet:

- o Natur ist die Lebensgrundlage des Menschen. Sind nicht die natürlichen Vorkommen, Luft, Wasser, die Biomasse, die Aufnahmekapazität für Emissionen begrenzt? Folglich definiert die Natur, was der Mensch tun darf und was er lassen muss.
- o Die Realwirtschaft gilt als nachgeordnete Ebene. Ihr Zweck wird in der Befriedigung der menschlichen Bedürfnisse gesehen. Die Wirtschaft ist für den Menschen, nicht dieser für die Wirtschaft da.
- o Die dritte Ebene, Geld, gilt bloß als Medium, Schein, Schleier, bestenfalls als Schmiermittel für die Wirtschaft. Da außerdem – und durchaus mit Recht – behauptet wird, dass Geld die Wirtschaft einem Wachstumszwang aussetzt, kann es seiner Verurteilung sicher sein.

Wer wollte gegen die mit dieser Begründung so natürlich erscheinende Hierarchie der Ebenen Einspruch erheben? Entspricht sie nicht der „Natur der Sache"? Nein! Sie ist nicht natürlich, sondern naturalistisch. In „Wirklichkeit" läuft die Reihe eher in umgekehrter Richtung:

---

[133] Vorschläge dazu macht auch Binswanger 2009.

- Als alleroberste Instanz (Ebene 1) braucht das Ganze allerdings den „Geist" und die „Sinne". Sie und nur sie können bestimmen, was *Sinn* macht.
- Dann kommt das Geld als System. Geld ist ein unverzichtbares Instrument, mit dem der Mensch seine Welt wahrnimmt und beurteilt. Geld ist der Wächter am Tor wirtschaftlicher Entscheidungen: es ermöglicht dem Menschen, die Knappheit der Güter wahrzunehmen und mit diesen sorgfältig, d.h. ökonomisch umzugehen. Geld trägt die wirtschaftlichen Ereignisreihen und stellt die weltweite Kohärenz menschlicher Handlungen her. Damit macht Geld den Menschen zum global bewussten Subjekt. Nur im Fahrwasser des Geldes konnten der ganze Komplex von Denkmitteln und zahlreiche andere Werkzeuge, die Satellitenaufklärung, statistische Datenbanken, das Internet usw., entstehen. Als Geldmensch erkennt er – wenn auch reichlich spät – die Grenzen der terrestrischen Bewirtschaftung.
- Nur weil es Geld gibt, gibt es auch eine *Wirtschaft*. Die Wirtschaft ist also, systemisch gesehen, ein Anhängsel des Geldes. Oft wird leichthin gefordert, dass die Wirtschaft dem Menschen zu dienen habe. Damit will man aber wohl eher ausdrücken, dass jeder jeden einzelnen wirtschaftlichen Akt daraufhin überprüfen solle, ob er ihm und anderen dienlich sei. Aber die Wirtschaft als System ist kein „Instrument". Sie kann daher dem Menschen nicht „dienen". Sie ist ein System „überpersönlicher Gebilde", von dessen Fortsetzung das Wohl und Wehe der Menschen abhängt. – Allerdings gibt es einen „Gemeinwohlbereich", dessen zentrale Vertretung der Staat ist. Hier aber wird das Ganze als Subjekt gedacht, von dem man erwartet, dass es den spontanen Wirtschaftsprozess so steuert, dass dieser sozial- und naturkompatibel ist.
- Die *Natur* bildet die unterste Ebene. Denn sie ist für den Menschen Objekt, auch Objekt der Ausbeutung. Natürlich ernährt sich der Mensch nicht vom Geld. Aber das Geldsystem ist und bleibt entscheidend im Umgang des Menschen mit der Natur. M.a.W.: *Der Mensch ist zwar Teil der Natur, herrscht über sie aber durch seine Kultur, zu der das Geldwesen gehört.*

2.7 Gestalt und Gestell

Im Alltagsleben denken wir ständig in „Gestalten". Auch für das neue Denken ist der Gestaltbegriff ganz unentbehrlich. Die Wissenschaften aber haben uns bisher wenig vorbereitet, in Gestaltbegriffen zu denken, weil sie die von ihnen beobachteten Zustände *kausal* verstehen möchten.

Mit *Gestalt* ist ein die Wirklichkeit organisierendes Prinzip gemeint, das alle Bereiche durchdringt und einem einheitlichen Muster unterwirft.[134] Statt Gestalt kann man auch von einer emergenten Struktur sprechen. Die Systemtheorie definiert Gestalt als Set charakteristischer Eigenschaften auf der Makroebene eines Systems, die nicht – oder jedenfalls nicht offensichtlich – auf Eigenschaften der Elemente zurückführen sind, die diese isoliert aufweisen. Der systemtheoretische Gestaltbegriff ist auf unseren Zusammenhang direkt anwendbar. Denn die Gestalt der Geldwirtschaft

- ist tatsächlich als Set von Eigenschaften wahrnehmbar;
- emergiert nachgewiesenermaßen aus den Grundoperationen der Wirtschaft;
- kann aber auf diese nicht einfach zurückgeführt werden.

Gestalt ist ein eigenständiges „Feld", das zwar aus Teilen gebildet wird, das aber als bestehendes Ganzes diesen seinen Stempel aufdrückt.

Zelle und Gestalt – der Teil und das Ganze

Der Tausch – als Operation – ist die *Zelle*. Die *Gestalt der Geldwirtschaft* ist das gesamthafte „Produkt" morphologischer Evolution. In der Zelle (Tausch) ist allerdings bereits die ganze Gestalt (Geldwirtschaft) angelegt.[135] Erst wenn die Gestalt ausgereift ist, findet der Tausch auf breiter Ebene statt. Erst dann lassen die Menschen ihre Selbstversorgung zurück und stellen sich auf den Tausch ein, machen ihr Leben vom Geldverdienst, d.h. von ihren Marktleistungen an andere und deren Marktleistungen an sie abhängig.

---

[134] Ernst Jünger ist der Ansicht: Gestalten können nicht begriffen, sie können nur gesehen werden (dazu Schwilk, S. 354). Zunächst muss man sie natürlich sehen. Um sie zu begreifen – soweit sie begriffen werden können – braucht es wahrscheinlich eine nichtkausale „Logik".

[135] Deshalb zielt Marxens Kapitalismuskritik auch auf den Tausch.

2.7 Gestalt und Gestell

Wir haben also einen evolutionären Zirkel vor uns. Aus der sozialen Operation emergiert die Gestalt, die Gestalt führt zu einer Erhöhung und Verdichtung der Anzahl der Operationen. Die entstandenen materialen Abhängigkeiten und Spezialisierungen stabilisieren das System.

Abbildung 9

Gestell bei Heidegger

Statt Gestalt können wir mit Heidegger (1962) auch von *Gestell*[136] sprechen. Das von ihnen Gemachte steht ihnen gegenüber, und sie sind zugleich ein Teil dessen. An diesem Formgebilde objektiver Kultur (Simmel 1900) finden die Menschen Orientierung und richten sich an ihm auf. Aber sie müssen sich dem Gestell stellen. Es setzt ihnen auch Grenzen. (Abbildung 9)

Wie schon ausgeführt, lernt der Mensch *im* und *am* Tausch: im Tun und an dessen Gestaltung. Dabei übt und wächst der Geist des Menschen und hieraus entwickeln sich wichtige Normen der Gesellschaft. Das Errichten verlangt freilich ein gewisses *Trainingsniveau* und hohe Disziplin.

Einigen Völkern gelang die Errichtung einer Geldwirtschaft, andere imitieren den Aufstieg. Nicht wenige scheitern an ihr. Auch nach erfolgreicher Errichtung ist ein Scheitern immer möglich. Wer weit hinaufsteigt, kann tief fallen.

Trotz ihrer evolutorischen Unwahrscheinlichkeit ist die Geldwirtschaft ein aufs Ganze gesehen erstaunlich stabiles Gebilde. Ihre Stabilität ergibt sich daraus, dass sie auf der Grundform des menschlichen Verkehrs, dem Tausch, aufsetzt. Um sie aber zu erhalten, bedarf sie konsequenter Pflege und Gestaltung.

Gestalt *und* Freiheit

Die Gestalt konditioniert menschliches Handeln, legt aber nichts fest. Im Gegenteil: sie macht vieles möglich. Das *erstens* deshalb, weil die Gestalt aus einer Unzahl von Operationen emergiert, von denen keine determiniert, sondern *kontingent* ist, d.h. Freiheitsgrade aufweist. Kommunikatives Handeln ist *zweitens* nicht nur kontingent, sondern doppelt kontingent. Denn es hängt ja nicht nur von den eigenen Dispositionen, sondern auch von denen der Partner ab. Wie wir bereits gesehen haben, erweitern, *drittens,* emergente Formen (Gebilde objektiver Kultur) den Raum von Handlungen.

Freiheitsgrade bestehen sowohl *materiell* als auch der *Form* nach. *Materiell*, weil man zwischen verschiedenen Produkten und Tätigkeiten wählen kann; der *Form* nach, weil sich für die gleichen Tätigkeiten verschiedene Organisationsformen anbieten. Außerdem „besitzt" der Mensch die *geistige* Freiheit, die Perspektive zu wählen, aus der er die Situation betrachtet (Frankel 1977).

Man kann mit dieser oder jener Haltung auf andere Menschen zugehen, sich entscheiden, dieses oder jenes Bedürfnis zu haben, weil man dieses oder jenes

---

[136] Viele sprechen, wenn sie Gestell meinen, etwas farblos von Institutionen oder Ordnung.

Ziel verfolgt. Man kann in der konkreten Situation dieses oder jenes Angebot unterbreiten. Man kann Verhandlungen benevolent oder engherzig führen und Verträge entsprechend fair oder ausbeuterisch ausgestalten. Man kann mit Druck oder mit Gracie verkaufen. Man kann heute oder morgen handeln. Man kann die Erwartungshorizonte lang oder kurz setzen. Und der andere kann so oder anders darauf reagieren.

Wirtschaftliche Entscheidungen können und müssen auf ihren Sinn, auf ihre politischen Auswirkungen, auf ihre Legitimität geprüft und mit dem State of Art der Wissenschaften abgeglichen werden. Die Abgrenzung und das Zusammenspiel zwischen den Systemen, die insgesamt die Gesellschaft bilden (Luhmann 1984, Willke 1993) bieten weitere Freiheitsgrade.

Überall gibt es in der Wirtschaft *Freiheitsgrade* (was das Leben nicht immer leichter macht). Man muss nur hinsehen, Unterscheidungen treffen und handeln *wollen*. Einige Spielräume werden durch Konkurrenz eingeengt. Andere tun sich mit der Ausdifferenzierung der Gesellschaft auf.

> **Gestalt ist Voraussetzung von Freiheit.**
>
> **Um zu gestalten, muss eine Gestalt vorliegen, und man braucht eine Vorstellung von dieser Gestalt.**

Sichtbare und unsichtbare Gebilde

Die Gestalt oder auch das Gestell der modernen Wirtschaftsgesellschaft haben vor allem in *Wertformen* ihren *sichtbaren Ausdruck*. Geld, selbst wenn es nur elektronisch verbucht wird, ist ein Etwas, von dem es so und so viel gibt. Man hat es oder hat es nicht. Sichtbar sind Geldpreise, worin sich Bewertungen objektiv, d.h. in gegenständlicher Form zeigen.

Sichtbar sind auch Banken als *Organisationen*. Sie nehmen Geld an und verleihen Geld, ja schöpfen es sogar und injizieren es per Kreditvertrag in die Wirtschaft. Sichtbar sind Produktionsstätten, deren Bestände man durch Inventuren feststellt, und bei deren Besichtigungen man mitbekommt, was und wie sie produzieren. Auch der Staat wirkt mit einem Teil seines Apparates sichtbar mit.

Teile des Gestells sind nicht *sichtbar*, aber nicht minder wirkungsvoll. Dass man mit Geld kaufen kann, sieht man ihm als Ding nicht an. Trotzdem kann es das. Nur dafür ist es da. Neben den beobachtbaren Preisen formen Menschen Preiserwartungen, die ständig mitlaufen. Diese sind nicht nur von Beobachtung der Preise in der Vergangenheit abhängig, sondern auch von der Einschätzung der Wirtschaft als Ganzes und deren Funktionszusammenhängen, über die jeder, im Diskurs mit vielen anderen, sich Vorstellungen bildet. Unternehmungen sind weniger das, was man von außen sieht, als das, wie sie funktionieren, getrieben von der Notwendigkeit, Profite zu erzielen und gestaltet durch einen Spirit (Unternehmenskultur). Auch der Staat umfasst mehr als seinen sichtbar operierenden Apparat. Er ist Symbol für das Gesamtwohl und steht für die Aufgaben, die er Kraft seiner Stellung hat. Wirkung erhält das Gestell durch alle Funktionen, die es auszuüben erlaubt oder die man unter seinem Einfluss sogar auszuüben gehalten ist.

> „Wertformen", d.h. Geld, Preise, Finanzprodukte, Bilanzen, etc. sind „überpersönliche Gebilde" der Wirtschaft und machen diese zu einer „extended order" (Hayek). Sie sind Kulturgebilde, denen auch eine entsprechende Denkform parallel geht (S. 141ff).
>
> Die Wertform ist gewissermaßen die Software des Systems. An der Wertform orientieren sich die „animal spirits" der Teilnehmer.[137]

Die Eigenschaften der Geldwirtschaft als Gestalt

Wie sehr Geld Voraussetzung von Gesellschaft ist und die menschlichen Beziehungen verändert, ist dem modernen Menschen kaum mehr bewusst, ist doch (fast) alles, womit er in Berührung kommt, bereits durch Geld ermöglicht und bedingt. So erscheint ihm (fast) alles, worauf sich seine Existenz als Mitglied der modernen Gesellschaft gründet, selbstverständlich. Die „zivile"[138]

---

[137] Akerlof/Shiller weisen in ihrem Buch „Animal Spirits" zurecht darauf hin, dass „animalis" in der Antike und später im Mittelalter „geistig" und „belebend" bedeutete, dass aber die moderne Wirtschaftstheorie darunter „Rastlosigkeit und Widersprüchlichkeit in der Wirtschaft" verstehe (Akerlof/Shiller 2009, S. 21). Der Begriff „umschreibt unseren eigentümlichen Umgang mit Mehrdeutigkeit und Ungewissheit." In den zahlreichen Geschichten, die sie erzählen, zeigen sie nachdrücklich, dass diese „moderne" Auffassung viel zu eng ist. — Meines Erachtens sollte eine wirtschaftliche Theorie der Unsicherheit an der Wertform anknüpfen und nicht an irgendwelchen Gleich- oder Ungleichgewichtskonstrukten oder an rastlosen Launen.

[138] Ich verwende ganz bewusst den Ausdruck zivile Gesellschaft und setze ihn mit bürgerlicher Gesellschaft gleich. Die bürgerliche = zivile Gesellschaft ist *ökonomisch* eine sich über den Tausch vergesellschaftende Sozietät. Der Tausch ist ein sehr ziviler und zivilisierter Vorgang. Üblicherweise meint man mit „Zivilgesellschaft" den Raum, den die Bürger bei der mitwirkenden Gestaltung des öffentlichen Raums außerhalb der institutionalisierten Formen (Markt und Staatsmacht) einnehmen. Diese Definition ist m.E. zu

2.7 Gestalt und Gestell

Gesellschaft ist aber durchaus nichts Selbstverständliches. Sie ist ein prekäres Kulturkonstrukt, das „Gestell" der Gesellschaft, mit dem man, je höher es wächst, umso umsichtiger umgehen muss.

> **Gestalt ist die Summe der emergenten Eigenschaften des Systems. Gesellschaft hat nicht nur Gestalt, Gesellschaft ist Gestalt.**

Der unter der Einwirkung des Geldes (als Katalysator) herangewachsene Körper der Bürgergesellschaft weist ein Set von Eigenschaften auf, die allen modernen Gesellschaften gemeinsam sind. Kurz zusammenfassend notieren wir folgende *Gestalteigenschaften*:

- der hohe Grad an Vergesellschaftung und Dichte der Kommunikationen;
- die Kontinuität von Wirtschaft als Prozess (Objektkonstanz) (S. 47). Man nimmt Geld in Hinblick auf seine weitere Verwendung;
- die *Objektivierung und Versachlichung* der Prozesse auf der einen Seite, während zugleich eine Subjektivierung der Empfindungen und Haltungen stattfindet;
- die zunehmende (formale) *Autonomie* des Individuums bei gleichzeitigem Wachsen seiner (materialen) Abhängigkeit; die Freiheit des Subjekts bei gleichzeitiger Versachlichung der Welt;
- die horizontale und vertikale *Ausdifferenzierung* des wirtschaftlich-gesellschaftlichen Raumes;
- dass Geld *friedlich* macht und damit von direktem Besitz der Naturressourcen entlastet;
- allerdings auch über den ihm eigenen Verwertungsmechanismus zu *Wachstum* drängt (siehe Abschnitt 2.6)
- und dabei ökonomische, organisatorische und technische *Prozesse beschleunigt*;
- über Konkurrenz Preis- und Profitdifferenzen einebnet und damit die *Kohärenz* von Wirtschaft herstellt;
- das *moderne Unternehmen* als organisatorische und rechtliche Einheit hervorbringt;

eng, denn ohne jene institutionalisierten Formen (Markt und Demokratie) könnten sich die Bürger gar nicht als Citoyens organisieren. Citoyens und Bourgeois bilden ein Gespann, das man nicht gegeneinander ausspielen sollte. Der Bürger als historisches Phänomen ist immer beides, wiewohl er als Einzelexemplar realiter mehr das eine oder das andere oder gar nichts von beiden ist.

– als globales Leitmedium zur Erzeugung eines *globalen Weltbewusstseins* beiträgt sowie eine global gültige Wirtschaftsethik nahelegt.

Dieses Eigenschaftsset beschreibt die Gestalt der bürgerlichen Gesellschaft. Es hat seine Parallele im *Typus des modernen Wirtschaftsmenschen,* dessen Eigenschaften wir auf den Seiten 152ff beschrieben haben.

2.8 Schuld und Vermögen

> *Die „Urschuld" des Individuums besteht in Verpflichtung gegenüber der Gesellschaft, die dessen Existenz durch ihre Beständigkeit sichert."* – Geoffrey Ingham

Mit den nächsten beiden Abschnitten betreten wir neuen Boden. Bisher haben wir uns mit laufenden Operationen des Gebens und Nehmens und deren Wirkungen befasst; auch mit der daraus resultierenden morphologischen Struktur der Wirtschaftsgesellschaft. Ab hier beziehen wir explizit auch Schulden, Forderungen bzw. Vermögenswerte, d.h. auch Bestände ein. Das aber sind keine bloß zusätzlichen, sondern ganz wesentliche Größen. Nur durch sie wird das Bild von Wirtschaft komplett.

Wie wir schon oben gezeigt haben, geht „Schuld" dem „Geld" voraus. Geld ist eine „Erfindung", um Schulden zu vermeiden. Und nur weil Geld darin so erfolgreich war, konnten sich Gesellschaften bilden. Aber die Möglichkeit, Schulden zu vermeiden, führte keineswegs dazu, dass die Gesellschaft schuldenfrei wäre. Ganz im Gegenteil. Heute steckt sie bis zum Hals in Schulden bzw. erstickt an ihren Forderungen.

Wirtschaftstheorie wird erst dadurch lebendig, wenn Wirtschaft als Zusammenspiel von Geld-Operationen und den Größen, in denen Menschen ihre Ansprüche oder Rechtstitel aufbewahren, sehen. Denn jedes Wirtschaftssubjekt will nicht nur einen Nutzen oder Gewinn aus der konkreten Handlung ziehen, sondern zugleich immer auch seine Vermögensposition verbessern. Nur aus der Dialektik der beiden, der Fluss- und Bestandsgrößen (Flows und Stocks), lässt sich Wirtschaft verstehen.

SEIN UND HABEN – PROZESS UND DING

Wirtschaften spielt sich im Spannungsverhältnis von „Flows" und „Stocks" ab. Als Beispiel für einen „Flow" kann man den unmittelbar sinnlichen Genuss nennen: das Essen einer Frucht, das Gleiten mit einer Limousine durch eine schöne Landschaft, das Lesen eines Gedichts. Nicht für alle, aber für viele bedürfnisbefriedigende oder beglückende Erlebnisse braucht es allerdings „Stocks": Für ein gutes Raumgefühl eine Wohnung, die auch angenehm eingerichtet sein soll. Für das Verschmausen von Nahrungsmitteln diese selbst und die zahlreichen (für den Einzelnen schon ganz unüberschaubaren) dinglichen und technischen Voraussetzungen, die notwendig sind, sie zu erzeugen und herbeizuschaffen. Allgemein und bildlich gesagt: Wir genießen das Ei, brauchen aber sozusagen auch das Huhn dazu. Und zugleich gilt auch: wir füttern das Huhn, um schließlich dessen Eier verspeisen zu können. Oder wir verzichten auf einige Eier, um mehr Hühner zu besitzen, um sowohl mehr Fleisch als auch mehr Eier essen zu können.

Das Henne-Ei bzw. das Stock-Flow-Problem begleitet den Menschen seit jeher, besonders den Kulturmenschen. Der Mensch steht ständig vor der Entscheidung: zu genießen oder seinen Genuss vorzubereiten. Man kann auch so sagen: Zivilisierte Menschen stehen vor dieser Entscheidung. Je höher die Zivilisation entwickelt ist, desto drängender stellt sich die Entscheidung.

Freilich vermittelt auch das Haben selbst Nutzen. Denn der Nutzen einer Sache liegt nicht nur im Genuss dieser selbst, sondern auch im Wissen, dass sie uns diesen Genuss verschaffen kann, wann immer wir ihn von ihr abrufen. Es ist uns wichtig, eine Wohnung zu haben, auch wenn wir uns woanders aufhalten; dass sich im Kühlschrank Güter befinden, auf die wir, wann immer wir „Lust" verspüren, zugreifen können; dass ein Auto vor der Tür steht, selbst wenn wir gar nicht so gerne Auto fahren. Auch natürlich und vor allem: Geld und Vermögen zu *haben*, weil wir nur dann leben oder überleben können.

Wir können also eine Skala entwerfen, bei der der unmittelbar sinnliche Genuss auf der einen Seite steht, das abstrakte „Haben" auf der anderen. Assoziiert man den unmittelbaren Genuss mit dem Begriff „Sein", dann ergibt sich sofort die Assoziation mit der durch Erich Fromm so populär gewordenen Unterscheidung von „SEIN" und „HABEN".[139]

Mit einiger Vor- und Umsicht lässt sich diese philosophische Unterscheidung auch für die Ökonomik fruchtbar machen.

---

[139] Fromm 2005.

Wir haben eben bereits gesehen: Wirtschaften findet immer im Spannungsfeld zwischen Bedürfnisbefriedigung und der Schaffung oder auch dem Halten der Voraussetzungen statt, die für eine Befriedigung der Bedürfnisse erforderlich ist oder erforderlich erscheint. Jeder Haushalt und jede Organisation stellt etwas her und verbraucht Gegenstände (flows). Zugleich verfügt er/sie über Bestände (stocks) und geht mit ihnen um.

Die Unterscheidung zwischen Flows und Stocks findet man in der jedermann vertrauten Abgrenzung von Strömungs- zu Bestandsgrößen. Strömungsgrößen (flows) spiegeln Leistungsströme innerhalb eines Zeitraumes (Tag, Woche, Monat, Jahr usw.) wider. Bestandsgrößen (stocks) zeigen Bestände an, die zu einem bestimmten Zeitpunkt (Stichtag) vorhanden sind. Diese Unterscheidung gilt für jeden Wirtschaftstyp: für die Natural- wie für die entwickelte Geldwirtschaft. Menschen produzieren Produkte und verzehren sie, aber müssen, besonders seit sie sesshaft geworden sind, auch Bestände pflegen und halten (Vorratswirtschaft). Und jedes Unternehmen präsentiert seine Performance sowohl durch die Gewinn- und Verlustrechnung (Strömungsgrößen), als auch durch die Gegenüberstellung von Aktiva und Passiva in ihrer Bilanz (Bestandsgrößen). Beispiele für Strömungsgrößen sind: Produktion, Konsum, Investitionen, Bruttosozialprodukt. Typische Bestandsgrößen: Lagerbestände, Geld, Geldvermögen usw.

Um die explizite Einbeziehung von Stocks kommt keiner, der sich mit Wirtschaft befasst, herum – gleichwelcher historischen Periode oder Ausprägung. Auch wir stießen ja sofort auf das Thema. Wir gingen zwar vom *Prozess* des Gebens und Nehmens als eher fließenden Tätigkeiten aus. Und wo landeten wir? Beim Geld als einer Bestands-Größe. Wir haben dann unsere Überlegung auch auf die Höhe der Kredite, ebenfalls eine Bestandsgröße, ausgedehnt. Nun geht es darum, die Überlegungen konsequent weiterzuführen und auch auf wirtschaftliche „Vermögen" im Allgemeinen anzuwenden, und vor allem zu untersuchen, was in der Geldwirtschaft „Stocks" sind, wie sie entstehen, wie wir heute mit ihnen umgehen, usw? – Zunächst aber Begriffsklärungen.

VERMÖGEN – WAS ES IST

Wörtlich ist mit „Ver-Mögen" ein Potential gemeint, etwas zu beschaffen oder herzustellen, und damit für irgend jemanden eine Leistung zu erbringen. Unter wirtschaftlichem Vermögen – im englischen Sprachraum nüchtern einfach als „asset" bezeichnet – versteht man einen Bestand an Dingen oder Rechten, über welche Individuen oder Organisationen als Eigentümer verfügen.

Der Wert der Vermögen resultiert sowohl aus der Menge als auch aus dem kalkulierten oder Markt-Preis der gehandelten Vermögenstitel. Der jeweilig aktuelle Preis des Vermögenswertes, so er auf einer Börse notiert, verändert die aktuelle Bewertung aller anderen und daher auch die Höhe des gesamten Vermögens. Der Wert der Summe der Assets steigt also sowohl dadurch, dass neue Vermögenstitel erzeugt werden als auch durch deren Höherbewertung auf den Märkten.

Eigentum als Revier und Eigentum als Forderung

Nun gibt es aber zwei sehr unterschiedliche Typen von Eigentum, d.h. der Beziehung der Subjekte zu „Stocks":

Revier (Typ I). Die Okkupation oder Be-Sitz der Sachen kraft physischer Potenz des Menschen. Als natürliche Person kann der Mensch nur über das verfügen, was letztlich sein Körper selbst erreichen kann. Er bewohnt sein Haus, vielleicht noch ein oder zwei andere, im Extremfall ein Schloss. Er besitzt einen großen Garten, mehrere PKW. Dieses durch ihn als natürliche Person okkupierte oder realistischerweise okkupierbare Reich kann man als sein REVIER bezeichnen. Wir nennen das Vermögen vom Typ 1.

Forderung (Typ II). Menschliches Vermögen geht weit über diese physischen Möglichkeiten hinaus. So wie der Mensch für andere auch leistet, kann er selbst anderen Eigentum im „Tausch" zur Verfügung stellen und anstatt des Besitzes der Sache einen Rechtstitel, d.h. eine *Forderung* erwerben, der eine entsprechende *Schuld* dessen entgegensteht, der die Sache in Besitz genommen hat. Eine frühe Form solcher Übertragungen ist zum Beispiel das Lehen. Der besitzende Herrscher überträgt gewisse Eigentumsrechte an den Lehensnehmer, der sich seinerseits zu Wehrdiensten und anderen Leistungen verpflichtet. Indem der Lehensgeber sein Revier räumt, das er physisch ohnehin nicht halten könnte und vom Lehensnehmer Leistungen erhält, erhöht er die Reichweite seiner Herrschaft. Die Kraft von Herrschaft ist immer mit der unmittelbaren Aufgabe dieser und deren Ersatz durch formale Rechte verbunden. Die Geldwirtschaft hat die Zurverfügungstellung von Rechten an andere exzessiv gesteigert und eine unüberschaubare Formenvielfalt an Forderungstiteln erzeugt.

Alles, was wir nicht unmittelbar „besitzen" können, sich aber in unserem Eigentum befindet, ist faktisch eine Forderung gegen andere.[140] Alles, was wir nicht selbst besitzen, sondern „nur" als Rechtstitel gegen andere halten, ist also Vermögen vom Typ II. Auch „Eigenkapital" gehört zu diesem Typus. Es ist

---

[140] Selbst unser „Revier" muss durch andere versorgt (Wasser, Strom, ...) und gepflegt (Reparaturleistungen) werden.

eine Forderung von Eigentümern (letztlich immer von Haushalten) von Unternehmen an diese. Ja selbst Mietverhältnisse stellen Forderungen im weiteren Sinne dar. Der Wert von Mietwohnungen besteht letztlich darin, dass die Mieter in der Lage sind, ihren Verpflichtungen nachzukommen.[141] Modernes Eigentum besteht also vornehmlich aus Vermögen vom Typ II.

> **Vermögenstyp I ist alles, worauf wir „sitzen", Vermögenstyp II alles, was wir nicht besitzen aber beanspruchen. Solange wir nicht beanspruchen, Vermögen zu realisieren, d.h. aus dem Anspruch Ernst machen und ihn in andere Güter umsetzen, können wir Vermögen vom Typ II leicht dehnen. Wir müssen nur wissen: der Haufen, den wir besitzen, ist die Grube, in der andere sitzen.**

Die doppelte Transformation

Geld leistet eine doppelte Transformation: auf der *Leistungsebene* (flow) und auf der *Bestandsebene (stock)*. Auf beiden Ebenen vollzieht sich ein Übergang von der Substanz zur Relation. Damit können wir die Transformation, die Geld leistet, durch eine 2 x 2 Matrix mit vier Elementen charakterisieren.

Naturalwirtschaften sind auf Naturalien, d.h. auf *physische Dinge* bezogen. Auf der Leistungsebene neigen sie zur *Selbstversorgung*. Wo kein Geld ist, dort kann sich keine Kooperation entwickeln. Auf der Bestandsebene hat Eigentum den Charakter eines Reviers. Die Sippe verteidigt ihr Revier bzw. versucht ihren Lebensraum durch Eroberungen und Totschlag der „Fremden" auszuweiten.

---

[141] Viele meinen, Objekte seien durch ihren Sachwert abgesichert. Dies ist nicht richtig. Objekte sind nur so viel wert, als sie an Erträgen erzielen können. Ertragswerte und Marktpreise können aus Spekulationsgründen weit auseinandergehen. Die Fundierung liegt aber nicht in der Sache, sondern im Ertrag.

Die doppelte Transformation

		Flow/Leistung	Stocks/Eigentum
Naturalwirtschaft	orientiert sich an	*Naturalien*	*Revier*
	zeigt typisches Verhalten	*Selbstversorgung*	*Festhalten*
Geldwirtschaft	orientiert sich an	*Relationen/Geld*	*Forderung/Schuld*
	zeigt typisches Verhalten	*Tausch und Arbeitsteilung*	*Loslassen bei gleichzeitigem Verlangen nach mehr Vermögen*
		Eigentum ist daher (größtenteils) ein relationaler „Vorgang", dessen „Substanz" nichts anderes ist als das Potential, die Ansprüche gegen andere durchzusetzen bzw. die Erwartung, die in einen Titel gesetzt sind, zu realisieren.	

Geldwirtschaften hingegen sind auf kooperative Relationen angelegt. Man lebt, indem man für andere *leistet*. Man „dient" um zu „verdienen". Wenn es anderen gut geht, kann man mehr dienen und mehr verdienen. Fremde werden zu Partnern, Freunde allerdings auch zu Fremden – Calvin. Wo Geld fließt, fließt kein Blut, formuliert Bolz provokant (2009).

Auch auf der *Bestandsebene* verursacht Geld eine wesentliche Änderung: es verschiebt den Focus von der Sicherung des Reviers und der Hortung von Materialien auf den Erwerb von Forderungen und Rechtstiteln.

Relational aber abstrakt

Auch Naturalwirtschaften kennen Forderungen bzw. Schulden, freilich nur innerhalb der Sippe oder innerhalb eines Herrschaftsbereichs. Aber die Forderungen sind persönlicher und konkreter Natur. Die Schuldner müssen ihre Schuld durch *persönliche Leistungen* tilgen.

Eine Forderung richtet sich ursprünglich immer an bestimmte Subjekte. Damit ist der Gläubiger an den Schuldner, der Schuldner an den Gläubiger gebunden. Nun hat aber die Geldwirtschaft die Tendenz, persönlichen Forderungen den Anschein abstrakter Rechtstitel zu geben.

Mit Geld kann jeder Schuldner entscheiden, womit er sein Geld verdient, d.h. welche Leistung er an wen erbringt. Damit kauft er sich buchstäblich vom anderen los. Eine weitere Steigerung in Richtung Autonomie wirtschaftlicher Subjekte wird durch die *Übertragbarkeit* der Forderungen von einem an den anderen Gläubiger möglich. Bei Geld ist dies evident: es repräsentiert abstrakte Kaufkraft. Werden Forderungen etwa durch Verbriefung übertragbar gemacht, können sich Gläubiger weitgehend von ihren Schuldnern lösen. Die Handelbarkeit und Verbriefung von Forderungen machen aus diesen besonders attraktive Vermögenswerte. Wer Staatspapiere oder Anteile an Geldmarktfonds in der Hand hält, hat so gut wie Geld in der Hand. Jeder drängt dahin, nicht nur einen Wert, sondern auch einen verfügbaren Wert zu besitzen. Der jederzeit verfügbare Wert gilt als der höchste Wert.

Geld ist kein Speck in der Speisekammer

Das ist unter Umständen verhängnisvoll. Denn wir behandeln *Vermögen* des Typs II oft noch so, also ob es für sich stände, d.h. *Substanz* wäre[142] – Speckbeständen vergleichbar, von denen man in späteren Perioden zehren könnte. Man übersieht, dass die „Werte" nur Forderungen, d.h. Schulden anderer sind, d.h. etwas „Relationales" sind. Wer mehr „Speck" (also Substanz) hat, belastet ökonomisch zunächst keinen anderen. Wer aber eine Forderung hat, belastet durchaus den Schuldner. Das Plus des Einen ist das Defizit des Anderen. Während Vermögen von Typ I im Prinzip beliebig vermehrbar ist und Reichtum darstellt, hat das Gesamtvermögen vom Typ II eine Grenze: sie liegt in der Belastbarkeit der Schuldner. Vermögen vom Typ II haben daher den Charakter einer Almende: man darf sie nicht überweiden.

Vermögen ist wie eine Almende

Von einer Forderung kann man nicht abbeißen. Finanzvermögen ist fiktiv. Es verspricht einen Wert, ist aber selbst kein Wert. Ob er einlösbar ist, hängt nicht nur vom Gegenstand ab, den der Einzelne in den Händen hält, sondern von der

---

[142] Zunächst erscheinen die griechischen, portugiesischen, spanischen, US-amerikanischen Wertpapiere usw. bloß als abstrakte Wertgrößen, in denen das persönliche Vermögen aufbewahrt und vermehrt werden soll. In dem Moment, in welchem sie nicht mehr bedienbar erscheinen, wird ihr relationaler Charakter deutlich. In der Krise wird einem bewusst, dass man sich doch vielleicht mehr mit dem Schuldner hätte befassen müssen. Man hält eben doch nicht nur Werte, sondern Forderungen gegen bestimmte Wirtschaftssubjekte in der Hand.

Fähigkeit der Schuldner ab, ihren Verpflichtungen nachzukommen. Dies ist aber nicht nur von jedem einzelnen Schuldner, sondern auch vom kollektiven Verhalten der Gläubiger ab. Schuldner wurden nur Schuldner, weil sie von anderen mehr Leistungen bezogen, als sie diesen leisteten. Umgekehrt können sie ihre Schulden nur abbauen, wenn sie Gläubigern mehr Leistungen erbringen können, als diese von ihnen beziehen. Der Wert von Forderungen hängt also durchaus auch von der Bereitschaft der Gläubiger ab, ihre Forderungen zu realisieren. Bestünden die Gläubiger darauf, ständig weitere Forderungen zu erwerben, müsste sich eines Tages herausstellen, dass die Forderungen insgesamt weniger oder vielleicht auch gar nichts mehr wert sind. Dies vor allem dann, wenn die Gesellschaft an den Forderungen bzw. Schulden zerbräche. Denn nur durch die Realisierung zumindest eines Teils der Forderungen können Schuldner Leistungen erbringen. Mit dieser Überlegung wird der relationale Charakter des Vermögenstyps II, auf dem die moderne Gesellschaft beruht, sichtbar. Reiche dürfen in einer Bürgergesellschaft nicht zu reich, Arme nicht zu arm werden. Denn im Unterschied zu feudalen Verhältnissen kann der „Reiche" nur reicher werden, wenn er dem „Armen" zu leisten ermöglicht. Ein ständiges Anhäufen von Forderungsbeständen, das den Leistungsmöglichkeiten der Schuldner davonzöge, kann nur auf einer Illusion beruhen.

Das Spannungsverhältnis, das sich aus akkumulierten Forderungen zur Leistungsmöglichkeit der Schuldner ergibt, lässt sich durch das Verhältnis von Gesamtvermögen des Typs II zur gesamten Wertschöpfung der Welt darstellen. In der Tat greifen bei globalisierten und eng verflochtenen Vermögensmärkten alle Vermögensbesitzer auf den gleichen Pool zu, oder wenn schon nicht auf *einen* Pool, dann auf miteinander kommunizierende Gefäße. Ein überproportionales Wachstum der Vermögen führt nicht zu einer Verbesserung der Gläubigerposition, sondern zu einer Verschlechterung: Das Risiko eines Absturzes steigt. Einzelne können zwar auf Kosten anderer ihre Situation verbessern, niemals aber alle zugleich, und bei zunehmender Überforderung leiden alle. Daher auch die hohe Korrelation der Vermögenswerte: Sie steigen, wenn die Furcht vor einer Überforderung nachlässt, und sinken, wenn sie zunimmt. Aber solange sie steigen, machen Märkte Mut. Sobald sie sinken, breitet sich rasch Panik aus.

Für die Relation von Gesamtvermögen zur Gesamtleistung gibt es eine Grenze. Sie ist nur sehr schwer definierbar, denn sie hängt sehr stark von der allgemeinen Stimmung ab. In euphorischen Phasen tolerieren Banken und Publikum ein bereits überhöhtes und weiter wachsendes (relatives) Anspruchsniveau. Kippt die Stimmung, wird plötzlich sichtbar, vor welchen Schuldentürmen man eigentlich steht. Die Spirale, die sich vorher nach oben dreht, weist plötzlich nach unten. Es werden nicht nur Vermögen vernichtet, die Wirtschaft wird mit hineingerissen. Mathematisch gesehen haben wir es mit einer positiven Rückkopplung zu tun, die noch durch Veränderungen des Orientierungsparameters (Vermögensmasse/Leistungsmasse) verstärkt wird. Der „Zähler" stürzt ab, der „Nenner" hinter her – die Korrektur erfolgt überschießend.

> **Bei Almenden besteht beständig Überweidungsgefahr. Vermögen funktionieren ganz ähnlich. Ein Mehr kann daher in Wirklichkeit ein Weniger sein.**

VERMÖGEN – WIE ES ENTSTEHT

Produziertes und durch Verträge erzeugtes Eigentum

In Vermögensaufstellungen und Bilanzrechnungen werden Vermögen des Typs I und II ganz ungeniert zusammengezählt: Grundstücke und Geld, Wert der Teppiche und der Optionen, die bei irgendeiner Bank auf den Cayman-Island verbucht werden. Diese beiden Eigentumstypen haben aber ganz unterschiedliche Qualitäten, die auf die unterschiedliche Entstehung dieser beiden Eigentumstypen zurückgehen:

1. Vermögen von Typ I wird produziert und konsumiert. Es wächst also, wenn der Besitz an physischen Dingen zunimmt. Zur Stadtwohnung noch eine Datsche, zum Familien-PKW ein Zweitwagen, usw. Vermögen von Typ I sind Sachvermögen. Die Höhe des Gesamtvermögens sind alle „Sachen" multipliziert mit deren Preisen.

2. Bei Vermögen von Typ II handelt es sich um Forderungstitel oder Ansprüche, die durch einen *Vertrag geschaffen* werden. Sie dienen zum Ausgleich in Handels- oder Geldgeschäften, d.h. zur Finanzierung wirtschaftlicher Aktivitäten. Vermögen von Typ II *entsteht* also immer aus Finanzierungsdefiziten. Jedes zusätzliche Finanzierungsdefizit trägt zur Bildung von Vermögen bei.

Oft tauschen Menschen Vorhandenes gegen Vorhandenes: Ware gegen Geld, Geld gegen Ware, oder allenthalben: Ware gegen Ware. In solchen Geschäften entsteht kein Vermögen des Typs II, allenfalls findet eine Aufwertung bestehender Vermögenswerte statt. In vielen Fällen aber ist ein Real-Ausgleich weder möglich noch wünschenswert. Dies trifft immer dann zu, wenn der eine leistet, der andere aber nicht mit Geld (oder einer Gegenleistung) bezahlen kann. Statt zu zahlen, geht er eine Schuld ein (er „zahlt" mit einem Zahlungsversprechen[143]). Wir wissen bereits: Produktion muss vorfinanziert werden; Finanzierungsdefizite wollen überbrückt sein. Das ist nur möglich, wenn Fiktives erzeugt wird und diese Fiktion an Leistung statt angenommen wird. Und nur durch diese Fiktionsproduktion kann sich der Mensch von der stofflichen Barriere befreien.

Das macht menschliche Wirtschaft aus: Sich in die Zukunft entwerfen; durch Fiktion Realität ermöglichen. Es ist also völlig verkehrt, das „Nichts" als Quell auszuscheiden und zu behaupten, dass z.B. Kredite nur dingliche Überschüsse repräsentieren. Eine der Folgen wäre, dass Geldschöpfung aus dem Nichts nur Inflation hervorrufen könnte.[144] Nein: neu geschaffene Wertpapiere, Fiat-Money miteingeschlossen, sind Vorgriffe, die ein Ausgreifen möglich machen, aufgrund dessen Realwerte geschaffen werden können. Es ist zwar richtig, dass Geldschöpfung, je nach Auslastung der Wirtschaft, einen inflationären Effekt hat. Aber dieser Effekt wird bei einer maßvollen Geldschöpfung durch die nachfolgende Kapazitätsausweitung „geheilt".

Wir haben das Thema auf S. 46f angesprochen. Geld wurde als Joker eingeführt, um einzelne Operationen (Leistungen) zu ermöglichen, die sonst nicht stattfinden könnten. Hier geht es aber um mehr: nämlich um *Bestandsgrößen*, die sich aus der Kumulierung jener fiktiven Zuwächse über die Zeit ergeben – korrigiert um Auf- oder Abwertungen. Diese Bestände werden in verschiedenen Geldvermögensformen gehalten und haben heute eine nicht mehr zu bewältigende Größenordnung. Bevor wir uns mit der damit in Zusammenhang stehenden Krise befassen, müssen wir verstehen, was es mit diesen Formen und Größen auf sich hat.

Die Beschreibung dreier grundlegender Vorgänge soll uns in die „Welt der Finanzierung" einführen.

1. **Vorfinanzierung von Unternehmen.** Unternehmen müssen ihre Produktion vorfinanzieren. Produkte müssen erst produziert werden, bevor sie verkauft werden können. Daher ist Unternehmenskapital ein Finanzvorschuss. Die Differenz – eben das Unternehmenskapital – muss vorgeschossen werden, deren Quelle letztlich der Bankkredit ist.[145]

---

[143] Wenn jemand neue Aktien einer Aktiengesellschaft verkauft, „zahlt" er mit dem impliziten Versprechen auf Kurssteigerungen oder Ausschüttungen. Das ist zwar keine Zahlung, aber ein Ausgleich durch ein nicht einklagbares Leistungsversprechen.

[144] Jenner 2010, S. 152.

[145] Unternehmen werden natürlich auch mit Eigenkapital, d.h. durch Einschuss ihrer Eigentümer finanziert, d.h. dadurch, dass diese einen Teil ihrer Ersparnisse abzweigen. Dadurch aber fällt effektive Nachfrage aus, für die ein anderer durch Entsparen oder Kreditaufnahme eingesprungen sein muss.

2.8 Schuld und Vermögen

Die Finanzierung von Unternehmen führt zu einem Mehr an Vermögen des Typs II. Eine wachsende Wirtschaft geht daher stets mit einer Ausdehnung des Vermögens einher.

2. **Vorfinanzierung von Konsum.** Auch Verbraucher lassen sich ihren Mehraufwand häufig finanzieren. Der Unterschied zu Unternehmen ist freilich der: Dem Geldvorschuss heute steht keine höhere Wertschöpfung morgen gegenüber. Um morgen die Schulden zu bedienen, muss der Konsument seine Einnahmen unter die Ausgaben drücken, es sei denn, er verschuldet sich weiter. Der Hype heute führt also in die Depression morgen. – Ein Beispiel war das seit Jahrzehnten bestehende Leistungsbilanzdefizit der USA.[146] Seine Reduktion hat die Konjunktur der Weltwirtschaft beeinträchtigt. Ein anderes: Deutschland erzielt ständige Leistungsbilanzüberschüsse, die südlichen Nachbarn –defizite. Der Abbau dieser Defizite „kostet" Europa sehr viel. Südliche Länder verloren Sozialprodukt. Die Arbeitslosigkeit stieg auf riskante Niveaus.

3. **Vorfinanzierung von Vermögensgeschäften (Spekulationskredite).**[147] Vermögenstitel werden verpfändet, um weitere Vermögenstitel zu erwerben. Hierdurch findet eine Verlängerung der Vermögensbilanz statt. Der Bestand an Vermögen des Typs II steigt. Steigende Vermögenswerte hebeln Vermögen nach oben, fallende entsprechend nach unten. In diesem Falle können kumulierte Vermögensverluste eintreten und die Wirtschaft mitreißen.

---

[146] Ein Beispiel: Die USA beziehen von den Saudis Öl, die Saudis erhalten dafür US-Schatzanweisungen. Das sind Rechtstitel, die den Saudis spätere Geldleistungen des US-Finanzministeriums zusichern. Volkswirtschaftlich ausgedrückt: Die USA gleichen ihr Leistungsbilanzdefizit durch einen „Kapitalimport" aus.

[147] Beispiele für Spekulationskredite sind
– der Kauf von Staatsanleihen, Aktien, Optionen usw. mit Hilfe von Bankkrediten.
– die Aufnahme von Yenkrediten zur Finanzierung des Kaufs von US- oder anderen Staatspapieren.
– Durch Kredite gehebelte Abschlüsse von Wetten auf die Steigerung oder den Fall anderer Wertpapiere (Derivate). (Die Funktion von Zinsswaps, Wechselkursswaps, usw. besteht darin, das Risiko gegen Bezahlung eines Preises auf andere zu übertragen. Produzenten (Importeure) wollen sich zum Beispiel gegen eine Abwertung (Aufwertung) der Währung absichern. Bedenklich ist, wenn diese Geschäfte mit Bankkapital gehebelt sind.)
– Leerverkäufe, bei denen ein Wertpapier bereits verkauft wird, ohne es zu besitzen.

Alle drei Finanzierungsgeschäfte führen zu einer Erhöhung des Vermögens (Typ II). Aber nur vom ersten kann man eine Erhöhung der Produktion erwarten. Finanzierungen sind in der Regel temporär (Ausnahme Aktien) und müssen daher erneuert werden. Bei Unternehmen ist dies mehr oder minder selbstverständlich. Unternehmen als Gesamtheit können ihre Vorschüsse ja nie zurückzahlen. Andere Finanzierungen sind von ihrer Natur her temporär. Lieferantenkredite z.b. werden für ein paar Monate vergeben. Im Falle des Ölhandels zwischen den Saudis und dem Rest der Welt haben wir wohl mit einem permanenten Überschuss bzw. einem ebenso hohen Defizit zu tun. Das Vermögen der Saudis baut sich daher ständig auf.

Der geldliche Umfang der Vermögenstypen (Typ I und Typ II) erhöht sich natürlich auch mit Preisveränderungen (Abwertungen, Aufwertungen). Im Grenzfall kann nur eine einzige Transaktion den globalen Wert eines Asset verändern.

Jedes Finanzierungsdefizit trägt zur Erhöhung des Vermögens bei.

Exkurs: Real und Finanzkapital

Sachwerte sind Vermögen des Typs I. Forderungen sind Vermögen des Typs II. Da sich die Welt ausdifferenziert, und die Forderungs-Schuldenverflechtung nicht nur zwischen physisch unterschiedlichen Subjekten, sondern auch innerhalb einer Person in seiner Funktion als Eigentümer und Firma stattfindet, überwiegt Vermögenstyp II und nimmt an Bedeutung ständig zu.

Wir können noch einen Schritt weitergehen und sagen: Es gibt zwar Sachen, die auch Werte (Preise) haben (Eigenheimbesitz, Teppiche, Gemälde, ...). Es gibt aber, streng genommen, kein Sach*kapital*. Zu Kapital wird ein Wert nur als Forderung, d.h. als Rechtstitel, durch den sich der Eigentümer als solcher ausweist. Um aus Sachen Kapital zu machen, muss eine „Verdoppelung" stattgefunden haben: auf die wertvolle und nützliche Sache muss ein eigener Rechtstitel bestehen. Dazu muss sich aber der Besitz vom Eigentum getrennt haben. Erst diese Trennung macht *„Vermögen" zu Kapital*. Kapital ist also typischerweise Vermögen II.

Alle Forderungen sind Kapital. Das sogenannte Sachkapital – nicht die Sachen (Maschinen, Grundstücke) selbst – ist derjenige Teil der Forderungstitel, die gegen wertschöpfende Unternehmen gerichtet sind. Es stellt nur einen Teil des *gesamten Kapitals* dar, das *seiner Natur nach immer Finanzkapital* ist. Denn für die finanzielle Betrachtung spielt es zunächst keine Rolle, ob der einseitige Transfer in produktivitätssteigernde Projekte investiert oder zur Abdeckung eines Finanzierungsdefizits eines Konsumenten (Haushaltes, Staates) verwendet wurde. Kapital, also Vermögen von Typ II, ist zu bedienen – basta.

Obwohl nur Unternehmen Werte schaffen können, gelten Forderungstitel an notorisch überkonsumierende Staaten oft oder sogar in aller Regel sicherer als Forderungen an produzierende Unternehmen, mit der Folge, dass Banken für Staatspapiere keine Eigenkapitalreserven halten müssen. Das ist ein Unfug, der derzeit durch internationales Recht (Basel II und III) sogar festgeschrieben oder gefördert wird.

VERMÖGENSTYPEN

Die Vermögensmatrix

Bei Zentralisierung des Eigentums – also der totalen Verstaatlichung – verschwände das Eigentum des Typs II von der Bildfläche. Es gäbe dann nur mehr Sachen, d.h. eine Anhäufung von Produktionsmitteln. In einer entwickelten Geldwirtschaft aber sind die Gläubiger-Schuldner-Beziehungen vielfältig gegliedert. Man könnte die Forderungs-Schuldenbeziehungen in einer Matrix darstellen. Virtuell könnte jedes Wirtschaftssubjekt an jedes eine Forderung haben – oder jedes jedem Subjekt gegenüber verschuldet sein. Tatsächlich aber konzentrieren sich die Forderungs- bzw. Schuldenbeziehungen auf typische Relationen.

- Die Grunddifferenzierung ist die zwischen Haushalten und Unternehmungen. Haushalte sind natürliche Gebilde, Unternehmungen künstliche. Die Haushalte sind die Letzteigentümer der von ihnen juristisch getrennten Unternehmen, halten also Forderungstitel an Unternehmen oder an Banken und bankenähnliche Institutionen, die ihrerseits Forderungen an Unternehmen halten. Irgendjemandem müssen ja die produktiven Assets gehören.
- Eine weitere wesentliche Differenzierung ist die zwischen Bürgergesellschaft (Haushalte, Unternehmen, Staat) und Banken. Die Zentralbank, derzeit auch die Geschäftsbanken, sind eine Joker-Institution und Geld ein Joker-Medium. Die Jokerinstitution bringt das Joker-Medium in Umlauf. Auch hierdurch entsteht Vermögen.

- Außerdem halten Unternehmen an anderen Unternehmen Forderungen (Lieferantenkredite, Unternehmensbeteiligungen). Banken sind untereinander sehr verflochten, sowohl über kurzfristige Forderungen als auch über langfristige Beteiligungen.
- Die Verflechtung zwischen den Haushalten ist gering, die innerhalb von Haushalten wahrscheinlich sehr hoch.

Vermögensstatistiken stellen die Vermögensgrößen in Vermögensstatistiken (Flow of Funds) dar. Dabei fassen sie die typischen Teilnehmer zu Aggregaten zusammen: Private und öffentliche Haushalte, Unternehmen, darunter: produzierendes Gewerbe, Landwirtschaftliche Unternehmen, Finanzierungsinstitutionen, darunter: Zentralbanken, Geschäftsbanken, Investmenthäuser, Versicherungen. Da die Weltwirtschaft aus Nationen besteht, gibt es logischerweise für jedes Land mindestens die Rubrik „Ausland", oder sogar eine Aufzählung nach einzelnen Fremdstaaten.

Die Vermögenspyramide

Vermögen lassen sich in drei große Gruppen gliedern: Geld, Geldvermögen und in Geld bewertetes Vermögen. Was *Geld* ist, wissen wir bereits. *Geldvermögen* sind alle mehr oder weniger regelmäßig handelbaren Forderungen, während *in Geld bewertetes Vermögen* das gesamte, zu aktuellen Marktpreisen bewertete Vermögen gemeint ist.

Abbildung 10

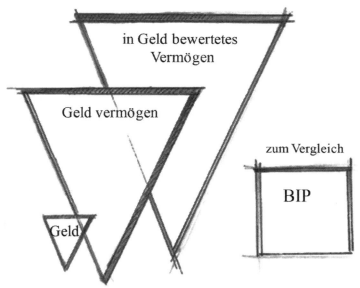

Diese Vermögenspyramide lässt sich in feinere Schichten zerlegen. Versucht man diese – nur für die Gruppe der Geldvermögen – so aufzubauen, dass man von unten her mit Geld als dem liquidesten Vermögensbestand beginnt und die anderen mit abnehmender Liquidität oder „Geldnähe" (dazu S. 68f) nach oben reiht – das kann nur ungefähr geschehen – erhalten wir die Geldvermögenspyramide (Abbildung 11).

Die so aufgereihten Assets sollen nun kurz charakterisiert werden. In weiterer Folge findet eine ausführlichere Beschreibung statt.

1. Geld wird für gewöhnlich als Summe von Banknoten + Münzen (M0) und Giralgeld definiert (M1) (dazu mehr S. 203ff).
2. Geldvermögen schließt die Geldmenge selbst ein und besteht außerdem aus
    o Spar- und Termineinlagen mit verschiedenen Laufzeiten,
    o Obligationen (Schuldtitel der Zentralbank, des Zentralstaates, der Länder und Gemeinden und von Unternehmen),
    o Versicherungstechnische Rückstellungen, z.B. Ansprüche aus Lebensversicherungen,
    o Finanzderivate (Optionen, Repos, ...),
    o Bankkredite (kurzfristige und langfristige), die an Unternehmen, Haushalte und den Staat und internationale Organisationen vergeben sind. Bankkredite und Geld spielen bei der Entstehung der „Pyramide" eine hervorragende Rolle.

    Man kann auch hinzurechnen:
    o Aktien (Anteilen an Unternehmen): Aktien sind wirtschaftlich ebenfalls Forderungen an Unternehmen, weil sie mit Kurs- und Dividendenerwartungen verknüpft sind. Juristisch ist ihr Forderungscharakter freilich nur im Liquidationsfall durchsetzbar.
    o Investmentzertifikate (Anteile an Fonds, die wiederum Anteile an anderen Fonds bzw. Unternehmen halten).[148]
3. Zum gesamten in Geld bewerteten oder bewertbaren Vermögen gehören alle anderen Vermögensgegenstände. Dazu gehören Grundbesitz, Immobilien, Infrastruktureinrichtungen, Anteile an nicht börsennotierten Unternehmen, Waren aller Art (Vorräte!), Gold Diamanten, Kunst- und Sammlergegenstände.

Diese Vermögensrechnung ist eine Bruttorechnung. Sie enthält sowohl Forderungen (z.B. Depositen) von Kunden an die Banken, als auch deren Kredite an Kunden. Die Bankbilanz wird mit jedem Kredit (Aktivseite) und mit jeder Geldanlage der Kunden bei der Bank (Passivseite) länger. Aktiv- und Passivposten sind immer gleich groß und gleichen sich aus. Man darf sie allerdings nicht gegenseitig aufrechnen, da jedem Posten ein eigener Geschäftsvorgang zugrunde liegt. Fällt die Bank um den Kredit an B um, kann sie das nicht von A's Sparguthaben abziehen.

---

[148] Nach US-Definition sind Investmentzertifikate Teil der Geldmenge M3.

2.8 Schuld und Vermögen

Im Großen und Ganzen sind Geld und Geldforderungen liquider als alle realen Vermögensbestände, mit Ausnahme von Gold und Silber, die aufgrund ihrer physischen Eigenschaften jederzeit mit geringen Abschlägen verkäuflich sind.

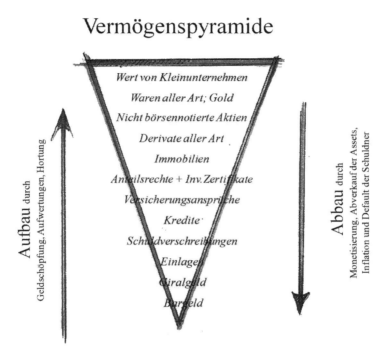

Abbildung 11

Ein *Wachsen der Vermögenspyramide* erfolgt durch Geldschöpfung, Verschuldung innerhalb des Publikums, Aufwertungen und durch Sachakkumulation; ein *Schrumpfen* der Pyramide durch Preisrückgänge, Default der Schuldner, durch Inflation, und bei Sachgütern durch Verschleiß. Inflationen treffen natürlich in erster Linie die nominal fixierten Werte.

Der Aufbau der Vermögenspyramide erfolgt über Jahre und Jahrzehnte. Unter normalen Verhältnissen wachsen jene Assetklassen rascher, die historisch höhere Renditechancen aufweisen. Sie wachsen nicht nur, weil ihre Assetpreise *stärker* zunehmen, sondern weil auch eine allmähliche Umschichtung zu ihren Gunsten stattfindet. Kleinere Kursrückschläge passieren immer wieder, was auch als normal hingenommen wird. Die Asset-Proportionen sind von

Land zu Land allerdings verschieden und spiegeln die Finanzkultur des Landes wider.[149]

Klassifikationskriterien

Es gibt eine Reihe von Kriterien, nach denen man Vermögenswerte klassifizieren kann:

1. Die Forderungen können auf einen Geldbetrag (nominale Forderung) lauten.
2. Werte oder Preise von Forderungen können großen und kleinen Schwankungen unterliegen.
3. Sie können aber auch ein Anteilsrecht an einer Unternehmung darstellen.
4. Forderungen können vererblich oder nicht vererblich sein.
5. Die Forderungen können unbedingt oder vom Eintreffen bestimmter Ereignisse abhängig sein.
6. Sie können leichter oder schwerer handelbar sein, lokal oder international gehandelt werden.
7. Ansprüche können verbrieft und daher von demjenigen einlösbar, der den „Brief" in der Hand hält, oder persönlich sein.

Verbriefte und handelbare Forderungen[150], die außerdem noch geringe Preisvolatilität aufweisen, sind durch hohe Liquidität gekennzeichnet (Box 11). Eine Verbriefung bietet zahlreichen individuelle Vorteile, hat aber auch gravierende, vor allem systemische Nachteile (Box 10).

---

[149] Die Reife der Volkswirtschaft und Entwickeltheit der Finanz- und Kapitalmärkte, aber auch kulturelle Unterschiede spielen eine Rolle. Anglosächsische Länder sind eher börsenkapitalisiert, mitteleuropäische Länder eher bankkapitalisiert.

[150] Verbriefung (englisch: Securitization) bedeutet die Schaffung von handelbaren Wertpapieren (englisch: Securities) aus Forderungen oder Eigentumsrechten im weitesten Sinne. Dazu gehören z.b. Mortgage Backed Securities (MBS), Asset-backed Commercial Papers (ABCP), Collateralized Debt Obligations (CDO), Collateralized Loan Obligation (CLO), Collateralized Bond Obligation, usw. Durch Verbriefung werden Verbindlichkeiten handelbar gemacht, die ansonsten in den Büchern eines Kreditgläubigers verbleiben würden. Im 21. Jahrhundert wurde das Verbriefungsgeschäft sehr stark ausgeweitet. So wurden auch Unternehmenskredite, Kreditkartenschulden, Autokredite und vieles mehr verbrieft, auch in Mischformen. Zudem wurden diese Verbriefungen oft auch noch weiter verbrieft. Dieser Überfluss und die Kompliziertheit des Systems verbriefter Verbindlichkeiten ist eine der Ursachen der Finanzkrise. (Roubini/Mihm 2010, S.131)

2.8 Schuld und Vermögen

Box 10: Verbriefungen

Schuld und Kredit sind ursprünglich eine persönliche Angelegenheit. Beide, Schuldner und Gläubiger übernehmen, jeder auf seine Weise, das Risiko der Vertragsverletzung. Die Finanzindustrie macht heute aus Forderungen/Schulden möglichst handelbare und sichere, weil angeblich gegen alle möglichen Risiken versicherte Assets. Das führt zu einer weitgehenden Anonymisierung der Vermögenswerte. (Das inzwischen bekannteste Beispiel ist die von US-Banken auf dem Subprimesektor verschnürten und in alle Welt verkauften Hypothekarschulden).

Die Emanzipation von der Relation stiftet zunächst einen hohen Nutzwert für beide, den Gläubiger und den Schuldner: Für den Gläubiger, weil er ein abstraktes, renditetragendes Wertpapier in der Hand hält, das weltweit und sekundenschnell verkauft werden kann, für den Schuldner, weil er seinen Umfang, sich zu verschulden, erheblich erweitern kann.

Damit ist aber ein großer Nachteil verbunden, der anfänglich überhaupt nicht bedacht worden zu sein scheint. Er besteht in der Erzeugung einer riesigen und gefährlichen Illusion. Die Gläubiger fühlen sich nicht mehr als solche, sondern sehen sich nur mehr als Eigentümer von Geldwerten. Die Attraktivität der Verbriefung verführt zu einem leichtfertigen Vordringen auf unstatthaftes Territorium. Dadurch erhöht sich aber nicht nur die Masse, sie ist zugleich „giftiger". Die jederzeitige Handelbarkeit erhöht die Ansteckungsgefahr.

ASSETKLASSEN

Geld: Geldmenge

Wir haben Geld als Objekt definiert, das als Tausch- bzw. Zahlungsmittel verwendet wird. Auf den ersten Blick scheint die Definition eindeutig zu sein. Wie so oft zeigen sich die Schwierigkeiten aber erst bei näherem Hinsehen.

Unter *Warengeldregimen* wird Geld zugleich als Ware und als Zahlungsmittel eingesetzt. So handgreiflich Warengeld ist, so wenig ist es als Geld eindeutig bestimmt. Denn es kann jederzeit aus dem Geldreservoir verschwinden und als Ware Verwendung finden und umgekehrt. Einen einigermaßen angebbaren Umfang erhält die Geldmenge erst, wenn Geld seiner Funktion „Geld zu sein" absolut treu bleibt. Das gelingt im modernen Geldwesen, in welchem Geld nur mehr eine mit einem Namen benannte Zahl ist. 5 Euro zum Beispiel.

Dieses an sich wertlose Ding wird nämlich für nichts anderes als für Zahlungszwecke eingesetzt. Trotzdem wissen wir nicht genau zu sagen, wie hoch die Geldmenge ist. Dies liegt darin, dass wir nicht präzise definieren können, was Geld ist.[151]

Zentralbankgeld und Giralgeld

Da das moderne Bankensystem aus zwei Stufen besteht, der Zentralbank und den Geschäftsbanken, haben wir es auch mit zwei Geldtypen zu tun: mit dem Zentralbankgeld und mit dem Giralgeld (auch Buchgeld). (Siehe auch oben S. 53f und S. 90f.)

Die *Zentralbank* ist die höchste monetäre Geldinstanz in einem Staat oder einer Staatengruppe. Sie stellt für ihr Territorium die „Geldbasis" zur Verfügung. Die Geldbasis besteht aus Banknoten, aus Münzen (sofern nicht das Münzregal direkt beim Staat ist) und aus Giralgeldforderungen der Geschäftsbanken bei der Zentralbank. (Da diese nur von Geschäftsbanken gehalten werden, befinden sie sich nicht in Umlauf, gehören also nicht zur Geldmenge im strengen Sinne). Banknoten und Münzen gelten als gesetzliche Zahlungsmittel: Jeder, der sie in der Hand hält, kann damit seine Schulden (aus Geschäften oder sonstigen Verpflichtungen) innerhalb des Hoheitsgebietes, in der die Währung gilt, tilgen. Zentralbanken bringen derzeit „ihr" Geld durch Kredit an Geschäftsbanken und durch Ankauf von Wertgegenständen in Umlauf.

---

[151] Für einen Überblick nur so viel: Die Schwierigkeiten bzw. Unsicherheiten in der Definition von Geld kommen aus dem Nebeneinander verschiedener Gelder. Innerhalb jedes Währungsgebiets besteht z.B. Zentralbankgeld neben dem Giralgeld. – Ferner: Innerhalb ein und desselben Währungsgebietes haben wir häufig das Nebeneinander von verschiedenen Währungen. – Einige Währungen fungieren bloß als Binnenwährungen, andere, wie der US-Dollar, der EURO, der japanische Yen oder der Schweizer Franken werden auch in internationalen Transaktionen eingesetzt. Währungen stehen in Konkurrenz zueinander und bilden eine Währungshierarchie (Herr 1992). Sind Währungen sehr schwach, können sie z.B. aus ihrer Funktion als Wertaufbewahrungsmittel verdrängt werden. (Währungssubstitution kann zur Hyperinflation führen). – Schließlich die Existenz von geldnahen Assets: Das moderne Finanzsystem hat eine Reihe von Finanzprodukten entwickelt, die Beinahe-Geld sind. Man kann mit ihnen zwar nicht bezahlen, aber man kann sie so leicht in Geld umwandeln, dass sie quasi Geld sind. Das bringt nicht nur Schwierigkeiten für die statistische Abgrenzung mit sich, sondern stellt vor allem die Zentralbanken vor die Entscheidung, auf welche Geldmengenaggregate sie ihr politisches Instrumentarium ausrichten sollen. – Außerdem gibt es noch Komplementärwährungen, die aber nur eine marginale Rolle spielen.

2.8 Schuld und Vermögen

Kommt frisches Geld durch einen Ankauf von Assets in Umlauf, handelt es sich rechtlich um einen Tauschvorgang. Assets können Gold, Devisen, Grundstücke oder irgendwelche Schuldtitel, vor allem Staatsschuldverschreibungen und Wechsel zugelassener Organisationen sein. Bilanztechnisch wird dieser Vorgang so abgebildet: Die Zentralbank stellt dieses Asset auf der Aktivseite ein. Der Notengeldumlauf wird auf der Passivseite verbucht. Bei Krediten an Geschäftsbanken verlängert die Zentralbank einfach ihre Bilanz. Auf der Aktivseite stellt sie die Forderung an die Geschäftsbank auf Rückzahlung des Kredits ein, auf der Passivseite verpflichtet sich die Zentralbank, der Geschäftsbank jederzeit Zentralbankgeld zur Verfügung zu stellen. Formal gesehen stellt also der Notengeldumlauf eine Schuld der Zentralbank gegenüber den Geschäftsbanken und, was Banknoten betrifft, gegenüber dem Publikum dar. Aber da diese Schuld seit Aufhebung der Metalldeckung gegen nichts anderes einlösbar ist als gegen „Papier", welches die Zentralbank selbst schafft, steht die Schuld der Zentralbank buchstäblich nur auf dem Papier. Zentralbanken können daher niemals zahlungsunfähig werden.[152]

Das *Giralgeld* – das Geld der Geschäftsbanken – ist ebenfalls Geld, weil es üblich ist, damit Rechnungen oder Schulden zu begleichen. Die Praxis macht es zu Geld. Gesetzliches Zahlungsmittel ist es indes nicht. Diesen Nachteil macht es durch etliche Vorteile für den Einzelnen wett:

– Beim Giralgeld (als Buchgeld) ist das Verlust- oder Diebstahlrisiko viel geringer als bei Bargeld.
– Das Risiko einer Fälschung entfällt. Betrug ist freilich möglich.
– Die Transferkosten sind geringfügig.
– Große Beträge lassen sich über beliebig große Distanzen augenblicklich übertragen.
– Bestände werden sogar verzinst, wenn auch meist geringfügig.
– Der Nachteil besteht für den Einzelnen darin: die absolute Anonymität ist nicht mehr gegeben. Bei Giralgeld können Transaktionen nachverfolgt werden.

Auch Geschäftsbanken erzeugen Zahlungsmittel. Sie können zwar nicht das gesetzliche Zahlungsmittel erschaffen, aber doch Giralgeld, mit dem es üblich geworden ist, zu bezahlen. Selbst der Staat akzeptiert und zahlt mit Geschäftsbanken-Giralgeld. Geschäftsbanken erzeugen „ihr" Geld auf folgende Weise: Bei Abschluss eines Kreditvertrages buchen sie dem Kunden (Unternehmen, Haushalte, Gebietskörperschaften) ein Giralgeldguthaben gegen sich selbst –

---

[152] Es sei denn, sie sind Verpflichtungen in anderen Währungen eingegangen.

damit erhält der Kunde den Anspruch, über Beträge durch Überweisung an andere Banken oder durch Abhebung von Bargeld zu verfügen. Gleichzeitig „erwerben" sie einen Anspruch an den Kunden auf Kreditrück- und Zinsenzahlungen. (Das dem Kunden zur Verfügung gestellte Sichtguthaben wird auf der Passivseite der Bankbilanz verbucht, während die Kreditforderung der Bank an das Publikum auf der Aktivseite eingestellt wird.) Der Kreditakt führt also sowohl bei der Bank als auch beim Kunden zu einer Bilanzverlängerung. Im Normalfall wird der Kunde über den Giralgeldkredit durch Überweisung an andere Banken verfügen, wie auch umgekehrt Kunden anderer Banken Überweisungen an die Geschäftsbank des Kunden leisten. Spitzen müssen dann entweder durch kurzfristige Kredite, die sich Banken gegenseitig gewähren (Interbankenmarkt) oder durch neue Zentralbankkredite abgedeckt werden. Nur wenn der Kunde Bargeld (= Zentralbankgeld) abhebt, verringert sich der Bargeldbestand der Geschäftsbank, die dann ihren Bargeldbestand durch einen entsprechend hohen Kredit der Zentralbank auffüllen muss. Mit dieser Methode schöpfen Geschäftsbanken Geld buchstäblich aus dem Nichts. Deckt der Kunde durch Überweisung von Giral- oder Bargeld seinen Kredit bei der Geschäftsbank ab, wird Geld vernichtet.

Die Zentralbank gibt vor, die durch Geschäftsbanken geschaffene Giralgeldmenge durch den Mindestreservesatz (derzeit im Euro-Raum nur 1% der Giralgeldbestände) steuern zu können. Das aber scheint eher eine Illusion zu sein (s.a. nächsten Abschnitt). Die Dynamik der Geldmengenschöpfung geht vielmehr vom Geschäftsbankensektor aus. Kommen die Geschäftsbanken in Schwierigkeiten, öffnen die Zentralbanken ohnehin die Geldschleusen, um jene zu retten.

Die im Publikum befindliche Geldmenge setzt sich also aus dem Bargeld (M0) und dem Giralgeld zusammen. Bargeld plus Giralgeld wird als M1 bezeichnet. Wenn von Geldmenge die Rede ist, meint man meistens M1. Trotz seiner zentralen Stellung in der Wirtschaft ist die Geldmenge viel kleiner als die anderer Assets.

2.8 Schuld und Vermögen

Arithmetik der Entstehung und Vernichtung des Geldes

Auszahlungen der Banken an das Publikum für	Symbol	Einzahlung des Publikums an die Banken für	Symbol	Nettoströme	Symbol
Kreditvergabe	K_V	Kreditrückzahlungen	K_R	Nettokreditvergabe	K_N
Abhebungen von Sparkonten (Reduktion von Termineinlagen)	S_R	Sparkonten (Erhöhung der Termineinlagen)	S_E	Nettosparen	S_N
Zinszahlungen für Sparguthaben	Z_S	Zinsen für Kredite	Z_K	Nettozinszahlungen	$Z_S - Z_K$
Assetkäufe der Banken (z.B. Wertpapiere, Gold)	A_K	Verkäufe von Assets	A_V	Nettokäufe von Assets	A_N
Bezüge von Leistungen (Löhne, Dividenden, Betriebsmittel, Gebäude)	B	Leistungen (Kontoführungsgebühren, Provisionen)	L	Nettokäufe (Leistungen)	B_N

Der Grundsatz für die Arithmetik der *Veränderung der Geldmenge* lautet: *Auszahlungen der Banken an das Publikum erhöhen die Geldmenge. Zahlungen des Publikums an das Bankensystem verringern die Geldmenge. Ein Giralgeld-Transfer von einem zum anderen Teilnehmer aus dem Publikum lässt die Geldmenge unverändert.* Die Zahlungsströme und ihr Beitrag zur *Veränderung der Geldmenge* lassen sich wie in obenstehender Übersicht darstellen. Formel-mäßig lässt sich die Veränderung der Geldmenge in einer Periode wie folgt festhalten:

$$\Delta M = K_N - S_N - Z_K + Z_S + A_N + B_N\text{[153]}$$

Aus der Übersicht bzw. Formel ergeben sich ohne weiteres folgende Tatsachen.

---

[153] In Worten: Veränderung der Geldmenge = Veränderungen der Nettokredite − Nettospareinlagen − Kreditzinsen + Sparzinsen + Nettoankäufe von Assets + Nettoankäufe von Leistungen.

1. Kredite erhöhen, Ersparnisse verringern die Geldmenge.
2. Zahlt das Publikum Kreditzinsen, senkt dies die Geldmenge; zahlen Banken Sparzinsen erhöht dies die Geldmenge. Wenn allerdings Sparzinsen den Sparkonten gutgeschrieben werden, tragen Sparzinsen nicht zur Erhöhung der Geldmenge bei.
3. Daraus folgt: Je höher das Nettosparen (S_N) der Bevölkerung ist, desto höher muss also die Nettokreditvergabe (K_N) sein, wenn die Geldmenge nicht schrumpfen soll.
4. Die Geldmenge steigt, wenn der Bankenapparat Nettoausgaben (Vermögenswerte, Einkäufe) tätigt.

Die *Geldmenge* selbst ergibt sich aus der *Summe aller Geldmengenveränderungen* seit dem Start der Wirtschaft – formal gesprochen aus dem Integral der oben angeführten Differenzengleichung.

Obwohl die Komponenten der Geldmengenänderungen – allen voran: Kreditvergabe und Spareinlagen – stark volatil sind, ist die Geldmenge in „normalen Zeiten" relativ stabil. Das liegt erstens daran, dass Wirtschaftssubjekte unter einigermaßen stabilen Bedingungen nur so viel Geld halten als unbedingt notwendig ist und den Rest sofort in zins- oder renditetragenden Assets anlegen. Außerdem versuchen die Zentralbanken, über verschiedene Instrumente Niveau und Veränderung der Geldmenge zu steuern.

Geldnahe Assets

Zur Geldmenge werden jedoch häufig auch *geldnahe Assets* gezählt (siehe oben). Dazu gehören zum Beispiel: Termineinlagen (Sparguthaben), Pensionspapiere, Geldmarktfondsanteile, Schuldverschreibungen usw. Für den Euro-Raum gelten derzeit folgendermaßen definierte Abgrenzungen.

	Geldmengendefinitionen		
	M1	M2	M3
Bargeldumlauf	x	x	x
Täglich fällige Einlagen	x	x	x
Einlagen mit vereinbarter Laufzeit bis zu zwei Jahren oder einer Kündigungsfrist bis zu 3 Monaten		x	x
Repogeschäfte (Pensionsgeschäfte)*			x
Geldmarktfondsanteile			x
Schuldverschreibungen mit einer Laufzeit bis zu 2 Jahren			x

Quelle: OENB

*) Repos (Repurchase Agreements; Pensionsgeschäfte) sind kurzlebige Finanzinstrumente. Das dabei geschaffene Finanzprodukt beruht auf einer gleichzeitigen Verkaufs- und Rückkaufsvereinbarung. Während der Laufzeit (manchmal nur 1 Tag) überträgt der Kreditnehmer – in der Regel eine Bank – das Eigentum an Wertpapieren an den Kreditgeber – in der Regel ebenfalls eine Bank. Die kreditgebende Bank stellt den Kredit zur Verfügung und verpflichtet sich, jene Wertpapiere bei Laufzeitende zurückzuübertragen. Die kreditnehmende Bank zahlt für die Überlassung des Kredites einen Zinssatz (Reposatz).

In den USA, wo sehr viel mit Kreditkarten bezahlt wird, beläuft sich M1 auf nicht über 10% des Sozialprodukts, die Europäer horten nicht unbeträchtliche Geldbestände zu Hause (M0 6-9%) und M1 beläuft sich gar auf 30-50% des Sozialprodukts. Hingegen hat M2 schon etwa das Niveau des BIP, und M3 übersteigt es um einiges.

Zu diesen sehr geldnahen Assets kommen weitere Assetklassen hinzu. Bei allen handelt es sich nicht um Geld, sondern um Ansprüche auf Geld (letztlich auf Bargeld). Da die Ansprüche ein Vielfaches von dem betragen, über das die Geschäftsbanken verfügen, ist die Einlösbarkeit individueller Forderungen davon abhängig, dass andere ihre Forderungen nicht einlösen. Bricht das Vertrauen in die Werthaltigkeit der Assets (dazu siehe S. 239ff), kann ein Massenansturm auf die Geschäftsbanken und andere Schuldner einsetzen. In diesem Fall sind diese der Gefahr der Zahlungsunfähigkeit ausgesetzt. Dann ist die Zentralbank als „lender of last resort" gefordert.

Box 11: Geldnahe Assets

Als geldnah gelten jene Assets, die leicht, ohne größere Wertverluste oder Aufwendungen (Transaktionskosten) jederzeit und in kurzer Frist in Geld verwandelt werden können. Nach der Liberalisierung der Kapitalmärkte, dem Wegfall der Börsenumsatzsteuer und der Automatisierung der Buchungsvorgänge können Aktien ohne wesentliche Nebenkosten gekauft oder verkauft werden; Dollar können in Euro, Euro in Yen umgewandelt werden – die Margen zwischen Kauf- und Verkaufskurs sind gering. Allerdings tragen die Akteure oft ein erhebliches Kurs- oder Preisrisiko. Sie können zwar zu jedem Zeitpunkt liquidieren, aber nicht jeder Zeitpunkt ist günstig. Als wirklich geldnah oder hochliquide können daher nur jene Assets gelten, die auch ohne größeres Kursrisiko gehandelt werden können. (Siehe auch „Liquidität", S. 120f.)

Kreditbestände

Die Masse an Geld wird über Kreditbeziehungen in die Wirtschaft gepumpt. Das verführt viele zur Ansicht, die Geldmenge müsste daher der Menge an ausstehenden Bankkrediten entsprechen. Weit gefehlt. Die Geldmenge beläuft sich auf 10-50%, die Kreditmenge aber bis auf das Dreifache des BIP.

Die Ursache für die Divergenz ist der ständige Nettoabfluss von Geld in Richtung Banken. Solche Geldabflüsse sind

– Ersparnisse (Termineinlagen des Publikums bei den Banken). Durch Spareinlagen (Einzahlungen von Bar- und Giralgeld) verringert sich zwar die Geld- nicht aber die Kreditmenge.

– Zahlungen für Kreditzinsen.

Durch diese Vorgänge wird Geld vernichtet. Der Zufluss von Geld in das Publikum durch Gehaltszahlungen, Dividendenausschüttung der Banken und Kauf von Gütern ist vergleichsweise gering.

Schon aus diesem Grund müssen Kredite ständig wachsen. Würden sie nicht zunehmen, würde sich die Geldmenge laufend verringern. Geldabflüsse in das Bankensystem müssen also durch zusätzliche Kredite kompensiert werden, um die Geldmenge mindestens konstant zu halten.

Mit dem Kreditbestand geht es daher so wie mit einem Trog, der ein Leck aufweist. Um den Wasserbestand zu halten bzw. ihn zu vergrößern, muss immer neues hinzukommen. Über die Zeit fließt dem Trog sehr viel mehr Wasser zu als in ihm enthalten ist. Je älter die Wirtschaft und je höher die Zinsen und die Sparquote, desto höher ist der Kreditbestand (im Verhältnis zur Geldmenge).

Eine Verringerung des Kreditbestandes mit Hilfe von Zahlungen des Publikums an das Bankensystem scheitert also schon an der geringen Geldmenge. Man kann nicht mit fast Nichts viel zurückführen. Eine Reduktion der Bankenkreditbestände im Verhältnis zum Sozialprodukt (deleveraging) hat also seine Grenze in der geringen Geldmenge.

Aktien

Ein großer Teil der Wertpapiere lautet auf Firmenanteile. Sie können nicht zurückgefordert werden, und sind daher fester Bestandteil des Unternehmenskapitals. Auch wenn man es *Eigenkapital* nennt, hat es doch Forderungs- oder zumindest Anspruchscharakter: die Eigentümer erwarten sich Ausschüttungen oder Wertsteigerungen. Sie tragen das Risiko des Gesamtverlustes und wollen dafür mit einer hohen Rendite belohnt werden.

Derivate

Derivate sind Wertpapiere, die zwar auf ein Nominale lauten, deren Wert aber vom Eintreten gewisser Bedingungen, auf die man „wettet", abhängt. Treffen sie ein, kann deren Preis nach oben schießen, wenn nicht, droht Totalverlust oder sogar eine Nachschusspflicht.

Es handelt sich hierbei um Verträge, in denen die Vertragsparteien vereinbaren, einen oder mehrere Vertragsgegenstände zu festgelegten Bedingungen in der Zukunft zu kaufen, zu verkaufen oder zu tauschen, beziehungsweise Wertausgleichszahlungen zu leisten.

Dienten Derivate früher in erster Linie zur Absicherung von Handelsgeschäften, werden sie heute vor allem für die Absicherungen von Vermögenspositionen, seit einigen Jahren insbesondere gegen den Ausfall Krediten eingesetzt. Der Umfang ausstehender Derivatekontrakte beläuft sich derzeit auf die wahnwitzige Summe von mehr als dem 10-Fachen des Weltsozialprodukts und konzentriert sich zunehmend in der Hand einiger weniger Großbanken und auf New York und London.

VERMÖGEN – WIE ES VERNICHTET WIRD

Gewiss ist es so, dass alles, was die Gesellschaft an Forderungen bzw. Verpflichtungen erzeugt, auch vernichtet werden kann. Wir sind auf diesem Gebiet allerdings mit einer bemerkenswerten Asymmetrie konfrontiert: Forderung und Schulden lassen sich leicht erzeugen, aber nicht so leicht aus der Welt schaffen.

Das sieht man, wenn man sich an den Grund für die Entstehung von Forderungen erinnert. Forderungen entstehen aus unausgeglichenen Leistungen. A liefert an B einen (physischen) Gegenstand, B nutzt und verbraucht ihn – der (physische) Gegenstand ist „weg", die monetär-symbolische Forderung aber bleibt. Sie kann prinzipiell nur bedient werden, wenn der Schuldner – zeitgerecht – einen Überschuss seiner Geldeinnahmen über seine Ausgaben erzielt.

Wer die Möglichkeiten der Reduktion von Forderungen = Schulden erkunden möchte, muss sich im Klaren sein, dass der Einzelne ganz andere Möglichkeiten vorfindet als die Gesellschaft als Ganzes (Weltwirtschaft). In den allermeisten Fällen kann sich der Einzelne entschulden. Er muss „nur" mehr einnehmen als ausgeben und die Differenz an den Gläubiger zahlen. Er kann sich also durch großartige Leistungen, durch strenges Sparen oder durch Verkauf sonstiger (produktiver?) Bestände aus der Schuldenfalle winden. Was dem Einzelnen gelingen kann, gilt aber nicht für die Gesamtheit. Denn dort ist die Summe der Einnahmen die Summe der Ausgaben. Wenn also viele sparen, auch die Gläubiger, fehlen den Schuldnern die Einnahmen, aus denen sie ihre Schulden bedienen könnten. Mit anderen Worten: Die Möglichkeit, der Schuldner, ihre Schulden zu begleichen, hängt auch und vor allem vom Ausgabeverhalten der Gläubiger ab. Die Gesamtheit der Gläubiger kann nur so viel an Rückführung von den Schuldnern erwarten als sie mehr ausgeben als sie einnehmen. Beginnen die Schuldner zu sparen (d.h. weniger als vorher auszugeben), müssten die Gläubiger umso mehr ausgeben. Das aber tun sie selten. Sparen kann also genau das Gegenteil von dem bewirken, was es bewirken soll: es kann die Schuldenlast erhöhen. Auch die Option des Verkaufs von Beständen (Beispiel: Griechenland privatisiert Unternehmen, um aus dem Erträgen seine Schulden zu begleichen) hat ihre systemischen Grenzen: Wer produktive Assets verkauft, verringert seine künftige Leistungsfähigkeit.

Trotz dieser systemischen Bremse muss man aber zugeben: Da Forderungen nur Symbole sind, können sie zum Verschwinden gebracht werden: durch Default des Schuldners oder Verzicht des Gläubigers. Gewiss, das sind Rechtsbrüche, die Vertrauen zerstören. Ist das Vertrauen aber schon ruiniert, ist es sinnvoll, sich von den Symbolen (durch Default oder Schuldenerlass) zu verabschieden – dann ist ein Neubeginn wieder möglich.

Deleveraging und Umverteilung

Wir haben es also mit einem im Kern *systemischen Zusammenhang* zu tun. Unter „normalen" Bedingungen ist die Expansion der Warenströme von einer Expansion der Forderungs- und Schuldenmatrix begleitet. Im Normalfall werden Schulden nicht nur nie beglichen, oder, falls beglichen, durch neue ersetzt, sondern wachsen ständig an. Die Kunst besteht darin, die Höhe der Forderungen/Schulden am Leistungsdifferential zwischen Gläubigern und Schuldnern zu orientieren. Eine einseitige „Wettbewerbsfähigkeit", die sich im Überschuss der geleisteten im Verhältnis zu den empfangenen Leistungen niederschlägt, hat ihre Kehrseite in einer sich zuspitzenden Finanzlage.

Läuft die Dynamik der Forderungs- und Schuldenmatrix der Expansion des Wohlstands weit voraus und überschreiten die akkumulierten Forderungsbzw. Verschuldungsgrößen einen kritischen Punkt, können die ihr zugrundeliegenden Verträge und Verpflichtungen nicht mehr bedient werden. Die Dynamik der Forderungs-Schuldenmatrix kommt ins Stocken und mit ihr die Wirtschaft selbst. Die Frage ist, wie man ein solche „Schieflage" beseitigt. Dann ist ein „deleveraging", d.h. eine Reduktion des Niveaus der Forderungs- und Schuldverflechtungen angesagt. Das ist in jedem Fall auch ein schmerzhafter realwirtschaftlicher Prozess. Wer hier auf „Sparen" setzt, riskiert alles: das Leistungspotential des Schuldner und das eigene Vermögen.

Einer Rückführung der Schulden steht aber vor allem die wachsende Diskrepanz von REICH und ARM entgegen. Jeder will reicher werden, auch die Reichen. Da sie schon alles haben, haben sie aber auch eine hohe Sparquote. Sie haben schon deshalb wenig Anlass, Ausgaben zu tätigen, durch die sie ihre Forderungen abbauen könnten. Diese Ausgaben wären aber „notwendig", um den „Armen" zu ermöglichen, ein Mehr an Leistungen zu erbringen und sich damit weniger als vorher zu verschulden oder sich sogar zu entschulden. Solange dieser Ausgleich zwischen Arm und Reich aber nicht erfolgt, steigen die Forderungen der Reichen rascher als das Sozialprodukt an. Da aber die Verschuldung der „Armen" nicht in diesem Tempo weiter stattfinden kann, muss der Staat – er ist Repräsentant sowohl der Reichen als auch der Armen – einspringen und Extra-Ausgaben tätigen, die ihn aber über die Jahre selbst in den finanziellen Ruin treiben.

Daher liegt der Überschuldung vor allem eine *Verteilungsproblematik* zugrunde. Zur Zeit reagieren die Völker, indem sie, zum Teil unter dem Druck der Finanzmärkte, ihre Staaten zur Sparsamkeit auffordern. Wenn die Staaten aber auf zusätzliche Ausgaben zwecks Schließung der Nachfragelücke verzichten, kann die Wirtschaft in eine Depression fallen, unter der sich die Verschuldungslast und Verteilungsungerechtigkeit sogar noch erhöhen.

Die Notwendigkeit eines „Rebalancing" gibt es aber nicht nur zwischen reich und arm, sondern auch zwischen Ländern. Ein Rebalancing der Leistungsströme (= Abbau von Leistungsbilanzüberhängen) kann entweder über Expansion oder durch Schrumpfung der wechselseitigen Beziehungen erreicht werden. Im ersteren Falle müssten Überschussländer (China, Deutschland, Norwegen, Schweiz, Saudi-Arabien, etc.) ihre Forderungstitel monetisieren um den Defizitländern (USA, Italien, Griechenland, Spanien, …) einen Ausgleich zu ermöglichen. Tun sie es nicht, tritt der zweite Fall ein. Sie werden schließlich sowohl ihr Geld als auch ihre Exporte verlieren. Noch hat man die Lehre nicht gezogen, dass hinter jedem Exportberg ein Rezessionstal wartet. Nur gleichgewichtiges Wachstum ist nachhaltiges Wachstum.

Im *Wirtschaftswachstum* wird eine Wunderwaffe gegen alles Mögliche gesehen, auch gegen die Überschuldung. Kann man Schulden davon wachsen? Die ideale Lösung wäre es wohl. Wer aber kann schon rasch laufen, wenn er einen schweren Rucksack trägt? [154]

Strategien der Vermögensvernichtung

Ich kann im Moment nur folgende Mittel zum Deleveraging erkennen:
- *Schuldennachlass und Konkurs*. Die Eigentümer verlieren ihre Assets, weil die Schuldner ihre Zahlungen einstellen. Schuldennachlässe sind Ausnahmelösungen. Oft wollen die Gläubiger auf Forderungen nicht verzichten, und häufig können sie nicht, weil sie selbst verschuldet sind. Man befürchtet auch „moral hazard", d.h., dass sich die Schuldner auf einen Schuldenerlass einstellen.[155] *Konkurse* sind konsequent und blutig. Man kann sie in Kauf nehmen, wenn der Ausfall der betroffenen Einheiten nicht das ganze System in Mitleidenschaft zieht. Man kann vielleicht riskieren, kleinere Staaten in den Staatsbankrott zu schicken. Bei einer Bank

---

[154] Wie die Geschichte der Finanzkrisen zeigt (dazu Reinhard/Rogoff 2010) gelang ein Herauswachsen nur sehr selten. Beispiele sind die USA und Großbritannien in der Nachkriegszeit. Diese Länder hatten sich im Krieg gegen Nazideutschland sehr hohe Staatsschulden aufgebürdet. Ungewöhnlich hohes und nicht so wiederholbares Wachstum kam ihnen dabei ganz wesentlich entgegen. Sie „behalfen" sich aber auch durch eine Politik der „Repression" auf den Kapitalmärkten, die dafür sorgte, dass die Realzinsen über viele Jahre negativ blieben. Auf diese Weise gelang diesen Staaten eine „relative" Entschuldung.

[155] Der London Club ist für große private, der Paris Club für Staatsschulden zuständig.

2.8 Schuld und Vermögen

of America wird man eine Pleite zu verhindern wissen. Die USA, Eigenproduzent von Geld, können und werden nicht Pleite gehen, solange das von ihnen selbst hergestellte Geld als Weltgeld Anerkennung findet.
- *Künstliches Wachstum durch Inflation.* Formal bleiben die nominell fixierten Ansprüche aufrecht, aber sie verlieren an Kaufkraft, sofern ihre Verzinsung unter der Inflationsrate bleibt. Inflation ist ein schleichender und heimtückischer Prozess. Sie betrifft das gesamte System. Eigentümer versuchen, der Inflation durch Flucht in Sachwerte auszuweichen. Hierdurch kann sich die Vermögensverteilung aber noch verschlimmern.
- Teile der Vermögen werden durch Steuern (Vermögen- und Erbschaftssteuern, Schenkungssteuern, Lastenausgleichsabgaben etc.) *konfisziert*, um Staatsverschuldungen zurückzuführen und öffentliche Ausgaben zu finanzieren.

Geldvermögen verhalten sich wie eine Ratsche. Es geht nach vorne und in Richtung auf ein Mehr. Rückwärts aber klemmt das Rad.

DIE SELBSTBEZÜGLICHKEIT VON ASSETMÄRKTEN

Geld als Scharnier für Güter- und Assetmärkte

Der Vermögenspyramide (S. 200) entspricht die Pyramide der *selbstreferentiell* aufeinander bezogenen Tauschoperationen. Die Basis der Wirtschaft – gleichsam die Stufe 0 – bilden die Gütermärkte. Auf *Stufe 1* steht Geld selbst. Es fungiert für fast alle Operationen als Scharnier: jeder Tausch besucht die Ebene 1. Auf der darüber liegenden, *zweiten Stufe* steht der Tausch mit Aktien (Repräsentanten von Firmenwerten), Hypotheken (Repräsentanten von Immobilien) oder Staatsanleihen (Repräsentanten zukünftiger Staatseinnahmen). Die *dritte Stufe* schließlich wird von Derivaten eingenommen, d.h. von Wetten über die Entwicklungen der vorgenannten Werte (Güterpreise, Assetpreise aller Art, auf Preisindizes, Währungs- und Zinsdifferentiale, letzthin auch auf Kreditausfallsrisiken). Es gibt Derivate von Derivaten, also noch weitere Stufen.

Gütermärkte sind also von einer Kaskade von Assetmärkten überlagert. Alle Operationen auf Vermögensmärkten sind durch Selbstbezüglichkeit gekennzeichnet: Man gibt Geld gegen einen geldnahen Vermögenswert hin, um später einen höheren Geldwert zu erzielen. *Kapital entsteht*, gleichgültig in welcher Form, *aus Tauschakten auf Tauschwerte.*

Selbstreferentielle Operationen sind in der Wirtschaft ganz unvermeidlich und folgen aus der Logik des Tausches. Er kann „alles" ergreifen: nicht nur sinnlich wahrnehmbare Güter, sondern selbstverständlich auch das aus ihm emergierte Medium Geld und Vermögenstitel aller Art. Allerdings verliert sich die „Sinnfälligkeit" dieser Operationen mit der Höhe der Reflexionsstufe. Es scheint folgendes zu gelten: Je höher die Reflexionsstufe, desto geringer die Stabilität der Märkte.

Die Instabilität der Assetmärkte

Gütermärkte handeln mit Dingen, die einen erkennbaren sinnlichen Nutzen stiften – sei es direkt als Konsumgüter, sei es indirekt als Produktionsmittel. Beim Handel mit sinnlich wahrnehmbaren Objekten hat der Mensch noch Bodenhaftung. Schmeckt der Fisch modrig – man merkt's gleich – wird man ihn nicht mehr kaufen. Steigt der Preis von Fischen, wird man weniger kaufen.

Assets hingegen sind Rechtstitel, die einen Anspruch auf Zahlungen versprechen oder in Aussicht stellen. Der Vermögensbesitzer rechnet nicht nur mit Zahlungen, sondern mit Zahlungen für Zahlungen (Baecker 1986, S. 177f). Finanzmärkte beziehen sich also auf Gegenstände, die das Tauschen (Tauschoperationen) selbst erzeugt – sie sind in hohem Maße eigenbezogen, d.h. rückbezüglich. Rückbezüglichkeit aber bedeutet durchaus nicht, dass der Vermögensbesitzer mehr weiß und sich für mehr interessiert Während sich der Produzent für den Erfolg des jeweils finanzierten Projekts interessieren muss (ein Schuhfabrikant für die Schönheit und das Passen seiner Schuhe), interessiert sich der Finanzinvestor oft nur mehr für die Preisbewegungen der Finanztitel auf den Märkten.

Der Aktienkurs hat die Funktion, den Wert der *Organisation* zu beurteilen, der man als Eigentümer Geld zur Verfügung gestellt hat, auf dass sich das eingesetzte Geld vermehre. Alles ist bereits auf die Zukunft ausgerichtet. Schüttet die Aktiengesellschaft Dividenden aus, kann sich der Kurs, der einen Erwartungswert ausdrückt, noch an der tatsächlichen Höhe der Ausschüttung orientieren (Soros 1994). Oft erfolgen jedoch keine Ausschüttungen oder ihre Bedeutung tritt hinter den Erwartungen weiterer Kurssteigerungen zurück. Dann orientieren sich die Erwartungen bloß noch am Eintreffen dieser Erwartungen. Das ist Selbstreferentialität in Reinkultur. Steigen die Aktien, werden sie gekauft. Fallen sie, werden viele verkauft. Das Fehlen eines objektiven, d.h. hier

2.8 Schuld und Vermögen

„sinnfälligen" Ankers verführt, sich an den Meinungen anderer zu orientieren. Herdenverhalten ist die typische Folge. (Pahl 2007)[156]

Da alle so handeln und denken, vermittelt das den trügerischen Anschein von Stabilität. Während wir auf Gütermärkten häufig kleinere Schwankungen sehen, beobachten wir auf Vermögensmärkten heftige Boom- und Bust-Phasen, was die Gütermärkte mitzieht.[157]

Handelt es sich bei Aktien noch um Wetten auf Kursgewinne, die sich an Wachstumserwartungen orientieren, also langfristig um ein Positiv-Summenspiel, geht es bei Derivaten um Wetten auf Abweichungen von erwarteten Trends, wobei die Wetten noch tüchtig mit Krediten gehebelt werden (bei LTCM, einem US-Hedgefonds, der 1998 Konkurs anmelden musste, war es bis zum 1000-fachen!). Hier werden die sinnfälligen Bezüge extrem dünn.

Die Finanzindustrie wartet zwar mit allerlei Begründungen auf, mit denen sie die Existenz dieser Produkte zu rechtfertigen sucht: Käufer könnten sich mit ihnen gegen Risiken versichern, die nicht sie, aber andere zu tragen in der Lage wären; Risiken können auf diese Weise von den Schultern einiger weniger genommen und auf viele verteilt werden; hierdurch kämen, so wird behauptet, Geschäfte zustande, die sonst nicht möglich wären; ohne diese Innovationen hätte sich die Weltwirtschaft niemals in diesem Ausmaß ausdehnen können, etc.

Auf etliche Fälle mag diese Argumentation zutreffen. Ein Bauer kann einen Vorteil daraus ziehen, dass er seine Ernte gegen einen Preisverfall absichert. Absicherungsgeschäfte dieser Art gibt es schon lange. Neu ist der explodierende Umfang der Options- und Derivateindustrie, deren Geschäft inzwischen aber vor allem der Ausdehnung, Absicherung und Anonymisierung der Schuldner-Gläubiger-Beziehungen dient. Hier werden nicht so sehr neue Geschäftsfelder entwickelt, als Gläubiger-Schuldner-Beziehungen ins Unsinnige und Unsittliche ausgedehnt. Die Finanzindustrie stellt mit hoch-innovativen Produkten die Mittel zur Verfügung, mit Hilfe deren nicht-nachhaltige Strukturen erhalten bzw. verschlimmert werden. Stiglitz sieht in den neuen Finanzinnovationen Instrumente systematischer Täuschung, mit der Absicht, sich ungeheure Gewinne auf Kosten der „Gemeinschaft" zu verschaffen. (Stiglitz

---

[156] „Finanzieller Erfolg basiert auf der Fähigkeit, die vorherrschenden Erwartungen zu antizipieren, nicht die Entwicklungen der realen Welt." Soros 1987, S. 320. Darüber hinaus muss man auch antizipieren können, dass gewisse Erwartungen nicht aufgehen, weil sie an der Realität scheitern. Auch im Ausnutzen von Blasenbildungen (d.h. dem Ausreiten unhaltbarer Trends) erwies sich Soros als Meister.

[157] Größere Schwankungen auf Gütermärkten werden meist durch spekulative Vermögensmarktoperationen ausgelöst.

2008, S. 353) Von einem bereits Zuviel an „Papier" wird ein noch Mehr erzeugt und möglich gemacht. Hinter einem Wall institutioneller Absicherungen brauen sich Kräfte zusammen, deren Gewicht und hohe Unruhe auf die Leistungsmärkte drückt.

Die Derivateindustrie explodierte in den letzten zwanzig Jahren und prägt inzwischen die Landschaft der Vermögensmärkte. Laut Angaben der Bank für Internationalen Zahlungsverkehr (BIZ) erreichten die Nominalwerte der offenen Verträge Ende 2007 einen Wert von fast 683 Billionen USD, das gut 10-Fache des Weltsozialprodukts. Inzwischen sind die Werte etwas zurückgegangen. Auch wenn sich das Ausfallrisiko des bestehenden Vertragsbestandes nur auf einen Bruchteil des „gross market value" belaufen sollte, beträgt es in Gestalt des „notional amounts" fast das 7-Fache des Weltsozialprodukts.[158]

Die Instabilität der Finanzprodukte setzt sich im Übrigen in der *Instabilität der Finanzinstitutionen* fort. Investmenthäuser nehmen Kapital auf, um Kapital zu verwalten. Die Eigenkapitalmarge beträgt oft nur 10% oder weniger. Steigen die Kurse auf den Märkten, kaufen die Investmenthäuser; fallen sie, müssen sie verkaufen. Ein solches Gebilde ist in sich instabil.[159] Eine für Flugsicherheit zuständige Behörde würde niemals ein Flugzeug zum Verkehr zulassen, dessen Neigung sich automatisch vergrößert. Bisher züchtet die Finanzindustrie solche Gebilde!

---

[158] Der Großinvestor und -spekulant Warren Buffet nennt Derivate „Massenvernichtungswaffen". Jüngste Daten (April 2015 zeigen), dass sich die Werte auf die eben erwähnten Niveaus eingependelt haben.

[159] Banque de France 2008.

Box 12: Die Instabilität von Finanzmärkten

Die Dominanz der Vermögensmärkte über die Güter- bzw. Leistungsmärkte setzt den normalen, vorwiegend negativ rückgekoppelten Wirtschaftsmechanismus außer Kraft und verstärkt die positiven, systemgefährdenden Rückkopplungsmechanismen. Ein Beispiel: Internationale Ungleichgewichte auf den Gütermärkten (Leistungsbilanzen) sollten normalerweise mittelfristig über Wechselkursbewegungen ausgeglichen werden. Finanzmärkte sind heute aber so effektiv, dass sie fast jedes Leistungsbilanzdefizit finanzieren. Indem die Finanzindustrie jede Art von Defiziten finanziert, glättet sie kleine Zyklen und baut große auf. Der Tsunami war eine flache, kaum merkbare, aber sehr breite Welle. Sie brach sich erst am Strand.

Auf diese Weise können sich über etliche Jahre ungeheure Vermögens- und damit Spekulationsmassen bilden, die ein Vielfaches der Leistungsströme ausmachen. Setzen sich nur kleine Teile davon in Bewegung, können sie ein heilloses Durcheinander auf den Devisenmärkten auslösen. Oft haben wir Ausschläge, die in die ganz falsche Richtung führen, weil sie die Leistungsbilanzungleichgewichte sogar noch verschärfen.

Auf eine allgemeine Ebene gehoben kann man also so sagen: Die hypertrophe Finanzindustrie zerstört durch leichtfertiges Finanzieren von Defiziten (welcher Art auch immer) systematisch wirtschaftliche Substanz. Da die Finanzwerte letztlich aber doch auf Realwerte verweisen, muss eines Tages die Zerstörung der Finanzwerte nachfolgen.

Die Federal Reserve der USA leitete ab 2009 mit dem massiven Ankauf von Staatspapieren eine solche Vernichtung (sog. debasement) ein. China, der größte Vermögensbesitzer von US-Treasuries reagierte wütend. Aber finanziert es nicht seit vielen Jahrzehnten die US-Wirtschaft und profitiert von der Deindustrialisierung der USA? Es ist ein Irrtum zu glauben, man könne dauerhaft Gläubigerpositionen aufbauen, während die Leistungsfähigkeit des Schuldners zugleich abnimmt. Inzwischen flutet auch die EZB den Euro-Raum mit Geld, um die Kaufkraft der vorher aufgebauten, nominalen Forderungswerte zu reduzieren – das geht auf Kosten der Sparer.

Der lauernde Systemkollaps

Wer Geld anlegt, bewegt sich typischerweise in einem magischen Zieldreieck. Der „Investor" möchte hohe Liquidität (Zugriffsgeschwindigkeit), Ertrag

(Rendite) und Sicherheit (Stabilität) haben, muss aber einen Kompromiss zwischen seinen Wünschen eingehen. Immobilien z.B. gelten als besonders wertbeständig (geringe Volatilität, mäßige Renditen) – was in jüngster Zeit nicht

Abbildung 12

Wehe, es kommen die liquiden Geldvermögensmassen auf den Markt ...

Einer der wenigen Ökonomen, die vor der diesbezüglichen Blindheit der Ökonomen warnen, ist Galbraith: "In modern times economists, looking at the effects of monetary and fiscal policy on the volume of demand in the economy, have spared little thought for the possibility that liquid assets might be tipped into markets, upsetting all the best calculations." (1975, S.153)

zutraf –, weisen aber eine geringe Liquidität auf. Aktien unterliegen erheblichen Preisschwankungen, sind allerdings leichter zu liquidieren und gelten langfristig ebenfalls als Werte mit Substanz und Potential. Bei Aktien kommt es daher noch mehr auf den Zeitpunkt des Einstiegs und Ausstiegs an.

Die Wahl zwischen ertragsbringenden Assetklassen stellt immer einen funktionalen Kompromiss dar, funktional deshalb, weil sich die Überlegungen

2.8 Schuld und Vermögen

der Akteure auf ein Mehr oder Weniger jener genannten Aspekte (Ertrag, Liquidität, Sicherheit) beziehen, deren Quid-pro-Quo sich aus der ökonomischen Sachlogik ergibt.

Hinter den *funktionalen* Kompromissen lauern aber immer auch *systemische* Überlegungen und Befürchtungen. Was, so fragen sich viele, passiert, wenn sich das „Ganze" nicht ausgeht; wenn „das System zusammenbricht", wenn „die Banken krachen", die Inflation alles vernichtet?

Wenn also die ökonomische Sachlogik aufhört, zu wirken? Was dann? Systemische Überlegungen stehen normalerweise weit im Hintergrund[160]. Sie dösen gewissermaßen vor sich hin, können aber jederzeit wach werden und sich mit funktionalen Überlegungen vermischen oder diese sogar dominieren. So erwerben viele Investoren Immobilien in der Absicht, sie würden, falls alles schiefgeht – was heißt „alles"? – Substanz erwerben (systemische Überlegungen), und, wenn es gut geht, immerhin eine hinreichende Rendite lukrieren (funktionelle Überlegung). Bei Gold ist das ähnlich: Viele Goldkäufer rechnen mit einer Verknappung des Goldes und daher mit einer Erhöhung des Goldpreises in Folge stark wachsender Nachfrage in China und Indien. Das wäre eine funktionelle Überlegung. Zugleich kaufen sie Gold aus einer Skepsis gegenüber dem auf Kreditgeld beruhenden Weltfinanzsystem. Sie wissen zwar: langfristig ist Gold, im Vergleich zu anderen Anlageformen, ein Verlierer: ein Römer erhielt für eine Unze eine Toga – im langjährigen Durchschnitt kann man für den Wert einer Unze einen guten Anzug erwerben: der Ertrag wäre also Null!). Aber in Zeiten der Vernichtung von Papiergeld- und Papiervermögenswerten wird Gold nicht nur als höchst liquide und zugleich höchst lukrative Anlageform (dem Preis oder relativen Preisen nach) begehrt, sondern deshalb, weil es als „stoffliche" Absicherung gegen das Versagen der „Gesellschaft" gilt.[161]

---

[160] Interessanterweise sind im naiven Denken systemische Überlegungen häufiger anzutreffen als bei Professionellen.

[161] Aus theoretischer Perspektive haben wir es mit einem höchst weittragenden Zusammenhang zu tun: Emergente Strukturen sind gefährdet oder lösen sich auf. Damit schwächen sich funktionale Kausalitäten ab. Anstatt dessen soll die Substanz treten!

REIFEGRAD DER WERTFORM

Die Wertform ist ein merkwürdiges „Ding". Es brauchte lange, um sie „ins Leben" zu bringen (dazu S. 32ff). Einmal fest etabliert – und das ist menschheitsgeschichtlich erst „kürzlich" geschehen[162] – neigt sie, sich selbst überlassen, zur Hypertrophie.

Die Wertform kann unreif, reif, überreif oder sogar „faul" sein. Reif oder angemessen wollen wir die „Wertform" nennen, wenn das Geldsystem eine der Wirtschaft „angemessene" Entwicklung hat. Was angemessen ist, hängt vor allem von der Tiefe der Arbeitsteilung, d.h. dem Grad der Ausdifferenzierung der Wirtschaft ab.[163] So schwierig oder unmöglich es sein mag, präzise

Abbildung 13

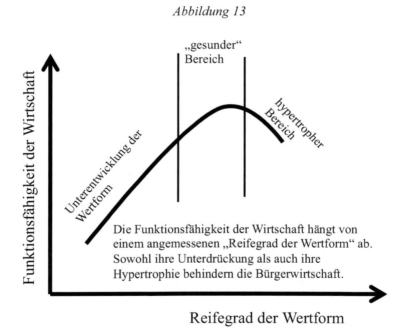

[162] Der Marxismus hat in Erwartung einer baldigen Revolution den Begriff Spätkapitalismus eingeführt. Der Wirklichkeit näher kommt wahrscheinlich, wenn wir davon ausgehen, dass wir uns erst in einer frühen, eher pubertären Phase der Auseinandersetzung mit unserem Wirtschaftssystem befinden (dazu S. 124ff).

[163] Die Arbeitsteilung kann freilich eine Tiefe erreichen, die selbst unsinnig ist.

Kriterien für „Angemessenheit" zu definieren – dazu bräuchte es wahrscheinlich eine ausgefeilte Theorie der Form[164] – so leicht ist es, grobe Abweichungen in die eine oder andere Richtung zu erkennen.

Unreife Wertformen waren schon immer ein Hindernis für die Entwicklung der Wirtschaft. Wo kein Geld, dort keine Musik, sagt der Volksmund. Im sowjetischen Sozialismus war die Wertform extrem unterdrückt. Daran ist er auch kläglich gescheitert. In der nachfolgenden Transformationsphase sollte sie mit einem Schlag eingeführt werden. Die Gesellschaften Osteuropas wären daran fast zerbrochen. Die Wertform kann aber auch den realen Möglichkeiten vorauseilen, wie der Zusammenbruch früher Finanzimperien, zum Beispiel der Fugger, zeigt, oder überhaupt hypertroph sein. Das ist dann der Fall, wenn das Finanzmanagement Finanzprodukte entwickelt, die nicht nur überflüssig, sondern schädlich sind.

Neigung der Wertform zur Hypertrophie

> *Das Beunruhigende der Finanzkrise besteht gerade darin, dass die Verdoppelung der Welt gerade jenen unsichtbar bleibt, die die Besten auf ihrem Gebiet sind.* – Armin Nassehi

Das moderne Finanzsystem ist eindeutig hypertroph. *Quantitative* Indikatoren dafür sind das Verhältnis des Werts der Geldvermögensassets zum Sozialprodukt; das Tempo, mit dem dieses Verhältnis wächst; die im Verhältnis zu den Warenumsätzen phantastischen Umsätze auf den Finanzmärkten; die (zunehmende) Kurzfristigkeit der Finanzierung; die geringe Behaltedauer von Vermögensassets in Folge des Hochfrequenzhandels; der (explodierende) Anteil der Konsumentenkredite und nachfolgend, in der Krise, die explodierende Staatsverschuldung; außerdem: die schwindelige Höhe der Gehälter und Boni in der Finanzindustrie; der hohe Konzentrationsgrad, das „*too big to fail*", möglicherweise auch das „*too big to function*". Wichtige *qualitative* Indikatoren sind die Nichtnachvollziehbarkeit der Operationen auf den Finanzmärkten selbst für Eingeweihte; der Realitätsverlust der Akteure, auch der Spitzenkräfte; die naive Haltung „diesmal ist alles anders";[165] der Glaube an die Präzision mathematischer Modelle, insgesamt die Umstellung der Gesellschaft von der Leistungserbringung auf die Vermögensexpansion (dazu auch Kapitel 2.9)

---

[164] Ansätze und Hinweise hierzu bei Baecker (1993).
[165] Reinhart/Rogoff (2009), die einen Überblick über 800 Finanzkrisen geben, wollen sich mit diesem Titel über die illusionäre Haltung der Finanzwelt lustig machen.

Woher aber diese *Neigung zur Hypertrophie*, oder wie es oft heißt: zum Abheben der Finanzmärkte? Ich sehe unter anderen folgende Gründe:

– *Positive Feedbackmechanismen aufgrund hoher (und übertriebener) Selbstbezüglichkeit.* Der Finanzbereich ist von *positiven Feedbackmechanismen* geradezu durchsetzt, deren Ursache in der Selbstbezüglichkeit der Operationen liegt.[166] Damit verlieren die Operierenden Bodenhaftung. (Bodenhaftung ist nur durch Fremdbezug der Operation erreichbar).[167] Die Folge sind Schwankungen zwischen euphorischen und depressiven Zuständen, typisch für alle hoch-selbstbezüglichen Systeme.

– *Drogensyndrom.* Eine Droge zeichnet sich durch die Eigenschaft aus, dass sie jetzt hilft aber später schadet und abhängig macht. Das trifft auch für Kredite zu. Kredite helfen jetzt, belasten aber später, und man wird sie nur schwer los (dazu S. 215f). Das Bankensystem wächst mit der Höhe der Kredite, der Vermögen, die es verwaltet und der Umsätze, die es auf Vermögensmärkte tätigt. Je größer die Schieflage der Wirtschaft, desto mehr kann das Bankensystem an ihr verdienen – zumindest zunächst.

– *Verbriefung von Schulden.* Von „Natur" her will sich „keiner" hoch verschulden. Und „keiner" will und kann Kredite in beliebiger Höhe vergeben. Solange Schuldkontrakte nicht handelbar sind, behält der Gläubiger den Schuldner noch in seinem Blickfeld. Sobald aber die Möglichkeit besteht, Forderung an andere Marktteilnehmer zu verkaufen, entsteht die Illusion, die Forderung sei ein für sich stehender Wert, der sich, ähnlich dem Vermögenstyp 1 beliebig vermehren ließe. Diese Illusion wird dadurch gesteigert, dass das Risiko eines Wertverlustes durch Versicherungen (sog. CDO's)[168] vermieden werden kann, deren Wert ein Vielfaches der Summe der Schuld (des Vermögenswerts) beträgt. An diesen Fiktionen setzt sich die Illusion von Reichtum fest und in fernerer Folge die Vorstellung, dass jeder durch konsequente Kumulierung von Vermögenswerten finanzielle Unabhängigkeit erreichen könnte.

---

[166] Die Finanzindustrie verliert schon bei relativ einfachen ökonomischen Tatbeständen, etwa den Hypotheken auf Wohnhäusern, Bodenhaftung. Wie erst bei komplizierteren Finanzprodukten?

[167] Unter Fremdbezug ist der Bezug auf etwas Außerwirtschaftliches gemeint, etwa ein Bedürfnis, ein sinnhafter, sinnlicher Bezug. Komplexe Systeme zeichnen sich zwar durch selbstreflexive Operationen aus. Aber jedes System bedarf eines Bezugs zur Um- oder Außenwelt.

[168] Credit default options.

- *Hochglanzassets.* Die moderne Finanzindustrie hat *raffinierte Verpackungsmethoden* entwickelt, durch die sie höchst zweifelhafte Schuldkontrakte zu Hochglanzprodukten aufputzt und sie mit Erfolg vermarktet.[169]
- *Geldproduktion folgt der Schuldenproduktion.* Die heutige Geldverfassung gestattet dem Finanzsystem, sich beim monetären Souverän praktisch unbeschränkt zu refinanzieren. Die Folge ist, dass die Erzeugung von Schulden die Erzeugung von Geld nach sich zieht. Zwar hat der monetäre Souverän (noch immer über Offenmarkt- und Zinspolitik einen gewissen Einfluss auf die Geldmenge, nicht aber auf das Wachstum der Forderungs- und Schuldbestände. Kommen diese ins Wanken, kann die Finanzindustrie Regierung und monetären Souverän in Geiselhaft nehmen und die fehlende Versorgung mit Geld in beliebiger Höhe erzwingen.

Vom „richtigen Reifegrad"

Wir sind damit mitten in einem heiklen philosophischen Disput über das Verhältnis von technischer Rationalität (Effizienz) und Vernunft[170] angelangt. Beginnen wir mit dem Thema „technische Effizienz". Einige Ökonomen haben inzwischen bemerkt, dass das Effizienzkriterium der Ökonomik leer ist. Denn alle Zustände lassen sich letztlich als effizient deklarieren, da es für jede Situation gute Gründe gibt. Sonst wäre sie ja anders. Dr. Pangloss triumphiert (S. 151)[171]. Zweifel in Bezug auf allokative Effizienz sind insbesondere bei Finanzmärkten angebracht, für welche die Neoklassik eine besonders hohe technische Rationalität mit dem Hinweis behauptet, dass Finanzmärkte alle für sie relevanten Informationen im Nu verarbeiten (Fama 1970). Eine rasche Informationsverarbeitung ist aber für ein „gutes" Funktionieren von Märkten nicht ausreichend. Perfekte Märkte könnten nämlich Fehlallokationen nur vermeiden, wenn die Teilnehmer die „richtigen" Informationen „richtig" verarbeiten. Selbst wenn sie „richtige" Informationen „falsch" verarbeiten, weil sie z.B. „falsche" Denkmodelle einsetzen (weil sie sich falsche Vorstellungen von

---

[169] Finanzmärkte seien nicht nur durch die Asymmetrie von Informationen gekennzeichnet, sondern durch die bewusste Schaffung solcher Asymmetrien, meint Stiglitz (2008, S. 353).

[170] Dabei müssen wir uns bewusstmachen, dass es sich um sehr unterschiedliche Kategorien handelt. Technische Effizienz ist ein *Verstandeskonstrukt*, das eindeutig definiert ist – gleichwohl es in der Luft hängt. Vernunft bezieht sich immer auf die reale Welt – allerdings können wir sie nie genau definieren.

[171] Dazu auch Toumanoff 1984.

Märkten bzw. Vermögensmärkten machen), nützt ihnen ihre Informationseffizienz so wenig wie einer Masse von Lemmingen: sie sind alle sehr rasch, merken aber nicht, dass sie ihrem Untergang entgegenlaufen.

Daher gehe ich nicht vom Begriff der Effizienz aus, hinter der immer die Vorstellung eines idealen oder perfekten Zustands steht, sondern vom (emergenten) Prozess des Austausches, ohne den es *nichts* gibt, von dem wir aber auch nicht behaupten dürfen, er würde zu einem idealen Zustand führen. Formale Rationalität der Geldrechnung heißt nicht, dass sie zu wirtschaftlich „vernünftigen" Zuständen führt. Um zu vernünftigen Ergebnisse zu führen, braucht die Geldrechnung den Bezug auf Größen, die außerhalb der Geldrechnung liegen und die von den Menschen als gut, sinnvoll, nützlich, nachhaltig – kurz als vernünftig – eingestuft werden. Umgekehrt gilt freilich ebenfalls: Um vernünftig zu handeln, brauchen wir *auch* die Geldrechnung. Mit anderen Worten: *Die Wertform ist unverzichtbar, aber sie muss angemessen und sie muss uns auf einen Sinn hin orientieren.*[172]

Kultur ist Form und beruht auf Formen. Es gibt keine Rationalität ohne Form.[173] **Aber immer dann, wenn sich Formen verselbständigen, kippt Rationalität in Irrationalität. Dies trifft insbesondere auf das Finanzsystem zu, dessen Gegenstand die Erzeugung und der Handel mit Wertformen ist.**

Hypertrophie schädigt

Gier ist menschlich. Man braucht ihr nicht noch eine Rutsche zu legen.

Die „Wertform" (samt den sie organisierenden Institutionen) ist der Katalysator der bürgerlichen Gesellschaft. Ohne „Wertform" geht nichts, aber ein Zuviel davon schädigt den Körper der bürgerlichen Gesellschaft. Hypertrophe Finanzen verursachen schwerwiegende Kollateralschäden:

– *Auf Dauer gibt es keine Profite ohne Produktion.* Die Finanzindustrie kann zwar Profite ohne Produktion generieren, indem sie in den virtuell-monetären Raum ausweicht. Realökonomisch handelt es sich aber nur um ein

---

[172] Die Weigerung der Federal Reserve in die sich seit Jahren vor der Krise abzeichnende Blase auf dem Subprime-Hypothekenmarkt einzugreifen, beruht auf der Einstellung, dass sich der „Geist" der formalen Rationalität des Marktes unterzuordnen habe.

[173] Da die Ökonomik den Begriff der Form nicht kennt, muss ihr die Idee einer angemessenen Wertform fremd sein.

Nullsummenspiel. Die Wachstumsschwäche, die mit der Reife der Wirtschaften zunimmt (in den entwickelten Industrieländern seit 1970), kann zwar durch eine Expansion in den virtuell-monetären Raum kompensiert werden. Die virtuelle Expansion erzeugte zwar zunächst einen *Hype*, dem aber die *Ernüchterung* folgen musste. Das, was den Produzenten von Finanztiteln gegeben wird, wird nicht der Realwirtschaft entzogen. Die mit der Krise einhergehende Schieflage schwächt das ganze System.

– Der Kapitalismus neigt ohnehin zu einer ungerechten *Einkommensverteilung*. (Marterbauer 2011) Die Hypertrophie der Wertform vergrößert die Schieflage und wirkt gegen Korrekturbemühungen des politischen Systems. *In guten Zeiten wacht das Finanzkapital eifersüchtig über Ausgaben zugunsten von Sozialprogrammen. In der Finanzkrise aber scheut es sich nicht, den Staat schamlos zu überfordern und in den Staatsbankrott zu jagen.* In Kleinarbeit errungene Kompromisse (Hartz IV usw.) werden hierdurch politisch unglaubwürdig. Der Schutzschirm für Großspekulanten ist ein Vielfaches von dem, womit man Arbeitslose vor dem Fall ins Nichts schützt. Das macht böses Blut.

– Exzesse auf den Assetmärkten ruinieren wirtschaftliche Grundlagen und Existenzen. Sie treiben Immobilienpreise in Höhen, deren Renditen entweder sinken oder Mieten verlangen, die nicht leistbar sind.[174]

– So unentbehrlich das *Finanzsystem* zur Finanzierung wirtschaftlicher Aktivitäten ist, es scheint nicht in der Lage zu sein, zu realisieren, was ein „Zuviel vom Guten" ist. Das heißt, es ist *von sich aus nicht fähig, sich selbst zu kalibrieren.*[175] Die Zentralbanken haben es bisher abgelehnt, sich dieser Problematik, die sich aus der „Almenden"-Eigenschaft der Vermögensmärkte ergeben, anzunehmen. Nicht einmal die Wirtschaftstheorie hat

---

[174] Es steht überhaupt die Frage zur Diskussion, ob ein modernes Wirtschaftssystem auf der Grundlage von Kollektiveigentum an Grund und Boden nicht besser funktionieren würde. Die individuelle Bodennutzung könnte durch langfristige Verpachtungsrechte geregelt werden. Durch eine solche Umstellung würde dem Drang nach Vermögensvermehrung die Spitze genommen und die Wirtschaft mehr auf Leistung (Dienen und Verdienen) umgestellt werden.

[175] Banker merken nicht, dass die von ihnen entwickelten Verfahren und Regelungen Gesetze des bürgerlichen Verkehrs aufs Gröbste verletzen. Keynes vermerkte einmal: „Bankers are blind by their very nature". Das liegt nicht am bösen Willen sondern an ihrer Abgehobenheit, die strukturell durch die Selbstbezüglichkeit der Finanzoperationen gezüchtet wird.

sich dieser Thematik gestellt: Das systemische Risiko interpretiert sie entsprechend nur als Ansteckungs-, nicht als objektiv bestehendes Risiko.[176]
- Das Schlimmste aber ist: Die Hypertrophie unterminiert die Tugenden bürgerlicher Kultur, die auf einem Ausgleich von Leistung und Ertrag, auf einer Entsprechung von Verantwortung und Risiko und auf einem gewissen Maß von Fairness beruht. Man weiß, wie dringend eine Geldwirtschaft auf diese allgemein gültigen „Grundgesetze sozialen Zusammenlebens" angewiesen ist. Anstatt sich systematisch um die Förderung dieser „Tugenden" der bürgerlichen Ordnung zu bemühen – auf ihnen beruht der Reichtum –, leistete man der Entwicklung eines Systems Vorschub, das diese Tugenden in extremer Weise aushöhlen muss. Denn es ermöglicht nicht nur astronomische Einkommen, die durch keine Leistung gedeckt sind, sondern belohnt gesellschaftlich schädigendes Verhalten noch mit hohen Boni und Abfertigungssummen.
- Das Vertrauen in das kapitalistische Wirtschaftssystem nimmt ab. Wer einen Zusammenbruch erwartet, wird so handeln, dass er kommt. Man lebt von der Hand in den Mund. Der Zweifel über das System ist Feind nachhaltigen Handelns. Der Zerstörung des Systems folgt die der Moral.

ORDNUNGSPOLITIK

Von Ordnung in einem systemtheoretischen Sinne lässt sich sprechen, wenn die Verfolgung der Eigeninteressen der Menschen zu mehr Wohlstand und einem gedeihlichen Zusammenleben führen; von Unordnung, wenn die Interaktionen und die in diesen Interaktionen hervorgehenden Institutionen die Reproduktion der Gesellschaft selbst gefährden. Die ordnungspolitische Aufgabe besteht darin, nötige Korrekturen vorzunehmen bzw. entsprechend gestaltend einzugreifen.

Wenn die These korrekt ist, dass die Wertform aus sich heraus zu Hypertrophie neigt und hypertrophe Wertformen die „Bürgerordnung" systematisch unterminieren, steht die Ordnungspolitik vor der Aufgabe, das richtige Maß für die Emergenz zu finden, d.h. einen angemessenen Reifegrad der Wertform einzurichten.

---

[176] Lähn 2004, S. 36.

2.8 Schuld und Vermögen

Das ist zunächst eine Herausforderung, der die Wissenschaft bisher jedenfalls nicht gewachsen war. Ganze Generationen von Intellektuellen hielten einerseits bis vor kurzem die möglichst radikale Ausmerzung der Wertformen für *das* Mittel zur Beseitigung von Ausbeutung und Krisen. Die Wirtschaftswissenschaften haben andererseits der Hypertrophie der Finanzmärkte mit ihren dyadischen Denkmodellen Vorschub geleistet. Von einer kultivierten Diskussion um eine „kultivierte Mitte" sind wir weit entfernt.[177]

Die Bürgergesellschaft braucht die Dienste eines Finanzsystems, das Geld einsammelt und Geld für produktive Zwecke zur Verfügung stellt, sowie den Zahlungsverkehr durchführt, keinesfalls mehr. Der Investor sollte wissen, was er mit dem Geld tut. Der Schuldner muss wissen, wem er Rechenschaft leisten muss. Für heute mögliches und sinnvolles Wachstum gibt es mehr als genug Sparbereitschaft. Nachdem sich die Bürgergesellschaft aus den Fesseln der metallischen Gelddeckung befreit hat, muss sie sich noch abgewöhnen, jeden Unsinn zu finanzieren. Überschüssiges sollten Bürger verschenken.

Praktisch geht es heute darum, die in der Wertform eingebaute Neigung zur Hypertrophie durch Regelungen zu kappen, um die Bürgerordnung insgesamt zu stärken.

Dazu gibt es zahlreiche Vorschläge. Sie sollten in folgende Richtung gehen:

1. Man soll nicht alles regulieren, sondern so regulieren, dass man wenig regulieren muss. Die Freiheit der Banken ist zu erhalten.[178]
2. Im *Allgemeinen* lautet das Rechtsprinzip: *Alles ist erlaubt, was nicht schadet*. Der Nachweis, dass etwas schadet, liegt bei der öffentlichen Hand. Bei der Regelung der *Finanzmärkte*, die die Neigung zur Hypertrophie in sich tragen, muss es lauten: *Alles, was nicht der Allgemeinheit nützt, ist zu verbieten*. Finanzprodukte sollten nur dann gestattet werden, wenn sie nachweislich systemisch nützen. Und dieser Nachweis sollte von der Finanzindustrie geführt werden müssen.

---

[177] Es gibt überhaupt keinen Grund postmodernistisch das Handtuch zu werfen und zu sagen, man könne eh nichts machen, da wir angeblich „in selbsterzeugten Welten [leben], in denen es nicht einmal etwas hilft, alles richtig zu machen" (Nassehi 2000). Dass die Ergebnisse unseres Handelns andere sind, als wir beabsichtigen, das müssen wir wohl hinnehmen. *Wenn unser Handeln aber unsere Welt systematisch ruiniert, dann darf man das keinesfalls hinnehmen.* Und es gibt auch keinen Grund, das hinzunehmen.

[178] Dazu gehört natürlich, dass die Stützpunkte in allen „finanziellen Schurkenstaaten" (Hankel 2010) zu schließen sind – allein neunzig Prozent aller Hedge-Fonds residieren auf den Cayman-Islands.

3. Das fraktionale Geldsystem ist zugunsten eines Vollgeldsystems abzulösen. Die Injektion frischen Geldes muss einer monetären Autorität (in Verfassungsrang) vorbehalten sein. Universalbanken sollten wieder in Geschäftsbanken zurückgeführt werden. Die Aufgabe der Geschäftsbanken darf es nicht sein, selbst Vermögen zu kumulieren und sich an Vermögenswetten zu beteiligen, sondern Ersparnisse in Investitionen zu transformieren.
4. Finanzwirtschaft ist Finanzierungswirtschaft. Sie soll vor allem unternehmerische Leistungen ermöglichen. Nur wenn das Leistungspotential erhöht wird, können auch Vermögen gesichert werden. Zusätzliche Geldmittel, die eine wachsende Wirtschaft erfordern, kann die Zentralbank (Monetative) bereitstellen und sie via Staat in die Wirtschaft einbringen. Mehr braucht es nicht.
5. Die Vermehrung internationaler Währungsreserven (internationales Geld) sollte auch an ökologische Kriterien gebunden werden, die die ökologisch unterschiedlichen Footprints zumindest teilweise ausgleichen.[179]
6. Stabilität ist in der Regel wünschenswert. Man muss sich aber auch von Ansprüchen trennen können, die nach Menschenermessen nicht durchsetzbar sind. Geld und Geldforderungen sind immer riskant. Wer so tut, als ob sie heilige Kühe wären, wird von ihnen noch gefressen werden.
7. Man muss nicht nur den Gesamtumfang der Finanzindustrie und der Vermögensmassen kalibrieren, sondern auch für einen geringeren Konzentrationsgrad sorgen. Die Gesamtindustrie „is so big that she is doomed to fail". Nach der unausweichlichen Gesamtbereinigung dürfen freilich einzelne Finanzunternehmen auf keinen Fall „too big to fail" bleiben. Das ruiniert die Marktwirtschaft. Das für Bilanzsummen in dem Raum gestellte 100 Milliarden-Limit ist eine durchaus sinnvolle Orientierung.[180]
8. Finanztransaktionssteuern und das Verbot des Hochfrequenzhandels[181] könnten die Umsätze auf Finanzmärkten wesentlich reduzieren und damit der systemischen Forderung Rechnung tragen, dass Finanzmärkte dem langfristigen Vermögensaufbau und nicht kurzfristigen Spekulationen dienen sollen.

---

[179] Douthwaite 2004. Mit diesen Ausgleichszahlungen sollen Länder, die weniger als ein ihnen zustehendes Maß an ökologischem Footprint haben, belohnt werden.

[180] Dazu Peukert 2010, S. 437ff.

[181] Von Stephan Schulmeister (WIFO-Österreich) nachdrücklich gefordert.

> **Obwohl die Vermögenswerte infolge ihrer hohen Liquidität in der Tendenz einen Körper bilden, den Körper des internationalen Finanzkapitals, sind „niemand" und nichts in der Welt für die Kalibrierung zwischen der Summe der Forderungen/Schulden und dem Weltsozialprodukt zuständig. Daher sind Regelungen erforderlich, welche die Emergenz der Wertform auf einem angemessenen Niveau halten, um ein überbordendes Zunehmen von Geldvermögenswerten und ein destabilisierendes Übergewicht der Finanzmasse im Vergleich zur Leistungsmasse zu unterbinden.**

Zuerst abspecken, dann ordnen

> *Kein Vormarsch ist so schwer wie der zurück zur Vernunft.*
> Bertolt Brecht

Die Krise hat die Notwendigkeit einer Neuordnung des Finanzsystems aufgezeigt. Bevor man zu einem geordneten Alltag zurückkehren kann, müssen überschießende Emergenzen abgebaut oder vernichtet werden. Das ist schmerzhaft, weil ganze Industrien dranhängen.

Bildhaft gesprochen ist die Vermögensmasse zu einem eigenen, selbständigen und inzwischen wasserkopfartigen Gebilde aufgewachsen, der über der Weltgesellschaft der Bürger thront und sie bei Fall durch ihr eigenes Gewicht zu erschlagen droht. Von *einem* Gebilde können wir sprechen, weil globalisierte, hoch „effiziente" und hochliquide Märkte die unterschiedlichsten Vermögensansprüche gleichsam in einem großen Pool vereinigen – dem internationalisierten Finanzkapital. Es wird von der Finanzindustrie organisiert, deren einzelne Firmen in scharfem Wettbewerb zueinanderstehend desperat nach neuen Anlagemöglichkeiten suchen.

Körperliches Übergewicht lässt sich durch zurückhaltende Nahrungsaufnahme abbauen. Bei Finanzen funktioniert ein Gürtel-enger-Schnallen nicht so ohne weiteres (siehe oben S. 212). Die probaten Maßnahmen für einen Schuldenabbau sind, wie gesagt, nicht Sparen, sondern

- Default (Konkurs, Staatsbankrott, Währungsreform),
- Inflation
- Konfiskation (insbesondere die Besteuerung der „Reichen" oder freiwillige Abgaben dieser).

Im ersten Fall erleiden Eigentümer Vermögensverluste, weil der Schuldner nicht zahlen kann. Im zweiten Fall, weil sich die Waren, auf die sich die Geldwerte letztlich beziehen, verteuern. Die ersten beiden sind ganz unbürgerliche Maßnahmen wie schon seinerseits der Sündenablass. Aber auch sie würden nicht das Ende der Gesellschaft bedeuten – Gesellschaften sterben nicht. Es geht dann wieder weiter und vielleicht besser, weil man dann hoffentlich gescheiter geworden sein wird. Empfehlenswerter ist die *Konfiskation* der dysfunktionalen und überschüssigen Eigentumsgrößen durch die „Gemeinschaft", die sich dadurch von der Schuldenlast befreien könnte, welche sie auf sich nahm, um das „System" zu retten. Das widerspricht zwar einem platten Individualismus, liegt aber durchaus in der Logik einer liberalen Gesellschaft. „Schulden" wir nicht alle – die Reichen natürlich in einer ganz besonderen Weise – dieser unseren Wohlstand?

Heute *starrt* man noch wie gebannt auf die zu hohen Staatsschulden oder klagt, man belaste mit ihnen zukünftige Steuerzahler. Möglicherweise. Die Hauptlast sollte der wohlhabende Vermögensbesitzer tragen, der mehr hat, als er braucht. Das ist nicht nur moralisch gerechtfertigt, sondern systemisch notwendig. Denn nur so kann die Wirtschaft wieder in Fahrt kommen. Keine Gruppe wird davon mehr profitieren als die Wohlhabenden.

Worum geht es heute?

Es geht „nur" darum, sich von papiernen Illusionen zu befreien. Und je früher man es tut, desto besser ist es für die Wirtschaft. *Der wahre Reichtum der Bürger besteht ohnehin darin, einander zu dienen und zu verdienen*, was nur in einem funktionierenden Gemeinwesen möglich ist. *Nicht bedienbare Schulden können wir uns nicht leisten.* Viel Wichtigeres steht auf dem Spiel, zum Beispiel die Arbeitsplätze junger Menschen. Auf die „Gemeinschaft" kommen ohnehin steigende Pensionsansprüche und höhere Aufwendungen für Umweltschutz zu.

Das allgemeine „Haareschneiden", d.h. die Vermögensvernichtung muss man „mit aufrechtem Gang" hinter sich bringen. Das geht dann, wenn man kluge Vorrichtungen für den zugegebenermaßen schwierigen Übergang bereitstellt und vor allem Perspektive hat und diese den Menschen vermittelt. *Was Menschen brauchen, sind nicht exzessive Vermögenswerte, sondern die Sicherheit, ihren Lebensunterhalt bestreiten und ihre Rechnungen bezahlen zu können.* Keine noch so hohen Vermögenswerte können diese Sicherheit geben, wenn das System selbst in Frage steht.

2.9 DIE FINANZKRISE[182]

> *"Und wenn ihr fragt, ..., woher kommt all dieser Reichtum? Dann sage ich euch: Er kommt aus dem zukünftigen Profit seiner selbst. Sein eigener zukünftiger Nutzen ist es, den wir jetzt schon genießen! Je mehr jetzt da ist, desto größer ist der zukünftige Profit, und je größer der zukünftige Profit, desto mehr ist wiederum jetzt da."* (Michael Ende, Der Spiegel im Spiegel).

Dieser Satz des Dichters hat eine fast perfekte Entsprechung in folgendem ökonomischen Text:

> *"In financial markets ...today's asset price depends on the view market participants take of the likely future behaviour of asset prices. If today's asset price depends on today's anticipation of tomorrow's price, and tomorrow's price likewise depends on tomorrow's expectation of the price the day after tomorrow, etc.* ad nauseam, *it is clear that today's asset price depends in part on today's anticipation of asset prices arbitrarily far into the future. Since there is no obvious finite terminal date for the universe ... most economic models with rational asset pricing imply that today's price depend in part on today's anticipation of the asset price in the infinitely remote future.* – W. Buiter, FT, 14.1.2011

DER WEG IN DIE ÜBERSCHULDUNG

Finanzkrisen sind ihrer Natur nach in erster Linie Überschuldungs-, d.h. auch immer gleichzeitig Überforderungskrisen. Aufgeblähte Assets (Forderungen = Schulden) lasten übermäßig auf der Wirtschaft. Die Schuldentoleranz mag variieren. Wird sie überschritten, haben wir die Krise. Sie wurde überschritten. Das wissen nun alle. Dass sie erst bei einem so hohen Niveau eintrat, liegt am

---

[182] Diesen und den folgenden Abschnitt habe ich mit einigen Veränderungen aus meiner Studie: „Die Explosion der Vermögenswerte – Zur Krise der internationalen Finanzsystems", November 2006 übernommen. (www.raimunddietz.com, Download-Bereich). Die Argumentation musste ich nicht sehr ändern: die vorausgesagte Krise trat ein.

hohen technischen Niveau des internationalen Finanzmanagements und daran, dass das Epizentrum der Krise diesmal die USA sind. Sie sind die größte Volkswirtschaft der Welt, der Weltgeldproduzent und das größte Finanzzentrum.[183] So einem Koloss vertraut man eben. Fällt er, dann rumpelt es umso kräftiger.

Die verspätete, aber umso größere Krise

Die der Finanzkrise vorausgehenden 20 Jahre waren für die meisten entwickelten Industrieländer trügerisch „gemütlich": das Wachstum robust, die Inflation niedrig. Bei verschiedenen Theoretikern kam sogar die Vorstellung eines konjunkturfesten Wirtschaftswachstums auf. Immer wieder war die Rede davon, die Wirtschaft könne trotz der weltweiten Ungleichgewichte auch weiterhin stetig wachsen. Einige wenige wunderten sich darüber.[184] Wer hinsah, erkannte: die Zeichen standen längst auf Sturm.

Finanzkrisen sind in der Wirtschaftsgeschichte nichts Ungewöhnliches. Nur das Gedächtnis der Menschen ist kurz. Vor Krisen heißt es immer: „Diesmal ist alles anders". So lautet der provokante Titel eines Buches, in welchem Reinhart/Rogoff (2009) einen Überblick über 800 Jahre Finanzkrise geben und typische Muster der Krise beschreiben. Mit diesem Titel verweisen die US-Autoren auf die kollektive Verdrängungshaltung der Marktteilnehmer und Regierungen – selbst vielleicht die prominenteste unter den Krisenursachen. Dass Wirtschaften krisenanfällig sind, liegt in ihrer Natur. Aber große Krisen verweisen auf die fundamental gestörte Fähigkeit der Systemteilnehmer, Systemgefährdungen rechtzeitig zu erkennen: Sie sehen nicht oder sehen erst zu spät, was Sache ist. Auch diesmal ist es nicht anders. Was anders ist, ist die *Krisenmasse*. Sie ist diesmal viel größer als in der Vergangenheit. Noch nie in der Geschichte hatten die ins Wanken geratenen Finanzmassen – relativ zum Niveau der Sozialprodukte – einen derartig hohen Umfang. Freilich waren auch

---

[183] Die Krise trat nicht nur sehr spät ein, sondern traf zunächst eher die „Peripherie" als das Zentrum, das sie verursachte. Kurz nach der Krise stieg der Dollar. Noch immer gilt er als Hort der Sicherheit.

[184] (...) the combination during the past few years of strong global growth with relatively low core inflation, despite surging energy and commodity prices, and limited exchange rate volatility, despite record current payments imbalances, has no clear precedent. (...). [G]lobal growth over the past years (...) has been associated with a decline in both risk premiums and market volatility. (...) it is reasonable to wonder whether financial markets might react to less favorable developments in a way that would amplify – rather than dampen – the emerging risks." IMF, Global Financial Stability Report, September 2006.

die Mittel noch nie so groß, die die Staaten und Finanzinstitutionen zur Bekämpfung der Krise einsetzten.

Die Krise hat viele Aspekte. Wir konzentrieren uns auf folgende Themen:

1. Forderungen/Schuldtitel wachsen seit Jahrzehnten rascher als der Wert der Gegenstände (Wertschöpfung), auf die sie sich beziehen. Je höher die Finanzvermögen, desto stärker das Gewicht der Finanzindustrie. Übersteigen sie einen bestimmten (relativen) Wert, ist die Entwicklung unumkehrbar und mündet in einer Krise.
2. Die Leistungsbilanzungleichgewichte sind ein Paradebeispiel, wie aus Finanzierungsdefiziten bzw. -überschüssen Vermögensassets entstehen.
3. Um die These der Finanzkrise als Überschuldungskrise zu belegen und die Dimension der Krise zu verdeutlichen, präsentiere ich eine Grafik über die Entwicklung der gesamten Geldvermögen in den USA seit 1950. Vergleichbare Daten für Europa über einen längeren Zeitraum liegen leider nicht vor.
4. Das Überschreiten einer kritischen Grenze löst eine systemgefährdende Dynamik aus, die mit ungewöhnlichen Entwicklungen einhergeht und nach unkonventionellen Maßnahmen ruft. Die Krise kann das System zerstören, ist aber auch eine Chance, es durch mutige und konsequente Schritte wieder in „Ordnung" zu bringen.

Das überproportionale Vermögenswachstum als Krisensymptom

Das Gewicht der Finanzindustrie. Mit dem Wachstum der Vermögen wuchs auch die Macht der Finanzindustrie, welche Wirtschaft, Politik und Öffentlichkeit in ihrem Interesse instrumentalisiert. Die globalisierte Wirtschaft stand zunehmend unter dem „Diktat" der Finanzindustrie und der durch sie medial vermarkteten Glaubenssätze. Die Politik passte sich an oder glaubte sich anpassen zu müssen und generierte für die Finanzindustrie Standortvorteile, während sie ihr eigenes Tafelsilber verkaufte, um die zunehmende Frustration der Bevölkerung durch populistische Maßnahmen zu mildern. Das ist Politik von Bankrotteuren. Die bürgerliche Mitte schwindet.[185]

---

[185] Dazu auch Ziegler (2007), Das Imperium der Schande.

Umverteilung. Frivoles Abzocken wurde zur Norm des Wirtschaftens. Das Abzocken speist sich aus drei Quellen: erstens aus der *Umverteilung* der verfügbaren Einkommen zugunsten der Geldvermögensbesitzer und der Finanzindustrie (Absenken der Lohnquote, Ausdünnung des Mittelstandes), zweitens durch Verschiebung der bestehenden Vermögenswerte zu Gunsten der Finanzindustrie und deren Akteure im Zuge geschickter Preismanipulationen, und drittens durch weitere Aufblähung der Vermögenswerte selbst, also durch Expansion des Finanzkapitals in einen *virtuellen Raum*.

Virtueller Raum. Die im Zuge der „Überforderung" gestiegenen Risiken können nur durch Vorspiegelung hoher Renditechancen aufgefangen werden. Da dies real nicht möglich ist, verlagert sich die Produktion der Vermögenswerte in den virtuellen Raum. Die Finanzindustrie erfindet abgeleitete, mit Krediten teilweise extrem gehebelte, daher hoch riskante Vermögenstitel, die hohe Erträge ermöglichen – freilich nur auf dem Papier! Man verdient an Derivaten, deren Handel sich auf ein Vielfaches des Sozialprodukts der Welt beläuft. Man verdient an „Mergers and Acquisitions", durch die häufig Potentiale von Unternehmen kurzfristigen Kurssteigerungen geopfert werden. Während wirtschaftliche Substanz vernichtet wird, werden bizarre Managementgehälter, Bankspesen und Beratungshonorare gezahlt.

Volatilitäten, Stress und systemisches Risiko. Je mehr Vermögen vorhanden ist, desto desparater versucht das vorhandene Kapital nach neuen Verwertungsmöglichkeiten. Außerdem tragen sehr hohe Umsätze im Verhältnis zu vorhandenen Mengen zu hohen Volatilitäten bei.[186] Die damit verbundene Hektik beschleunigt die Destabilisierung des Finanzsystems. Hohe Volatilitäten auf den Märkten steigern einerseits die Gewinn- und Verlustchancen auf Märkten. Zugleich sind sie ein guter Grund für die Entwicklung von Finanzprodukten zum Ausgleich der Risiken. Während die Funktionsfähigkeit der Wirtschaft leidet, findet der Unfug mit gutem Grund eine Fortsetzung. Jede

---

[186] Das Weltsozialprodukt pro Jahr beträgt ca. 65 Billionen USD. Die vorhandene Geldmenge (M1) wird sich kaum auf mehr als 10 Billion belaufen. Die BIS (2010) berichtet jedoch, dass sich der *tägliche* Währungshandel, Swaps, Währungsoptionen usw. eingeschlossen, auf 4 Billionen, der jährliche folglich auf weit über das 100fache der gesamten Geldmenge beläuft. Das sind groteske Proportionen. Selbst nach Ausbruch der Krise 2007 erhöhten sich die Währungsumsätze um weitere 20%.

weitere Stufe verlangt nach neuen, noch raffinierteren Instrumenten. Das Fieber wird mit diesen unterdrückt, aber der Krebs wächst.[187]

Anonymisierung und Steigerung der Liquidität. Verbriefungsaktionen machen die Forderungen=Schulden attraktiv und verführen zu einem leichtfertigen Vordringen auf unstatthaftes Territorium. Dadurch erhöht sich aber nicht nur die Masse, sie ist zugleich „giftiger". Denn ihre jederzeitige Handelbarkeit erhöht die Ansteckungsgefahr. Mit der überproportionalen Zunahme hochliquider Vermögenstitel steigt sowohl die Bereitschaft der Akteure, zwischen Assets zu wechseln, als auch die Kurzfristigkeit der Finanzierung – weitere deutliche Krisenpotentiale und -symptome. — Wer nicht mitspielt, verliert. Wer will schon tatenlos zusehen, wenn Manipulationen anderer das eigene Vermögen bedrohen? Vermögen kann sich naturgemäß nur langsam entwickeln. Hektik ruiniert Vermögen.

Verschlechterung der Vermögensstruktur. Überproportionales Vermögenswachstum geht zu Lasten von Assetqualität. Während die Kredite an Unternehmen stagnieren, nehmen Kredite an Konsumenten und an Staaten zu. Der psychische *Widerstand gegen zu hohe Schulden* wurde über Jahrzehnte systematisch *abgebaut*. Das Schlimmste für einfache Leute war früher: geschieden zu sein und Schulden zu haben. Heute gilt beides als normal, ja gehört beinahe schon zum guten Ton. Man hat nicht Schulden, sondern Kredit.

Die Umstellung der Wirtschaft auf Vermögenswirtschaft. Die schiere Größe der Vermögensmassen und der in den astronomischen Umsatzsummen involvierten Risiken bringen es mit sich, dass in wenigen Sekunden Milliarden gewonnen werden bzw. verloren gehen können. Die Gewinn- und Verlustchancen aus Vermögen übertönen die Einkommenschancen aus Produktion und Verkauf. Kein Wunder, dass sich die Aufmerksamkeit der Akteure von der eher mühsamen, weil langsamen Wertbildung im laufenden Geschäft zugunsten jener Aktivitäten, Märkte, Ereignisse, Interessenkreise usw. verschiebt, die mit der Rettung, Sicherung bzw. Vermehrung der Assets befasst sind. Damit

---

[187] „The same factors that may have reduced the probability of future systemic events, however, may amplify the damage caused by, and complicate the management of, very severe financial shocks. The changes that have reduced the vulnerability of the system to smaller shocks may have increased the severity of the larger ones." Timothy Geithner, President of the Federal Reserve Bank of New York, 14.9.2006. – Siehe auch: Der Spiegel (13/2006): Die Billionen-Bombe.

wird aus dem produktiven, kapitalistischen Marktprozess ein zunehmend unproduktiver *Casino-Kapitalismus*.

DER TYPISCHE VERLAUF EINER FINANZKRISE

Manche reiben sich schon die Hände: an der Finanzkrise würde der Kapitalismus scheitern. Nichts wird er! Andere meinen: wir hätten die Krise schon hinter uns. Keineswegs! Wiederum andere verkünden pflichtbewusst oder auch nur taktisch mit Blick auf die nervös gewordenen Kapitalmärkte: jetzt gehe es darum, den Gürtel enger zu schnallen. Das mag zwar bei vielen einzelnen Schuldnern funktionieren, kann aber nicht für die Gesamtwirtschaft (Weltwirtschaft) Gültigkeit haben. Denn für diese gilt: Die Summe aller Finanzierungsüberschüsse ist die Summe aller Finanzierungsdefizite. Wenn die einen sparen, müssen sich die anderen „entsparen". Die Gesamtwirtschaft kann sich zwar auf normalen Wege verschulden, sich aber nicht auf normalen Wege entschulden. So bleibt noch die Alternative: „Grow, dammit, grow".[188] Das *könnte* helfen. Wie aber soll die Wirtschaft bei so hohen Schulden wachsen?

Je größer und mächtiger das Land, und je reifer sein Finanzsystem, desto größer ist die Schuldentoleranz, das heißt, das Stressempfinden setzt erst bei einem hohen Niveau ein. Mit einer umso größeren Krisenmasse bekommen wir es dann freilich auch zu tun.

Stocks and Flows und deren Dynamik

Was die Zukunft bringt, kann man nicht genau wissen. Wir haben nur zwei Möglichkeiten: aus historischen Erfahrungen lernen und logisch denken. Die Geschichte der Finanzkrisen[189] lehrt uns: Wir sind noch in der Krise. Das Krisenpotential ist seit Ausbruch der Krise 2007 eher noch gestiegen – das dicke Ende kommt noch. Logisches Denken soll uns helfen, zu verstehen, von welchem Typus die Krise ist, welche Wege es prinzipiell aus der Krise heraus gibt, welche Wege versperrt und welche wahrscheinlich sind. Ich fasse meine Überlegungen in folgenden Punkten zusammen:

---

[188] Economist, October 9-15th, 2010.

[189] Diesen Schluss legt die Einsichten aus der Übersichtsstudie von Reinhart und Rogoff über 800 Jahre Finanzkrisen nahe.

2.9 Die Finanzkrise

1. Schulden sind Stocks, die zu Flows ins Verhältnis zu setzen sind.[190]
2. Der Inhalt der Stocks ist „nur Papier". Vom Inhalt der Flows leben die Menschen.
3. Geld sucht zunächst nach Geld. Solange dieses „Spiel" gut geht, befriedigt sich „Geld" an „Geld". Letztlich aber verweist die Vermögensmasse auf einen gebündelten Wert an Gütern, von dem die Vermögensbesitzer erwarten, dass er in einem überschaubaren Zeitraum erzeugt werden wird.[191]
4. Übersteigen die Gesamtschulden ein gewisses Maß (etwa das 2-3 Fache des Sozialprodukts), ist die Finanzindustrie für die Realwirtschaft eine Bedrohung. Auch gute Forderungen werden zu schlechten Forderungen.

    Irving Fisher (1933) gebraucht das Bild eines über den Kenterpunkt hinaus geratenen Schiffes, um die Instabilität von Wirtschaften zu beschreiben, die aus der Überschreitung der Schuldentoleranzschwelle resultiert. Das Überschreiten dieser Schwelle löst nach Fisher den nach ihm benannten verheerenden, weil sich verstärkenden Mechanismus der sog. Schulden-Deflation („debt deflation") aus.

    Die Wirtschaftssubjekte, so Fisher, versuchen vergeblich, ihre Schuldenlast durch Verkauf von Assets zu verringern. Gerade dadurch aber erhöht sich die Schuldenlast, weil die Wirtschaftsleistung stärker zurückgeht als die Tilgung der Schulden fortschreiten kann.

5. Überlässt man den Prozess sich selbst, sind die Folgen verheerend. Es kommt zu Bankzusammenbrüchen, zur Zahlungsunfähigkeit des Staates, zu Massenarbeitslosigkeit und Hungerrevolten. (Fisher zieht die Schlüsse aus den Vorgängen der Großen Depression 1929-1933). Allerdings ist Irving Fischer überzeugt, dass dieser Prozess gestoppt werden kann, und zwar durch eine „künstliche" Reflationierung. Man müsste die Preise allerdings zumindest auf das Niveau bringen, das vor der Kontraktion existierte.

---

[190] Bestände (stocks) werden zu einem Zeitpunkt gemessen. Am 31.12. hat die Aktivseite der Firma eine Höhe von 100 Mio. Aber zwischen dem 1.1. und 31.12. erzielt die Firma einen Umsatz von 300 Mio oder eine Wertschöpfung von 30 Mio. Umsätze und Wertschöpfung sind Strömungsgrößen (flows).

[191] Dieser gebündelte Wert ist das nominale Sozialprodukt oder ein ähnliches Aggregat. Es handelt sich um eine Strömungsgröße (Flow), wobei die Zeitdimension festzulegen ist. Man beachte auf jeden Fall, dass Stocks Flows gegenüberstehen.

Box 13: Die relative Assetgröße als Stressindikator

Der Stressindikator setzt sich aus zwei Größen zusammen: den Forderungs-/Schuldenstocks (Vermögen) im Zähler und dem Aktivitätsniveau der Wirtschaft.
Wir schreiben kurz: $S = \dfrac{V}{Y}$

wobei V das Gesamtvermögen des Typs II und Y das Sozialprodukt darstellen soll. „S" ist ein grober Annäherungswert für die Gesamtbelastung des Leistungsvermögens (Y) durch bestehende Ansprüche (V).

Das tatsächliche Stressniveau hängt freilich auch von der Struktur von Zähler und Nenner ab. Bei der Schuld kommt es natürlich auch sehr auf die Fälligkeitsverteilung der Schulden an. Schulden, die auf einmal fällig sind, erzeugen einen viel größeren Stress als Schulden, die im Laufe von vielen Jahren fällig werden, oder im Falle von Aktien nie. Staatsschulden sind im Allgemeinen mit weniger Stress als Schulden von privaten Haushalten verbunden usw.

Der Nenner ist ebenfalls eine wackelige Größe. Denn man muss sich fragen, auf welchen Zeitraum sich die Vermögensansprüche beziehen. Ist das Vertrauen hoch, haben die Vermögenssubjekte eine Langfristperspektive. Kippt es, verkürzt sich der Zeithorizont. Folglich wird der Nenner kleiner und damit S größer. Außerdem kann das BIP durch Aktivitäten aufgeschwemmt sein (windfall profits der Finanzindustrie), die im Krisenfall wegfallen.

Ebenfalls ist die Dynamik von Zähler und Nenner in Rechnung zu ziehen. Solange die Wirtschaft (der Nenner) wächst, sehen die Akteure einer weiteren Ausdehnung der Schuldenlast gelassen zu, selbst wenn der Schuldenstand den „point of no return" überschritten haben sollte. Ganz anders reagiert das System im Falle einer Rezession oder Depression. Dann wird das Ungleichgewicht sichtbar und schlagend: jeder versucht sein Vermögen zu retten und seine Forderungen einzutreiben. [192]

---

[192] V (Vermögenswerte) verweisen auf Y oder ähnliche Größen. Der Verweiszusammenhang von V auf Y darf nicht als fixer Koeffizient aufgefasst werden. Vertrauen spielt eine große Rolle. Reinhard und Rogoff (2010, S. 79ff) sprechen von sehr unterschiedlichen Verschuldungstoleranzen. Entwickelte Länder genießen eine sehr viel höhere Toleranz als arme Länder. Gegenüber Ländern mit handlungsfähigen politischen Instanzen (USA, GB, Japan) sind die „Finanzmärkte" viel toleranter als gegenüber dem Euro-Raum.)

An dieser Stelle macht seine Theorie der Verschuldungsdeflation jedoch Halt. Sie fragt nicht: Wie wird die Wirtschaft die Überschuldung los, durch die sie in die Krise schlitterte?

6. Nur wenn die Wirtschaft die Überschuldung los wird, ist die Ursache der Krise beseitigt. Bleibt es bei einer Überschuldung, kommt das Schiff nicht in die „Gleichgewichtslage" zurück, sondern kippt. Formal ausgedrückt: Die (relative) Schuldenbelastung (S) „muss" deutlich unter die Toleranzschwelle gedrückt werden. $S < S_0$!

7. Ist jedoch $S > S_0$, hat S die „natürliche" Neigung, aus folgenden – teilweise schon genannten – Gründen weiterzuwachsen:

    o Die Vermögenssicherung ist zu einer eigenen Industrie geworden. Ihre Stabilität hängt davon ab, dass sie weiterwächst (obschon die Gesundheit der Wirtschaft auf ihr Schrumpfen angewiesen wäre). Da Politik und Medien von der Finanzindustrie abhängen, wird sie gehätschelt, solange es eben geht.[193] Jetzt geht es offenbar einfach nicht mehr. Die Finanzindustrie ist unter erheblichen politischen Druck geraten. Noch aber ist er nicht entschieden genug. Die Koordination repressiver Maßnahmen weist erhebliche Lücken auf.

    o Die Finanzindustrie ernährt sich von Ungleichgewichten, die sie finanziert. Mit jedem Finanzierungsdefizit steigt die Masse, mit der sie operiert und die auch ständig zu refinanzieren ist. Auf der einen Seite muss die Finanzindustrie Federn lassen. Auf der anderen Seite nährt sie sich von den zunehmenden Staatsdefiziten.

    o Mögen Finanzmärkte im technischen Sinne effizient sein, neigen sie zu positiven Feedbacks und destabilisieren daher die Wirtschaft, wenn sie eine bestimmte Größenordnung übersteigen.[194] Schon deshalb erhöhen Finanzmärkte den Finanzierungsbedarf.

Kurz: Schlechte (weil zu hohe) Schulden, ziehen schlechte Schulden nach sich. „Greater risks begets greater size" – Martin Wolf (2010) spricht von einer „financial doomsday machine".

---

[193] Über die Abhängigkeit der Politik von der Finanzindustrie und ihrer engen Verbindungen wird in letzter Zeit viel geschrieben. Ein Beispiel: Simon Johnson und James Kwak (2010), Pantheon. Peukert in einer umfassenden Studie (2010), darin auch über die strukturelle Nähe der Kontrolleure zur Finanzindustrie.

[194] Leistungsströme reagieren im Allgemeinen normal (negative Feedbacks); Kapitalströme, ja auch nur Kapitalrechnungen wirken störungs- und trendverstärkend (positive Feedbacks). Dazu S. 137.

8. Daher muss die Frage dahin gehen: Wie kann die Schuldenbelastung – und das heißt auch die Finanzindustrie – unter die funktional erträgliche Schwelle gedrückt werden?
9. Der Stressindikator gibt uns Hinweise, wo wir nach einer Antwort suchen müssen. Entlastung kann von einer Reduktion des Zählers (der Vermögenswerte) und/oder einer Erhöhung des Nenners (nominales Sozialprodukt) kommen.

    Dabei ist aber zwischen realen Veränderungen und reinen Preiseffekten zu unterscheiden. Wir schreiben daher den Stressindikator entsprechend um.

    Statt $S = \frac{V}{Y}$ schreiben wir $S = \frac{V^r * P^v}{Y^r * P^y}$

    wobei das hochgestellte „r" die entsprechenden Realkomponenten benennt, während P^v bzw. P^y die Preisindizes der Assetmärkte bzw. Gütermärkte darstellen. Die Entlastung (oder Belastung) kann daher sowohl von der realen als auch von der monetären Seite kommen.

    Der Zähler sinkt bei Forderungsverzicht, Gläubigerkonkurs oder Kauf von Privatschulden durch die Zentralbank (realer Effekt), preislich bei Abwertung der Vermögenswerte, z.B. durch Verfall der Aktienwerte oder bei einem Währungsschnitt.

    Der Nenner wird ausgedehnt, wenn die Wirtschaft boomt (Realeffekt), oder das Preisniveau auf den Gütermärkten steigt (Nominaleffekt).
10. Wie schon gezeigt (S. 215) lassen sich Schulden (im Zähler) nur schwer reduzieren, weil sie sich wie eine Ratsche verhalten. Die Bewegung geht leicht nach vorne, klemmt aber nach hinten.

    Für die nächste Zeit müssen wir realistischerweise davon ausgehen, dass die Schieflage weitere Schulden nach sich zieht und sich das Schulden-Gläubiger Profil weiter verschlechtert. Die Schulden der privaten Haushalte und der meisten Staaten werden zunehmen, die der Unternehmen eher abnehmen.[195] Demographische Entwicklungen und die Kosten ökologischer Katastrophen tun das Ihre dazu.[196]

---

[195] Mit anderen Worten: Einer mäßigen Schuldenreduktion der Privaten folgt eine massive Neuverschuldung der Staaten. Und genau da sind wir heute: Während in den USA die Privatverschuldung gegenüber den Banken von Ende 2007 bis Mitte 2010 um 384 Milliarden Dollar zurückging, verschuldete sich der Bundesstaat um weitere 3505 Milliarden USD!

[196] Tung, Gary/Upper, Christian (2010), Debt reduction after crises. BIS Quarterly Review, Sept. 2010.

Nur mit Gewalt lässt sich die Ratsche nach hinten bewegen. Bankencrashs, Staatsbankrotte, Währungsschnitte, galoppierende Inflation sind zwar hochtabuisierte Einbrüche in die bürgerliche Ordnung, aber, wie Reinhart/Rogoff (2009) in ihrem historischen Überblick zeigen, nach Krisen eher die Regel als die Ausnahme.

11. Die Wahrscheinlichkeit, dass die reale Komponente des Nenners (reales BIP) wächst, ohne dass die Schulden mindestens in diesem Tempo ebenfalls mitwachsen, ist sehr niedrig. Denn Wachstum braucht neue Kredite. Zurzeit ist das Wachstum weltweit ohnehin ziemlich kräftig. Eine weitere Beschleunigung durch eine expansive Geld- und Fiskalpolitik würde der Finanzwirtschaft im Moment nur eine Atempause verschaffen. Wir müssen wohl davon ausgehen: Die Wirtschaft der entwickelten Industrieländer wird ihren Schulden nicht davonwachsen.

12. Eine weniger blutige, dafür aber heimtückische Variante ist Inflation. Durch Inflationsraten, die über den Nominalzins hinausgehen, findet eine Entwertung der auf Nominalwerte lautenden Forderungen statt.

13. Eine aktive „Reflationierung" als Maßnahme gegen Deflationierungsprozesse wird ja bereits betrieben. Um aus dem Schuldenüberhang herauszuwachsen, braucht es aber mehr.

14. Die Zentralbanken der größten Währungen (Dollar, EURO, Pfund, Yen) zeigen, dass sie sich dieser „Notwendigkeit" nicht nur anheimgeben, sondern diese Strategie aktiv zu betreiben (ohne es natürlich zu sagen, worauf sie hinauslaufen). Ihr Politikmittel ist vor allem der Ankauf von Wertpapieren. (Schatzanweisungen des Staates). Hierdurch fließt zusätzliches Geld vor allem an das Geschäftsbankensystem. Das hält die Zinsen niedrig, treibt aber die Vermögenspreise hinauf und trägt damit zu einer Verschärfung der Verteilungsproblematik bei. Die Mistgabeln warten schon, urteilt der Plutokrat Nick Hanauer.[197]

Paul Volcker, der vielgerühmte Finanzminister der USA unter Reagan, trat inflationären Tendenzen der siebziger Jahre mit einer starken Anhebung des Diskontsatzes entgegen. Heute ist die Schuldenbürde viel höher, so dass der Einsatz der Zinswaffe kaum in Frage kommt. So sehr damals diese Maßnahme die Inflationserwartungen gestoppt haben mag, legte sie doch den Grundstein für die heutige Überschuldungskrise. Wie wir aus Chart 3 gesehen haben, begann die Vermögensbürde ab 1980 zu explodieren. Volckers Einsatz gegen den Inflationsschub der siebziger Jahre

---

[197] http://www.ted.com/talks/nick_hanauer_beware_fellow_plutocrats_the_pitchforks_-are_coming

kam wahrscheinlich zu früh. Er hätte den Job, den die Inflation bei der Reduzierung der Geldvermögensüberhänge zu leisten vermag, nicht so früh unterbrechen dürfen. Aber er gab den Interessen der Geldvermögensbesitzer vor den Wirtschaftsinteressen den Vorzug.[198]

15. Die großen Zentralbanken müssen eine deflationäre Entwicklung verhindern. Obwohl sie die Welt mit Geld überschütten, kommt kaum Bewegung in das Preisniveau. Kein Wunder: denn die effektive Nachfrage nach Gütern ist infolge der schwachen Einkommensentwicklung bei den Massen schwach. Die große Kunst der Geldpolitik wird darin bestehen, zu verhindern, dass die aktive Inflationierung der Wirtschaft, d.h. das Anheben des Preisniveaus der Gütermärkte, in eine unkontrollierte Inflation umschlägt.

Box 14: Am wahrscheinlichsten ist die Inflationsvariante

Die Inflationsvariante halte ich derzeit für die wahrscheinlichste. Denn die Krise geht von den USA als Produzent der Weltwährung aus. Sie haben sich gegenüber der Welt in US-Dollar praktisch bis zur Zahlungsunfähigkeit verschuldet. Dass die USA ihre Zahlungsunfähigkeit offiziell erklären würden, das darf man wohl ausschließen. Gleichfalls, dass der US-Dollar als Binnenwährung durch andere Währungen verdrängt werden könnte. Daher haben die USA eine gute Chance auf eine kontrollierte Inflation. Inflationen bis etwa 20% sind unangenehm, aber systemkompatibel. Andere Länder und Regionen (EURO-Raum, Japan) werden nachfolgen und ihren Widerstand gegen ein mäßiges Inflationieren auch in ihrem eigenen Interesse bald aufgeben müssen. Eine durchschnittliche Inflation von 10% in der Eurozone hätte übrigens den Vorteil, dass Länder, die ihre heimische Inflationsrate bei 5% halten, ihre Wettbewerbsfähigkeit leichter verbessern können als wenn die durchschnittliche Inflationsrate im Euroraum nahe bei null liegt. Um wirksam zu sein, muss die Politik der Inflationierung einige Jahre durchgehalten werden. – Dieser Vorschlag mag den stabilitätsverwöhnten

---

[198] Dazu auch Schulmeister 2001. Schulmeister ist der Auffassung, dass der hohe Realzins Anfang der achtziger Jahre das starke Wachstum der Schulden verursachte und, neben der unverantwortlichen Liberalisierung der Kapitalmärkte, die Ablöse des Realkapitalismus durch den Finanzkapitalismus förderte. Zugleich blieb Schulmeister lange Bewunderer der US-Politik. Soros hingegen, der US-Spekulant und Philanthrop, erkannte schon in den 80iger Jahren den „imperialen Kreislauf", der irgendwann ein Ende nehmen müsse. Schon damals verstand er, dass die Krise nur deshalb nicht ausbrach, weil sie von den Notenbanken mehrfach verhindert wurde, womit sich aber das Potential für eine umso größere Krise aufbaute.

2.9 Die Finanzkrise

> *Bürger empören. Aber ein weiter Blick in die Vergangenheit von Finanz-, Währungs- und Bankenkrisen, den uns Reinhart/ Rogoff gewähren (2009), relativiert monetären Starrsinn.*

16. Wenn ein Land kontrolliert inflationieren kann, dann sind es die USA. Ihre Schulden gegenüber dem Ausland lauten fast ausschließlich auf USD. In den Dollar hat die Welt noch immer das meiste Vertrauen, weil es noch keine wirklich attraktive Alternative gibt. In Bezug auf Währungsparitäten befinden wir uns international in einem Wettbewerb der Hässlichen: In keinem der anderen großen Währungsgebiete (Euroraum, GB, Japan,) sieht es rosig aus. Auch das stabilisiert zunächst, ganz nach Wilhelm Busch: „Ist die Moral mal ruiniert, lebt es sich ganz ungeniert." Da der Dollar seiner großen Verbreitung wegen nicht durch eine andere Währung substituiert werden wird, ist ein Umschlagen in Hyperinflation unwahrscheinlich. Falls den USA eine kontrollierte Inflation gelingen sollte, werden andere, Europa und Japan, mit einigem Abstand mitziehen, also ebenfalls inflationieren müssen, um zu verhindern, dass ihre internationale Wettbewerbsposition nicht zu sehr ausgehöhlt wird.[199]

17. Die Erfahrung zeigt allerdings, dass Inflationen leicht außer Kontrolle geraten können. „Inflation feeds inflation". Bisher hat sie die Inflation der Assets nicht in die Gütermärkte „ergossen". Der Grund liegt beim unterschiedlichen Verhalten von Konsumenten und Geldvermögensbesitzern. Geldvermögensbesitzer konsumieren üblicherweise nicht, sondern akkumulieren. Aber die Membran zwischen den „Töpfen" kann jederzeit brechen. Dann ist kein Halten mehr.

18. Die These, dass Finanzmärkte Finanzsünder abstrafen, ist nur bedingt richtig. In ihrem Kalkül ist Einsatz unkonventioneller Maßnahmen inzwischen eingeplant, „wissen" sie doch, dass sie nur durch das Hineinpumpen weiteren Geldes wachsen können. Vergehen dieser Art werden freilich

---

[199] Die Großinvestoren und die Derivateindustrie stürzten sich im Frühjahr 2010 wie verabredet auf die griechischen, spanischen und portugiesischen Staatspapiere und brachten damit den Euro erheblich unter Druck. Aufgescheucht vom Druck der Finanzinvestoren leiten selbst die Überschussländer in Europa einen scharfen *Sparkurs* ein. Damit wird zwar das weitere Wachstums der Staatsschulden eingebremst, aber der Abbau der internationalen Ungleichgewichte (Rebilanzierungsprozess) unterbunden oder zumindest auf die lange Bank geschoben. Die vor allem politisch bedingte Schwäche des Euro verschafft den USA einen nochmaligen Vorsprung, den sie benutzen können, um sich aus der Schuldenschlinge durch kräftige Abwertung des Dollar oder hohe Inflation zu entziehen.

nur den Großen verziehen: allen voran den USA. Andere dürfen dem schlechten (aber notwendigen) Beispiel vorsichtig folgen.

19. Ein neuerlicher Ausbruch der Krise könnte mit der Weigerung des Publikums beginnen, Staatspapiere in hinreichendem Umfange zu zeichnen. Allein im Jahr 2011 hatten die USA einen Refinanzierungsbedarf von 4000 Milliarden (28% des BIP), Europa einen Bedarf von fast 3000 Milliarden USD (25%) und Japan von 2500 Milliarden USD (fast 50%).[200] Diese Finanzierungslücken müssen die Zentralbanken zu einem beträchtlichen Teil schließen, was Inflationsängste auslösen und zu einem Abverkauf von Staatsanleihen und anderen Wertpapieren führen könnte. Das Publikum könnte auch Guthaben von Banken abziehen. Sie werden in Bargeld verwandelt – die Nationalbanken werden die Geschäftsbanken mit Liquidität versorgen. Man nennt das „Durchfinanzieren". Hinzu kommt das Misstrauen der Banken untereinander, weil keine Bank weiß, welche toxischen Assets die anderen Banken halten. Der Zusammenbruch des Interbankenmarktes kann sich jederzeit wiederholen und würde zu einem weiteren Bedarf an Zentralbankgeld führen.

20. In Folge der Geldschwemme könnte die Vermögenspyramide einbrechen, die unterste Ebene (M0 oder M1) würde dann plötzlich überproportional anschwellen. Ein kleiner Teil des Geldes würde zur Rückzahlung von Krediten verwendet und verschwände im Bankensystem (Geldvernichtung). Ein anderer Teil des Geldes sucht verzweifelt Güter, womit die Inflation für Waren und Dienstleistungen angeheizt würde. Da die Verschuldungsniveaus sehr hoch sind, müssen Zentralbanken mit allen Mitteln hohe Zinsen unterbinden. Die Zinsen werden daher deutlich hinter der Inflationsrate zurückbleiben. Dadurch kann die Inflation ihre Arbeit bei der Korrektur der Vermögenswerte verrichten. Die „Investoren" fliehen aus der Relation und suchen wieder Zuflucht in der Substanz. Das aber verschärft nur das Problem.

21. Die Kosten der Korrektur durch Inflation sind hoch: moralisch, sozial, politisch, wirtschaftlich. Und sie steigen nochmal, wenn Nationalbanken daran gehen, das zerbrochene Vertrauen in die Papierwährungen wiederherzustellen und die Inflationserwartungen durch eine Politik des extrem knappen Geldes zu brechen. Das dürfen sie freilich erst, nachdem die Inflation die Papieransprüche vernichtet haben wird.

---

[200] The Economist: Behold 2011, the Year of Sovereign Shocks. Dec. 16th, 2010.

22. Der Verarmung der kleinen Sparer, Pensionisten und Arbeitslosen müsste durch großzügige kompensatorische Maßnahmen sofort entgegengewirkt werden. Der Staat wird hier keinesfalls zimperlich auftreten dürfen. Auf ihn wird es ankommen, die Unruhe, die durch die temporäre Krise des Finanzsystems ausgelöst wird, aufzufangen und dem Bürger eine gewisse Sicherheit und vor allem Perspektive zu geben. Bürgerliche und sozialdemokratische Kräfte müssen hier in staatspolitischer Verantwortung zusammenstehen. International abgestimmte Prozesse werden sich als lebenswichtig erweisen.

23. Der hypertrophen Finanzindustrie entspricht die Schieflage in der Einkommens- und Vermögensverteilung. Es wäre daher nur logisch, den Abbau der Hypertrophie mit einer aktiven Rückverteilung der Vermögen und Einkommen zu betreiben. Dass entsprechende Maßnahmen kein Angriff auf die Bürgergesellschaft wären, sondern die aus der Bahn geratene (dynamische) Ordnung nur zurechtrücken würden, dafür ist das Bewusstsein freilich erst zu schaffen. Ohne Umverteilungsmaßnahmen würden sich nach der Finanzkrise bald wieder neue Krisenmomente aufbauen.

Die Finanzindustrie wächst mit der Wirtschaft, aber auch mit Ungleichgewichten, die sie mitverursacht. Alle Finanzkrisen sind im Prinzip Überschuldungskrisen im Sinne von Irving Fisher. Hypertrophe Entwicklungen der Finanzindustrie sind nicht nur schädlich, weil sie das Wachstum behindern und zu einer ungerechten Einkommensverteilung führen. Sie können auch eine tödliche Spirale nach unten auslösen. Aus der Überschuldungskrise droht zunächst Deflationsgefahr. Um ihr entgegenzuwirken, müssen weitere Schulden gemacht werden. Schlechte Schulden führen zu weiteren schlechten Schulden. – Die Überschuldung ist ein Exzess, dessen Korrektur schmerzhaft ist. Auf die „irrational exuberance" folgt die Ausnüchterung. Um der Schuldenfalle, in welche die Welt geraten ist, zu entkommen, muss die Vermögensmasse reduziert und die Finanzindustrie auf ein vernünftiges Maß zurechtgestutzt werden. Dabei können verschiedene „Instrumente" zum Einsatz kommen.

ANHANG: DER POPANZ NIMMT AN GEWICHT WEITER ZU – DATENSÄTZE

Wir haben die These vertreten, dass die Finanzkrise auf ein überproportionales Wachstum der Vermögensgrößen zurückzuführen ist. Um diese These zu belegen, braucht man konsistente Datensätze über einen längeren Zeithorizont. Solche Daten liegen glücklicherweise aus den USA, dem Epizentrum der Finanzkrise durchgängig seit 1945 vor.[201] In Europa gleicht die Vermögensstatistik eher einem Fleckenteppich, weist aber ähnliche und durchaus bizarre Trends auf.

Zunächst möchte ich den Aufbau der Anspruchs- bzw. Verpflichtungslast für die USA mit Daten belegen (siehe nachfolgende Tabellen und Grafiken). Sie zeigen eindeutig eine explosive und damit hypertrophe Entwicklung des Finanzsektors. Ein Teil dieses „Vermögensaufbaues" ist den Leistungsbilanzungleichgewichten verdankt. Während das Problem der USA darin besteht, dass sie ständig mehr importiert als exportiert (Dienstleistungen miteingeschlossen), haben wir Europäer ein großes Problem mit den innereuropäischen Verwerfungen. Dieses möchte ich kurz ansprechen und eine Lösungs-möglichkeit aufzeigen. Nach Ausbruch der Finanzkrise erhoffte man einen Abbau der relativen Schuldenlast. Dies ist, wie eine jüngste Studie von McKenzie zeigt, nicht erfolgt (Tabelle 3). Die Schuldenmacherei und der ihr entsprechende sog. Vermögensaufbau geht weiter. Die Finanzwirtschaft ist also noch tiefer in gefährliches Territorium eingedrungen.

USA

Beim Aufbau der Daten habe ich mich an die Vermögenspyramide (siehe S. 200) angelehnt. An der „Basis" befindet sich Geld (M1), zu dem dann, Schicht für Schicht, die anderen Vermögensklassen kommen, bis hinauf zu den Aktien (Anteilsrechte). Bei den hier gezeigten Werten handelt es sich um konsolidierte, volkswirtschaftliche Aggregate, die als Summe über die Sektoren (Haushalte, nichtfinanzielle Unternehmen, Finanzunternehmen, Gebietskörperschaften, etc.) gewonnen wurden. Gewisse Assetklassen habe ich zusammengefasst – die Originaldaten zeigen mehr Details.

Vollständig sind freilich auch die US-Daten (Federal Reserve: Flow of Funds) nicht. Kredite, die außerhalb des kontrollierten Bankensektors durch

---

[201] Dazu http://www.federalreserve.gov/releases/z1/current/default.htm.

Hedgefonds und andere Kreditinvestoren orchestriert werden, sind nicht erfasst. Außerdem fehlen in den US-Daten Angaben über die in den letzten zwei Jahrzehnten explodierenden (kurzlebigen) Derivate.

Hier noch eine kleine Vorwarnung: Da Ansprüche und Forderungen sich im Aggregat entsprechen, lässt sich die Schuldenlast nur in Form einer Matrix darstellen. Das möge man bei der Interpretation der Verschuldungsdaten im Auge behalten. Aus Grafik 14 und Tabelle 1 können wir immerhin folgende Tatsachen ablesen:

1. Das gesamte, aggregierte Geldvermögen bewegte sich in den USA bis Ende der siebziger Jahre in etwa auf dem Fünffachen des US-BIPs. Bei der Entwicklung muss man berücksichtigen, dass die USA infolge der hohen Ausgaben im Zweiten Weltkrieg bereits mit einer ziemlich hohen Verschuldung in die fünfziger Jahre starteten. Das hohe industrielle Wachstum in den USA ermöglichte diesen, der Schuldendynamik Paroli zu bieten. Die starke und beinahe kontinuierliche Erhöhung des Quotienten Vermögen/BIP (kurz: V/Y) hat sich vor allem seit Ende der siebziger Jahre zugetragen, just nach der konservativen Gegenrevolution, die vorgab, inflationären Tendenzen und damit der Aushöhlung der Geldvermögenswerte entgegentreten zu wollen. Sie stoppte in der Tat die Inflation, förderte aber die Explosion von Geldvermögenswerten durch Deregulierung der Finanzmärkte.

2. Zur Vermögensexplosion haben folgende Faktoren beigetragen: hohe Realzinsen, explodierende Finanzierungssalden (z.B. aufgrund von Leistungsbilanzdefiziten), Kreditschöpfung für Finanzanlagen (was sich in Bilanzverlängerungen insbesondere bei Banken niederschlägt – man nennt das oft „credit deepening" –, Steigerung der Vermögenswerte, da die wachsende Kapitalmasse um eine begrenzte Zahl von Möglichkeiten rittert, und ähnlichem. In den USA belaufen sich die gesamten (veröffentlichten) Forderungen/ Schulden auf mehr als das 7-fache, die Gesamtvermögen auf mehr als das 11-fache des Sozialprodukts – oder auf die astronomische Summe von 207 Billionen, sprich 207 Tausendmilliarden USD. Wie schon vermerkt: viele neuere und sog. innovative Geldinstrumente gehen extra.

3. Alle Assets bis auf Geld dehnten sich im Verhältnis zum Sozialprodukt aus, besonders jene, die höhere Erträge versprechen. Während die Geldmenge im Verhältnis zum Sozialprodukt ungefähr konstant bleibt, wachsen die übrigen Vermögensgrößen unaufhörlich. Hinzu kommen die Aufwertungen der Eigenkapitalien (Aktien, Investmentzertifikate, Immobilien).

4. Die Grafik zeigt, wie verschwindend gering die Geldmenge (M1) im Verhältnis zum BIP ist. (In den USA nur ca. 20% des BIP, im Euro-Raum derzeit ca. 50%). Akteure sparen eben an Geld. Das Verhältnis sinkt infolge der Effizienz des Zahlungsverkehrs, insbesondere der verstärkten Verwendung von Kreditkarten. Im Zuge der Krise stieg allerdings der

Abbildung 14

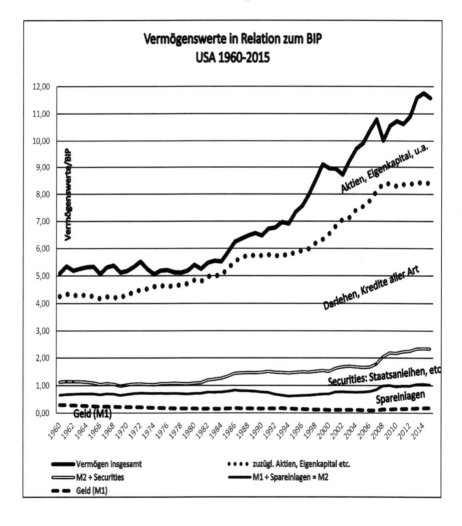

Tabelle 1

USA: Vermögenspyramide
in 1000 Mrd. USD und in Relation zum BIP

	2015		
	Billionen USD		BIP = 1
Gesamte Finanzwerte	207,8		11,58
Andere	37,7		2,10
		10,7	
Anteilsscheine	49,5		2,76
Eigenkapital in Personengesellschaften			
Aktiengesellschaften		36,7	
Mutual Fund-Anteile		12,8	
Kredite und Darlehen	27,7		1,54
Handelskredite		3,9	
Verschiedenes		6,5	
Hypothekardarlehen		13,8	
Konsumentenkredite		3,5	
Wenig liquide Forderungs- bzw. Schuldtitel	32,1		
Lebensversicherungen		1,5	
Pensionsansprüche		21,0	
ausstehende Steuerverpflichtungen		0,3	
US-Direkt Investitionen im Ausland		5,7	
Direkinvestitionen des Ausland in den USA		3,6	
Schuldtitel	39,7		2,21
Offenmarktpapiere		0,9	
Staatsschuldverschreibungen		15,1	
GSE und andere Sicherheiten		8,2	
Kommunal- und andere Schuldverschreibungen		3,7	
Unternehmensbonds		11,7	
Geld und geldnahe Assets	21,1		
Repos		3,7	0,21
Geldmarktfonds		2,7	0,15
Spareinlagen		10,9	0,61
Geld und Depositen (M1)		3,8	0,21
US-BIP (2015)	17,9		1,0

Bemerkung: 1 Billion = 1000 Mrd. (USA Trillion!)
Quelle: Federal Reserve: Flow of Funds Matrix, March 10, 2016; eigene Berechnungen.

Durst nach liquiden Mitteln wieder kräftig. Man schichtet von Ersparnisse, die keinen Zinsertrag bringen, auf Buchgeld um. Eine erstaunliche Kontinuität im Wachstum der Koeffizienten gab es besonders bei auf Nominalwerte lautenden Schulden/Forderungen.

5. Schwankungen im Gesamtvermögenswachstum ergaben sich vor allem aus dem Auf und Ab in den Aktienmärkten. Langfristig dehnten sich Aktienwerte stark aus. 2007 haben Aktien an Wert verloren, liegen inzwischen (2015) aber deutlich über dem alten Niveau.
6. Die hohen Leistungsbilanzdefizite der USA tragen nach wie vor erheblich zum Wachstum der gesamten Assets in den USA (als Schulden) und im Rest der Welt (als Forderungen) bei.

USA: Leistungsbilanz und Außenschuld
Am Beispiel der USA lässt sich das Zusammenspiel von Güter- und Vermögensmärkten hervorragend beobachten. Als Weltgeldproduzent besitzen die USA ein besonderes Privileg. Es besteht darin, in der Höhe der jeweils vom Ausland benötigten Dollar Güter importieren zu können. Schon seit etlichen Jahrzehnten missbrauchen die USA es aber. Ihre Leistungsbilanzdefizite, die im Übrigen bis vor das Krisenjahr 2006 beinahe stetig zunahmen, betrugen ein Vielfaches der von der Welt benötigten zusätzlichen Dollarmenge. Die über diesen Bedarf hinausgehenden Beträge sind Überhänge, welche der Rest der Welt in verschiedenen Bereichen der USA anlegt.

Die Abhängigkeit der USA von der Finanzierung der Welt ist seit vielen Jahren pathologisch und gleicht der eines Drogensüchtigen. Der Drogensüchtige braucht den Schuss, um zu überleben – die USA die regelmäßige Finanzspritze aus dem Ausland, die offenbar – bisher jedenfalls – bereitwillig verabreicht wurde.

Tabelle 2: US-Vermögensposition gegenüber dem Ausland

	in Mrd. USD			
	1995	2004	2011	2015
Assets des Auslandes	3.451	10.523	18.026	23.032
Assets der USA im Ausland	2.126	5.590	10.692	10.504
Nettoassets	-1.325	-4.933	-7.428	-12.528

Quellen: Federal Reserve, Flow of Funds; eigene Berechnungen.

Jedes zusätzliche Leistungsbilanzdefizit kommt zur bestehenden Nettoverschuldung der USA hinzu.[202] Inzwischen belaufen sich die Bruttoverpflichtungen der USA (als Land) gegenüber dem Rest der Welt auf über 23.000 Mrd. USD. Das ist deutlich mehr als das BIP der USA und etwa das 10-fache ihrer Exporte![203]

Die Leistungsbilanzdefizite der USA sind nicht zuletzt durch die Forcierung der USA als Finanzzentrum durch scharfe Inflationsbekämpfung (unter Reagan) 1981-82 hervorgerufen worden. Die USA erhöhten ihre Attraktion, indem sie sich als Hort neokonservativer Werte ausgaben. Das trieb den Dollar hinauf und ließ die US-Exportindustrien verkümmern. Einmal verlorene Märkte lassen sich durch nachfolgende Abwertungen nur schwer zurückgewinnen, zumal zwischenzeitlich die Billig-Konkurrenz aus Asien technisch einwandfreie Produkte anliefert. Da die USA als großes Land und Weltgeldproduzent leicht Kredite aus dem Ausland erhält, wird die Rebilanzierung des Handels auf den Nimmerleinstag aufgeschoben. Die Leistungsbilanzungleichgewichte haben zwar etwas abgenommen, aber sie sind immer noch so hoch, dass der Rest der Welt die USA pro Tag mit mehr als 1 Milliarde Dollar finanziert. Diese Salden scheinen zum festen Bestandteil der internationalen Finanzierungslandschaft geworden zu sein.

Den Defiziten der USA und vieler anderer Länder stehen die Überschüsse Chinas, Deutschlands, Japans, der Schweiz, aber auch einiger erdölproduzierender Länder, vor allem Saudi-Arabiens und des Iran gegenüber. Bei den eben genannten Industrieländern liegt die Ursache in deren traditionell hohen Sparquoten; bei den erdölproduzierenden Staaten in der Ölbonanza und den korrupten Eliten, die trotz ihrer Verbalattacken gegen die USA ihr „krankes" Geld eben dort anlegen. Nachdem das Ausland einen guten Teil seines Gesamtvermögens in den USA hält, „muss" es, um „Vermögensverluste" zu vermeiden, den Finanzierungsunfug fortsetzen.[204] Die plötzliche Verweigerung einer wieteren Finanzierung würde mit sehr großer Wahrscheinlichkeit den wirtschaftlichen Kollaps des Dollars und der USA als Führungsmacht auslösen.

---

[202] Die Summe der Leistungsbilanzdefizite über einen gewissen Zeitraum entspricht ca. der Veränderung der Nettoschuld.

[203] Wenn alles „gut läuft", sind die Nettoschulden ausschlaggebend. Für die Bruttoschulden zahlt das Land Geld, für die Forderungen erhält es Geld. Im Falle einer Krise aber „zählen" die Bruttoschulden. Sie müssen bedient werden. Sie können nicht gegen Forderungen aufgerechnet werden. Insofern erhöht „credit deepening" das systemische Risiko.

[204] Alleine eine Nichtfinanzierung weiterer Defizite würde die Krise auslösen. Von einer Rückführung der in den USA angelegten Gelder kann auf absehbare Zeit keine Rede sein.

Tabelle 3

Rang		Gesamtschulden /BIP in %	Zuwachs seit 2007 in %
\multicolumn{4}{	c	}{Gesamtschulden in Relation zum BIP Mitte 2014 und Veränderung seit 2007}

Rang		Gesamtschulden /BIP in %	Zuwachs seit 2007 in %
1	Japan	400	64
2	Irland	390	172
3	Singapure	382	129
4	Portugal	358	100
5	Belgien	327	61
6	Niederlande	325	62
7	Griechenland	317	103
8	Spanien	313	72
11	Frankreich	280	66
12	Italien	259	55
13	England	252	30
16	USA	233	16
19	Österreich	225	29
22	China	217	83
24	Deutschland	188	8

Quelle: McKinsey Global Institute 2015/2

Die Schuldenmacherei geht weiter

Schuldenmachen ist leicht, sie wieder los zu werden schwer. Das „Deleveraging" ist seit dem Ausbruch der großen Finanzkrise nicht gelungen, nur das Tempo der Schuldenmacherei hat sich verlangsamt – ein schwacher Trost! Die kombinierten Staats-, Unternehmens-, Banken- und Haushaltsschulden waren

Denn um Vermögen zurückzuführen oder echte Erträge zu zahlen, die nicht wiederum aus dem Rest der Welt finanziert sind, müssten die USA Nettoexporteure, der Rest der Welt Nettoimporteure werden. Das aber müsste eine Verschiebung gewaltiger Nachfrage- und Angebotsmassen zur Folge haben, was realistischer weise und aller Erfahrung nach mit einem starken Rückgang der Weltnachfrage und einem Absenken des Weltsozialprodukts (durch Ausfall von effektiver Nachfrage) einhergehen würde.

noch nie so hoch wie heute. Seit Ausbruch der Krise sind Bemühungen um einen Schuldenabbau gescheitert. Der Gesamtschuldenstand der größten Länder ist nochmal um 57 Billionen USD gestiegen und übertraf damit deutlich den Zuwachs des nominalen Sozialprodukts um ein Mehrfaches. Er belief sich Mitte 2014 auf USD 199 Billionen (McKinsey 2015). Die Relation Schulden zu Sozialprodukt erhöhte sich damit um 17%. Die Schuldenstände aller Sektoren sind gestiegen – am stärksten der Staatshaushalte, die die Finanzkrise mit großem Aufwand aufzufangen versuchten. Die Tabelle weist Japan, Irland und Singapur als höchst verschuldete Länder auf. (Deren Gesamtverschuldung beträgt 400%, 390% bzw. 382%). Aber weitere 7 Länder weisen eine Verschuldung von mehr als dem Dreifachen des Sozialprodukts und 14 Länder von mehr als dem Doppelten des Sozialprodukts auf. Deutschland liegt auf Rang 24 mit einer Gesamtverschuldung von 188% (2007: 181%).

Euro-Raum: es knirscht gefährlich im Gebälk

Im Unterschied zu den USA weist der *europäische Währungsraum* seit langem eine einigermaßen ausgeglichene bzw. nur leicht defizitäre Leistungsbilanz auf. Allerdings sind die Ungleichgewichte innerhalb des Euro-Raumes erheblich. Einige nördliche und westliche Länder (besonders Deutschland, Holland, Finnland – aber auch die Nichteuroländer Schweiz und Norwegen) erwirtschaften hohe Leistungsbilanzüberschüsse, während etliche südliche und östliche Länder Europas hoch defizitär sind. Meist sind in diesen Ländern auch die Staatshaushalte hoch im Minus. Jedes dieser Löcher (positiv oder negativ) nährt den internationalen Kapital- und Geldmarkt, d.h. den großen Popanz. Er hat die unangenehme Eigenschaft, seine Tributforderungen umso mehr anzuheben, je mehr die Länder unter seiner Last ächzen. (Wenn ein Land in das Schussfeld der Finanzmärkte gerät, steigen die Zinsen für Staatspapiere). Der Euro-Raum wäre längst zerbrochen, würde die „Gemeinschaft" nicht mit astronomischen Summen einspringen, die entweder den notleidenden Staaten oder den Banken, die sie unbedenklich finanzierten, zufließen. Die „Gemeinschaft" zeigt dem Popanz zwar die Zähne, füttert ihn aber weiter.

Auch bei kühnem und großzügigem Einsatz finanzieller Ressourcen bleibt das strukturelle Problem zunächst bestehen: die hartnäckigen, vor allem durch eine ungleiche Entwicklung der Lohnstückkosten verursachten Leistungsbilanzüberschüsse bzw. Defizite (Flassbeck 2010). Sie haben aus Europa längst eine Transferunion gemacht. Da das aber auf lange Sicht so und in diesem Ausmaß nicht weitergehen konnte – das erträgliche Maß einer wechselseitigen Verschuldung/Überforderung war längst überschritten – findet eine gewisse Rebilanzierung (Abbau dieser Ungleichgewichte) statt. Sie ist mit sehr hohen

Kosten verbunden, da die Überschussländer – allen voran Deutschland – nicht auf Wachstum, sondern auf Konsolidierung setzen. Die durch Deutschland angeführte Stabilitätspolitik zwang die „südlichen" Länder in eine starke Realabwertung und in die wirtschaftliche Depression. Griechenland z.B. verlor in den Jahren seit 2008 25% an Sozialprodukt, wodurch seine Verschuldungslast deutlich stieg. Der Druck kommt natürlich auch durch China: durch die künstliche Unterbewertung seiner Währung setzt es die Welt unter extremen Wettbewerbsdruck.

Die Einführung des Euro hat die Rutsche zu sehr hohen Leistungsbilanzungleichgewichten gelegt. Die Schwäche Brüssels besteht darin, dass es bisher weder eine ökonomische noch eine politische Handhabe hat, der Entstehung solcher Ungleichgewichte vorzubeugen. Mit Sparen entkommt man den Ungleichgewichten nicht, aber ohne Sparen geht es auch nicht. Ich habe schon in den vorigen Auflagen folgende Vermutung geäußert: „Vermutlich wird die EZB einspringen müssen, die deflationären Wirkungen, die die Rebilanzierung und erst recht Sparmaßnahmen nach sich ziehen, durch unkonventionelle monetäre Maßnahmen abzufedern. Der Euro wurde eingeführt, um die Integration in Europa zu vertiefen. Jetzt läuft er Gefahr, zur Desintegration Europas beizutragen." Aber mit dem Geldregen aus der EZB ist es nicht getan. Er kommt nur dem Finanzsystem zugute und erhöht die Vermögenspreise. Die Vermögenden werden reicher, der Mittelstand und die Armen ärmer. Zwar verhindert die EZB mit ihren Geldspritzen den Zusammenbruch des Finanzsystems, trägt aber zu einer Desintegration der europäischen Gesellschaft bei.

Aus diesem und anderen Beispielen wird man hoffentlich lernen,
- dass nur einigermaßen gleichgewichtiges Wachstum nachhaltiges Wachstum sein kann,
- dass eine real-ökonomische Vergesellschaftung mehr braucht als nur die Einführung einer Währung,
- dass der Verzicht auf den Einsatz des Wechselkurses als Instrument der nationalen Wirtschaftspolitik zumindest eine Abstimmung der Lohnentwicklungen und mit diesen auch der Inflationsraten auf europäischer Ebene notwendig gemacht hätte.

Draghi´s Medizin ist unwirksam – nur Vollgeld kann helfen
Es ist systemisch logisch und ganz unausweichlich, dass einer „financal bonanca" eine „financial repression" folgt: die Realzinsen müssen niedrig gehalten und sogar negatives Territorium betreten; um dies zu ermöglichen muss die Inflation auf ein gewisses Mindestniveau gehoben werden. Diese Ziele muss

die EZB heute unter den Bedingungen eines fraktionalen Bankensystems und dem Verbot einer direkten Staatsfinanzierung erreichen. Das aber ist so gut wie unmöglich. Um im Gefolge der Krise dennoch die Wirtschaft aus einem Abwärtsstrudel zu retten, greift die EZB zu sehr ungewöhnlichen Maßnahmen. Unter einem Vollgeldregime wäre das alles viel einfacher, aber noch haben wir keines.

Unter dem fraktionalen Geldsystem darf die EZB nicht den Staat, sondern nur die Banken finanzieren. Sie überschüttet sie gleichsam mit Geld, indem sie ihnen Kredite zu einem Nullzinssatz anbietet und ihnen Wertpapiere von teils zweifelhafter Wertigkeit massenhaft abkauft. Draghi verkündete am 10.3.2016 bis ins Jahr 2017 hinein und möglicherweise darüber hinaus, Banken jeden Monat € 80 Mrd., und falls nötig mehr, Wertpapiere abkaufen zu wollen, also deren Forderungen an Dritte großzügig zu monetisieren. Indem er diese Forderungen in das Portefeuille der EZB übernimmt, schleust er in gleicher Höhe Geld in das Finanzsystem in der Hoffnung ein, es würde in der Realwirtschaft und bei den Menschen ankommen. Möglicherweise kommt etwas an, aber es ist wenig, und die schädlichen Wirkungen wiegen das Wenige auf. Denn die Masse des Geldes bleibt im Finanzsystem hängen, führt zu einer weiteren Aufblähung der Finanzwerte – womit die Finanzbonanza ihre Fortsetzung findet. Eine der Folgen ist die Explosion der Immobilienpreise, die steigende Mieten nach sich ziehen, welche die Bürger, deren Realeinkommen stagnieren oder sinken, nicht mehr zu leisten imstande sind. Wenn Geld durch den falschen Kanal in die Wirtschaft gepumpt wird, schadet es mehr als es nützt.

Draghi versprach, alles zu tun, was nötig ist, um den Euro zu retten. Dabei fährt er immer mächtigere Geschütze auf, die er mit immer größeren Kalibern an Munition bestückt. Ihr Nachteil: sie treffen schlecht. Wie wär´s mit mehr Qualität anstatt immer mehr Quantität? Wäre Draghi ein guter Ökonom, müsste er das Vollgeldregime wollen. Dann käme er mit weniger aus und würde mehr erreichen. Wie?

Nachdem mit dem EURO eine gemeinsame Währung eingeführt wurde, steht der Wirtschaftspolitik der Wechselkurs als Instrument nicht mehr zur Verfügung. Um ein Divergieren der nationalen Lohnstückkosten und damit ausufernde Leistungsbilanzdefizite (und folgende Finanzkrisen) zu verhindern, stehen den Euro-Staaten nur mehr zwei Instrumente zur Verfügung: die Abstimmung der nationalen Lohnpolitiken und die Steuerung der nationalen Inflationsraten. Zu ersterem sind die „Sozialpartner" im EURO-Land offenbar nicht in der Lage. Bleibt als wirtschaftspolitisches Instrument nur die Steuerung der nationalen Inflationsraten durch die Geldpolitik. Das kann aber nur in einem Vollgeldregime gelingen. Als Monetative könnte die EZB durch national differenzierte Geldschöpfung bzw. durch gezielte Monetisierung der

Schuldtitel die nationalen Inflationsraten differenziert steuern. Sie würde deutschen Wirtschaftssubjekten Forderungen (gegen südliche europäische Länder) abkaufen (monetisieren) und damit in Deutschland Kaufkraft erzeugen, die sich in einer höheren Inflationsrate in Deutschland niederschlagen würde. Damit würden die südlichen Defizitländer entlastet: diese müssten nicht mehr (oder in einem geringeren Ausmaß als bisher) „deflationieren", um ihre Wettbewerbsfähigkeit im Vergleich zu Deutschland zurückzugewinnen.

Mit Schuldenbremsen allein entrinnt man der Schuldenfalle nicht. Sparen und Deflation im Euroraum wird den Euro sprengen.

3. Theoriekritik

> *„Wir mussten die Welt in der Theorie zerstören, bevor wir sie auch in der Praxis zerstören konnten."* R.D. Laing

Theoriekritik – warum erst jetzt?

Wissenschaftliche Arbeiten beginnen üblicherweise damit, sich mit vorhandenen Theorien und Theorieansätzen auseinanderzusetzen, die bisherigen Errungenschaften und die Defizite der Fachdisziplin aufzuzeigen, um die eigenen Bemühungen entsprechend einzuordnen. Dem Leser wird aufgefallen sein, dass ich einen anderen Weg gewählt habe. Ich habe auf die Auseinandersetzung mit der im Übrigen nur schwer zu überblickenden Theorietradition zunächst verzichtet und bin – nach einer allerdings ausführlichen Einleitung – in medias res gegangen. Der Grund ist einfach. Aus vorhandenen Theorien ist über Geld nicht nur nicht viel zu erfahren, man muss sich von ihnen sogar fernhalten, wenn man nicht behindert werden möchte, Geld und Wirtschaft zu verstehen. Natürlich gibt es Autoren, die einzelne Aspekte auf interessante Weise hervorgehoben haben. Aber es gibt keine Wirtschaftstheorie, die beim Geld als Medium der Gesellschaft, an dem sich diese emporarbeitet, ansetzt. Alle mir bekannten Theorieansätze konstruieren die Wirklichkeit der Wirtschaft ohne Geld, und müssen Geld im Nachhinein „unterbringen". Daher muss ihnen Geld als störendes oder irgendwie irritierendes Element erscheinen. Aus diesem Grund habe ich von ihnen nicht wirklich Relevantes gelernt – eher, wie man es nicht machen soll.

Einfach mal Hinschauen!

Um Geld, d.h. Wirtschaft als Geldwirtschaft zu verstehen, haben wir daher zunächst den Weg des Anschauens und Hinschauens gewählt. Wir brauchten nur hinzusehen, was Menschen zu Menschen und eine Wirtschaft zur Wirtschaft macht: ihr wechselseitiges Geben und Nehmen; ihr *Dienen* um zu *verdienen,* dass sie dabei das Medium *Geld* hervorbringen oder dazu Geld brauchen; und dass sie in diesem Prozess aneinander *schuldig* werden – obschon Geld ein

Mittel zum Ausgleichen ist. In diesen grundlegenden Vorgängen liegt eine Dynamik, deren innerer „Logik" wir gedanklich gefolgt sind. Diese Logik bringt den Formenkörper der Geldgesellschaft hervor, den wir in groben Zügen beschrieben haben. Zugleich entwarfen wir eine Theorie, auf deren Grundlage sich sowohl die Dynamik der Geldwirtschaft als auch ihre Krisenmomente erkennen lassen. Auch Anweisungen, wie man aus der Krise herauskommen könnte, konnten aus dieser Theorie abgeleitet werden.

Die Aufgabe

Wir haben uns in groben Zügen eine Theorie der Geldwirtschaft erarbeitet. Nun geht es um eine weitere Stufe der Erkenntnis. Ab hier „machen" wir nicht Theorie, sondern „reden über" Theorie – d.h. wir betreiben *Metatheorie*.

Dabei wird es vor allem darum gehen, zu verstehen, warum vorhandene Theorien am Geld (und nicht nur am Geld) gescheitert sind und scheitern mussten; was ihnen fehlt; warum sie zu kurz greifen; warum sie zu Fehleinschätzungen gelangen; warum sie wesentliche Entwicklungen nicht nur übersehen haben, ja übersehen mussten; und welche Umwege sie gingen, um sich doch in dieser Welt zu orientieren, usw.

Gleichzeitig versuche ich die Gründe darzulegen, warum mein Ansatz die behaupteten Schwächen jener anderen Theorien vermeidet und „Sinn" macht. Von „Sinn" spreche ich deshalb, weil es gar nicht nur um Wahrheitsfindung gehen kann – was ist schon Wahrheit? –, sondern darum, mit der Wirklichkeit besser zurecht zu kommen. Das nennen wir dann Wahrheit.

Theoretiker, so dürfen wir annehmen, sind ehrliche, gescheite und trainierte Leute. Warum greifen sie so daneben? Warum greifen sie so daneben, gerade wenn es um Geld geht. Welchen falschen „Mythen" folgen sie? Ist nicht Wissenschaft immer nur der Vollzug eines Mythos? Diesen Mythen (oder vorwissenschaftlichen Annahmen) wollen wir jetzt nachstellen und sie ins Bewusstsein heben. Anschließend werden wir uns mit den erwähnten großen Theorietraditionen, dem Marxismus aber vor allem der Neoklassik, nachholend auseinandersetzen. Wie wir wissen, stehen beide in der Tradition des klassisch-naturwissenschaftliches Weltbildes. Dieses ist aber in sich schon fragwürdig. Erst recht problematisch ist die Übertragung auf die Gesellschafts- und Kulturwissenschaften.

3.1 Die (Neo-)Klassik

Der mechanistische Mythos

Eine dieser großen Mythen ist die Annahme, dass die Welt nach den Prinzipien der Mechanik funktioniert, d.h. ein geschlossenes System ist, in dem alles seine Ursache und jede Ursache ihre ganz bestimmte Wirkung hervorruft. Dieser Annahme zufolge wird die Wirklichkeit durch strikte Gesetzmäßigkeiten beherrscht. Das große Vorbild ist die Astronomie mit den Bewegungsgesetzen der Planeten.

Obwohl schon die einfache Anschauung deutlich macht, dass Wirtschaft in ihrem Wesen nach etwas ganz anderes ist, haben sich die Wirtschaftswissenschaften seit Adam Smith diesem Mythos verschrieben und stellen sich die Welt der Wirtschaft als einen mechanischen Zusammenhang vor. Die Wirtschaft würde nach ähnlichen Prinzipien funktionieren, wie diejenigen, die Sir Isaac Newton für die Welt der klassischen Physik formuliert hatte. Newton hatte sich Gott als Macher eines kosmischen Uhrwerks vorgestellt, das, einmal geschaffen, wie von selbst ablaufen würde. Adam Smith schloss sich dieser Vision auch für die Wirtschaft an: In der berühmten unsichtbaren Hand wollte Smith die Hand Gottes am Werk sehen. Die göttliche Vorsehung (Divine Providence) hätte die Dinge so arrangiert, dass die Verfolgung eigener, egoistischer Ziele bei freien, ungehinderten Märkten ganz wie von selbst, wie durch eine „unsichtbare Hand" gesteuert, die Wohlfahrt aller am besten fördern würde. Spitzen-Ökonomen wetteiferten, das in diesem Sinne konsistenteste wirtschaftswissenschaftliche Modell zu konstruieren. Man kann die „Allgemeine Gleichgewichtstheorie" (Walras 1870, Wald 1936, Arrow/Debreu 1954) als „Realisierung" jener mechanistischen Vision ansehen.

Die Wirtschaft ist aber keine Mechanik. Daher muss hier die Frage ansetzen: Welche methodologischen Annahmen mussten die Ökonomen treffen, um Wirtschaft so zu rekonstruieren, als ob sie eine Mechanik wäre. Auf diese Frage gibt es meines Erachtens zwei Antworten:

1. Reduktionismus: Die Wirklichkeit der Wirtschaft besteht aus drei Ebenen: dem GELD, den SUBJEKTEN und den OBJEKTEN (S. 136ff). Die Ökonomik hat sich auf zwei Ebenen beschränkt: auf SUBJEKTE und OBJEKTE.

2. An die Stelle von Kommunikationen, über welche sich Subjekte tatsächlich untereinander verknüpfen, setzt die Ökonomik den Gleichgewichtskalkül, d.h. einen Rechenakt eines *zentralen* Computers oder die Figur des Auktionators.

Ökonomik reduziert Wirtschaft auf eine Dyade

Nur durch die Reduktion auf zwei Ebenen und die Ersetzung von „Gesellschaft" durch das „Gleichgewicht" konnten die Wirtschaftswissenschaften den Anspruch erfüllen, materielle Strukturen aus bestehenden Daten abzuleiten – unter der Voraussetzung, dass sie über diese Daten auch verfügen.[205]

Aus zwei Dimensionen kann man die reale Welt der Wirtschaft nicht adäquat oder wirklichkeitsgerecht darstellen. Man kann sich ihr nur annähern und irgendwie behelfen, wie es ein Maler tut, der versucht, einen Raum auf eine Fläche zu bannen. Ein Maler aber weiß immer, dass der Raum drei und seine Leinwand nur zwei Dimensionen hat, und seine Kunst besteht darin, mit dieser Beschränkung virtuos umzugehen.

Ob Ökonomen von dieser Beschränkung immer wissen, darf bezweifelt werden. Einigen Urvätern mag die größere Komplexität der Wirtschaft noch bewusst gewesen sein. Ihre Schüler und die Schüler ihrer Schüler haben sich aber von vornherein auf eine zweidimensionale Sicht der Welt festgelegt. Die damit in Gang gesetzte Logik der Wissenschaft führte zu einer „reinen" Theorie[206], deren „bestentwickeltes Modell" die schlechthin unüberbietbare Lösung des „ökonomischen Problems" darstellt (dazu folgendes Kapitel). Damit konnte die Ökonomik zwar einen großen Triumph feiern und sich in der Hierarchie der Sozialwissenschaften den obersten Platz erobern. Der Triumph bestand darin, mathematisch nachzuweisen, dass individuell unterschiedliche und voneinander unabhängige Bedürfnisse auf einen Nenner gebracht werden können, bei dem jeder Einzelne – und damit auch die Gesamtheit – ein Maximum an Wohlfahrt erreichen könnten. Der Triumph, den die Ökonomik mit dem Modell des „Allgemeinen Gleichgewichts" feiert, erweist sich allerdings als ihr größtes Elend.[207]

---

[205] Die Wirtschaftswissenschaften verfügen nicht über diese Daten und wissen das auch. Aber sie tun so, als ob sie in der Realität vorhanden wären.

[206] Sogenannte „pure economics".

[207] Es sind Mathematiker, welche die Theorie auf die Spitze treiben. Und es sind oft auch Mathematiker, die deren logische Defizite ans Licht bringen. Den Mathematikern ist oft

Denn sie schließt, wie wir noch sehen werden, sowohl den Menschen als auch Geld aus ihren Überlegungen aus. Dass sie das mit dem Menschen tun, werden ihr Mechanisten noch nachsehen. Für den Menschen, werden sie sagen, sind Humanwissenschaften zuständig. Und das wolle Ökonomik ja gar nicht sein. Dass sie aber am Geld – der zentralen ökonomischen Kategorie – scheitern, ist eine Ohrfeige in ihr eigenes Gesicht. Am Geld manifestiert sich ihr Versagen. – Wenn die Wirtschaftswissenschaften den von mir vorgeschlagenen Weg gingen, würden sie mit Geld auch den Menschen für die Wirtschaftswissenschaften zurückgewinnen. Das zu zeigen, ist mein Anliegen.

Die Stufen der Kritik

Wir führen die Kritik an der ökonomischen Theorie in mehreren Schritten durch. Wir zeigen,

1. Dass der Kern der ökonomischen Theorie rein dyadisch ist.
2. Dass er den Bezugspunkt (Benchmark) liefert, mit Hilfe dessen die realen Verhältnisse analysiert werden.
3. Dass dieser Kern absolut leer ist.
4. Dass sich die Ökonomik durchaus bemüht, die Leere aufzufüllen und sich vom „falschen" Konstrukt abzusetzen. Das tut sie, indem sie Annahmen des Modells in Frage stellt oder diese modifiziert. Dabei arbeitet sie gewissermaßen gegen die Schwerkraft des Kerns an.
5. Dass jede Modifikation innerhalb der Ökonomik eine Spezialdisziplin bzw. eine Schule begründet, woraus sich die „Trabanten" des Kerns ergeben.
6. Dass der Auffüllvorgang der Leere des Kerns in nur sehr bescheidenem Maße gelingt, weil die Axiome, die den Kern bilden, miteinander verbunden sind. Wer ein Axiom verändert, verändert alle anderen auch gleich mit. Eine radikale Erneuerung der Neoklassik ist daher unmöglich.
7. Dass man, um dem Konstrukt den Schein einer Realwissenschaft zu verleihen, den Kern ideologisch aufzuputzen bemüht ist. Das tut man, indem man ihm die Etikette „ideales Modell einer Marktwirtschaft" „Modell

deutlicher als anderen bewusst, auf welch engen und falschen oder zumindest unplausiblen Voraussetzungen die Lösung der Gleichgewichtsmodelle beruht. Dass die Mathematik der Ökonomik aus der Sackgasse, in die sie sie trieb, einen Weg weist, ist sehr unwahrscheinlich.

vollkommener Konkurrenz", „real exchange economy", usw. verpasst. Ich nenne das „Etikettenschwindel".

8. Dass ein nicht unwesentlicher Teil der Ökonomik (als Theoriekörper) aus internen Auseinandersetzungen um die unterschiedlichen Etiketten (Interpretationen des Kernmodells) besteht. Die Art des Etiketts bestimmt die ökonomische Schule.

> **Wir werden daher zeigen, dass die Neoklassik der orthodoxe Kern und zugleich der Widerstand gegen ihn ist. Die Neoklassik ist Benchmark *und* deren Infragestellung. Der gesamte ökonomische Theoriekörper ist durch die Fixierung auf die Dyade und Versuche der Überwindung der Probleme, die sich aus dieser Fixierung ergeben, bestimmt.**

DER NEOKLASSISCHE KERN

Gleichgewicht als dyadisches Konstrukt

Das Anliegen der Ökonomik lässt sich zwar auf verschiedene Weise ausdrücken, läuft aber stets auf das Gleiche hinaus: auf ein „Gleichgewicht" zwischen dem Bedarf begehrender *Subjekte* und der beschränkten Anzahl der *Objekte*, auf die sich dieser Bedarf bezieht oder den „knappen" Ressourcen, mit denen Güter zur Befriedigung dieses Bedarfs hergestellt werden können; auf ein ökonomisch sinnvolles Aufteilen von begrenzten Aufwendungen für ein im Prinzip unbegrenztes Begehren; auf Nachfragen, denen Angebote gegenüberstehen, usw. Dabei geht es immer um die „wirtschaftliche"[208] Beziehung des Subjekts oder einer (beliebigen) Anzahl von Subjekten zu Objekten, die durch „Knappheit" gekennzeichnet ist.

Während das Begehren des Subjekts die *ziehende* Kraft ist, leisten Natur und Technik dieser Kraft *Widerstand*. In den Begehrungen oder Bedürfnissen wird die „Ursache" der Werte gesehen, während sich der Widerstand der Natur und Technik in den Aufwendungen bzw. Produktionskosten niederschlägt.

In diesem Spannungsverhältnis von Begehrungen und dem Widerstand gegen dieses Begehren – die Menschheit lebt nun eben nicht im Schlaraffenland

---

[208] Im Unterschied z.B. zu einer ästhetischen (schön/nicht schön) oder wissenschaftlichen (wahr/nicht wahr) Beziehung. In der Wirtschaft geht es um nützlich/nicht nützlich bzw. um mehr oder weniger nützlich.

– glauben die Wirtschaftswissenschaften das „Prinzip Knappheit" entdeckt zu haben, mit dem sie meinen, ökonomisches Handeln erklären zu können – analog zu den Gesetzen der Schwerkraft, die die Bewegungen der Gestirne steuern.[209] Dieser im Prinzip *goldrichtige Grundgedanken* wurde zum zentralen Prinzip der Wirtschaftswissenschaften erhoben: „Economics is the science which studies human behaviour as a relationship between ends and scarce means which have alternative uses", lautet die Formulierung Lionell Robbins (1935, S. 16), die inzwischen in so gut wie alle Lehrbücher Eingang gefunden hat.

Dass man mich nicht missverstehe! Gegen den Grundgedanken der Ökonomik von der Allokation knapper Ressourcen ist nichts einzuwenden. Was, wenn nicht dieser Aspekt, sollte die Wirtschaftswissenschaften als Disziplin definieren und die Einheit der Wirtschaftswissenschaften stiften?

Dieses Prinzip aber reduziert die Ökonomik auf die Dyade. Aus der Festlegung auf die Dyade folgt alles Weitere: ein leerer Kern und die Plage, welche die Neoklassik mit diesem Kern hat.

Die *Festlegung auf eine dyadische Methode legt die Struktur und Dynamik der ökonomischen Theorie fest*. Die ökonomische Theorie ist durch ihren *Kern*, die reine Theorie der Allokation der Ressourcen, *und* durch eine unüberschaubare Anzahl von *Trabantentheorien* gekennzeichnet, die von diesem Kern zwar abweichen, die aber diesen Kern weiterhin als Referenz benutzen. Der Kern folgt *direkt* aus dem *dyadischen* Ansatz, die Trabanten ergeben sich aus den *Komplikationen*, die sich aus der *Inkongruenz* von dyadischem Denkansatz und der Realität der Wirtschaft ergeben. *Kern und Trabanten ergeben die Neoklassik.*

Die Neoklassik ist ihrem Kern nach eine reine Logik der Dinge. Sie rekonstruiert die Welt der Wirtschaft als konsistenten und möglichst eindeutigen Zusammenhang der Güter. Sie sucht nach einem idealen Ausgleich zwischen Mengen oder Mengensystemen und ordnet die Mengen aus dem Blickwinkel der Subjekte durch konvexe Präferenzsysteme, aus dem Blickwinkel der Natur bzw. Technik mit Hilfe konvexer Produktionsfunktionen. Sie will angeben können, was Wirtschaftssubjekte konsumieren oder produzieren würden, falls bekannt wäre, welche Bedürfnisse jedes einzelne Subjekt hat, welche Produktionsmittel und Anfangsausstattungen mit Gütern ihm hierfür zur Verfügung stehen.

---

[209] Während die Bewegungen der Planeten durch die Schwerkraft als *kausales* Prinzip bestimmt sind, handelt es sich bei der Maximierungsregel allerdings um ein *teleologisches* Prinzip (teleologisch heißt hier: menschliches Handeln ist von ihren Zielen (z.B. Bedürfnissen gesteuert).

Wie schon gesagt, geht es der Ökonomik darum, die Kriterien aufzuzeigen, unter welchen diese beiden Kräfte – die Kräfte der Begehrungen und der Widerstände dagegen – am besten zum Ausgleich gebracht werden könnten, wie also aus gegebenen Mitteln oder Ressourcen ein Maximum an Bedürfnisbefriedigung herauszuholen ist, allenfalls auch, wie gegebene Bedürfnisse mit einem Minimum von Aufwand zu befriedigen sind. Dabei bevorzugt sie naturgemäß Modelle, in welchen die Arrangements der beiden Kräfte zu eindeutigen Ergebnissen führen. Sie will angeben können, WAS zu tun sei und verkünden können, dass dieser – womöglich eindeutige – Zustand ein Maximum an Wohlfahrt für alle garantieren würde.

Die künstlichen Annahmen der Wirtschaftstheorie

Um zu zeigen, dass ein solcher Zustand möglich ist, muss die Neoklassik Annahmen treffen, die nicht aus der Beobachtung der Wirklichkeit abgeleitet sind, sondern den alleinigen Zweck verfolgen, das Modell zu schließen, d.h. die Eindeutigkeit des „Gleichgewichts" der Kräfte zu sichern. Das Denkmodell ist daher „von oben" her, eben vom Gleichgewichtsgedanken konstruiert und verletzt damit Anforderungen, die die Ökonomik erfüllen müsste, um eine Sozialwissenschaft zu sein. (Abschnitt 2.4 und S. 370ff).

Die Annahmen der Ökonomik betreffen

1. das Streben der Individuen nach einem Maximum an Wohlfahrt (Maximierungs- oder Rationalitätshypothese),
2. die Präferenzen der Individuen, gegebenenfalls auch die Produktionsfunktionen,
3. das „a priori" des Gleichgewichts.

Die Maximierungshypothese

Dinge haben von Natur her keinen Zusammenhang. Um einen solchen herzustellen, führt die Ökonomik die Maximierungsregel ein. Die Regel lautet: Jedes Individuum maximiert seinen Nutzen. Das Maximum hat zwei Eigenschaften:

1. Kein Individuum kann durch (weitere) Umschichtung innerhalb seines Konsums (etwa mehr Wurst und weniger Käse) seinen eigenen Nutzen (weiter) erhöhen.
2. Kein Individuum kann seinen Nutzen erhöhen, ohne zugleich mindestens ein anderes Individuum schlechter zu stellen.

Gäbe es die Maximierungsregel nicht, könnte die Ökonomik nicht angeben, wie viel jedes einzelne Individuum produzieren, konsumieren und an andere abgeben bzw. von anderen beziehen sollte. Nur die Maximierungshypothese kann dem Modell die Eindeutigkeit von Ergebnisse sichern.

Präferenzen und Produktionsfunktionen

Um zu einer eindeutigen Lösung zu gelangen, muss die Ökonomik den Individuen auch wohlgeformte Präferenzen unterstellen.[210] Normalerweise werden folgende Eigenschaften angenommen:
- Der Nutzen jeder zusätzlich konsumierten Einheit (= Grenznutzen) ist positiv.
- Der Grenznutzen nimmt mit jeder zusätzlich konsumierten Einheit ab.

Mathematisch ausgedrückt heißt dies: die Präferenzen sind konvex. Darüber hinaus werden meist folgende Annahmen getroffen:
- Präferenzen und Produktionsfunktionen sind stetig differenzierbar.
- Die Präferenzen der Individuen sind unabhängig voneinander.
- Die Individuen folgen bloß egoistischen Motiven. Das Wohlbefinden der anderen ist ihnen gleichgültig.[211]

Das impliziert eine Reihe von weiteren Annahmen, auf die wir weiter unten zu sprechen kommen.

Die *Produktionsfunktionen* werden, spiegelbildlich dazu, ebenfalls konvex modelliert: die Produktivität eines Faktors wird zwar positiv angenommen, sinkt aber mit der Erhöhung seines Einsatzes.

Das A Priori des Gleichgewichts

Die Annahme der Nutzenmaximierung und die durch Präferenzen und Produktionsfunktionen geordneten Mengensysteme reichen aus, um einen optimalen Zustand zu „errechnen". Ich spreche von „errechnen", weil der Zustand nicht durch Kommunikationen zwischen Menschen, sondern durch eine Lösung von Gleichungen ermittelt wird. Ein Gleichungssystem mathematisch zu lösen und menschliche Kommunikationen sind aber zwei ganz verschiedene Paar Schuhe (dazu S 270f und Teil 5).

Die Aufgabe einer optimalen Allokation kann für ein, zwei, drei oder beliebig viele Akteure und Produkte gestellt werden: Für den *Einpersonenfall* steht

---

[210] Dabei haben die Mathematiker den Ehrgeiz, mit einem Minimum von Voraussetzungen für den Nachweis der Existenz des Gleichgewichts auszukommen.

[211] Mathematisch heißt das: in den Nutzenfunktionen der Individuen ist das Wohlergehen anderer nicht enthalten.

die legendäre Figur des Robinson auf der Insel, der seine begrenzte Arbeit geschickt auf seine verschiedenen Tätigkeiten aufzuteilen hat. Es ist der Paradefall, an dem Ökonomen die Reinheit ihres Denkansatzes demonstrieren. Der *Fall für Zwei* wurde von Edgeworth mit seinen in allen Lehrbüchern dargestellten Boxdiagramm analysiert: Zwei Personen besitzen je zwei Güter. Edgeworth demonstriert nun, dass innerhalb der so gegebenen Box jede der beiden Personen ihren Nutzen durch eine Umschichtung verbessern kann: Ein Mehr an Diesem gegen ein Weniger von Jenem für die Person A und ein Weniger von Diesem gegen ein Mehr von Jenem für B kann die Lage beider verbessern. Jeder Punkt, an dem keine Verbesserung mehr möglich ist, definiert eine Gleichgewichtslage. Egdworth leitet sogar eine Kontraktkurve ab, die den Zustand aller optimalen Verteilungen in Abhängigkeit von der jeweiligen Ausgangssituation beschreibt.

Zum *Modell des Allgemeinen Gleichgewichts* gelangt man, wenn man die gleiche Überlegung auf beliebig viele Akteure und beliebig viele Produkte ausdehnt.[212] Der Denkansatz bleibt gleich. Der Fortschritt der mathematischen Ökonomik besteht darin, diese Optimierungsaufgabe für beliebig viele Subjekte und beliebig viele Objekte gelöst, d.h. (unter gewissen Bedingungen) die Existenz eines Gleichgewichts nachgewiesen zu haben.

Kritik der Annahmen

Modellbauer müssen sich immer die Frage gefallen lassen, ob die Annahmen einigermaßen „realistisch" sind, und ob die mathematische Sprache, die das Modell benutzt, das kommunikative Verfahren auf dem Markt einigermaßen adäquat abbildet.

Üblicherweise setzt die Kritik an der Neoklassik bei der Kritik der Annahmen an. Dabei wird aber meist übersehen, dass die Annahmen gar nicht empirisch gemeint sind, sondern getroffen werden, um die Eindeutigkeit der Wohlstandslösung zu sichern.[213] D.h. das *Verfahren der Ökonomik geht von oben nach unten:* Man *will* eine Wohlstandslösung und trifft dementsprechende Annahmen. Weicht man von diesen Annahmen ab, wird die „Lösung" unmöglich,

---

[212] „When the claim is made – and the claim is as old as Adam Smith – that a myriad of selfseeking agents left to themselves will lead to a coherent and efficient disposition of economic resources, Arrow and Debreu show what the world would have to look like if the claim is to be true." (Hahn 1973a, S. 324.)

[213] „Few economists really believe all its assumptions, but few would rather start anywhere else". Economist, July 27th 2009.

zumindest ist sie gefährdet. Insofern geht die Kritik der Annahmen oder Axiome an der Sache vorbei. Sie übersieht, dass die Annahmen von einem dahinterliegenden Weltbild abgeleitet sind.

Trotzdem möchte ich mich mit einigen Annahmen auseinandersetzen, weil jede für sich eine große Bedeutung in der Argumentation der Ökonomen erlangt hat. Dabei werden wir sehen: einige Annahmen mag man als grobe Vereinfachungen durchgehen lassen.[214] Die Schulbuchökonomik trifft aber auch eine Reihe von Annahmen, die keinesfalls als „wahr" akzeptiert werden können. Sie widersprechen jeder Erfahrung und verletzen jegliche Anforderung an eine Theorie der Gesellschaft (dazu siehe S. 132ff).

– Die Annahme, dass Bedürfnisse gegeben sind: Bedürfnisse sind selten gegeben, sondern werden erst in der Kommunikation um Tauschchancen präzisiert oder dort erst geschaffen, und sei es durch intensive Werbung.

– Simultaneität: Im Unterschied zum Modell beziehen sich Bedürfnisse auch nie auf alle Güter gleichzeitig, sondern nur auf diejenigen, um die es in der konkreten Handlungssituation geht.

– Fehlende Bedürfnishierarchie: Menschen lassen sich nicht durch ihre Bedürfnisse abbilden. Sie haben nämlich auch ein Bewusstsein ihrer Bedürfnisse. Sie bewerten nicht nur Dinge, sondern auch ihre Bewertungen. Zum Beispiel lieben sie ihr Bedürfnis nach Musik, oder hassen ihr Bedürfnis nach Rauchen. Das sind Selbstbezüglichkeiten. Nun ist aber Selbstbezüglichkeit (und eine Bedürfnishierarchie) mit Konvexität nicht kompatibel.

– Unabhängigkeit der Präferenzen: Die Unterstellung, dass Präferenzen unabhängig voneinander sind, widerspricht der sozialen Natur des Menschen: Menschen lernen durch Nachahmung voneinander, oder imitieren einander, weil sie nur so ihren Selbstwert finden.

– Schließlich das Rationalitätspostulat: Es unterstellt, dass Menschen rein egoistische Interessen vertreten. In der (sozialen) Wirklichkeit ist es rational, auch für andere mitzudenken und mitzufühlen, d.h. auch am Wohlbefinden anderer Interesse zu haben, sei es auch nur deshalb, weil die Möglichkeit, eine Leistung zu erhalten, von der Leistungsfähigkeit anderer abhängt.

---

[214] So zum Beispiel die Annahme, die Präferenzen seien konvex. Konvex heißt: a) ein Mehr von diesem und ein Weniger von jenem bringt das gleiche Nutzenniveau, b) die Substitution des einen Gutes durch das andere wird (bei gegebenem Nutzenniveau) immer aufwendiger.

Kritik des Verfahrens

Sind schon die Annahmen höchst unrealistisch, ist es erst recht das *Verfahren*. Die Mathematik löst Gleichungen, in denen vorgegebene Daten enthalten sind. Das Ergebnis ist die simultane Gleichgewichtslösung, das in zwei Vektoren ausgedrückt wird: im Vektor der optimalen Konsumption = Produktion, und im Vektor der dazugehörigen relativen Preise (n Güter haben n-1 relative Preise).

Der Markt macht das ganz anders. Er ist die Summe der nebeneinander und nacheinander erfolgenden Tauschkommunikationen. Das Tauschen findet nicht simultan für alle nur erdenklichen Güter statt, sondern ist ein Schwarm bilateraler, zeitlich versetzter Vertragsakte, die an andere anschließen, die aber zugleich neue in die Welt bringen und sie damit generieren.

Das Verfahren der Mathematik ist daher ein ganz anderes als das des Marktes. Die mathematische Lösung fällt gewissermaßen vom Himmel: das Modell beschreibt daher weder den Allokations- noch den Preismechanismus. Hahn kommentiert spöttisch: „Wenn man schon behauptet, das Ei stehe auf der Spitze, sollte man wenigstens versuchen, zu erklären, wie es dazu kam, auf der Spitze zu stehen" (Hahn 1982, S. 13).

Kaiser ohne Kleider oder die Leere der Ökonomik

Daher weist das Modell folgende schwerwiegende, und wie ich meine, nicht reparierbare Defizite auf:

Keine Gesellschaft, kein Markt. Nirgendwo modelliert das Modell den Tausch als Kontakt zwischen ökonomischen Subjekten. Das Modell leitet nur aus deren Bedürfnissen den Gleichgewichtspunkt ab. *Das mathematische Lösungsverfahren ersetzt Gesellschaft und damit Märkte.* Denn es schließt Individuen am Zustandekommen der Allokation aus: Es speist deren Präferenzen nur als Daten in das System ein und „verbietet" deren Kommunikation untereinander.

Da die Subjekte nicht interagieren, *entstehen* auch keine Preise. Diese fallen von oben als „Lösung" herab. Man muss daher fragen: Wer setzt den Preis?

Das Gleichgewicht wird als PUNKT in einem Raum definiert, in welchem jedes Objekt gegen jedes andere zu einer gewissen Rate, die man als relative Preise interpretiert, auswechselbar ist. Jedes Gut, multipliziert mit dieser Rate, ist ökonomisch so viel wie jedes andere wert. Aber das Ersetzen des einen durch das andere erfolgt kostenlos. (Der Ersatz kostet, aber das Ersetzen nichts.) D.h. jeder kann mit jedem Gut auf jedes andere zugreifen, wobei es keinen Unterschied macht, mit welchem Gut man zugreift. Da der Zugriff ohne

Kosten und ohne Zeit erfolgt, und im Übrigen reversibel ist, fällt die so dargestellte Ökonomie auf einen einzigen Punkt zusammen – zeitlich, räumlich und sachlich. Im „Gleichgewichtskonstrukt" ist also Gesellschaft eliminiert.

Keine Zeit. Das *dyadische* Denkmodell läuft auf die Modellierung von Ökonomie als (großen und alles umfassenden) Optimierungskalkül hinaus. Damit geht auch die Dimension „Zeit" verloren.[215] Denn der ökonomische Kalkül zieht verschiedenste Zeitpunkte auf „jetzt" zusammen. Der Versuch, nachträglich die Zeitdimension wieder einzuführen, macht, wie wir noch sehen werden, Probleme: die einmal „verschluckte" Zeit kehrt nicht wieder.[216]

Kein Raum. Wo es keine Zeit gibt, kann es auch keinen Raum geben. Auch der Raum wird im Gleichgewichtsbegriff eliminiert. Das Lokale hat per se keine Bedeutung. Das Modell zieht die Wirtschaft auch räumlich auf einen Punkt zusammen. Es sieht auch nur einen eindeutigen Preis vor.

Kein Geld. In einem Modell, das eine Wirtschaft beschreibt, in der die Liefer- und Bezugsmatrix schon festgesetzt ist, hat Geld keine Funktion mehr. Im Modell ist es über*flüssig*.[217] In der Wirklichkeit aber wird es gebraucht. Denn Gesellschaft entsteht und verwirklicht sich über Austauschbeziehungen. Und da hilft Geld: mit ihm kann man rascher auf Güter zugreifen als mit anderen Gütern.

---

[215] Dazu Morgenstern (1935) und Binswanger (2007). Beide erkennen, dass die Werttheorie die Dimension Zeit nicht enthält, oder Zeit in den Modellen inessentiell ist. Ich gehe einen Schritt weiter und weise darauf hin, dass die Neoklassik Gesellschaft und daher auch Zeit eliminiert.

[216] Das Modell kann allerdings eine Art von Pseudozeit einführen, indem es Güter datiert: Butter, die ich morgen konsumiere, wird im Modell als anderes Gut betrachtet als Butter heute. Zwischen der Butter morgen und der Butter heute gibt es eine Substitutionsbeziehung (die im Präferenzsystem von heute abgebildet wird). Die Vorstellung des Modells ist die: Man kann auf den Konsum von Butter heute verzichten und morgen Butter konsumieren. Der Konsumverzicht hat einen Preis, der sich aus der Präferenz der Butter heute gegenüber Butter morgen ergibt. Das Kuriosum dabei ist, dass ich zwar auf Butter heute verzichten kann, um morgen Butter zu essen. Aber ich kann nicht morgen verzichten, um heute zu essen. Geschichte ist nicht reversibel. Aber im Modell erscheint alles als reversibel.

[217] „Mainstream monetary theory can be considered as an attempt to introduce a coordination device, money, into a framework which already contains a coordinating device, the Walrasian auctioneer, as an ideal type. In such a framework money cannot be anything else than inessential" (Ees/Garretsen 1992, S. 4 im Verweis auf Hahn 1973, S. 623).

Kein Unternehmen. Das reine Modell enthält folglich auch keine Theorie des Unternehmens. Es setzt nämlich voraus, dass die Koordination in der Wirtschaft kostenlos – im ökonomischen Jargon: transaktionskostenfrei – erfolgt. Bei kostenloser Koordination würde die Bündelung von Aktivitäten in einer Organisation keinen besonderen Vorteil bieten.[218] Folglich sieht das Modell auch keine Unternehmen vor. Unternehmen sind in den Augen dieser Theorie bloß „Vikare der Haushalte", d.h. sie tun das, wozu Haushalte sie beauftragen. (In der Wirklichkeit ist es eher umgekehrt.)

Diese grundlegenden Mängel wurden aber verdrängt oder durch methodische Tricks überdeckt. Anstatt zu bedenken, dass das Rationalverhalten der Individuen Geld zur Voraussetzung hat, weil es den Vermittlungszusammenhang erst herstellen muss,[219] wird das Rationalverhalten (unter Umgehung der Gesellschaft) auf den „isolierten Wirt" projiziert und die so gewonnene „Logik der Dinge" auf mehr und mehr Subjekte ausgedehnt. Sie erreicht im Konstrukt des „Allgemeinen Gleichgewichts" den Gipfel, von dem freilich auch der Abgrund sichtbar wird, vor dem die Ökonomik steht. Von dort blickt sie in die „Leere", die sie selbst erzeugt hat.[220]

> **Die Leere des Kernmodells besteht darin, dass die „Logik der Dinge" Gesellschaft auf einen Punkt oder auf ein schwarzes Loch reduziert, in dem alles, was gesellschaftlich und wirtschaftlich relevant ist, verschwindet. Der Punkt – oder das schwarze Loch – ist das Gleichgewichtskonstrukt, das mathematisch tatsächlich als Punkt im n-dimensionalen Güterraum dargestellt wird. In ihm werden, wie schon angedeutet, Gesellschaft, Zeit, ja selbst der Raum, und damit auch vermittelnde Medien und Organisationen eliminiert.**

---

[218] Coase 1937, Williamson 1981.

[219] Würde man die Voraussetzungen explizit machen, würde man erkennen, dass Rationalverhalten immer institutionell eingebettet ist und nicht a priori dem Individuum als isoliertem Subjekt in die Schuhe geschoben werden darf. Wirtschaft ist eben nicht eine Logik der Dinge, sondern folgt aus der „Logik des Tausches", der selbst eine soziale Relation ist.

[220] Siehe z.B. Colander 2006, insbesondere das Vorwort von Kirman.

Theorieelite und pragmatisches Fußvolk

Die methodischen Schwächen oder die Leere der Ökonomik stehen in auffälligem Kontrast zur Geschlossenheit der Ökonomen als *sozialer Gruppe*. Manche werfen den Ökonomen vor, sie seien „gekauft". Das trifft auf einige Exemplare mit Sicherheit zu. Für die Zunft als Ganzes möchte ich das nicht behaupten. Eher sehe ich eine gefährliche Dynamik zwischen zwei Gruppen am Werk, den hohen Priestern der ökonomischen Theorie auf der einen Seite und den Pragmatikern auf der anderen Seite. Diese Dynamik wird von der „Leere" der Ökonomik getrieben.

Interessanterweise kommen die radikalsten Kritiker des neoklassischen Kerns aus der Gruppe der „hohen Priester". Das sind jene, welche das Konstrukt errichtet haben. Schließlich kennen sie es auch am besten. Erwähnen möchte ich Arrow (1971), Hahn (1973, 1973b, 1981, 1982) und Kirman (1987, 1994, 2006). Sie bilden eine Kaste formal hervorragend trainierter Ökonomen, die längst jegliche Illusion über die innere Kohärenz dieses Systems verloren haben. Obwohl sie sich in ihrer Kritik am neo-Walrasianischen System gegenseitig überbieten (Hahn 1981, 1985, Kirman 1987, Arrow 1987), halten sie es am Leben, weil für sie keine Alternative in Sicht ist, die den Maßstäben standhalten würde, die für ihre Räsonnements Gültigkeit haben. Indem sie es sind, die die Schwächen dieses Systems durchschauen, oder sich sogar für die einzigen halten, die diese Schwächen wirklich durchschauen können und sie sich auch noch berufen fühlen, ihre pragmatischen „Freunde" vor allzu einfacher Anwendung zu warnen, bestätigen sie die Funktion ihrer Hohepriesterschaft und binden akademische Kräfte in unfruchtbaren Forschungsprogrammen.

Im Gegensatz zu diesen erliegen die eher pragmatisch orientierten Ökonomen den orthodoxen Prämissen dieses Modells, obgleich sie sich häufig über dieses durch ihre pragmatische Ausrichtung erhaben fühlen.[221] Viele und gerade pragmatisch orientierte Ökonomen glauben, die Neoklassik überwunden zu haben, nur weil sie die rigiden Annahmen der Gleichgewichtstheorie ablehnen. Sie haben oft nicht verstanden, was der Kern der Neoklassik ist und sitzen

---

[221] „The practising economist is unfortunately less well placed. .... [e]ven when warned by theoreticians that current theory has very little to offer in the way of testable propositions he will carry on just as if it does." (Kirman 1987: 26). Man muss allerdings auch sehen, dass, folgten die Ökonomen den Ratschlägen der Theoretiker des Allgemeinen Gleichgewichts, sie auf jede Tätigkeit verzichten müssten.

bequem in der Zitadelle. Sie sind Dogmatiker, ohne das zu wissen. Das ist mindestens ebenso gefährlich.[222]

> *Box 15: Aus dem Spiel wird Ernst*
>
> *Beim Umgang mit Theorien ist nicht nur auf deren Inhalt zu achten, sondern wie ernst sie genommen werden. Die einen setzen sie als Konstrukte ein, die sie bei der Ordnung ihrer Gedanken gelegentlich unterstützen sollen. Die anderen, meist historisch Späteren, sehen in Theorien ein Abbild der Wirklichkeit oder halten diese sogar für Wirklichkeiten. Im ersteren Fall können sich die abstrusesten Konstruktionen mitunter als nützlich erweisen, weil das tätige Erkennen noch vom Strom der Intuition getragen wird (also theoretische Konzepte immer ein Korrektiv haben). Im zweiten Fall kann sich der kleinste Denkfehler verheerend auswirken. Ich möchte ein Beispiel anführen. Carl Menger führte ein Modell des Allgemeinen Gleichgewichts im „Kopf", das bei ihm den Status eines Konstrukts hatte, um das Chaos der Wirtschaft gedanklich zu ordnen. Ihm wäre es sicher nicht eingefallen, die Bedingungen mathematisch nachweisen zu wollen, unter denen dieses Allgemeine Gleichgewicht auch existiert. Ich vermute, dass ein solcher Nachweis für Menger praktisch gar keine Bedeutung gehabt hätte. Zwei Generationen später schienen Nachweise dieser Art zu einem dringenden Anliegen geworden zu sein. Offenbar glaubte z.B. Kenneth Arrow, von seiner Ausbildung her ein Ingenieur, aus dem Nachweis der Existenz Schlussfolgerungen für die Wirtschaftspolitik ziehen zu können. Das aber würde voraussetzen, dass ein solches Gleichgewicht real existiert. Das aber ist nicht der Fall.*

DIE KLASSIK UND MARX

Den Denkansatz eines großen Passens haben die Neoklassiker schon von den Klassikern der Ökonomik übernommen. Die Klassiker, und darin folgt Marx ihnen, stellen drei Ebenen einander gegenüber:

---

[222] „The enemies [of neoclassical theory] … have proved curiously ineffective and they have very often aimed their arrows at wrong targets. Indeed if it is the case that today general equilibrium theory is in some disarray, this is largely due to the work of general equilibrium theorists, and not to any successful assault from outside." (Hahn 1981, S. 76). Dazu auch Fußnote 238.

3.1 Die (Neo-)Klassik

Güter (X), Arbeit (L) und Geld (M).[223]

Vereinfachend können wir also schreiben:

$$X :=: L :=: M,$$

wobei das Zeichen „:=:" eine korrespondierende Relation meint.

X :=: L. Die Gesamtmenge aller Güter, so die theoretische Prämisse, wird durch Arbeit hervorgebracht. Deshalb wird eine Entsprechung von X und L konstruiert, die als Gesetz der Arbeitswerte bezeichnet wird. Nun stellt aber das Arbeitswertgesetz nicht nur die Gesamtmenge aller Güter der Gesamtmenge der Arbeit gegenüber, sondern behauptet, dass die einzelnen Güter einen intrinsischen Wert hätten, der den einzelnen Arbeitsaufwendungen entspräche. Hier setzt nun die erste große Komplikation ein, die Marx klarer als andere Klassiker anspricht: nicht faktische, sondern „gesellschaftlich notwendige" Arbeitsaufwendungen würden die Werte der einzelnen Produkte bestimmen.[224] Was gesellschaftlich notwendig sei, dazu gibt er zwar nicht ganz zufriedenstellende Hinweise (dazu Abschnitt 4.1); klar ist aber: er bezieht die Vorstellung von der Quantität „gesellschaftlich notwendiger" Arbeitsaufwendungen aus einer *Gleichgewichtsidee*, also aus einer irgendwie als optimal vorgestellten Aufteilung der Arbeit auf die einzelnen Tätigkeiten, und zwar so, dass auch die Bedürfnisse der Menschen in angemessener Weise zu berücksichtigen sind. („Der Gebrauchswert ist die Voraussetzung des Werts")[225]. Wir halten also fest: In der Vorstellung der Klassiker gibt es eine Entsprechung derart, dass X :=: L und $x_i :=: l_i$ (i steht für alle einzelnen Produkte).

Diese Vorstellung ist fundamentalistisch-substantiell. Sie behauptet: Es gibt ein Gleichgewicht und die Produkte haben in diesem einen intrinsischen Wert, eben den Arbeitswert. Dieser gilt als ihr wahrer Wert. „Wahre" Werte sind

---

[223] Bei den Neoklassikern fehlt Arbeit (L) als eigene Ebene. Arbeit wird wie jeder andere Produktionsfaktor behandelt.

[224] Damit weist Marx implizit die Theorie der Arbeitszettler zurück, die eine der faktischen Arbeitszeit entsprechende Preisgestaltung der Produkte forderten. Explizit übte Marx schon in den „Grundrissen" Kritik an den Arbeitszetteln (Grundrisse: S. 71ff).

[225] Der Fortschritt der Neoklassiker gegenüber den Klassikern besteht darin, diese Entsprechung in formal anspruchsvoller Weise formuliert zu haben, nämlich über den Grenznutzenkalkül. Ob das eine faktisch befriedigende Lösung ist, das will ich hier offen lassen. Denn der Grenznutzenkalkül definiert nicht eine Tauschsituation, sondern eine Entscheidungssituation. Möglicherweise ist der „schlampige" Vorschlag der Klassiker realistischer als der formal elegante der Neoklassik.

äquivalente Werte. Würden alle Produkte zu ihren wahren Werten ausgetauscht, würden die Marktpreise, tatsächlich den Arbeitswerten entsprechen. Das freilich wäre nach Marx[226] nur möglich, wenn sich die Produktionsmittel in der Hand der Arbeiter befänden.

Die Arbeitsmittel befinden sich aber nicht in den Händen der Arbeiter, sondern in den Händen einiger weniger, die Marx zur Klasse der Kapitalisten zusammenfasst. Deshalb würden, wie Marx sieht, die Marktpreise nicht Arbeitswerten, sondern müssten sogenannten Produktionspreisen entsprechen (dazu S. 78f). Auf diese zweite Komplikation, die zu einer langen Kontroverse, dem sogenannten Transformationsproblem, führte, wollen wir hier nicht eingehen. Ob Arbeitswerte oder Produktionspreise, es gilt die oben behauptete substantielle Entsprechung von Produkt und Wert, von Produkten und Werten (Arbeitswerten bzw. Produktionspreisen).

$X :=: M$ ist die bekannte Quantitätsgleichung. Die Geldmenge wird zur Gütermenge in Relation gesetzt (Preisniveau und Umlaufgeschwindigkeit setzen wir hier jeweils mit 1 ein). Auch diesen Ansatz teilt Marx mit den Klassikern.

$M :=: L$ Geld kommandiert nicht nur Produkte, sondern auch Arbeit. M begründet nach Marx daher auch ein Herrschaftsverhältnis: Über Eigentum an Geld (und somit an den Produktionsmitteln) wird auch Macht über die Arbeit ausgeübt. Die Privateigentümer (Kapitalisten) verfügen über den gesamten Wert der Produktion (X) und beteiligen die Arbeiter an dem von diesen geschaffenem Produkt nur nach Maßgabe deren Reproduktionskosten. Diese erzeugen einen Wert $X = L$, erhalten aber nur eine Teilsumme desselben, nämlich L_N. (N steht für die notwendige Arbeitszeit, die erforderlich ist, die Arbeiterklasse zu reproduzieren, sagen wir 60% von L). Der Rest (40%) steht für den von den Arbeitern geschaffenen Mehrwert (L_M), der von der Kapitalistenklasse angeeignet wird. Mit anderen Worten: Produktion ist durch das Gesetz der Werte, die Verteilung durch die Eigentumsverhältnisse bestimmt.

Bis hierhin argumentiert Marx im Rahmen der Gesinnung klassischer Theorie und deren mechanistischer Tradition. Was bei Marx neu hinzukommt, ist die THEORIE DER WERTFORM. Sie gibt der Marxschen Theorie ihren einzigartigen Status und zeichnet sie als Theorie der Gestalt aus. Das haben wir schon im Abschnitt 2.7 angesprochen und darüber werden wir noch in Abschnitt 4.1 ausführlich zu sprechen haben.

---

[226] Genauer nach der Interpretation von Marx durch Engels. Zur Kritik dieser Auffassung siehe: Elbe 2001.

Klassischer und neoklassischer Fundamentalismus

Die Neoklassik hat zwar keinen Substanzbegriff mehr (da sie die Arbeitswerttheorie aufgegeben hat und Arbeit nur als einen der vielen Produktionsfaktoren ansieht), aber sie hat mit der Klassik (und Marx) den Begriff eines von einem Datenkranz determinierten, und daher *fundamental* bestimmten *Gleichgewichts* gemeinsam. Damit ist ein Zustand gemeint, der im Idealfall durch äußere Daten eindeutig determiniert ist. Die Klassik, Marx eingeschlossen, und die Neoklassik haben diesbezüglich den gleichen mechanistischen Traum. In diesem Sinne möchte ich wie schon Keynes von KLASSIK[227] sprechen.

Klassik und Neoklassik unterscheiden sich „nur" in der Herleitung der Gleichgewichtskonstrukte. Ist der *Arbeitswert* noch ein Konzept, das von der Vorstellung einer physischen Verausgabung getragen ist, also dem klassischen *Kausaldenken* entspringt, ist das *Nutzenkonzept* ein *teleologisches* Konstrukt, das den Wert einer Ware vom Nutzen abhängig macht, das die zu genießende letzte Einheit zu gewähren verspricht. Die Grenznutzentheorie ist im Unterschied zur Arbeitswerttheorie, die immerhin das Arbeitsvermögen der gesamten Gesellschaft im Auge haben muss, strikt individualistisch ausgerichtet. Dem isoliert von anderen, rational abwägenden Subjekt erscheint ein Gut (oder eine Kombination von Gütern) so gut wie jedes andere wert, wenn es ihm nur den gleichen Nutzen stiftet. Güter gelten ihm daher als untereinander ersetzbar. Dem rechnenden Subjekt erscheint das Substituieren des einen durch das andere solange sinnvoll, bis die Relation der (Letzt-)Beiträge jedes einzelnen Gutes genau den Relationen der Aufwendungen entspricht, die zu deren Beschaffung notwendig sind.

Nun bleibt aber die Idee der gegenseitigen Substituierbarkeit der Güter nicht beim einzelnen Subjekt stehen, sondern wird auf alle Subjekte ausgedehnt, womit aus der Idee des isoliert kalkulierenden Subjekts unversehens das krakenhafte Ungetüm einer für alle Mitglieder der Gesellschaft rechnenden Instanz wird. Man gelangt zur Vorstellung, dass alle Subjekte allen Gütern gegenüberstehen und einen gemeinsamen (kohärenten, konsistenten) Entscheidungsraum vorfinden, in welchem der Nutzen, den Gut i für A abwirft, mit dem Nutzen verglichen werden kann, den Gut j für Z hat. Dabei kommt es gar nicht auf die reale Substituierbarkeit der Güter an, sondern nur darauf, dass sie im Kopf der kalkulierenden Subjekte hinsichtlich ihrer Nutzenbeiträge substituierbar erscheinen. Der auf diese Weise konstruierte Entscheidungsraum – besser: Rechenraum – erlaubt nun die (deduktive) Ableitung eines Gleichgewichts, das

---

[227] … und KLASSIK in Großbuchstaben schreiben.

als Zustand definiert wird, bei dem die Relationen der Nutzeffekte aller Letztverwendungen für alle Beteiligten den Relationen der Beschaffungskosten entsprechen, die für alle ebenfalls als gleich angenommen werden. Damit würden, infolge der unterstellten perfekten Substituierbarkeit Preisrelationen und die Güterallokation in einem Guss festgelegt sein und die Forderung nach einem konsistenten Entscheidungsraum erfüllen.[228]

Beide, das klassische und neoklassische Kernmodell, treffen sich darin, dass sie Gesellschaft auf einen Punkt zusammenziehen und den innergesellschaftlichen Prozess – sprich: die Tauschkommunikationen und ihre Medien – ausblenden. Sie verschließen sich diesem endogenen Prozess und fassen den Zusammenhang der Wirtschaft als gewaltige Rechenaufgabe auf, in der alles mit allem in unmittelbarer Beziehung steht. Alles passiert gleichzeitig – für alle und alles, ein für alle Mal. Diese Maximierungsaufgabe entspricht eher dem Modell einer idealen Planwirtschaft als dem Modell einer Marktwirtschaft. In dieser Vorstellungswelt sind (relative) Preise ein Nebenprodukt der Maximierungsaufgabe, also reine Rechengrößen und *erscheinen* gar nicht real. Daher spricht die Theorie der optimalen Allokation auch häufig von Schattenpreisen. In der Simultanlösung entsprechen sie den Normen der Äquivalenz. Sie ergeben sich als eindeutige Werte – law of one price – aus dem Datenkranz. Geld gibt es keines – wozu auch, wenn ein Planer alles für alle einrichtet. Das Modell ist für sich gesehen perfekt. Aber es ist kein Modell der Marktwirtschaft und kann es auch nicht sein. Denn es fehlen die wesentlichen Ingredienzien des Marktes: die realen Tauschakte als paarweise Interaktionen, die, getragen vom Medium Geld, über die Zeit hinweg Schritt für Schritt Gesellschaft bilden.[229]

Äquivalenz

Mit der fundamentalistischen Gleichgewichtsvorstellung ist das Konzept der *Äquivalentenpreise* verbunden. Auch das haben Klassik und Neoklassik gemeinsam. Der Unterschied zwischen den beiden Denkschulen ist nur der: die Klassik stellt die Äquivalenz über Arbeitszeit her: gleich lange Arbeit – gleich

---

[228] Das ist eine perfekte, allerdings höchst labile Konstruktion. Man braucht nur Zeit in das Modell „einzuführen", schon bricht sie zusammen. Um sie aufrechtzuerhalten, muss man weitere unrealistische Annahmen treffen (dazu z.B. Hardin 1986).

[229] Statt die Wirkung realer Tauschakte zu analysieren, propagiert die Neoklassik eine „Realtauschtheorie".

hoher Wert. Die Neoklassik definiert Äquivalenz direkt über Optimalkalküle: die Erhöhung des Nutzens der letztkonsumierten Einheit muss in *allen* Verwendungen den Preisrelationen entsprechen. In beiden Preissystemen gilt: alle Preisrelationen sind im Gleichgewicht logisch konsistent. Sie erfüllen die Norm der Transitivität und Reflexivität.[230] Die Denkmodelle sehen vor, dass alle Güter gegen alle zugleich und zu einem eindeutigen Preis (law of one price) ausgetauscht werden könnten. Danach gäbe es bei n Gütern zwar (maximal) n·(n-1)/2 Preise – jedes Gut kann gegen jedes andere getauscht werden. Wird ein Gut als „Geldware" (Numeraire) gewählt – jedes Gut könnte in diesem Modell als „Geldware" dienen – gibt es nur n-1 Preise. Denn der Preis jedes der n-1 Güter würde in Mengen dieser Geldware ausgedrückt werden.

Das Allgemeine Gleichgewicht als kommunistische Fiktion

Mathematisch lässt sich der Zustand des Gleichgewichts als Vektor X ausdrücken, dem dual dazu ein Preisvektor P entspricht, also durch einen Punkt im n-dimensionalen Raum der Wirtschaft.[231] Statt von einem Punkt kann man mit Myrdal (1953, S. 115, 133) von der kommunistischen Fiktion der Neoklassik sprechen.[232] Gesellschaft wird als etwas Gegebenes betrachtet. Ihr kommunikativer Innenraum wird ausgeblendet. Nur so kann ja ein Gleichgewichtszustand aus Daten abgeleitet und, wie schon erwähnt, formal als Punkt in einem Güterraum abgebildet werden. Die kommunistische Idee und die Neoklassik sind also entgegen landläufiger Meinung keine Gegensätze, sondern *isomorphe Theoriegebilde*. Die Neoklassik steht mit ihrem Ansatz damit dem urkommunistischen Gedanken eines unmittelbaren gesellschaftlichen Zusammenhanges viel näher als der Idee einer bürgerlichen Gesellschaft, deren Wechselbeziehung diese selbst wäre.

---

[230] Dazu schon weiter oben S. 95.

[231] Der Unterschied zwischen der Klassik, wie sie Sraffa modern reformulierte, und Neoklassik bestehe darin, dass erstere einen Freiheitsgrad aufweist: die Verteilung des Gesamtprodukts auf Löhne und Gewinne. In der Neoklassik ergibt sich das Verteilungsverhältnis aus den Daten (Nutzen- und Produktionsfunktionen) also quasi naturhaft.

[232] Die utilitaristische Werttheorie verfahre, so kritisiert Myrdal, einmal so, das andere Mal so. Einmal wende sie ihre Methode auf das Individuum an. Das andere Mal würde die Methode auf die „Volkswirtschaft" als einem System angewendet werden, als ob diese von *einem* Willen gesteuert würde. Dies nennt Myrdal die „kommunistische Fiktion". Sie sei tief in der Tradition der „Politischen Ökonomie" verankert.

In der gesellschaftlichen Wirklichkeit konstituieren sich die Bürger als Bürger durch ihre Wechselbeziehungen zueinander. Und die Wechselbeziehungen erzeugen die (innergesellschaftlichen) Umgebungen, auf die sich die Bürger beziehen und an denen sie sich orientieren. Im Gegensatz zu dieser Idee verfolgt die neoklassische Theorie die Vorstellung eines idealen, durch vorhandene Daten determinierten Zusammenhangs. Um diesen aber herzustellen, greifen Walras und andere auf die künstliche Figur eines gesamtgesellschaftlichen Auktionators zurück – einer außerhalb der „Gesellschaft" stehenden Figur, die für deren Mitglieder alles erledigt. Stalin müsste vor dieser hypostasierten Allmacht vor Neid erblassen.

> **Weder die Neoklassik, noch die kommunistische Idee kennen den sozialen Innenraum als „Fabrik" der Werte und Bedeutungen, auf die sich die Bürgergenossen in ihren Produktions-, Konsum- und Austauschhandlungen beziehen. Der Unterschied zwischen Neoklassik und kommunistischer Vision ist nur der: die Neoklassik geht vom Gleichgewicht aus; an die Stelle des sozialen Innenraums tritt der Computer oder der Auktionator. Die kommunistische Idee geht von der Fiktion der unmittelbaren Vergesellschaftung aus; an deren Stelle treten der Generalsekretär und sein Politbüro.**[233]

Nichts gegen den dürftigen, aber formal hübschen Versuch der Schulbuchökonomik, den Kern der Lösung des rein wirtschaftlichen Problems (pure economics) darzustellen. Die wissenschaftliche Lüge setzt dort an, wo versucht wird, diesen heuristischen Ansatz für ein Modell einer idealen Marktwirtschaft auszugeben.

---

[233] Ökonomen diskutieren heftig den Status der Walrasianischen Ökonomik innerhalb der Wirtschaftswissenschaften. Dabei geht es um die Frage, ob die Walrasianische Ökonomik durch neuere Entwicklungen in der Ökonomik (durch die Dynamisierung und Stochastisierung der Gleichgewichtsvorstellungen überwunden worden wären. Manche (Colander z.B.) behaupten das. Andere, wie z.B. Jordan oder Kirman bestreiten das. Ich schließe mich dem „harten" Urteil dieser an.

DIE TRABANTEN

Denken beruht auf Unterscheidungen

Denken setzt immer Unterscheidungen voraus. Man trifft Unterscheidungen, und sieht dann, was man ins Blickfeld bekommt (Luhmann 1984, 1988, Baecker 1995). Die Welt des Erkennens ergibt sich daher nicht bloß aus dem Gegenstand des Erkennens als solchem, sondern aus der Differenz dieses Gegenstandes zu einem anderen.[234]

Seit der Entdeckung des Gesetzes des freien Falles werden die Fallbewegungen einzelner Objekte *in Differenz* zu diesem Gesetz beobachtet. Die Dichte der Atmosphäre und die Beschaffenheit des Objekts werden als Faktoren wahrgenommen, die den Fall des Objekts im Vergleich zum „reinen Gesetz des Falles" beeinflussen.

Ähnlich geht die Neoklassik vor. Sie beobachtet die wirtschaftliche Wirklichkeit vor dem Hintergrund des von ihr konstruierten „ökonomischen Gesetzes" – der optimalen Allokation der Ressourcen –, das sich von der Idee eines vollkommenen Passens ableitet. Dieses „Gesetz" ist die Benchmark oder der Referenzzustand, vor dem sich die beobachtete wirtschaftliche Realität abhebt und zu einem theoretischen (und nicht etwa bloß historischen) Gegenstand wird.

Adam Smith griff die Vorstellung eines idealen Passens nicht völlig aus der Luft, finden doch Millionen von Angeboten und Nachfragen erstaunlich gut zueinander. So dicht die Interaktionen aber sein mögen, die Gesellschaft ist von einem vollkommenen Passen so weit entfernt wie ein Mensch von (einem gedachten) Gott. Daher müsste man eher vom Gegenteil ausgehen und sich zu fragen, wie es überhaupt dazu kommt, dass „einige" Relationen hergestellt werden. Dieser Perspektive konnte die Ökonomik bisher nicht näher treten. Nach wie vor geht sie von der Vorstellung eines allgemeinen und vollkommenen Passens aus, weil nur ein perfektes Passen eine kausale, quasi naturwissenschaftliche Geschlossenheit des Denkmodells garantieren kann. Aber genau das wird ihr zum Verhängnis. Denn indem sie Vollkommenheit stipuliert, erscheinen ihr die ökonomischen Phänomene nur als Defizite jener idealen Realität.

---

[234] Wir können z.B. die Farbe „rot" nur in Differenz zu einer anderen Farbe wahrnehmen.

> **Jedes Denken ist für die Differenz, die es setzt, verantwortlich. Da das Kernmodell keine sinnvolle Referenz ist, kann nicht viel Sinnvolles herauskommen.**

Lange Zeit konzentrierte sich die Ökonomik auf den Nachweis der Existenz des Gleichgewichtskonstrukts, und beurteilte den Fortschritt wirtschaftswissenschaftlicher Forschung an der Fähigkeit, die Eigenschaften der reinen Logik der Wirtschaft (Pure Economics) zu klären. Da diese Benchmark ein Punkt im n-dimensionalen Güterraum darstellt, sprach man gelegentlich auch von „Economics in a Nutshell". In den letzten Jahrzehnten hat sich das Bemühen eher auf den in die entgegengesetzte Richtung weisenden Vorgang verlagert, nämlich auf den Versuch, diese Nussschale aufzubrechen und die bei dieser Komprimierung verlorene Welt zurückzugewinnen. Dabei sind eine Reihe von ökonomischen Schulen entstanden, die ihre raison d'être eben aus den „Differenzen" zwischen Kernmodell und Themen beziehen, die sich den Ökonomen bei ihren Bemühungen, sich der Realität zu nähern, aufdrängen. An diesen (unsinnigen) Differenzen arbeiten sich die Ökonomen bzw. die ökonomischen Schulen ab.

Die Differenzen

- Das Kernmodell stipuliert z.B. *vollkommene Information*. Die Realität ist durch alles andere als durch vollkommene Information gekennzeichnet. Der Ökonom sieht sich daher aufgerufen, sich mit Modellen unvollkommener (etwa asymmetrischer) Information zu befassen.
- Das Modell nimmt an, dass es für alle Produkte Märkte gibt (*complete markets*). Der Ökonom stellt fest, dass diese Voraussetzung in der Realität nicht zutrifft, woraufhin er Theorien entwickelt, die die Wirkungen des Fehlens von Märkten (incomplete markets) auf die Allokationsentscheidungen der Menschen untersuchen.
- Im Modell gibt es nur Entscheidungen bei *Sicherheit*. Wie aber, so fragen sich Ökonomen, handeln Menschen unter Unsicherheit?
- Das Modell ist *statisch*. Man versucht seine Dynamisierung.
- Das Modell geht davon aus, dass die Menschen *rational* sind. Der Ökonom hat deshalb guten Grund, eine Theorie der eingeschränkten Rationalität (bounded rationality) zu entwickeln und umfangreiche Experimente durchzuführen, die nicht nur zeigen sondern beweisen sollen, dass Menschen nicht rational sind.

3.1 Die (Neo-)Klassik

- Entsprechendes gilt für die Annahme, Akteure handeln *egoistisch*. Die Entdeckung der Spieltheorie, dass rein egoistisches Handeln in das sogenannte Gefangenendilemma führt, provoziert Bemühungen, das erstaunlich gedeihliche Zusammenleben der Menschen dennoch zu verstehen. (Eine der Möglichkeiten sind Spiele mit Wiederholungen).
- Das Modell zieht alles auf einen *räumlichen Punkt* zusammen. Es gibt daher Anlass, Modelle zu bauen, welche die räumlichen Differenzen thematisieren.
- Entsprechendes gilt für die *Zeit*. Der Ökonom sieht sich veranlasst, die Kategorie Zeit auf diese oder jene Weise einzuführen, etwa in der Theorie rationaler Erwartungen, oder in Modellen, in denen das Überlappen von Allokationsentscheidungen durch verschiedene Generationen modelliert werden.
- Man bemerkt, dass das Kernmodell die Abwesenheit von „*externalities*" stipuliert. Externe Effekte gelten hinfort als Ursache von Ineffizienzen, denen eventuell mit Staatsinterventionen entgegenzusteuern sei – eine höchst gefährliche Schlussfolgerung.
- Die Ökonomik entdeckt, dass in ihrem Kernmodell *Unternehmen* gar nicht vorgesehen sind. Sie reagiert auf diese Peinlichkeit, indem sie die Existenz von Unternehmen mit der Existenz von Transaktionskosten begründet, die im reinen Modell nicht vorgesehen sind. Ein anderer, eher noch absurderer Weg besteht darin, Unternehmen aus der Unvollkommenheit von Märkten zu begründen. Diese Begründung führt aber zum abwegigen Umkehrschluss, es könnte perfekte Märkte ohne Unternehmen geben (dazu siehe schon S. 163ff).
- Nicht nur Unternehmen fehlen, sondern *Institutionen* überhaupt. Diese Entdeckung ruft die Institutionentheorie auf den Plan.
- Während für die Klassik (Smith, Ricardo, ...) *Eigentum* noch eine wichtige Rolle spielt, weil sie zwischen „Werttheorie" und „Verteilung" unterscheidet, und letztere von den Eigentumsbeziehungen bestimmt wird, geht Eigentum im neoklassischen Modell verloren, da es Allokation und Verteilung aus einem Ansatz heraus bestimmt. Eigentum aber spielt in der realen Wirtschaft eine eminent wichtige Rolle. Dieses Defizit der Kerntheorie ruft also die Spezialdisziplin „Theory of Property Rights" auf den Plan.

– Schließlich Geld. Selbst die zentrale ökonomische Kategorie fehlt. Kein Ökonom hat bisher einen Ansatz entwickelt, der Geld im Rahmen traditionellen Denkens einen Platz anbieten könnte.[235] Geld, die ökonomischste aller Kategorien, belegt am Überzeugendsten das Scheitern traditionell ökonomischen Denkens. Hahn schreibt daher zu Recht: „Geld ist der Krebs am Herzen der ökonomischen Theorie."[236] Shubik (1985, 2000), ein Spieltheoretiker, macht eine ähnliche Entdeckung: In der Praxis vereinfache Geld alles, meint er. Für die ökonomische Theorie aber sei Geld nur eine Komplikation.

Geht man die Liste der Differenzen von Modell und Wirklichkeit durch, fällt auf, dass sie drei ganz unterschiedliche Aspekte betreffen, so dass sie sich auf drei Gruppen aufteilen lassen:

Die *erste* Gruppe von Differenzen hat mit dem *Vollkommenheitsanspruch* des Modells zu tun. Das Modell geht – explizit oder implizit – von der These vollkommener Information, kompletten Märkten, der Maximierungsthese, der friktionsfreien Anpassung, der Vollbeschäftigung der Ressourcen, usw. aus. Die Wirklichkeit ist aber nirgendwo durch Vollkommenheit gekennzeichnet.

Der *zweiten* Gruppe ordnen wir die Differenzen zu, die darauf aufmerksam machen, dass im Modell etwas *fehlt*, was in der Wirklichkeit vorhanden ist. Die Wirklichkeit ist u.a. durch die Phänomene Geld, Unternehmen und Institutionen charakterisiert. Im Modell aber fehlen sie.

Bei der **dritten** Gruppe von Differenzen handelt es sich um *vorökonomische* Tatbestände. *Zeit* ist einer von ihnen. Zeit gibt es vor der Wirtschaft und vor aller ökonomischen Theoriebildung.[237] Die Wirtschaft ist, wie alle andere Wirklichkeit, nur Wirtschaft, weil sie in der Zeit verläuft. Wenn die Theorie die Kategorie Zeit zunächst „vergisst", um sie nachträglich einarbeiten zu müssen, wirft das kein gutes Licht auf sie. Man kann die Nacharbeit zwar als akademischen Fortschritt auslegen. Ist sie aber nicht eher eine Bankrotterklärung?

---

[235] Dazu im Einzelnen Binswanger 2006, S. 23ff. Binswanger zeigt unter anderem, dass die Vorschläge von Keynes und Don Patinkin und in der Luft hängen. Beiden fehlt ein entsprechendes mikroökonomisches Fundament. Sie lassen die Walrasianische Ökonomik ungeschoren und versuchen, ihre Überlegungen hineinzufügen. Das aber geht nicht.

[236] Hahn 1981, S. 79.

[237] Zeit ist vorhanden. Freilich verändert die Geldwirtschaft das subjektive (individuelle und kollektive) Empfinden von Zeit und den Umgang mit ihr.

Norm und inferiore Realität

Das Kernmodell und seine „Differenzen" haben in zwei Richtungen eine Bedeutung: normativ-programmatisch und analytisch. Als normative Wissenschaft schreibt die Neoklassik der Welt vor, was ideal wäre. Sie will, dass die Welt so funktioniert wie das Modell und wirkt in diesem Sinne aktiv an der Gestaltung der Welt mit. Sie schaut auf die Welt als eine inferiore Einrichtung, die nie so ideal sein kann, wie sie sich die Welt wünscht: die Märkte sind weder komplett, noch die Informationen vollkommen; und die Menschen handeln nur sehr bedingt rational. Trotzdem ist die Abweichung der Wirklichkeit von der Norm für sie nicht Anlass, die Norm zu verwerfen, sondern sie stellt an die Wirklichkeit die Forderung, so zu werden, dass sie der Norm entspricht. Schließlich würde dann die Vision einer „optimalen Allokation der Ressourcen" in Erfüllung gehen.

> Das ideale „Was" ist für die Neoklassik mit ihrem Glauben an ein Gleichgewicht, d.h. an Effizienz, gegeben. Die Ökonomik definiert nicht nur ihren Gegenstand als Wissenschaft von der Effizienz, sondern bezieht auch ihr ganzes Pathos aus ihrem Anspruch, die Wirklichkeit effizient zu strukturieren.

Die Wirklichkeit im Spiegel des Modells

Nachdem die Ökonomik als *theoretische* Wissenschaft die Welt auf einen Punkt reduzierte, muss sie als *Realwissenschaft* den umgekehrten Weg einschlagen: Von diesem *Punkt* ausgehend muss sie eine dynamische, sich selbst organisierende, sich auf zahlreiche Institutionen stützende, durch Medien getragene und von Menschen gemachte hoch ausdifferenzierte Wirklichkeit zurückerobern. Eine schier unmögliche Aufgabe!

Zwar erkennen die Ökonomen (teilweise) die Defizite des Kernmodells, meinen aber, sie beheben zu können, indem sie eines nach dem anderen und jedes für sich aufgreifen. Tatsächlich aber stopfen sie nur die verschiedenen „Löcher", ohne ein theoretisches Gewebe zustande zu bringen, aus dem sich sinnvolle Aussagen für die Wirtschaft ableiten ließen. Die Tragik der ökonomischen Theorie besteht darin, dass ihr goldrichtiger Kerngedanke (eines perfekten Matchings) sich gegen sie selbst wendet. Völlig überzogen und in falsche Bahnen gelenkt zieht er einen Rattenschwanz von Aktivitäten hinter sich her, deren Sinn allein in der Korrektur der vielen Defizite liegt, die dieser Kerngedanke auslöste. Das ist, wie jeder erkennen wird, keine sinnvolle, geschweige denn effiziente Vorgehensweise. Es handelt sich daher eher um ein Programm für Arbeitsbeschaffung als für eine Realwissenschaft, wobei man von vornherein mutmaßen darf, dass auch das Ergebnis dieser zahlreichen wissenschaftlichen Bemühungen nicht sehr fruchtbar sein kann. Wer einen Zerrspiegel benutzt, darf sich nicht wundern, nur Zerrbilder der Welt zu erhalten.

Zwischen dem Nichts des Kernmodells und der großen Fülle der Realität tut sich eine Spannung auf, die, wie ich gleich zeigen möchte, die Neoklassik überfordert. Um mit der Spannung umzugehen verfolgt sie etliche Strategien:

Thematisch arbeitet sich die Ökonomik an den Differenzen ab – so gut es eben geht. Wie wir noch zeigen werden, kann damit aber nur ein kleiner Teil der „Differenz" oder der Spannung bewältigt werden, und auch diese Versuche sind instabil und in sich fragwürdig. Der größere Teil wird einfach durch einen Trick – ich nenne es *Etikettenschwindel* – „bewältigt". Da weder die eine, noch die andere Strategie erfolgreich ist, nimmt der Ökonom pragmatisch zu *ad hoc-Konstruktionen* Zuflucht. Kritiker dieses Verfahrens sprechen von „Adhocerismus". Intuitiv tut der Ökonom manchmal das Richtige, mit praktischen Medizinern vergleichbar, die einmal Schulmedizin, das andere Mal Homöopathie anwenden, ohne die Wirkungsmechanismen des einen wie des anderen ganz zu durchschauen. Insgesamt aber neigt der Ökonom zum „Falschen". Denn das „falsche Modell" hat nicht nur sein Hirn infiziert, sondern steckt in den analytischen Werkzeugen, deren er sich bedient. Er spricht von Effizienz, von Gleichgewicht, von Angebot und Nachfrage, so als ob es sich um ganz reale Tatbestände handeln würde. Das sind aber alles Begriffe, die nur im Rahmen orthodoxer ökonomischer Logik Bestand haben. Diese Techniken anwendend reproduziert der „Pragmatiker" oft nur auf sehr rüde und unreflektierte Weise die Annahmen der Orthodoxie, wähnt sich aber von diesen frei. Das ist noch gefährlicher als einigermaßen aufgeklärte Orthodoxie.[238]

Ökonomik als sich Abarbeiten an den Differenzen

Die Neoklassik erklärt exakt, was es nicht gibt.
Aber sie erklärt nicht, was es gibt. – H.C. Binswanger.

Die Wirklichkeit der Wirtschaft ist durch Geschehen in der Zeit, durch fundamentale Unsicherheit, durch Geld, durch mächtige Unternehmen, durch Transaktionskosten, durch tatsächliche Tauschhandlungen, durch kreative und mit Empathie begabte Subjekte usw. gekennzeichnet. Das Kernmodell ent-

---

[238] „Practical men who believe themselves to be quite exempt from any intellectual influence are usually the slaves of some defunct economist". Keynes 1936.

hält keine Zeit, keine Unsicherheit, kein Unternehmen, kein Geld, keine Transaktionskosten, keine Interaktion, keinen Markt, keine wirklichen Individuen, etc. Ökonomen haben daher eine Menge zu tun. Um diesen oder jenen Zipfel der Wirklichkeit zu erhaschen, müssen sie die strikten Annahmen des Basismodells modifizieren. Die einen arbeiten an der Dynamisierung der Modelle: so führen sie Zeit ein. Die anderen entwickeln Ansätze einer Wirtschaft mit unvollkommener Information: sie gehen von asymmetrischer Information oder unvollkommenen Märkte aus, usw. Dritte bemühen sich darum, die Existenz von Geld und von Unternehmen zu begründen: sie sehen sich gezwungen, die Annahmen so zu modifizieren, dass das Modell Unternehmen und Geld einen Platz bietet, usw. Die Methode bleibt grundsätzlich immer die gleiche: Das Kernmodell als Referenz nutzend entdeckt der Ökonom die Realität der Wirtschaft. Jede dieser Differenzen – oder eine Kombination aus ihnen – bietet einen Grund für eine Spezialdisziplin. So bildet sich ein Strauß von Theorieansätzen: die Theorie der „rationalen Erwartungen", stochastische dynamische Gleichgewichtskonstruktionen, Theorie der Eigentumsrechte, der Informationsasymmetrie, der überlappenden Generationsmodelle usw.

DIE INSTABILITÄT DER NEOKLASSIK ALS THEORIEKÖRPER ODER NEOKLASSIK ALS SISYPHUSARBEIT

Logische Konsistenz versus Lebenswirklichkeit

Das Kernmodell und die Versuche, es anders zu machen, bilden gemeinsam den Körper der Ökonomik. Die Orthodoxie, sofern es sie überhaupt noch gibt, wäre der „Glaube" an die Richtigkeit der Annahmen des Kernmodells; Heterodoxie wäre als Summe der Versuche der Überwindung dieses Konzepts zu verstehen (Pirker/Rauchenschwandtner 2009). Der Körper der Ökonomik entsteht also durch Absetzbewegungen vom Modell. Während die verschiedenen Initiativen an Raum gewinnen, wird das Kernmodell zertrümmert. Dennoch bleibt es als Idee und Leitlinie hartnäckig bestehen.[239]

---

[239] Colander et al. (2004) kommen in ihrem Aufsatz über „The Changing Face of Mainstream Economics" zur Auffassung, dass es sich bei diesem Prozess um einen kumulativen evolutionären Prozess handelt (ib. S. 488). Dem kann ich nicht zustimmen. Es handelt sich um einen Prozess der Zersetzung, der als solcher nicht hinreichend wahrgenommen wird. Jede Veränderung des Kerns ist bereits eine kleine Kernspaltung oder ein Begräbnis, wie Colander et al. an anderer Stelle (ib. 2000) auch einräumen.

Das erinnert mich an das Schicksal des *Sozialismus*. Als Kernidee von vornherein nicht lebensfähig – was bis heute nicht erkannt ist (!) –, konnte der Sozialismus überhaupt nur so lange überleben, weil er ständig revidiert wurde. Die Reformen waren stets kleine oder größere Begräbnisse der sozialistischen Idee und liefen auf dessen Auflösung und die Einführung des Kapitalismus hinaus (Dietz 1990). Die Reformen waren ein „Tausch" der sozialistischen Doktrin gegen ein Mehr an Funktionalität von Wirtschaft. Trotz allen Versagens ist der Sozialismus, wie auch die orthodoxe Theorie, noch immer *die* Referenz für gesellschaftliche Vernunft.

Der Ökonom hat sich schon längst daran gewöhnt, dass er die „Vollkommenheit" der Theorie nur haben kann, wenn er auf deren „Wirklichkeitsnähe" verzichtet, wie auch umgekehrt: er kann sich der Wirklichkeit nur annähern, wenn er auf Modellkonsistenz verzichtet. So muss auch er auf seine Annahmen und damit logische Konsistenz verzichten, wenn er realistische und pragmatisch akzeptable Einschätzungen liefern möchte. So sehr Ökonomen an diese Alternative gewöhnt sind, so unerträglich ist sie. Das quid pro quo müsste jeden stutzig machen: Eine Wissenschaft, die systematisch an logischer Konsistenz verliert, indem sie reale Tatsachen berücksichtigt, muss „falsch gewickelt" sein.[240]

Aus den Absetzbewegungen vom Kern entsteht also ein System von Theorie*trabanten*, die sich zwar alle in dessen Gravitationsraum bewegen, untereinander aber kaum eine Beziehung zueinander unterhalten. Das ist so wie mit Planeten: ihre Anziehungskraft untereinander lässt sich vernachlässigen. Ihr wirklicher Zusammenhang ist durch die Masse des Zentralgestirns gegeben.

Die Neoklassik als großer Theoriecorpus ist damit immer beides: Das Modell selbst und die Absetzbewegungen von ihm.

Der Neoklassiker ist immer orthodox und zugleich Kritiker der Orthodoxie. Den Vorwurf, Neoklassiker zu sein, muss er daher als ungerecht empfinden, ist er doch nur Neoklassiker, weil er sich zugleich gegen die Neoklassik zur Wehr setzt. Aber die subjektive Anstrengung zur Überwindung von den Prämissen macht ihn nicht von den Prämissen frei.

---

[240] „ … it is better to be vaguely right than precisely wrong. (...) If we are speaking formally, however, then to be vaguely right is to be precisely wrong. Indeed, it is this feature of formal models that gives them their raison d'être." Clower (1995), S. 317.

Immer wieder rollt der Stein zurück

Die Sonne und ihre Planeten bilden eine stabile Formation. Das ist für die Neoklassik nicht der Fall. Sie ist ein sich selbst auflösendes Gebilde. Das nicht nur deshalb, weil die Erkundigungsfahrten in die Welt der Wirklichkeit auf Kosten des Kerns gehen, sondern auch, weil es sich bei den Exkursionen um instabile Flugversuche handelt. So gleicht die Arbeit des Ökonomen dem des elenden Sisyphus: er wälzt Felsen den Berg hinauf, die wieder zurückrollen. Zuletzt liegt doch alles wieder auf dem alten Platz – wie zuvor.

Obwohl absolut leer, erweist sich das Kernmodell als höchst robust. Seine Anziehungskraft auf Politik und Lehre leitet sich aus seiner „Einfachheit" ab. Konkurrenzlos wie es ist, bleibt es der Ausgangspunkt ökonomischen Räsonnements, zu dem die Theoretiker nach ihren genialen Einfällen immer wieder zurückkehren.[241]

Die orthodoxen Schulbuchökonomen pflegen die Vorstellungen eines von allen Trübungen und Brechungen freien, also idealen Systems. Die Heterodoxen hingegen betonen die Eintrübungen, Imperfektionen, und jeder aus einem anderen Grund. Das Spiel der beiden Lager ist das Spiel zwischen puristischen Theoretikern und herummäkelnden Realisten. Beide tanzen um das gleiche Kalb.

Der Grund für die Schwierigkeiten, sich erfolgreich vom Kernmodell abzusetzen, liegt darin, dass der Ökonom mindestens eine Annahme des Kernmodells abändern muss, um nur je einen Realitätszipfel zu erhaschen. Das aber erweist sich als höchst schwierig, weil an *einer* Annahme gleich alle anderen mit dranhängen. Es geht ihm wie jemandem, der vor einem Haufen untereinander verhakter Drähte steht und versucht, einen der Drähte herauszuziehen. Zieht er an einem nur ein bisschen, mag er die Illusion haben, er sei lose. Zieht er aber stärker, merkt er: der ganze Haufen kommt gleich mit.

Das aber will sich niemand so recht eingestehen. Als Beispiel mag uns Coase, ein für methodische Scharfsichtigkeit bekannter Ökonom, dienen. In der Einführung in sein Buch „The Firm, the Market, and the Law" (1988), in welches er seine ganze Lebenserfahrung einbringt, kritisiert Coase die These von der Nutzenmaximierung. Ich teile seine Kritik. Aber er hat nicht Recht, wenn er die Neoklassik dafür kritisiert, dass sie eine unnötige Annahme mache, die durch eine viel anspruchslosere ersetzt werden könne. *Die Annahme der Nutzenmaximierung ist aus der Sicht neoklassischer Theorie nötig: ohne sie gibt es keine Gleichgewichtsvorstellung* und folglich auch keine Preistheorie.

---

[241] „... it is the starting point to which the theorist returns after every ingenious excursion." (Economist, July 16ᵗʰ 2009)

Entsprechend nachlässig geht Coase mit der Stellung von Transaktionskosten in der ökonomischen Theorie um. Coase scheint nicht zu realisieren, dass er sich mit der „Einführung der Transaktionskosten" völlig außerhalb des ökonomischen Denkansatzes stellt. Transaktionskosten fehlen in neoklassischen Modellen ja nicht, weil sie von Neoklassikern „vergessen" oder nur bisher nicht „berücksichtigt" wurden, sondern weil sie mit der neoklassischen Preis- und Allokationstheorie nicht kompatibel sind.

Das gleiche gilt im Prinzip für alle anderen angesprochenen „Differenzen". Unternehmen fehlen im Modell nicht, weil Ökonomen dumm sind, sondern weil sie mit deren Gleichgewichtskonzept nicht kompatibel sind. Man vermisst Zeit und Prozesse aus eben diesen Gründen. Die heißeste „Differenz" ist Geld. Denn sie ist mit anderen „Differenzen" besonders eng verknüpft: mit der Zeit, mit Unsicherheit, mit Transaktionskosten, mit dem Interaktionsprozess (Tauschkommunikationen), mit der Eigentumsfrage, mit dem Thema Wachstum, usw.[242] Wer Geld „aus dem Haufen" zu ziehen versucht, zieht sofort gleich alles mit. Manche Ökonomen behelfen sich damit, dass sie sich „dumm" stellen und das Thema Geld mit faulen Tricks von anderen Themen zu isolieren versuchen. Weit kommen sie damit nicht.

Kann man, wie Hayek (1968) es tut, von Wissen und individualisierter Gesellschaft reden, aber Geld dabei gar nicht ansprechen? Oder wie Stiglitz (1990) von unvollkommener Information sprechen und dabei außer Acht lassen, dass Geld mit dem Informationsaufbau in einer Gesellschaft in engstem Zusammenhang steht? Oder wie Gutenberg (1965) Unternehmenstheorie betreiben und so tun, als ob Unternehmen ein systemunabhängiger und neutraler Tatbestand wären?[243] Nein, keine einzige „Differenz" lässt sich getrennt von anderen abhandeln, schon gar nicht das Thema Geld, und keines der Themen getrennt von Geld. Der Spruch „Geld ist nicht alles, aber alles ist nichts ohne Geld" bewahrheitet sich gerade beim Aufbau der Theorie.

Keine Trabantentheorie ist vor Absturz gefeit. Stabil, weil in sich geschlossen, aber grundfalsch, ist nur das Kernmodell. Alle Theorien, die sich in der

---

[242] In der Tat wurde Geld mit einer Reihe von Differenzen in Verbindung gebracht. Ich erwähne folgende Ansätze: Von Keynes mit Zeit und Unsicherheit; von Binswanger mit Zeit; von Marx, Simmel, Menger (1871) und Niehans mit dem Tausch als Transaktionsmechanismus; bei Heinsohn/Steiger (1985) mit dem Privateigentum. Arrow und andere haben Transaktionskosten ins Spiel gebracht; Brodbeck (2009) hat vor allem auf die naturalistische Episteme der Neoklassik hingewiesen, die einen adäquaten Zugang zur Geldtheorie versperre.

[243] Schmidt 2000.

„Negation" zu ihm entfalten, gehen zwar in Richtung Realität, sind aber instabil, weil sie nur einzelne Aspekte ansprechen, aber keinen Zusammenhang untereinander[244] und keinen Anschluss an andere haben. Was eint die heterodoxen Theorien? Ihr gemeinsamer Widerstand gegen die Orthodoxie! Das aber ist eben schon alles.[245] Damit aber sind sie alle noch orthodox! Bloße Negation oder bloßer Widerstand gegen etwas führt noch nicht zu etwas anderem.

Was ist also die Neoklassik? Dem scharfen Urteil Frank Hahns[246], einem der hohen aber sehr kritischen Priester der Ökonomik, ist wenig hinzuzufügen: die Theoretiker des „Allgemeinen Gleichgewichts" seien zugleich ihre stärksten und effektivsten Kritiker. Sie bildeten die Vorhut der Theorie. (Damit dürfte er hauptsächlich sich selbst gemeint haben.) Dessen Feinde – die Heterodoxen, d.h. Andersgläubigen – seien in ihrer Kritik ineffektiv geblieben, hätten sie doch ihre Pfeile gegen die falschen Ziele gerichtet und würden Forderungen erheben, die sie ohnehin nicht einlösen könnten. Die Freunde der Orthodoxen, besonders die Lehrbuchschreiber, aber brächten die Ökonomik in schlimmste Gefahr, weil sie die Theorie in einer Weise vereinfachten und auf die Praxis anwendeten, die durch die Theorie selbst in keiner Weise gerechtfertigt sei.[247]

---

[244] „In economics, at least, beyond this rejection of the orthodoxy there is no single unifying element that we can discern that characterizes heterodox economics" (Colander 2004 S. 492).

[245] „We appear to reach an apparently widely shared assessment of heterodox economics only in terms what is not, or rather in terms to which it stands opposed; the only widely recognized and accepted feature of all the heterodox tradition is a rejection of the modern mainstream project" (Lawson 2005, S. 3). – Lawson versucht über diese negative Beschreibung der Heterodoxie hinauszugehen und sieht das Gemeinsame aller heterodoxen Ansätze darin, dass sie implizit eine „social ontology" enthalten. Ob das zutrifft, habe ich einige Zweifel. Gerade das fehlt m.E. der Ökonomik (noch). Ich sehe keine Schule, die sich bisher konsequent zu einer sozialen Ontologie durchgerungen hätte.

[246] Hahn 1981, S. 75f.

[247] Interessanterweise sehen hard core Neoklassiker das Kernmodell oft kritischer als die Heterodoxen. Dazu Kirman 1987 und 2006. Die hohen Priester wissen oft eher um die Schwächen ihrer Theologie Bescheid als die Abtrünnigen. Orthodoxe unterscheiden sich von Heterodoxen also nicht unbedingt durch die Intensität ihres Glaubens an das Modell, sondern durch das Maß der Spannung zwischen Modell und Wirklichkeit, das sie auszuhalten vermögen. Erstere halten oft mehr aus, letztere „wünschen" sich etwas anderes, halten aber oft, ohne dass es ihnen wirklich bewusst ist, am Kernmodell stärker fest als ihre formal besser geschulten hard core-Kollegen.

FEHLALLOKATION DER THEORIE

Die Brille des ökonomischen Aspekts macht Ökonomen für Probleme scharfsichtig, die es nicht gibt, aber für Probleme blind, die es gibt. Die Ökonomik geht daher einerseits am Wesentlichen vorbei und hält sich mit irrelevanten Dingen auf. Andererseits mischt sie sich in Dinge ein, von denen sie nichts versteht (Liebe und Paarbeziehungen), aber versagt in ihrem eigenen Hause, der Wirtschaft. Ich möchte das an einigen Beispielen erläutern.

Der falsche Focus: Effizienz

Die Ökonomik sucht wie besessen nach Effizienzlücken und übersieht, dass es nur selten um Effizienz geht. Effizienz ist ein Zustand in einer Box, also in einer Welt, in der der „kalte Stern der Knappheit" (Erich Schneider 1964) herrscht oder „die Welt weggegeben ist" (Simmel 1900, S. 303). Der Zustand von Optimalität ist so definiert, dass einer nur gewinnen kann, wenn ein anderer verliert. Folglich werden Zustände, in denen sich einer verbessern kann, ohne dass ein anderer verlieren muss, als ineffizient eingestuft. Dieses Kriterium trifft nur auf *Box-Situationen* zu. Solche aber liegen eher selten vor. Fast immer sind Menschen in der Lage, aus „Gegebenem" mehr Lust, Freude und damit auch „Wert" zu generieren. Wenn sie dazu nicht in der Lage sind, dann vielleicht deshalb, weil sie noch nicht erkannt haben, dass es anders geht. Das kann man nun wirklich nicht für effizient halten.

Außerdem kann ein Handeln ineffizient, zugleich aber höchst *effektiv* sein. Der sparsame Fuchser dreht jeden Groschen um. Er achtet darauf, nichts zu verlieren. Der risikofreudige Unternehmer wagt, setzt Geld ein, baut Kapazitäten auf, schafft Arbeitsplätze und macht aus Hundert Zweihundert. Vielleicht nutzt er nur 80% seines technischen Potentials. Aber 80% von 200 sind bekanntlich 160; 99% von 100 sind nur 99! Mit der Effizienzbrille sieht der Ökonom nur die Differenz zu 100%, nicht aber den Überschuss, den kreative und dialogisch miteinander verbundene Menschen täglich erschaffen oder erschaffen könnten.

Rationalität

Ähnliches gilt für das Rationalitätskonzept der Ökonomik. Anstatt sich darum zu bemühen, die Intelligenz des Menschen zu verstehen, interessieren sich Ökonomen für Rationalitätsdefizite. Im Perfektionswahn befangen sehen sie nur, dass das Glas halb leer ist, nicht aber, *was* und wie viel *eigentlich drin ist*. Vor allem bleibt sich die Ökonomik in ihrer Orientierung am Individuum treu. Während die Lehrbuchökonomik dem Individuum vollkommen rationales

Verhalten unterstellt, suchen neuere Entwicklungen Rationalitätsdefizite an einem Teil des menschlichen Körpers anzusiedeln, nämlich am Gehirn. Die Neuroökonomik soll aufklären, dass schon die physische Struktur des Gehirns ein Rationalverhalten des Menschen im Sinne des homo oeconomicus gar nicht zulässt. Kleinhirn und Emotionen sind aus dieser Sicht Störgrößen. Der Wert solcher Nachweise ist zweifelhaft, da es nicht in erster Linie auf das Gehirn ankommen kann, sondern darauf, was es tut, und das, was es tut, hängt sehr davon ab, was andere wertschätzen.

Außerdem haben Verstand, Bewusstsein oder Vernunft ihren „Sitz" gar nicht ausschließlich in der Physis des Menschen, sondern sind ein multidimensionales Etwas, das wir ohne Einbeziehung der Dimension „Gesellschaft", d.h. der Sprache, der Kultur, der Medien, des Geldes, der Märkte usw., gar nicht denken können.[248] Das „Soziale", und nicht das Wachstum des Gehirns, gab den Anstoß für die Explosion von Wirtschaft und Wohlstand. Es ist das Medium Geld, welches Komplexität reduziert und damit den Aufbau neuer Komplexität ermöglicht. Geld erhöht die soziale Intelligenz so sehr, dass Menschen sich Verdummung erlauben können. Ein Sprichwort sagt daher: wenn es dem Esel zu gut geht, geht er aufs Glatteis. Geld reduziert Komplexität in einem Ausmaß, das den Menschen für seine kleinen egoistischen, aber aufs Ganze gesehen unsinnigen „Spielchen" freimacht. Die technische Perfektion von Kapitalmärkten verhindert nicht, dass die Menschen „Luftschlösser" bauen und sich grob verspekulieren.

Überall externe Effekte

Als extern gelten Effekte, die den Wohlstand von Akteuren berühren, die nicht Vertragspartner sind. Ein Beispiel: Eine Fabrik erzeugt Papier und verschmutzt Luft und Gewässer. Der Verkauf des Papiers verschafft also nicht nur dessen Fabrikanten und Käufer einen Nutzen, sondern schädigt auch Dritte. Zwei können auf Kosten anderer reicher werden. Das ist schlimm, weil es die Wohlfahrtswirkung des Tausches untergräbt. Für die Wirtschaftspolitik stellt sich die Aufgabe, Wege zur Internalisierung externer Effekte zu finden, d.h. die Kosten der Schädigung den Verursachern anzulasten, mit dem Ziel, die Schlechterstellung Dritter zu vermeiden, oder deren Schlechterstellung zumindest zu kompensieren, bzw. das eine mit dem anderen zu kombinieren. Was für ein bedeutendes Thema in einer immer enger werdenden Welt!

Für die Wirtschaftstheorie stellen externe Effekte eine ganz besondere Herausforderung dar. Das reine Modell beruht nämlich auf der Vorstellung einer

---

[248] Wilber 1981.

von externen Effekten freien Welt, d.h. auf der Annahme isolierter oder voneinander isolierbarer Teile. Externe Effekte verletzen nämlich das Pareto-Kriterium und verhindern eine Gleichgewichtslösung.[249]

Nun kann man sich kaum einen wirtschaftlichen Vorgang vorstellen, bei dem nicht externe Effekte auftreten. Das schöne Haus des Nachbarn erfreut den einen, und macht den anderen neidisch. Wenn zwei tauschen und dabei eine für andere sichtbare Tauschrelation erzeugen, hat dies Wirkungen auf andere, stellt also per se einen externen Effekt dar. In jedem emergenten Phänomen, wie Geld, kann man eine Externalität sehen. *Die Welt ist und kann von externen Effekten nicht frei sein, denn die physischen, psychischen und erst Recht gesellschaftlichen Zustände sind miteinander verschränkt. Es ist der Tausch, der diese Verschränkungen in paarweise Individualschritte auflöst.*

Geld: Ursache der Störung?

Kurios ist auch die Rolle, die Geld in der Analyse wirtschaftlicher Störungen zugewiesen wird. Die orthodoxe Ökonomik geht axiomatisch davon aus, dass freie Märkte Angebot und Nachfrage automatisch in ein Gleichgewicht bringen. Im Falle von Angebotsüberschüssen stellt man sich vor, dass die Preise so lange sinken, bis Angebot und Nachfrage wieder übereinstimmen. Nun zeigt aber die Wirklichkeit, dass das nicht so ist. Die Unterbeschäftigung von Ressourcen kann in Marktwirtschaften ein Dauerzustand sein. Der modelltreue Ökonom erklärt das entweder mit nach unten unbeweglichen Preisen oder mit der Präferenz von Arbeitslosen für Freizeit.

Viele modellkritische Ökonomen suchen das Ungleichgewicht in Störungen der Wirtschaft durch Geld. Auf diese Idee kann man natürlich nur kommen, wenn man im Allgemeinen Gleichgewicht ein Modell der Marktwirtschaft erblickt. Dann kann man tatsächlich auf die Idee kommen, in Geld eine Störung zu erblicken. So absurd die Idee ist, so sehr zieht sie sich durch die ökonomische Denktradition, und zwar nicht nur durch die der Orthodoxie, sondern auch der Heterodoxie. Ob ortho- oder heterodox, die Argumentation läuft über folgende Gedankenkette.

---

[249] Das Pareto-Kriterium lautet: Ein Zustand befindet sich dann im Gleichgewicht, wenn keiner gewinnen kann, ohne dass irgendein anderer verliert. In nichtpareto-optimalen Zuständen ist es möglich, Verbesserungen zu erzielen, ohne irgendjemandes Nutzen zu schmälern. Der Übergang von einem nichtpareto-optimalen Zustand zu einem pareto-optimalen Zustand wird von der Neoklassik als potentieller Tauschgewinn interpretiert.

3.1 Die (Neo-)Klassik

1. Man stellt sich das Allgemeine Gleichgewicht als Modell eines allgemeinen naturalen Tauschgleichgewichts (Barter) vor. Naturalien würden gleichzeitig (Pareto-optimal) gegen Naturalien getauscht.[250]
2. Bei jedem Barter (Naturaltausch) sei das „Angebot" = „Nachfrage". Denn x Mengeneinheiten der Ware, die A liefert, sei identisch mit y Einheiten der Ware, die B an A liefert. Folglich können „Angebot" und „Nachfrage" nicht auseinanderfallen.
3. Mit dem Aufkommen von Geld zerfalle der naturale Tauschvorgang x Ware A = y Ware B also in zwei Tauschvorgänge, wobei beim ersten x Ware A gegen Geld und beim zweiten Geld gegen y Ware B getauscht würde. Der Einsatz von Geld führe also zu einer Ungleichzeitigkeit, womit die Möglichkeit einer Störung gegeben sei. Denn der zweite Akt müsse gar nicht zwingend auf den ersten folgen. Geld könne gehortet werden.
4. Tun das viele, falle die aggregierte Nachfrage unter das Gesamtangebot. Das kann die „animal spirits" (Keynes) verstören und zu kumulativen Wirkungen nach unten führen. Dem müsse der Staat mit einer expansiven Ausgabepolitik entgegenwirken, wie auch umgekehrt, einer Überhitzung der Nachfrage durch Zurückhalten von Staatsausgaben begegnet werden. Auf den Zinsmechanismus alleine könne man sich nicht verlassen, weil die in einer Depression verschreckten Unternehmer mit keinem noch so niedrigen Zinssatz hinter dem Ofen hervorgelockt werden könnten.

Dieser Argumentationskette liegt die irrige Idee zugrunde, das Allgemeine Gleichgewicht wäre ein Abbild einer idealen Marktwirtschaft. Indes ist es nur die – mathematisch ausformulierte – Vision eines allgemeinen und perfekten Passens. Im Vergleich zu diesem Modell weist freilich die perfekteste Geldwirtschaft schwere Mängel auf: Weder decken sich dort stets Angebot und Nachfrage, noch gibt es Vollbeschäftigung – die Geldwirtschaft neigt ständig zu „slacks" –, und von absoluter Sicherheit ist erst gar nicht zu reden.

Die wissenschaftliche Unredlichkeit besteht aber darin, das Allgemeine Gleichgewicht als Modell einer allgemeinen direkten, naturalen Tauschökonomie, also als allgemeinen Barter auszugeben. Das impliziert die These, Geld sei für die Übel in der Welt verantwortlich. Zunächst einmal: Das Allgemeine

---

[250] Das impliziert die Annahme, dass Geld keine (besondere) Rolle spielt. Samuelson (1948, S.49) dazu: „If we strip exchange down to its barest essentials and peel off the obscuring layer of money, we find that trade between individuals and nations largely boils down to barter."

Gleichgewicht ist natürlich kein Modell einer Barterökonomie.[251] Die Tatsache, dass es im Allgemeinen Gleichgewicht kein Geld gibt, darf nicht zur Annahme führen, eine Wirtschaft ohne Geld wäre eine naturale Tauschwirtschaft (Barterökonomie) – sie wäre eine Selbstversorgungswirtschaft! Eine Barterwirtschaft hat es nie gegeben (Graeber 2001).

Es ist zwar richtig, dass Geld gehortet werden und dass der Fluss der Waren unterbrochen werden kann. Eine individuelle Zurückhaltung von Geld liegt aber nicht in der Natur des Geldes. Geld erzeugt zwar Slacks, Barter aber niemals *Vollbeschäftigung*.[252] Eine Barterökonomie gibt auch viel weniger *Sicherheit* als eine Geldwirtschaft. Die Sicherheit des Geldes besteht schon in seiner Zugriffsgeschwindigkeit. Wer Geld hat, kann kaufen. Wer ein Gut hat, nicht so ohne weiteres.

Das Allgemeine Gleichgewicht hypostasiert einen aus rein ökonomischer Sicht wirtschaftlich perfekten Zusammenhang. Die Geldwirtschaft erreicht einen hohen Grade an „Perfektion" und ist einer „Barterökonomie" in jeder Beziehung tausendfach überlegen. Eine Barterökonomie hat es nie gegeben.[253] Die Interpretation des Allgemeinen Gleichgewichts als Barterökonomie ist wissenschaftlich unredlich.

---

[251] Der Neoklassiker Niehans nimmt Barterprozesse unter die analytische Lupe und kommt zum Ergebnis, dass man das Allgemeine Gleichgewicht auf keinen Fall als Barter interpretieren darf, denn es fehle dort eine „Transaktionstechnologie". (Niehans 1978, S. 2f) Die Allgemeine Gleichgewichtstheorie behandle alle Güter so, als ob jedes gegen jedes beliebig und kostenlos vertauscht werden könnte. Überhaupt seien die Wohlfahrtswirkungen, die von der Verwendung von Geld ausgehen, niemals formalisiert worden, stellt Niehans (1978, S. 2f) ernüchtert fest, allerdings nur in einer Fußnote!

[252] Auch historische Fakten zeigen, dass Naturalwirtschaften gewöhnlich hohe Arbeitslosigkeit aufweisen. Sozialistische Naturalwirtschaften verknappten Arbeit, weil sie die Funktion von Geld als Zahlungs- und damit Zugriffsmittel in einer arbeitsteiligen Welt weitgehend außer Kraft setzten. Dadurch wurden die Wirtschaftssubjekte zum Horten, auch von Arbeitspotential in den Betrieben gezwungen. Horten heißt: Ressourcen nicht am Markt anbieten.

[253] Graeber 2011, S. 21ff.

ETIKETTENSCHWINDEL

> *„If you call a tail a leg, how many legs has a dog? Five? No, calling a tail a leg don't make it a leg."*
> Abraham Lincoln.

Verbale Aufrüstung und ihre Folgen

Wie schon vermerkt, besteht die grundsätzliche Schwierigkeit der Ökonomik in der dyadischen Struktur ihres Denkens. Aus einer Dyade lässt sich keine Triade basteln. Flachland bleibt Flachland. Die Differenz zwischen Dyade und Triade ist unüberbrückbar.

Man will oder muss aber doch irgendwie weitermachen. Ist ehrliche „Arbeit" nicht in der Lage, die gähnende Distanz des Modells zur Wirklichkeit zu bewältigen, bleibt immerhin die Möglichkeit einer verbalen Aufrüstung. Davon wird reichlich Gebrauch gemacht. Sie besteht darin, das „mathematische" Skelett der Gleichgewichtstheorie mit Begriffen wie *„Modell des vollkommenen Markts"* oder *„vollkommenen Wettbewerbs"* aufzuputzen oder, wie eben, wenn es passt, es als Modell einer naturalen Tauschökonomie zu interpretieren. Selbst ein so umsichtig argumentierender Ökonom wie Arrow zeigt keine Hemmung, das mathematische Gerüst mit dem Schild: „competitive economic equilibrium-model" (Arrow 1973) zu behängen.[254] Wo, verehrter Arrow, ist eine Spur von Markt im Modell? Wo Wettbewerb? Das Modell ist so frei von Markt und Wettbewerb wie eine Chipfabrik frei von Staub ist.

Der auf diese Weise betriebene Etikettenschwindel täuscht einen Inhalt vor, der nicht drin ist. Er tut so, als ob das Modell ein Abbild der Marktwirklichkeit wäre. Das ist es aber nicht und kann es seiner Natur gar nicht sein. Wer auf diesen Etikettenschwindel hereinfällt, läuft Gefahr,

- die reale Performance von Märkten an diesem Modell zu messen,
- die Wirklichkeit an einer inadäquaten Norm ausrichten zu wollen,
- die Vitalität der Geld- bzw. Marktwirtschaft völlig zu verkennen (z.B. das „Biest" zu verharmlosen),
- die Ursachen für Störungen zu übersehen und
- untaugliche Vorschläge zu deren Beseitigung zu machen.

---

[254] Hayek distanziert sich nur sehr vorsichtig von diesem „Etikettenschwindel": „Es wäre nicht leicht, die Nationalökonomen gegen den Vorwurf zu verteidigen, dass sie ... den Wettbewerb meist unter Voraussetzungen untersucht haben, die wenn sie in der Wirklichkeit zuträfen, diesen Wettbewerb uninteressant und nutzlos machen würden." (Hayek 1968)

Außerdem führt dieser „Etikettenschwindel"
- zu unabsehbaren und im Prinzip völlig überflüssigen Theoriestreitereien. Je nach Etikette ist der Ausgangspunkt des Raisonnements ein anderer.
- Man glaubt zwar, sich von der Neoklassik abgesetzt zu haben, sitzt aber ihren Prämissen weiterhin auf.
- Das Verwirrspiel wird dadurch gesteigert, dass rigorose Neoklassiker die engen Voraussetzungen ihrer Konstrukte oft besser kennen als Gegner der Neoklassik und letztere dann „links" überholen. So entsteht die paradoxe Situation, dass rigorose Neoklassiker zwar unrecht, aber immer die „Nase" vorn haben, während die anderen zwar recht haben, aber stets das falsche Argument benutzen. Wir werden das am Beispiel der Kritik Keynes' an der Neoklassik nachvollziehen.
- Der „falsche Glaube" verlängert im Übrigen das Überleben der Orthodoxie.

Wir erinnern uns: Das Gleichgewichtsmodell ist der gedachte direkte Zusammenhang isolierter Maden-Menschen. Der grundsätzliche Fehler der Ökonomik besteht darin, diesen gedachten Zusammenhang als Marktzusammenhang auszugeben. Dass die Ökonomik, um dies auch mathematisch bewältigen zu können, vereinfachende Annahmen trifft, kann man ihr nachsehen – Formalisierungen gehen meistens auf Kosten von Inhalten; das ist der Preis, den man als Modellierer bezahlen muss. Dass die Ökonomik aber das Gleichgewichtskonstrukt für ein Modell des Marktes ausgibt, ist unverzeihlich.

Wenn Baecker (1986, S. 10f) sagt: „Der Markt gilt der ökonomischen Theorie als Voraussetzung der Interdependenz", drückt er diesen Sachverhalt schonungsvoll aus. Richtiger müsste es wohl heißen: Die Ökonomik setzt die Interdependenz voraus und setzt dafür den Begriff Markt ein. Damit ist die Ökonomik Theorie des direkten Zusammenhangs und keine Theorie des Marktes.

Keynes´ unzureichende Abgrenzung

> *Erkennen heißt Unterschiede machen. Man muss sie nur richtig machen.*

Wie schwierig es ist, der orthodoxen Falle zu entkommen, kann man an Keynes nachvollziehen. Um zu einer „anderen" Theorie zu gelangen, setzt auch Keynes bei einer Kritik an der „KLASSIK" an. Unter KLASSIK versteht Keynes die Tradition, in der er selbst trainiert wurde, und die mit einer Denkstruktur aufwartet, in der Geld keinen realen Unterschied macht, außer vielleicht als vorübergehende Störung („frictionally"). Die KLASSIK, so Keynes, arbeite daher die Theorie der Produktion und der Beschäftigung aus, ohne auf Geld Bezug zu nehmen, oder berücksichtige Geld bestenfalls in einem Anhang. Eine solche Denkwelt neige ständig dazu, anzunehmen, dass alles zum Gleichgewicht tendiere oder versichere gar, dass Krisen gar nicht erst auftreten könnten.[255] Das aber hielt Keynes, die Erfahrungen der Weltwirtschaftskrise vor Augen, für sehr gefährlich. Denn er „wusste": es gibt sich selbst verstärkende Prozesse, die vom Gleichgewicht wegführen; es gibt Prozesse in die Depression; es gibt keine Automatik zum Gleichgewicht.

Daher begab sich Keynes auf die Suche nach einem anderen Theorierahmen. Die „Lösung", die ihm vorschwebte, war eine Theorie der Wirtschaft, in der er zeigen könnte, dass „money matters", mit anderen Worten, dass Geld einen wirklichen Unterschied ausmacht. Nur welchen?

In einem vielzitierten Beitrag zur Festschrift für Arthur Spiethof „A Monetary Theory of Production" fasst Keynes 1933 seine Kritik an der KLASSIK zusammen und skizziert seine Vision einer monetären Theorie. Ich zitiere ausführlich.

> *„In my opinion the main reason why the problem of crises is unsolved, or at any rate why this theory is so unsatisfactory, is to be found in the lack of what might be termed a monetary theory of production.*
>
> *The distinction which is normally made between a barter economy and a monetary economy depends upon the employment of money as a convenient means of effecting exchanges – as an instrument of great convenience, but transitory and neutral in its effect. It is regarded as a mere link between cloth and wheat, or between the days labour spent on building the canoe and the day's labour spent on harvesting the crop. It is not supposed to affect the essential nature of the transaction from being, in the minds of those making it, one between real things, or to modify the*

---
[255] Keynes 1973, S. 408-411.

motives and decisions of the parties to it. Money, that is to say, is employed, but is treated as being in some sense neutral.

That, however, is not the distinction which I have in mind when I say that we lack a monetary theory of production. An economy, which uses money but uses it merely as a neutral link between transactions in real things and real assets and does not allow it to enter into motives or decisions, might be called – for want of a better name – a real-exchange economy. The theory which I desiderate would deal, in contradistinction to this, with an economy in which money plays a part of its own and affects motives and decisions and is, in short, one of the operative factors in the situation, so that the course of events cannot be predicted, either in the long period or in the short, without a knowledge of the behaviour of money between the first state and the last. And it is this which we ought to mean when we speak of a monetary economy..

Most treatises on the principles of economics are concerned mainly, if not entirely, with a real-exchange economy; and – which is more peculiar – the same thing is also largely true of most treatises on the theory of money. (...).

Everyone would, of course, agree that it is in a monetary economy in my sense of the term that we actually live. Professor Pigou knows as well as anyone that wages are in fact sticky in terms of money. Marshall was perfectly aware that the existence of debts gives a high degree of practical importance to changes in the value of money. Nevertheless it is my belief that the far-reaching and in some respects fundamental differences between the conclusions of a monetary economy and those of the more simplified real-exchange economy have been greatly underestimated by the exponents of the traditional economics; with the result that the machinery of thought with which real-exchange economics has equipped the minds of practitioners in the world of affairs, and also of economists themselves, has led in practice to many erroneous conclusions and policies. The idea that it is comparatively easy to adapt the hypothetical conclusions of a real wage economics to the real world of monetary economics is a mistake. It is extraordinarily difficult to make the adaptation, and perhaps impossible without the aid of a developed theory of monetary economics.

One of the chief causes of confusion lies in the fact that, the assumptions of the real-exchange economy have been tacit, and you will search treatises on real-exchange economics in vain for any express statement of the simplifications introduced or for the relationship of its hypothetical conclusions to the facts of the real world. We are not told what conditions have to be fulfilled if money is to be neutral. Nor is it easy to

3.1 Die (Neo-)Klassik   301

supply the gap. Now the conditions required for the „neutrality" of money, in the sense in which this is assumed in – (...) to take this book as a leading example – Marshall's Principles of Economics, are, I suspect, precisely the same as those which will insure that crises do not occur. If this is true, the real-exchange economics, on which most of us have been brought up and with the conclusions of which our minds are deeply impregnated, though a valuable abstraction in itself and perfectly valid as an intellectual conception, is a singularly blunt weapon for dealing with the problem of booms and depressions. For it has assumed away the very matter under investigation.

Accordingly I believe that the next task is to work out in some detail a monetary theory of production, to supplement the real-exchange theories which we already possess. At any rate that is the task on which I am now occupying myself, in some confidence that I am not wasting my time." (Keynes 1973, pp. 408-411)

Keynes sieht im „Unterschied" zur KLASSIK, dass Geld einen „Unterschied" macht. Aber er grenzt sich zur KLASSIK (und vor allem Neoklassik) ungenügend ab. Denn er bezeichnet diese, wenn auch nur zögerlich („for want of a better name") als Modell einer „real exchange economy", also als Marktwirtschaft im Gleichgewicht. Damit wiederholt Keynes nur die alte Todsünde, die er zu überwinden hofft. Diese besteht eben darin, in Geld bloß ein neutrales Tausch- oder Zahlungsmittel zu sehen. Da Keynes aber vermutet, dass Geld einen Unterschied ausmacht, ist er gezwungen, diesen bei anderen Geldfunktionen (also etwa der Wertaufbewahrungsfunktion des Geldes) zu suchen.

Im Modell des Allgemeinen Gleichgewichts gibt es kein Geld. Sobald man dieses Modell für ein Abbild einer idealen (ungestörten) Marktwirtschaft – d.h. einer „real exchange economy" – hält, ist man daher schon verloren. Denn dann muss man für den Unterschied, den Geld ausmacht, eine andere als die der Tausch- oder Zahlungsfunktion verantwortlich machen. Aber es ist diese Funktion, die den Unterschied macht.

Dieser theoriestrategische Missgriff hat schwere Folgen. Ich erwähne nur drei:
1. Der Keynesianismus, in dem Geld eine bedeutende Rolle spielen sollte, wurde zu einer Theorie, in der Geld unbedeutend ist.[256] Wer glaubt, dass

---
[256] Leijonhufvud 1973, S. 35.

die Zahlungsmittelfunktion nicht in die Allokation der Ressourcen eingreift und sie für neutral erklärt, bei dem ist Geld von vornherein tot.[257]

2. Keynes' Etikettierung des Gleichgewichtsmodells als „real exchange economy" scheint das Vorurteil von Walras und Nachfolgern, dass die Neoklassik eine Theorie des Tausches sei, noch verstärkt zu haben. Dieses Vorurteil übertrug sich sogar auf die Kritiker der Neoklassik (dazu insbesondere Abschnitt 4.3).

3. Am Schlimmsten aber ist der *implizite* Vorwurf an Geld, es sei Ursache der Störungen. Die Folge davon ist die unausgesprochene Vorstellung, dass es ohne Geld – also in einer real exchange economy – eigentlich besser ginge: hier würde Vollbeschäftigung gelten. Das geht an der Sache vollkommen vorbei. – Natürlich stört Geld auch. Aber es ist so wie mit dem Hirn: Auch wenn es manchmal nicht funktioniert, macht es den Menschen doch zum Menschen.

Einerseits erkennt Keynes deutlich, dass die sogenannte Realanalyse der KLASSIK von Zeit, Geld und der Koordination zwischen den Wirtschaftssubjekten abstrahiert. Zugleich aber akzeptiert Keynes große Teile KLASSISCHEN Denkens als Grundlage einer Theorie der Marktwirtschaft. Dass die Keynesianische Ökonomik von der KLASSIK „heimgeholt" wurde, darf daher nicht wundern.

---

[257] Die Neoklassik definiert das mikroökonomische Nutzenoptimum dort, wo das Verhältnis aller Grenznutzen zu allen Aufwendungen gleich ist. In diesem „Punkt" ist unterstellt, dass der Zugriff auf alle Güter kostenlos ist. Womit kann man annähernd kostenlos auf Waren zugreifen? Doch nur durch Geld. Es ist also Geld, das den Unterschied macht. – Die Neoklassik unterstellt in ihrem sog. „Realtauschmodell" unsinnigerweise, dass alle Waren auf alle kostenlos zugreifen können. Und das nennt sie dann Allgemeines Gleichgewicht.

METHODENREVOLTE: SPRUNG ANS ANDERE UFER?

Bisher haben wir über zwei Strategien berichtet, mit denen Ökonomen die Kluft zwischen der „Null" des Kernmodells und der reichen Fülle der Realität zu überwinden suchen: Erstens über die *Sisyphusarbeit* der Modellmodifikationen. Sie führt zu einem Strauß von Trabantentheorien, deren Gemeinsamkeit sich in der Kritik am Kernmodell erschöpft. Zweitens der *Etikettenschwindel*, der die Ökonomen als soziale Gruppe zusammenschweißt. Als dritte Strategie bieten sich „*methodologische Revolten*" an. Sie sollen die Ökonomen an ein anderes Ufer katapultieren, von dem aus eine neue Theorie formuliert werden soll. Wie diese Theorie aussehen könnte, darüber gibt es nur sehr vage Vorstellungen.

Vielfach erfolgen diese Revolten von „oben" oder „außen". Sie bringen Denkvorschriften herein, die in anderen Zusammenhängen erdacht und erprobt wurden. Solche Übertragungen prägen die Wirtschaftswissenschaften seit jeher. Wir wissen, wie sehr das mechanistische Weltbild die klassische und neoklassische Ökonomik geprägt hat. Insofern war und ist die Ökonomik eine „fremdbestimmte" Wissenschaft. Bisher suchte die akademische Ökonomik eher diesen „fremden" Prinzipien als der inneren Logik der Wirtschaft gerecht zu werden. Daher auch die Anlehnung an die Naturwissenschaften und das Überhandnehmen mathematischer Verfahren.

Bei den Versuchen, die Aporie der Neoklassik zu überwinden, scheint sich dieses Muster zu wiederholen. Man will aus der Biologie, aus der Gehirnforschung (Neurologie), der Chaostheorie und aus der Quantentheorie lernen und hofft, durch die Anwendung des Erlernten auf die Wirtschaft die Ökonomik auf ein neues Fundament zu stellen. So anregend Erfahrungen aus anderen Wissenschaften, insbesondere den Naturwissenschaften auch sein können, vor einer Fremdbestimmung der Ökonomik durch andere Wissenschaften, insbesondere durch naturwissenschaftliche Methoden kann man nur warnen. *Aus welchen naturwissenschaftlichen Begriffssystemen könnte man Parallelen für die ökonomischen Begriffe Tausch, Geld und Kapital – um nur diese drei zu nennen – finden?* Wo hat der in der Wirtschaft beobachtbare Vorgang, dass Wechselbeziehungen zwischen Elementen ein Medium hervorbringen, das die Wechselbeziehung ermöglicht, in der Natur eine Parallele?

Wenn man schon von anderen lernen will, dann läge es doch nahe, Gebiete zu studieren, die das der Wirtschaft umfassen und allgemeiner als die der Wirtschaft selbst sind, also etwa aus den Gesellschafts-, Kultur- und Geisteswissenschaften. Aus diesen allgemeineren Zusammenhängen schöpften zum Beispiel Aristoteles, Adam Smith und Georg Simmel.

Ich möchte an drei Beispielen jüngere Versuche erörtern, die neoklassische Theorie durch einen neuen Theorietyp zu überwinden: am Beitrag Hayeks, der neuen „Complexity Theory" des Santa-Fe-Instituts (USA) und Luhmanns Allgemeiner Gesellschaftstheorie. Ich komme zur Schlussfolgerung, dass keiner dieser Ansätze ausreicht, um der Theorie der Wirtschaft eine neue „Behausung" zu geben.

Hayeks Kritik lässt die Ökonomik ungeschoren

Wie viele Ökonomen hat auch Hayek zwei Seiten. Als Fachökonom war Hayek orthodox. Von ihm stammt unter anderem der Begriff des neutralen Geldes. Andererseits zeichnete sich Hayek durch seine Kritik der erkenntnistheoretischen Implikationen des neoklassischen Kernmodells aus. Die Sozialismusdebatte der zwanziger und dreißiger Jahre, an der sich Hayek intensiv beteiligte, machte darauf aufmerksam, dass die Standardtheorie implizit von der Vorstellung ausgeht, dass das *Wissen* über den Gesamtzusammenhang der Wirtschaft vorläge und deshalb auch in einer Zentrale zusammengefasst werden könne. Solche Auffassungen leisteten totalitaristischen Tendenzen, die in den zwanziger und dreißiger Jahren große Teile des öffentlichen Lebens beherrschten, Vorschub. In der Tat kam der (versteckte) Zentralismus der Neoklassik einigen Ökonomen, unter ihnen dem Sozialisten Oskar Lange, sehr entgegen. Dieser versuchte die Allgemeine Gleichgewichtstheorie zu nutzen, um sein sozialistisches Ideal auf eine „wissenschaftliche" Grundlage zu stellen. Hayek begegnete als liberaler Ökonom der für ihn bedenklichen neoklassischen Axiomatik mit der erkenntnistheoretisch motivierten These, dass das Wissen über die Wirtschaft verstreut sei und niemals durch eine zentrale Instanz zusammengefasst werden könne.

Damit traf Hayek einen wunden Punkt der Neoklassik. Allerdings war er nicht in der Lage, der Neoklassik eine eigenständige „ökonomische" Theorie des Marktes entgegenzusetzen. Wenn er über den Markt räsoniert, tut er dies mit Begriffen, die von Darwin stammen. Er spricht von Selektion, Konkurrenz usw. Überhaupt vermisst man in seinen Philippiken gegen die herrschenden ökonomischen Ansichten „ökonomische" Argumente. Mit anderen Worten: *Hayek revoltiert mit außerökonomischen Einwänden gegen die Neoklassik.*

Dabei aber schoss er deutlich über das Ziel hinaus. Seine wissenschaftliche Kritik war gegen die in der Neoklassik versteckte „kommunistische Fiktion" gerichtet. *Wen aber attackierte er tatsächlich? Den bürgerlichen Staat.* Seine geradezu staatsfeindlichen Aussagen sind aber keineswegs durch seinen evolutionär epistemologischen Denkansatz gedeckt, sondern eindeutig ideologisch (wahrscheinlich in trotzigem Gegensatz zum Kollektivismus) motiviert. *Anstatt in einem starken Staat einen Partner einer starken Marktwirtschaft zu erkennen, sieht er – im unfruchtbaren Konflikt „Individuum versus Kollektiv" befangen – im Staat einen Feind der Wirtschaft.*[258]

> **Hayeks Kritik am mechanistischen und daher totalitären Kern der Neoklassik ist vor allem ideologisch motiviert. Anstatt den versteckten Zentralismus der Neoklassik und damit diese selbst zu attackieren, attackiert er den bürgerlichen Staat.**

Complexity Vision des Santa-Fe-Institutes

Das weitere Beispiel, auf das ich hier nur kurz eingehen möchte, ist die „Complexity Theory" wie sie vom Sante Fe Institut und insbesondere von Colander energisch vorangetrieben wird. Colander stellt die „complexity vision" seines Ansatzes der „reductionist vision" der Orthodoxie gegenüber (2000). Die „complexity vision" soll gewissermaßen die Ökonomik an ein anderes Ufer katapultieren, von dem aus neue Erkenntnisse gewonnen und eine neue Theorie formuliert werden soll. Sie möchte den Laplace'schen Dämon, der im Prinzip alle Ereignisse in der Welt genau voraussagen und rückwirkend erklären kann, durch den berühmten Schmetterling der Chaostheorie ersetzen, dessen Flügelschlag ausschlaggebend dafür sein kann, ob ein Gewitter entsteht oder nicht. Dabei werden in ziemlich rätselhafter Weise Chaos- mit Ordnungs-vorstellungen verbunden. Diese Chaos-Ordnungs-Vorstellungen, die vor allem von Physikern entwickelt wurden, sollen nun auch in der neuen Ökonomik Anwendung finden.

Der Optimismus des Santa Fe-Institutes (SFI) gründet sich auf explosiv angewachsene Kapazitäten von Computern und neuen nicht-linearen mathematischen Verfahren. Sie sollen raffinierten Simulations- und Modellierungstechniken zum Durchbruch verhelfen. Dass das Santa-Fe-Institut trotz dieser Neuerungen aber noch ganz im alten Fahrwasser rudert, zeigt sich an der Auffassung, man könne wissenschaftlichen Fortschritt dadurch erzielen, dass man

---

[258] Das Denken Hayeks ist von einem tiefen Misstrauen gegen den Staat getragen. Er müsste aber bedacht haben, dass eine hinreichende Stabilität der Märkte nur durch stabile staatliche Verhältnisse gewährleistet werden kann. Auch als Evolutionist denkt Hayek immer noch zu sehr in einem „Entweder-Oder". Die Wirklichkeit braucht das „Und".

kausale Faktoren isoliert von anderen, einen nach dem anderen, analysiert und sie, wenn die Arbeit komplett ist, zu einer einheitlichen Theorie zusammenfügt (Viskovatoff 2000). Das ist reichlich naiv und geht am Begriff von Komplexität (siehe nächsten Abschnitt) völlig vorbei.

Bezeichnenderweise knüpfen die SFI-Theoretiker, und zwar durch die Bank, wiederum bei den Naturwissenschaften an, und verzichten völlig darauf, Ökonomie als sozialen Prozess *verstehen* zu wollen. Man sieht das an den mathematischen Verfahren, an gelieferten Interpretationen, an den Modellen. Aber man sieht es auch an den verwendeten Bildern.

Howitt (ib.) zum Beispiel, will einen Beitrag zur Geldpolitik leisten. Dabei macht er eine Anleihe an Ameisenstaaten. Tatsächlich sind Ameisenstaaten erstaunlich gut organisierte Systeme und verdanken ihre erfolgreichen Überlebensstrategien ihrer Fähigkeit, große Gesellschaften zu bilden und arbeitsteilig tätig zu sein. In einigen ihrer „Gesellschaften" gibt es zum Beispiel große Ameisen, die Blätter durchschneiden und als Waldarbeiter tätig sind, und kleine Ameisen, welche die Larven versorgen. Möglicherweise stellt eine „Ameisenökonomik" einen wissenschaftlichen Fortschritt gegenüber der ökonomischen Standardtheorie dar, weil sie komplexere Zusammenhänge als jene adressiert. Ich möchte aber doch Zweifel anmelden, ob aus Theorien über Ameisenstaaten Geldtheorien oder nachhaltige Geldpolitiken ableitbar sind. Überhaupt ist es ein Rätsel, wie man ernsthaft auf die Idee kommen kann, marktwirtschaftliche Systeme analog zum Zusammenspiel von Elektronen, RNA, Zellen, Ameisen oder Computer verstehen zu wollen, da diese Modellelemente wenig Ähnlichkeiten mit Menschen aufweisen.[259] Gesetze der höheren Ordnung haben sich noch nie aus denen der niedrigeren *kausal* ableiten lassen. Warum also die Obsession mit Naturwissenschaften? – *Nur um ja keine Berührung mit dem Menschen selbst zu haben?*

---

[259] „... the quintessential problem of economic methodology: how (if at all) can models in which agents bear little or no resemblance to actual human actors explain how the economy works" (Viskovatoff 2000).

3.2 Systemtheorie

Ein ganz anderes Kaliber ist die moderne Systemtheorie, die von den Theoretikern Maturana, Varela, Heinz von Förster, Luhmann, Willke, Baecker und vielen anderen entwickelt wurde und deren Entwicklung fortgeht. Sie trägt stark holistische Züge. Die Herangehensweise steht in denkbar starkem Kontrast zu den traditionellen Wissenschaften, und daher auch zur ökonomischen Orthodoxie, da die Systemtheorie eine völlig andere Vorstellung über Ursache-Wirkungszusammenhänge einbringt.

Die traditionellen Wissenschaften strukturieren sich die Welt idealerweise als geschlossenes System, das durch Ursache-Wirkungszusammenhänge determiniert ist. Dabei erkennen sie natürlich, dass diese Zusammenhänge reichlich komplex sind und behelfen sich daher mit stark vereinfachenden Annahmen und durch den Einsatz von Analysetechniken, die Teilaspekte isoliert voneinander untersuchen. *Aber damit sprechen sie schon nicht mehr über Realität, sondern über Modelle von Realität.* Und es scheint so, dass das Denken in Modellen das ist, was die Wissenschaften überhaupt noch zusammenhält.

Dem stellt die moderne Systemtheorie eine ganz andere Vision von Komplexität gegenüber. Für sie ist die Welt jenseits aller Erkenntnismöglichkeiten komplex, also hyperkomplex, und daher *als solche gar nicht erkennbar*. Wie schon Einstein feststellte, muss der Mensch die Welt auch nicht verstehen, er muss mit ihr und in ihr nur zurechtkommen. Das leistet aber nicht nur der Mensch, sondern alle sich selbst organisierenden Systeme, wie Zellen, Organe, Organismen oder ganze Gesellschaften, die sich die Welt auf je ihre Weise „aneignen". Daher betrachtet die Systemtheorie *lebende Systeme, die aus Elementen bestehen, deren Funktion es ist, die Hyperkomplexität der „Welt" zu reduzieren und auf diese Weise mit „seiner Welt" zurechtzukommen.* Es geht ihr daher gar nicht so sehr um die „Welt" als um die Systeme der „Weltverarbeitung", was auch immer die Welt selbst sein mag.

Die Systemtheorie muss also nicht vereinfachende Annahmen treffen, um die Welt wissenschaftlich handhaben zu können, wie es z.B. die Neoklassik tut, sondern versucht, Verfahren, Vorgangsweisen oder Strategien von Systemen nachzuzeichnen, mit denen diese die Hyperkomplexität der (Um-)Welt ihnen gemäß reduzieren, auf dass sie, als Systeme, sich reproduzieren können. Damit formuliert die Systemtheorie ein komplett anderes Forschungsprogramm als die traditionellen Wissenschaften.

> **Die Wissenschaft der Systeme ist nicht die Wissenschaft der Welt, sondern die Wissenschaft von Systemen, also der Handhabung der Welt durch sich selbst.**

Hinter den Systemen und ihren Operationen steht immer noch eine unergründbare und „nach oben und unten offene" Welt (Luhmann 1984).

Obwohl Theoretiker der Selbstorganisation mit so unterschiedlichen Bereichen zu tun haben wie der Evolution des Lebens, der Funktion von Zellen, Organen, Organismen, ja ganzer Gesellschaften und deren Subsystemen (Wirtschaft, Kultur, Rechtssystem, Wissenschaften, Erziehung, ...), gilt, dass sie, bei ihrer Selbstschaffung (Autopoiese) ähnlichen Entwicklungsmustern folgen, also gemeinsame Eigenschaften aufweisen[260]. Dass also alle lebenden Systeme – und nach neueren Erkenntnissen der Physik vermutet man, dass sich selbst die sogenannte tote Materie im subatomaren Bereich nach diesen Mustern organisiert – ihre eigenen Grenzen erzeugen und sich damit gegenüber der Umwelt als etwas Eigenständiges, von dieser Abgegrenztes, konstituieren; dass solche Grenzen, wie zum Beispiel Zellmembrane oder die *Bilanzverantwortung* bürgerlicher Subjekte, von großer funktionaler Bedeutung sind, weil sie erlauben, Komplexität zu reduzieren, und damit wiederum ermöglichen, dass der Gesamtorganismus weitere Komplexität aufbauen kann.[261] Jedes System, so Luhmann, sei in sich geschlossen (weil es sich selbst schließe) und zugleich offen, weil es von der Umwelt Ressourcen oder Daten beziehe.

Diese Sichtweise haben wir uns auch zu Eigen gemacht und sind in ihrem Sinne verfahren. Auch wir wollen nicht die Welt, sondern die *Verarbeitungsmechanismen in dieser Welt* erklären. Dementsprechend *verstehen wir Wirtschaft nicht als Allokation der Ressourcen, sondern als „Sprache", in der die Menschen Ressourcen allokieren.* Kapitalismus ist ein solches Sprachsystem (dazu näher Graeber 2001).

---

[260] Walterskirchen 2005.

[261] Die Zellbildung und damit auch Ausbildung einer Membran, welche die Zelle gegen die Umwelt abschließt, ist ein großer evolutionärer Sprung. Genauso die Entwicklung der Autonomie des bürgerlichen Subjekts, d.h. praktisch der Kategorie Privateigentum. „Grenzen sind (...). eine evolutionäre Errungenschaft par excellence; alle höhere Systementwicklung und vor allem die Entwicklung von Systemen mit intern-geschlossener Selbstreferenz setzt Grenzen voraus." (Luhmann 1984, S. 53)

Die Soziologie Luhmanns: auch nur eine Dyade?

Luhmanns Systemtheorie schließt an die Erkenntnisse von Systemtheoretikern anderer Fachgebiete, etwa der Biologie und Kybernetik, an. Sein eigentlicher Anspruch besteht aber darin, eine *allgemeine Theorie der Gesellschaft* zu liefern. Gesellschaft definiert er als System, welche „aus Kommunikationen", und zwar „aus allen Kommunikationen" und „nur aus Kommunikationen" besteht. Damit geht Luhmann im Unterschied zur ökonomischen Theorie *nicht vom Individuum, sondern von der Relation zwischen Individuen* aus: von Kommunikationen. „Was immer sich als Kommunikation ereignet, ist ... Vollzug und zugleich Reproduktion der Gesellschaft. Weder in der Umwelt noch mit der Umwelt der Gesellschaft kann es daher Kommunikation geben."[262]

Mit dieser Festlegung schafft Luhmann eine Grundlage, die ihm ermöglichen sollte, eine gesellschaftstheoretisch fundierte Ökonomik zu begründen. Allerdings vergibt er diese Chance, indem er statt des Tausches die *Zahlung* zum basalen Element der Wirtschaft erhebt.

Der *Tausch* ist ein echter Akt kommunikativer Handlung. In ihn treten mit Sinnen ausgestattete und auf Sinn hin orientierte – also wirkliche – Subjekte ein. Die Zahlung ist aber nur ein Transfer von Geld aus der einen in die andere Hand. Wird gezahlt, findet zwar ein ökonomisches Ereignis (das er als Kommunikation interpretiert) statt. Wird nicht gezahlt, nicht. Zahlungen ziehen Zahlungen nach sich. Geld sichert somit die Autopoiesis der Wirtschaftsgesellschaft. Das Motiv der Zahlung bleibt aber aus Luhmanns Überlegungen ausgeschlossen. Bezöge er dieses ein, müsste er nämlich den Menschen und seinen Bezug zu Gütern in seine Theorie einschließen. Das aber will Luhmann nicht, weil er an der Rekonstruktion einer „reinen" soziologischen Theorie interessiert ist.[263]

Damit befestigt er die unglückselige Arbeitsteilung, auf die sich Ökonomen und Soziologen seit den 20iger-Jahren des vorigen Jahrhunderts festgelegt haben: danach handelt die Soziologie von „Mensch-Mensch", die Ökonomik aber von „Mensch-Ding-Beziehungen".[264] Aber diese Arbeitsteilung ist ein

---

[262] Luhmann 1988, S.50.

[263] Es geht Luhmann darum, „den nichtpsychischen Charakter sozialer Systeme" herauszuarbeiten (1984, S. 32).

[264] Luhmann schließt sich ganz bewusst der sich zwischen Ökonomik und Soziologie eingebürgerten Arbeitsteilung an. Er verzichtet auch völlig auf die Kritik der wirtschaftswissenschaftlichen Theoriebildung. Seine Beiträge, meint er in seinem Sammelband „Die Wirtschaft der Gesellschaft", „setzen nur anders an – und rechnen damit, dass man sich

310 3. Theoriekritik

Abbildung 15

**Wirtschaft als Kreuzung von
instrumenteller und sozialer Dimension**

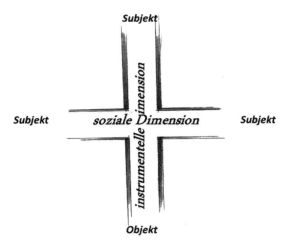

„Fluch" für die Sozialwissenschaften (Ganßmann 1996, S. 21), weil sie die Sozialwissenschaften in zwei Welten trennt und die Welt einmal säuberlich aus der Subjekt-Objekt-Perspektive, das andere Mal aus der reinen Subjekt-Subjekt-Perspektive betrachtet. Danach untersucht die *Ökonomik* individuelles Verhalten unter dem Aspekt der *Zweckrationalität* und klammert soziale Beziehungen aus. Die *Soziologie* geht von einer Regel- oder *Normen-orientierung* bzw. von der Orientierung am Verhalten anderer aus und sieht vom sinnlich-sachlichen Bezug der Subjekte zu den Gütern ab. Daher steht Luhmanns *reine Soziologie* zur *reinen Ökonomik* quer. Jene spielt mit der „Logik der Medien" und Codierungen, diese mit der „Logik der Dinge". Ein vernünftiges Ganzes kann weder die eine, noch die andere Theorie erbringen. Der „Fluch" der Sozialwissenschaften geht in Erfüllung.

Die Neoklassik und die Soziologie Luhmanns ergänzen sich zwar, verhalten sich aber zueinander wie zwei Straßenzüge, die irgendwo eine Kreuzung bilden, über die man aber so schnell wie möglich hinwegzukommen sucht.

auf dem weiteren Weg schon hin und wieder, wenn vielleicht auch in etwas überraschender Weise, begegnen wird und dann in der Situation immer noch entscheiden kann, ob in Konsens oder in Dissens und mit welcher Vorfahrtsregelung" (Luhmann 1988, S. 8).

3.2 Systemtheorie

Jeder der beiden Straßenzüge ist auf seine Weise öde: in der einen wird nur von Effizienz geredet. In diesem Straßenzug gilt die reine, statische Ratio zwischen Mitteln und Zwecken. Auf dem anderen Straßenzug geht es um soziale Verhaltensweisen, Normen und dergleichen. Leute, die auf diesen spezialisiert sind, machen geltend, dass nicht alles der instrumentellen Ratio unterworfen ist. Diese Arbeitsteilung von ökonomischem Effizienzdenken und dem Denken in sozialen Normen ist man bis heute nicht losgeworden.[265] In diesen Straßenschluchten kann man nur gähnen.

Luhmann bringt immerhin den interessanten Aspekt von Geld als *Medium* ein, das, weil es Sachverhalte zu entkoppeln und dann wieder zu verkoppeln vermag, in die Wirtschaft Unruhe bringt (Baecker).[266] Aber Geld ist bei ihm nur ein digitaler Code, an dem sich die Wirtschaft als eines der Subsysteme der Gesellschaft ausdifferenziert, während andere Subsysteme andere Codes benützen (die Wissenschaft den Code Wahrheit-Unwahrheit, das Rechtssystem: legal-illegal, die Politik Macht-Nichtmacht usw.). Luhmann zufolge differenziert sich die Gesellschaft irgendwohin und an irgendwelchen Codes „horizontal" aus. Der Mensch wird zur Umwelt des Systems. Was bei Luhmann fehlt, ist das mit Bewusstsein und Sinnlichkeit (d.h. mit Bezügen zum Objekt) ausgestatte menschliche Subjekt, also die „Vertikale". Diese wiederum bringt die Ökonomik ein, wenn auch in so reduzierter Weise, dass selbst das Subjekt aus ihr verschwindet.

Der einzig wirklich interessante Ort wäre die Kreuzung. Denn es ist der Ort, an dem sachlich vermittelte Interaktionen (Mensch-Ding-Mensch) stattfinden. Auf diese Triade aber lässt sich Luhmann nicht ein. Dem Zahlungsvorgang geht der Tiefgang ab, den der Tausch als triadische Operation hat. Anstatt vom Tausch auszugehen, macht Luhmann die Zahlung zum basalen Element der Vergesellschaftung in der Wirtschaft.

---

[265] „Diesen Bezug auf Rationalität sind wir bis heute nicht losgeworden, obwohl doch nichts merkwürdiger ist als der Gedanke, dass ausgerechnet ein Prinzip, das auf die Austauschbarkeit der Mittel bei Aufrechterhaltung des Zwecks und auf die Austauschbarkeit der Zwecke bei günstigerer Mittelverwendung abstellt, die kulturelle Einbindung der modernen Wirtschaft in die moderne Gesellschaft garantieren kann." (Baecker 1995, S. 116).

[266] „Geld macht Sinn, indem es vielen Sachverhalten einen Sinn gibt, den sie vorher nicht hatten, und indem es ihnen einen Sinn nimmt, den sie vorher gehabt haben können. Geld macht insofern Sinn, als es Sachverhalte miteinander zu verknüpfen erlaubt, die vorher keinen Bezug zueinander hatten, und umgekehrt Sachverhalte zu trennen versteht, die zuvor eine enge Beziehung zueinander unterhielten." (Baecker 1995, S. 112).

> In der Neoklassik wie auch bei Luhmann haben wir Beispiele, wie frühzeitige methodologische Festlegungen ins Abseits führen. Das Ziel beider Ansätze ist jeweils eine „reine" Theorie: in der Neoklassik die reine Theorie der Wirtschaft – pure economics. Sie definiert ihr Ideal im isolierten Wirt. Ökonomische Überlegungen werden von sozialen Wechselbeziehungen freigehalten. Luhmanns Vision ist, wenn ich ihn recht verstehe, eine „reine" Theorie der Gesellschaft – seine Methode: Gesellschaft als Kommunikation und nur als Kommunikation zu definieren, womit die Relation von allem anderen, zum Beispiel dem psychischen Charakter sozialer Systeme, freigehalten werden soll.
>
> Jedes dieser Ideale produziert eine Flachlandtheorie. Wir haben gesehen, was bei jeder der Theorien herausfällt: bei der Ökonomik die Gesellschaft – sie wird durch die Markthypothese ersetzt; in der Soziologie das Mensch-Ding-Verhältnis. Es wird den Ökonomen überlassen, es in Nutzenfunktionen unterzubringen. Und was fällt aus beiden heraus? Der Tausch als Baustein des „Hauses der Wirtschaft".

Diesem wenden wir uns jetzt wieder zu.

4. Tausch: wo bist du verblieben

Der Tausch ist Keim der Moderne und Ursache der großen Unruhe. *Marx* und *Simmel* sind die Einzigen, die das erkennen. Aber sie nehmen sehr unterschiedliche Positionen zum Tausch ein. Marx bekämpft ihn, weil er *Keim* des Kapitalismus ist. Er will mit diesem gleich auch den Tausch überwunden wissen. *Simmel* erkennt im Tausch einen unverzichtbaren Baustein der modernen Gesellschaft. Nachfolgende Wissenschaftsgenerationen halten den Tausch für ein langweiliges Alltagsphänomen, auf das man erst gar nicht hinsehen sollte.

Die traditionelle Ökonomik kümmert sich um diese Sichtweisen nicht weiter, sondern behauptet eine Theorie des Tausches zu sein. Das ist zwar glatter Unsinn, aber sie kommt doch gut damit durch. Ihre Gegner nehmen ihr diese Behauptung nicht nur ab, sondern richten ihre Angriffe gegen sie, weil sie angeblich eine Theorie des Tausches sei.

Barockes Theater könnte kaum verwirrender sein. Was bleibt aber auf der Strecke? Die Theorie des Geldes. Die Neoklassik hat aus bereits genannten Gründen keine. Da sie für eine Theorie des Tausches gehalten wird, glauben viele, man dürfe eine Theorie des Geldes nicht auf den Tausch gründen. Und so sucht man vergeblich woanders … .

Aber es geht nur mit dem Tausch. – Hic rhodus, hic salta.[267]

---

[267] In freier Übersetzung: Hier ist der Fluss Rhodus, jetzt spring drüber! – Zeig, was du kannst.

4.1 Marx: Wertform als Zerrbild der Vernunft

Stil und Absicht des Denkens über die moderne Gesellschaft sind bei Marx und Simmel grundverschieden. Eines haben Marx und Simmel allerdings gemeinsam: beide sind Theoretiker der *Form* der Gesellschaft, und bei beiden nimmt aus guten Gründen der *Tausch* eine prominente Rolle ein.

Marx' Regie seines Dramas „Das Kapital" sieht eine Wechselbühne vor. Auf der einen lässt er die *Wertsubstanzen* auftreten, auf der anderen die *Wertformen*.

Die *Wertform* resultiert aus dem Tausch. Marx geht in seiner Analyse von einer sehr einfachen Operation in einer Naturalwirtschaft aus: A liefert an B 10 Ellen Leintuch und erhält von B 1 Quarter Weizen. In diesem Beispiel „zahlt" B in Weizen und A in Leintuch. Der Wert der einen Ware wird durch die Menge der anderen ausgedrückt und damit objektiviert.[268] Der Wert einer Ware „erscheint" also in der Menge einer anderen Ware. Findet dieser Vorgang zwischen vielen Tauschpartnern statt, kristallisiert sich eine Ware als weithin oder sogar allgemein verwendetes Tauschmittel aus. Das ist dann, um mit Marx zu sprechen, das allgemeine Äquivalent der Waren oder schließlich Geld selbst. Marx zeigt also, wie sich die Wertformen aus dem Tausch entfalten, wobei eine Objektivierung der zunächst nur subjektiv empfundenen Werte im Tausch stattfindet und im Geld gipfelt. Das auf diese Weise emergierte (herausgewachsene) Geld steht nun der Welt der Waren und ihren Besitzern als eigenständiges und universelles Gebilde gegenüber.

Marx erkennt ganz richtig, dass Wertformen (emergente) Vergegenständlichungen sozialer Beziehungen sind, und dass von diesen eine große Unruhe auf die Gesellschaft ausgeht. Für ihn sind es die Wertformen, die die Gesellschaft in eine nicht zu überblickende Dynamik hineinreißen. Wertformanalyse ist daher die Theorie einer „extended order" – um Hayeks Ausdruck zu verwenden. Die Keimform ist der Tausch. Der Treibsatz ist das Geld.

---

[268] Objekt ist das Entgegengeworfene, das dem Subjekt Gegenüberstehende. Objektivierung ist also ein Prozess, der das dem Subjekt Gegenüberstehende erzeugt. Der Prozess des Tauschens bringt die Wertform (Erscheinungsform des Werts) hervor. Warenwerte werden in Geldform dargestellt.

Das zweite Bühnenbild ist von dem des ersten ganz verschieden. Hier geht es nicht um Wertformen, sondern um *Wertinhalte*; nicht um die bürgerlich-geldwirtschaftlich-kapitalistische *Gestalt* und *Form,* sondern um ökonomische *Substanz* – also um die Entstehung und die Verteilung von Werten. Entsprechend: nicht um Unruhe, sondern um Ruhe. Nicht um Schwankungen, sondern um Gleichgewicht. Die Schausteller auf *dieser* Bühne kommen aus der klassischen Denkschule: Arbeitswerte, abstrakt gesellschaftliche Arbeit, gesellschaftlich notwendige Arbeit, Mehrarbeit, Mehrwert, Gesetz der Proportionalität usw. Wir haben darüber schon auf den S. 274ff berichtet.

Nur wenige zeigen Interesse für die Bühne der *Wertformen*: Marx, seine Schüler und die aussterbende Spezies der Marxkenner, Simmel und auch ich. Die meisten halten die Wertformanalyse – sofern sie überhaupt wissen, was das ist – für dialektischen Hokuspokus. Ökonomen palavern meist über Werte, ohne auch nur ein Wort über Wertformen zu verlieren. Wenn über Werttheorie gesprochen wird, meint man allgemeinhin *Wertgrößen*.

Die Wertgrößentheorie ist der Kern der KLASSISCHEN Ökonomik. Damit ist jener maschinenhaft gegebene Zusammenhang der Dinge gemeint, der durch einen Datenkranz von vornherein festgelegt ist, der im Allokationsgleichgewicht und dual dazu im Wertevektor seinen Ausdruck findet. Dabei macht es keinen wesentlichen Unterschied, dass die Klassiker den Zusammenhang arbeitswerttheoretisch und die Neoklassiker den Zusammenhang über ein Grenznutzenkalkül ableiten.

Die Leistung der Marxschen Theorie gegenüber der klassischen (und auch neoklassischen) Theorie besteht darin, dass sie beide Ebenen explizit thematisiert. Damit steht sie mit einem Bein in der klassisch-mechanistischen Tradition, welche auch wirtschaftliche Angelegenheit am liebsten als Naturgeschehen betrachtet. Mit dem anderen Bein steht sie in der modernen Systemtheorie, die aus der interzellulären Bewegung der Gesellschaft – also ihren Wechselbeziehungen – die Dynamik der Gesellschaft ableitet.[269]

Das Problem der Marxschen Theorie besteht in seinem Versuch, die beiden Ebenen miteinander zu verknüpfen. Das aber geht nicht. Außerdem verdreht Marx den Sachverhalt. Ich möchte ihn wieder zurecht rücken. Das, was Marx für Substanz hält, nämlich den Arbeitswert, ist reine Fiktion. Umgekehrt sind Wertformen nicht, wie Marx meint, bloß Erscheinungsformen des Werts, sondern gesellschaftliche Tatbestände und das, was Wirtschaft konstituiert. Der

---

[269] Karl Marx sei der klassischen wie neoklassischen Ökonomie darin voraus, dass er die soziale Endogenisierung der Unruhe konsequenter denkt als diese, meint Baecker (1995, S. 111).

Wert ist nur die Idee des Preises. Der Preis geht dem Wert voraus, ist nur dessen Abstraktion und hat keine eigene Realität. Es gilt also: Geld ist die Voraussetzung dafür, dass es Wirtschaft gibt und die Ökonomik von Werten sprechen kann.

Sehen wir genauer hin, wie Marx verfährt und beginnen wir mit dem für die Marxsche Theorie fundamentalen Begriffspaar „Produkt" (oder Gut) und „Ware".

Produkt & Ware – Wesen & Erscheinung

Güter oder Produkte definiert Marx, ganz ähnlich wie auch sonst in der Ökonomik als

1. durch ihren Gebrauchswert bestimmt, d.h. durch ihre Nützlichkeit;
2. aber auch dadurch, dass zu ihrer Herstellung Arbeitszeit (Inhalt der Wertbestimmung) aufgewendet werden muss.[270]

Arbeit verkörpert für Marx die Knappheit der Dinge. Da Arbeit knapp ist, sind die Produkte knapp. Dass Produkte nützlich sein müssten, aber auch, dass zu ihrer Herstellung Arbeit aufgewendet werden müsse, das sei schon immer so gewesen, betont Marx.[271] Kurz: Ein Ding ist also durch den Gebrauchswert und seinen Wert bestimmt.

	Gebrauchswert	Wert	Tauschwert
Ding	X	(X)	-
Ware	X	X	X

In der bürgerlichen Gesellschaft aber würden Produkte zu Waren, weil sie getauscht, d.h. gegen Geld gekauft und verkauft würden. Ihr Wert würde als *Tauschwert erscheinen*.[272] Obgleich jedem von uns ein „selbstverständliches, triviales" Ding stecke die Ware „voll metaphysischer Spitzfindigkeit und theologischer Mucken" (Marx, Kapital I, S. 85). Das komme eben dadurch, dass

---

[270] „Der Austauschprozess gibt der Ware ... nicht ihren Wert, sondern ihre spezifische Wertform" (Marx 1868, Das Kapital, Band I, S. 105).

[271] Brief an Kugelmann (1868).

[272] Marx hat, auch wenn er bloß von Tausch spricht, immer die entwickelte kapitalistische Gesellschaft vor Augen! Im Tausch sieht er die Keimzelle, die sich zu dieser Gestalt entfalten möchte.

das Verhältnis der Produzenten zueinander im Tausch diesen als ein außer ihnen existierendes Verhältnis von Gegenständen gegenüberträte. Es sei das Quidproquo im Tausch, welches die Arbeitsprodukte zu Waren – zu „sinnlich übersinnlichen Dingen" – mache, denn die Waren seien nicht nur Gebrauchswert und Wert, sondern *auch* Tauschwert. Obwohl Güter zwar als Arbeitsprodukte einen Wert hätten – als Waren erscheine ihr Wert als gesondertes Objekt.

Wir sehen aus dieser kleinen Gegenüberstellung, dass für Marx ein nützliches *Ding (= Gut) von Natur her* nur zwei Eigenschaften hat: Es ist Gebrauchswert und Wert, während aber eine *Ware* mit einer dritten Eigenschaft aufwartet: der des Tauschwerts.[273]

Die Begriffe *Gut* (nützliches Ding, Arbeitsprodukt) und Ware verhalten sich für Marx zueinander wie *Wesen* und *Erscheinung*, wie das Eigentliche und seine Form. In allen Gesellschaften, in alten, der kapitalistischen und in jeder zukünftigen haben Güter Gebrauchswerte, und sie haben als Arbeitsprodukte auch einen (Arbeits-)Wert (auch wenn ein solcher nicht in Erscheinung tritt und als solcher nicht erkannt werden sollte). Nur in der bürgerlich-kapitalistischen Gesellschaft *erscheint* nach Marx das Produkt als Ware.

Voraussetzung der Marxschen Kritik: die kommunistische Fiktion

Bei jedem dieser Vorwürfe nimmt Marx Maß am fiktiven Kommunismus, d.h. am Konzept der unmittelbaren Vergesellschaftung frei assoziierter Produzenten oder sogar – ganz so wie es die Neoklassik tut – an Robinson, der den Stoffwechselprozess mit der Natur als Einzelkämpfer bewältigt. Mit anderen Worten: Marx kritisiert die Erscheinungsform der Ware aus der Perspektive einer rein inhaltlich bestimmten Rationalität. Damit beurteilt er die Unvoll-

---

[273] Ich vereinfache hier ganz bewusst. Marx wollte sich auf dieses naturalistische Schema aus guten Gründen nicht wirklich festlegen. In der Tat ist es ja so und entspricht unserer Auffassung, dass erst die Wertform den Wert erzeugt. Diese Einsicht lässt Marx durchaus gelegentlich durchblicken. Trotzdem hält er an der Vorstellung einer eigenen Existenz des Werts fest und damit an der Dichotomie von Wertsubstanz und Wertform. Auf diese Dichotomie klopfe ich Marx hier fest. Hätte er die Dichotomie aufgegeben, hätte er die Wertsubstanzlehre und sein Konzept der gesellschaftlich notwendigen Arbeit aufgeben müssen. Er hätte dann freilich auch die kommunistische Utopie als Maßstab für die Kritik am Kapitalismus fallen lassen müssen.

kommenheit des Tauscharrangements der Bürger aus der Utopie des Kommunismus.[274] Was für die Neoklassik das Allgemeine Gleichgewichtsmodell ist, ist für Marx die unmittelbare und vernünftige „Assoziation der Produzenten". Wir können das schon an der Definition des Werts für die einzelne Ware ablesen. Wie ist nach Marx der Wert der Güter bzw. Waren bestimmt? Durch die für deren Herstellung aufgewandte Arbeitszeit – aber nicht bloß durch die faktisch aufgewandte – sondern durch die zur Herstellung *gesellschaftlich notwendige* Arbeitszeit. Gesellschaftlich *notwendig* ist die Arbeitszeit, deren Verausgabung aus der Perspektive eines *gesamtwirtschaftlichen Gleichgewichts* erforderlich sein würde. Kein einzelner kann das kennen, und keiner Arbeit steht das auf der Stirn geschrieben, ob sie in diesem Sinne notwendig ist.

Arbeit ist zunächst nur ein Vorgang, welcher der Subjekt-Objekt-Ebene zuzurechnen ist. Ich fahre Auto, melke eine Kuh, montiere an der Werkbank, schreibe an einem Papier oder rufe Kollegen zu einer Arbeitssitzung zusammen. Das ist, wie Marx schreibt, alles „Verausgabung von menschlichem Hirn, Nerv, Muskel und Sinnesorgan usw." (Marx, Das Kapital, Bd. I, S. 85). Diese Tätigkeiten charakterisieren *mein* Handeln an bestimmten Objekten. Damit aber *meine* Aufwendungen auch *gesellschaftlich notwendig* wären, müssten sie nicht nur für die Gesellschaft irgendwie nützlich sein, sondern so nützlich sein, dass die Gesellschaft den bestmöglichen Nutzen daraus ziehen könnte. Das was unter bestmöglicher Nutzenbefriedigung verstanden werden könnte, das hat die Neoklassik mit dem Grenznutzenprinzip ausformuliert und hat damit die Gleichgewichtsvorstellung der Klassik präzisiert. Auch wenn Marx nicht grenznutzentheoretisch argumentierte, ist klar, dass auch er von einer Gleichgewichtsvorstellung ausging. Sonst hätte er nicht von gesellschaftlicher *Notwendigkeit* sprechen können. Ein Gleichgewicht kann aber nicht aus der individuellen Verausgabung „von Hirn, Nerv, Muskel", sondern nur aus der Vorstellung eines vernünftigen Zusammenhangs der Gesellschaft abgeleitet werden (die in der Realität kein Korrelat haben kann).

---

[274] Das wäre eine formale Kritik an Marx. Man kann diese Kritik auch auf das implizite Menschen- und Geschichtsbild von Marx – also auf Inhaltliches – ausdehnen. Die Vorstellung der Aufhebung von Entfremdung (beim frühen Marx) und die Vorstellung der Überwindung des Fetischcharakter der Waren (beim späten Marx) zeigen den Entwurf des Menschen als geschichtliches Wesen, dessen Bedürfnisse eher „niedrig", „einfach", „bescheiden" und „auf die Einrichtung einer vertraut-heimischen Welt" eingerichtet sind. Man muss gegen dieses quietistische Weltbild die alte Frage stellen, ob „nicht das Menschenwesen immer schon über sich und insbesondere über den Kreis der sogenannten Lebensbedürfnisse" hinausgreift (Eldred 2000, Kapitel 5).

4.1 Marx: Wertform als Zerrbild der Vernunft

Wir sehen also, dass Marx dem einzelnen Arbeitsprodukt, d.h. der einzelnen Ware, klammheimlich die Vorstellung einer bereits arrangierten „Gesellschaft" unterschiebt[275] und den gesellschaftlichen Zusammenhang in die einzelne Ware hineingeheimnisst. Die „wahre Natur" der Ware besteht für ihn darin, dass sie „Gallerte" gesellschaftlich notwendiger Arbeitszeit ist, womit er die Arbeit zum eigentlichen Substrat der Gesellschaft macht und die Arbeiterklasse zu ihrem wahren Subjekt verklärt.[276] Vor dieser wahren Natur erscheint die Warenproduktion der kapitalistischen Gesellschaft nur als zufällige, eigentlich nicht notwendige, im Prinzip durch eine andere Ordnung ablösbare (daher kontingente) Form, durch die sich der wahre (kommunistische) Zusammenhang der Gesellschaft chaotisch und hinter dem Rücken der Produzenten vollzieht.

Die wahre Natur der Gesellschaft liegt für Marx in ihrem Arbeitszusammenhang. Und der wahre Wert ist der Arbeitswert. Diese *Wesenslogik der Arbeit* steigert Marx bis zur Behauptung, die Tauschkommunikation könne überhaupt nur stattfinden, weil die im Tausch gleichgesetzten Waren auch von wesensmäßig gleicher Substanz wären, d.h. abstrakt gesellschaftliche Arbeit enthielten. Diese Wesenslogik ist aber mit einem schweren Denkfehler behaftet. Marx zieht die Parallele zu Längen und Gewichtsmessungen. Seine Logik scheint zunächst einleuchtend: Um Längen zu messen, muss das Maß selbst die Eigenschaft einer Länge haben. Um Gewichte zu messen, muss das Maß Gewicht haben. Was liegt näher als zu schließen, dass, um Werte zu messen, das Maß auch selbst ein Wert sein muss?[277] Dies könne, schließt Marx, aber nur „gleiche menschliche Arbeit" d.h. „abstrakt gesellschaftliche Arbeitszeit" sein. Die Schlussfolgerung, man kann nur gleichsetzen, was wesensmäßig gleich ist, ist aber nicht nur nicht zwingend, sondern logisch falsch, und zwar aus zwei Gründen.[278]

---

[275] Zur Kritik siehe Sohn-Rethel (1977), Elbe (2001) und Brodbeck (2009).

[276] Die Fehlerhaftigkeit der Marxschen Werttheorie zeigt auch Sohn-Rethel auf.

[277] Diese Auffassung findet sich auch explizit in einem späten Text Ricardos: „The only qualities necessary to make a measure of value a perfect one are, that it should itself have value, and that that value should be itself invariable, in the same manner as in a perfect measure of length the measure should have length and that length should be neither liable to be increased or diminished; or in a measure of weight that it should have weight and that such weight should be constant" (Ricardo 1823, S. 361).

[278] Simmel (ib. S. 101ff) argumentiert hier etwas anders. Er führt an, dass ein Messmittel nicht notwendigerweise die gleiche Qualität haben müssten wie das Gemessene (Längen-

1. Warum sollen Waren nur getauscht werden können, wenn sie einer gemeinsamen dritten Qualität teilhaftig sind – in diesem Fall eine gleiche Wertsubstanz besitzen? Ist es nicht umgekehrt? Im Tauschen setzen Bürger qualitativ verschiedene Produkte einander gleich. *Tausch ist ein Akt der Gleichsetzung.* Produkte werden nicht getauscht, weil sie den gleichen Wert haben, sondern indem sie getauscht werden, werden sie einander gleichgesetzt. Damit erhalten die Waren in diesem Tausch, aber eben nur in diesem Tausch, den gleichen Wert. Das ist beim Naturaltausch unmittelbar einsichtig: x Mengeneinheiten der Ware A $\equiv$ y Mengeneinheiten der Ware B. (Das Zeichen „$\equiv$" soll hier bedeuten: Gleichsetzung). Es gilt aber selbstverständlich auch für den Geldtausch. Wenn beispielsweise 1 Einheit der Ware A und zufällig auch 1 Einheit der Ware B für je 100 Einheiten Geld verkauft werden, sagen wir, dass beide je 100 Geldeinheiten wert seien oder dass sie einen Preis von je 100 Einheiten hätten. (Die Worte Wert und Preis werden oft synonym verwendet.) Daraus aber folgt nicht, dass die Waren gleichen Wert in irgendeinem substantiellen Sinn hätten. Die Aussage „A und B sind in einem substantiellen Sinne gleich viel wert", könnte man nur treffen, wenn der Wert ein Maß wäre, das unabhängig davon existiert, was Menschen tun. Die Klassiker sahen im Arbeitswert ein solches Maß. Aber ein solches Maß kann es nicht geben.

2. Die Vorstellung eines allen Waren gemeinsamen Maßes impliziert im Übrigen die Vorstellung der Welt als gegebenem Raum (als Box), angefüllt mit einer bestimmten Menge an Gütern und Ressourcen. Der Tausch würde in dieser Welt nichts Neues hervorbringen können, denn an der Substanz dieser Welt würde sich durch ihn nichts ändern. Der Tausch wäre nichts anderes als der Stellenwechsel zwischen der einen und der anderen Substanz. Dieser Vorstellung möchte ich mit der Behauptung entgegentreten: Der Tausch ist eine Tat, die Neues hervorbringt. Er bringt

---

messung durch eine Längenmaß, Gewichtsmessung durch ein Gewichtsmaß usw.) sondern dass a) es auch eine Gleichheit in den Wirkungen geben kann, ohne Gleichheit der Ursachen selbst b) man oft Dinge nicht selbst messe, sondern es ausreiche, wenn man Proportionen vergleiche – zum Beispiel wenn „eine Änderung, eine Differenz oder das Verhältnis je zweier Quanten gemessen werden soll" (ib. S. 103). – Dieses Argument ist zwar richtig, aber es ist hier nicht entscheidend. Denn wir messen ja nur in Geld, weil wir gegen Geld tauschen, wobei das Tauschen ein Gleichsetzungsakt ist. Tauschen führt also zu keinem Messen, sondern dazu, dass die „Werte" in Geldeinheiten (=Preisen) dargestellt werden. Als solche sind sie natürlich vergleichbar, und man kann mit ihnen rechnen.

4.1 Marx: Wertform als Zerrbild der Vernunft

Subjekte miteinander in Beziehung, die sie erst zu Tätigkeiten veranlassen. Würde dieser Kontakt unterbleiben, würden jene nicht tätig werden. Ohne synaptischen Schluss gibt es keine Waren!

Offenbar glaubt Marx nun aus dem „Wissen" um das *inhaltliche* Wesen der Dinge, die er aus der kommunistischen Vision „schaut", gegen die „Ware" bzw. die kapitalistische Warenproduktion drei Vorwürfe erheben zu müssen, nämlich den Vorwurf der

- der Entfremdung
- des Chaos und
- der Ausbeutung.

Keiner dieser Vorwürfe ist ganz von der Hand zu weisen. Aber in ihrem Absolutheitsanspruch sind sie verlogen und lebensfeindlich.

Entfremdung und Fetischcharakter

„Das Wesen des Geldes ist (...), dass die vermittelnde Tätigkeit (...), wodurch sich die Produkte des Menschen wechselseitig ergänzen, entfremdet und die Eigenschaft eines materiellen Dings außer dem Menschen, des Geldes wird. Indem der Mensch diese vermittelnde Tätigkeit selbst entäußert, ist er hier nur als sich abhanden gekommener, entmenschter Mensch tätig; die Beziehung selbst der Sachen, die menschliche Operation mit denselben, wird zur Operation eines Wesens außer dem Menschen und über dem Menschen. Durch diesen fremden Mittler – statt dass der Mensch selbst der Mittler für den Menschen sein sollte – schaut der Mensch seinen Willen, seine Tätigkeit, sein Verhältnis zu andren als eine von ihm und ihnen unabhängige Macht an. Seine Sklaverei erreicht also die Spitze. Dass dieser Mittler nun zum wirklichen Gott wird, ist klar, denn der Mittler ist die wirkliche Macht über das, womit er mich vermittelt. Sein Kultus wird zum Selbstzweck." (Marx 1844, MEW, Ergänzungsb. 1, S. 445f.) [279]

---

[279] Um den Vorwurf des Fetischcharakters der Ware zu erheben, muss Marx dem Tausch die humanisierenden und sozialisierenden Funktionen absprechen: *„Ich habe für mich produziert und nicht für dich, wie du für dich produziert hast und nicht für mich. Das Resultat meiner Produktion hat an und für sich eben so wenig Beziehung auf dich, wie das Resultat deiner Produktion eine unmittelbare Beziehung auf mich hat. D. h. unsere Produktion ist keine Produktion des Menschen für den Menschen als Menschen, d.h. keine*

Der Vorwurf der Entfremdung durch das Geld „als eigenständigem Wesen außer und über dem Menschen" wäre ernst zu nehmen, würde er darauf gerichtet sein, ein Handeln zur Vermeidung der „Hypertrophie der Wertform" einzufordern oder einer ungezügelten Geldmacherei (Geld um des Geldes wegen) entgegenzutreten. Mit solch kompromisshaften ethischen Formeln hätte sich Marx aber nicht zufrieden gegeben. Er formulierte den Fetischvorwurf aus der „Sollvorstellung" eines Zustandes der direkten, unmittelbaren Vergesellschaftung. Damit erhob er eine theoretische Unmöglichkeit – Utopie = Ort, den es nicht gibt – zum Maß des politischen Handelns. Diese Forderung wurde, wie wir wissen, ernst genommen: Sie führte zum staatlich organisierten Terror gegen die Gesellschaft. Diese in vielen Köpfen vorhandene, offenbar unausrottbare Ideologie will nicht zur Kenntnis nehmen, dass ein gewisses Maß an Entfremdung – sprich Objektivierung – Teil der Menschwerdung des Menschen ist. Der Mensch muss sich sogar in einem gewissen Maß sich selbst fremd werden, um Mensch zu sein.

Chaos

Ähnliches gilt für den **Chaos-Vorwurf**. Aus der Perspektive des (utopischen) Anspruchs auf direkte Vergesellschaftung erscheint der bürgerliche Tauschverkehr als chaotische Verkehrsform, die durch direkte Assoziation der Produzenten – praktisch durch zentrale Planung und Administration – zu ersetzen ist. Beim Thema Entfremdung lautet die Losung: „Gebrauchswert statt Tauschwert". Auf der Ordnungsebene lautet sie: „Plan statt Markt".

Die antibürgerliche (gegen den Tauschverkehr eingenommene) Haltung Marxens ergibt sich direkt aus seiner Werttheorie. Im Arbeitswert (der Güter) sieht Marx etwas Allgemeines, Wesentliches, Gesetzmäßiges, während er dem Tauschwert (der Waren) nur den Status einer mehr oder minder zufälligen Erscheinung zuerkennt.[280] Die Werte sind das Zentrum, um das die Marktpreise

---

gesellschaftliche Produktion. (...) Jeder von uns sieht in seinem Produkt nur seinen eigenen vergegenständlichten Eigennutz" (Marx, MEW Ergänzungsband 1, S. 459f). Nach Marx produziert der Mensch nicht um des Bedürfnisses des anderen wegen, sondern bloß um sich das Produkt des anderen anzueignen.

[280] „Das Geschwätz über die Notwendigkeit, den Wertbegriff zu beweisen, beruht nur auf vollständigster Unwissenheit, sowohl über die Sache, um die es sich handelt, als die Methode der Wissenschaft. Dass jede Nation verrecken würde, die, ich will nicht sagen für ein Jahr, sondern für ein paar Wochen die Arbeit einstellte, weiß jedes Kind. Ebenso weiß es, dass die den verschiedenen Bedürfnismassen entsprechenden Massen von Produkten

4.1 Marx: Wertform als Zerrbild der Vernunft 323

schwanken.[281] Deshalb müssten sich die Preise im allgemeinen auch von den Werten unterscheiden:

> *„[D]ie wirklichen, täglichen Austauschverhältnisse und die Wertgrößen [können] nicht unmittelbar identisch sein (...). Der Witz der bürgerlichen Gesellschaft besteht ja eben darin, dass a priori keine bewusste gesellschaftliche Regelung der Produktion stattfindet. Das Vernünftige und Naturnotwendige setzt sich nur als blindwütiger Durchschnitt durch."*[282]

Die Chaos-Kritik unterstellt also, dass man bei einer bewusst-gesellschaftlichen Regelung direkt in Arbeitszeiteinheiten rechnen und daher auf Preise verzichten könnte – die ökonomische Vernunft würde direkt durchgesetzt werden.

Arbeitswerte **sind für Marx daher Ausdruck des direkten und wesenshaften Zusammenhangs der Arbeitsgenossen,** *Preise* **(Wertformen) nur Reflex ihrer chaotischen, überwindbaren** *bürgerlichen Form.*

Der *Fundamentalismus* Marxens stützt sich auf die *Substanzlehre* des Werts, die von einem quasi-physisch vorhandenen Arbeitspool ausgeht, der auf die Arbeitsgenossen nur vernünftig zu verteilen wäre. Die Menschen würden dann alles direkt untereinander abmachen.

Dieser *fundamentalistischen* Perspektive halte ich mit Georg Simmel die *relativistische* Sicht entgegen, nach der der Körper der Gesellschaft erst durch die Tauschkommunikationen entsteht, die die Bürger untereinander eingehen. Der zufolge ist die Wertform die Voraussetzung der Wirtschaft. Wie schon

---

verschiedene und quantitativ bestimmte Massen der gesellschaftlichen Gesamtarbeit erheischen. Dass diese Notwendigkeit der Verteilung der gesellschaftlichen Arbeit in bestimmten Proportionen durchaus nicht durch die bestimmte Form der gesellschaftlichen Produktion aufgehoben, sondern nur ihre Erscheinungsweise ändern kann, ist self-evident," schreibt Marx in seinem berühmten Brief an Kugelmann (K. Marx, Brief an L. Kugelmann (1871), MEW 33, S. 209), in welchem er seine Position zum Verhältnis von Preisen als Erscheinung und Werten als dem Wesen auf das Knappste zusammenfasst.

[281] Der Unterschied von Marx und Neoklassik ist erstens der, dass sie das „Zentrum" jeweils anders konstruieren. Bei Marx gibt es übrigens gleich zwei Zentren: die Werte und die Produktionspreise, was zu erheblichen Interpretationsschwierigkeiten führt. (Nutzinger/Wolfstetter 1974, S. 229ff; Bortkiewicz 1906) Zweitens besteht der Unterschied im Grad des „Glaubens": Marx glaubt an das Zentrum als wirkende Substanz. Die Neoklassiker sehen in ihrem Zentrum bloß eine akademische Hypothese (dazu auch S. 270 und S. 326).

[282] Brief an Kugelmann, ib.

gesagt: der Mensch ist das indirekte Wesen. Das gilt auch für die Gesellschaftsbildung. Sie ist auf die Wertform angewiesen.

Bemerkung: Die Vorstellung eines Werts, also eines Gravitationszentrums, um welches die Preise schwanken, die auch sowohl in der Klassik wie auch in der Neoklassik vorherrscht, ist durchaus nicht erforderlich, um zu begründen, dass Märkte zur Selbstkorrektur fähig sind. In der Wirtschaft geht es immer um ein Zuviel oder ein Zuwenig. Um festzustellen, was zu viel oder was zu wenig ist, was zu teuer oder zu billig ist, brauchen wir kein absolutes Maß. Ob eine Ware zu teuer oder zu billig verkauft wurde, ergibt sich aus dem Vergleich mit dem Eigenherstellungsaufwand bzw. mit den beobachteten Preisen anderer Käufe oder Verkäufe.

Ausbeutung

Die Arbeitswertthese führt direkt in eine Ausbeutungstheorie. Sie ist ein analytisches Schema, wonach die *Arbeitszeit die Substanz* ist, und die Macht über Arbeitszeit als Herrschaft über die Arbeit aufgefasst wird, einer Herrschaft – wie im „alten Ägypten" – in der Sklaventreiber über die Mehrarbeit, welche die Sklaven erbringen, direkt verfügen.

Mit dem Arbeitswertansatz meint Marx die *wahre Natur* des Kapitalismus als System der Ausbeutung aufdecken zu können.

Die Raffinesse der kapitalistischen Produktionsweise, so Marx, liege allerdings darin begründet, dass die Äquivalentform des Austausches das Faktum der Ausbeutung verdecke. Im Austausch würden sich die Bürger als formal Gleiche begegnen und ihre Waren im Tausch einander gleichsetzen. (10 Pfund Tee = 20 Ellen Leinwand. 1 Woche Arbeit = 3 Pfund Sterling.) Unter dem Deckmantel dieser Gleichheit würden aber substantiell ungleiche Größen getauscht werden, denn der Wert, welcher der durchschnittliche Arbeiter erzeuge (= Wert der Arbeit) sei viel höher als der Wert, mit dem er bezahlt werde (= Wert der Arbeitskraft).

Marx hoffte, durch Überwindung des Systems (der Warenproduktion) auch die Ausbeutung überwinden zu können. Andere sehen in der Arbeitswerttheorie eine Orientierung für mehr Gerechtigkeit *im* System. Ist die *Arbeitswerttheorie als Orientierungsrichtlinie für mehr Leistungsgerechtigkeit* brauchbar? Darf sie herangezogen werden, um Zins und Dividenden als systemfremde Elemente zu desavouieren? Ich meine: nein.

4.1 Marx: Wertform als Zerrbild der Vernunft

Für die Unbrauchbarkeit der Arbeitswertlehre als Verteilungsprinzip sprechen eine Reihe mehr oder minder auf der Hand liegender – substantieller – Gründe und ein sehr prinzipieller – formaler – Grund.

Die *substantiellen Gründe* betreffen die Nichtzurechenbarkeit von Leistung und Ertrag infolge
- des Pooling, also der Umverteilung durch den Staat (S. 130),
- der Unentgeltlichkeit bzw. auch Unentgeltbarkeit vieler Leistungen (Kindererziehung, ehrenamtliche Tätigkeiten, usw.),
- der Unmöglichkeit, die Relation einer hochwertigen Leistung (chirurgischer Eingriff) von einer niederwertigen Leistung (Taxi-Service) anzugeben[283],
- oder auch der Existenz externer Kosten (externalities), worin sich systemische Überschneidungen ausdrücken. Wirtschaft ist eben Koproduktion.

Der *formale* Grund liegt in der Natur der Wirtschaft als Form oder Formengebilde. Wirtschaft ist kein (natürlicher), sondern ein (kultureller) Tauschzusammenhang. Die Arbeitswerttheorie sieht Wirtschaft als großen *Arbeitskörper*. Arbeit ist zwar Verausgabung von physischer Energie, bildet aber als solche nicht Gesellschaft. Diesem Umstand musste Marx schon beim Transformationsproblem Rechnung tragen. Er musste feststellen, dass sich die Waren selbst im Idealfall gar nicht nach Arbeitszeiten austauschen können.[284] Schon daher, aber auch aus etlichen anderen Gründen, kann der Arbeitswert keine Orientierung für einen Ausgleich, für Gerechtigkeit, für Angemessenheit in der Verteilung geben. Je höher sich die Wirtschaft entwickelt, desto weniger ist dies der Fall. Hinter den wirtschaftlichen Resultaten mag man zwar ex post Ausbeutungsverhältnisse (mit Hilfe des analytischen Werkzeugs der Arbeitswertansatzes) feststellen. Aber man muss wissen, dass hier ein Maßstab angelegt wird, der der Wirtschaft als einem kommunikativen Netzwerk nicht entspricht.

Aus substanztheoretischer (dyadischer) Sicht – Arbeitszeit gilt als Grundsubstanz, die der Gesellschaft zur Verfügung steht – ist z.B. der Zins als arbeitsfreies Einkommen nicht gerechtfertigt. Denn aus der Warte der Arbeitswerttheorie ist er ein ungerechtfertigter Abzug vom Arbeitsertrag. Aus verkehrswirtschaftlicher (tauschtheoretischer) Sicht ist er gerechtfertigt: Der Eigentümer gibt zeitweise Eigentum auf und verlangt hierfür einen Preis.

---

[283] Auf diese Schwierigkeit hat Marx im sog. Problem der Reduktion komplizierter auf einfache Arbeit bereits hingewiesen.

[284] Das wusste schon Marx: am Markt tauschen sich nicht Arbeitswertäquivalente, sondern gleiche Kapitalteilchen (Produktionspreise) aus – auch da freilich nur im Idealfall.

Allerdings ist nicht jeder Preis (Warenpreis, Zins, Lohn, usw.) gerechtfertigt. Hier kommt es auf das richtige Maß an, bei dessen Vereinbarung die Tauschpartner unter Einbeziehung dessen, was andere tun, zu einer *fairen Lösung* kommen sollen. Geht es um „strategische" Preise (Lohn- und Zinsniveau, Energiepreise) müssen Mechanismen zur Verfügung stehen, die auch auf die Wirkungen für die Wirtschaft als Ganzes Bedacht nehmen. Insgesamt wird z.B. die Regel gelten können, dass Löhne auf dieses Ganze gesehen so hoch wie möglich, Zinsen so niedrig wie möglich sein sollen und Energiepreise strategisch so zu setzen sind, dass den kommenden Generationen nicht „das Licht ausgeht". Aber in keinem Fall bietet der arbeitswerttheoretische Ansatz eine Orientierung zum Thema Gerechtigkeit und Ausgleich.

Fazit: An die Stelle eines naturalen und daher substantiellen Maßstabes – für einen solchen wird ja der Arbeitswert gehalten (obwohl er auf einer komplexen gesellschaftstheoretischen Vorstellung beruht), sind daher die „humanen" Kriterien der Angemessenheit, Ausgewogenheit, Gleichgewichtigkeit, Gerechtigkeit und der Bedachtnahme auf das Ganze zu setzen, was immer dies auch im Einzelnen heißen mag. Verteilung ist keine Sache, die man durch naturale Größen messen kann oder die man einem kalten Mechanismus überlassen darf. Weder das eine noch das andere funktioniert. – Der *Mensch* ist als *zoon politikon* gefordert.

Die Differenz von Wertform und Wertsubstanz als treibende Kraft der Revolution

Marx nutzt die Arbeitswertsubstanz aber nicht nur zur Aufdeckung des Fetischcharakters der Wertform und zur Denunzierung ihres chaotischen und ausbeuterischen Charakters, sondern setzt sie ein, um die Selbstzerstörung des kapitalistischen Systems zu prognostizieren und den Kommunismus als notwendige Folge der dem kapitalistischen System innewohnenden Widersprüche zu prophezeien. Zwar sieht Marx ganz deutlich, dass die im Formenspiel des Kapitalismus angelegte Dynamik zur Entfaltung der Produktivkräfte beiträgt, und verzichtet daher im Unterschied zu den „Arbeitszettlern", romantischen Sozialreformern (Proudhon) und Zinsfeinden darauf, die Abschaffung der Wertformen sofort zu fordern. Aber er ist sich ganz „sicher", dass die innere Logik dieses Formenspiels ganz von selbst zur Überwindung jener entfremdenden

Formen führen würde: Im Kommunismus würde der Mensch oder die Menschheit zu sich kommen und ihre wahre Natur verwirklichen.[285] Die Wertform würde verschwinden und die assoziierten Produzenten unter sich alles abmachen – „ohne Dazwischenkunft des vielgerühmten Werts", wie sein Weggefährte Engels sich ausdrückt (Engels 1877, S. 288).

> **Damit stellt Marx nicht, wie von ihm behauptet, Hegel vom Kopf auf die Füße, sondern die Welt auf den Kopf. Er erhebt die kommunistische Fiktion zum Maßstab aller Dinge, denunziert die Welt mit deren Hilfe und verspricht Heilung aus deren Verwirklichung.**

Der Missbrauch des Wertbegriffs bei Marx

Die Kritik an Marx hat eine lange Tradition. Man plagte sich vor allem mit seinen Theoremen und musste immer wiederum vor seinen Einsichten staunen. Folgendes kam aber bisher eher zu kurz: Die Einsicht, dass Marx die Wirklichkeit der bürgerlichen Gesellschaft im Zerrspiegel seines Hasses auf sie rekonstruiert, dem eine ebenso unreflektierte und von ihm kaum explizit gemachte Sehnsucht nach einer unmittelbar gesellschaftlichen Einheit und Direktheit parallel geht. Unreflektierter Hass auf der einen Seite und die noch weniger reflektierte Sehnsucht nach einer „Heilung" der Gesellschaft durch „Unmittelbarkeit" führten allerdings zu schweren Wahrnehmungsdefiziten, die Marx mit komplizierten Denkkonstrukten geschickt zu verbergen wusste. Marx weigerte sich von vornherein, die humanisierende Bedeutung des Tausches wahrzunehmen. Letztendes verriet er sogar seine eigene Theorie: Einerseits sprach er ständig von Vergesellschaftungsprozessen, aber die *Formen* dieser kritisierte er aus dem Blickwinkel eines Zustands, in welchem jede Form verschwunden sein würde.

Damit beging er den gleichen methodologischen Irrtum wie die Neoklassik, da auch er von einer reinen dyadischen Ökonomik träumt. Der aus seiner Warte krankhaften, bürgerlichen Triade stellte er die kommunistische Dyade gegenüber. Ist die Dyade für die Neoklassik eher eine akademische Hypothese, hinter der bei den meisten – aber durchaus nicht allen – Vertretern die Absicht steht, Tausch und Privateigentum zu verteidigen, sollte sie sich in den Händen von Marx zu einer schrecklichen Waffe gegen die Bürgerordnung auswachsen. Marx reduzierte also nicht nur die Triade auf eine Dyade, wie es die Neoklassik

---

[285] „Das Wertgesetz ist die im Kapitalismus sich blind durchsetzende Vernunft, die erst im Sozialismus, *in der bewussten Planung* des gesellschaftlichen Gesamtarbeiters, zu sich kommen soll." Brodbeck 2009, S. 519. Siehe auch Dietz 1976.

tut. Er benutzt die Differenz auch, um den Tod der Triade vorauszusagen und will die Triade durch die Dyade vernichtet wissen.

Descartes feierte mit Marx seinen späten Triumph: den Triumph der absoluten Herrschaft des Verstandes über den Körper[286] – auf unser Thema übertragen: des philosophisch gebildeten Politbüros über die Gesellschaft.[287] Wir wissen, wie dieses Experiment ausging. Es führte nicht zum versprochenen vernünftigen Zustand und zu mehr Freiheit in der Gesellschaft, sondern zu einem absoluten Voluntarismus für das Zentrum, der so groteske Züge annahmen, dass sich sogar Stalin, dessen Wort einige seiner Genossen zum allein gültigen Gesetz erklärt hatten, bemüßigt fand, seine Speichellecker zu korrigieren und zu betonen, dass es auch im Sozialismus Gesetze gäbe, die zu berücksichtigen seien[288] – welcher Art wurde allerdings nie klar formuliert.

Marx ist der meines Wissens erste Theoretiker, der im Tausch die Keimzelle für die Entfaltung der bürgerlichen Gesellschaft erkennt, die Evolution der Wertformen systematisch darstellt und mit ihrer Hilfe einen Gestaltbegriff der modernen Geldgesellschaft entwirft. Die von Marx skizzierte Gestalt der Bürgergesellschaft ist zwar eine Karikatur dieser, immerhin aber Gestalt. Seine Wertformtheorie und seine Gestaltskizzen sind allerdings aus dem radikalen Glauben an eine Alternative konzipiert, die es logisch gar nicht geben kann: Formen lassen sich nicht durch Inhalte ersetzen. Anstatt die bürgerliche Ordnung als eine auf dem Tausch beruhende „extended order" zu feiern,[289] will er diese – einem leeren Ideal nachjagend – vernichtet sehen.

---

[286] ... gegen die zu warnen Hayek nicht müde wurde.

[287] Dass die Marxsche Werttheorie den Stalinismus zur Konsequenz hat, das sehen inzwischen auch einige Marxisten. Vergleiche dazu Elbe, I. (2001). Sie versuchen es mit einer anderen Interpretation der Werttheorie, die aber zur noch verrückteren Konsequenz einer "Schlaraffenlandökonomik" führt. Während Marx immerhin von der Notwendigkeit der Arbeit ausgeht und die Entfremdung dieser durch die Wertform kritisiert, lasten diese die Tatsache, dass Produktion (Arbeits-)Zeit kostet, der bürgerlichen Verkehrsform an. Offenbar bedeutet für sie Aufhebung der Warenproduktion Aufhebung von Knappheit! Der Sprung aus dem Kapitalismus ist für sie der Sprung aus der Knappheit!

[288] Siehe dazu Dietz 1976, S. 75ff.

[289] Hayek war sensibel genug, diese gefährliche Stoßrichtung des Marxismus, aber nicht nur des Marxismus, sondern auch die Stumpfheit der neoklassischen Orthodoxie und ihre absolute Untauglichkeit für eine Theorie der Ordnung der Wirtschaft zu erkennen.

Und fast hätte er damit „Erfolg" gehabt, ohne freilich damit dem Ziel seines Lebenswerkes, den sich selbst verwirklichenden Menschen, näher zu kommen. Im Gegenteil: Der realexistierende Sozialismus war zwar so ziemlich das Gegenteil dessen, wovon Marx träumte. Dennoch war er die Konsequenz seines Denkens. Wenn etwas unmöglich ist, kann der Versuch, seiner Verwirklichung nur zu einem abartigen System führen. (Dietz, 2015b) Dementsprechend sieht die „Realität" der Utopie aus: die Länder des „real existierenden Sozialismus" waren schon immer gezwungen, vom „bösen" Kapitalismus zu lernen, um nicht unterzugehen, zurückzubleiben oder ganz zu verwildern. Und nach dem offiziellen Zusammenbruch des Sozialismus benötigte man die aktive Unterstützung kapitalistischer Staaten, um wieder einigermaßen auf die Füße zu kommen.

Niemand wird uns weismachen, dass ein Sozialismus, der auf die Beseitigung des Tausches als der Keimzelle der Bürgerordnung abzielt, ein humanes Gesicht haben und den Mangel als ständige „Tragödie der Menschheit" (Simmel 1900) hätte mindern oder beheben können. Träume oder Behauptungen dieser Art sind Kindereien, von denen es gilt, endgültig Abstand zu nehmen.

Zusammenfassung

Marx betrachtet die bürgerliche Gesellschaft aus der Perspektive eines großen, unmittelbaren, allumfassenden Passens. Er nennt dieses Kommunismus oder gelegentlich Verein assoziierter Produzenten. Damit konstruiert er sich die (kapitalistische) Realität aus der Differenz zur (kommunistischen) Utopie. Während er in der Utopie das Wesen der Gesellschaft sieht, in der sie ihr Heil erlangen würde, erscheint ihm aus dieser hehren, allerdings absolut leeren Perspektive (über die er sich nie ausführlich auslässt), die bürgerliche Welt als verkehrt, entfremdet, chaotisch und ausbeuterisch. Der Unterschied von Utopie und Wirklichkeit hat sein analytisches Pendent im Unterschied von *Wert und Wertform*. Die Werte drücken (angeblich) die ökonomischen Notwendigkeiten und den inneren Zusammenhang der Gesellschaft aus. Die Wertformen sind (angeblich) nur vorübergehende Erscheinungen, hinter denen die Werte wesen und wirken. Marx nutzt die konstruierte Unterscheidung, um das Entstehen und die Entfaltung der kapitalistischen Gesellschaft nachzustellen und deren Selbstzerstörung vorauszusagen. Mit seiner Theorie stellt Marx die Wirklichkeit auf den Kopf. Er projiziert die eigentliche Wirklichkeit in das kommunistische Wesen und hofft auf die Verwirklichung dieses Wesens aus den Widersprüchen des Kapitalismus, die er sich aus jener Unterscheidung konstruiert.[290]

---

[290] Diese Heilserwartung ist fast allen Utopien der Moderne eigen. Dazu siehe auch S. 135ff. Zum Zusammenhang von Utopie und Moderne siehe Eickelpasch 1996.

4.2 Simmel: Wertform – Quelle der Rationalität

Wertformtheorie pur – Verzicht auf das Festhalten von Substanzen

Eben haben wir gesehen, dass Marx an der klassischen Vorstellung der Wertsubstanz festhält, die ihm die Projektionsfläche liefert, vor der er Tauschwert und Geld als entfremdete Formen denunziert, die sich im Kommunismus auflösen würden. Simmel löst sich ganz aus der Klassik, verzichtet auf Wertsubstanz und ist „nur noch" Wertformtheoretiker, dies aber mit aller Konsequenz. Indem er mit der Wertsubstanz auch die Vision von einem vernünftigen Zustand – dem Sozialismus – kippt, setzt sich Simmel dem marxistischen Vorwurf aus, er sei Apologet des Geldes, verrate die sozialistische Perspektive und würde anstatt ihrer den „noblen Menschen" fordern. Alle diese Vorwürfe treffen zu, sind aber – wie wir noch sehen werden – an ihre Urheber zurückzureichen.

Von Ökonomen wurde Simmel kaum zur Kenntnis genommen. Als Theoretiker der Wertform blieb er ihnen fremd. Die Ökonomik verfolgt ein anderes Interesse als er, so dass sein Satz „Keine der Zeile dieser Untersuchung ist nationalökonomisch gemeint" von Ökonomen geradezu als Aufforderung, sich nicht mit der „Philosophie des Geldes" auseinanderzusetzen, aufgefasst wird. Damit ersparen sie sich zwar harte Leserarbeit, aber es entgehen ihnen fundamentale Einsichten in das dynamische und ekstatische Wesen der modernen Gesellschaft.

Simmels großes und für ihn selbst zentrales Werk „Philosophie des Geldes" stellt uns in der Tat vor etliche Schwierigkeiten. Wir, durch die Spezialisierung in den Fachdisziplinen trainiert, sind dem ganzheitlichen Denken entwöhnt. Mit der „Philosophie" spricht ein umfassend in den Wirtschaftswissenschaften, der Soziologie, der Literatur, der Philosophie und den Künsten Gelehrter zu uns, der die vielfältigen Kenntnisse und Begabungen zu einer interdisziplinären Arbeit zu bündeln weiß[291]. Simmels Schreib- und Denkstil ist gewöhnungsbedürftig. Schon seine Zeitgenossen beklagen seinen essayistischen Stil,

---

[291] Liessmann 1989.

seine impressionistische Schreibweise, und dass er sich nicht beschränken könne oder wolle. Simmel überrascht aber ermüdet auch mit der Fülle der Bezüge, die er herstellt, und mit schier unüberschaubaren Analogien und Bildern, die sich ihm freilich auch von der Sache her aufdrängen, ist doch Geld für ihn Symbol der Welt, über die er schreibt. Nicht wenige sind der Ansicht, der „Philosophie des Geldes" fehle die logische Stringenz oder die logische Geschlossenheit seines Arguments. Die „Philosophie" sei eher eine Sammlung von Aphorismen als ein in sich konsistenter Wurf. Dieser Vorwurf, so scheint mir, ist völlig unberechtigt. Simmels Geldphilosophie hat „ihre" Logik. Die Schwierigkeit, sie zu sehen, liegt, vom Stil seines Schreibens abgesehen, darin, dass sich Simmel von der klassischen Denkwelt gelöst hat, dies aber nicht lautschreierisch und eher implizit tut: Die Zeit zu einem großen methodologischen Sprung war damals noch nicht reif. Simmels „Philosophie des Geldes" greift weit voraus und liegt eher in der Zukunft als in der Vergangenheit.

Die klassische Denkwelt ist von Begriffen und Konzepten wie Masse, Energie und der Logik, dass „wo ein Ding ist, kein anderes sein könne", bestimmt. Es hat im Arbeitswertbegriff der Klassik und in den Gleichgewichtsvorstellungen der Neoklassik ihr wirtschaftswissenschaftliches Pendent, in welchem ein Zustand gedacht wird, in dem einer nur gewinnen kann, wenn ein anderer verliert (Pareto-Optimum).

Simmel verlässt die (angebliche) Objektivität der Naturwissenschaften und löst sich von jedem Naturalismus; von Erhaltungssätzen, die für jede neuzeitliche Naturwissenschaft das rationale Bedingungsprinzip sind, und wendet sich der Philosophie der menschlichen Kultur zu, für die Geld nur ein – wenn auch ein ganz zentrales und darin völlig verkanntes – Beispiel ist. Damit wendet er sich einem ganz neuen Denken zu, das Ähnlichkeiten mit dem der modernen Quantenphysik aufweist, die er natürlich nicht kennen konnte, in der sich alles in Relation, Wechselwirkung, Wahrscheinlichkeiten, Bewegungen usw. auflöst bzw. von daher seinen Ursprung und seine Erklärung gewinnt.

Die Bedeutung des Tausches

Für die Klassik und Neoklassik ist der *Tausch* nichts anderes als die Anwendung des Prinzips von der Erhaltung der Materie und damit ein *naturaler Substitutionsvorgang*, der an der Menge der vorhandenen Güter nichts ändert.[292]
Für Simmel hingegen ist der Tausch

---

[292] Mill 1848, Bd. 2., Kapitel über „exchange".

4.2 Simmel: Wertform – Quelle der Rationalität

> *"einer der ungeheuersten Fortschritte, die die Menschheit überhaupt machen konnte, weil er "die Menschheitstragödie der Konkurrenz mindert" und "dem geschichtlichen Prozess zu seinem vielleicht edelsten, veredelnsten Ergebnis verhilft, zu dem Aufbau einer Welt, die ohne Streit und gegenseitige Verdrängung aneigenbar ist, zu Werten, deren Erwerb und Genuss seitens des einen den anderen nicht ausschließt, sondern tausendmal dem anderen den Weg zu dem Gleichen öffnet." (ib. S. 306).*

Es sei "Unwahrheit", zu behaupten, die Welt sei "weggegeben" (ib. S. 303). Der ökonomische Horizont erweitert sich ja nicht nur dadurch, dass es den Menschen gelingt, "den unokkupierten Vorrat der Natur in die menschlichen Nutzungen hineinzuziehen" oder durch den Übergang von der extensiven zur intensiven Wirtschaft (Prozesse, die Simmel als *substantiellen* Fortschritt der Kultur bezeichnet, und welche auch von den Wirtschaftswissenschaften thematisiert werden),[293] sondern auch dadurch, dass der Tausch eine Form ist, welche den *Besitzwechsel – im Unterschied zu Raub und Diebstahl – für beide Parteien vorteilhaft macht* (ib. S. 305) und dadurch den *Raum* öffnet, in welchem sich Wohlstand entwickeln kann. Diesen Vorteil nennt Simmel den *funktionellen* Fortschritt. Diesen großen Zauber – der Ausstieg aus der Box – bringt der Tausch zustande, weil er zur Objektivierung des Subjektiven führt und damit die "Versittlichung" des Verkehrs bewirkt (ib. S. 306). Simmel dazu:

> *"der Mensch [ist] das tauschende Tier; (…) das ist freilich nur eine Seite oder Form der ganz allgemeinen Charakteristik, in der das Spezifische des Menschen zu bestehen scheint: der Mensch ist das objektive Tier. Nirgends in der Tierwelt finden wir auch nur Ansätze zu demjenigen, was man Objektivität nennt, der Betrachtung und Behandlung der Dinge, die sich jenseits des subjektiven Fühlens und Wollens stellt.*
>
> *Ich habe schon angedeutet, wie dies die Menschheitstragödie der Konkurrenz mindert. Das ist die eigentliche Versittlichung durch den Kulturprozess, dass immer mehr Lebensinhalte in transindividueller Gestalt objektiviert werden: Bücher, Kunst, ideale Gebilde wie Vaterland, allgemeine Kultur, die Formung des Lebens in begrifflichen und ästhetischen Bildern, das Wissen von tausenderlei Interessantem und Bedeutsamem – alles dies kann genossen werden, ohne dass einer es dem anderen wegnimmt. Je mehr die Werte in solche objektive Form*

---

[293] Aber auch der Übergang von der extensiven zur intensiven Wirtschaft ist nicht nur der Technik sondern auch der Verwendung des Geldes geschuldet.

übergehen, um so mehr Platz ist in ihnen, wie in Gottes Hause, für jede Seele. Vielleicht wäre die Wüstheit und Erbitterung der modernen Konkurrenz überhaupt nicht erträglich, wenn ihr nicht diese wachsende Objektivierung von Daseinsinhalten (...) zur Seite ginge. Es ist wohl von tieferer Bedeutung, dass eben dasselbe, was den Menschen rein tatsächlich psychologisch von der niederen Tierreihe scheidet: die Fähigkeit der objektiven Betrachtung, des Absehens vom Ich mit seinen Impulsen und Zuständen zugunsten der reinen Sachlichkeit – dass eben dies dem geschichtlichen Prozess zu seinem vielleicht edelsten, veredelndsten Ergebnis verhilft, (...). Der Tausch, der uns als etwas ganz Selbstverständliches erscheint, ist das erste und in seiner Einfachheit wahrhaft wunderbare Mittel, mit dem Besitzwechsel die Gerechtigkeit zu verbinden; indem der Nehmende zugleich Gebender ist, verschwindet die bloße Einseitigkeit des Vorteils, die den Besitzwechsel unter der Herrschaft eines rein impulsiven Egoismus oder Altruismus charakterisiert; (...) Allein die bloße Gerechtigkeit, die der Tausch bewirkt, ist doch nur etwas Formales und Relatives: der eine soll nicht mehr und nicht weniger haben als der andere. Darüber hinaus aber bewirkt er eine Vermehrung der absoluten Summe empfundener Werte. Indem jeder nur in den Tausch gibt, was ihm relativ überflüssig ist, und in den Tausch nimmt, was ihm relativ nötig ist, gelingt es durch ihn, die zu jedem gegebenen Zeitpunkt der Natur abgewonnenen Werte zu immer höherer Verwertung zu bringen." (ib. S. 306f)

Der Tausch durchbricht, wie der kleine Vogel die Schale von innen her, die Box einer „weggegebenen Welt", und bahnt den Menschen den Weg zu unabsehbaren Möglichkeiten.[294]

---

[294] Man registriere: Simmel benützt den Tausch, eine ohne Zweifel ökonomische Handlung, um zur Vorstellung einer „extended order" zu gelangen – Hayek untermauert seine evolutionären Ansichten hingegen ausschließlich mit Begriffen aus der biologistischen Philosophie Darwins, erhält aber dafür den Nobelpreis für Ökonomik! Nüchtern betrachtet erfährt man von Simmel eindeutig mehr als von Hayek über Wirtschaft.

Relation und Ekstase[295]

Für Simmel ist der Mensch nur als Kulturwesen Mensch. Das Maß sind weder nur seine Bedürfnisse noch die Arbeit, die er zu deren Erreichung aufwenden muss. Der Mensch übersteigt sich selbst „ekstatisch" und wohnt in der Kultur, durch die er sich selbst findet und sich dadurch die Welt anverwandeln kann.[296]

Simmel widerspricht Marxens Vorstellung, dass die „Ekstase" des Menschen in der Vorstellung einer „Unmittelbarkeit" ein Ende finden soll. Nur das Tier sei unmittelbar Naturwesen. Der Mensch sei das „indirekte Wesen". Es sei an den Gebrauch von Mitteln gebunden und „nicht wie das Tier an den Mechanismus des Trieblebens und die Unmittelbarkeit von Wollen und Genießen" gekettet. Andererseits hätte der Mensch auch „nicht die unmittelbare Macht – wie wir sie an einem Gotte denken –, dass sein Wille schon an und für sich Verwirklichung des Gewollten sei."

> *„Er steht in der Mitte zwischen beiden, indem er zwar weit über den Augenblick hinaus wollen, aber dieses Wollen nur auf dem Umweg über ein gegliederte teleologische Reihe verwirklichen kann." (Simmel 1900, S. 206f)*

In dieser Reihe – unter diesen vielen Mitteln – würde Geld aber eine besondere Stellung einnehmen: es sei „das Mittel schlechthin." Im Übrigen sei Geld mehr als nur ein Mittel, es sei Werkzeug:

---

[295] Unter Ekstase, aus dem griechischen εκστασις, wird üblicherweise das Heraustreten aus sich selbst, die Verzückung oder ein rauschhafter Zustand bezeichnet. Ich verwende Ekstase im Sinne eines Herausgetreten Seins einer Form, die den Inhalten als Eigenständiges oder auch Gegenständiges gegenübersteht. Formen der Ekstase in diesem Sinne sind Geld, Sprache, Staat, einzuhaltende und sanktionierte Normen des Verhaltens – allgemein: Gebilde objektiver Kultur (Simmel 1900).

[296] Das, was Heidegger über den Menschen als sprechendes Tier sagt, lässt sich auch auf den Menschen als tauschendes und geldverwendendes Wesen anwenden: „[D]ie Sprache [ist] das Heim des Seins, darin wohnend der Mensch eksistiert, indem er der Wahrheit des Seins, sie hütend, gehört. So kommt es bei der Bestimmung der Menschlichkeit des Menschen als Eksistenz darauf an, dass nicht der Mensch das Wesentliche ist, sondern das Sein als die Dimension des Ekstatischen der Eksistenz." (M. Heidegger über den Humanismus, 1949, S. 24). In die Wirtschaft übersetzt könnte der Text etwa so lauten: „[D]ie Wirtschaft [ist] das Heim des Seins, darin wohnend der Mensch eksistiert, indem er seinen Geschäften nachgeht und die Ordnung der Wirtschaft hütet. So kommt es bei der Bestimmung der Menschlichkeit des Menschen als Eksistenz darauf an, dass nicht das menschliche Individuum das Wesentliche ist, sondern das Sein als die Dimension ihrer Gegenseitigkeiten."

> *"Während das Mittel in seiner (...) einfachen Gestalt sich an der Realisierung des Zweckes völlig ausgelebt hat, (...), ist es das Wesen des Werkzeugs, über seine einzelne Anwendung hinaus zu beharren, oder: zu einer im Voraus überhaupt nicht feststellbaren Anzahl von Diensten berufen zu sein."* (ib.)

Es ist also das unter anderem durch Geld *vermittelte* Leben des Menschen, das ihn aus seinem tierhaften Zustand heraushebt und ihm ein kulturelles und würdiges Dasein ermöglicht.

Die triadische Werttheorie

Dass eine solche „ekstatische" Weltsicht eine Wertauffassung fordert, die sich von der „klassischen" Tradition unterscheidet, liegt auf der Hand. Ob klassisch im eigentlichen Sinne oder neoklassisch, die KLASSISCHE Tradition ist der geschlossenen Welt, einer Box, verpflichtet und entspricht einer „pessimistisch-quietistischen Weltansicht" (ib. S. 304). Mathematisch formuliert haben wir in allen „klassischen" Theorien eine Entsprechung von Produktion (Produkt) und Wert. Diese Dualität kann in einer offenen Welt nicht gelten. In einer offenen Welt, die an der Wertform wächst, hat weder ein Wertsubstanzbegriff noch ein Gleichgewichtskonzept Platz.

Daraus ergibt sich: Simmel ist weder Anhänger der Arbeitswertlehre noch der neoklassischen Nutzenlehre. Dass er die Arbeitswertlehre als unnötiges Denkinstrument explizit ablehnt, darüber haben wir schon berichtet. Er weist Marxens Annahme, dass Waren, um im Tausch miteinander gleichgesetzt zu werden, auch einen gemeinsamen Inhalt haben müssten (nämlich Kristalle abstrakt gesellschaftlicher Arbeit zu sein), zurück (S. 274ff). Aber ebenso eindeutig setzt sich Simmel von der neoklassischen Nutzentheorie ab, die er als Methode „isolierender Substantialität" verwirft.

Ohne irgendeinen Beweis vorlegen zu können, scheinen sich die Rezensenten Simmels jedoch auf die These geeinigt zu haben, dieser hätte Carl Mengers Nutzentheorie übernommen.[297] Hierin irren sie sich.

---

[297] Frisby in der sonst exzellenten Einleitung zur englischen Ausgabe der Philosophie des Geldes, 1990, Jung 1990, Laidler/Rowe 1980, Grözinger 2000, Busch 2000, und kürzlich auch Brodbeck 2009. Flotow (1992) tastet Simmels Theorie vorsichtig nach ökonomischen Inhalten ab und stellt enttäuscht fest, dass Simmel diese und jene Errungenschaft der Ökonomik nicht mitbekommen hätte, sieht aber nur teilweise, dass diese gefeierten

Menger hat als *Nutzentheoretiker*[298] ein völlig anderes Konzept von Wirtschaft im Kopf – ein rein güterwirtschaftliches (dyadisches) Konstrukt: Güter, denen von Subjekten bestimmte Nutzenintensitäten zugeordnet werden, bilden für ihn einen konsistenten und in sich abgeschlossenen, determinierten Kosmos. Dieser besteht nur aus gegebenen Präferenzen sowie aus der Rationalitätshypothese. Menger leitet seine „Grundsätze" mit der methodologischen Prämisse ein: „Alle Dinge stehen unter dem Gesetz von Ursache und Wirkung". Diese Prämisse bekräftigt er Jahre später in seinen „Untersuchungen über die Methode der Socialwissenschaften und der Politischen Oekonomie", in welchen er behauptet, die Wirtschaft sei eine, „von ökonomisch irrelevanten Verschiedenheiten abgesehen", im Prinzip determinierte Welt, und die Nichtdeterminiertheit der realen Phänomene auf nicht-ökonomische Einflüsse zurückzuführen.[299] Menger geht es gar nicht um eine Theorie (im Sinne des altgriechischen „theorein") der Wirtschaft, sondern darum, die Wirtschaftstheorie so zu rekonstruieren, dass sie seiner (mechanistisch verstandenen) methodologischen Prämisse genügt. Dieser methodologischen Prämisse – so abwegig sie für eine Theorie der Wirtschaft sein mag – wird die Wirtschaft, d.h. die Menschen, ihre Kommunikationen, ja selbst ihre „Geistigkeit" geopfert.

Errungenschaften nur im Rahmen ökonomischen, d.h. dyadischen Denken Sinn machen, aber im Rahmen eines neuen Denkens zum großen Teil obsolet sind.

[298] Als Nutzentheoretiker bewegt sich Menger in der KLASSISCHEN Box von Ursache und Wirkung. Alles ist bei ihm „determiniert". Als Geldtheoretiker ist er plötzlich Evolutionstheoretiker und beschäftigt implizit systemtheoretische Ansätze. So lässt er Geld als „marktgängigste Ware" aus dem Warenverkehr emergieren. Seine Geldtheorie lässt sich aber nicht in seine Nutzentheorie integrieren.

[299] „In jeder concreten Wirthschaft sind unzählige Richtungen des Handelns der wirtschaftlichen Subjekte denkbar, sicher ist indess, dass, von ökonomisch irrelevanten Verschiedenheiten abgesehen, nur eine Richtung der Wirthschaftsführung die zweckmäßigste, die ökonomische zu sein vermag, (...). Die realen Erscheinungen der menschlichen Wirthschaft sind, so paradox dies auch auf den ersten Blick klingen mag, zum nicht geringen Theile unwirthschaftlicher Natur und die Folge dieses Umstandes, vom Standpunkte der Wirthschaftlichkeit betrachtet, keineswegs streng determinirte Phänomene." (...) „Die realistische Richtung der theoretischen Forschung vermag demnach (...) nicht zu „exacten Gesetzen", sondern nur zu mehr oder minder strengen „Regelmäßigkeiten" in der Coexistenz und in der Aufeinanderfolge der realen Erscheinungen menschlicher Wirthschaft zu führen. Die exacte Richtung der theoretischen Forschung untersucht dagegen die Erscheinungen der Wirthschaftlichkeit, Phänomene, welche, wie wir sahen, streng determinirt sind" (Menger 1883, S. 265).

Das mechanistische Konstrukt seiner Theorie zeigt sich schon in seinem Güterbegriff, in dem er dem Subjekt alle Kenntnisse der Waren und die sofortige Verfügbarkeit darüber explizit unterstellt (Menger 1871, S. 3).[300] Menger geht von vornherein von einer Äquidistanz der Subjekte gegenüber Objekten aus, die das menschliche Subjekt von Natur her gar nicht hat und haben kann. Es verfügt bereits über alle Informationen, kalkuliert ohne Mühe und Anstrengung und kommt zu jener Allokation, die seinen Nutzen maximiert. Ohne dass die Menschen etwas tun, sind die Werte schon da! Sie sind im Begriff des Gutes bereits enthalten. So konstruiert sich nicht nur Menger sondern die Neoklassik eine Logik der Dinge unter Ausschluss des Menschen!

Solche mechanistischen Festlegungen sind Simmel fremd. Er denkt im Unterschied zu Menger nicht in Begriffen eines fertigen Güterraumes, in welchem ein rationales Subjekt bloß kalkuliert, sondern er denkt über den Raum nach, der durch menschliches Handeln aufgespannt, d.h. *geschaffen* wird. Nichts *ist*, alles *wird*. Und die im Handeln geschaffenen „Gebilde objektiver Kultur" machen das Handeln möglich und wahrscheinlich.[301]

Schon das *Menschenbild* und der Handlungsbegriff sind daher bei Simmel ganz anders. Der Mensch ist nicht bloß durch Triebe von hinten gesteuert, sondern durch seine Zwecksetzungen von vorne her gezogen (Simmel 1900, S. 197). Triebhandeln kommt in dem Moment zur Ruhe, in welchem der Trieb durch das Tun (Essen, Geschlechtsakt) sich selbst auslebt. Beim Zweckhandeln tritt das Befriedigungsgefühl erst durch den Erfolg ein, den *das Tun hervorruft*. Die Vorstellung des Erfolges, die ja ein geistiger Vorgang ist, veranlasst das Tun. Im Unterschied zur animalischen Triebabfuhr hebt also das Zweckhandeln den Menschen in die „Innerlichkeit des Geistes". Zweckhan-

---

[300] Immerhin macht Menger, im Unterschied z.B. zu Jevons, die Voraussetzungen seiner Vorgehensweise noch explizit.

[301] Schließlich zeigt sich der Unterschied von Simmel zu Menger auch im Aufbau der beiden Werke. In Simmels Philosophie ist die Wertform, d.h. Geld, Baustein seiner Theorie. Die moderne Wirtschaft organisiert sich im Zeichen des Geldes. Menger konstruiert sich eine Theorie der Wirtschaft, bei der Geld keinerlei Bedeutung hat. Alles sind angeblich nur „reale" Prozesse – in Wirklichkeit unterschiebt er den Individuen Annahmen, die nur in einer Geldwirtschaft Sinn machen. Geld behandelt er im letzten Kapitel seiner Arbeit. So interessant dieses Kapitel auch ist, es hat keinen Bezug zu seinen „Grundsätzen", die als Theorie der Entscheidungslogik gelesen werden müssen. Das von ihm angehängte Geldkapitel greift Überlegungen auf, die denen von Simmel nicht ganz unähnlich sind aber an dessen methodologische Tiefe bei weitem nicht heranreichen.

deln kann sich an rein sachlichen, d.h. von rein subjektiven Momenten befreiten und geistigen Bezügen orientieren. Im Unterschied zur Neoklassik ist bei Simmel der Mensch noch Mensch! *Er ist keine Rechenmaschine, sondern ein Wagender.* Als bloße Rechenmaschine (als Kalkulierender) kann der Mensch im Übrigen gar nichts entscheiden. Entscheidungen sind immer emotionale, körperlich empfundene und existenzielle Vorgänge – eine Einsicht, die in der Neoklassik völlig fehlt.[302] Der Mensch muss wagen, damit etwas entsteht. Zum Beispiel beginnt er Kommunikationen in der Annahme (Kontingenz) einer günstigen Reaktion. Das Konstrukt einer günstigen Reaktion testet er auf die Gefahr einer Enttäuschung hin, d.h. er „opfert" in der Erwartung eines zukünftigen Ertrages, woraus ihm ein – subjektiver – Wert erwächst.

Dieses *Aufwachsen des Werts* vollzieht sich nach Simmel ansatzweise bereits im solipsistischen Tausch – ein Satz, der ihn in die Nähe zur neoklassischen Robinsonade, die im „isolierten Wirt" ihr bevorzugtes Studienobjekt findet, zu rücken scheint.[303] Simmel will mit der Bezugnahme auf den „solipsistischen Tausch" aber bloß die gar nicht so selbstverständliche, und übrigens bis heute nicht überall und bei jedem vorhandene Fähigkeit ansprechen, die innere, *intra-subjektive* Spannung aufzubringen, die erforderlich ist, um ein Opfer in Erwartung eines künftigen Ertrages zu erbringen – also jetzt etwas hinzugeben, um später etwas zu erhalten. Er möchte darauf hinweisen, dass diese menschliche Fähigkeit *Voraussetzung* dafür ist, sich auf den Tausch als *inter-subjektiven* Vorgang einzulassen, in welchem sich eigentlich erst der Wert als Objekt darstellen kann.

Der wirtschaftliche Wert, auf dessen Herleitung es Simmel vor allem ankommt, ist eine Kategorie, die über die Subjektivität des Subjekts hinausreicht. Der *wirtschaftliche Wert ist für ihn eine supra-subjektive Erscheinung.* Das „subjektive Fühlen", also das, was die Neoklassik in der Nutzenfunktion festzuhalten versucht, ist für Simmel nur das „Material" bzw. die „Vorbedingung" für jenen:

> *„So sehr der Einzelne kauft, weil er den Gegenstand schätzt und zu konsumieren wünscht, so drückt er dieses Begehren wirksam doch nur mit und an einem Gegenstande aus, den er für jenen in den Tausch gibt; damit wächst der subjektive Vorgang (...) zu einem sachlichen, überpersönlichen Verhältnis zwischen Gegenständen aus."* (ib. S. 30).

---

[302] Staubmann 1997. S. 87ff.
[303] Dazu auch Fußnote 315.

4. Tausch: wo bist du verblieben?

Für Simmel entsteht der wirtschaftliche Wert nur aus dem *intersubjektiven Vorgang des Tausches*, als austauschbarer Wert.[304]

Das überpersönliche Wertverhältnis von Gegenständen etabliert sich natürlich erst in einer Geldwirtschaft. Geld ist das suprasubjektive Ding, das aus dem Tauschprozess emergiert und dann als eigenständiges Gebilde der Welt der Waren und ihren Besitzern gegenübersteht. Geld ist damit, wie Simmel sich ausdrückt, „der zur Selbständigkeit gelangte Ausdruck der Tauschrelation" oder die „Verkörperung" der Wechselbeziehung der Wirtschaftssubjekte im Tausch. Geld ist ein abstrakter Vermögenswert, der den Waren und Warenbesitzern gegenüber eine eigene „Existenz" hat und den Tausch zum dominanten Prinzip ökonomischer Vergesellschaftung macht.[305]

So entsteht ein „Reich von Werten", „das mehr oder weniger vollständig von seinem subjektiv-personalen Unterbau gelöst ist" (ib. S. 30). Die sich in der Geldwirtschaft gebildeten Proportionen stehen

> *„als etwas objektiv Angemessenes und gleichsam Gesetzliches jenen persönlichen Motiven (...) gegenüber. (...) So würde sich wenigstens die Erscheinung einer vollkommen ausgebildeten Wirtschaft darbieten. In dieser zirkulieren die Gegenstände nach Normen und Maßen, die in jedem gegebenen Augenblick festgestellt sind, und mit denen sie dem Einzelnen als ein objektives Reich gegenüberstehen; er kann an diesem teilhaben oder nicht teilhaben, wenn er es aber will, so kann er es nur als Träger oder Ausführender dieser (...) Bestimmtheiten. Die Wirtschaft strebt einer – nirgends völlig unwirklichen und nirgends völlig verwirklichten – Ausbildungsstufe zu, in der sich die*

---

[304] Dieses Aufwachsen einer eigenen Welt von Werten hat eine Parallele im Erkenntnisprozess. Das Erkennen resultiert ja durchaus nicht aus dem unmittelbaren subjektiven Impuls oder Gefühl, sondern aus Unterscheidungen, die das Subjekt trifft, durch welche ein bestimmtes Gefühl oder ein Impuls im Unterschied zu anderen Impulsen oder Gefühlen hervorgehoben wird. Nur so entsteht eine objektive Welt, die sich von jenen primären Impulsen abhebt und die selbst durch eigene Regeln und Ordnungen geprägt ist.

[305] „Wenn nun der wirtschaftliche Wert der Objekte in dem gegenseitigen Verhältnis besteht, das sie, als tauschbare eingehen, so ist das Geld also der zur Selbständigkeit gelangte Ausdruck dieses Verhältnisses; es ist die Darstellung des abstrakten Vermögenswerts, indem aus dem wirtschaftlichen Verhältnis, d.h. der Tauschbarkeit der Gegenstände, die Tatsache dieses Verhältnisses herausdifferenziert wird und jenen Gegenständen gegenüber eine begriffliche und ihrerseits an ein sichtbares Symbol geknüpfte Existenz gewinnt." (Simmel, ib. S. 87)

4.2 Simmel: Wertform – Quelle der Rationalität

Dinge ihre Wertmaße wie durch einen selbsttätigen Mechanismus gegenseitig bestimmen. (...) Aber eben dadurch, dass für den Gegenstand ein anderer hingegeben wird, gewinnt sein Wert all die Sichtbarkeit und Greifbarkeit, der er überhaupt zugängig ist." (ib. 30).

Mit anderen Worten: Das aus den Tauschbeziehungen herausgewachsene Symbol Geld ist jene Institution, auf das sich die Gesellschaft bezieht und unter dem sie sich vereinigt, einer „Kohorte" ähnlich, die sich unter ihrer „Fahne" sammelt. Diese Fahne – das Geld – ist der „zur Selbständigkeit gelangte Ausdruck" ihrer Tausch-Beziehungen, wie auch umgekehrt, die Beziehungen untereinander nur über das Geld als ihrem verselbständigten Körper zustande kommen. Nur weil alle Waren gegen Geld getauscht werden, d.h. einen absoluten Preis haben, haben sie alle untereinander – im jeweiligen Augenblick – einen relativen Preis.[306] Kurz: Der Tausch bringt Geld als ekstatisches Ding zum Vorschein, wie umgekehrt dieses ekstatische Ding den inneren Zusammenhang der Gesellschaft gewährt.

Die Bürgergesellschaft bildet – mit Geld – also eine Triade (S.136136ff). Die Verselbständigung des Geldes ist allerdings kein Luxus, kein unsinniger Umweg, sondern im wörtlichen Sinne eine Not-Wendigkeit, weil die Menschen sich nur so ihre Welt anverwandeln, d.h. auf die Dinge selbst zugreifen, unter sich einen wirtschaftlichen Zusammenhang herstellen und folglich die Vorteile, die sich aus der Arbeitsteilung ergeben, nutzen können.

Manche haben Simmel in die Nähe der Allgemeinen Gleichgewichtstheorie gerückt. In der Tat kann man sich kaum eine perfektere Formulierung des Zusammenhangs, den die Allgemeine Gleichgewichtstheorie mit ihren Modellen zu beschreiben versucht, als im obigen Zitat Simmels denken. Simmel spricht von einem wirtschaftlichen Kosmos der Relationen, wie sie „in jedem gegebenen Augenblick" festgestellt werden können, von „Bestimmtheiten", die „dem Einzelnen als objektives Reich" gegenüberstehen, usw. Im Gegensatz zu Simmel versäumt aber die Allgemeine Gleichgewichtstheorie, diesen sachlichen Zusammenhang der Waren, der „nirgends völlig verwirklicht" ist, aus den Tauschrelationen und des aus ihnen hervorgebrachten Geldkörpers zu modellieren. Die Allgemeine Gleichgewichtstheorie will diesen Zusammenhang im Unterschied zu ihm direkt aus den Nutzenvorstellungen der Subjekte – ohne

---

[306] Die Schlussfolgerung, die Flotow – einer der wenigen Ökonomen, welche sich eingehend mit Simmel befasst haben – aus der Analyse Simmels mit dem Satz zieht, „Der Prozess der Bewertung wird durch das Geld nicht verändert, das Geld reflektiert nur den im Tausch bestimmten Wert", widerspricht der ganzen Wertauffassung Simmels (1992, S. 92). Es ist ja genau umgekehrt: nur weil es Geld gibt, gibt es relative Werte.

Geld als deren Vermittler – herleiten. Nach Simmel kann der quasi gesetzliche Zusammenhang der Güter aber nur über den *durch Geld vermittelten Tauschdialog* zustande kommen. Die Allgemeine Gleichgewichtstheorie hat damit die Leiter weggeworfen, auf der die Wirtschaft hinaufgestiegen ist. Für Simmel ist die „Leiter" Teil der Wirtschaft. Ohne Prozess gibt es diesen Gegenstand nicht.

Das relativistische Weltbild und die neue Festigkeit

Die Revolution Simmels besteht darin, dass er sich von einem Weltbild verabschiedet, welches Wirtschaft und Gesellschaft als Sachlogik deutet, die sich aus einer angeblichen Natur der Dinge ergibt. Simmel löst sich vom Begriff einer fundamentalistischen Vernunft. Entsprechend findet er auch keinen Geschmack an der Idee des Sozialismus, die er als unglückselige Mischung aus abstrakten Rationalitätsvisionen und undifferenzierten Instinkten abtut.[307] Zur Bürgerordnung sieht er keine Alternative. Er sieht in ihr ein prekäres Produkt des Aufwachsens von Formen objektivierter Kultur – im Zeichen des Geldes.

Jenseits der – relativen – Festigkeit, welche der Tausch der bürgerlichen Gesellschaft verschafft, gibt es nichts Objektives. Der Tausch ist nicht *Vollzug* einer Logik, die in den Sachen liegt (also einer fundamentalistischen Sachlogik), sondern *erzeugt* die Welt, in der die Menschen leben – nach zwei Seiten hin: einmal, weil er, modern ausgedrückt, *die* ökonomische (den Zusammenhang tatsächlich herstellende) Interaktion ist, zweitens, weil aus ihm Formen und Institutionen hervorgehen und auch nach solchen verlangen, ohne welche jene Interaktionen gar nicht zustande kämen. Gegen die verlogene Festigkeit fundamentalistischer (oder naturalistischer) Weltbilder entwirft Simmel ein *relativistisches Weltbild*, das allerdings, wie er schreibt,

> *„nicht in eine Skepsis gegen alles mündet, sondern nach Wahrheiten und Werten sucht, die sich ihm aus den Wechselwirksamkeiten ergeben und Sicherheit gegen den Skeptizismus vermittels eines neues Festigkeitsbegriffs verschaffen soll."[308]*

---

[307] „In dieser Zweiheit von Motivierungen, deren psychische Standorte einander polar entgegengesetzt sind, und die ihn einerseits als das äußerste Entwicklungsprodukt der rationalistischen Geldwirtschaft, andrerseits als die Verkörperung des undifferenziertesten Instinktes und Gefühlslebens zeigen, liegt wohl die Eigenart seiner [des Sozialismus] Anziehungskraft: er ist Rationalismus und Reaktion auf den Rationalismus" (ib. S. 376).

[308] Im Rückblick auf sein Werk notiert Simmel: „Die Zentralbegriffe der Wahrheit, des Wertes, der Objektivität etc. ergaben sich mir als Wechselwirksamkeiten, als Inhalte eines

Simmel ringt um eine allgemeine Theorie der Kultur und erkennt im Tausch die *Form*, an der sich die Gesellschaft aus dem Sumpf des permanenten Mangels zieht und Gestaltungen erzeugt, welche Teil dieser Gesellschaft sind und an denen sich beispielsweise sowohl die Individualisierung als auch die Vergesellschaftung vollzieht.

Bei dieser methodologischen „Revolution" setzt Simmel zwar auf Marx – genauer auf der Marxschen Wert*formanalyse* – auf.[309] Da er sich aber zugleich von der klassisch-marxistischen Wert*substanz* freimacht, kann er die Analyse der Formbildung der bürgerlichen Gesellschaft unbefangen und ohne Schielen auf ihren in der Wertform angeblich begründeten Untergang vorantreiben. Er darf sich daher erlauben, die zivilisierende und humanisierende Rolle der Wertform bei der Auffaltung der Gesellschaft zu würdigen, steht aber auch nicht an, die Tragik dieses Auffaltungsvorganges für den Menschen und die Gesellschaft als Ganzes zu thematisieren.[310]

Die Bedeutung Simmels für die Ökonomik

Ich habe schon erwähnt, dass Simmel in der „Vorrede" zur „Philosophie des Geldes" schreibt, dass „keine Zeile seiner Untersuchung (...) nationalökonomisch gemeint" sei. Das, was die Nationalökonomen von der einen, „nationalökonomischen" Seite her betrachten, wolle er von der philosophischen her tun und „ihre Voraussetzungen in nicht-wirtschaftlichen Begriffen und Tatsachen und ihre Folgen für nicht-wirtschaftliche Begriffe und Tatsachen" prüfen (ib. S. VII). Da für ihn – als Philosophen – „Geld nur Mittel, Material oder Beispiel für die Darstellung der Beziehungen [ist], die zwischen den äußerlichsten, realistischsten, zufälligsten Erscheinungen und den ideellsten Potenzen des Daseins, den tiefsten Strömungen des Einzellebens und der Geschichte bestehen", greift Simmel in der Tat weit über die Ökonomik hinaus. Das darf und muss er als Philosoph auch.

Relativismus, der jetzt nicht mehr die skeptische Lockerung aller Festigkeiten, sondern gerade die Sicherung gegen diese vermittels eines neuen Festigkeitsbegriffes bedeutete." Simmel, G. in der Skizze „Anfang einer unvollendeten Selbstdarstellung", zitiert in: K. Gassen/M. Landmann, Buch des Dankes an Georg Simmel, Berlin 1958, S. 9.

[309] Dazu siehe auch Busch 2000.

[310] Es wurde von verschiedener Seite vermerkt, dass in Simmels Geldphilosophie eine Kredittheorie, eine Kapitaltheorie, eine Theorie der Produktion, der modernen Korporation, eine Verteilungstheorie usw. fehle. Das ist richtig. Um diese Bereiche ließe sie sich aber erweitern, ohne ihre Grundlagen aufgeben zu müssen. Sie ist, im Unterschied zur neoklassischen Theorie, durchaus anschlussfähig.

Für die Nationalökonomie hat Simmel große Bedeutung, weil er, wie eben erwähnt, nicht nur deren Voraussetzungen „prüft", sondern völlig neue Voraussetzungen andenkt. Nun ist in den Wissenschaften kaum etwas wichtiger als die Methode, definiert diese doch deren Erkenntnishorizont. Um über eigenes Denken zu „herrschen", muss man wissen, was man tut. Man muss vor allem prüfen, ob die Methode, die man verwendet, zum Gegenstand passt. Das ist für die Ökonomik nur sehr bedingt der Fall, denn sie eifert einem methodologischen Ideal nach, das mit Wirtschaft reichlich wenig zu tun hat. So möchte sie in der Wirtschaft am liebsten einen bloß sachlichen Zusammenhang sehen, obwohl die Geldwirtschaft ein Gebilde menschlicher *Kultur* ist und sachliche Zusammenhänge approximativ nur existieren, weil Wirtschaft Geldwirtschaft ist. Gerade am Beispiel des Geldes wissen wir, wohin die traditionelle Denkweise führt: Geld, die prominenteste aller ökonomischen Kategorien, bleibt für die Ökonomik Nebensache. Die Kulturtheorie Simmels stellt Geld auf den Platz, der ihm gebührt. Das aber kann Simmel nur gelingen, weil er an den methodologischen Prämissen der Nationalökonomie rüttelt und auf grundlegendere Zusammenhänge verweist.

Wer von Simmel lernen will, muss freilich bereit sein, aus seinen oft weit ausschweifenden Ausführungen den Kern dieser neuen Theorie zu extrahieren. Er wird im Übrigen von der Fülle wirtschaftswissenschaftlicher Bezüge überrascht sein. Wer freilich die „Philosophie des Geldes" nur daraufhin überprüft, ob sie auch in den Rahmen ökonomischer Theoriebildung passt, wird sie enttäuscht zur Seite legen.

Exkurs: Brodbeck über Simmel

Simmel weicht zwar der direkten Konfrontation mit der nationalökonomischen Tradition aus, bemüht sich aber um eine Sichtweise, die offensichtliche Irrtümer jener zu vermeiden sucht. Um diese Irrtümer zu überwinden, muss der Philosoph nicht die ökonomische Diskussion in alle Verästelungen hinein verfolgt haben. Für eine philosophische Kritik reichen

1. der Nachweis, dass das bestehende Weltbild der Ökonomik systematisch zu methodologischen Fehlgriffen, Missverständnissen und Fehleinschätzungen führen muss, und
2. die Skizze eines neuen Weltbildes, die nicht in offensichtlichem Widerstreit zur Wirklichkeit, die nationalökonomische mit eingeschlossen, steht.

Beiden Kriterien wird Simmel durchaus, wenn auch nicht jedem sofort offensichtlich, gerecht. Er löst sich von nationalökonomischen Verengungen und findet im Geld den Gegenstand, der nur in einer anderen „Weltformel" untergebracht werden kann.

Daher treffen die bissigen Vorwürfe Brodbecks an Simmel durchaus nicht zu (Brodbeck 2009, S. 977). Brodbeck wirft Simmel unter anderem vor, er würde weder „wissenschaftlich" arbeiten noch „kategorial gründlich" philosophieren und der Nationalökonomik einfach nur „einen philosophischen Standpunkt" hinzuerfinden. Vor allem würde er in Unkenntnis der nationalökonomischen Literatur unverbindliche geistreiche „Plauderei" betreiben.

Man kann nur die Ausdauer von Brodbeck bestaunen, mit der dieser die nationalökonomische Literatur seit Plato (!) durchackerte. Da er jedem einzelnen Theoretiker nachweist, dass er irrt, und aufzeigt, dass die Ökonomik aufgrund ihrer methodologischen Verengung (der Reduktion der Triade auf eine Dyade) auf einem Holzweg ist, kann aus der ökonomischen Literatur doch nicht so viel über Geld zu lernen sein. Warum also einen Philosophen kritisieren, der zum gleichen Ergebnis kommt und übrigens methodologisch ähnlich vorgeht? Müsste man ihn nicht dafür bewundern, dass er mit weniger Fachwissen sein Auskommen findet?

Brodbeck verweigert Simmel diese Anerkennung. Als Grund vermute ich Simmels Sympathie für Geld. Nichts ist offenbar unverzeihlicher als das. So nimmt Brodbeck aus Simmels „Philosophie" nur ein paar einseitig gewählte Zitate mit, mit denen er seine moralische Voreingenommenheit gegen Geld, die seine ganze Arbeit durchzieht, aufrüstet.

Schade, denn Brodbeck hätte das theoretische Rüstzeug, Geld auf den Grund zu gehen. Stattdessen schickt er das Geld samt der ganzen ökonomischen Theorie, die er vom Geldgeist angesteckt sieht, in den Orkus. Damit bleibt Brodbeck der Haltung eines denkenden Ketzers, wie er sich selbst nennt, verhaftet. Auf 1200 Seiten dichtgedruckten Textes gibt Brodbeck keine weitere Orientierung als die: die Diffamierung des Geldgeistes als kulturellen Abweg und Abstieg, wobei aber nicht wirklich klar wird, was an dessen Stelle treten könnte. Haben wir davon nicht schon zu viel gehabt?

Nachwort

Ich habe schon in der Einleitung meinen Dank an Simmel ausgesprochen: Er hat mich von der Illusion des Sozialismus befreit, d.h. von der Illusion einer präexistenten (ontologischen) Vernunft, die nicht nur von der traditionellen sondern auch von der marxistischen Theorie in mich eingepflanzt wurde. Simmel lehrt, darauf zu verzichten, die Gegenwartskultur aus der utopischen Perspektive einer absoluten Vernunft zu denunzieren. Er zeigt, dass wir als Menschen immer mit dem arbeiten, was kulturell da ist. *Unser Sein ist das Einwohnen in und die „Arbeit" an der aufwachsenden Kultur.* Simmel greift die Wertformtheorie von Marx auf, befreit diesen Beitrag von dessen fundamentalistisch-radikalem Anspruch einer Totalüberwindung und führt ihn weiter. Indem er Marx auf die Füße stellt, macht er die Wertformanalyse wertvoll.

Simmel baut auf der Marxschen Wertformlehre auf und zeichnet nach, wie sich die moderne Gesellschaft an Wertformen heranbildet. An die Stelle des substantiellen Objektivismus der Klassik setzt er die Objektivierung durch die Relation der Subjekte. Kultur ist ein Objektivierungsprozess, der aus diesen intersubjektiven Relationen erwächst, und Geld das zentrale Phänomen dieser Entwicklung. Für ihn ist Geld die Verkörperung der Tauschrelation. Damit meint er: Die Geldfunktion tritt aus den Wechselbeziehungen heraus und stellt sich deren Akteuren als selbständiges Etwas gegenüber und macht diese Wechselbeziehungen, den Tausch und damit die menschliche Zivilisation möglich.[311]

---

[311] Was in Simmels Theorie fehlt, ist die Theorie von der Herkunft der Quantität des Geldkörpers, d.h. eine Theorie des Kredits.

4.3 ÖKONOMIK: DER VERLEUGNETE TAUSCH

> *„Eine Ökonomik, welche die Interpersonalität des Tausches methodologisch eliminiert, ist eine Absurdität."* Sohn-Rethel 1977, S.26

Die Verdrängung des Tausches aus der Ökonomik

Wir haben weiter oben gesehen, dass die KLASSIK die Welt als Dyade rekonstruiert, d.h. dass sie diese durch den Bezug des *Subjekts auf das Objekt* definiert. Ihr muss daher der Gedanke fremd bleiben, dass der *intersubjektive* Prozess, d.h. die Tausch*relation* dieser Welt etwas hinzufügen, geschweige denn diese erschaffen könnte. Es ist daher nur konsequent, wenn die KLASSIK die *Wirkung der Relation* zu verdrängen versucht.

Die Verdrängung des Tausches aus den Wirtschaftswissenschaften hat eine lange Geschichte, die ich hier – ohne Anspruch auf eine systematische Analyse – an wenigen herausragenden Beispielen erörtern möchte.

Beim Pragmatiker *Aristoteles* hat der *Tausch* noch eine große Bedeutung. Es geht ihm um dessen Rolle als *verbindende Operation zwischen Menschen, um Spezialisierung und Arbeitsteilung, um Gerechtigkeit und Fairness*. Aristoteles sieht im Geld (und nicht in der Arbeit) das Maß für die Mitte eines Zuviel oder eines Zuwenig.

Adam Smith knüpft in seinen *philosophischen* Schriften an die große Tradition von Aristoteles an. In seinem *ökonomischen* Hauptwerk „Wealth of Nations" aber sieht Smith in der Arbeit den einzigen wertschaffenden Faktor. Tausch und Geld behandelt er als Einrichtungen, die aus der Arbeitsteilung folgen; sie sind bei Smith kaum mehr als Erfüllungsgehilfen für eine schon vorausgesetzte, arbeitsteilige Wirtschaft. Immerhin aber thematisiert Smith, dass die Größe des Marktes, also der Umfang der Tauschoperationen, der Arbeitsteilung eine Grenze setzt.

Ricardo baut den Arbeitswertansatz Smiths rigoros aus. Er sucht sein Leben lang nach einem objektiven Wertmaß. Im Rahmen einer solchen Theorie hat der Tausch keinen Platz. *John Stuart Mill* geht noch ein Stück weiter. Er verleugnet explizit die Wirkung des Tausches auf die Struktur der Wirtschaft. Die Bedingungen der Produktion, meint Mill, würden genau die gleichen sein, als die, die sie wären, wenn die Arrangements der Gesellschaft nicht auf Tausch beruhen würden, ja selbst, wenn der Tausch verboten wäre, würde sich an ihnen nichts ändern.[312] Der Austausch diene nur zur Verwirklichung der Gesetze der Produktion. Ein einfacher Blick auf die realen Verhältnisse würde dies bestätigen, meint Mill. Er weist mit diesen Äußerungen einen Zeitgenossen zurecht, der vorgeschlagen hatte, die Volkswirtschaftslehre sollte als Lehre von der Katallaktik, d.h. als Lehre vom Austausch betrieben werden.[313] Ein solche Idee beruhe, sagt Mill, nicht nur auf einem logischen, sondern auch praktischen Irrtum („blunder"), und verführe dazu, die von Natur her gegebenen Notwendigkeiten mit bloß temporär gültigen Arrangements zu verwechseln und die Wirkungen durcheinanderzubringen.[314]

Ein Vierteljahrhundert nach Mill tritt die Neoklassik mit ihren Gründern Gossen, Jevons, Menger und Walras auf den Plan. Sie verwirft das Arbeitswertgesetz und setzt an dessen Stelle eine Theorie des „Nutzens".

Robbins, von dem die bekannte Definition von Ökonomik als Wissenschaft der Allokation knapper Ressourcen stammt, verfährt mit dem Tausch ganz ähnlich wie der eben erwähnte *Mill*. Er räumt zwar ein, dass die tatsächliche Aufmerksamkeit der Ökonomen auf die Welt des Kommerzes, also auf Komplikationen der „Exchange Economy" gerichtet sei, und dass sich die Entwicklung des ökonomischen Instrumentariums für die Analyse der Crusoe'schen Ökonomie oder für die Untersuchung einer autarken kommunistischen Gesellschaft kaum gelohnt haben würde. (1935, S. 18) Dennoch ist er der Auffassung, dass die Welt Crusoes (also des isolierten Subjekts) der Ökonomik den Schlüssel für die Analyse entwickelter Wirtschaften liefere – und zwar aus zwei Gründen.

> *„In the first place, it is clear that behaviour outside the exchange economy is conditioned by the same limitation of means in relation to ends as behaviour within the economy, and is capable of being subsumed under the same fundamental categories. The generalizations*

---

[312] Mill 1848, S. 455f. Mit dieser Äußerung stellt der liberale Mill geradezu eine Rezeptur für die Umwandlung der Wirtschaft in eine zentrale Planwirtschaft aus.

[313] Vermutlich bezieht sich Mill auf die Anregung des Erzbischofs Whately aus dem Jahre 1831.

[314] Anhänger einer natürlichen Ordnung weigern sich üblicherweise, zu erkennen, dass die Gesetzmäßigkeiten in der Gesellschaft vor allem auf „künstlichen", will sagen: kulturellen Arrangements beruhen. Eine natürliche Ordnung unter den Menschen im strikten Sinne gibt es nicht und kann es nicht geben, d.h. aber keineswegs, dass künstlich-kulturelle Gebilde keine Ordnungen hätten – ganz im Gegenteil. So wie Sprache eine innere Ordnung hat, so auch Geld.

> *of the theory of value are as applicable to the behaviour of isolated man or the executive authority of a communist society, as to the behaviour of man in an exchange economy – even if they are not so illuminating in such contexts. The exchange relationship is a technical incident, a technical incident indeed which gives rise to nearly all the interesting complications, but still, for all that, subsidiary [!!!] to the main fact of scarcity."*
>
> *„In the second place, it is clear that the phenomena of the exchange economy itself can only be explained by going behind such relationships and invoking the operation of those laws of choice which are best seen when contemplating the behaviour of the isolated individual." (ib. S. 19-20)*

Kurz: Knappheit ist für Robbins ein objektives, in der Subjekt-Objekt-Relation gegebenes Faktum und der Tausch subsidiär. Wenn man ökonomische Gesetze studieren will, müsse man „hinter den Tausch" gehen und die Ökonomik der bürgerlichen Gesellschaft als Entscheidungslogik (denen Nutzenfunktionen zugrunde liegen) rekonstruieren.

Schumpeter: Die Vereinnahmung des Tausches

Schumpeter geht einen Schritt weiter: Er behauptet nicht nur, dass der Tausch keine Rolle spiele, sondern sogar, dass alles Tausch sei.[315] Damit gibt die Ökonomik ihre Theorie, die im Prinzip Theorie des rationalen Kalküls ist, als Theorie des Markts aus. Dieser Etikettenschwindel (dazu auch S. 297ff) wird in voller Absicht und ohne Scham vor dem Publikum vollzogen:

> *„[D]ie Tauschrelation ist nicht immer vorhanden, nicht in der isolierten Wirtschaft und nicht in jenen Elementen isolierter Wirtschaft, die sich tatsächlich auch in der Verkehrswirtschaft wiederfinden. Um nun trotzdem nicht auf dieses schon bereitliegende Werkzeug oder auf Allgemeingültigkeit unserer Resultate verzichten zu müssen, wollen wir es auch dort ergänzen, wo es fehlt, indem wir alles wirtschaftliche Handeln als Tauschen auffassen und annehmen, dass auch dort, wo keine Tauschrelationen vorhanden sind, die Wirtschaft ebenso abläuft, wie wenn eine solche vorhanden wäre. (...) Man beachte, dass alles wirtschaftliche Handeln für uns [Walrasianer] nichts anderes*

---

[315] So auch Mises (1924, S. 11). Dieser meint sich auch noch auf Simmel berufen zu können und schreibt unter Verweis auf die „Philosophie des Geldes", S.35: „Man hat daher jedes wirtschaftliche Handeln in gewissem Sinne als Tauschen bezeichnet."

> *ist, als eine Veränderung der ökonomischen Quantitäten. Wer Arbeit z.B. gegen Brot vertauscht, verändert die in seinem Besitze befindlichen Mengen beider Güter, und dasselbe tut der isolierte Wirt, der ein Stück Wild erlegt, indem er etwa seinen Vorrat an Kugeln oder Arbeitskraft verringert und den an Nahrungsmitteln vergrößert. In dieser Weise kann man das Schema des Tausches auf jede wirtschaftliche Handlung anwenden (...)" (ib. S. 49f).*

Die Absicht, die Schumpeter verfolgt, ist klar. Er möchte den Kern der Wirtschaftswissenschaften als reine Logik der Dinge rekonstruieren:

> *„Das wissenschaftliche Weltbild, das uns die exakten Wissenschaften bieten, ist nichts anderes als ein großartiges System von Größen, welche sich gegenseitig bestimmen und deren Beziehungen anzugeben die Aufgabe der Wissenschaft ist" (Schumpeter 1908, S. 135).*

Und die Wirtschaftswissenschaften sollen diesem Weltbild entsprechen:

> *„Es ist (...) wohl klar, dass die Grundlagen der [Walrasianischen] Preistheorie, (...) ein System der Logik der wirtschaftlichen Dinge darstellen. (...) Was aber weiter übersehen wird, ist (...) der Umstand, dass sie den exakten Nachweis liefert, dass im Wesentlichen unsere Voraussetzungen, das heißt also die Momente, auf denen unser System beruht, dazu ausreichen, die Preise der Güter und die Mengen derselben, die die Individuen erwerben und aufgeben werden, eindeutig zu bestimmen und zwischen allen Preisen und Mengen eine eindeutig bestimmte Wechselwirkung zu erkennen; dass also einerseits unser System in sich geschlossen ist und alle Elemente enthält, die dazu nötig sind, um die Vorgänge, zu deren Beschreibung es geschaffen wurde, von einem Standpunkte wenigstens aus vollständig zu ‚verstehen' und dass es andererseits in einem bestimmten Sinne normale Größen dieser Preise und Mengen – eine Logik der wirtschaftlichen Dinge – gibt" (ib. S. 260f).*

Schumpeter tappt in die eigene Falle

Als glühender Vertreter der (statischen) Walrasianischen Theorie will Schumpeter zwar die Welt durch die Brille der „Logik der Dinge" sehen. Um aber auch für die Dynamik der Welt eine Erklärung zu bieten, führt Schumpeter die Unternehmerpersönlichkeit in seine Überlegungen ein. Diese lässt er aus durchaus „unökonomischen" Motiven handeln und spricht vom „Traum" und „Willen", „ein privates Reich zu gründen, meist, wenngleich nicht notwendig, auch eine Dynastie. Ein Reich, das Raum gewährt und Machtgefühl, (...) das die nächste Annäherung an Herrenstellung ist, (...) deren Faszination gerade für solche Leute besonders wirksam ist, die keinen andern Weg zu sozialer Geltung haben." Schumpeter spricht auch vom Siegerwillen, vom Kämpfen- und Erfolghabenwollen, und sei es nur des Erfolgs als solchem wegen sowie von der Freude am Gestalten, usw. (1931, S. 138f). Allerdings befürchtet Schumpeter das Aussterben seines Unternehmertyps. – Wenn nun aber die Figur des dynamischen Unternehmers herangezogen wird, um die *Dynamik* der kapitalistischen Gesellschaft zu erklären, was wird dann wohl nach dem Aussterben des „dynamischen Unternehmers" geschehen? Wird sich dann nicht jener statische Mechanismus einstellen, der dem Walrasianischen Modell nahekommt? Tatsächlich scheint Schumpeter dies zu vermuten.

> *„In a socialist economy everything – limiting cases without practical importance alone excepted – is uniquely determined. But even when there exists a theoretically determined state it is much more difficult and expensive to reach in the capitalist economy than it would be in the socialist economy. In the former endless moves and counter moves are necessary and decisions have to be taken in an atmosphere of uncertainty that blunts the edge of action, whereas that strategy and that uncertainty would be absent from the latter"* (Schumpeter 1952, S. 194).

Die Dynamik des Kapitalismus verdankt sich nach Schumpeter also der Dynamik des Unternehmertyps. Stirbt dieser aus, folgt die Wirtschaft der statischen Logik der Dinge. Dann aber solle der Markt – dieses umständliche und kostspielige Hin- und Her – doch gleich besser von einer sozialistischen Planwirtschaft abgelöst werden! Mit diesem Vorschlag demaskiert Schumpeter die Neoklassik als Theorie der gesamtgesellschaftlichen Planung.

Ausnahmen und Außenseiter

Nicht alle Ökonomen haben sich an der Verdrängung des Tausches – und damit der Gesellschaft aus der ökonomischen Theoriebildung – beteiligt. Einige haben versucht, diesen Verdrängungsvorgang zu korrigieren. Einer der frühen Vertreter der Ökonomik als Theorie des Tausches ist Erzbischof Whately (1831) *„The name I should have preferred as the most descriptive ... is that of CATALLACTICS, or the Science of Exchange"*. Whately definiert den Menschen als „animal that makes exchanges" und bestreitet die Möglichkeit, Politische Ökonomie auf den isolierten Wirt anzuwenden. „Robinson Crusoe is in a position of which Political Economy takes no cognizance" (Kirzner 1960).

Erst Jahrzehnte danach meldet sich *Bastiat* (1850) zu Wort und bricht für den Tausch eine Lanze. Er sieht nicht nur, welches Potential der Tausch durch die Kombination und Rekombination menschlicher Kräfte entfalten kann, welche Synergien der Tausch in sich birgt, und welchen Nutzen die Menschheit aus ihm ziehen kann. Er erkennt auch, dass Geld die Tauschmöglichkeiten unendlich erweitert. Das führt Bastiat zur sehr modernen Konklusion, im Tauschzusammenhang der Gesellschaft die eigentliche Produktivkraft des Menschen zu identifizieren. Er macht sich über die Naturromantik Rousseaus lustig, der bedauere, dass die Menschen den Status der unschuldigen Natur aufzugeben und gegen den der stürmischen Gesellschaft einzutauschen bereit gewesen seien. Bastiat weiß, was der Mensch an der Gesellschaft hat, wenn er schreibt:

> *„Im Status der Isoliertheit übertreffen unsere Wünsche unsere produktiven Kapazitäten. In der Gesellschaft übertreffen unsere produktiven Kapazitäten unsere Bedürfnisse."*[316]

Karriere haben diese Ansichten in der Ökonomik allerdings nicht gemacht.[317]

„Wozu in die Ferne schweifen, wenn das Gute liegt so nah?" – Goethe

Während einigen Neoklassikern inzwischen Zweifel ankommen, ob denn die Neoklassik wirklich eine Theorie des Tausches sei und nicht bloß ein Gleichgewichtskonstrukt, scheinen eine Reihe heterodoxer Ökonomen die Neoklassik geradezu auf eine Theorie des Tausches festnageln zu wollen. Das ist eine sehr kontraproduktive Strategie. Erstens rennen sie gegen die Neoklassik in Bezug auf etwas an, was sie nun wirklich nicht ist: eine Theorie des Tausches. Zweitens überlassen sie damit der Neoklassik ein Feld, das sie selbst nicht mehr bestellen können: die Theorie des Tausches. Daher laufen sie, drittens, um den Tausch herum wie die Katze um den heißen Brei. Nach einigem Hin und Her fressen sie ihn doch. Sehen wir uns das an einigen Beispielen an.

1. Im umfangreichen Sammelband, herausgegeben von Baranzini und Skazzieri (1986), unternahmen einige *Keynesianer und Neoricardianer* den Versuch, ihre Position zu definieren. Wie wir schon weiter oben gesehen

---

[316] Übersetzt aus der englischen Fassung.

[317] Einen Überblick über die Tradition katallaktischen Denkens in der Ökonomik liefert Kirzner (1960).

haben, tun dies Ökonomen dadurch, dass sie sich gegenüber der Neoklassik abgrenzen. (Dadurch machen sie die Neoklassik zum Standard – all economics is neoclassical economics). Unglücklicherweise grenzen sie sich zur Neoklassik aber dadurch ab, indem sie diese als Theorie des Tausches bezeichnen.[318] Die Folge davon ist, dass sie vom Tausch nichts wissen wollen und ihre eigene Position als Theorie der „Produktion" und zwar – merkwürdigerweise – einer „Monetary Production" bezeichnen.[319] Damit aber richten sie ihre Pfeile auf das falsche Ziel und verhindern, im Tausch und im Geld – also in der „Gesellschaft" – die Ursache für die dynamische und durch den Verwertungszwang des Geldes getragene Dynamik zu erkennen. Sie übersehen, dass die Dynamik aus der Metamorphose des Geld-Ware-Geld-Mechanismus hervorgeht – ich erinnere an die Marxsche Formel G – W – G'.[320]

Es ist aber absolut unsinnig, Tausch und (arbeitsteilige) Produktion gegeneinander auszuspielen. Beide gehören in Wirklichkeit zusammen, wobei aus dem Tausch und nicht aus der Produktion die gesellschaftliche *Formbestimmtheit* resultiert, die es für Ökonomen „einzufangen" gälte.

2. *Heinsohn/Steiger* (1985, 1996) schlagen in die gleiche Kerbe. Sie attackieren alle Theoretiker – von Marx bis Menger – die, so unterschiedlich auch immer, im Tausch den Ursprung des Geldes und in der Tauschfunktion die zentrale Funktion des Geldes sehen. Denn ihres Erachtens ist Tauschtheorie neoklassische Theorie. Dabei glauben Heinsohn und Steiger sich auf Keynes berufen zu können. Der hatte sich aber gerade in diesem Punkt geirrt und sich mit der Etikettierung der KLASSIK als Modell einer „Real Exchange Economy" selbst einen Bärendienst erwiesen (dazu oben S. 299ff).

Ihr Angriff gegen die Neoklassik als angebliche Theorie des Tausches verwickelt sie in eine Reihe von Widersprüchen, die sich auch in einer

---

[318] Pasinetti setzt sich von der These der Neoklassik, sie sei eine Theorie des Tausches vorsichtig ab, indem er sagt, sie sei eigentlich gar keine „theory of pure exchange", als welche sie bekannt geworden wäre, „but which I would rather call a model of a pure utility, or pure preference economy." (1986, S. 416)

[319] Dazu der Sammelband Baranzini/Skazzieri (1986).

[320] Das ist um so erstaunlicher, als die Neoricardianer in der Tradition Sraffas stehen. Sraffas Modell baut auf dem Marxschen Gedanken der Verwertung des Werts, also einer gleichmäßigen Profitrate auf, die sich über Konkurrenzprozesse in der gesamten Wirtschaft herstellt. Die Verteilung (Profite/Löhne) ist bei ihm nicht wie in der Neoklassik durch die Technologie (Produktionsfunktionen) bestimmt, sondern ist ein (politischer) Freiheitsgrad im System.

unnötig komplizierten Rhetorik niederschlägt. Aber all das nützt ihnen nichts. Auch Heinsohn/Steiger kommen letztlich nicht um den Tausch herum und führen ihn durch die Hintertür, nämlich als Vertragshandeln zwischen *unabhängigen Privateigentümern,* wieder ein! *Heinsohn und Steiger* argumentieren, dass Privateigentümer gezwungen seien, sich Sicherheitsvorräte zu erwirtschaften, die sie gegen unvorhersehbare Notlagen schützen. Für die Aufgabe von Vermögen verlange der Privateigentümer eine Prämie, deren Höhe durch die Einschätzung der existenziellen Unsicherheit bestimmt sei.

Diesem Argument kann ich nur ausdrücklich zustimmen. Aber es widerspricht nicht, sondern unterstützt den tauschtheoretischen Ansatz. Was ist denn die Hingabe von Geld oder Eigentum gegen eine Prämie? Ein Tausch! Der Gläubiger verzichtet auf etwas und lässt sich diesen Verzicht bezahlen; der Schuldner erhält einen Vorteil, den er kompensieren muss.

So recht Heinsohn und Steiger haben, dass sie Geldwirtschaft mit Privateigentum und Schuldenproduktion in Zusammenhang bringen, so abwegig halte ich ihre Kritik an der Neoklassik als einer Theorie des Tausches. Die Neoklassik ist alles andere als das.

3. Ähnliches ist zu *Rieses* Ansatz zu sagen (1983, 1995). Auch er glaubt, in der Neoklassik eine Theorie des Tausches vor sich zu haben – eine Position, von der die raffinierteren Vertreter der Neoklassiker übrigens längst abgerückt sind. Das zwingt ihn dazu, im Geld alles Mögliche, nur nicht ein Tauschmittel zu sehen. Geld ist für *Riese* Zahlungsmittel. Was aber ist der Unterschied von Tausch- und Zahlungsmittel? Keiner![321] Auch die Tatsache, dass Geld in der modernen Geldverfassung durch Kredite entsteht, und Kredite, einmal vergeben, zum Tausch (also zum Erwirtschaften der Geldsumme, die zur Rückzahlung notwendig sind) zwingen, ändert nichts daran, dass Geld ein Tauschmittel ist. Die Wortakrobatik, mit der sich auch Riese gegenüber der Neoklassik als angeblicher Theorie des Tausches absetzen möchte, wirkt künstlich und verschattet sein eigentliches Anliegen, das darin besteht, die Dominanz von Geld- und Geldvermögensmärkten über Gütermärkte aufzuzeigen. Dazu bräuchte es aber eine originäre Tausch- als Medientheorie.

---

[321] Außer der, dass Geld als Zahlungsmittel auch für einseitige Transfers eingesetzt werden kann. Zahlen heißt, die Schulden, die sich aus einer Verpflichtung ergeben, zu begleichen, d.h. Geld ist Tauschmittel.

4. Auch Soziologen interessieren sich selten für das Phänomen Geld.[322] Einer der Gründe besteht darin, dass sich große Teile der Soziologie dem „rational choice"-Ansatz angeschlossen haben, also ebenfalls neoklassisch infiziert sind. Es gibt aber Ausnahmen, die erkennen, dass Geld eine entscheidende Herausforderung für die Sozialwissenschaften darstellt. Um diese Herausforderung annehmen zu können, glauben sie aber, gerade nicht bei einer Theorie des Tausches ansetzen zu dürfen, sondern über den Tausch hinausgehen zu müssen.[323] Die Theorie des Tausches wollen sie Ökonomen überlassen. Lassen wir Deutschmann zu Wort kommen:

„Geld spielt in unserer Gesellschaft (...) eine Rolle, die weiter über die eines neutralen Tauschmittels hinausgeht, und zwar so weit darüber hinausgeht, dass es gute Argumente dafür gibt, von einer religiösen Qualität des Geldes zu sprechen." (Deutschmann 2009)

Deutschmann hat recht: Geld hat eine religiöse Qualität, aber er übersieht, dass Geld diese Qualität hat, weil es Tauschmittel ist. Mildert der Tausch nicht „die Tragödie" der Knappheit und des Mangels? Beschert er uns nicht Wohlstand, Sicherheit und Frieden? Da Geld „Heil" bringt, ist es heilig. Als Mittel oder Medium des Tausches ist Geld eben alles andere als neutral.[324]

„What should economists do?"

Mit der Ausnahme ganz weniger hat sich die Ökonomik, d.h. die Neoklassik und ihre Gegner, aber auch die Soziologie gegenüber dem Tausch fast völlig immunisiert. Dass dies der entscheidende Fehler sein könnte, ist bisher nur wenigen aufgefallen. Ich habe schon weiter oben auf die Neoklassiker Frank

---

[322] Laut Ganßmann 1996, Deutschmann 2000, Hörisch 2009.

[323] Ein Beispiel liefert auch Adloff/Mau (2005), die sich zwar für Reziprozität, explizit nicht aber für Tausch interessieren (dazu Dietz 2007).

[324] Außerhalb dieser Reihe steht Brodbeck. Hochreflektiert wie er ist, geht er der methodologischen Schwäche der Neoklassik nicht auf den Leim. Aber Geld und Tausch *moralisch* verurteilend, setzt er die unheilvolle Tradition fort, die schon seit tausenden von Jahren und insbesondere im christlichen Abendland gepflegt wird. Er greift die „Herrschaft des Geldes" (so lautet sein Buchtitel) an, ohne Mittel aufzuzeigen, wie man das Geld beherrschen könnte. Er mag Geld einfach nicht, und der Tausch ist für ihn nur „Täuschung".

Hahn oder Alan Kirman verwiesen. Letzterer hat z.B. darauf aufmerksam gemacht, dass alle Gleichgewichtsökonomik daran kranke, dass sie Interaktionen nicht wirklich berücksichtige. Verschiedene Spezialgebiete der Ökonomik behandeln Folgewirkungen und Komplikationen, die der Tausch der Neoklassik verursacht: die Theorie der Transaktionskosten, die Theorie asymmetrischer Informationen, Principal Agent-Theorien, die Spieltheorie, die Theorie der Property Rights. Keine macht aber den Tausch selbst zur basalen Operation der Wirtschaft, und niemand ist so radikal wie Buchanan, der in seiner bekannten Arbeit „What should economists do?" (1987, S. 22) fordert: *„Economists ‚should' concentrate their attention on a particular form of human activity, and upon the various institutional arrangements that arise as a result of this form of activity"*, und dass sich die Ökonomen mit der „theory of markets" anstatt mit der „theory of resource allocation" beschäftigen sollten.

Allerdings sind Forderungen leichter zu erheben als zu erfüllen. Und wie sollte man sie erfüllen können, solange man durch die dyadische Tradition auf die Frage nach dem WAS festlegt ist?

> **Der Hauptdarsteller auf der Tragikomödie der Sozialwissenschaften ist der Tausch. Die Großen geben ihm Hauptrollen: Marx hält ihn für verderblich, weil er zum Kapitalismus führt; Simmel hält ihn für unentbehrlich, weil er die Tragödie der Knappheit mildert, und weil sich am Medium des Tausches, dem Geld, die moderne Zivilisation aufrichtet. Mit Ausnahme ganz weniger gehen alle am Tausch vorbei – auch und vor allem die Neoklassik. Sie ist alles andere, nur keine Theorie des Tausches, dennoch behauptet sie das. Die Tragikomik besteht darin, dass die Gegenspieler der Neoklassik, die Keynesianer, ihr diese Behauptung abnehmen. Das verführt diese, zu versuchen, ihre Geldtheorie auf irgendeine Grundlage zu stellen, nur nicht auf den Tausch. Das aber geht nicht.**
>
> **Man kann verstehen: Einmal in der bösen, das andere Mal in der guten, dann wiederum in der falschen Maske auftretend, die dann für die wahre Gestalt gehalten wird, kann der Tausch auf der Bühne der Wissenschaften nicht reüssieren. Dafür tut er das umso mehr in der Realität. Die Bürgerordnung ist eine Tauschordnung. Der Tausch ist die Operation, durch die weltweit Vergesellschaftung stattfindet. Geld ist sein Medium und die Form, die verbindet. Er ist die basale Opera-tion der Wirtschaft.**

5. Paradigmenvergleich

„Haus" und „Hütte"[325]

Kein Zweifel kann darüber bestehen, dass die Architektur des Kernkonstrukts der Ökonomik missraten ist. Sie ist kein blue print für ein bewohnbares „Haus", sondern nur für eine miserable „Hütte". Zwar mäkelt man an dieser Vorlage kräftig herum – das allein macht sie nicht besser. Man möchte da und dort Korrekturen anbringen – das macht sie nur hässlicher. Viele halten sie für den Entwurf eines Schlosses – was für eine Illusion! So schlecht die Konstruktion der „Hütte" aber sein mag, man greift auf sie solange zurück, als nichts Besseres zur Verfügung steht. Sie scheint das Einzige zu sein, worin sich Ökonomen einhausen wollen.

In diesem Abschnitt möchte ich meinen Ansatz mit dem Kernkonstrukt der Ökonomik vergleichen – diesmal Aussage für Aussage oder Eigenschaft für Eigenschaft. Zweck der Übung ist die Schärfung des Bewusstseins für die Unterschiede im methodologischen Aufbau und die Konsequenzen, die sich aus diesen beiden Ansätzen ergeben.

Es ist klar, dass es sich in dieser Gegenüberstellung um Konzepte mit sehr verschiedenen „Gewichten" geht: Beim einen handelt es sich um die herrschende Orthodoxie. Beim anderen um ein neues Forschungsprogramm.

Im Übrigen wird der Leser/die Leserin entdecken, wie wenig wir für den Paradigmenwechsel brauchen. Er oder sie wird sehen, dass die Bausteine der beiden Theoriekonstrukte fast die gleichen sind. Was wir ändern, ist eigentlich nur deren Anordnung. Damit aber ändert sich fast alles.

Man geht fast generell von der Möglichkeit der Begründung einer „reinen" Ökonomik aus der Subjekt-Objekt Dyade aus (dazu S. 262ff). Man gibt bestenfalls zu, dass die reine Ökonomik auf eine sozial, rechtliche und institutionelle Umgebung angewiesen ist, die von außen gesetzt werden muss. Dass aber Wirtschaft oder das Wirtschaftliche von innen heraus, aus der Gesellschaft, entstehen muss, wird fast generell übersehen. Diesen Binnenraum und den Prozess, aus dem er entsteht, sehen wir uns näher an. Es ist ein Prozess der Bildung

---

[325] Die Anregung, von einem „Haus der Wirtschaft" zu sprechen, kommt von Johannes Heinrichs.

menschlicher Kultur. Ich möchte die Erkenntnis wiederbeleben, dass Ökonomik keine technische Wissenschaft, sondern Teildisziplin menschlicher Kultur ist. Wirtschaft soll als Projekt menschlicher Zivilisation begriffen werden.

Bauelemente und deren Anordnung

Beide Ansätze beginnen mit der Annahme, dass es Subjekte und Objekte gibt: Subjekte haben Bedarf an Objekten, die knapp sind. Der Unterschied der beiden Ansätze besteht darin, dass der Mainstream von gegebenen Relationen von Subjekten zu Objekten (Nutzenfunktionen) ausgeht und aus diesen flugs ein „Gleichgewicht" ableitet, welches das Verhältnis der Objekte zueinander als auch die sog. Austauschmatrix festlegt. Die Subjekte kommen erst gar nicht miteinander in Kontakt, sondern führen nur das aus, was das Gleichgewichtskonstrukt ihnen zu tun vorschreibt: Sie übernehmen an ihrer Haustür die ihnen zugewiesenen Inputs und legen die an die Außenwelt zu liefernden Objekte ebendort ab. Alles wird von unsichtbaren Heinzelmännchen erledigt.

Das ist auch der Grund dafür, dass der ökonomische Mainstream mit der Subjekt-Objekt-Dyade auskommt. Man könnte daher von einer „Hütte" sprechen. Sie ist oben offen und es regnet herein. Sie kennt weder originäre Beziehungen zwischen Subjekten noch das sie vermittelnde Medium Geld. Sie steht für die Theorie einer geschlossenen Box, in der es um Optimierung bekannter Element geht.

Damit bleibt aber die Theorie unvollständig. Sie kann nicht erklären, wie Wirtschaft als einigermaßen kohärentes System entsteht. Um Wirtschaft als System zu erklären, beginnen wir im Unterschied zum Mainstream nicht mit dem Individuum als „optimierendem Subjekt", sondern machen den *Tausch* zum „basic building block" unserer Theorie. Tausch ist Kommunikation (zwischen Menschen über Güter), bedarf aber, um Gesellschaft zu konstituieren, d.h. zur dominanten Operation aufzusteigen, eines „eigenen" Mediums, des Geldes. Dieses emergiert aus dieser Relation und macht sie möglich, ja erzwingt sie sogar. Ohne dieses würden sich die Subjekte nur gelegentlich miteinander verbinden können. Nur weil es das ihnen gemeinsame, aus ihrer

Wechselseitigkeit generiert „Gebilde", gibt, kann es sowohl Wirtschaft (als einigermaßen kohärenten Zusammenhang) als auch das „autonome" (zivile) Subjekt geben.[326]

Abbildung 16

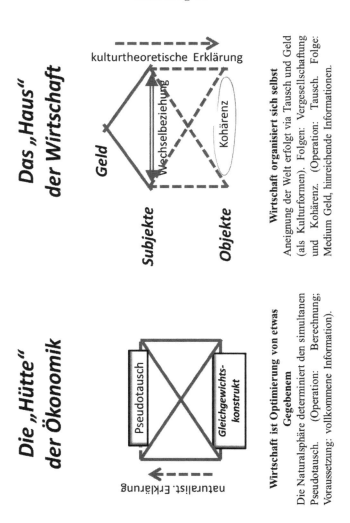

---

[326] Wie wir schon wissen, wird für die „Beziehungsarbeit" die künstliche Figur des Auktionators eingesetzt.

Dieser Prozess und die aus ihm hervorgehenden Formen sind es, denen wir unseren Wohlstand, das friedliche Miteinander und den hohen Wohlstand verdanken. Der Mainstream geht daran vorbei, denn er konstruiert den Zusammenhang allein aus dem Verhältnis der Subjekte zu ihren Objekten. Damit eliminiert er nicht nur den Binnenraum der Gesellschaft und macht sich gegenüber den Kräften blind, denen die (zivile) Gesellschaft ihre Existenz aber auch ihre Gefährdungen verdankt, er eliminiert letztlich auch das Individuum. Denn er modelliert es nur als „Nutzenfunktion".

Das „Haus" steht für die Theorie einer aus sich heraus – autopoietisch – sich bildenden Wirtschaftsgesellschaft. Durch die Tauschoperation und das Medium Geld wird

- Gesellschaft als Kulturgebilde möglich[327];
- eignen sich wirtschaftliche Subjekte Gegenstände an – werden Gegenstände zu Waren und kommen als Waren in einen quasi-kausalen Zusammenhang.

DIE WICHTIGSTEN METHODOLOGISCHEN DIFFERENZEN

Thema	Traditioneller Ansatz	Neuer Ansatz
Anordnung: „von unten nach oben" *oder* „von oben nach unten" (Naturalismus vs. Kulturtheorie der Wirtschaft)	Die Theorie geht von „Daten" über Ressourcen und von Nutzen aus, die auf diese Ressourcen definiert sind. Aus den nackten (naturalen) Daten leitet sie mit Hilfe des (teleologischen) Maximierungsprinzips das (fiktive) Gleichgewicht ab. In ihm stehen die Güter in einer kausal determinierten Relation.	Die Wirklichkeit entsteht in der (so rellen) Relation der Subjekte zuein Tausch ist die Operation, Geld das sönliche) Medium. Geist und Geld Ressourcen sind nur das Material d schaft.
Subjekt-Objekt	Der minimale Kontext jeder wirtschaftlichen Überlegung ist die Annahme eines Subjekts (S1), das zwei von ihm begehrten Gütern gegenübersteht (O1, O2).	

---

[327] Gebetsmühlenhaft möchte ich daran erinnern, dass dieser Satz nicht behauptet, dass Gesellschaft sich nur über den Tausch bildet, dass es aber ohne Tausch & Geld nicht geht.

	… geht davon aus, dass das Subjekt durch seine Nutzenfunktion vollkommen repräsentiert wird.	… geht davon aus, dass das Wissen von und Begehren nach Gütern sich im kommunikativen Miteinander bildet.
Selbstreflexion	… ist dem Modellansatz fremd. Die Schulbuchökonomik reduziert den Menschen auf den Status einer Made (eines biologischen Individuums).	Nur ihrer selbstbewusste Subjekte sind wirklich Subjekte. Sie beurteilen ihre Bedürfnisse, ihre Emotionen, ihre Konzepte, ihre Gefährten. Nur solche Wesen können in Tauschbeziehungen eintreten.
Wechselbeziehungen; Tausch	… existieren nicht. Das Modell erlaubt keine Interaktionen. Wirtschaft ist die Summe von Monaden. Keiner darf auf eigene Faust handeln. Jeder muss auf das Gesamtarrangement warten. Die Schulbuchökonomik modelliert einen – *allgemeinen* – Scheintausch. Er ist *Folge* des errechneten (hypostasierten) Gleichgewichts.	Der Tausch ist die *Form*, über die sich die Menschen ökonomisch *paarweise* verbinden. Er trägt in entscheidender Weise zur Bildung ökonomischer Wirklichkeit bei: Über Wechselbeziehungen lernen die Subjekte ihre eigenen Bedürfnisse und die anderer kennen. In Wechselbeziehungen erkennen sich Subjekte wechselseitig als solche an. Jedes Paar handelt auf eigene Faust.
Geld	… fehlt; bzw. es stört	Tauschkommunikation „verlangt" nach Geld. Geld ist „Verkörperung der Tauschrelation" (Simmel) – ein „Gebilde" überpersönlicher Kultur, das Tausch wesentlich erleichtert.
Gleichgewicht/Kohärenz	Das Gleichgewicht ist Ausdruck eines *Zustandes*, in welchem alles ideal arrangiert ist. Wie dieser Zustand zustande kommt, bleibt offen. In ihm stehen die Dinge in einem kausalen Konnex. („Logik der Dinge") Um das Modell zu schließen, bedarf es der Fiktion einer gottähnlichen Instanz.	Tausch & Geld erzeugen sind Voraussetzungen, dass Gleichgewichtsprozesse stattfinden. Indem Menschen via Tausch miteinander kommunizieren, bringen sie Güter in Beziehung. Die ständige Eliminierung von Differenzen lässt sich als Tendenz zu einem Gleichgewicht interpretieren. Neue Differenzen werden durch Innovationen erzeugt.

Die grundlegenden Operationen sind die Wechselbeziehungen – Tauschhandlungen. Aus biologischen Subjekten entstehen autonome

> **Bürger (kulturelle Subjekte) – aus den Dingen Waren, aus den laufenden Kommunikationen der mehr oder minder kohärente Raum der Wirtschaft.**
>
> **Während der Tausch eine *lokale Handlung* darstellt, welcher konkrete Produkte einsetzt, ist das Medium Geld ein *überpersönliches Objekt*.**
>
> **Der Mensch ist ein lokal einwohnendes, aber abstrakte und universelle Symbole erzeugendes und diese verwendendes Wesen. Nur weil der Mensch Symbole im Lokalen kreiert, kann er Gesellschaften als universelle Entitäten organisieren und zugleich individuelle Freiheiten (Autonomie) erlangen – eine Meisterleistung der Evolution!**

Einige Konsequenzen für die Theoriearchitektur

Thema	Traditioneller Ansatz	Neuer Ansatz
Zeit	Simultaneität: Das Gleichgewicht wird simultan „errechnet". Zeit fehlt. Wirtschaft ist ein Prozess, der sich aus dem Neben- und Nacheinander von Tauschkommunikationen ergibt.	Wirtschaft ist eine Prozess, der sich aus dem Neben- und Nacheinander von Tauschkommunikationen ergibt.
Ort	Wirtschaft wird auf einen „Ort" zusammengezogen. Es gibt auch nur einen Preis.	Wirtschaften ist immer ein lokaler Vorgang. Das Wunder der Wirtschaft besteht darin, dass lokale Handlungen überpersönliche Gebilde hervorbringen, die den Zusammenhang der lokalen Aktionen ermöglichen.
Knappheit	Knappheit ist für die Neoklassik erst ableitbar, wenn das Ganze – simultan – in seiner Totalität erfasst wird.	Knappheit wird Schritt für Schritt – durch jeden einzelnen Tauschakt – sicht- und kommunizierbar gemacht.

5. Paradigmenvergleich

Vollständigkeit vs. Herstellung eines Zusammenhangs	Der Naturalismus der Neoklassik verlangt nach einer Totalbetrachtung. Nur diese kann ein fiktives Gleichgewicht und ein System relativer Preise (Schattenpreise) liefern. Deshalb besteht die Neoklassik stets auf der Behauptung der Vollständigkeit von Märkten (completeness of markets). Der neoklassische Knappheitsbegriff ergibt sich nur aus dem Totalzusammenhang.	Tausch gegen Geld ist nur Codierung von Knappheit. Wirtschaft ist das System in Geld codierter Knappheit. Nicht jede wirtschaftliche Handlung wird und sollte codiert werden. Nur wenn dem Geld Grenzen gesetzt werden, kann eine Geldwirtschaft funktionieren.
Objektivität vs. Objektivierung	Die Dinge und der Bedarf an ihnen gelten als objektiv gegeben; gleichzeitig auch das allokative Gleichgewicht.	So gut wie nichts ist gegeben. Alles entsteht erst aus und im Tauschverkehr: Das Wissen über die Dinge, der Bedarf nach ihnen, ihre Verfügbarkeit, ihre Austauschbarkeit, der Zusammenhang der Individuen, der Zusammenhang der Dinge, usw.
Werttheorie vs. Wertformtheorie	Für Marx, die Klassik und Neoklassik gibt es „wahre" oder „objektive" Werte. Die Werttheorien hypostasieren Gesellschaft als Subjekt. Werttheorien sind objektivistisch (fundamentalistisch).	Knappheiten mögen irgendwo existieren, aber sie müssen durch das Tauschhandeln als Wertformen in die Wirklichkeit „gehoben" werden. Die sozial-kulturelle Relation ist Voraussetzung für die Sachlichkeit des Wertausdrucks.
„Totalität von oben" vs. „inkrementelle Eroberung von unten"	Naturalistische Ökonomik impliziert eine Totalbetrachtung. Alles ist mit allem und alle mit allen per definitionem bereits verbunden.	Die Wirklichkeit der Wirtschaft ist ein sich Hineinarbeiten in vorhandene und ein Erzeugen neuer Möglichkeiten. Das Tauschen führt zu einer Vernetzung.
Kausalität und Emergenz oder	In einer mechanischen Welt werden Kausalität und Emergenz unabhängig voneinander gedacht. Ein	Die „Logik der Dinge" ist von ihrem Zustandekommen unabhängig. In der Wirtschaft ist die methodologische Trennung von Kausalität und Emergenz nicht möglich. Kausalitäten in der

Fertige Welt vs. entstehende Welt	Beispiel: Die Bewegungsgesetze der Gestirne sind davon unabhängig, wie diese in die die Umlaufbahn gerieten. Um die Umlaufbahnen zu berechnen, musste Kepler nicht wissen, wie die Welt entstanden ist.	Wirtschaft setzen Emergenz (des Geldes und anderer Institutionen) voraus. Ein Beispiel: Güter müssen einen Geldpreis haben; erst dann lassen sich relative Preise errechnen. Die „Ekstase" des Geldes ist Voraussetzung dafür, dass sich zwischen den Teilen der Wirtschaft quasi-kausale Beziehungen etablieren.
Inhalt und Form oder WAS vs. WIE	Entscheidungslogik (dyadisches Denken) impliziert eine strikte Trennung zwischen der Vorstellung, WAS wirtschaftlich optimal ist, und dem WIE der Koordination. Das ist die Logik des handelnden Individuums: man müsse zuerst wissen, was man will, dann muss man sehen, wie dieses Ziel zu erreichen ist. Wissen geht der Handlung voraus.	In der Gesellschaft geht das Handeln (der Tausch) dem Wissen voraus. Das „WIE" erzeugt das „WAS". Die „Form" bestimmt den „Inhalt". Treffen nur zwei zusammen, entsteht ein „Drittes". Information, Wissen, Motivation, Anreize ... werden größtenteils in den Interaktionen generiert, durch welche zugleich Vergesellschaftung stattfindet.

Die „Disjunktion" von Inhalt und Form liegt der alten Ordnungstheorie und der traditionellen Systemauseinandersetzung zwischen Kapitalismus und Sozialismus zugrunde, die davon ausging, dass Wirtschaft entweder marktwirtschaftlich oder planwirtschaftlich organisiert werden könnte. Welch ein Irrtum!

Thema	Traditioneller Ansatz	Neuer Ansatz
Plan-Markt-Debatte	Die Allokation könne sowohl über den Markt als auch durch zentrale Planung erfolgen.	Das Ersetzen des Marktes durch eine zentrale Planwirtschaft vernichtet Wirtschaft.
Funktion des Marktes	Märkten wird die Funktion zugeschrieben, das Gleichgewicht zu erreichen. Sie haben folglich für die Theorie der Wirtschaft keine eigene Bedeutung, sie sind nur Erfüllungsgehilfen. Demzufolge	Märkte sind verdichtete Tauschkommunikationen. Vor dem Tausch gibt es keine Wirtschaft und kein Gleichgewicht. Tausch und Geld setzen aber Gleichgewichtsprozesse in Gang, d.h.

	wären Märkte perfekt, wenn sie die „Logik der Dinge" vollziehen.	Prozesse, in denen Preis- und andere Differenzen abgebaut werden.
Anpassung vs. Kreation	Die traditionelle Theorie sieht die Funktion von Märkten als Anpassung an ein durch Daten gegebenes (objektives) Gleichgewicht.	Jeder einzelne Tausch lässt ein Stück Welt entstehen. Märkte gleichen nicht nur Vorhandenes aus, sondern erzeugen Realitäten.
Effizienz vs. Effektivität	Die herrschende Ökonomik ist ganz auf den Effizienzgedanken fixiert. Effizienz, d.h. Optimalität, kann man nur in geschlossenen, nicht aber in offenen Räumen erreichen.	In offenen Räumen geht es um mehr als um Effizienz: um Entdeckung, Vernetzung, Emergenz. Die Leistung von Märkten bloß aus der Effizienzperspektive beurteilen zu wollen, greift entschieden zu kurz.
Real- versus Nominaltheorie	Der Mainstream ordnet die Werte dem „Realsektor" zu.	Werte sind Ergebnis sozial-kultureller Prozesse. Geld ist ein Kulturphänomen.
Störung „von außen" oder „von innen"	Störungen kommen von außen. Die Ökonomik spricht von exogenen Schocks, an die sich Märkte anpassen.	Die meisten Störungen kommen nicht von außen, sondern von innen.
Neutralität/ Nicht-Neutralität	Für die Neoklassik „zählt" Geld nicht – für sie ist Geld neutral, ein Schleier, ein Schmiermittel der Wirtschaft. M.a.W.: Wirtschaft ohne Geld sieht nicht viel anders aus als eine Wirtschaft mit Geld.	Ein Sprichwort sagt: „Geld ist nicht alles, aber alles ist nichts ohne Geld". Dieser Satz hat auf der Theorieebene die folgende Entsprechung: „Die Wertform ist nicht alles, aber ohne Wertform ist die Theorie der Wirtschaft nichts."

Bemerkungen: *Die Erweiterung der Theorie um die* **Wertform** *führt zu einem anderen Typus von Wirtschaftstheorie. Sie geht nicht mehr naiv von der Vorstellung einer durch Nutzen determinierten „Logik der Dinge" aus. Sie versteht Wirtschaft als System, das durch „Wertformen" getragen, getrieben und konditioniert ist. Um diese Erkenntnis kommt man nicht herum. Aus ihr folgt aber nicht, dass Wertformen (Geld, Profit, Rendite, ...) zu Letztzielen gemacht werden sollen, sondern nur, dass sie unentbehrlich zur Orientierung im Dschungel* der Wirtschaft sind. Wertformen sagen uns nie, was wir sollen, sondern nur, was wir nicht sollen. Wir müssen allerdings gute Gründe haben, wenn wir uns ihrem Anspruch verweigern. Immer wieder wird die „Wirtschaft" ermahnt, sie solle nicht dem Profit, sondern den Bedürfnissen dienen. Das ist eine treuherzige Forderung, läuft aber darauf hinaus, Gesellschaft als Subjekt zu hypostasieren: In Robinson Crusoes „Wirtschaft" kommt kein Profit vor.

Tauschhandeln kreiert Gestalt, die selbst einer Gestaltung bedarf. Was im dyadischen Denken völlig fehlt, ist der Gestaltbegriff. Der Gestalt wird von der Theorie keine eigene Wirklichkeit zuerkannt. Die Gestaltungen der Wirtschaft sind aber die eigentliche Wirklichkeit der Wirtschaft. Dieser Gestalt und den aus ihr folgenden Gesetzen ist Rechnung zu tragen. Wer Gestalt sieht, sieht mehr. Wer gestalten will, muss wissen, mit welcher Gestalt er es zu tun hat. Wer einen Bullen für ein Schaf hält, hat von vornherein keine Chance.

Thema	Traditioneller Ansatz	Neuer Ansatz
Mechanik versus Gestaltung der Gestalt (Verantwortung)	Das mechanistische Weltbild geht von einem kausal geschlossenen System aus. Es muss Eingriffe von außen als Störung der natürlichen Ordnung begreifen.	Wirtschaft ist ein von unten spontan entstehendes, und von oben zu gestaltendes System. Nomos ruft nach Taxis.
Determinismus vs. Liberalismus	Neoklassik ist ihrem Kern nach Entscheidungstheorie. Sie muss Gesellschaft als Subjekt hypostasieren.	Tausch & Geld sind die Voraussetzungen für eine freie Bürgergesellschaft. Der Bürger ist frei, weil er frei kontrahieren darf.
Solipsismus vs. Individualismus	Zwar macht die Ökonomik das Individuum zu ihrem „basic building block". In Wirklichkeit aber huldigt sie einem methodologischen Solipsismus. Gesellschaft existiert nicht, und das Individuum wird als triebhafte Monade modelliert.	Wir haben nicht das Individuum, sondern den Tausch zum „basic building block" gemacht. Damit haben wir den methodologischen Solipsismus durch einen *echten Individualismus* überwunden, den auch Hayek intendierte. Die *Freiheit des Individuums* besteht in seiner Kontraktfreiheit; die *Gesellschaft* kann man frei nennen, weil ihr Zusammenhang durch den freiwilligen Verkehr der Bürger zustande kommt.

Gesellschafts- und wirtschaftstheoretische Implikationen

Der neue Ansatz zeigt, dass die *Humanisierung* des Menschen und seine *Vergesellschaftung* nicht jenseits von Wirtschaft, sondern in und durch die Wirtschaft erfolgen. Das freilich kann man aus traditioneller Sicht gar nicht erkennen. Nach ihr bestimmen Gegebenheiten (Ausstattungen, Präferenzen und Nutzenmaximierung), was die Menschen zu tun oder zu lassen haben. Für sie gibt es keinen Raum für Freiheit. Dieser kann ihr zufolge nur außerhalb, nicht innerhalb der Wirtschaft gewonnen werden – eine Behauptung, die der allgemeinen Erfahrung fundamental widerspricht. Ohne Geld gibt es keine Freiheit.

Kultur ist ein sich Hinaufbemühen, bei dem gleichzeitig ein Gebirge an Formationen entsteht. Je weiter der Mensch nach oben steigt, desto tiefer kann er fallen, und um überhaupt hinaufzugelangen und oben zu bleiben, bedarf es sorgfältig eingerichteter Institutionen oder Vorkehrungen. Die Wirtschaft ist da keine Ausnahme. Auch Tauschakte sind Schöpfungsakte; Kulturarbeit durch und durch. Sie benützen Vorhandenes und kreieren Neues, an das viele anschließen. Tauschhandeln kreiert Gestalt, die selbst einer Gestaltung bedarf.

Was im dyadischen Denken völlig fehlt, ist der *Binnenraum* der Gesellschaft, aus dem ihre *Gestalt* emergiert. Der *Gestalt* – den morphologischen Strukturen – wird keine eigene Wirklichkeit zuerkannt. Sie aber sind *die eigentliche Wirklichkeit der Wirtschaft*. Ihnen und den aus ihnen ableitbaren Gesetzen ist Rechnung zu tragen. Wer Gestalt sieht, sieht mehr. Wer gestalten will, muss wissen, mit welcher Gestalt er es zu tun hat. Wer einen Bullen für ein Schaf hält, hat von vornherein keine Chance.

> **Der traditionelle Ansatz ist mechanistisch. Es neigt dazu, entweder alles den Märkten zu überlassen oder alles zu kontrollieren. Das neue Denkmodell ist evolutionär. Märkte sind unverzichtbare Formen der Koordination. Aber sie sind alles andere als perfekt.**

Hayek wollte zeigen, dass wir am Markt mehr haben, als wir verstandesmäßig erfassen können. Zugleich müssen wir aber einräumen, dass selbst der denkbar perfekteste Markt alles andere als perfekt ist. Märkte weisen gravierende systemische, und prinzipiell nicht überwindbare Unvollkommenheiten auf, die nach kompensatorischen Eingriffen verlangen. Statt von Marktversagen möchte ich von Nichterfüllung von Erwartungen der „Gesellschaft" sprechen, die der Markt nicht leisten kann. Ich möchte zwei Funktionsdefizite ansprechen:

Funktionsdefizit 1. Man sagt, Geldpreise seien ideale Knappheitsmesser. Nur muss man wissen: Preise bilden sich im Austauschgeschehen der Menschen untereinander. Sie reflektieren daher Knappheit aus der Perspektive von Eigentümern. *Die Natur tritt nicht als Eigentümer* bzw. *Verhandlungspartner* auf. Sie verlangt für ihre Gaben keinen Geldpreis. Ihre Leistungen Luft, Wasser, Kohle können sich die Menschen ohne Gegenleistung holen. Aus dem kostenlosen Bezug von Gütern aus der Umwelt folgt zwangläufig der rücksichtslose Raubbau (S. 34 und S. 174f).

Wenn man die Knappheit der Natur berücksichtigen möchte – bisher wurde sie kaum berücksichtigt –, muss der Mensch Natur entweder kontingentieren, was oft unwirtschaftlich ist oder im Extremfall zu einer Verteilungsdiktatur führt, oder ihre Nutzung kostenpflichtig machen. Die Gemeinschaft muss daher für die Natur eintreten und die Ressourcenverwendung durch Steuern auf den Naturverbrauch vorausschauend steuern. Die Gemeinschaft kann auf diese Weise Einnahmen durch Verteuerung des Naturverbrauchs lukrieren, durch die sie ihre Gemeinschaftsaufgaben finanzieren kann. Während die Besteuerung auf Arbeit die Tauschkommunikation der Bürger behindert oder diese in Schwarzarbeit (d.h. außerhalb der Bürgergesellschaft) abdrängt, würde die Besteuerung auf Ressourcen die Akteure zum schonenden Umgang mit der Natur veranlassen. Was liegt näher als das? Die „Gemeinschaft" (vertreten durch den Staat) muss freilich mehr oder weniger voluntaristisch entscheiden, was sie aus heutiger Sicht für knapp und erhaltenswert hält und wie hoch sie den Preis für die Verwendung von Naturressourcen ansetzt. Einen objektiven Maßstab gibt es leider nicht.[328]

Funktionsdefizit 2: Aus der Logik des Marktes folgt: Den Eigentümern steht im Prinzip der gesamte Ertrag zu. Die Folge ist das Verteilungsproblem als Dauerbrenner jeder Geldwirtschaft. Nichteigentümer „müssen" an den Erträgen der Warenproduktion fair beteiligt werden. Der Markt sorgt nur dafür, dass Lohndifferentiale durch Konkurrenz eingeebnet werden. Das heißt durchaus nicht, dass die Löhne „angemessen" oder „fair" sind. Sie müssen nicht nur „fair" sein, um soziale Spannungen zu vermeiden, sondern um den Funktionsgesetzen einer Marktwirtschaft zu entsprechen. Jeder einzelne Eigentümer mag zwar durch Lohndrückerei gewinnen, aber die Gesamtheit der Eigentümer kann ihre gesamten Waren nur absetzen, wenn sie auch Absatz finden. Dazu aber müssten sie die „Nichteigentümer" ordentlich bezahlen.

Da der Wettbewerb zwischen Eigentümern dies aber verhindert, *muss die Gemeinschaft intervenieren, damit (leistende) Nichteigentümer „angemessen"*

---

[328] Die Vorschläge von Aubauer (2006), Binswanger (2007), Douthwaite (2004) und etlichen anderen weisen in die richtige Richtung.

am Ertrag beteiligt werden. Möglichkeiten sind u.a. Kollektivvertragsverhandlungen oder gesetzlich festgelegte Mindestlöhne. Wünschenswert ist auch ein neues Fairnessbewusstsein, das in jüngster Zeit wieder etwas an Boden zu gewinnen scheint.

Während die Gesellschaft (besonders in Westeuropa) einige Erfahrung in der sozialen Frage hat, steht sie im Umgang mit den Naturressourcen erst am Anfang.[329] Die Gesellschaft muss sich dem Konflikt zwischen ihrer morphologischen Struktur, die zu Wachstum drängt, und Natur, die begrenzt ist, stellen. Viele Ökologen fordern, die Gesellschaft der Natur zu opfern. Das ist naiv und „*ökostalinistisch*". Wir haben nur die Gesellschaft, die wir haben. Anstatt sie wie im Stalinismus ganz blind zu machen, geht es darum, dass sie ihre blinden Flecken zu erkennen lernt.

STELLUNG UND AUFGABE DER WIRTSCHAFTSTHEORIE

Definition der Wirtschaftswissenschaften: Theorie der Allokation der Ressourcen versus Theorie der „Sprache" der Allokation der Ressourcen

Alfred Marshall definierte Ökonomik ganz praktisch: „Political Economy or Economics is a study of mankind in the ordinary business of life". (Marshall 1920: 1). Um dieser praktischen Definition zu genügen, müsste die Wirtschaftstheorie *Theorie der Wirtschaft* als System sein. Aber wie fast alle Ökonomen führt Marshall seine Theorie als *Theorie des wirtschaftlichen Kalküls* („rational choice") aus.

Der „wirtschaftliche Aspekt" reicht einerseits weit über die Wirtschaft hinaus, andererseits geht es in der Wirtschaft viel mehr als nur um den instrumentellen Aspekt. Das Stillen eines Säuglings oder das gemeinsame Kochen zu Hause ist auch *wirtschaftliches Handeln*. Aber diese Handlungen gehören nicht zur *Wirtschaft als System*. Dieses ist von seiner *Umgebung* (von anderen Teilsystemen) über die Wertform abgegrenzt. Während sich die Neoklassik auf den *„wirtschaftlichen Aspekt"* zurückzieht, entspricht der hier vorgetragene Ansatz der Definition Marshalls.

Wirtschaftstheorie sollte nicht als Wissenschaft der Allokation der Ressourcen, sondern als Wissenschaft der „Sprache der Allokation

---

[329] Vorschläge dazu bei Binswanger 2009 und vielen anderen.

der Ressourcen" betrieben werden.

Arroganter Sonderling oder Anschluss an Sozialwissenschaften

Traditioneller Ansatz	Neuer Ansatz
Die traditionelle Ökonomik ist in methodologischer Hinsicht durch die Reduktion auf den ökonomischen Aspekt – des maximizing of something (Arrow 1987, S. 29f) – gekennzeichnet. Diese Reduktion auf dyadisches Denken erwies sich zunächst als sehr erfolgreich. Denn sie schien der der Ökonomik einen analytischen „Schlüssel" zu „allen" Problemen in die Hand zu geben. Durch die Mathematisierung gelang es ihr auch, sich in der „Hackordnung" der Sozialwissenschaften ganz oben zu platzieren (Swedberg 1990) und sich als selbständige Disziplin, insbesondere gegenüber der Soziologie, eindeutig abzugrenzen.	Der triadische Denkansatz könnte aus den Wirtschaftswissenschaften wieder eine Sozialwissenschaft machen. Indem wir den Tausch, d.h. das Geben, Nehmen und Ausgleichen zum basalen Element der Theorie machen, finden wir einen Weg zu einer integrativen Humanwissenschaft, denn der Tausch ist der „Ort", an dem ökonomische, gesellschaftliche (soziale) und psychische Wirklichkeiten erzeugt werden, • *ökonomisch*, weil er die materielle Vorsorge betrifft; • *gesellschaftlich* als interaktiver bzw. über Geld als soziales Medium vermittelter, kommunikativer Vorgang, und • *psychisch*, weil der Selbstwert des Menschen von der Leistung für andere und deren Anerkennung abhängt.
Die Reduktion auf die Dyade führte aber nicht zu einer Bescheidenheit, sondern ganz im Gegenteil zur imperialistischen Invasion in andere Sozialwissenschaften. Mit Selbstsicherheit gibt Hirshleifer (1985, S. 33) zu Protokoll: „What gives economics its imperialist invasive power is that our analytical categories – scarcity, cost, preferences, opportunities, etc. – are truly universal in applicability".	Die Erweiterung ökonomischen Denkens zu einer Triade führt ins „Haus der Wirtschaft". Hier wird nicht nur auf die Nachbardisziplinen Bedacht genommen und deren Ergebnisse in den „Datenkranz" (=exogene Variable) eingeschleust –, nein: Soziales und Psychisches, Kulturtheoretisches sind hier gleichfalls „zu Hause"; sie gehören dazu. Nur das soziale Mit- und Gegeneinander im Tausch konstituiert die ökonomischen Formen, ohne die es gar keine Wirtschaft gäbe, und ohne die Hirshleifer und seine Kollegen gar kein Erkenntnisobjekt vorfänden!

Die Selbstreduktion der Wirtschaftswissenschaften auf die Dyade, d.h. auf den ökonomischen Aspekt, machte sie zu einem *arroganten Sonderling* unter den Sozialwissenschaften. Die verschiedenen Disziplinen haben sich nichts mehr zu sagen, nicht aber, weil man über andere Welten spricht, sondern weil man über die gleiche Welt in Sprachen spricht, zwischen denen es keine Verständigung geben kann.	Triadisches Denken erzeugt für alle Humanwissenschaften ein gemeinsames „Haus". Jede von ihnen hat in ihm Platz. Man findet sich unter einem gleichen Dach, denn jede von ihnen hat mit den drei genannten Ebenen – überpersönlichen Gebilden, Subjekten und Objekten – zu tun, und jede von ihnen ist im Prinzip nach dem gleichen Grundmuster gestrickt. Dennoch ist die Besonderheit und Unabhängigkeit der Fachdisziplinen gewahrt. Das schon deshalb, weil sich die Gesellschaft nach verschiedenen Codes ausdifferenziert, d.h. für ihre Bereiche unterschiedliche „Sprachsysteme" entwickelt hat, durch die sie die „Realität" modal unterschiedlich bewältigt. (Luhmann 1984) Trotz aller Differenzierung müssen die Wissenschaften aber untereinander kommunizieren können. Denn nur so können sie sich der einen Welt stellen, der sie verpflichtet sind.

Wir haben weiter oben schon angemerkt, dass sich die *Ökonomik* für eine Wissenschaft von der effizienten Allokation der Ressourcen, die *Soziologie* für die Wissenschaft von sozialen Verhaltensnormen hält, und die *Psychologie* als Seelenklempnerei abgestempelt wird. Ökonomisches Handeln ist immer auch soziales Handeln, in welchem Geist, Verstand und Emotionen beteiligt sind! Was ist *gesellschaftlicher* als der *Wirtschafts*verkehr? Und was ist im Übrigen beglückender, als eine gute Arbeit für andere zu leisten, in der die „Seele wesenhaft tüchtig sein kann"?[330]

Düstere versus fröhliche Wissenschaft

Es wurde schon öfter angemerkt, dass die Ökonomik eine düstere Wissenschaft sei (dismal science). Das ist – paradoxerweise – die Folge ihrer Maximierungshypothese, also eines scheinbar optimistischen Konstrukts. Sie soll sichern, dass die Welt *als (kausal) determiniert erscheint*. In einer solchen Denkwelt

---

[330] Martin Walser 2010, S. 24.

herrscht der „kalte Stern der Knappheit". Die Menschen müssen den Sachzwängen folgen. Das ist zwar eine nicht sehr attraktive Vision, aber was für ein Triumph für eine Wissenschaft klassischen Typs.

Doch sie kann diesen Triumph nicht wirklich genießen, denn es muss sie irritieren, dass die Welt nicht so funktioniert, wie das Modell es verlangt. Weder sind Märkte vollkommen noch Informationen symmetrisch, Transaktionen kosten. Vor allem aber: Homo sapiens ist nicht so rational, wie das Modell ihn braucht. Mit jeder „Unvollkommenheit" schwindet die Erklärungskraft des Modells. Inzwischen flickt zwar jeder der Theorie ans Zeug, keiner weiß aber einen besseren Weg. Was für ein Frust! Fröhlichkeit kann hierbei keine aufkommen.

Die übliche Kritik am „homo oeconomicus" trifft nicht den entscheidenden Punkt. Denn diese Annahme ist nicht empirisch gemeint, sondern notwendig, um das Modell kausal zu schließen. Wenn die Kritik an dieser Annahme gegen deren empirischen Gehalt gerichtet wird, führt sie zur absurden Konsequenz, dem Menschen „Rationalität" abzusprechen, wobei gerade die Gehirnforschung hierzu in Anspruch genommen wird. Die viel interessantere Frage bleibt auf der Strecke, warum die Individuen so rational sind. Das sicher nicht, weil sie so gierig und von Natur aus berechnend sind, sondern weil die von ihnen in ihren Kommunikationen erzeugten Wertformen sie zu hoher Rationalität veranlassen.

Wir sehen also, dass das Modell aus falschen Motiven falsche Behauptungen aufstellt, die wiederum zu falschen oder unsinnigen Fragestellungen Anlass geben. Das vermeidet unser „kulturtheoretisch" inspirierter Ansatz. Er operiert mit der „Triade". Triadisches Denken „misst" die Welt nicht an einem falschen Ideal und stößt sich deshalb nicht an Schönheitsfehlern, die in Wirklichkeit keine sind. Es zeigt, dass weder der Markt noch die Gesellschaft an diesen Scheindefekten leiden.[331] Es beurteilt die Welt pragmatisch an ihren eigenen realen Möglichkeiten, die, um sie zu erreichen, kluges Vorgehen erfordern. *Es zeigt, wie intelligent der Mensch ist und welche Formkräfte ihn so intelligent gemacht haben. Triadisches Denken zeigt auch, dass die Verfolgung eigener Interessen durchaus nicht im Widerspruch mit der Beachtung der Interessen anderer steht. Es führt zu einer Wissenschaft, die Räume für gemeinsames Handeln eröffnet. Es sieht zwar durchaus, dass der Mensch Sachzwängen ausgesetzt ist, zeigt aber zugleich, dass die Freiräume mit der Geldwirt-*

---

[331] Der Mainstream hängt einem völlig verkehrten Begriff von Wettbewerb an. Dazu Hayek 1968.

schaft deutlich gewachsen sind. Freilich weist es dem Menschen auch Verantwortung für seine Welt zu. Das sollte ihm aber seine Fröhlichkeit nicht nehmen.

Triaden machen sichtbar, wie die Realität der Moderne entsteht, während dyadisches Denken sich mit Pseudodefiziten herumschlägt.

Altes und neues Curriculum

Das Grundproblem der Wirtschaftswissenschaften besteht darin, dass sie auf dyadisches Denken festgelegt sind. *Von Natur aus* – ohne Geld – sind die Entscheidungsmöglichkeiten für das Individuum sehr begrenzt. Paradoxerweise aber sorgt gerade das von der Wirtschaftstheorie stiefmütterlich behandelte Geld *in gewissem Ausmaß* für die Möglichkeit, dyadische „Als-Ob"-Konstruktionen gelegentlich „lokal" anzuwenden.[332] Aber eine *allgemeine Theorie der Wirtschaft* kann dyadisches Denken nicht begründen.

Wirtschaftstheorie ist mehr als eine Theorie individuellen Verhaltens in wohldefinierten Umgebungen. Sie ist in erster Linie *Theorie der Wirtschaft als System*, also jener Bedingungen, Ordnungen und Prozesse, auf die individuelles Verhalten reagiert und es auch beeinflusst. Das „System Wirtschaft" kann man nicht über das Denken in Dyaden, sondern nur über das Denken in Triaden rekonstruieren.

Die Triade enthält die Dyade. Niemals umgekehrt. Dyadisches Denken greift zu kurz.

Die Wirtschaftswissenschaften haben triadisch-systemisches Denken nie wirklich entwickelt.[333] Es ging bestenfalls als vorwissenschaftliche Intuition in die Wirtschaftswissenschaften ein, verschwand dann aber mit der zunehmenden Technisierung und Akademisierung der Wirtschaftswissenschaft.[334] Die „Moral Sentiments" Smiths wurden von dessen „Wealth of Nations" und diese von

---

[332] So ist es mikroökonomisch unter Umständen möglich, im Rahmen einer Portfolioanalyse den ökonomischen Kalkül auf Geld als Objekt anzuwenden, weil Geld aus dem Blickwinkel des einzelnen Akteurs vorhanden und ein ökonomisches Gut wie auch jedes andere ist. Dass ihm erst Geld die Vergleichs- und Substitutionsmöglichkeiten eröffnet, das braucht das Einzelsubjekt in diesem Moment nicht zu kümmern.

[333] Mit Ausnahme von Marx. Dazu siehe Abschnitt 4.2.

[334] Schumpeter 1954, S. 360ff.

Walras verdrängt. Im Zuge der Spezialisierungstendenzen in den Wissenschaften wurden die Reste eines solchen Wissens eliminiert.

Das Wissen um das „System Wirtschaft" ist wiederzugewinnen. Das geht nur über einen triadischen Denkansatz, und der Schlüssel dazu ist das „verruchte" Geld. Der Ökonom darf nicht gleich mit seinem dyadisch-analytischen Messer auf die Wirtschaft losgehen. Er muss vorher die *Gestalt der Wirtschaft* sehen. Dazu muss er wissen, *wie sie wird.* Er muss lernen, die Bildungskräfte zu verstehen, die bei der Entstehung der Wirtschaft wirksam sind. Nur dann erscheint die praktische Wirtschaft nicht schal oder nur als Mittel der Aneignung für eigene Zwecke.[335]

> **Die Notwendigkeit eines neuen wirtschaftswissenschaftlichen Curriculums ergibt sich aus der Erkenntnis, dass die ungefähre „Logik der Dinge" aus der „Logik des Systems" resultiert. Zunächst muss der Körper der Wirtschaft emergiert sein, bevor seine Teile in einem Zusammenhang kommen können.**

Beim Werden der Wirtschaft ist jeder beteiligt. Als Beteiligter kann er beobachten, was er tut: dass Geben ein riskantes Weggeben ist und Vertrauen voraussetzt; dass Ausgleich zwischen Gleichen in der Regel gut tut; dass in allem Täuschung möglich ist; dass das Verdienen aus einem Dienen mehr wert ist als ein Spekulationsgewinn; dass die eigene Produktivität und das Verantwortungsbewusstsein davon abhängt, ob er oder sie sich mit seinem Unternehmen und auch mit der Gesellschaft identifizieren und sich in dieser „einhausen" kann. *Wirkliches wirtschaftliches Wissen ist mit Erfahrung der Teilnahme verknüpft.*

Die dyadische Wissenschaft setzt gleich sehr abstrakt ein. Sie spricht – um nur das Grundlegendste zu erwähnen – vom homo oeconomicus (keiner fühlt sich mit dieser Figur wirklich angesprochen), von Angebot und Nachfrage

---

[335] Zu dieser Interpretation hat mich eine Stelle aus einem Brief Heisenbergs an Ernst Jünger (14.2.1953) angeregt. „[Es] wird besonders deutlich, warum an der Wissenschaft der Prozess des Entstehens das Interessante ist, nicht das fertige Resultat. (...) Im fertigen wissenschaftlichen Resultat erkennt nur der Eingeweihte die bei seiner Entstehung wirksamen Bildungskräfte, während es für die übrigen schal oder bestenfalls als Werkzeug für den praktischen Gebrauch nützlich erscheint." – Das Erkennen dieser Bildungskräfte ist es, durch die Simmel in seiner Philosophie des Geldes „die Erlösung [der Einzelerscheinungen des Geldes] aus der Isolierung und Ungeistigkeit, ja Widrigkeit des ersten Anblicks" zustande bringt. Simmel zeigt, dass sich im Geld die ganze Gesellschaft und deren Werden spiegeln. Das ist es ja, was die Theorie des Geldes so interessant macht. (Simmel 1900, S. VIIf).

(niemand weiß, was das wirklich ist), von Gleichgewicht (ebenfalls ein sehr luftiges Konstrukt) usw. Das sind Konzepte, die dem Gehirn eines Beobachters entsprungen sind, der mit dem Prozess selbst nichts zu tun hat. Es ist abstraktes Wissen – kein Beteiligungswissen. Der Scholar lernt persönlich nichts – im Gegenteil: Man unterzieht ihn nur der Gehirnwäsche des stupiden Effizienzdenkens. Um in der Praxis überleben zu können, muss er wieder alles vergessen.

Kulturwissen ist aber Beteiligungswissen. Selbst die von Kulturprozessen so entfernte Quantenphysik weist uns heute darauf hin, dass Beobachtung das Beobachtete verändert. Wie viel mehr stimmt das für Kulturprozesse! Wie viel mehr für Wirtschaft! Aber vor einem Beteiligungswissen haben Wirtschaftswissenschaftler Angst. Sie fürchten um die Objektivität ihrer Wissenschaft und übersehen, dass sie ihrerseits einem ideologischen Programm aufsitzen, das sie geradezu hindert, das zu sehen, was schon alle sehen.

Viele Ökonomen halten sich an die neoklassische Orthodoxie mit der Begründung, es sei notwendig, die Kompliziertheit der Wirtschaft zu reduzieren. Dem möchte ich entgegenhalten, dass Wirtschaftswissenschaftler bei Reduktion auf eine Dyade nicht nur an der Sache vorbeigehen, sondern sie erst recht kompliziert machen. Mit den nachträglichen Korrekturarbeiten kommt der Wirtschaftswissenschaftler nie zu Rande. Die Erfahrung zeigt außerdem eindeutig: Je rigoroser er dyadisch vorgeht, desto weiter rückt der Gegenstand von ihm ab. In der Dyade ist bereits alles eliminiert, was wirtschaftlich interessant ist; das Vakuum kann er niemals auffüllen. (s. Abschnitt 270ff)

Bloß analytisches Wissen macht arm. Beteiligungswissen füllt auf. Die Ökonomik hält an der Vorstellung an einer substanziell gegebenen Welt fest. Sie führt aber ins Nirwana. Der Verzicht auf Substanz, das Einlassen auf die Relation und auf dessen Körper, das Geld, wird bedankt durch eine Wissenschaft, die uns neue Festigkeit gibt (dazu S. 267ff).

Das traditionelle ökonomische Denkmodell ist dyadisch und daher flach – mit dem Anspruch auf Präzision. Als solches ist es aber auch grundfalsch. Es versteht weder etwas von den Chancen der modernen Zivilisation, die dieser durch den Markt zuwachsen, noch von deren Gefahren. Es bleibt in der Perfektionsfalle stecken und identifiziert Phänomene als Probleme, die keine sind, während es die wirklichen Probleme nicht ins Visier nimmt.

Mein Ansatz verzichtet auf Perfektion und setzt auf Emergenz „überpersönlicher Gebilde". Nur diese bringen in die Wirtschaft ein gewisses Maß von Struktur, Objektivität und Halt.

> **Man findet den Halt nicht in der Materie, sondern in der Relation und den aus diesen Relationen emergierten überpersönlichen Gebilden!**

Synopsis

> *„Der Materialismus verlangt den Reduktionismus; das Scheitern des Reduktionismus verlangt deshalb eine Alternative zum Materialismus."* – Nagel 2013. S. 30.

Die herrschende Theorie sitzt einem naturalistischen Mythos auf. Er findet seine perfekte Ausformulierung im Konstrukt des „Allgemeinen Gleichgewichts". In diesem werden zwar a priori definierte Ressourcen a priori definierten Bedürfnissen effizient alloziert, aber sowohl Individuum (Bewusstsein, Geist) als auch Gesellschaft fehlen. Individuen werden auf ihre (biologische) Rolle als Träger von Bedürfnissen reduziert, und Gesellschaft wird als Subjekt hypostasiert.

Das Konzept ist denkbar weit entfernt, der Vision Smiths von der „invisible hand" theoretische Substanz zu verleihen. Smith hatte das Bild einer gesellschaftlichen Ordnung vor sich, die sich unbeabsichtigt aus dem spontanen (vom Staat nicht im Detail kontrollierten) Zusammenwirken empathischer Mitglieder[336] der Gesellschaft herausbildet und dabei den Wohlstand potentiell aller heben würde.

Die Allgemeine Gleichgewichtskonstruktion verfehlt jedes einzelne Kriterium der Smith'schen Vision. Es gibt keine wirklichen Individuen, und sie sind schon gar nicht empathisch begabt. Sie gehen in die Modelle nur als passive Monaden ein. Solche Wesen wären aber, wie wir aus dem Prisoner-Dilemma wissen, nie in der Lage, miteinander in Kontakt zu treten oder gar win-win-Situationen zu erschaffen. Sie wirken also auch nicht eigenständig über Tausch zusammen. Das Modell geht also von atomistisch-bewusstlosen Individuen aus und weiß überhaupt nicht anzugeben, wie aus der Bedürftigkeit Einzelner ein Ganzes werden könnte. Anstatt die synthetische Funktion zu modellieren,

---

[336] Trotz ihrer Empathiefähigkeit sind Menschen immer egoistisch. Menschen können von Natur gar nicht anders als egoistisch sein. Sie sind es ja, die die Welt wahrnehmen und sie nach ihren Bedürfnissen gestalten. Sie sind selbst in ihrem Altruismus egoistisch. Altruismen sind immer (teils nützliche, teils schädliche) Projektionen der Individuen. Wenn Smith von „Egoismus" spricht, ist er nur realistisch. Aber er sieht im Menschen ein grundsätzlich empathisches Wesen. Für die ökonomische Theorie ist der Mensch weder egoistisch noch altruistisch, sondern bloß eine Monade.

die Tausch & Geld (aber nur diese) in erstaunlich hohem Ausmaß zustande bringen, *behauptet* das Modell, dass es ein ideales Arrangement gibt, und könnte sogar präzise angeben, was die Lösung wäre, wenn es nur über die Informationen verfügte, die zu einer solchen Lösung erforderlich sind. Aber Modell und Realität sind Zweierlei. Von einer Theorie des Marktes kann gar keine Rede sein.

Daher ist die weitverbreitete Auffassung, die Theorie mache das Individuum zu seinem „basic building block" und sie würde daher dem „methodologischen Individualismus" entsprechen, falsch. Eher trifft das Gegenteil zu: es handelt sich um einen hypostasierten Kollektivismus – eine Zentrale stellt den Zusammenhang der Individuen her.

Daher auch die peinliche Verwandtschaft des Allgemeinen Gleichgewichtskonstrukts zur kommunistischen Idee. Beide Ideensysteme abstrahieren vom sozialen Innenraum und leugnen damit, dass es ohne diesen gar keine wirtschaftliche oder gesellschaftliche Realität gibt oder geben kann. Der Unterschied zwischen Neoklassik und kommunistischer Vision ist nur der: während die Neoklassik vom Gleichgewicht ausgeht – an die Stelle des sozialen Innenraums tritt der Computer oder der Auktionator –, unterstellt die kommunistische Idee die Gesellschaft als bereits bestehendes Subjekt – an deren Stelle treten der Generalsekretär und sein Politbüro."[337]

Die naturalistische Folie stellt die Wirklichkeit auf den Kopf. Politisch sind wir mit einem Utopismus konfrontiert; wissenschaftlich mit einem Nirwana-Denken. Beides verstellt uns den Blick auf die Wirklichkeit.

Die kommunistische Idee und die Neoklassik sind also entgegen landläufiger Meinung keine Gegensätze, sondern isomorphe Theoriegebilde. (siehe S. 279) Die Frage, wie aus einem totalitär-zentralistischen Konstrukt eine libertäre Theorie der Wirtschaft werden kann, hätte schon längst mit aller Vehemenz gestellt werden müssen. Aber sie wird nicht (oder nur sehr selten) gestellt. Die überwiegende Mehrheit der Ökonomen – ob orthodox oder heterodox – geht ganz selbstverständlich von der Behauptung aus, dass die Neoklassik eine Theorie des Marktes und daher per se die Theorie einer liberalen Gesellschaft sei.

---

[337] Bemerkung: Die Differenz, auf der Neoklassiker mit gewissem Recht bestehen, besteht darin, dass eine Plankommission realistischerweise ihre eigenen Präferenzen durchsetzen und die Präferenzen der ihnen anvertrauten Subjekte vernachlässigen, während der Markt diese berücksichtigen würde.

Wie kann aber die Neoklassik eine Theorie des Marktes sein, schließt doch schon die Definition der Ökonomik den Markt mehr oder minder klar aus, indem die Ökonomik sich als Wissenschaft von der Beziehung zwischen Zielen und beschränkten Mitteln zu deren Befriedigung definiert. In dieser Definition legt sich die Ökonomik auf das Studium dieses instrumentellen Verhältnisses (des "economic man") fest. Daher demonstriert die Ökonomik die Gesetze der Wirtschaft am Liebsten am Beispiel des isolierten Subjekts, d.h. einer reinen Subjekt-Objekt-Beziehung, und ist der fixen Ansicht, dass diese auf eine „exchange economy" übertragbar seien. Sie gibt zwar zu, dass sich die Entwicklung dieser Theorie niemals bloß für das Studium eines isolierten Wirts oder einer kommunistischen Gemeinschaft gelohnt hätte, aber dass diese Gesetze nicht nur jenseits des Tauschens bestehen würden und es deshalb darum ginge, in Abstraktion vom Tauschgeschehen die reinen Gesetze der Ökonomik herauszuarbeiten.[338] Das Tauschgeschehen ist, so die allgemeine Auffassung nicht nur der Neoklassiker sondern bereits der Klassiker, für die Formulierung dieser Gesetze nicht erforderlich, stelle allerdings eine gewisse Komplikation dar, der dann durch erweiterte Modelle Rechnung zu tragen ist. Mit anderen Worten: Die Ökonomik glaubt, vom binnengesellschaftlichen Raum abstrahieren zu müssen, um zur Formulierung von allgemeinen Gesetzen der Ökonomik vorzustoßen, die dann auf das Tauschgeschehen Anwendung finden sollen. Aber ihre Behauptung, dass die Gesetze der reinen Ökonomik auch auf den Markt anwendbar seien, wurde niemals wirklich bewiesen und kann auch nicht bewiesen werden.[339]

---

[338] „In the first place, it is clear that behaviour outside the exchange economy is conditioned by the same limitation of means in relation to ends as behaviour within the economy, and is capable of being subsumed under the same fundamental categories. The generalizations of the theory of value are as applicable to the behaviour of isolated man or the executive authority of a communist society, as to the behaviour of man in an exchange economy – even if they are not so illuminating in such contexts. The exchange relationship is a technical incident, a technical incident indeed which gives rise to nearly all the interesting complications, but still, for all that, subsidiary [!!!] to the main fact of scarcity. In the second place, it is clear that the phenomena of the exchange economy itself can only be explained by going behind such relationships and invoking the operation of those laws of choice which are best seen when contemplating the behaviour of the isolated individual." (Robbins, 1934: S. 19-20)

[339] "Seeing our ignorance, a number of Chicago and other economists have decided that the best way to proceed is to pretend that it isn't really there. This they do with the aid of some pseudo-philosophical remarks concerning the meaning of equilibrium and the autonomy of human action. In any case, they simply assume that the invisible hand performs

5. Paradigmenvergleich

So sehr die Vorstellung von mechanischen Abläufen auf den Lauf der Gestirne oder auf Uhrwerke zutreffen mag, auf die Wirtschaft passen sie auf keinen Fall. Solche Vorstellungen züchten nur pathologische Ansprüche an sie. Aus der mechanistischen Perspektive ist die Wirtschaft ein einziger Versager. Alles erscheint unvollkommen, unsicher, ineffizient, langsam. Aus einer systemischen Sicht stehen wir jedoch vor einem (verbesserungswürdigen) Wunder: wie kann Reichtum für so viele entstehen? Wie kommen (wie auch immer zu definierende) „Angebote" und „Nachfragen" in eine ungefähre Übereinstimmung? Wie kann es zu einem so hohen Maß an Kohärenz kommen? Wie kann aus dem Chaos eine Ordnung hervorgehen? Wie kann aus „Nichts" „Struktur" entstehen? Wie können wir so viel wissen? Warum kommen wir mit so wenig Wissen aus? Anstatt sich mit diesen Fragen zu befassen, die sich aus einer Theorie der Wirtschaft als Kulturwissenschaft ergäben, überträgt die reine Ökonomik ihre Leitsätze auf die Marktwirtschaft und möchte diese nach ihren reduzierten, mechanistischen Vorstellungen gestalten. Man muss sich glücklich preisen, wenn viele der Theorie den Rücken zuwenden.

Wurde nicht schon genug Unheil mit der Anwendung naturwissenschaftlicher Methoden auf die Wirtschaft gestiftet, der Unfug wird noch dadurch gesteigert, das Konzept als Theorie einer liberalen Gesellschaft auszugeben. Das „Wunder einer modernen Gesellschaft" kann mit einer solchen Theorie in keiner Weise nachvollzogen werden.

it task instantaneously and, as it were, super-invisible. ... On the basis of this specious nonsense Keynes has been pronounced dead and Mrs. Thatcher advised." (Hahn 1982, S. 13)

6. Zusammenfassung

Man kann die Welt als sinnhaftes Projekt auffassen, als Idee einer historischen Vernunft. Diese Vernunft wird der Welt unterstellt, man interpretiert die Welt im Sinne dieser Vernunft und versucht, sie eben in diesem Sinne zu gestalten.[340] Was in den Interpretationen des modernen „Gestells" (dazu S. 177ff) bisher deutlich zu kurz kam, ist Geld. Das versuche ich hier, an Georg Simmel anschließend, nachzuholen. Dabei geht es mir um folgende Dimensionen:
1. Geld ist, wie Hahn sich ausdrückt, der „Krebs" am Herzen der Wirtschaftswissenschaften und damit *die* intellektuelle Herausforderung für Ökonomen und Sozialwissenschaftler. Eine „Heilung" ist nur möglich, wenn die Architektur der Ökonomik radikal umgestellt wird. Die Antwort suche ich in einem systemtheoretischen Ansatz. Bevor wir sagen können, WAS in einer Wirtschaft passiert, müssen wir viel besser verstehen, WIE sie funktioniert. Dazu dürfen wir nicht bei fiktiven Gleichgewichtskonstruktionen, sondern müssen bei den Operationen ansetzen, durch die sich die Teilnehmer untereinander verknüpfen und nachvollziehen, welche morphologische Struktur (Gestalt) sich hieraus entwickelt. Die Hauptform dieser Verknüpfung ist der Tausch – das aus diesem sich entfaltende morphologische Gebilde ist die Geldwirtschaft – ein „Gestell". Ich rekonstruiere dieses System und bezeichne es als „Haus der Wirtschaft". Dieses intellektuelle Konstrukt (Theoriearchitektur) soll Bürger unterstützen, sich in der Welt „einzuhausen" und lebenskräftig an ihrer Gestaltung zu

---

[340] Dazu Böhler 2004, der auf Kant, Nietzsche und Heidegger Bezug nimmt und bei diesem „Machen" von „drei Streichen" spricht. Erstens, dem tatsächlichen Werdegang der Geschichte wird ein fiktiver Werdegang untergeschoben. Zweitens: der fiktive wird als idealer Werdegang ausgelegt. Schließlich wird, drittens, versucht, die „Wirklichkeit an das vorgezeichnete und vorgeschriebene ‚fiktive' Ideal [anzugleichen]. Der tatsächliche Werdegang der Menschheitsgeschichte soll demnach an den fiktiv vorkonstruierten Werdegang virtuell angeglichen und schließlich von dieser fiktiven zweiten Natur her tatsächlich bearbeitet und in seiner Tatsächlichkeit ersetzt werden". Sowohl die kommunistische Doktrin als auch die neoliberale Ideologie verfahren so mit der Bürgergesellschaft: sie wollen sie in das Korsett ihrer engen und kalten „Vernunft" zwingen.

wirken. Die traditionellen Konzepte lassen uns unbehaust und unbeholfen zurück.

2. *Geld setzt den Prometheus*[341] *endgültig frei* und liefert den Menschen einer Dynamik aus, die zu beherrschen er lernen muss. Kann er das überhaupt? Er muss es! Aber er wird es nur können, wenn er die Wirkungsmächtigkeit des Geldes erkennt und anerkennt.

Bisher weicht er dem Geld mit zwei Strategien aus: Er sieht in ihm eine Bedrohung für seine Humanität und will es, so es möglich wäre, am liebsten beseitigen, oder er verharmlost es als Schleier oder Schmiermittel der Wirtschaft. Verdrängtes macht sich aber, wie wir spätestens seit Freud wissen, meist verhängnisvoll bemerkbar.

So selbstverständlich dem modernen Menschen der tägliche Umgang mit Geld und so stark sein Wunsch ist, Geldverdienst und -besitz zu steigern, so diffus sind seine Vorstellungen zur Rolle des Geldes in der modernen Gesellschaft und noch diffuser seine Ideen, welche Rolle Geld in einer „guten" menschlichen Ordnung spielen sollte. Eine moderne Wirtschaft ist ohne Geld nicht möglich. Geld zu verstehen, heißt: *sich mit Geld aussöhnen*. Von einer guten Ordnung sind wir noch weit entfernt aber doch nicht so weit, dass wir glauben sollten, es müsse erst ein ganz anderes System erfunden werden.

3. Wir befinden uns in einer schweren Geld- und Finanzkrise, in die die Bürgergesellschaft intellektuell unvorbereitet hineinschlitterte und aus der sie nur herausfinden wird, wenn sie weiß, was Geld ist, wie Schulden entstehen und vernichtet werden, und welche Ordnungsprinzipien in einer Bürgerwirtschaft zur Geltung zu bringen sind. Solange das nicht erkannt ist, werden wir die Probleme nur immer vor uns herschieben und immer wieder in schwere Krisen tappen, die die Ordnung der Bürgergesellschaft aushebeln können.

---

[341] Die Sage geht so: Zeus wollte die Menschen wegen der Gebrechlichkeit des Menschengeschlechts vernichten. Das wusste Prometheus, ein Halbgott, zu verhindern. Er brachte den Menschen heimlich das Feuer. Gleichzeitig nahm er ihnen das Wissen um die Zukunft, dessen sie bis dahin mächtig waren, weil es ihnen das Herz gebrochen hätte.

GELD UND ERKENNTNISTHEORIE

Die Verdrängung von Geld hat sowohl religiöse als auch methodologische Gründe. Sie wurzelt in Vollkommenheitsvorstellungen. Was die Religion betrifft liegt dies auf der Hand. Gott ist allmächtig und alleiniger Schöpfer der Welt. ER hat die Welt vollkommen erschaffen. Geld wird als Konkurrent wahrgenommen. In der Tat: vieles, was früher auf Gott übertragen wurde, erledigt Geld heute im Handumdrehen.[342] Wäre es aber nicht hilfreicher, es als Hilfsmittel zu interpretieren, ohne welches die Menschen SEINEN Willen gar nicht vollziehen könnten? Aber auch die klassische Physik, der die Ökonomik nacheiferte, ist von der Vorstellung einer vollkommenen Welt beherrscht. Eine Welt, die durch Kausalzusammenhänge bestimmt ist, ist eine geschlossene und in diesem Sinne vollkommene Welt. Sie geht sowohl von einer klaren Subjekt-Objekt-Trennung aus als auch davon, dass das Werden der Welt und die Gesetze der gegebenen Welt völlig getrennt sind. Die Keplerschen Gesetze z.B. gelten unabhängig davon, *wie* die Welt entstand. Die klassisch physikalischen Gesetze gelten als zeitlos. Eine solche Unabhängigkeit und Zeitlosigkeit gibt es im Kulturbereich, dem die Wirtschaft zugehört, nicht. In ihr gibt es durchaus Kausalitäten und daher Gesetzmäßigkeiten. Aber diese gibt es erst, wenn das „System" etabliert ist, welches sich allerdings täglich neu durch die Handlungen der Menschen herstellen muss. *Das Werden der Welt ist diese Welt.* Das lässt sich eindrücklich an der Kategorie des Geldes nachvollziehen.

Die Wirklichkeit des Kapitalismus im Spiegel des Sozialismus

Man erkennt immer in Differenzen. Gäbe es nur rot, würden wir nicht rot erkennen. Rot erkennen wir nur im Gegensatz zu anderen Farben. Bei Gesellschaften, die man sinnlich nicht wahrnehmen kann, liegt die „Differenz" nicht so auf der Hand. Man muss sie sich konstruieren, sozusagen der Gesellschaft eine „Folie" unterschieben, in deren Differenz man sie erkennt (und dann auch entsprechend gestalten möchte).

Die in der Ökonomik fast allgemein verwendete Folie für die Analyse des Kapitalismus bzw. der Geldwirtschaft ist die Vorstellung eines *unmittelbaren „Passens" von Gütern.*[343] Das ist ein *naturalistisches Konzept von Vernunft.* Dieses Konzept übersetzt sich ganz direkt in die Utopie des Sozialismus bzw.

---

[342] Diese Aussage ist keineswegs blasphemisch gemeint. Im Gegenteil: ich stimme Geld als einem menschengemachten Medium in der Erwartung zu, dass es den Menschen hilft, das Humanum zu entwickeln.

[343] Güter sind Dinge, die nützlich aber nur für einen Aufwand zu haben sind.

Kommunismus (S. 279f). Hält man die Wirklichkeit der Geldwirtschaft diesem idealischen Konzept entgegen, erscheint sie uns als ziemlich erbärmliches Gebilde:
- Der „Sozialismus" wird als System vorgestellt, in welchem es um die Befriedigung der Bedürfnisse geht; im Kapitalismus geht es um Profit.
- Im „Sozialismus" geht es angeblich um das Gemeinwohl und gemeinsames Handeln; im Kapitalismus um Einzelinteressen und Konkurrenz.
- Im „Sozialismus" gehört alles allen; der Kapitalismus ist eine Wirtschaft von Privateigentümern.
- Vor allem: im „Sozialismus" würde es kein Geld geben; der Kapitalismus ist eine Geldwirtschaft. Man gibt vielleicht zu, dass Geld notwendig ist, hält es aber aus dem Blickwinkel einer tieferen Wirklichkeit (Eigentlichkeit) für eine störende und unheilvolle Einrichtung. [344]
- Der „Sozialismus" steht für Vernunft, also für etwas Dauerhaftes; der Kapitalismus für Chaos und für ein beendbares Übel.

Utopisten sind ungeduldig. Kaum war der Kapitalismus in Erscheinung getreten, erwarteten sie dessen Untergang. So kam voreilig die Rede vom Spätkapitalismus auf. Bis heute *leben noch viele in der Hoffnung auf eine ganz andere Gesellschaft.* Mit der Wirklichkeit dieser Gesellschaft gehen sie entsprechend verächtlich um. Die Entdeckung, dass es doch vielleicht keine andere Gesellschaft gibt, lässt sie dann zu Zynikern werden und an der Wirklichkeit verzweifeln. „Everything goes". Sie wollen dann das „kommunistische" durch ein „konsumistisches Manifest" ablösen[345].

„Marktwirtschaftler" versuchen, der Utopie einer anderen Welt die Idee entgegenzusetzen, dass wir ja schon in der allerbesten Welt lebten, wenn wir nur den Märkten alles überließen. Ihre zentrale Denkfigur ist das *Gleichgewicht* als allgemeines, gleichzeitiges, *großes Passen,* bei dem sich keiner verbessern kann, ohne dass ein anderer schlechter gestellt würde. Man versichert einander, dass die unsichtbare Hand der Märkte das ganz unauffällig und, von vorübergehenden Ausnahmen abgesehen, perfekt erledigen würde. Das aber wird nicht bewiesen, sondern nur geglaubt oder in der Annahme eines Gleichgewichts vorweggenommen.

So sehr sich die Wirtschaftstheorie heute als Theorie der Marktwirtschaft präsentiert, sitzt auch sie der „kommunistischen Fiktion" auf. Diese Denkfigur ist nichts anderes als eine „sozialistische" Idee, oder sagen wir lieber neutraler

---

[344] Dietz 1976.
[345] Bolz 2002: „Das konsumistische Manifest".

die Vorstellung eines a priori existierenden, vernünftigen Zustands, dem man sich annähern sollte.

> **Die naturalistische Folie stellt die Wirklichkeit auf den Kopf. Politisch sind wir mit einem Utopismus konfrontiert; wissenschaftlich mit einem Nirwana-Denken. Beides verstellt uns den Blick auf die Wirklichkeit.**

Wer von der Vorstellung einer perfekten Welt ausgeht, ist nicht in der Lage den (dialogischen) Prozess wahrzunehmen, der die Herstellung einer Welt des Komforts tatsächlich trägt oder tragen könnte. So macht die Theorie gelegentlich sogar den Träger dieses Prozesses – Geld – für Störungen verantwortlich, die als solche nur aus der Perspektive eines schon als perfekt gedachten Zustandes wahrgenommen werden.

So gerät die Theorie in gleiche Falle wie der Sozialismus. Überleben ist nur möglich bei Aufgabe ihrer oder seiner Prinzipien. Am Ende war alles umsonst. Der Sozialismus hat die Erfahrung schon hinter sich. Die Ökonomik noch vor sich. (Dietz, 2015b)

Kontraposition zur Perfektionsfalle: Der Mensch, das indirekte Wesen

Hinter der naturalistischen Sicht steht die Sehnsucht des Menschen nach Einheit und Harmonie, d.h. nach einer Unmittelbarkeit des Daseins, und nach Gerechtigkeit. Diese Sehnsucht ist verständlich. Wenn aus dieser Sehnsucht aber eine Feindschaft zum Tausch, zum Geld und zum Privateigentum entsteht bzw. die wirtschaftlichen Möglichkeiten, die dynamischen Kräfte, der Freiheitsgewinn, ja selbst die Zunahme des Gerechtigkeitssinns, die von diesen Formen ausgehen, geleugnet werden, tut sich der Mensch nichts Gutes. Für den Menschen wäre es wichtig, zu akzeptieren, dass er ein *indirektes Wesen* ist (Simmel 1900, S. 206). Um Mensch zu sein und mit anderen in Beziehung zu treten, muss er Distanz zu sich selbst und zu den Dingen entwickeln, die ihn umgeben und auf die sich seine Bedürfnisse beziehen. Dabei ist er auf „*Gebilde überpersönlicher Kultur*" angewiesen, und nur weil er diese in der Kommunikation mit anderen entwickelt, ist er Mensch und kann Gesellschaft bilden. Nur diese Gebilde geben ihm die Mittel zur Hand, die Beschränkungen zu überwinden, denen er von Natur her ausgeliefert ist.

Statt Naturwissenschaft: Kulturwissenschaft

Um der naturalistischen Perfektionsfalle zu entrinnen, muss der Mensch *Wirtschaft als Gebilde menschlicher Kultur* verstehen lernen. Dazu ist der angesprochene *Umbau der Theoriearchitektur* notwendig. Zwar setze ich, wie auch die Neoklassik bei Subjekten und Objekten an. Aber ich „ordne" diese Grundelemente anders an. Das basale Element meiner Architektur ist nicht das *Individuum*, das durch Präferenzen dargestellt wird, sondern der *Tausch* (als Wechselbeziehung (Simmel) bzw. Kommunikation (Luhmann). Natürlich hat das Individuum auch Bedürfnisse. Diese ergeben sich ihm aber in den meisten Fällen aus der Kommunikation mit anderen und sei es durch Nachahmung. Der Ort der Wirklichkeit ist in der Wirtschaft nicht die Substanz (Stoffe), sondern die *Relation (Beziehungen)*.[346] Wirtschaftstheorie darf daher nicht auf angeblich vorgegebenen Objekten (Daten), sondern muss auf Objektivierungsprozessen aufbauen. Wirtschaft ist nicht Natur, sondern Kultur. Wir verstehen die Welt nicht mehr als Kausalnexus von Dingen, sondern aus der Vernetzung dieser Dinge über das Tauschhandeln und das Medium Geld. Im Unterschied zum Mainstream, der im Tausch einen Vorgang sehen möchte, der sich an etwas Gegebenes (von einem äußeren Datenkranz Ableitbares) anpasst, sehen wir im Tausch einen Akt der Schöpfung der Welt, durch den zunächst bloß virtuell Vorhandenes (Bedürfnisse, Produktionsmöglichkeiten) realisiert werden kann.

Der Ort der Wirklichkeit ist die Relation.
Geld ist die Verkörperung dieser Relation.

Geist und Geld entwickeln sich im Tandem. Der Kommerz erzieht die *Menschen zu einem präzisen Umgang miteinander und* eröffnet ihnen unabsehbare Möglichkeiten. Geist und Geld reichen sich die Klinke. – Wo sich freilich der Geist nur mehr aufs Geld bezieht, wird's grotesk. Dann hilft auch der beste Verstand nichts mehr.

Wiedereinführung von „Gesellschaft" – Theorie der Form

Wirtschaft können wir nur begreifen, wenn wir „*Gesellschaft*" (wieder) in die Theorie *einführen*. Das heißt sich mit *Formen der Vergesellschaftung* befassen.

Was die Sphäre der Politik betrifft, gibt es einen breiten gesellschaftlichen Konsens: dass die erträglichste und menschengemäße *Form der Legitimation und Beteiligung an politischer Macht* die Demokratie sei. Kaum jemand käme heute noch auf die Idee zu behaupten, das gleiche oder gar ein höheres „Wohl" könne in einer Diktatur erreicht werden. Man weiß also um die Meriten dieser Form.

---

[346] Diesen Gedanken äußerte der Simmelkenner Horst Helle (München) in einem Fernsehinterview über Geld.

6. Zusammenfassung

Ganz anders ist dies im Bereich der Wirtschaft. Hier stellt sich die Theorie gewissermaßen „taub". Man spricht zwar von optimaler Allokation der Ressourcen, ist sich aber überhaupt nicht im Klaren, dass die *Tauschform* der Grundvorgang der Wirtschaft ist und Geld sein notwendiges Medium, und dass es ohne diese Formen keine Wirtschaft und damit nichts geben würde, worauf sich wirtschaftliche Überlegungen beziehen könnten. Die Theorie ist daher nicht in der Lage, den prinzipiellen Unterschied zu einer Naturalwirtschaft zu klären, mit der Folge, dass sie Geld nicht versteht, dessen Leistung nur in der Differenz zu einer solchen darstellbar ist. Die Schulbuchökonomik weicht der Form aus, indem sie vollkommene Informationen und vollkommene Märkte unterstellt, und damit in ihren Annahmen vorwegnimmt, was zu klären eigentlich ihre Aufgabe wäre.

Meine Behauptung und Beweisführung gehen also dahin, dass *erst* diese *Formen den Inhalt* ausmachen und dass diese Formen nicht akzidentiell sondern ganz wesentlich sind, und zwar noch viel wesentlicher als in der Politik. Denn diese verwendet zur Durchsetzung ihrer Ziele die Alltagssprache, die Schrift, Symbole, Gesten, notfalls Waffen, also Kommunikationsformen, die auch anderswo zum Einsatz kommen oder aus anderen Bereichen stammen. Nicht so in der Wirtschaft. Diese muss erst aus sich heraus die Sprache der Wirtschaft entwickeln. Dazu bedarf es der Geldform und es gibt nichts, was sie ersetzen könnte.

So selbstverständlich die Bedeutung dieser wirtschaftlichen Formensprache auch auf den ersten Blick erscheinen mag, werden sie von der Ökonomik nicht nur kaum beachtet, sondern sogar systematisch verdrängt[347]. Aus diesem Grunde habe ich mich mit diesen „Formen" und deren Wirkungen auf Wirtschaft und Leben der Menschen eingehend auseinandergesetzt. Das Ergebnis ist ein theoretischer Entwurf, den man auch als „Theorie ökonomischer Form" bezeichnen könnte.[348]

---

[347] Oder ihre Existenz für so selbstverständlich gehalten, dass man glaubt, sich mit ihnen gar nicht mehr befassen zu müssen.

[348] Im Gegensatz dazu richtet sich die Absicht der herrschenden Ökonomik auf eine Theorie der Inhalte, ist sich aber gleichzeitig der *Bedeutung der Form* für die Konstitution ihres wissenschaftlichen Gegenstandes gar nicht explizit bewusst. Man wird zwar von einem gekauften oder gestohlenen Kilogramm Kartoffeln gleichermaßen satt, aber es macht eben einen Unterschied, ob es gekauft oder gestohlen wurde. Die Form entscheidet über den „Wohlstand der Nationen".

Die Triade oder das „Haus der Wirtschaft"

„Geld ist die Verkörperung der Tauschrelation"
Georg Simmel

Eine *Theorie der Form* hat drei Ebenen, die zusammen das „Haus der Wirtschaft" bilden. Wir können daher auch von einer triadischen Struktur sprechen:

Abbildung 17

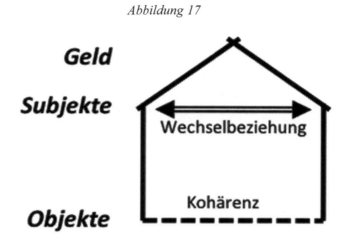

Beginnen wir mit Geld als dem *ekstatischen Dritten*, das aus dem Tauschkonnex emergiert. Weil alle eine Beziehung zu Geld haben, haben auch alle untereinander eine Beziehung. Geld bringt den Bürger als autonomes Subjekt[349] hervor und erlaubt zugleich die Bildung von Großgesellschaften. (Gesellschaft definieren wir als sich ständig erneuerndes Netzwerk von Kommunikationen.) Erst in einer Geldgesellschaft stellen sich die Menschen auf Arbeitsteilung, d.h. auf ein wechselseitiges Dienen und Verdienen ein.

Der *triadische Ansatz* versteht die Welt der Wirtschaft nicht mehr als Kausalnexus von Dingen (Objekten), sondern als Tauschvernetzung dieser Objekte mit Hilfe des Mediums Geld.

Geld ist der konzentrierte Ausdruck der Wechselbeziehungen der Menschen – in Simmels Worten: die Verkörperung der Tauschrelation.

---

[349] Man könnte auch von einem kulturellen anstatt bloß von einem biologischen Individuum sprechen. Diese Unterscheidung geht auf Herbert Mead (1863-1931) zurück.

> **Damit haben wir eine Triade vor uns. Fände Tauschkommunikation nicht statt, würde die Gesellschaft sofort aufhören zu existieren.**
>
> **Geld transformiert die Objekte in Werte (im Sinne einer Verdoppelung) und die Menschen in Bürger.**
>
> **Die Wirtschaft kommt über Geld und die mit Geld assoziierten Wertformen in die Wirklichkeit. Unter „Wertform" sind die „überpersönlichen Gebilde" der Wirtschaft wie Geld, Preise, Finanzprodukte, Bilanzen usw. gemeint. Die Wertform ist Ausdruck der Bürgergesellschaft als einer „extended order" (Hayek). Sie ist ein Kulturgebilde, der auch eine entsprechende Denkform parallel geht (S. 141ff).**

Die Schulbuchökonomik hingegen versucht mit *zwei Ebenen* auszukommen. Statt des „Hauses der Wirtschaft" konstruiert sie sich nur eine „elende Hütte", die sie über die Annahme des Gleichgewichts notdürftig zusammenhält. Anstatt der Wechselbeziehungen gibt es für sie nur ein Nebeneinander von Subjekten. Die Vision Adam Smiths, dass der Tauschkonnex der Bürger zu einem einigermaßen vernünftigen Ergebnis führen würde, wird nicht bewiesen, sondern durch Annahmen vorweggenommen. Dieser Umstand ist Ökonomen nur mehr selten bewusst. Sie gehen von der Existenz eines Gleichgewichts aus und *glauben*, es müsse sich über freie Märkte realisieren. Aber schon die Voraussetzung trifft nicht zu. Es gibt kein Gleichgewicht jenseits der Form. Die *Form* geht dem *Inhalt* voraus.

TAUSCH ALS OPERATION, GELD ALS MEDIUM

Der basale Vorgang in der Wirtschaft ist der Tausch: die Subjekte geben, nehmen und gleichen aus. Naturaltausch Ware gegen Ware ist in höchstem Maße unpraktisch. Tausch verlangt nach einem (möglichst) universellen Tauschmittel – Geld. Einer erhält „den Gegenstand, den er ganz speziell braucht, der Andere etwas, was jeder ganz allgemein braucht." (Simmel S. 307) Geld (als Qualität) entsteht im Tausch selbst: als Form, die das Tauschen wesentlich erleichtert. Geld ist die dingliche, wenn auch immaterielle Verkörperung dieser Relation, die diese Relation oder Operation ermöglicht. Das ist ein evolutionärer Zirkel, der in der Natur meines Wissens keine Parallele hat.

Die bürgerliche Wirtschaft ist eine „*exchange*"-economy. Am Tausch sind immer nur je zwei Akteure beteiligt. Die Interaktion erfolgt also paarweise. Diese Form der Allokation wird durch ein kollektives oder zentralistisches *Pooling* ergänzt, das virtuell alle Mitglieder der Gemeinschaft betrifft. Pooling heißt: Ressourcen zentral einsammeln und über einen zentral formulierten Willen verteilen. Es ist ein archaisches Prinzip der Allokation und geht dem Tausch historisch voraus. Sie war für Sippen und kleine Gemeinschaften die Hauptform der Bewirtschaftung. Aber sie hat sich nicht nur bis in die neueste Zeit gehalten, sondern wird in der bürgerlichen Gesellschaft sogar extensiv praktiziert: Der moderne Staat – *im Kern eine sozialistische Einrichtung* innerhalb der Bürgergesellschaften – konfisziert und alloziert beträchtliche Teile des Sozialprodukts, nämlich zwischen 30-50%. Die „linke" Kritik an Marktwirtschaften übersieht diese gemeinschaftliche und im Prinzip gemeinwohlorientierte Natur des Bürgerstaates sehr oft. Noch niemals gab es in Gesellschaften einen so großen gemeinschaftlichen Sektor wie in der modernen Gesellschaft.

Die basale Operation in der Bürgergesellschaft ist der Tausch. Aber weder lassen sich alle Güter über den Markt bewegen noch kommen Märkte ohne staatliche Regelungen aus.

Geldfunktionen

Geld ist erstens *Zahlungsmittel*. Die Wertaufbewahrungs- und Spekulationsfunktion folgen direkt aus dieser. Geld *aufzubewahren* heißt: mit Geld später bezahlen. Mit Geld *spekulieren* heißt: Geld jetzt nicht ausgeben und auf günstigere Gelegenheiten warten. Als Zahlungs-, Wertaufbewahrungs- und Spekulationsmittel ist Geld ein anzueignendes Ding und muss daher in einer bestimmten *Menge* vorhanden sein.

Geld ist zweitens *Rechenmittel*. In dieser Funktion ist Geld nur Medium. Um mit Geld zu rechnen, muss man Geld nicht besitzen.

Zahlen ist Interaktion: Ego tauscht mit Alter, zahlt an Alter. – *Rechnen* ist ein solipsistischer Akt. Er spielt sich *im* Subjekt ab. Der „Raum" des Zahlens und der „Raum" des Rechnens ist grundverschieden. *Das Rechnen erzeugt wirtschaftliche Räume – Zahlungen erzeugen den Raum der Wirtschaft.*

Entmaterialisiertes Geld und Staat

Geld ist eine menschheitsgeschichtlich späte Einrichtung, deren Stabilität nur durch große Umsicht gesichert werden kann. Spontaneität reicht nicht zur Emergenz und zum Erhalt des Mediums hin. Um auf die Beine zu kommen, bedarf Geld einer staatlichen oder „priesterlichen" Macht.

Geld ist seinem Wesen nach die Funktion, die es ausübt. Das kann es am besten, wenn es frei von Materie ist, wenn es also nur das ist, wozu es da ist:

zum Kaufen. Die Entwicklung der Geldwirtschaft geht daher konsequenterweise vom Substanzgeld zum entsubstanzialisierten, besser: entmaterialisierten Geld – zu „Fiat-Money". *Die Entmaterialisierung des Geldes birgt allerdings die Gefahr seines Missbrauchs.* Denn Geld, dessen Herstellung nichts kostet, kann in beliebigem Umfang produziert werden. Entmaterialisiertes Geld braucht daher ein Gemeinwesen, das in der Lage ist, die Knappheit des Fiat-Money zu garantieren. Die derzeit weltweit institutionalisierten Geldverfassungen sind hierzu nicht geeignet. Die Geldverfassungen sind entsprechend zu modernisieren.[350]

Joker Geld – Joker Bank

Geld ist der Joker, der den Leistungsstrom freisetzt. Mit einem fixen Bestand an Geld kann beliebig oft gezahlt, d.h. ausgeglichen werden.

Tausch erfordert aber nicht nur Geld, sondern immer mehr Geld – frisches, von außen kommendes Geld, denn *Waren werden mit Hilfe von Waren produziert. Produktion benötigt Zeit* und findet üblicherweise in separaten Einheiten – in Unternehmen – statt. Um zu produzieren, benötigen Unternehmen einen Geldvorschuss, der gesamtwirtschaftlich gesehen nur „von außen" kommen kann. Geld als Joker-Medium braucht die Bank als Joker-Institution. Beide zusammen ermöglichen das Take-Off der Wirtschaft. Hierdurch können den Unternehmen mehr Mittel zufließen als sie ausgegeben haben. Diese Differenz muss vorfinanziert werden. *Eine Geldwirtschaft ist auf einen ständigen Zuschuss von neuem Geld angewiesen.* Eine metallische Gelddeckung kommt für eine moderne, arbeitsteilige Wirtschaft nicht in Frage.

GESTALT UND IHRE WIRKUNG

Emergenz meint eine Entwicklung *von unten nach oben* und *von innen nach außen*. Die Summe der emergenten Formen, die Eigenschaften und Wirkungen dieser Formen nennen wir Gestalt (morphologische Struktur). Mit Gestalt ist ein die Wirklichkeit *von oben nach unten* und von außen nach innen organisierendes Prinzip gemeint, das alle Bereiche durchdringt und einem einheitlichen Muster unterwirft. Operation und Gestalt stehen in einem Wechselverhältnis.

Die basalen Operationen – Geben, Nehmen, Ausgleichen, Nichtausgleichen – treiben von „unten und innen heraus" Geld hervor. Sind Geld und alle mit

---

[350] Dazu unter anderen Huber 2010, Peukert 2010, Stiglitz 2010.

Geld in Zusammenhang stehenden Wertformen erst einmal vorhanden und mit staatlich-herrschaftlicher Unterstützung institutionalisiert, wirkt die so entstandene *Gestalt* in einem „von oben nach unten" verlaufenden Prozess auf die Menschen, d.h. ihr Denken und ihr Verhalten, ja ihre psychischen Befindlichkeiten zurück. Beide Prozesse – der von unten nach oben und der von oben nach unten verlaufende – entfalten eine ungeheure Dynamik, der die moderne Gesellschaft ihr Komfortniveau verdankt.

Gestalt ist die Summe der emergenten Eigenschaften des Systems. Gesellschaft hat nicht Gestalt, Gesellschaft ist Gestalt.

Wie sehr Geld Voraussetzung von Gesellschaft ist und die menschlichen Beziehungen verändert, ist dem modernen Menschen kaum mehr bewusst, ist doch (fast) alles, womit er in Berührung kommt, bereits durch Geld ermöglicht und bedingt. So erscheint ihm (fast) alles, worauf sich seine Existenz als Mitglied der modernen Gesellschaft gründet, selbstverständlich. Die „zivile"[351] Gesellschaft ist aber durchaus nichts Selbstverständliches. Sie ist ein prekäres Kulturkonstrukt, das „Gestell" der Gesellschaft, das, je höher es wächst, einer umso umsichtigeren Pflege bedarf.

Das unverwechselbare Set von Eigenschaften

Der unter der katalysatorischen Einwirkung des Geldes herangewachsene *Körper der Bürgergesellschaft* weist ein *Set von Eigenschaften* auf, die allen modernen Gesellschaften gemeinsam sind, nämlich

- als Gebilde, das jedem, unabhängig von Rasse, sozialer Herkunft und Geschlecht, sofern er oder sie über Geld verfügt, den gleichen Zugriff auf Güter und Teilnahme an Gesellschaft eröffnet;
- als System, in welchem die *Objektivierung und Versachlichung* der Prozesse und zugleich eine *Subjektivierung* der Empfindungen und Haltungen stattfindet;

---

[351] Ich verwende ganz bewusst den Ausdruck zivile Gesellschaft und setze ihn mit bürgerlicher Gesellschaft gleich. Die bürgerliche = zivile Gesellschaft ist *ökonomisch* eine sich über den Tausch vergesellschaftende Sozietät. Der Tausch ist ein sehr ziviler und zivilisierter Vorgang. Üblicherweise meint man mit „Zivilgesellschaft" den Raum, den die Bürger bei der mitwirkenden Gestaltung des öffentlichen Raums außerhalb der institutionalisierten Formen (Markt und Staatsmacht) einnehmen. Diese Definition ist m.E. zu eng, denn ohne Markt könnten sich die Bürger gar nicht als Citoyens organisieren. Citoyens und Bourgeois bilden ein Gespann, das man nicht gegeneinander ausspielen sollte. Der Bürger als historisch-kulturelles Phänomen ist immer beides.

- als System, welches Menschen zu autonomen Subjekten (mit relativ klaren individualisierten Budgetschranken) macht und ihnen gestattet, mehrere soziale Rollen gleichzeitig auszufüllen, gleichzeitig mehreren Organisationen anzugehören oder zwischen ihnen zu wechseln; gleichzeitig wachsen die (materialen) Abhängigkeiten zwischen den Individuen;
- als System, das *friedlich* macht und damit von direktem Besitz der Naturressourcen entlastet;
- als hoch innovatives und sich ständig ausdifferenzierendes System, weil es Komplexität zu reduzieren erlaubt und damit dem Aufbau neuer Komplexität Vorschub leistet;
- als System, das nicht nur zu Wachstum neigt, sondern Wachstum erzwingt (Binswanger 2006);
- damit entspricht es der inneren Tendenz des Menschen, ständig über sich hinaus zu gehen;
- als System, das über sein Leitmedium Geld ökonomische, organisatorische und technische *Prozesse beschleunigt*; damit auch via Konkurrenz Preis- und Profitdifferenzen einebnet und Wirtschaft als mehr oder minder kohärentes Gebilde herstellt;
- als System, das *moderne Unternehmen* als organisatorische und rechtliche Einheit hervorbringt;
- als System, das zu Erzeugung eines *globalen Weltbewusstseins* beiträgt sowie eine global gültige Wirtschaftsethik nahelegt.

Dieses Eigenschaftsset beschreibt die *Gestalt der bürgerlichen Gesellschaft als Geldwirtschaft*. Es hat seine Parallele im *Typus des modernen Wirtschaftsmenschen*, der verschiedenen sozialen Gruppen gleichzeitig angehört und daher auch gleichzeitig mehrere soziale Rollen ausüben kann. Der Bürger stellt seine Existenz fast ausschließlich auf den Geldverdienst aus Leistungen für andere und wirtschaftet zugleich auf eigene Rechnung. Da das Rechenmittel Geld schlechthin zu seinem „Lebensmittel" geworden ist, muss er berechnend sein und ist insofern „rational". Das macht ihn freilich weder unbedingt lebendiger oder liebenswürdiger aber etwas vernünftiger, berechenbarer und aufs Ganze gesehen, sozialer.

Bürgerliche Gesellschaft als Wachstumsgesellschaft?

Eine der gerade erwähnten Eigenschaften ist der Zwang und die Tendenz zum Wachstum. An die Tatsache des Wirtschaftswachstums hat sich die Welt gewöhnt. Gewöhnungsbedürftig ist aber vielleicht die Behauptung, Wachstum resultiere aus dem Austauschprozess. Daraus folgt, dass Wirtschaft nicht nur wächst, weil das irgendjemand so will (subjektiv) oder mehr Inputs und Technik hineingesteckt werden (objektiv), sondern weil Tausch und Geld einen systemischen Zwang ausüben und aus diesem Grunde der Geld- und Warenkreislauf selbst bei Ausbleiben jener Faktoren nicht so ohne Weiteres auf einem gleichbleibenden Niveau gehalten werden kann. Austausch verlangt also Wachstum – zumindest monetäre Expansion. *Monetäre Expansion* zieht eventuell *reales Wachstum* nach sich. Und dieses ist, wenn nicht gegengesteuert wird, von einer Steigerung des *stofflichen Durchsatzes* begleitet.

Mit dieser Behauptung möchte ich weder einem politisch motivierten Wachstumsfetischismus das Wort reden, der davon ausgeht, dass die Wirtschaft wachsen müsse, um Verteilungskonflikten aus dem Wege zu gehen, noch (und schon gar nicht) einen „ökologisch motivierten Stalinismus" unterstützen, der am liebsten die Marktwirtschaft der Natur opfern würde. Wir müssen uns allerdings mit der Überlegung konfrontieren, dass die „zivile (tauschende) Gesellschaft" mit der „Natur" in Konflikt steht, und daher eines radikalen Umbaus bedarf. Nachdem der kollektive ökologische Fußabdruck die Größe des Planeten bereits deutlich übersteigt, darf Wachstum welcher Art auch immer niemals mit erhöhtem stofflichem Durchsatz verbunden sein. *Wirtschaftliche Wertschöpfung ist auch mit weniger Naturalverbrauch möglich.*

Tausch, Geld, Kapital

Da Geld nicht nur Mittel des Wirtschaftens ist, sondern als allgemeinstes Mittel des Menschen zum Zweck aufrückt, und sei es auch nur als Zweck zu einer anderen, nicht-geldlichen Verwendung, ist die Bürgerwirtschaft immer auch eine *kapitalistische* Wirtschaft. Marktwirtschaft = Geldwirtschaft = kapitalistische Wirtschaft. Eine Bürgerwirtschaft wird ihr kapitalistisches Momentum nie ganz abschütteln können, wenngleich sie schon allein aus ökonomischen Gründen dafür sorgen sollte, dass es sich nicht zu sehr in den Vordergrund drängt. Sie muss wissen, dass eine *rein kapitalistische Gesellschaft* gar nicht funktionsfähig, geschweige denn lebensfreundlich wäre.

Gestaltungsbedarf

Mit Geld kann man *zahlen* und *zählen*. Da aber Geld aus den Beziehungen *heraussteht* und diese zugleich ermöglicht, „zählt" es selbst. Ohne Geld geht nichts. Freilich gelten auch folgende Einschränkungen:
1. Geld ist nicht alles. Das Geldsystem ist nicht komplett und weist beträchtliche Funktionsdefizite auf.

2. Von Geld als emergentem Phänomen (Wertform) kann es ein Zuwenig und ein Zuviel geben. Der Reifegrad der Wertform muss angemessen sein. Die Angemessenheit ergibt sich nicht spontan. Sie muss daher kalibriert werden.

ad 1. Funktionsdefizite der Geldwirtschaft
Märkte (verdichtete Tauschkommunikationen) sind unverzichtbare Errungenschaften der Menschheit. Ohne sie geht nichts. Aber sie sind nicht alles. Das schon deshalb, weil Wirtschaft mit der „Sprache des Geldes arbeitet". Und Sprache ist immer nur ein „Stammeln" (Hölderlin). Es kann nie die ganze Realität erfassen. Märkte bringen Möglichkeiten ins öffentliche und private Bewusstsein und in die Reichweite des Handelns, sind daher höchst *effektiv*, sind aber niemals umfassend und können daher per se nicht *vernünftig* sein. Außerdem: Märkte setzen einerseits auf systemischen Voraussetzungen auf, die die Geldwirtschaft selbst nicht bereitstellt, und bedürfen andererseits besonderer „Pflege", ohne die sie weder funktionieren noch akzeptable Resultate hervorbringen.

Ich habe auf *zwei große Marktversagen* aufmerksam gemacht. Diese betreffen die *Verteilungsgerechtigkeit* und den *Umgang mit Naturressourcen*.

Verteilung: Märkte bestehen aus Kommunikationen von Warenbesitzern. Nichtwarenbesitzer erhalten nur so viel, wie Warenbesitzer an sie zahlen *müssen*. – Dieses Prinzip ist zur Etablierung einer Bürgergesellschaft nicht ausreichend und bedarf rechtlicher Regelungen, die eine angemessene Beteiligung der Nichtwarenbesitzer am erzeugten Produkt gewährleisten.

Umgang mit der Natur: Die Natur ist kein Verhandlungspartner. Preise bilden sich im Austauschgeschehen der Menschen untereinander, nicht im Stoffwechsel des Menschen mit der Natur. Die Natur verlangt für ihre Gaben keinen Geldpreis. Aus dem kostenlosen Bezug dieser „Gaben" folgt rücksichtsloser Raubbau. – Die Gesellschaft muss diesem Marktversagen durch eine Besteuerung der Naturressourcen entgegentreten. Die Besteuerung von Arbeit beschleunigt die Zerstörung unserer natürlichen Lebensgrundlagen.

ad 2. Angemessenheit der Wertform
Geld, sagt man, sei ein schlechter Herr, aber ein guter Knecht. Vertreiben wir ihn, machen wir uns unnötig zu Sklaven, weil wir die (bürgerliche) Autonomie verlieren. Geld zum Herrn zu machen, ist töricht, weil wir *einer Form unnötig viel Macht* geben. Um Geld gut nutzen zu können, ohne uns von ihm vergewaltigen zu lassen, müssen wir wissen, wo wir ihm – und auch uns selbst in Bezug auf Geld – Grenzen zu setzen haben. Mit anderen Worten: Wir müssen

dafür sorgen, dass die Geld- oder Wertform dem Körper der Wirtschaft angemessen ist. Sowohl Unter- als auch Überentwicklung der „Wertform" haben verheerende Folgen.

Die Schwierigkeit, diesbezüglich ein Gleichgewicht zu halten, besteht auch bei anderen Gebilden „objektiver Kultur", wie bei der Sprache (kultivierter, angemessener Ausdruck versus Geschwätzigkeit), beim Staat (effektiv und schlank versus selbstherrlich und anmaßend) oder bei den Gesetzesnormen (Gerechtigkeit versus Legalismus), usw.

Die Bedeutung der Wert*form* für die Entfaltung der Wirtschaft und für das Gedeihen der Menschen ist bisher nicht gesehen worden. Erst recht sah man nicht die Gefahren, die sich aus einem unangemessenen Reifegrad der Wertform für die Gesellschaften ergeben. Eine der Folgen ist, dass die Sozialwissenschaften die mit Geld in Zusammenhang stehenden zwei Großereignisse der letzten 100 Jahre verschlafen haben.

Erstens haben sie den durch die *Unterdrückung der Wertform* bedingten Untergang des Sozialismus nicht vorhergesehen. Die Wissenschaften glaubten sogar an die Funktionsfähigkeit eines Systems, das anstrebte, ohne Geld auszukommen. Dass ist m.E. der stärkste Beweis für die Unzuständigkeit ökonomischer Theorien in Sachen menschlicher Ordnungen. Bis heute wurde dieses Versagen nicht wirklich thematisiert.

Zweitens wurde die durch die *Hypertrophie der Wertformen* ausgelöste große Finanzkrise nicht prognostiziert. (Hier schlug also das Pendel in die andere Richtung aus.) Man hat z.B. nicht erkannt, dass die Wertform aus sich heraus zur Hypertrophie neigt. Wir haben heute deutlich ein Zuviel davon in Hinblick auf den Umfang der Vermögenswerte (Assets), der Handelsumsätze und in Bezug auf die Anzahl und Raffinesse der Finanzprodukte. Hypertrophe Finanzen verursachen schwerwiegende Kollateralschäden am Körper der Gesellschaft.

Der Sozialismus scheiterte am Versuch der Eliminierung der Wertform. Die Bürgergesellschaft krankt an deren Hypertrophie.

Gerade die nach der ökonomischen Theorie perfektesten Märkte bringen das System ins Schlingern. Die Finanzkrise wäre nicht denkbar, wenn die Gleichgewichtsschlafmützen, die nicht nur Ökonomen sondern auch die angeblich so rationalen Marktteilnehmer tragen, diesen nicht die Sicht auf die realen Entwicklungen verlegt hätten. Ökonomen hätten früher gewarnt, Marktteilnehmer die Risiken früher erkannt. Anstatt an das Gleichgewicht zu glauben, müsste man sich um mehr Gleichgewicht und Balance bemühen. Märkte richten nicht alles.

WAS SCHULDEN SIND UND WIE EINE BÜRGERGESELLSCHAFT MIT IHNEN UMGEHEN SOLLTE: EINE ZUSAMMENSCHAU IN THESEN

Obwohl Geld *das* Medium zum Ausgleichen ist und tausende Male Schuld vermeiden kann, hat die Bürgergesellschaft es zuwege gebracht, ihre internen Kanäle durch überbordende Ansprüche = Verpflichtungen zu verschütten. Die Krise der „Schuldner" ist immer auch eine Krise der „Gläubiger".

Die Funktion von Schulden in der Wirtschaft

1. Ausgleich tut dem Strom des Gebens und Nehmens gut. Am Tauschprozess Teilnehmende können oder wollen aber nicht immer ausgleichen. Wird gegeben, aber vom Nehmenden nicht auch durch eine Zahlung ausgeglichen, entsteht ein Finanzierungssaldo, d.h. beim Gebenden eine Geldforderung, beim Nehmenden eine Geldschuld. (Der Nehmende „zahlt" anstatt mit Geld mit einem Schuldtitel.) Nichtausgleichen ist also mit dem Aufbau einer neuen oder zusätzlichen Forderung bzw. Schuld, d.h. einem Asset, verbunden. D.h. jedes Nicht-Ausgleichen trägt zu einer Erhöhung der Forderungen (Geldvermögen) bzw. Schulden bei. Aus einer „offenen" Relation entsteht ein Gegenstand.

2. Da Forderungen/Schulden auch auf Märkten gehandelt werden, steigen oder fallen deren Werte auch mit den Marktpreisen.[352]

3. Zwar gleichen sich Schulden- und Forderungsbestände insgesamt (weltweit) aus, spielen aber *im wirtschaftlichen Binnenbereich* eine bedeutende Rolle. Selbst ein Wirtschaftssubjekt darf Forderungen und Schulden nicht aufrechnen. Die Höhe und Struktur zählen!

4. Ohne Schulden gibt es weder eine Wirtschaft und schon gar kein Wachstum. Neuschulden, die dazu beitragen, die Leistungsfähigkeit einer Wirtschaft in etwa im gleichen Tempo zu erhöhen, sind akzeptabel. Das Wirtschaftskarussell dreht sich rund und „gesund", solange die Schulden auf Dauer nicht rascher wachsen als das Sozialprodukt.

5. Die „natürlichen" Kreditnehmer sind Unternehmen. Sie müssen ihre Produktion vorfinanzieren. Der inflationäre Effekt der Vorfinanzierung wird durch das nachwachsende Mehrprodukt „geheilt".

---

[352] Für präzisere Formulierungen siehe Abschnitt 2.4, insbesondere S. 192ff.

6. Makroökonomisch sind Kredite an *Konsumenten* (Staat und Haushalte) bedenklich, da sie nicht zu einer temporären Erhöhung der Produktion beitragen, sondern weitere Kredite nach sich ziehen. – Aus mikroökonomischer Sicht ist für Konsumenten eine Aufnahme von Krediten nur dann sinnvoll, wenn sie Ausgabenspitzen auf einen Zeitraum verteilen müssen. Ob Konsumenten das damit verbundene Kreditrisiko eingehen können oder sollen, ist eine Frage der Einkommenssicherheit, Zeitpräferenz und des Zinssatzes.[353]

7. Kredite zum Zwecke des *Spekulierens* mit bestehenden Vermögenswerten sind schädlich. An Spekulanten sollten Kredite verweigert werden, weil sie nur der Erhöhung der Vermögenswerte dienen, nicht aber zu einem höheren Realprodukt führen.

8. Man kann freilich Schulden machen, ohne dass die Wirtschaft wächst. Schulden, die eingegangen werden, ohne auch die Leistungsfähigkeit einer Wirtschaft entsprechend zu erhöhen, belasten die Wirtschaft unnötig.

9. Zu hohe Schulden/Forderungen wachsen von selbst. Übersteigen sie ein gewisses Niveau, sind sie nicht mehr bedienbar. Dann wachsen sie erst recht. Schlechte Schulden ziehen schlechte nach sich.

Ein Zuviel an „Haben" behindert das „Sein".

10. *Schulden helfen der Wirtschaft jetzt, belasten aber später.* Schulden sind zwar eine Leistungspeitsche. Zu hohe Schulden aber behindern Wirtschaftswachstum. Und häufig helfen Schulden der Wirtschaft nur scheinbar. Sie machen es den Teilnehmer oft auch nur bequem. Schulden sind wie eine Droge: ihr Genuss führt zur Abhängigkeit.[354]

11. Aus dem eben Gesagten folgt: Es gibt *gesunde* und *ungesunde* Finanzierungsstrukturen. Eine *gesunde* Struktur ist durch relativ hohe Forderungen der Haushalte an Unternehmen, bzw. relativ hohe Schulden der Unternehmen an diese bzw. den Bankensektor gekennzeichnet, der sein Geld wiederum von Haushalten bezogen hat. Die Staatshaushalte sind einigermaßen ausgeglichen, die Staatschulden niedrig. Weltweit befinden sich die

---

[353] Konsumentenkredite sind daher nur als zeitweise Überlassung von Geld der Überschusshaushalte an defizitäre Haushalte zu verantworten, und sollten daher von Sparkassen nach der Idee von Raiffeisen vergeben werden. Dabei ist zu berücksichtigen: Auch die meisten Kredite an Staaten werden verkonsumiert.

[354] Das zeigt sich z.B. an Griechenland oder den USA. In beiden Länder förderten großzügige Finanzspritzen die Deindustrialisierung.

6. Zusammenfassung

Leistungsbilanzen (Exporte und Importe von Gütern und Dienstleistungen) ebenfalls mehr oder minder im Gleichgewicht oder haben unbedenkliche Größenordnungen. Folglich ist auch die wechselseitige Verschuldung der Länder (im Verhältnis zu Exporten bzw. Importen eher niedrig. Gelten diese Bedingungen, ist (weltweit) ein nachhaltiges Wachstum möglich.

12. Eine *kranke* Struktur ist durch hohe Leistungsbilanzungleichgewichte gekennzeichnet, die durch entsprechend hohe Kapitalbewegungen, in der Regel: Zuwächse von Forderungen = Schulden ausgeglichen werden müssen. Leistungsbilanzdefizite ziehen fast immer hohe Defizite von öffentlichen Haushalten nach sich (Flassbeck 2010). Oft ist auch der Sektor der privaten Haushalte verschuldet, während Unternehmen im Geld schwimmen. Das kann natürlich nicht lange gut gehen. Denn bei solchen Strukturen manövrieren sich die Länder in eine Schuldenfalle, deren Korrektur in der Regel auf Kosten der effektiven Gesamtnachfrage erfolgt, also mit Wachstumsverlusten einhergeht. Auf Importhypes folgt meist der Katzenjammer. Aber auch die Exportsieger (Japan, Deutschland, Schweiz, …) fallen in eine Rezession zurück und verlieren ihr Geld. Rückblickend werden sie sagen müssen: Wir schufteten für die Katz.

    Ungesunde Finanzierungsstrukturen sind auch durch übermäßig aufgeblähte Bilanzen von Banken und bankähnlichen Institutionen gekennzeichnet (King 2010).

13. Vermögensmärkte sind volatiler als Gütermärkte. Das liegt an der Selbstbezüglichkeit der Vermögenswerte.

14. Die Sicherheit von Vermögenswerten hängt nicht nur von der Forderung oder auch der Summe der Forderungen im Verhältnis zu den Möglichkeiten ab, sie zu bedienen, sondern auch von glaubhaften Zusicherungen und Absicherungsmechanismus der „Gemeinschaft", vertreten vor allem von der Regierung und von der Zentralbank. Da Geld auf Vertrauen beruht, haben diese Absicherungsmechanismen (etwa die staatliche Garantie von Sparguthaben, oder der Auftritt der Zentralbanken als „lender of last resort) einen unschätzbaren Eigenwert. Allerdings können solche Versprechen nicht die Substanz, auf die sich Forderungen beziehen, produzieren, sondern bestenfalls ein Klima, das die Herstellung von „Substanz" ermöglicht. Oft aber operieren die „Gemeinschaften" nur mehr im Raum von „Versprechungen". Ver-Sprechungen, die ins Leere gehen, verschieben die Krise nur zeitlich und zuungunsten der Steuerzahler.

> **Schulden bzw. Forderungen funktionieren wie eine Almende.** Forderungen sind nur dann werthaltig, wenn es den Schuldnern wirtschaftlich gut geht. Aber es muss nicht nur den Schuldnern, an die sich die Forderungen adressieren, gut gehen, das Schuldenniveau darf insgesamt die Schuldenbelastungsschwelle nicht überschreiten. Überbeanspruchung führt zu Finanzkrisen; Finanzkrisen stets zu schweren Wirtschaftskrisen.

Überschuldungskrise

15. Wird eine kritische Schwelle überschritten, nimmt die Krisenneigung exponentiell zu. Die Ansteckungsgefahr steigt. Schließlich bricht der Vertrauenszusammenhang in der Gesellschaft. Je höher die akkumulierte Schuldenlast, desto heftiger fällt die Korrektur aus.

16. In den letzten drei Jahrzehnten sind die Schulden = Forderungen gleichsam explodiert und weit über die Toleranzgrenze hinausgewachsen.

17. Für die Explosion der Vermögensansprüche gibt es etliche Gründe. Einer der Gründe liegt in der heutigen *Geldverfassung*. Sie bringt Geld hauptsächlich durch *Kredit* in Umlauf. Auch Staatshaushalte finanzieren sich heute ausschließlich per Kredit. Das macht keinen Sinn, da der Staat eine Gemeinschaftseinrichtung der Bürger ist. Warum sollte er sich im Medium, für dessen Knappheit er sorgen muss, bei (privaten) Banken verschulden? Wachsende Wirtschaften haben einen Bedarf zusätzlicher Geldmittel. Diesen Bedarf könnten die Zentralbanken via Exekutive zinsfrei in die Wirtschaft schleusen. Damit würde die Staatsverschuldung wesentlich geringer sein als sie es heute ist.

18. Die heutige Geldverfassung sieht auch vor, dass neben den Zentralbanken auch Geschäftsbanken Geld schöpfen (*fraktionales Bankensystem*). Etwa 90% der Zahlungsmittel sind heute Giralgeld. Nicht die Zentralbanken, sondern die Geschäftsbanken, die ihre Geschäftsfelder in einer unverantwortlichen Weise ausdehnten, bestimmen heute die Expansion der Geld- und Kreditmenge und das Wachstum der Vermögenswerte.

19. *Die heutige Geldverfassung macht die Wirtschaft zu einem Selbstbedienungsladen für Banken.* Geschäftsbanken sammeln nicht nur Gelddepositen und leiten sie als Kredit an die Wirtschaft weiter, sondern können aufgrund ihrer Möglichkeit, Zahlungsmittel (in diesem Fall Giralgeld) zu erzeugen, dazu benützen, selbst Vermögen zu erwerben. Die phantasmagorische Ausdehnung der Bankenbilanzen in den letzten dreißig Jahren ist Reflex einer gefährlichen Entwicklung, zu der die technische Revolution

im Banking, die leichtfertige Liberalisierung der Kapitalmärkte und insbesondere die Auslagerung eines Teils der Finanzindustrie auf nichtregulierte Niemandsländer beigetragen haben.

20. Ein weiterer Grund für die *Hypertrophie der Finanzsphäre* liegt im *Denken über Geld* und erst recht über Geldvermögensgrößen. Die Öffentlichkeit sieht in Geldvermögen einen realen Vermögensbestand und übersieht, dass es sich hauptsächlich um Forderungen handelt, denen Schulden anderer gegenüberstehen.

21. Geldvermögen sind kein Speck in der Speisekammer. Sie lassen sich nicht in beliebiger Höhe horten. Aus diesen Überlegungen folgt, dass das *Kapitalbildungsverfahren* eine „natürliche" Grenze hat. Es kann daher nur zum Teil die Aufgabe der intertemporalen Übertragung von Ressourcen übernehmen und bestenfalls das *Umlageverfahren* ergänzen.

Schulden machen ist leicht, Schulden loswerden schwer

22. Schulden/Forderungen verhalten sich wie eine Ratsche. Nach oben geht's leicht, retour kommt man nur, indem man den Mechanismus zerstört. Die probaten Maßnahmen für einen Schuldenabbau sind *Konkurs* (Bankrott, bei Staaten auch Währungsreform), *Inflation* oder *Konfiskation*.

    o *Konkurs* empfiehlt sich nur in überschaubaren Fällen. Die ganz Großen (USA, Europäische Währungsunion, England, Japan, ...) werden keinen Konkurs anmelden und ihr Großinstitute vor solchem durch großzügig aufgespannte Schutzschirme zu schützen wissen, was sich letztlich in Inflation niederschlagen dürfte.

    o *Inflation* – wahrscheinlich läuft die Krise darauf hinaus – trifft die unteren Schichten. Sie wird, wenn sie kommt, unvorbereitet kommen.

    o Vermögenssteuern, d.h. praktisch: K*onfiskation* ist das einzig empfehlenswerte Instrument zur strategischen Korrektur der Wirkungen des unseligen Vermögensspiels, das Reiche reicher und Arme ärmer machte, den Mittelstand aushöhlt und den Staat zwingt, nicht nur die Krise mit finanziellen Spritzen hintanzuhalten, sondern ständig in die Nachfragelücke zu springen, die die Reichen erzeugen, weil sie nur einen Teil ihrer Einkommen konsumieren.

Der Weg aus der Krise: zuerst Abbau der Hypertrophie, dann ordnen

23. Man muss wissen: die Wertform neigt aus sich heraus zur Hypertrophie. Größen, die das funktional Notwendige überschießen sind abzubauen und ihr neuerliches Überschießen zu vermeiden. Diese Größen betreffen

- die Forderungs- bzw. Schuldenmasse
- die Anzahl und Kompliziertheit (giftiger) Finanzprodukte
- die Größe der Banken (too big to fail)
- die Höhe der Umsätze.

Die Finanzindustrie muss auf ihre dienende Rolle zurückgestutzt werden.

24. Zunächst müssen die Schulden- bzw. Forderungsniveaus zurückgeführt werden. Sonst kommt die Wirtschaft nicht in Gang. Sonst geht das zu heiße Vermögensspiel weiter. Denn überschießende Vermögenswerte erzeugen von sich aus neue.

25. Strukturelle Ungleichgewichte, insbesondere im Außenhandel und bei Staatsbudgets, müssen abgebaut werden. Denn jeder neue Überschuss oder jedes neue Defizit nährt den Forderungs- bzw. Schuldenstand.[355] Aber man muss wissen: Rebilanzierungen drücken auf die Konjunktur und können die Schuldenproblematik verschärfen. Auch deshalb muss der Schuldenabbau dem Rebilanzierung vorangehen.

26. Die Finanzwelt hat keine Instanz, die das Gesamtniveau der Finanzmassen reguliert. Aber es gibt Regeln, die die Tendenz der Finanzindustrie zur Hypertrophie mit einiger Wahrscheinlichkeit verhindern könnten. Das sind vor allem

- die Monetative (S. 93)
- das Verbot des Universalbankensystems
- Finanztransaktionssteuern
- ein zwingender TÜV für Finanzprodukte
- die Auflösung des Schattenbankensystems, das Schließen exterritorialer Finanzplätze und
- die Ablöse des US-Dollars durch ein internationales Reservesystem (als Langfristprogramm).[356]

---

[355] Es sei denn, dass ein Gläubiger ein Defizit herbeiführt um seinen alten Forderungsstand abzubauen, vice versa.

[356] Für Vorschläge im Einzelnen und deren Diskussion siehe Roubini/Mihm 2011, Peukert 2011.

Gesellschaftswandel und Einkommensgerechtigkeit

27. Aber mit finanztechnischen Reformen allein ist es nicht getan. Denn die Krise der Finanzen ist ein Abbild der Krise der Gesellschaft – in der Hypertrophie der Vermögenswirtschaft spiegelt sich die Ungerechtigkeit der Verteilung von Einkommen. Hier muss die Politik entschieden für mehr Verteilungsgerechtigkeit eintreten, weil ein gewisses Maß an Gerechtigkeit Voraussetzung sowohl für die *politische* als auch *wirtschaftliche* Stabilität der Bürgerwirtschaft ist. Hier ist eine neue Balance nötig.

28. Eine solche Balance hat nicht nur gute politische Gründe: Man kann von Individuen, die das System verarmt, nicht erwarten, dass sie sich mit diesem identifizieren. Sie hat auch gute ökonomische Gründe: Die Wirtschaft als System ist auch auf eine ausgeglichenere Einkommensverteilung angewiesen. Profite und Renditen sind Einkommensbestandteile. Sind sie zu hoch (aber das Wachstum gleichzeitig gering), fließen sie als „Investments" in den Finanzkreislauf zurück. d.h. werden nicht verkonsumiert oder real investiert. Damit fehlen sie der „effektiven Nachfrage". Für die Nachfragelücke muss jemand anderer einspringen. Üblicherweise ist es der Staat. Dieser blutet sich für die Ungleichheit aus. Ungleichheit fördert Finanzblasen.

Gesellschaften sterben nicht an Finanzkrisen. Man muss sie sich heute sogar wünschen, denn man kann realistischerweise nicht erwarten, dass man aus ihnen herauswächst. Es geht danach wieder weiter und vielleicht besser, weil man dann hoffentlich gescheiter geworden ist und das Spiel mit anderen Regeln aufgesetzt haben wird.

Noch immer versucht man, Vermögenswerte zu retten, die nicht zu retten sind. In Wirklichkeit geht es „nur" darum, sich von papiernen Illusionen zu befreien und die Regeln für die Gesellschaft neu aufzusetzen.

Was Menschen brauchen, sind nicht exzessive Vermögenswerte, sondern die Sicherheit, ihren Lebensunterhalt bestreiten und ihre Rechnungen bezahlen zu können. Keine noch so hohen Vermögenswerte (Forderungen) können diese Sicherheit geben, wenn das System selbst in Frage steht. Die Frage ist immer die gleiche: Mehr Sein oder mehr Haben? Die Antwort auch: Wir können nur mehr haben, wenn wir auch mehr sind. Derzeit „haben" wir zu viel, weshalb wir weniger „sind" als wir „sein" könnten.

FÜR JEDEN ETWAS?

Mein Ansatz wird viele verstören, sie aber zugleich versöhnen.

- Sauer wird zum Beispiel dem Marxisten aufstoßen, dass ich den arbeitswerttheoretischen Fundamentalismus zurückweise und damit der sozialistisch-kommunistischen Utopie, die damit implizit verbunden ist, den Rücken kehre. Marxisten werden aber vielleicht honorieren, dass ich Marxens Wertformanalyse aufgreife und insofern dessen methodologischen Ansatz konstruktiv fortsetze.
- Marktfundamentalisten wird gefallen, dass ich den Markt für eine unverzichtbare Errungenschaft der menschlichen Gesellschaft halte. Weniger aber wird ihnen schmecken, dass ich die Neoklassik, auf die sie sich gerne berufen, für eine Entscheidungslehre halte, die besser für eine Planwirtschaft taugen würde, und dass ich der Neoklassik abspreche, eine Theorie des Marktes zu sein.
- Sozialdemokraten und Gewerkschaftern, die sich bei Betriebsstörungen gerne an den Staat wenden, wird irritieren, dass ich im „bürgerlichen" Tausch das basale Element der modernen Gesellschaft sehe. Aber sie werden immerhin positiv vermerken, dass meine Arbeit einem hinreichend starken Staat und einer Gemeinwohlorientierung das Wort redet. Der hier ausgebreitete methodische Ansatz läuft auf die Erkenntnis hinaus, dass man die Bestimmung der Löhne in keinem Fall allein Ware-Geld-Mechanismen überlassen darf und kollektive Lohnverhandlungen daher unentbehrlich sind.
- Der Moralist urteilt mit Strenge über die Wirtschaft. Er will ihr Morales lehren. Wenn er aus diesem Text erfährt, dass die Wirtschaft ihrerseits ethische Grundsätze erzeugt und einübt, und selbst ein Teil des Humanum ist, kann er sich vielleicht etwas entspannen und *mit* der Wirtschaft anstatt immer nur gegen sie gehen.
- Die Grünen sind von Natur her Geld- und Kapitalismus-skeptisch eingestellt. Unsympathisch wird ihnen das Ergebnis in den Ohren klingen, dass Tauschkommunikation Wachstum „erzwingt". Zivile Gesellschaft als Gesellschaft mit Wachstumszwang? – Wie nett wäre doch die Idylle eines gemütlichen und ewigen Kreislaufs. Aber der Mensch gibt keine Ruhe, und Geld lässt ihn schon gar nicht zur Ruhe kommen. Meine Aussage macht das Vorhaben grüner Reformen aber nur um so dringlicher. Der extensive Wachstumszwang ist möglichst zu reduzieren, das Wachstum durch Abbau von Steuern auf Arbeit und einer kräftigen Erhöhung der

6. Zusammenfassung

Steuern auf Umweltverbrauch zu qualifizieren. Qualitatives Wachstum „darf" geschehen und liegt in der Natur des Menschen.

- Meine Arbeit zeigt die Bedeutung des Unternehmertums auf. Der Unternehmer – oder die Unternehmerin – ist nicht nur ein dispositiver Faktor, sondern die Kraft, die bewegt. Wirtschaft ist Geist und Geld, alles andere sind Durchlaufposten oder Fähigkeiten, mit denen man zusammenarbeiten darf. Aber wenn Unternehmer wirklich Unternehmer sein wollen, sollen sie sich nicht immer auf Sachzwänge ausreden. Unternehmer sollten nicht nur nach Gewinn strebende Bourgeois sein, sondern als Citoyens zum Gemeinwohl aktiv beitragen.
- Meine Arbeit macht ganz klar: Ohne Geld und Banken gibt es weder eine Bürgergesellschaft noch eine Wirtschaft. Statt aber der Wirtschaft zu dienen, bedienen sich derzeit die Banken. Das macht die Bürgergesellschaft krank.
- Meine Arbeit wendet sich vor allem an den Bürger und möchte ihm begreiflich machen, dass er als Mensch nur einigermaßen souverän ist, weil er Bürger ist. Der akademischen, aber durchaus bequemen Idee, die Wirtschaft funktioniere wie eine Maschine, die – sich selbst überlassen –, alles zum Besten führe, muss der Bürger freilich entsagen. Die Gegenposition, Wirtschaft ist eine zu gestaltende Gestalt, ist unbequem und fordert viel mehr Verantwortung und Engagement.
- Der Bürger muss wissen: Sachzwänge gibt es in der Wirtschaft durchaus, aber nur aufgrund der Versachlichung genießt der Mensch Bürgerfreiheiten. Der Bürger braucht zwar Geld, um Bürger zu sein, aber er darf das allgemeinste Mittel keinesfalls zum Selbstzweck machen.
- Mit dem größten Widerstand gegen meine Arbeit rechne ich von Seiten des ökonomischen Mainstreams. Ich vermute, dass weniger die Aussagen meiner Arbeit als der Stil und die Methode meiner Vorgehensweise irritieren werden. Die wirtschaftswissenschaftliche Gemeinde ist selbst untereinander völlig zerstritten. Zehn Ökonomen vertreten ja mindestens siebzehn ganz unterschiedliche Positionen. Aber in einem halten sie zusammen: es muss ökonomisch sein, wobei sie unter ökonomisch etwas Bestimmtes, auf den ökonomischen Aspekt Reduziertes, verstanden wissen möchten. Und es sollte möglichst auch formalisierbar und modellierbar sein. Gegen Mathematik hätte ich nichts einzuwenden, wenn sie die geeignete „Sprache" anböte, um die Sachverhalte auszudrücken, um die es in einer Wirtschaft geht. Aber eine solche „Sprache" gibt es, wie mir scheint, noch nicht, oder ich kenne sie nicht und möglicherweise wird es sie nie geben. Aber ich wehre mich mit Händen und Füßen gegen eine

Ökonomik, die ihren Gegenstand auf dem Altar der Mathematik zu opfern bereit ist. Das ist keine Wissenschaft, sondern toter Formalismus.

- Mit dem triadischen Denkansatz hoffe ich, der Ökonomik einen Ausweg aus ihrer selbstverschuldeten Isolation und aus dem Nirwana anzubieten, in welche sie sich eben in Folge ihrer Reduktion auf die Dyade manövriert hat. Die Wirtschaftswissenschaften befinden sich ja im Zustand der ständigen Selbstzerfleischung. Sie gehen zunächst von unmöglichen Prämissen aus, die sie dann negieren müssen, um irgendeinen Realitätszipfel zu erhaschen. Ob mein Ansatz wissenschaftlich tragfähig ist, wird die Diskussion weisen. Immerhin weist er nicht nur ständig auf Unvollkommenheiten in Bezug auf ein (leeres) Ideal hin, sondern zeigt *erstens* den Formenreichtum auf, den Wirtschaft als solche darstellt, und *zweitens,* dass die Geldform die Voraussetzung der Kohärenz der Gesellschaft ist.

- Etliche werden meinen Denkansatz schon deshalb dankbar aufnehmen, weil er nicht von vornherein mit Prämissen arbeitet, die jeden Verstand beleidigen. *Der Mensch soll atmen dürfen, auch wenn er Ökonomik studiert.*

DIE TRIADE ÜBERWINDET ZAHLREICHE DUALISMEN

Mit dem Sprung in die Triade lösen sich Dualismen, in denen dyadisches Denken stecken bleibt, auf. Triadisches Denken zeigt,

- dass die *Autonomie* des bürgerlichen Subjekts und seine *Vergesellschaftung* zwei Seiten ein und derselben Medaille sind. Geld fördert die eine wie die andere Seite;
- dass Geld ein privates *und* gesellschaftliches Gut ist;
- dass der homo *oeconomicus* notwendigerweise auch ein homo *socialis* ist, und der homo socialis auch homo oeconomicus. Das eine geht gar nicht ohne das andere. Während dyadisches Denken das Individuum auf eine nutzenmaximierende Rechenmaschine reduziert, darf es in triadischem Denken „in seiner ganzen Pracht" auftreten: Es stört nicht, dass es ein Bewusstsein von sich selbst hat und sowohl seine Handlungen wie auch seine Normen überprüft. Es stört auch nicht, dass der Mensch für andere Empathie empfindet. Die Rationalität der modernen Welt hockt also nicht *im Individuum*, sondern ergibt sich aus dem *Diskurs der Menschen*, insbesondere aus dem Tausch.

6. Zusammenfassung

- dass *Wirtschaft und Ethik* sich in weiten Bereichen überlappen. *Wirtschaftssysteme können nie so perfekt sein, „that nobody needs to be good"*. Wirtschaft zehrt nicht nur von der Ethik, wie fast durchwegs behauptet, sondern generiert auch ethische Grundsätze. Ein funktionierender Markt erzeugt Vertrauen und – obwohl er auf Ausgleich durch Zahlen beruht – auch Dankbarkeit. Ohne Vertrauen und Dankbarkeit gibt es keinen Markt.
- dass die Wirtschaft gut funktionierende *Märkte und* einen starken *Staat* braucht. Je mehr Flexibilität vom Einzelnen erwartet wird, desto mehr Staat ist notwendig;
- dass der Streit zwischen der historischen und neoklassischen Schule überwindbar ist. Geld ist ein gutes Beispiel. Es ist *historisch* gewachsen, und doch ist es als *Universalie zeitlos* und *reine Funktion;*
- In der Ökonomik steht für die Sachzwänge das „Allgemeine Gleichgewicht", für die Störung der Sachzwänge der Schumpeter'sche Unternehmer. Dieser Dualismus verschwindet im triadischen Ansatz. Dieser zeigt, dass Geld sowohl die Kohärenz der Wirtschaft herstellt als auch diese ständig unterläuft. Triadisches Denken verschafft daher sowohl für Geld als auch für den unternehmenden Menschen Platz.[357] Übrigens war die Sorge, die sich Herr Schumpeter wegen des Aussterbens seines Unternehmertyps gemacht hat, durchaus überflüssig, und seine Prognose der Einkehr der sozialistischen Planwirtschaft eine Fehlleistung, die aus der Logik ökonomischen Denkens folgt.
- Der triadische Denkansatz erteilt sowohl *totalitären* als auch *ultra-liberalen Ideologie*n eine klare Absage. Der Sozialismus ist tot. Zugleich aber fordert triadisches Denken „Sozialismus im Kapitalismus", d.h. einen *kräftigen Bürgerstaat* und starke gemeinschaftliche Einrichtungen.

AUSSÖHNUNG MIT GELD

Der Verstand will der Wirklichkeit sein Muster aufdrücken. Bisher denunziert er die Verwendung von Geld als Abfall von der wahren Natur des Menschen und Versuche, Geld zu rehabilitieren, als Verrat an Wahrheit und Moral. Zwar verwendet jeder Geld, aber in der Verurteilung des Geldes versucht man sich moralisch aufzurüsten. Darin liegt eine Verlogenheit, die rundherum blockiert.

---

[357] Im neoklassischen Gleichgewichtsmodell ist weder für Geld noch für das Unternehmen Platz.

Die Entwicklung der Gesellschaft ist an „ekstatische" Kulturformen gebunden. Geld ist eine der spätesten Einrichtungen, die sich erst vor kurzem weltweit durchgesetzt hat und die Weltgesellschaft in eine ungeahnte Dynamik führt. Das wollte oder konnte man bisher nicht so recht sehen. Utopisten, wörtlich: Leute „ohne Ort", schwärmten von der Überwindung der „Geld-Ekstase". Mechanisten haben sie einfach übersehen. Dass sie uns auf den Kopf fällt, ist die Folge.

Die Gegenstrategie gegen Verachtung und Verleugnung kann nur in einer großen Aussöhnung mit Geld bestehen. Aussöhnen heißt: Annehmen und aus dem Annehmen verändern. Nur so kann man in den Fluss des Lebens gehen, zu dem auch Geld gehört. Viele träumen von einem anderen System. Ich plädiere für einen anderen Umgang mit dem, was wir haben.

LITERATURVERZEICHNIS

Adloff, F., & Mau, S. (Hrsg.). (2005). *Vom Geben und Nehmen – Soziologie der Reziprozität.* Frankfurt: Campus.
Adorno, T. (1970). Gesellschaft. In T. Adorno, *Aufsätze zur Gesellschaftstheorie und Methodologie* (S. 137-148). Frankfurt: Suhrkamp.
Akerlof, G. R. (2009). *Animal Spirits – wie Wirtschaft wirklich funktioniert.* Frankfurt: Campus.
Albert, H. (1967). *Marktsoziologie vs. Entscheidungslogik.* Neuwied am Rhein: Luchterhand.
Alchian, A. (1987). Property Rights. In A. Alchian, *A Dictionary of Economics* (Bd. 3, S. 1031-1035). USA.
Altmann, S. (1904). Simmel's Philosophy of Money. *American Journal of Sociology,* 46-68.
Aristoteles, A. (1972). *Die Nikomachische Ethik.* Deutscher Taschenbuchverlag.
Arrow, K. J. (1951). *Social choice and individual values.* New York: Wiley.
Arrow, K. J. (1959). Toward a Theory of Price Adjustment. In Abramovitz, *The Allocation of Economic Resources.* USA, Stanford: Stanford University Press.
Arrow, K. J. (1987). *Economic Theory and the Hypotheses of Rationality.* New York and London: W.W. Norton.
Arrow, K. J., & Debreu, G. (1954). Existence of an equilibrium for a competitive economy. In K. Arrow, & G. Debreu, *Existence of an equilibrium for a competitive economy* (Bd. 22, S. 265-290). USA: Econometrica.
Arrow, K. J., & Hahn, F. H. (1971). *General Competitive Analysis San Francisco.* Edinburgh: Holden-Day.
Aubauer, H. P. (2006). A Just and Efficient Reduction of Resource Throughput to Optimum. *Ecological Economics, 58,* S. 637-649.
Aumann, R. J. (2000). *Collected Papers.* Cambridge.
Backhaus, J., & Stadermann, H. J. (2000). *Georg Simmels Philosophie des Geldes – Einhundert Jahre danach.* Marburg: Metropolis.
Baecker, D. (1988). Die Unwahrscheinlichkeit der Marktwirtschaft. *Freibeuter, Vierteljahreszeitschrift für Kultur und Politik, 35,* S. 54-64.
Baecker, D. (1988). *Informationen und Risiko in der Marktwirtschaft.* Frankfurt: Suhrkamp.
Baecker, D. (1995). Die Unruhe des Geldes. In Waltraud Schelke, Manfred Nitsch, *Rätsel Geld – Annäherungen aus ökonomischer, soziologischer und historischer Sicht.* Marburg: Metropolis.

Baecker, D. (2007). *Form und Formen der Kommunikation.* Frankfurt a.M: Suhrkamp Taschenbuch Wissenschaft.

Baecker, D. H. (1993). *Probleme der Form.* Frankfurt a. M.: Suhrkamp.

Banque de France. (2008). *Financial Stability Review.*

Baranzini, M., & Scazzieri, R. (1986). *Foundations of Economics – Structures of Inquiry and Economic Theory.* New York: Basic Blackwell.

Barry, N. P. (1990). *The Road to Freedom – Hayek's Social and Economic Philosophy.* Economics Department of Economics University of Vienna, PPE-Lectures Philosophy-Politics.

Bastiat, F. (1850). *Economic Harmonies.* Von http://oll.libertyfund.org abgerufen

Becker, G. (1976). The Economic Approach to Human Behavior. *University of Chicago Press.*

Becker, G. (1997). *The Economics of Life.* McGraw Hill.

Binswanger, H. C. (2005). *Geld und Magie, Eine ökonomische Deutung von Goethes Faust.* Hamburg: Murmann.

Binswanger, H. C. (2006). *Die Wachstumsspirale – Geld, Energie und Imagination in der Dynamik des Marktprozesses.* Marburg: Metropolis.

Binswanger, H. C. (2009). *Vorwärts zur Mäßigung.* Hamburg: Murmann.

Binswanger, H. C., & Flotow, P. v. (1994). Geld und Wachstumszwang. Stuttgart: Weitbrecht.

BIS (Bank for International Settlement). (2010/12). *Triennial Central Bank Survey of Foreign Exchange and Derivatives Market Activity in 2010/12.*

Blaug, M. (1985). *Economic Theory in Retrospect.* Cambridge University Press.

Blinder, A. S. (1998). Central Banking in Theory and Practice. Cambridge, UK.

Böhler, A. (2004). Nietzsches virtuelle Wanderung im Sprachzeitraum des „Gefährlichen Vielleicht". In *Jahrbuch der Internationalen Nietzschegesellschaft* (Bd. 11, S. 251-264). Berlin: Akademie Verlag.

Bolz, N. (2002). *Das konsumistische Manifest.* München.

Bolz, N. (2010). Wo Geld fließt, fließt kein Blut. In K. P. Liessmann, *Was die Welt im Innersten zusammenhält.* Wien: Paul Szolnay.

Bortkiewicz, L. v. (1906). Wertrechnung und Preisrechnung im Marxschen System. *Archiv für Sozialwissenschaften und Socialpolitik, 23*, S. 1-50.

Boulding, K. E. (1973). Ökonomie als eine Moralwissenschaft. In W. Vogt, *Seminar: Politische Ökonomie – Zur Kritik der herrschenden Nationalökonomie* (S. 103-125). Frankfurt a.M: Suhrkamp.

Brodbeck, K.-H. (1998). *Die fragwürdigen Grundlagen der Ökonomie – eine philosophische Kritik der modernen Wirtschaftswissenschaften.* Darmstadt: Wissenschaftliche Buchgesellschaft.

Brodbeck, K.-H. (2009). *Die Herrschaft des Geldes – Geschichte und Systematik.* Darmstadt: Wissenschaftliche Buchgesellschaft.

Brody, A. (1970). *Proportions, Prices and Planning, A Mathematical Restatement of the Labor Theory of Value.* Amsterdam-London: North-Holland Publishing Company.

Brus, W. (1992). From Revisionism to Pragmatism: Sketches to a Selfportrait of a „Reform Economist". In K. J.M., & Tardos.
Buber, M. (1950). *Der utopische Sozialismus.* Köln: Jakob Hegner.
Buchanan, J. M. (1982). *Order Defined in the Process of its Emergence, in: Literature of Liberty* (Bd. 5).
Buchanan, J. M. (1987). *Economics between Predictive Science and Moral Philosphy.* (R. T. Vanberg, Hrsg.) USA, Texas: Texas A & M Univ. Press.
Buchanan, J. M. (1991). The Market as a Creative Process, in: Economics and Philosophy. In V. J. Vanberg.
Bundesbank, D. (2015). *Geld und Geldpolitik.* Frankfurt/M.: Download aus Bundesbank.
Burckhardt, J. (1868/1978). *Weltgeschichtliche Betrachtungen.* Kroener, 12. Auflage.
Busch, U. (2000). Georg Simmels Geldverständnis in der Tradition von Karl Marx. In J. Backhaus, & H.-J. Stadermann (Hrsg.), *Georg Simmels Philosophie des Geldes – Einhundert Jahre danach* (S. 113-142). Marburg: Metropolis-Verlag.
Caillé, A. (2005). Die doppelte Unbegreiflichkeit der reinen Gabe. In F. Adloff, & S. Mau (Hrsg.), *Vom Geben und Nehmen – Soziologie der Reziprozität* (S. 157-184). Frankfurt: Campus.
Callies, G.-P., & Mahlmann, M. (2002). Der Staat der Zukunft: Vorträge der 9. Tagung des jungen Forum. Archiv für Rechts- und Staatsphilosophie. Stuttgart: Franz Steiner Verlag.
Capra, F. (2000). *Synthese – Neue Bausteine für das Weltbild von morgen.* München: Droemer.
Capra, F. T. (1997). *The Web of Life A New Synthesis of Mind and Matter.* Harper Collins.
Clayton, J. L. (2000). *The Global Debt Bomb.* Armonk: Sharpe.
Clower, R. W. (1969). *Monetary Readings.* Harmondsworth: Penguin.
Clower, R. W. (1995). Axiomatics in Economics. *Southern Economic Journal,* 307-319.
Coase, R. H. (1937). The Nature of the Firm. In *Economica* (Bd. IV, S. 386-405).
Coase, R. H. (1960). The Problem of Social Cost, in: The Journal of Law and Economics.
Coase, R. H. (1988). *The Firm, the Market and the Law.* Chicago and London: The University of Chicago Press.
Colander, D. (2000). *The Complexity Vision and the Teaching of Economics.* Elgar Publishing.
Colander, D. H. (2004). The Changing Face of Mainstream Economics. In *Review of Political Economy* (Bd. 16, S. 485-500).
Congdon, T. (1988). *The Debt Threat: the Dangers of High Real Interest Rates for the World Economy.* Oxford: Blackwell.
Creutz, H. (1994). *Das Geldsyndrom – Wege zu einer krisenfreien Marktwirtschaft.* Frankfurt: Ullstein.

Dalton, G. (. (1965). Primitive Money. American Anthropologist.
Daly, H. E. (1992). Allocation, Distribution and Scale: Towards an Economics that is Efficient, Just and Sustainable. In *Ecological Economics* (Bd. 6, S. 185-193).
Davidson, P. (2011). *Was würde Keynes heute tun?* Kulmbach: Börsenbuchverlag.
Demsetz, H. (May 1967). Toward a Theory of Property Rights. *American Economic Review – Papers and Proceedings, 57*(2), S. 347-379.
Demsetz, H. (1969). Information and Efficiency: Another Viewpoint. *The Journal of Law and Economics, 12*(1), S. 1-22.
Deutschmann, C. (2001). *Die Verheißung des absoluten Reichtums – zur religiösen Natur des Kapitalismus.* Campus.
Dietrich, P. (1987). Geheimbund oder totalitäre Partei: Zur „Geheimbund-Verfassung" kommunistischer Parteien. In P. C. Ludz, *Ideologie und gesellschaftliche Entwicklung in der DDR 1985* (S. 133-142). Deutschland Archiv.
Dietz, R. (1976). *Sowjetökonomie: Warenwirtschaft oder Sachverwaltung – Ein Beitrag zu einer alternativen Theorie des Sozialismus.* Achberg: Achberger Verlagsanstalt.
Dietz, R. (1997). Simmel's Contribution to a Theory of Money Economy Methodology of the Social Sciences, Ethics, and Economics in the Newer Historical School – From Max Weber and Rickert to Sombart and Rothacker. In P. Kozlowski. Germany: Springer.
Dietz, R. (2006). *Die Explosion der Vermögensansprüche – zur Krise des internationalen Finanzsystems.* Von www.raimunddietz.com. abgerufen
Dietz, R. (2015 (Doppelheft 1-2)). Ökonomik als Kulturwissenschaft – Ökonomischer Fundamentalismus versus Simmels Relativismus. *Zeitschrift für Kulturphilosophie, 9,* S. 171-179.
Dietz, R. (2015). *Wirtschaft ist Geldwirtschaft - die Geldvergessenheit der ökonomischen Theorie.* Mimeo.
Dietz, R. (2015b). Die Unmöglichkeit des Sozialismus im Spiegel der Theorie. In H. Peukert, *Festschrift für Jürgen Backhaus.* Marburg: Metropolis-Verlag.
Dietz, R. (Februar 2016a). Wirtschaft und Geld aus der Perspektive der Wilber'schen Quadranten – ein Versuch. *Integrales Forum,* S. 2-6.
Dietz, R. (4 2016d). *Monetative: Korrektur einer fundamentalen Fehlentwicklung.* www.monetative.de. Von Monetative.de:
http://www.monetative.de/monetativeblog/die-schuldenkrise-lhmt-unsere-gesellschaft-vollgeld-knnte-das-problem-lsen2016/4/11?rq=dietz abgerufen
Dopfer, K. (1992). Evolutionsökonomie in der Zukunft: Programmatik und Theorieentwicklungen. In H. Hanusch, & H. Recktenwald, *Ökonomische Wissenschaft in der Zukunft – Ansichten führender Ökonomen.* Düsseldorf: Wirtschaft und Finanzen.
Dopfer, K. (1993). The Phenomenon of Economic Change: Neoclassical vs. Schumpeterian Approaches. In L. Magnusson, *Evolutionary Approaches to Economics – The Neo-Schumpeterian Challenge.* Netherlands: Springer.

Douthwaite, R. (2004). *http://www.feasta.org/documents/moneyecology/ contents.htm*. Von The Ecology of Money. abgerufen
Dullien, C. S., Herr, H., & Christian, K. (Hrsg.). (2009). *Der gute Kapitalismus*. Bielefeld: Transkript.
Durkheim, E. (1996). *Über soziale Arbeitsteilung. Studie über die Organisation höherer Gesellschaften* (2 Ausg.). Frankfurt a.M.
Edgeworth, F. Y. (1881). *Mathematical psychics: an essay on the application of mathematics to moral sciences*. Düsseldorf: Wirtschaft und Finanzen.
Eickelpasch, R., & Nassehi, A. (1996). *Utopie und Moderne*. Frankfurt: Suhrkamp.
Elbe, I. (2001). *Marx vs. Engels – Werttheorie und Sozialismuskonzeption*. Von http://www.rote-ruhr-uni.com/cms/Marx-vs-Engels-Werttheorie-und.html abgerufen
Eldred, M. (2000). *Kapital und Technik: Marx und Heidegger*. Dettelbach: Dr. Josef H. Röll.
Engels, F. (1877). *Antidühring*. Berlin: Dietz-Verlag 1969.
Eucken, W. (1941). *Grundlagen der Nationalökonomie*. Jena: Gustav Fischer.
Eucken, W. (1952). *Grundsätze der Wirtschaftspolitik*. Tübingen: J.C.B. Mohr.
Felber, C. (2010). *Die Gemeinwohl-Ökonomie – Das Wirtschaftsmodell der Zukunft*. Wien: Deuticke.
Fisher, I. (1933). *The Debt-Deflation Theory of Great Depressions*. Econometrica.
Fisher, I. (1935). *100% Money Works* (Bd. 11). Kiel: Verlag für Sozialökonomie.
Flassbeck, H. (2010). *Die Marktwirtschaft des 21. Jahrhunderts*. Frankfurt a.M: Piper.
Flotow, P. v. (1992). *Georg Simmels „Philosophie des Geldes" als ökonomisches Werk* (Bd. 1327). St. Gallen: Hochschule St. Gallen.
Förster, H. v. (1985). *Sicht und Einsicht, Versuche zu einer operativen Erkenntnistheorie*. Braunschweig: Friedrich Vieweg & Sohn.
Frankel, V. (1977). *Das Leiden am sinnlosen Leben*. Freiburg i. Breisgau: Herder.
Frisby, D. (1990). Preface to the English Edition of G. Simmels „The Philosophy of Money". In D. Frisby, & T. Bottomore (Hrsg.). London: Routledge.
Frisby, D. (1994). *Georg Simmel, Critical Assessment*. London : Sage.
Fromm, E. (2004). *Haben oder Sein. Die seelischen Grundlagen einer neuen Gesellschaft*. München: dtv.
Furobotn, E., & Pejovich, S. (1974). *The Economics of Property Rights*. Cambridge, Mass, USA: Balling Publishing Company.
Galbraith, J. K. (1975). *Money – Whence It Came, Where it Went, Whence It Came, Where it Went*. London: André Deutsch.
Galbraith, J. K. (1996). *The Good Society*. Boston: Houthon Mifflin.
Gardner, R. (1990). The Price Implications of Optimal Planning. In L. V. Kantorovich:, *Journal of Economic Literature* (Bd. 28, S. 638-648).
Gay, D. (2009). *Reflexivity and Developmental Economics*. London: Palgrave Macmillan.
Gerschlager, C., & Horn, I.-P. (Hrsg.). (2000). *Gestaltung des Geldes*. Marburg: Metropolis-Verlag.

Gesell, S. (1920). *Die natürliche Wirtschaftsordnung durch Freiland und Freigeld* (4 Ausg.). Lütjenburg: Fachverlag für Sozialökonomie.

Gide, C., & Rist, C. (1923). *Geschichte der volkswirtschaftlichen Lehrmeinungen* (3 Ausg.). Leipzig: Gustav Fischer.

Gintis, H., Bowles, S., & Boyd, R. (2005). *Moral Sentiments and Material Interests.* (E. Fehr, Hrsg.) The Foundations of Cooperation in Economic Life, MIT.

Glasersfeld, E. v. (1985). Einführung in den radikalen Konstruktivismus. In P. Watzlawick. op.cit.

Graeber, D. (2001). *Toward an Anthropological Theory of Value.* New York: Palgrave.

Graeber, D. (2011). *Debt – The First 5000 Years.* Brooklyn: Melvillehouse.

Grözinger, G. (2000). Von der Philosophie zur Psychoanalyse des Geldes: Georg Simmel & Sigmund Freud. In Backhaus/Stadermann, *Georg Simmels Philosophie des Geldes – Einhundert Jahre danach* (S. 143-184). Marburg: Metropolis-Verlag.

Gutenberg, E. (1965). *Grundlagen der Betriebswirtschaftslehre,* (10 Ausg.). Springer-Verlag.

Habermas, J. (1981). *Theorie des kommunikativen Handelns.* Frankfurt/M: Suhrkamp.

Hahn, F. (. (1982). *Money and Inflation.* Oxford: Basil Blackwell Publisher.

Hahn, F. (1973). On the Foundations of Monetary Theory. In M. Parkin, *Essays in Modern Economics* (S. 230-242).

Hahn, F. (1973). *On the Notion of Equilibrium in Economics. An Inaugural Lecture.* Cambridge: Cambridge University Press.

Hahn, F. (1981). General Equilibrium Theory. In F. Hahn, *Equilibrium and Macroeconomics* (S. 72-87). Oxford: Basic Blackwell.

Hahn, F. (1982). *Reflections on the Invisible Hand* (Bd. 144). Lloyds Bank Review.

Hahn, F. (August 1973). The Winter of Our Discontent. In *Economica* (Bd. 40, S. 322-330).

Hamann, J. (1973). *Sämtliche Werke, Tagebuch eines Lesers (1753-1788)* (Historisch kritische Ausg.). (J. Nadler, Hrsg.) Wien: Herder Verlag.

Hardin, R. (1986). *„Time and Rational Choice – Paper prepared for the conferenceon: Time preference: An Interdisciplinary Approach".* Wissenschaftszentrum Berlin.

Hayek, F. A. (1945). *The Use of Knowledge in Society* (Bd. 35/4). American Economic Review.

Hayek, F. A. (1952). *Individualism and Economic Order.* London: Routledge & Kegan Paul.

Hayek, F. A. (1968). *Wettbewerb als Entdeckungsverfahren.* (Vortrag am Institut für Weltwirtschaft in Kiel, Hrsg.) Kiel.

Hayek, F. A. (1969). *Freiburger Studien.* Tübingen: Mohr-Siebeck.

Hayek, F. A. (1976). *Entnationalisierung des Geldes – Eine Analyse der Theorie konkurrierender Umlaufmittel.* Tübingen: J.B.C Mohr 1977.

Hayek, F. A. (1988). *The Fatal Conceit: The Errors of Socialism, The Collected Works of F.A. Hayek* (Bd. 1). London: Routledge.

Heidegger, M. (1962). *Die Technik und die Kehre.* Pfullingen: Günther Neske.

Heinrichs, J. (2003). *Revolution der Demokratie. Eine Realutopie.* Berlin: Maas Verlag.

Heinsohn, G., & Steiger, O. (1996). *Eigentum, Zins und Geld – Ungelöste Rätsel der Wirtschaftstheorie.* Hamburg: Reinbeck.

Heinsohn, G., & Steiger, Otto. (Dezember 1985). *Marx, Keynes und die Lösung des Geldrätsels.* Mimeo.

Heintel, P. (2000). Was ist Geld? In C. Gerschlager, & I.-P. Horn, *op. cit.* (S. 23-60).

Heisenberg, W. (1969). *Der Teil und das Ganze – Gespräch im Umkreis der Atomphysik.* München: Piper.

Helle, H. (2001). *Georg Simmel: Einführung in seine Theorie und Methode.* München: Oldenbourg.

Hellinger, B. (2007). *Ordnungen der Liebe: Ein Kurs-Buch.* Carl-Auer-Systeme.

Hellwig, M. F. (1993). The Challenge of Monetary Theory. *European Economic Review*, S. 215-242.

Herr, H. (1989). Weltgeld und die Instabilität der 70er und 80er Jahre. In H. Riese, & H.-P. Spahn, *Internationale Geldwirtschaft* (S. 106-154). Regensburg: Transferverlag.

Herr, H. (1992). *Geld, Währungswettbewerb und Währungssysteme, Theoretische und historische Analyse der internationalen Geldwirtschaft.* Frankfurt; New York: Campus.

Hirschman, A. (1992). *Rival Views of Market Society.* (H. University, Hrsg.) Cambridge: Hirschman.

Hofstadter, D. R. (2008). *Gödel, Escher, Bach. Ein Endloses Geflochtenes Band* (18 Ausg.). Stuttgart: Klett-Cotta.

Huber, J. (2013). *Monetäre Modernisierung.* Marburg: Metropolis.

Hutter, M. (1995). Signum non olet: Grundzüge einer Zeichentheorie des Geldes. In *Schelkle/Nitsch* (S. 325-352).

Illing, G. (1985). *Geld und asymmetrische Information.* Berlin-Heidelberg: Springer Verlag.

Ingrao, B., & Israel, G. (1985). General Equilibrium Theory. A History of Ineffectual Paradigmatic Shifts. In *Fundamenta Scientiae* (Bd. 6, S. 1-45; 89-125).

Jackson, A., & Dyson, B. (2014). *Modernizing Money – Why our Monetary System is Broken and How It Can Be Fixed.* London: Positive Money.

Jared, D. (2006). *Arm und Reich – Die Schicksale menschlicher Gesellschaften.* Frankfurt: Fischer.

Judt, T. (2006). *Geschichte Europas von 1945 bis zur Gegenwart.* München: Carl Hanser Verlag.

Judt, T. (2010). *Das vergessene 20. Jahrhundert – Die Rückkehr des politischen Intellektuellen.* München: Carl Hanser.

Judt, T., & Snyder, T. (2013). *Nachdenken über das 20. Jahrhundert*. München: Carl Hanser.
Jung, W. (1990). *Georg Simmel zur Einführung*. Hamburg: Junius Verlag.
Kellermann, P. (Hrsg.). (2006). Geld und Gesellschaft. 2. *Aufl.* VS Verlag für Sozialwissenschaften.
Kennedy, M. (1991). *Geld ohne Zinsen und Inflation*. Goldmann Verlag.
Kennedy, M., & Lietaer, B. A. (2004). *Regionalwährungen – Neue Wege zu nachhaltigem Wohlstand*. München: Riemann Verlag.
Keynes, J. M. (1936). *Allgemeine Theorie der Beschäftigung, des Zinses und des Geldes*. Berlin: Duncker und Humblot.
Keynes, J. M. (1937). Alternative Theories of the Rate of Interest. In *The Collected Writings of John Maynard Keynes*. London: Macmillan 1972.
Kindleberger, C. P., & Aliber, R. (2005). *Manias, Panics and Crashes – A History of Financial Crises*. Wiley.
King, M. (2010). *Banking: From Bagehot to Basel, and Back Again, The Second Bagehot Lecture Buttonwood Gathering*. New York City.
Kirman, A. (1987). *The Intrinsic Limits of Modern Economic Theory: The Emperor Has No Clothes*. Florence: EUI-Working Paper No. 87/323.
Kirman, A. (2006). Foreword to David Colander. In D. Colander, *Post Walrasian Economics*. Cambridge: Cambridge.
Kirzner, I. M. (1960). *The Economic Point of View,.* http://oll.libertyfund.org.
Kirzner, I. M. (1992). *The Meaning of the Market Process. Essays in the Development of Modern Austrian Economics*. London-New York: Routledge.
Kletzer, C. (2002). Recht und Unordnung – Versuch einer staatsrechtlichen Grenzziehung. In G.-P. Callies, & M. Mahlmann (Hrsg.).
Knapp, G. F. (1979). Die Währungsfrage vom Staate aus betrachtet. In K. Diehl, & D. Mombert, *Vom Gelde – Ausgewählte Lesestücke zum Studium der politischen Ökonomie* (S. 204-214). Frankfurt: Ullstein.
Kohn, M. (1986). Monetary Analysis, the Equilibrium Method, and Keynes's „General Theory". *Journal of Political Economy, 96/6*, S. 1191-1225.
Kornai, J. (1980). *Economics of Shortage*. Amsterdam-New York-Oxford: North-Holland Publishing Company.
Kornai, J. (1992). *The Socialist System – The Political Economic of Communism*. Princeton, New Jersey.
Kovacz, J. M., & Tardos, M. (1992). *Reform and Transformation in Eastern Europe – Soviet-Type Economics on the Theshold of Change*. London-New York: Routledge.
Kregel, J. (1986). Conceptions of Equilibrium: The Logic of Choice and the Logic of Production. In I. Kirzner, *Subjectivism, Intelligibility and Economic Understanding,.* New York: University Press.
Kromphardt, J. (2004). *Konzeptionen und Analysen des Kapitalismus* (4 Ausg.). Göttingen: Vandenhoeck & Ruprecht.
Kuhn, T. S. (1962). *The Structure of Scientific Revolutions*. Chicago: The University of Chicago Press.

Kurz, H. (2009). Sraffa and the Labour Theory of Value – a few Observations. In J. Vint, M. S. J., Kurz, S. N. Heinz D., & P. A. Samuelson (Hrsg.), *Economic Theory and Economic Thought. Essays in honour of Ian Steedman.* London: Routledge.

Kurz, H. (2010). Was ist die Wirklichkeit wirklich? In I. Bohunovsky-Bärnthaler (Hrsg.). Klagenfurt: Ritter.

Kurz, R. (1999). *Schwarzbuch Kapitalismus – Ein Abgesang auf die Marktwirtschaft.* Frankfurt: Eichborn.

Lachmann, L. (. (1943). The Role of Expectations in Economics as a Social Science. In W. E. Grinder, *Capital, Expectations and the Market Process.* Kansas City.

Laidler, D., & Rowe, N. (1980). Georg Simmel's Philosophy of Money: A Review Article for Economists. *Journal of Economic Literature, 18,* S. 97-105.

Landmann, M. (1958). Bausteine zur Biographie,. In K. Gassen, & L. M. (Hrsg.), *Buch des Dankes an Georg Simmel. Briefe, Erinnerungen, Bibliographie* (S. 11-33). Berlin.

Lange, O. (1936). On the Economic Theory of Socialism. University of Minnesota Press.

Laum, B. (1924). *Heiliges Geld – Eine historische Untersuchung über den sakralen Ursprung des Geldes.* Tübingen: Mohr-Siebeck.

Lavoie, D. (1985). *Rivalry and Central Planning. The Socialist Debate Reconsidered.* Cambridge: University Press.

Lawson, T. (2005). The Nature of Heterodox Economics. In *Cambridge Journal of Economics* (Bd. 30/4, S. 483-505).

Leser, N. (1968). *Zwischen Reformismus und Bolschewismus – Der Austromarxismus als Theorie und Praxis.* Wien: Europa Verlag.

Lexis, W. (1911). *Neuere Schrift über das Geldwesen, Jahrbücher für Nationalökonomie und Statistik* (Bd. 41).

Liessmann, K.-P. (1989). *Die großen Philosophen und ihre Probleme. Vorlesungen zur Einführung in die Philosophie.* UTB.

Liessmann, K.-P. (2009). *Geld – Was die Welt im Innersten zusammenhält?* (K.-P. Liessmann, Hrsg.) Wien: Szolnay.

Lietaer, B. A. (1999). *Das Geld der Zukunft,.* München: Riemann Verlag.

Luhmann, N. (1964). *Funktionen und Folgen formaler Organisationen.* Berlin: Duncker & Humblot.

Luhmann, N. (1982). *Liebe als Passion – Zur Codierung von Intimität.* Surkamp: Frankfurt/Main.

Luhmann, N. (1984). *Soziale Systeme. Grundriß einer allgemeinen Theorie.* Frankfurt/Main: Suhrkamp.

Luhmann, N. (1988). *Die Wirtschaft der Gesellschaft.* Frankfurt/Main: Suhrkamp.

Lukacz, G. (1985). *Geschichte und Klassenbewusstsein.* München: DTV.

Mar, d. A. (1885). *A History of Money in Ancient Countries from the Earliest Times to the Present.* Covent Gardens: George Bell & Sons.

Marx, K. (1857-58). *Grundrisse der Kritik der Politischen Ökonomie (Rohentwurf)*. (Marx-Engels-Institut Moskau, Hrsg.) Berlin: Dietz Verlag.
Marx, K. (1868). Brief an Kugelmann vom 11.Juli 1868. In K. Marx, & F. Engels, *Briefe über „Das Kapital"* (S. 184f). Berlin (Ost).
Marx, K. (1969). *Das Kapital, Bd. 1-3* (Bde. 23-25). (MEW, Hrsg.) Berlin (Ost).
Maturana, H., & Varela, F. (1984). *Der Baum der Erkenntnis – Die biologischen Wurzeln des menschlichen Erkennens*. Goldmann TB-Verlag.
Mauss, M. (1923/24). *Die Gabe – Form und Funktion des Austauschs in archaischen Gesellschaften*. Frankfurt 1990: Suhrkamp.
McKloskey, D. (1998). *The Rhetoric of Economics*. Madison: The University of Wisconsin Press.
Mead, H. M. (1901). Philosophie des Geldes [von Georg Simmel]. In *The Journal of Political Economy* (Bd. 9, S. 616-619).
Menger, C. (1871). Grundsätze der Volkswirthschaftslehre. In F. Hayek (Hrsg.), *The Collected Works of Carl Menger* (Bd. 1). London: University of London 1934.
Menger, C. (1901). Literarisches Zentralblatt. In *Simmel, Georg, Philosophie des Geldes,* (Bde. 52/4, Spalten, S. 160-161).
Menger, C. (1909). Schriften über Geld und Währungspolitik. In C. Menger, & F. Hayek (Hrsg.), *Carl Menger – Gesammelte Werke* (Bd. IV). Tübingen: Mohr 1970.
Mill, J. S. (1848). Principles of Political Economy with some of their Applications to Social Philosophy. *I-III*. (Library of Economics and Liberty, Hrsg.) William J. Ashley, ed. 1909.
Miller, E. (1991). Of Economic Paradigms, Puzzles, Problems, and Policies; Or, Is the Economy Too Important to be Entrusted to the Economists? In *Journal of Economic Issues* (Bd. 25/4, S. 993-1004).
Mises, L. (1920). Die Wirtschaftsrechnung im sozialistischen Gemeinwesen. In *Archiv für Sozialpolitik* (Bd. 47, S. 86-121).
Mises, L. v. (1912). *Theorie des Geldes und der Umlaufsmittel*. München und Leipzig: Duncker & Humblot.
Mises, L. v. (1932). *Die Gemeinwirtschaft – Untersuchungen über den Sozialismus*. Jena: Gustav Fischer.
Mises, L. v. (1933). *Die Grundprobleme der Nationalökonomie*. Jena: Verlag von Gustav Fischer.
Morgenstern, O. (1972). Thirteen Critical Points in Contemporary Economic Theory: An Interpretation. In *Journal of Economic Literature* (Bd. 4, S. 1163-1189).
Müller, A., & Müller, K. H. (2007). *An unfinished Revolution? – Heinz von Foerster and the Biological Computer Laboratory*. Wien: Edition Echoraum.
Müller, R. W. (1981). *Geld und Geist – Zur Entstehungsgeschichte von Identitätsbewusstsein und Rationalität seit der Antike*. Frankfurt: Campus.
Myrdal, G. (1953). *The Political Element in the Development of Economic Theory*. London: Routledge & Kegan.

Myrdal, G. (1958). *Value in Social Theory, A Selection of Essays on Methodology*. London: Routledge & Kegan Paul.

Niehans, J. (1978). *The Theory of Money*. Baltimore and London: The Johns Hopkins University Press.

Nooteboom, B. (1991). *Agent, Context and Innovation: A Saussurian View of Markets*. Vienna.

North, D. (1990). *Institutions, Institutional Change and Economic Performance*. Cambridge: University Press.

Nutzinger, H. G., & Wolfstetter, E. (1974). *Die Marxsche Theorie und ihre Kritik*. Frankfurt: Herder&Herder.

Oppenheimer, F. (1964). *System der Soziologie* (Bde. 1-3). Stuttgart: Fischer.

Ötsch, W. (2009). *Mythos Markt: Marktradikale Propaganda und ökonomische Theorie*. Marburg: Metropolis-Verlag.

Pahl, H. (2008). *Das Geld in der modernen Wirtschaft – Marx und Luhmann im Vergleich*. Frankfurt/Main: Campus.

Pasinetti, L. (1986). Theory of Value – a Source of Alternative Paradigms in Economic Analysis. In Baranzini/Skazzieri, *op. cit.*

Patinkin, D. (1965). *Money, Interest and Prices* (2 Ausg.). New York: Harper & Raw.

Patinkin, D. (1987). Neutrality of Money. In *The New Palgrave: Money*. New York: Norton.

Patinkin, D., & Steiger, O. (1989). In Search of the „Veil of Money" and the „Neutrality of Money": A Note on the Origin of Terms. In *The Scandinavian Journal of Economics* (Bd. 91/1).

Peukert, H. (2010). *Die große Finanzmarktkrise – Eine staatswissenschaftlich-finanzsoziologische Untersuchung*. Marburg: Metropolis.

Piaget, J. (1967). *Psychologie der Intelligenz*. Zürich: Rascher.

Pigou, A. (1932). *Economics of Welfare* (4 Ausg.). London: Macmillan.

Pirker, R. (2004). *Märkte als Regulierungsformen sozialen Lebens*. Marburg: Metropolis.

Pirker, R., & Rauchenschwandtner, H. (2009). Kritik und Krisis der orthodoxen Ökonomie und die epistemologische Konstitution der heterodoxen Ökonomie. In Becker, *Heterodoxe Ökonomik* (S. 215-264). Marburg: Metropolis.

Popper, K. (1950). *Die offene Gesellschaft und ihre Feinde*. Jena und Stuttgart: JCB Mohr, UTB.

Popper, K. (1972). *Objektive Erkenntnis – Ein evolutionärer Entwurf*. Gütersloh: Bertelsmann 1984.

Pribram, K. (1992). *Geschichte des Ökonomischen Denkens (A History of Economic Reasoning, 1983)*. Frankfurt: Suhrkamp.

Putterman, L. (1986). *The Economic Nature of the Firm – A Reader*. Cambridge: Cambridge University Press.

Radcliffe-Brown, A. (1965). On the Concept of Function in Social Science. In *Structure and Function in Primitive Society* (S. 178-187). New York: The Free Press.

Rawls, J. (1979). *Eine Theorie der Gerechtigkeit.* Frankfurt a.M.: Suhrkamp.

Reinhart, C., & Rogoff, K. (2009). *This Time Is Different.* Princeton: Princeton University Press.

Renner, A. (2000). Die zwei Neoliberalismen. *Fragen der Freiheit, 256.*

Ricardo, D. (1823). *Absolute Value and Exchangable Value* (Bd. IV). (P. Sraffa, Hrsg.) Cambridge: University Press, 1951.

Riese, H. (1983). Geldökonomie, Keynes und die Anderen, Kritik der monetären Grundlagen der Orthodoxie. In *Ökonomie und Gesellschaft* (Bd. 1, S. 103-160).

Riese, H. (1995). Geld: das letzte Rätsel der Nationalökonomie. *Zeitschrift für Sozialökonomie, 32/104*, S. 7-14.

Rifkin, J. (2010). *Die empathische Zivilisation – Wege zu einem globalen Bewusstsein.* Frankfurt a.M: Campus.

Ritsert, J. (1988). *Gesellschaft – Einführung in den Grundbegriff der Soziologie.* Frankfurt: Campus.

Robbins, L. (1935). *An Essay on the Nature and Significance of Economic Science.* London: Macmillan.

Roth, G. (2003). *Fühlen, Denken, Handeln – Wie das Gehirn unser Verhalten steuert.* Frankfurt: Suhrkamp Taschenbuch Wissenschaft.

Roubini, N., & Mihm, S. (2010). *Das Ende der Weltwirtschaft und ihre Zukunft – Crisis Economics.* München: Goldmann.

Ruben, P. (1997). *Die kommunistische Antwort auf die soziale Frage.* Manuskript.

Ruben, P. (1999). Was ist Sozialismus? Zum Verhältnis von Gemein- und Personeneigentum an Produktionsmitteln. In *Initial 1.Jahrgang 1990* (S. 115-126).

Rüstow, A. (1957). *Ortsbestimmung der Gegenwart – Eine universalgeschichtliche Kulturkritik* (Bd. 3). Erlenbach: Eugen Rentsch Verlag.

Samuelson, P. A., & Nordhaus, W. (1992). Economics, Fourteenth Edition. New York: McGraw-Hill.

Sandri, S. (2009). *Reflexivity in Economics.* Physica Verlag.

Saussure, F. d. (1916/1922). *Grundlagen der Allgemeinen Sprachwissenschaften.* Berlin: Walter de Gruyter 1967.

Schelkle, W., & Nitsch, M. (Hrsg.). (1995). Rätsel Geld – Annäherungen aus ökonomischer, soziologischer und historischer Sicht. Marburg: Metropolis.

Schirrmacher, F., & Strobl, T. (2010). *Die Zukunft des Kapitalismus.* Frankfurt: Suhrkamp.

Schmidt, R. H. (2000). *Theory of the Firm – Erich Gutenberg's Foundations and Further Developments.* Berlin-Heidelberg: Springer.

Schneider, D. (1987). *Allgemeine Betriebswirtschaftslehre* (3 Ausg.). Oldenbourg-München: München Oldenburg.

Schneider, E. (1964). *Einführung in die Wirtschaftstheorie* (Bd. 3). Tübingen: J.C.B. Mohr.

Schulmeister, S. (1996). *Zinssatz, Investitionsdynamik, Wachstumsrate und Staatsverschuldung.* WIFO-Studie im Auftrag des Bundesministeriums für Finanzen, Wien.

Schulmeister, S. (2001). Die unterschiedliche Wachstumsdynamik in den USA und Deutschland in den neunziger Jahren. In A. Heise (Hrsg.), *USA – Modellfall der New Economy*. Marburg: Metropolis.

Schulmeister, S. (2009). Geld als Mittel zum Selbstzweck. In K. Liessmann (Hrsg.). op. cit.

Schumpeter, J. A. (1908). *Das Wesen und der Hauptinhalt der Nationalökonomie*. Leipzig: Duncker & Humblot.

Schumpeter, J. A. (1912). *Theorie der wirtschaftlichen Entwicklung* (3 Ausg.). München-Leipzig: Duncker & Humblot 1931.

Schumpeter, J. A. (1952). *Capitalism, Socialism and Democracy* (5 Ausg.). London: George Allen & Unwin.

Schumpeter, J. A. (1954). *History of Economic Analysis*. London: Routledge.

Schwilk, H. (2007). *Ernst Jünger – Ein Jahrhundertleben*. München: Piper.

Seiffert, H. (2014). *Geldschöpfung – Die verborgene Macht der Banken*. Nauen: Horst Seiffert.

Shakle, G. L. (1957). *Time in Economics*. Amsterdam: North-Holland Publ.

Shiller, R. J. (2000). *Irrational Exuberance*. Princeton: Princeton Univ. Press.

Shubik, M. (1985). *A Game-Theoretic Approach to Political Economy*. Cambridge-Massachusetts: The MIT Press.

Shubik, M. (2000). *The Theory of Money*. Yale University: Cowles Foundation for Research.

Simmel, G. (1900/1907). *Die Philosophie des Geldes* (6 Ausg.). Berlin: Duncker&Humblot 1958.

Simmel, G. (1908). Soziologie. Untersuchungen über die Formen der Vergesellschaftung. In G. Simmel, *Exkurs über Treue und Dankbarkeit*. Leipzig: Duncker & Humblot.

Simmel, G. (1917). *Grundfragen der Soziologie – Individuum und Gesellschaft*. Berlin: Walter de Gruyter 1984.

Simon, H. A. (1978). Rationality as Process and as Product of Thought. American Economic Review, Papers and Proceedings.

Sinowjew, A. (1981). *Gähnende Höhen*. Zürich: Diogenes Verlag.

Sloterdijk, P. (2005). *Im Weltinnenraum des Kapitals*. Frankfurt am Main: Suhrkamp.

Sloterdijk, P. (2009). *Du musst dein Leben ändern – über Anthropotechnik*. Frankfurt am Main: Suhrkamp.

Sohn-Rethel, A. (1977). Gespräche über die Ideen von Warenform und Denkform. In H. Dombrowski (Hrsg.), *Symposium: Warenform-Denkform, Zur Erkenntnistheorie Sohn-Rethels*. Campus.

Solte, D. (2007). *Weltfinanzsystem am Limit – Einblicke in den „Heiligen Gral" der Globalisierung*. Berlin: Terra Media Verlag.

Soros, G. (1994). *Die Alchemie der Finanzen*. Kulmbach: Börsenbuchverlag.

Soros, G. (1998). *The Crisis of Global Capitalism*. New York: Public Affairs.

Sraffa, P. (1973). *Production of Commmodities by Means of Commodities*. Cambridge: Cambridge University Press.

Stalin, J. (1952). *Die ökonomischen Gesetze des Sozialismus in der UdSSR*. Berlin (Ost).
Staubmann, H. (2008). *Ästhetik – Aisthetik – Emotionen: Soziologische Essays*. Konstanz: UVK Verlagsgesellschaft.
Staubmann, H. M. (1997). Myths, Models, and Theories. In R. A. Eve, *Chaos, Complexity, and Sociology*. London: Sage Publications.
Stiglitz, J. (2010). *Freefall: America, Free Markets, and the Sinking of the World Economy*. New York: W.W. Norton.
Stiglitz, J. E. (1994). *Wither Socialism*. (M. I. Technology, Hrsg.) Massachusetts.
Streissler, E. (1973). Menger's Theories of Money and Uncertainty – A Modern Interpretation. In J. Hicks, & W. Weber, *Carl Menger and the Austrian School of Economics* (S. 164-189). Oxford.
Streissler, E. (1980). Kritik des neoklassischen Gleichgewichtsansatzes als Rechtfertigung marktwirtschaftlicher Ordnungen. In E. S. Watrin (Hrsg.), *Zur Theorie marktwirtschaftlicher Ordnungen* (S. 38-69). Tübingen.
Sturn, R. (1991). Soziales Handeln und ökonomischer Tausch – die stoischen Wurzeln Adam Smiths. In A. Meyer-Faje, & P. Ulrich (Hrsg.), *Der andere Adam Smith, Beiträge zur Neubestimmung von Ökonomie als Politischer Ökonomie, St. Gallener Beiträge zur Wirtschaftsethik* (Bd. 5, S. 99-122). Bern und Stuttgart: Paul Haupt.
Sturn, R. (1997). *Individualismus und Ökonomik*. Marburg: Metropolis.
Summers, R., & Heston, A. (1988). A New Set of International Comparisons of Real Product and Price Level Estimates for 130 Countries, 1950-1985,. In *Review of Income and Wealth* (Bd. 1, S. 1-26).
Swedberg, R. (1990). *Economics and Sociology, Redefining their Boundaries: Conversations with Economists and Sociologists*. Princeton: Princeton University Press.
Taleb, N. N. (2013). *Antifragilität – Anleitung für eine Welt, die wir nicht verstehen*. München: Knaus.
Thirring, W. (1992). *Entstehen neuer Gesetze in der Evolution der Welt*. Universität Wien: Institut für Theoretische Physik: mimeo.
Thurow, L. (1996). *Die Zukunft des Kapitalismus*. Düsseldorf: Metropolitan-Verlag.
Tönnies, F. (. (1887). *Gemeinschaft und Gesellschaft*. Leipzig: Buske.
Toumanoff, P. (. (1984). A Positive Analysis of the Theory of Market Failure. In *Kyklos* (Bd. 37/4, S. 529-541).
Tung, G., & Upper, C. (2010). *Debt reduction after crises. BIS Quarterly Review Sept. 2010*.
Ulrich, P. (2009). Markt, Mensch und Freiheit: Eine integrative wirtschaftsethische Perspektive. In Breuer, Mastronardi, & Waxenberger (Hrsg.). Bern: Haupt Verlag.
Viskovatoff, A. (2000). Will Complexity turn economics into Sociology? In D. Colander, *Complexity and the History of Economic Thought* (S. 129-154). New York: Routledge.

Wagener, H.-J. (1979). *Zur Analyse von Wirtschaftssystemen. Eine Einführung.* Berlin-Heidelberg-New York: Springer-Verlag.

Wald, A. (1936). Über einige Gleichungen der mathematischen Ökonomie. In *Zeitschrift der Nationalökonomie* (Bd. 7, S. 637-670).

Walras, L. (1874). Elements of Pure Economics or the Theory of Social Wealth. In W. Jaffé (Hrsg.). Homewood: Allen & Unwin.

Walser, M. (2009). Wettbewerb ist ein Gebot der Nächstenliebe. In Schirrmacher/ Strobl. Berlin: op.cit.

Walterskirchen, E. (2005). *Der Weg in die Informationsgesellschaft. Zur Evolution von Natur, Technik und Wirtschaft.* Wien: Passagen Verlag Wien.

Weber, M. (1904/05). *Die Protestantische Ethik und der ‚Geist' des Kapitalismus.* Weinheim: Athenäum Verlag 1993.

Weber, M. (1922). *Wirtschaft und Gesellschaft* (5 Ausg.). Tübingen: J.B.C. Mohr.

Whately, R. (1831). *Introductory Lectures on Political Economy.* WEB: www.econ lib.org. Von Library of Economics and Liberty. abgerufen

Wilber, K. (1991). *Das Spektrum des Bewusstseins.* Reinbek bei Hamburg: Scherz-Verlag.

Wilber, K. (1997). *Das Wahre, Gute, Schöne – Geist und Kultur im 3. Jahrtausend (The Eye of Spirit, 1997).* Frankfurt am Main : Krüger.

Williamson, O. (1981). *The Economics of Organization* (Bd. 87/3). American Journal of Sociology.

Williamson, O. (1985). *Die ökonomischen Institutionen des Kapitalismus: Unternehmen, Märkte, Kooperationen.* Tübingen: Mohr 1990.

Willke, H. (1989). *Systemtheorie entwickelter Gesellschaften, Dynamik und Riskanz moderner gesellschaftlicher Selbstorganisation.* Weinheim und München: Juventa Verlag.

Willke, H. (1993). *Eine Einführung in die Grundprobleme der Theorie sozialer Systeme.* Stuttgart-Jena: UTB.

Windelband, W. (1907). *Präludien. Aufsätze und Reden zur Einleitung in die Philosophie.* Tübingen.

Wirth, M. (1884). *Das Geld – Geschichte der Umlaufsmittel von der ältesten Zeit bis in die Gegenwart.* Leipzig: Deutsche Universalbibliothek für Gebildete.

Wiseman, J. (1989). *Cost, Choice, and Political Economy.* Aldershot: Edward Elgar.

Wolf, M. (20. 4 2010). The Challenge of Halting the Financial Doomsday Machine. *Financial Times.*

Zafirovski, M. (1999). Economic Sociology in Retrospect and Prospect: In Search of its Identity within Economics and Sociology. *Journal of Economics and Sociology, 58*(4), S. 582-627.

Ziegler, J. (2007). *Das Imperium der Schande.* München: Goldmann.

GLIEDERUNG

1. **EINFÜHRUNG** 13
   - Geld ist nicht alles, aber ohne Geld ist alles nichts 13
   - Die Doppelbotschaft 13
   - Die Komplikation ist nicht Geld, sondern unser Denken über Geld 14
   - Fremdkörper der Wissenschaften 15
   - Geld als Trigger einer neuen Wissenschaft 16
   - Was oder Wie? 17
   - Gestalt, Ordnung 18
   - Nicht Kausalität, sondern Emergenz 20
   - Fragestellungen 21
   - Aufbau der Arbeit 23
   - Mein Zugang zu Geld 25
     - Studium der Ökonomik und Marx als Lehrmeister ex negativo 25
     - Simmel befreit mich vom Glauben an eine gegebene Welt 27

2. **DER TAUSCH UND DAS GELD** 31

2.1 **Grundlagen** 32
   2.1.1 Tausch 32
   Geben und Nehmen 32
   Das Geben und Nehmen 33
   Das Ausgleichen – der Tausch 35
   Die enge Wärme des „Dorfes" 36
   Am Beginn der Geschichte steht Misstrauen 37
   Die reine Gabe oder doch Reziprozität? 38
   Zeitspalt – Vertrauen und Dankbarkeit als Brücke 39
   Geld (1): Geldfunktion 40
   Geben und Ausgleichen 40
   Zur gesellschaftlichen Produktivität des Geldes 41
   Natural- vs. Geldtausch 41
   Die spezifischen Leistungen des Geldes im Vergleich zum Naturaltausch 42
   Gemeinschaft und Barter (Naturaltausch) 43
   Gesellschaft und Geldtausch 45
   Geld und Objektkonstanz der Gesellschaft 47
   Die Erschaffung der Wirtschaft durch Tausch und Geld 48
   Verstehen aber auch die Beteiligten, was vorgeht? 48

	Tausch und Wertform	49
	Geld als Medium. Geld als Ding	52
	Die Geldfunktionen	52
Kredit und Schuld		53
	Nichtausgleichen heißt Schuldenmachen	53
	Der ökonomische und soziale Gehalt von „Kredit" und „Schuld"	53
	Die Schwere der Schuld in der Naturalwirtschaft	54
	Die Leichtigkeit der Schuld in der Geldwirtschaft	56
	Die Funktion von Geschäftsbanken	58
Geld (2): Geldmenge		58
	Wie Geld in die Wirtschaft kommen kann	58
	Wie Geld in die Wirtschaft kommen sollte	60
	Wie Geld heute in die Wirtschaft kommt …	61
	Das Schuldgeldsystem „verstört" die Wirtschaft	64
	Staatsversagen im Schuldgeldsystem – das Vollgeld als Lösung	65
	Ist Geld Schuld? Nein: Geld ist eine Sache!	66
Die Dynamik der Geldwirtschaft: Geld als Kapital		67
	Die Metamorphose: Geld – Ware – Geld	67
	Die Wachstumsspirale	69
	Kapital: rückbezügliches Geld	70
	Ein unberechtigter Einwand gegen den Wachstumszwang	70
	Realer Wachstumsdrang verlangt nach ständigem Geldwachstum	72
Komplementärwährungen		74
2.1.2	Produktion, Verbrauch, Tausch und Wertewachstum	76
	Wertbildung bei Produktion und Tausch	76
	Produktion als physischer Vorgang	76
	Wo entstehen Werte: In der Produktion oder im Tausch?	77
	Produktion und Preisbildung	78
	Haushalte und Konsum	79
2.1.3	Zusammenfassung	80

2.2 Geschichte: Evolution und Schöpfung **83**

    Das prekäre Wunder 83
    Die Ungeschichtlichkeit des Geldes – viele Väter (oder Mütter), ein Kind 84
        Die bunte Wirklichkeit der Geldkörper 84
        Der Ursprung der Geldqualität: Tausch versus Staat? 85
        Geld – Emergenz von unten, gestaltet von oben 86
        Die Gleichartigkeit der modernen Geldverfassungen 87
    Die Revolution: von der Substanz zur Funktion 88
        Funktionsgeld und Staat 89
    Die unvollendete Revolution 90

		Entmaterialisiertes Geld verlangt nach Begrenzung des Geldangebots durch einen Souverän 91
		Die „Monetative" als vierte Staatsgewalt 93
		Zusammenfassung 95
2.3	Funktionen 96	
	Motive der Geldhaltung versus operative Eigenschaften des Geldes 96	
	Geld konstituiert sich durch seine Eigenschaften 97	
	2.3.1	Die operativen Funktionen des Geldes: Was man mit Geld tut 99
		Zahlen 99
		Mittel zum Ausgleichen 99
		Die Form „zählt" 100
		Spekulieren und Wertaufbewahren (Konsekutivfunktionen des Geldes) 101
		Rechnen 102
		Exkurs: Die Festlegung einer Werteinheit 102
		Homer und das Rindvieh 102
		Europa und der Euro 104
		Geld potenziert die Rechenmöglichkeiten 104
		Das Kalkül reduziert den Raum auf einen Punkt 105
		Formen, in denen Rechnungen durchgeführt werden 106
		Der Vergleich: Zahlen und Rechnen 109
	2.3.2	Die Systemischen Funktionen des Geldes: Was Geld mit Menschen macht .. 110
		Die Geldparadoxa 111
		Ich/Es 111
		Teil/Ganzes 112
		Mikro/Makro 113
		Die Rolle des Geldes bei der Ausdifferenzierung 114
		Die Wirtschaftsgesellschaft als Ganzes und das autonome Subjekt als Teil 115
		Sachliche Abhängigkeit – formale Autonomie 116
		Geldqualitäten 119
		Technischer Fortschritt und (globale) Konkurrenz 119
		Rationalität, Egoismus und Altruismus 119
		Liquidität: die Seele des Geldes 120
		Liquidität von Zuständen 120
		Liquidität von Objekten 122
		Die Asymmetrie zwischen Geld und Waren 123
2.4	Individuum, Gesellschaft, Geld 126	
	2.4.1	Die große Aporie 126
	2.4.2	Gesellschaft 127
		Der Tausch als basale Operation der Erzeugung von „Welt" 130

Exchange und Pooling 130
Der Objektivierungsprozess des Tauschs... 131
   Die Voraussetzungen.. 131
   Erst Wechselbeziehungen erschaffen die Realität 132
      Subjekte – Subjekte.. 132
      Subjekte – Objekte... 134
Das unabdingbare Dritte: Geld und „das Haus der Wirtschaft".......... 135
Die objektive Logik des Kapitals.. 138
   Kapital als Inhalt, Kapital als Form 138
      Vermögensbesitzer und Nichtvermögensbesitzer – der „kleine"
      Unterschied... 140
      Kapital als Gravitationsfeld 140

2.4.3   Der „Geist des Geldes": Wahrnehmen, Fühlen, Denken............ 141
      Evolution – von zwei Seiten betrachtet................................... 141
      Hierarchie – Manifestes und Nichtmanifestes....................... 142
      Der „Geist" der Geldwirtschaft 144
      Allgemeine Verwirrung 144
   Geist und Geld – drei Ebenen 146
      ad 1. Pragmatik 146
      ad 2. Ambivalente Gefühlslagen 147
      ad 3. Theorienotstand 147
   Die große Verwirrung: Die Ismen.. 149
      Sozialismus: die Brille für den Kapitalismus 149
      Das Nein der Aufklärung versus „Der Weg ist das Ziel"...... 151
   Der Wirtschaftsbürger: eine Kompilierung von Eigenschaften 152
      Der Bürger steht über dem Prozess – der Bürger ist Teil des Prozesses........ 154

2.5   **Geld und Unternehmen**.. **157**
   Emanationen.. 157
   Unternehmen als Geldform 157
   Organisationen „schwimmen" im bzw. auf dem Medium 163
   Der einzelne Tauschakt ist kontingent – der Tausch selbst nicht... 165

2.6   **Wachstum**... **166**
   Wirtschaftswachstum als Zauberformel 166
   Die Stellung des Menschen 167
   Geld + Unternehmen = Wachstumszwang 167
   Wachstumsdrang und Faktoren des Wachstums....................... 168
   Monetäres, reales und stoffliches Wachstum............................. 170
   Führt monetäres Wachstum zu realem Wachstum? 171

Differenz von monetärem und realem Wachstum geht in Schuldenaufbau oder Inflation 173
Entkoppelung von monetärem Wachstum und Naturverbrauch 174
Bürgerliche Ordnung und Wachstumszwang 175
Exkurs: Die „natürliche" Hierarchie: Natur, Wirtschaft, Geld 176

2.7 Gestalt und Gestell 178
Zelle und Gestalt – der Teil und das Ganze 178
Gestell bei Heidegger 180
Gestalt *und* Freiheit 180
Sichtbare und unsichtbare Gebilde 181
Die Eigenschaften der Geldwirtschaft als Gestalt 182

2.8 Schuld und Vermögen 185
Sein und Haben – Prozess und Ding 186
Vermögen – was es ist 187
    Eigentum als Revier und Eigentum als Forderung 188
    Die doppelte Transformation 189
    Relational aber abstrakt 190
    Geld ist kein Speck in der Speisekammer 191
    Vermögen ist wie eine Almende 191
Vermögen – wie es entsteht 193
    Produziertes und durch Verträge erzeugtes Eigentum 193
    Exkurs: Real und Finanzkapital 196
Vermögenstypen 197
    Die Vermögensmatrix 197
    Die Vermögenspyramide 199
    Klassifikationskriterien 202
Assetklassen 203
    Geld: Geldmenge 203
        Zentralbankgeld und Giralgeld 204
        Arithmetik der Entstehung und Vernichtung des Geldes 207
    Geldnahe Assets 208
        Kreditbestände 210
        Aktien 211
        Derivate 211
Vermögen – wie es vernichtet wird 212
    Deleveraging und Umverteilung 213
    Strategien der Vermögensvernichtung 214
Die Selbstbezüglichkeit von Assetmärkten 215
    Geld als Scharnier für Güter- und Assetmärkte 215

	Die Instabilität der Assetmärkte	216
	Der lauernde Systemkollaps	219
	Reifegrad der Wertform	222
	Neigung der Wertform zur Hypertrophie	223
	Vom „richtigen Reifegrad"	225
	Hypertrophie schädigt	226
	Ordnungspolitik	228
	Zuerst abspecken, dann ordnen	231
	Worum geht es heute?	232
2.9	**Die Finanzkrise**	**233**
	Der Weg in die Überschuldung	233
	Die verspätete, aber umso größere Krise	234
	Das überproportionale Vermögenswachstum als Krisensymptom	235
	Der typische Verlauf einer Finanzkrise	238
	Stocks and Flows und deren Dynamik	238
	Anhang: Der Popanz nimmt an Gewicht weiter zu – Datensätze	248
	USA	248
	USA: Leistungsbilanz und Außenschuld	252
	Die Schuldenmacherei geht weiter	254
	Euro-Raum: es knirscht gefährlich im Gebälk	255
	Draghi´s Medizin ist unwirksam – nur Vollgeld kann helfen	256
3.	**THEORIEKRITIK**	**259**
	Theoriekritik – warum erst jetzt?	259
	Einfach mal Hinschauen!	259
	Die Aufgabe	260
3.1	**Die (Neo-)Klassik**	**261**
	Der mechanistische Mythos	261
	Ökonomik reduziert Wirtschaft auf eine Dyade	262
	Die Stufen der Kritik	263
	Der Neoklassische Kern	264
	Gleichgewicht als dyadisches Konstrukt	264
	Die künstlichen Annahmen der Wirtschaftstheorie	266
	Die Maximierungshypothese	266
	Präferenzen und Produktionsfunktionen	267
	Das A Priori des Gleichgewichts	267
	Kritik der Annahmen	268

Kritik des Verfahrens	270
Kaiser ohne Kleider oder die Leere der Ökonomik	270
Theorieelite und pragmatisches Fußvolk	273
Die Klassik und Marx	274
Klassischer und neoklassischer Fundamentalismus	277
Äquivalenz	278
Das Allgemeine Gleichgewicht als kommunistische Fiktion	279
Die Trabanten	281
Denken beruht auf Unterscheidungen	281
Die Differenzen	282
Norm und inferiore Realität	285
Die Wirklichkeit im Spiegel des Modells	285
Ökonomik als sich Abarbeiten an den Differenzen	286
Die Instabilität der Neoklassik als Theoriekörper oder Neoklassik als Sisyphusarbeit	287
Logische Konsistenz versus Lebenswirklichkeit	287
Immer wieder rollt der Stein zurück	289
Fehlallokation der Theorie	292
Der falsche Focus: Effizienz	292
Rationalität	292
Überall externe Effekte	293
Geld: Ursache der Störung?	294
Etikettenschwindel	297
Verbale Aufrüstung und ihre Folgen	297
Keynes' unzureichende Abgrenzung	299
Methodenrevolte: Sprung ans andere Ufer?	303
Hayeks Kritik lässt die Ökonomik ungeschoren	304
Complexity Vision des Santa-Fe-Institutes	305
3.2 Systemtheorie	**307**
Die Soziologie Luhmanns: auch nur eine Dyade?	309
4. TAUSCH: WO BIST DU VERBLIEBEN	**313**
4.1 Marx: Wertform als Zerrbild der Vernunft	**314**
Produkt & Ware – Wesen & Erscheinung	316
Voraussetzung der Marxschen Kritik: die kommunistische Fiktion	317
Entfremdung und Fetischcharakter	321
Chaos	322
Ausbeutung	324

Die Differenz von Wertform und Wertsubstanz als treibende Kraft der
Revolution 326
Der Missbrauch des Wertbegriffs bei Marx 327
Zusammenfassung 329

4.2 Simmel: Wertform – Quelle der Rationalität 331
Wertformtheorie pur – Verzicht auf das Festhalten von Substanzen 331
Die Bedeutung des Tausches 332
Relation und Ekstase 335
Die triadische Werttheorie 336
Das relativistische Weltbild und die neue Festigkeit 342
Die Bedeutung Simmels für die Ökonomik 343
Exkurs: Brodbeck über Simmel 344
Nachwort 345

4.3 Ökonomik: der verleugnete Tausch 347
Die Verdrängung des Tausches aus der Ökonomik 347
Schumpeter: Die Vereinnahmung des Tausches 349
Schumpeter tappt in die eigene Falle 350
Ausnahmen und Außenseiter 351
„Wozu in die Ferne schweifen, wenn das Gute liegt so nah?" – Goethe 352
„What should economists do?" 355

5. PARADIGMENVERGLEICH 357
„Haus" und „Hütte" 357
Bauelemente und deren Anordnung 358
Die wichtigsten methodologischen Differenzen 360
Einige Konsequenzen für die Theoriearchitektur 362
Gesellschafts- und wirtschaftstheoretische Implikationen 367
Stellung und Aufgabe der Wirtschaftstheorie 369
Definition der Wirtschaftswissenschaften: Theorie der Allokation der
Ressourcen versus Theorie der „Sprache" der Allokation der Ressourcen 369
Arroganter Sonderling oder Anschluss an Sozialwissenschaften 370
Düstere versus fröhliche Wissenschaft 371
Altes und neues Curriculum 373
Synopsis 376

6. ZUSAMMENFASSUNG 381
Geld und Erkenntnistheorie 383
Die Wirklichkeit des Kapitalismus im Spiegel des Sozialismus 383

Kontraposition zur Perfektionsfalle: Der Mensch, das indirekte Wesen	385
Statt Naturwissenschaft: Kulturwissenschaft	385
Wiedereinführung von „Gesellschaft" – Theorie der Form	386
Die Triade oder das „Haus der Wirtschaft"	388

Tausch als Operation, Geld als Medium 389
    Geldfunktionen 390
    Entmaterialisiertes Geld und Staat 390
    Joker Geld – Joker Bank 391
Gestalt und ihre Wirkung 391
    Das unverwechselbare Set von Eigenschaften 392
    Bürgerliche Gesellschaft als Wachstumsgesellschaft? 393
    Tausch, Geld, Kapital 394
    Gestaltungsbedarf 394
        ad 1. Funktionsdefizite der Geldwirtschaft 395
        ad 2. Angemessenheit der Wertform 395
Was Schulden sind und wie eine Bürgergesellschaft mit ihnen umgehen sollte:
Eine Zusammenschau in Thesen 397
    Die Funktion von Schulden in der Wirtschaft 397
    Überschuldungskrise 400
    Schulden machen ist leicht, Schulden loswerden schwer 401
    Der Weg aus der Krise: zuerst Abbau der Hypertrophie, dann ordnen 401
    Gesellschaftswandel und Einkommensgerechtigkeit 403
Für jeden etwas? 404
Die Triade überwindet zahlreiche Dualismen 406
Aussöhnung mit Geld 407

LITERATURVERZEICHNIS 409

GLIEDERUNG 425

PERSONENVERZEICHNIS 434

SACHREGISTER 437

Personenverzeichnis

A

Adloff 355
Adorno 149, 151
Aristoteles 304, 347
Arrow 169, 261, 268, 273, 274, 290, 297, 370
Aubauer 368

B

Baecker 20, 216, 223, 281, 298, 307, 311, 315
Baranzini 352, 353
Bastiat 352
Benjamin 149
Binswanger 31, 69, 72, 79, 101, 168, 176, 271, 284, 286, 290, 368, 369, 393
Binswanger 71
Böhler 381
Bolz 149, 153, 190, 384
Bortkiewicz 323
Brodbeck 20, 110, 147, 151, 153, 290, 319, 327, 336, 344, 345, 355
Buchanan 356
Buffet 218
Burckhardt 84, 90, 127, 130
Busch 336, 343
Busch, W. 245

C

Caillé 35
Capra 20, 81
Clower 288
Coase 161, 272, 289, 290
Colander 272, 280, 287, 291, 305

D

Deutschmanna 355
Diamond 84
Dietz 129, 288, 327, 328, 329, 355, 385
Douthwaite 230, 368
Durkheim 84

E

Edgeworth 268
Eickelpasch 151, 330
Elbe 276, 319, 328
Eldred 318
Engels 26, 276, 327

F

Fisher 93, 239, 247
Flassbeck 255, 399
Flotow 336, 341
Förster 307
Frankel 180
Frisby 336
Fromm 186

G

Ganßmann 355
Gesell 124
Gide/Rist 149
Goethe 13, 142, 352
Graeber 56, 296, 308
Grötzinger 336

H

Habermas 151
Hahn 268, 270, 271, 273, 274, 284, 291, 356, 379, 381
Hayek 20, 28, 92, 94, 182, 290, 297, 304, 305, 328, 334, 366, 367, 372, 389
Hegel 9, 130, 327
Heidegger 180, 335, 381
Heinrichs 128, 357
Heinsohn 290, 353, 354
Heinsohn/Steiger 66

Heisenberg 374
Helle 386
Hellinger 33, 40
Herr 122, 204
Hörisch 355
Horkheimer 149
Huber 63, 93, 391

J

Jackson/Dyson 67
Johnson 241
Jung 336
Jünger, E. 178, 374

K

Kennedy 75
Keynes 277, 284, 286, 295, 299, 301
King 399
Kirman 272, 273, 280, 291, 356
Kirzner 351, 352
Knapp 86, 90
Kornai 124, 125
Kromphardt 147

L

Landmann 343
Lange 28, 304
Laum 103
Lavoie 28, 147
Lawson 291
Leijonhufvud 301
Liessmann 331
Lietaer 75
Luhmann 16, 20, 28, 32, 47, 97, 100, 133, 153, 167, 181, 281, 307, 308, 309, 310, 311, 312, 371, 386

M

Marx 20, 24, 25, 26, 68, 70, 78, 84, 145, 147, 149, 154, 161, 274, 275, 276, 277, 290, 313, 314, 315, 316, 317, 318, 319, 321, 322, 323, 324, 325, 326, 327, 328, 329, 331, 343, 346, 353, 356, 373
Maturana 307
Mauss 33, 37
Mead 388

Menger 86, 96, 122, 274, 290, 337, 338, 348, 353
Mihm 202, 402
Mill 332, 348
Mill, J.St. 347
Mises 28, 92, 349
Myrdal 279

N

Nagel 376
Newton 261
Niehans 290, 296
Nooteboom 20, 110
Nutzinger 323

P

Pahl 217
Pasinetti 353
Patinkin 284
Peukert 230, 241, 391, 402
Piaget 128
Pigou 300
Pirker 287
Putterman 161, 162

R

Reinhart 223, 238, 243, 245
Reybault 149
Ricardo 283, 319, 347
Riese 172, 354
Rifkin 134, 143
Robbins 265, 348, 349, 378
Rogoff 214, 223, 234, 238, 240, 243, 245
Roubini 202, 402

S

Samuelson 295
Saussure 20, 110
Schmidt 290
Schulmeister 244
Schumpeter 349, 350, 351, 361, 373, 407
Schwilk 178
Shubik 284
Simmel 15, 20, 22, 24, 27, 28, 31, 33, 40, 45, 46, 47, 53, 61, 84, 88, 89, 97, 110, 114, 116, 120, 143, 153, 180, 290, 292, 304, 313, 314, 315, 319, 323,

329, 331, 332, 333, 334, 335,
336, 338, 339, 340, 341, 342,
343, 344, 345, 346, 349, 356,
374, 381, 385, 386, 388, 389
Sloterdijk 13, 113, 141, 143, 153
Smith 45, 92, 145, 161, 169, 268,
281, 283, 304, 347, 373, 376
Sohn-Rethel 319, 347
Soros 216, 217, 244
Sraffa 78, 279, 353
Stalin 328
Staubmann 339
Steiger 290, 353, 354
Stiglitz 217, 225, 290, 391
Swedberg 370

T

Thurow 80

V

Varela 307
Viskovatoff 306

W

Walras 261, 302, 348, 374
Walser 371
Walterskirchen 308
Weber 42, 53, 84, 144, 145, 154
Whately 348, 351
Wilber 129, 143, 293
Williamson 161, 163, 272
Willke 20, 181, 307
Wirth 103
Wolf 241

Z

Ziegler 235

SACHREGISTER

A

Aktien 101, 124, 195, 196, 200, 210, 211, 215, 216, 217, 220, 240, 248, 249, 252
Allgemeine Gleichgewichtstheorie 341
Allgemeines Gleichgewicht 302
 als kommunistische Fiktion 279
 als Modell der Marktwirtschaft 294
 als Modell einer Barterökonomie 296, 301
 Modell 262, 268, 272, 274
 Theoretiker des 291
Almende 191, 400
animal spirits 295
Äquidistanz 338
Äquivalenz 107, 108, 278
Arbeitswert 275, 315, 319, 320, 325, 326
Arbeitswerttheorie 277
 kommunistische Fiktion 319
Arbeitszeit, gesellschaftlich notwendige 319
Assetmärkte
 Instabilität 216
 Kaskade 215
Assets
 geldnahe 204
Asymmetrie zwischen Geld und Gütern 123
Aufklärung 151, 428
Auktionator 377
Ausbeutung 14, 229, 321, 324
Ausdifferenzierung 103, 111, 113, 114, 142, 143, 181, 183, 222
Ausgleichen 37, 40
Austausch
 unter Menschen vs. mit der "Natur" 34
autark wirtschaften 44
Autarkie 117
Autonomie 56
 des Wirtschaftssubjekts 112, 115, 117, 118, 157, 183, 308
 des Wirtschaftssubjekts 49
 versus Autarkie 62, 117
 versus sachliche Abhängigkeit 116
Autopoiese 28, 308

B

Bank von England 92
Banken 58, 59, 74, 92, 93, 159, 181, 192, 197, 198, 200, 203, 206, 207, 208, 210, 221, 229, 242, 246, 255, 399, 400, 405
Bankengiralgeld 62
Barter 41, 42, 43, 47, 123, 295, 296
 s.a. Naturaltausch 42
Barterökonomie 123, 296
Bedürfnis 117
Bestandsgrößen 23, 185, 187, 194
Budgetschranke 159, 393
Bürger 126, 138, 154
 souveräner 405
 und Gesellschaft 388
 und Wechselbeziehungen 280
Bürgergesellschaft 25, 73, 93, 94, 126, 127, 129, 131, 136, 138, 165, 183, 197, 229, 323, 328, 341, 381, 382, 389, 390, 392, 395, 396, 397, 405
 liberale Grundsätze 150
 und ihre Gestalteigenschaften 393
 bürgerliche Ordnung 175
Bürgerstaat
 als "sozialistische" Einrichtung 165

C

Casino-Kapitalismus 238
Chaos 321, 322
Chartalgeld 85
Complexity Theory 304, 305

D

Deflation 243
Deleveraging 214, 254
  und Umverteilung 213
Derivate 195, 211, 215, 218, 249
Determinierung
  vs. Freiheit 118
  vs. Kontingenz 180
Determinismus
  fundamentaler 277
  ökonomischer 337
Dividende 324
Drogensyndrom 224
Dyade 262, 264, 265, 297, 309, 325, 327, 345, 347, 358, 371, 374, 375, 406

E

Edda 37
Effizienz 174, 225, 226, 250, 285, 286, 292, 311
Effizienzideologie 150
Eigentum 188, 189, 193, 197, 276, 283, 354
  als Revier und als Forderung 188
Einkommensgerechtigkeit 403
Einkommensverteilung
  und Hypertrophie der Finanzmärkte 403
  Ungerechtigkeit 247
Emergenz 18, 19, 20, 21, 86, 87, 183, 226, 228, 231, 376, 390, 391
Empathie 376
Entfremdung 24, 318, 321, 322
Entwicklungspsychologie 128
Etikettenschwindel 264, 286, 297, 298, 303, 349
Euro und Europa 104
Euro-Krise 255
Evolution 33, 83, 94, 141, 142, 178, 308, 328
Exchange *Siehe* auch Tausch
externe Effekte 293, 294
Externe Effekte 283
externe Kosten 325

F

Feedbackmechanismen 224
Fetischcharakter 318, 321

Fiat-Money 59, 60, 61, 87, 92, 94, 194, 391
financal bonanca 256
financial repression 256
Finanzderivate 200
Finanzierungsdefizite
  und Geldvermögensentstehung 196
Finanzierungsstrukturen
  gesunde und ungesunde 398
Finanzkapital 139, 196
Finanzmärkte
  Instabilität 216
Finanzsphäre 401
Finanztransaktionssteuer 230
Finanztransaktionssteuern 402
Firma *Siehe* Unternehmen
Flachlandtheorie 312
Flow of Funds (Statistik) 198, 248, 249
Form
  soziale, wirtschaftliche 100
fraktionales Bankensystem 92
Freiheit *Siehe* auch Autonomie
  und Abhängigkeit 116
  und Geld 28, 48
  und Gemeinschaft 127
  und Gestalt/Gestell 180
  und Objektivierung 118
  und Verantwortung 155
  vs. Determiniertheit 118
Fundamentalismus 323, 404
  in der Ökonomik 275
Funktionsdefizite
  der Geldwirtschaft 395

G

Gabe 23, 35, 37, 38, 39
  der Natur 368
Geben
  und Nehmen 32
Gebilde objektiver Kultur 114, 180, 181, 335, 338
Gebilde überpersönlicher Kultur 361
Gebrauchswert
  und Wert 275
  vs. Wert bzw. Tauschwert 316
Geist 16, 17, 141, 142, 143, 144, 145, 180, 405
  des Kapitalismus 144
  und Geld 146
Geld

Sachregister

als abstrakte Option auf Zukunft 153
als Ding 52
als ekstatisches Drittes 335
als Erzeuger von Wirtschaft 41
als Kapital 67
als Knappheitscode 147
als Medium 47, 52, 389
als Mittel und Zweck 154
als neutrales Tauschmittel 355
als Scharnier 140, 215
als Schmiermittel 41
als Skandalon 146
als störendes Element 294
als Universalie 90
als Verkörperung der Tauschrelation 137
als Zweck 394
Aussöhnung mit 407
Entmaterialisierung des 91
Funktion versus Substanz 88
Geldfunktionen 52
Logik des 158
Neutralität des 299, 301, 304
operative Funktionen 96
Produktivität des 41
Qualitäten des 119
Spekulationskasse 97
Substanzgeld 61, 62, 90, 391
Substanzwert 90
Transaktionskasse 97
und Evolution 83
und Geschichte 83
und Gesellschaft 45
und Gier 153, 226
und Natur 176
und Sinn 155
und Unternehmen 157
Wertaufbewahrungskasse 97
Geld und Unternehmen
 als morphologische Gebilde 157
Geld und Waren, Asymmetrie 123
Geldarten 62
Geldbesitzer
 und Warenbesitzer 124
Geldentstehungstheorie
 aus dem Markt 86
 aus dem Staat 86
Geldfunktionen 86
 operative 96, 390
 Rechnen 99
 systemische 110
 Zahlen 99
Geldhaltung
 Motive der 96
Geldkörper 84, 85, 136
Geldmenge 59, 62, 93, 94, 97, 106, 173, 200, 203, 204, 206, 207, 208, 210, 211, 225, 236, 249, 250, 276
Geldmensch 156
 Eigenschaften des 153
Geldnähe 199, 210, *Siehe* auch Liquidität
geldnahe Assets 215
 s.a. Geldnähe 209
Geldnahe Assets 210
geldnahe Ware
 s.a. Geldnähe 99
Geldparadoxa 111
Geldpolitik 176, 244, 306
Geldschöpfung 58, 59, 60, 61, 62, 63, 65, 66, 71, 72, 73, 93, 116, 194, 201, 257
 folgt Schuldenproduktion 225
 und Staat 204
Geldschöpfungsmonopol 65
Geldsystem
 fraktional 230
Geldtausch 41
Geldverfassung 87, 91, 92, 93, 95, 225, 354, 391, 400
Geldvermögen 70, 173, 187, 191, 199, 200, 215, 235, 249, 397, 401
 als Almende 192
Geldwirtschaft
 Gestalteigenschaften 182, 392
Gemeinschaft 32
Gemeinschaften
 primitive 58
Gemeinwohl 384
gerecht
 gerechter Preis 105
 gerechter Tausch 39
Gerechtigkeit 65, 119, 324, 325, 326, 334, 347, 385, 396, 403
 Verteilungsgerechtigkeit 395
Geschenk 37, 38, 44, 59, 174
Gesellschaft
 Definition 16, 127
 Körper der 126
 und Geld 14
 und Objektkonstanz 47
 und Tausch 32, 45

Gesellschaftskörper 138
Gestalt
　der Geldwirtschaft 17
　der Wirtschaft 374
　und Gestell 178
Gestaltungsbedarf 394
Gestell
　und Gestalt 178
Gewinnziel 160
Gier
　und Geld 154
Giralgeld 74, 84, 91, 92, 200, 204, 205, 206, 210, 400
Giralgeldmenge 91
Gleichgewichtskonstrukt 123, 264, 384
　als Punkt 270
　und kommunistische Fiktion 280
　versus Prozess 151
Gleichheitsgrundsatz 63
Gleichsetzung im Tausch 39
Grenznutzen 267
Grenznutzentheorie 277
Grünen, die 404
Güterraum 272, 279, 282

H

Handeln
　zielgerichtes vs. kommunikatives 151
Handlungsbegriff 338
Haus der Wirtschaft 135, 357, 371, 381, 388
Haushalte 58, 59, 68, 79, 80, 138, 158, 163, 168, 197, 198, 200, 205, 242, 248, 272, 398, 399
heterodoxe Ansätze 352
Heterodoxie 289
Homer und das Rindvieh 102
horten 401
Horten 296
Humanisierung 367
Hypertrophie 222, 224, 226, 227, 228, 229, 247, 322, 396, 401, 402, 403

I

Ideologie
　totalitär und ultra-liberal 407
Individualisierung 37, 112, 343
Individualismus
　echter 366

methodologischer 20
Inflation 18, 60, 170, 171, 173, 175, 194, 201, 215, 221, 231, 234, 243, 244, 245, 246, 249, 401
Interaktion 311
invisible hand 376, 379

K

Kalküle
　s.a. Rechnen 109
Kapital 138
　als Forderung 196
　als Form 138
　als Gravitationsfeld 140
　als Inhalt 138
　als rückbezügliches Geld 70
　als Sachkapital 196
　Logik des 138
Kapitalbildungsverfahren 401
Kapitalismus 26, 28, 29, 78, 90, 91, 113, 121, 124, 145, 147, 149, 165, 175, 227, 238, 288, 308, 313, 317, 324, 326, 327, 328, 329, 330, 351, 356, 364, 383, 384, 404, 407, 412, 413, 417, 420, 422, 423, 428
　und Einkommensverteilung 227
Kapitalismustheorie
　als Selbstbeschreibung des Bürgers 150
Katallaktik 34, 109, 351
Kausalität
　Determiniertheit 98
　Determinismus 15
　vs. Emergenz 20, 383
Kernmodell
　der Klassik und Neoklassik 278
Klassik 277, 278, 283, 320, 331
KLASSIK (Klassik und Neoklassik) 277, 301, 302, 324, 347, 353
Klassiker 274
Knappheit 89, 90, 94, 95, 115, 147, 155, 177, 264, 265, 292, 316, 349, 355, 356, 368, 391, 400
Knappheitspreise
　und slacks 125
Kohärenz 41, 116, 137, 177, 183, 273, 361, 406, 407

Kollektiveigentum an Grund und Boden 227
Kollektivismus 377
Kommunikation 16, 32, 107, 117, 157, 167, 269, 270, 309, 312, 358, 385, 386, 410
   Typen der 161
Kommunismus
   als Utopie 20
   kommunistische Fiktion 279, 304, 317
Komplementärwährungen 74
Konkurrenz 95, 100, 119, 169, 181, 183, 304, 333, 368, 384
   Modell vollkommener 264
Kredit 31, 35, 36, 39, 53, 54, 58, 59, 93, 94, 200, 203, 204, 237, 400
   gegen Pfand 54
   und Wachstum 73
Krise 14, 122, 173, 191, 194, 223, 226, 227, 231, 233, 234, 235, 236, 238, 241, 244, 246, 247, 250, 253, 255, 257, 260, 397, 399, 401, 403
Kultur
   objektive Gebilde der 335, *Siehe* auch: Gebilde objektiver Kultur

L

law of one price 279
Leistungsbilanz 252, 255
Leistungsbilanzsalden
   und Verschuldung 253
lender of last resort 209
Liquidität
   die Seele des Geldes 120
   qualitative und quantitative 122
   von Objekten 122
   von Zuständen 120

M

market failures 372
Markt
   als Gleichgewichtskonstrukt 270
   fiktive Theorie des 349
   in den Modellen 297
   in der Theorie 16
   real 270
   Theorie des 268
   und Wirtschaft 27
   vs. Plan 18
Märkte
   und ihre Funktionsdefizite 368
   vs. Organisationen (Hierarchien) 161, 163
Marktfundamentalismus 404
Marktgängigkeit
   als Liquidität von Objekten 122
Marktwirtschaft 57, 90, 165, 230, 278, 280, 294, 295, 297, 301, 302, 305, 368, 379, 384, 394, 409, 411, 413, 417
   Asymmetrie der 125
   Geld 123
   idealisiertes Modell einer 263
   und Unterbeschäftigung 294
Marxismus 24, 26, 151, 222, 260, 328, 404
Marxistische Wesenslogik 319
Mechanik 150, 261, 366
Menschenbild 167
   bei Simmel und Menger 338
Metallisten 90
Metamorphose
   Geld-Ware 67
Metatheorie 260
methodologischer Individualismus 377
moderne Gesellschaft
   vs. Faschismus und Kommunismus 150
monetäre Aggregate 91
Monetative 60, 93, 230
Moralisten 404
morphologische Struktur 81, 175, 381, 391
morphologischer Ansatz 164

N

Naturaltausch 41
Naturalwirtschaft 190
Neoklassik 24, 109, 261, 271, 275, 261–306
   als ‚logic of choice‘ 404
   als Logik der Dinge 272, 350
   Axiomatik 386
   Kernmodell 264
   Kritik der Annahmen 268
   und ihre Trabanten 281
   und Informationseffizienz 225
   und kommunistische Fiktion 133
   und Utopismus 378

Neoklassiker
  Vergleich zu Klassikern 275
Nutzenoptimum 302

O

objektiver Wert 347
Objektivierung 314
Objektkonstanz 47, 128, 183
Offenmarktgeschäfte 59
Offenmarktpolitik 243
Oikos 44
ökologischer Fußabdruck 394
Ökonomik
  Fundamentalismus der 277
  Nirwana-Denken 375, 378, 385
  versus Soziologie 309
Ökonomische Schulen
  Klassik 274
Ordnungspolitik 25, 228
Organisation
  vs. Organismus 165
Orthodoxie 289
  Lehrbuchschreiber 291

P

Pangloss 151, 225
Peelsche Bankakte 92
Plan
  vs. Markt 364
Planwirtschaften vs.
  Marktwirtschaften 27
Politik
  Formen der 386
Pooling 94, 130, 131, 325, 389
  versus Exchange 130
Postmoderne 151
Präferenzen 267
Preisbildung 78
Preise
  Äquivalentenpreise 278
Preisstabilität 173, 176
Privateigentum 18, 52, 113, 290,
  308, 327, 354, 385
Produktion
  als physischer Vorgang 76
  und Verbrauch 76
Produktionsfunktionen 267
Produktionsmittel 139
Produktionspreise 276, 323, 325
Profit 39, 233
  als monetäre Größe 79

Profitrate 78, 79

R

Ratio
  instrumentelle 311
Rationalität 119, 151, 155, 225,
  226, 282, 292, 311, 317, 331,
  406
Rationalitätspostulat 269
Ratsche 243, 401
Raub/Diebstahl 45
real exchange economy 264, 301,
  302
Realkapital 139
Rebalancing 213, 214
Rechnen
  versus Zahlen 109
Reflationierung 243
Reflexivität 107, 108, 279
Regio-Geld 75
Reichtum
  wahrer 232
Reserven
  Zentralbankreserven 62
Reziprozität 35, 38, 355
Rückbezüglichkeit 155

S

Sachkapital 196
Sachzwänge
  und Freiheit 405
Santa Fe-Institute 305
Schattenpreise 278
Schenken 229
Schulbuchökonomik 15, 16, 26,
  120, 150, 164, 269, 280, 361,
  387, 389
Schuld 35
  in Geldwirtschaft 56
  in Naturalwirtschaft 54
  und Geld 56
Schulden
  und systemischer Zusammenhang
  213
Schuldenabbau
  Strategien zum 231
Schuldenfalle 212, 247, 399
Schuldenmachen 53
Schuldenvernichtung 401
Seigniorage 65, 94

Selbstbezüglichkeit 215, 224, 227, 269, 399
Selbstorganisation 27, 308
Selbstreferentialität
　der Assetmärkte 216
　der Tauschoperation 215
Shortages 124
Simultaneität 269
Slacks 124
Solidargemeinschaft 66
Solipsismus 366
Sozialdemokratie 404
soziale Rollen 113, 393
Sozialismus 26, 351, 396
　als Alternative 165
　als Maß der Kritik 384
　Experiment 129
　Ideologie 28, 29
　marktwirtschaftliche Reformen 29
　und Planwirtschaft 26, 27, 28, 29, 30, 124, 127, 129, 144, 149, 165, 223, 383, 384, 407
Sozialismusdebatte 28, 304
Spareinlagen 208, 210
spontane Ordnung 20
Sprache (im Vergleich zu Geld) 16
Staat 103, 127, 133, 137, 205
　als Repräsentant 368
　Rolle des 89, 390
　und "Gestell" 181
　und Gemeinwohl 177
　und Pooling 130
　und seine Funktion in der Krise 247
　und Währung 104
　Verstaatlichung 197
　vs. Gesellschaft 126
Staatsbankrott 214, 227, 231
Staatsdefizite 241
Staatsfeindlichkeit 305
Staatspapiere 191
Staatsschulden 66, 214, 232, 240, 245
Stromgrößen 23
Substanz 88
Symmetrievorstellung
　Gleichgewichtskonstrukt 123
Systemauseinandersetzung
　Sozialismusdebatte 364
systemisches Risiko 236
Systemkollaps 219
Systemtheorie 20, 28, 97, 178, 307, 309, 315

T

Talente-Systeme 75
Tausch 35
　als Akt der Gleichsetzung 320
　als basale Operation 127, 389
　als Erzeuger des Raumes 48
　basale Operation 130
　Keimform des Kapitals 314
　Stellung bei Marx 314
　Stellung in der Theorie 313
　und Moderne 313
　und Wertform 317
　versus Zahlung 309
Tauschoperation
　und Gestalt der Geldwirtschaft 179
Täuschung
　s.a. Tausch 37, 38, 39, 217, 355, 375
Technischer Fortschritt 119
Theorie
　Benchmark der 263
　Irrtümer 127
Theorie der Form 386, 388
Theoriedefizite 270
Theorieversagen 126, 144, 303
　bei Finanzkrise 396
　bei Sozialismus 396
Transaktionskosten 41, 121, 122, 123, 161, 170, 210
Transformationsproblem 78, 276, 325
Transitivität 107, 108, 279
Triade 336, 371, 373, 388, 406

U

Überschuldung 9, 94, 175, 213, 214, 233, 241, 247
Überschuldungskrise 235, 243, 247, 400
Umlageverfahren 401
Umverteilung 72, 213, 236, 247, 325
Umwelt
　natürliche 166, 368
Ungleichgewicht 123, 124, 240, 294
Universalbankensystem 92, 402
Unternehmen 78
　als "Teil des Marktes" 162
　als Geldform 157
　Funktion 138
　und Märkte 165

Unternehmertum 405
Utopie 25, 149, 317, 318, 322, 329, 330, 383, 384, 404

V

Verbriefung 191, 202, 203
Vergesellschaftung 47, 49, 112, 114, 130, 150, 151, 152, 157, 183, 256, 280, 311, 317, 322, 340, 343, 367, 386, 406
Vermögen 187
   Wachstum des 215
   wie es entsteht 193
   wie es vernichtet wird 212
Vermögensbesitzer
   und Nichtvermögensbesitzer 140
Vermögensmärkte 93, 192, 215, 217, 218, 219, 224, 226, 227, 252, 399
Vermögenspyramide 199, 201, 215, 246, 248
Vermögensstruktur 237
Vermögenstypen 197
Vermögensvernichtung 214, 232
Vernunft
   naturalistisches Konzept 383
   Welt als sinnhaftes Projekt 381
Verteilung 100, 106, 162, 170, 276, 279, 283, 315, 323, 368, 395
   und Überschuldung 213
Vertrauen 35, 39
Verwertungsmechanismus 183
Vollgeld 7, 230, 256
   Vollgeldreform 9, 65, 66
   Vollgeldregime 257
   Vollgeldsystem 67, 71, 230

W

Wachstum
   Entkoppelung von Naturverbrauch 174
   monetär und real 170
   und Gier 166
Wachstumsdrang 168
Wachstumsspirale 69
Wachstumszwang 167, 168, 171, 172, 175, 176, 404
Währungen 204
Währungsreserve
   internationale 230

Walrasianische Ökonomik 280
Ware 317
Wechselkurs 94, 219, 256
Wechselwirkung 47, 132, 332, 350
Weltbild 303, 318, 342, 344, 350
Wert
   als überpersönliche Kategorie 340
   Aufwachsen des 339
   Substanztheorie 320, 323
   und Gebrauchswert 275
Werte
   äquivalente 276
   wo sie entstehen 77
Werteinheit
   Festlegung 102
Wertform 222, 223, 226, 227, 228, 229, 231, 276, 314, 316, 317, 322, 323, 326, 329, 331, 336, 338, 343, 389, 395, 396, 401
   als überpersönliches Gebilde 182
   Angemessenheit der 228
   Angemessenheit der 395
   Hypertrophie der 223, 396
   im Gegensatz zur Wertsubstanz 314
   Reifegrad der 222
   und objektive Kultur 181
   Unterdrückung der 396
Wertformtheorie 315, 331
Wertinhalte *Siehe* Wertsubstanz
Wertmaß
   Festlegung 103
Wertsubstanz 317, 320, 326, 331, 336, 343
   im Gegensatz zur Wertform 314
Wertsubstanztheorie 331
Wettbewerb 231, 245
Wettbewerb, vollkommener
   Modell des 297
Wirtschaft
   als Geld und Geist 17
   als kultureller Prozess 17
   als naturhafter Prozess 17
   Formen der 387
   und Umgang mit der Natur 395
Wirtschaftsmensch
   Eigenschaften 152
   s.auch Geldmensch 152
   und seine Eigenschaften 152
Wirtschaftswachstum 61, 166, 168, 169, 174, 214, 398

Wirtschaftswissenschaften
  als Kulturwissenschaft 385
Wissenschaft
  Unredlichkeit 295
wissenschaftlicher Mythos
  mechanistischer 261
  naturalistischer 376

Z

Zahlen
  versus Rechnen 109
Zentralbank 206
Zentralbankgeld 91, 94, 204, 206, 246
Zins 75, 94, 101, 168, 324, 325, 326
Zweckhandeln 338